合作学习模式教学改革系列教材
浙江省高等教育重点建设教材
应用型本科规划教材

Intermediate Financial Accounting
Text and Cases

中级财务会计

教程与案例

第二版

主　编　贝洪俊　　白玉华　　张洪君

副主编　荆　娴　程　洋　冯雪琰　陈万芬　徐　玲

ZHEJIANG UNIVERSITY PRESS
浙江大学出版社

图书在版编目(CIP)数据

中级财务会计教程与案例/贝洪俊等主编. —2 版.
—杭州:浙江大学出版社,2014.10(2021.3 重印)
ISBN 978-7-308-13925-0

Ⅰ.①中… Ⅱ.①贝… Ⅲ.①财务会计—高等学校—
教材 Ⅳ.①F234.4

中国版本图书馆 CIP 数据核字(2014)第 228734 号

内容提要

本教材是基于合作研究式教学改革背景下撰写的,以实践——理论——再实践——再理论为编写脉络,力求体现"以学生为主体"、"以教师为主导"的新型教学理念,以有利于学生自学能力、分析和解决问题能力、语言表达能力、沟通协调与团队合作能力提高为目的。

本书以我国现行的会计法律、法规及最新《企业会计准则》、企业会计准则解释公告、增值税转型规定等为依据,以资产、负债、所有者权益、收入、费用和利润六大会计要素为主线,系统阐述会计要素的确认、计量、记录和报告的基本原理。全书共分十二章,第一章财务会计基本理论,第二至第十章六大会计要素的确认、计量与记录方法,第十一章财务会计报告,第十二章会计调整。

本书注重教学内容的整合与实践能力的培养,每章配有学习目标、引入案例、国际视野、案例分析、要点回顾、小组讨论、项目训练、阅读资料等模块。力求通过教学内容的优化与体例结构的创新,使学生在不同内容和方法的相互交叉、渗透和整合中开阔视野,提高学习效率。

本书主要作为会计学、财务管理专业以及有意进一步学习财务会计理论与方法的其他经管类专业学生的学习用书,同时也可作为财会人员以及期望获取会计知识的其他相关人员的参考用书。

中级财务会计教程与案例(第二版)

主编 贝洪俊 白玉华 张洪君

责任编辑	杜希武
封面设计	刘依群
出版发行	浙江大学出版社
	(杭州市天目山路 148 号 邮政编码 310007)
	(网址:http://www.zjupress.com)
排　　版	浙江时代出版服务有限公司
印　　刷	广东虎彩云印刷有限公司绍兴分公司
开　　本	787mm×1092mm　1/16
印　　张	28.25
字　　数	687 千
版 印 次	2014 年 10 月第 2 版　2021 年 3 月第 9 次印刷
书　　号	ISBN 978-7-308-13925-0
定　　价	59.00 元

版权所有 翻印必究　印装差错　负责调换

浙江大学出版社市场运营中心联系方式　(0571)88925591;http://zjdxcbs.tmall.com

第二版前言

　　中级财务会计是会计学专业和财务管理专业的核心专业课之一,在两个专业体系中均具有统领和辐射作用,是学习高级财务会计、成本管理会计和审计学等后续课程的基础。本课程具有理论性强、政策性强、操作性强和国际通用性强等特点,据此我们编写了这本与企业实际业务联系紧密、通俗易懂、方便自学与自我训练的《中级财务会计教程与案例》。本教材以会计职业能力提高为目的,以实践——理论——再实践——再理论为编写脉络,力求体现"以学生为主体"、"以教师为主导"的新型教学理念。全书共 12 章,由三大模块组成,第一模块是财务会计基本理论;第二模块是会计要素确认、计量和记录;第三模块是财务报表编制。

　　与第一版相比,第二版内容更加新颖全面,根据新会计准则、增值税最新条例、新所得税法的要求增加和修改了相关章节,尤其充分体现了 2014 年以来会计准则修订的最新成果。本书既有对财务会计基本理论的深化,又有对现行会计准则下会计信息处理方法和分析方法的详细阐述,是应用型高校会计学、财务管理专业的实用性教材。

　　为配合《中级财务会计教程与案例》(第二版)的全新推出,我们不仅突破了传统单一纸介质教材进行教学的模式,建有与本书配套的省级精品课程网站(http://cwkj.zwu.edu.cn),而且编写的《中级财务会计学习指导书——基于合作研究性教学的课程设计》(ISBN 978-7-308-10241-4)也已出版。通过构建多角度、多层面的教材体系,以满足师生及各类读者的不同需要,进而实现优质资源的共享与联动。

　　本书适用面广,不仅适合会计学、财务管理专业本科生、研究生、MPAcc,同时也非常适合非会计专业本科生、MBA 学生使用。

　　限于编者水平,本教材在内容取舍、格式编排等方面,难免有不妥之处,敬请同行和广大读者指正。

2014 年 10 月 1 日于宁波

FOREWORD 前　言

　　《中级财务会计》作为一门专业课程,理论性和应用性极强,主要介绍会计主体"六大"要素确认、计量、记录和报告的基本原理。会计既是科学又是艺术的观点已经为会计学者和会计实务人员所接受。作为一门科学,中级财务会计有其特定的研究对象和严谨的研究方法,有一套自己独立的理论体系,有效地指导着会计的实践活动;作为一门艺术,则是强调会计实践性的特点,由于会计环境、对象、条件不同,会计职业判断空间的存在,没有哪一种会计理论、会计方法能够放之四海而皆准,而是要求会计人员在会计理论和会计准则的指导下,从自己所面对的会计实践出发,创造性地解决会计特定问题的那种技巧能力。鉴于此,中级财务会计教学必须抓住会计的科学性与艺术性并存的特性,既要注重基本理论的传授,又要加强对学生实践能力的培养,使学生能够在学习过程中理论联系实际,从而达到作为一个合格会计人才应当具备的基本素质与目标。

　　我们认为研究性教学是实现本课程教学目标最有效的教学模式,也是提高学生学习能力、创新能力、实践能力、交流能力和社会适应能力的最直接的教学方法。合作研究性教学由教师理论导学、学生自主学习、合作研讨三部分构成。在教学过程中,以学生为主体,以教师为主导,以项目为纽带,既体现团队协作精神又展示学生个人能力,对于鼓励学生多元发展,在不断尝试中进行职业设计和定位,起到了非常好的作用。

　　基于上述的教学理念,我们编写了这部《中级财务会计教程与案例》,教材具有如下特点:

　　1. 以研究性学习为切入点,将理论学习、职业道德教育和沟通协调能力的锻炼融为一体。研究性学习与传统教学的最大区别在于以学生为主体,以教师为主导,教师在理论的讲解上不是面面俱到,而是精讲,即讲重点、讲难点、讲热点,在此基础上,引导学生自主学习与合作研讨。传统教材大多专注于理论知识和会计处理的介绍,忽视职业道德教育和沟通协调能力的锻炼,导致职业道德教育游离于专业教育之外,学生不善于沟通、协调与合作。为克服传统教材不足,我们在教材编写过程中力求将职业道德教育、沟通协调与合作能力的培养渗透在每一章的每一个环节当中,而不是单纯灌输。

　　2. 理论指导实践,突出实践能力的培养。在教材编写过程中,我们坚持理论指导实践,实践提升能力的原则,按照实践——理论——再实践——再理论的编写思路,即每章通过案例引入理论,通过案例分析和项目训练检验理论,最后通过阅读资料再把实践升华为理论。

其目的就是培养学生理论联系实际的能力,突破传统的"就会计论会计"的思维定式。不仅让学生知道理论"是什么",而且让学生知道这些理论"有什么用"和"怎么用",从而使学生在学会知识之后,能够很快将其运用于实践,在实践中加深对理论知识的理解和运用。

3.整合优化教学内容,创新体例设计。本教材在内容选择和体例编排上充分考虑了创新性应用型本科学生知识结构的需要,不过度追求内容的完整性与体例结构的严谨。教学内容整合的目的是减少知识的分割与重复,根据教学内容的内在逻辑关系进行重新构建。比如将交易性金融资产、可供出售金融资产、持有至到期投资和长期股权投资整合为对外投资,将固定资产、无形资产和投资性房地产整合为长期非货币性资产。同时,教材在体例设计上充分吸收近年来国内外优秀财务会计教材的精华,每章通过学习目标、引入案例、国际视野、相关案例、要点回顾、小组讨论、项目训练、阅读资料等内容贯穿其中,以有助于多角度、多方位呈现整合后的教学内容。

4.学思结合,引导学生学会学习。研究性教学的主要特点在于以学生为主体,让学生掌握学习的主动权。基于这一思路,我们在教材编写过程中,除了必要的理论阐述之外,增加了国际视野、阅读资料、小组讨论、项目训练等模块,这些内容的增加不仅拓宽了学生的视野,而且会促使学生根据提供的学习路径作进一步求证与思考。这种学习与思考的结合,激发了学生的好奇心,培养了学生学会学习的能力。

本教材由浙江万里学院贝洪俊教授、白玉华副教授、宁波大红鹰学院张洪君副教授担任主编,贝洪俊、白玉华负责全书策划和总纂。浙江大学宁波理工学院荆娴副教授和丽水学院陈万芬、浙江万里学院程洋、冯雪琰、徐玲担任副主编。具体分工如下:贝洪俊执笔第一、十一章,白玉华执笔第四、九章,张洪君执笔第十二章,荆娴执笔第六章,陈万芬执笔第十章,程洋执笔第二、三章,冯雪琰执笔第五章,徐玲执笔第七、八章,浙江万里学院会计学061班学生徐林芳、邹敏敏、叶玲协助主编作了很多校对工作。

本书是浙江省高等教育重点建设教材,是浙江省精品课程建设《中级财务会计》课程的主教材。本书的写作源于浙江万里学院副校长钱国英教授所举力推行的研究性教学改革,在写作过程中钱校长也给予了大力支持,在此一并表示感谢。同时,感谢浙江省教育厅重点建设教材的立项资助,感谢浙江大学出版社杜希武老师以及全体编辑人员的辛勤工作。

为了尽量吸收会计理论与会计教学的最新成果,在教材编写过程中参考了大量国内外会计学教材、著作、相关文献以及互联网资料,在此向这些文献的作者表示诚挚的感谢。

本教材是基于研究性教学改革背景下撰写的,是一种尝试,更是一种责任,希望通过教材的改革与创新进一步推动课堂教学模式的改革。限于作者的水平,书中难免会存在错误和疏漏,恳请专家、学者和读者批评指正。

贝洪俊　白玉华

2010 年元月于宁波

教材使用说明

　　《中级财务会计》课程采用合作研究性教学理念。即在教学过程中,实行的是教师团队合作、理论精讲、学生自主学习和小班分组讨论的教学模式。目的是通过本课程学习,使学生能够将财务会计理论、技术与方法的学习与学生自主学习与创新能力的培养、个性的全面发展有机统一起来,增强学生之间的沟通能力和包容能力,培养学生的团队精神。教材的使用具体说明如下。

　　1. 课堂组织

　　(1)大班理论精讲

　　理论精讲采用大班形式,每个大班人数在 100 人左右。理论精讲教师应由本教学团队中教学经验丰富、教学效果优秀的老师担任。任课教师首先对课程内容进行梳理、整合、提炼,形成课程体系;其次针对课程教学目标,主要讲重点、讲难点、讲热点、讲知识产生的背景、讲获取知识的方法;三是针对学生质疑的问题,进行有针对性的讲解与引导。

　　(2)小班案例讨论

　　案例讨论,将一个大班分成若干个小班(40 人左右)。由于讨论课班数增加,这时团队其他教师可以加入,负责其他小班的讨论课,进行团队协作教学。讨论题目的设计以消化本章或本单元的理论内容为目标,可以是案例分析、热点问题或者是企业实际业务,总之要突出理论对实务的指导意义。

　　在第一次大班理论课后,大班课主讲教师要求每个讨论班的学生以“自由组合为主,老师指定为辅”的原则组建研究团队(尽可能做到男女搭配、不同寝室、不同性格和能力取向的学生搭配),形成 5 人左右的研究小组;选出小组组长,并为组内成员进行岗位分工,比如记录员、发言人、PPT 制作等岗位。每次讨论最好进行岗位轮换以达到锻炼目的。

　　针对每次讨论课的主题,各组应在课外做好分工协作,并进行 2—3 次课外讨论,形成小组研究报告。在小班讨论课上,先由指导教师阐述本次研讨的意义、目的以及讨论流程,并提出相应的要求,然后小组发言人代表本组作主题发言,其他小组同学进行质疑、提问。教师针对每组的发言情况进行启发、引导,并对学生研讨问题的深度、发言者的态度、运用理论知识的能力、语言组织、团队配合等方面做出鼓励性评价,并规范或纠正交流时出现的问题。所有小组发言完毕,教师针对本次研讨课的总体情况、各组的综合表现、团队成员的配合与互动情况进行总结。

（3）学生自主学习

自主学习不是放任自流，而是配合大班课和小班讨论内容有目标、有计划地在教师指导和监控下的学习。首先根据学习目标，小组分配自学内容，学生借助课程网站以及互联网和教材等参考资料进行自主学习。学生对于难以理解的问题可在课程网站的在线交流平台选择老师发帖提问，或者电话、QQ与教师、学生共同讨论。最后教师在大班理论授课时对学生自主学习情况进行总结，并对共性问题集中讲解。

2.学时分配

中级财务会计课程一般学分较高，课时较多。如果课程为6学分，则计划课内学时为96。其中大班集中讲授64学时，小班讨论24学时，自主学习8学时。如果该课程为5或4学分，则相应按比例减少即可。

序号	章节/教学形式	教学/讨论内容	课时
1	第一章（大班课）	财务会计基本理论	4
2	第一章（小班讨论1）	案例讨论	3
3	第二章（大班课）	货币资金与应收款项	4
4	第二章（小班讨论2）	收入、费用和利润	3
5	第三章（大班课）	存货	4
6	第三章（大班课）	存货	4
7	第三章（小班讨论3）	案例讨论	3
8	第四章（大班课）	对外投资	4
9	第四章（大班课）	对外投资	4
10	第四章（大班课）	对外投资	4
11	第四章（小班讨论4）	案例讨论	3
12	第五章（大班课）	长期资产	4
13	第五章（大班课）	长期资产	4
14	第六章（自主学习）	资产减值	2
15	第五、六章（小班讨论5）	案例讨论	3
16	第七章（大班课）	负债	4
17	第八章（大班课）	所有者权益	4
18	第九章（自主学习）	特殊交易和事项	2
19	第七、八、九章（小班讨论6）	收入、费用和利润	3
20	第十章（大班课）	特殊交易和事项	4
21	第十章（大班课）	特殊交易和事项	4
22	第十章（大班课）	特殊交易和事项	4
23	第十章（小班讨论7）	案例讨论	3
24	第十一章（大班课）	财务会计报告	4
25	第十一章（大班课）	财务会计报告	4
26	第十二章（自主学习）	会计调整	4
27	第十一、十二章（小班讨论8）	案例讨论	3
合计	大班课64学时，小班讨论24学时，自主学习8学时		96

3.教学考核与评价

教学评价采用过程性评价与终结性评价相结合的评价方式,过程性评价包括平时考勤(10％)、讨论课成绩(30％)、个人作业完成情况(10％);终结性考核主要是指期末考试,期末考试采用闭卷形式,占总成绩的50％。

讨论课成绩的评定:在对小组中每个成员进行评价的时候,我们引入了个人贡献度的概念,即首先教师根据每个小组综合表现给出每个小组成绩,其次小组自己对每个成员在本次讨论中的贡献给予评定,每个人得到不同的贡献度,所有成员总的贡献度为100％,最后根据公式计算出每个成员的成绩。计算公式如下:

(1)小组成员本次讨论课成绩＝小组成绩×[1＋(个人贡献度－小组平均贡献度)]

(2)小组成员本门讨论课成绩＝∑每次讨论课成绩／讨论次数

小班讨论课每次成绩评定具体参见附录4《中级财务会计》讨论课成绩评定表。

《中级财务会计》课程网站:http://cwkj.js.zwu.edu.cn

编　者

2010年元月于宁波

目 录
Contents

第一章

财务会计基本理论

学习目标

通过本章学习,你应能够:

1. 明确财务会计目标与会计规范;
2. 掌握会计核算的基本前提;
3. 掌握财务会计信息的质量要求;
4. 掌握会计要素的确认条件;
5. 掌握会计计量属性及其应用范围。

引入案例

安然事件——会计造假和诚信危机

1985年7月成立的安然公司,以中小型地区能源供应商起家,总部设在休斯敦,曾被认为是新经济时代传统产业发展的典范,做着实在的生意,有良好的创新机制。其资产膨胀速度如滚雪球一般快速壮大,到破产前,公司的营运业务覆盖全球40个国家和地区,共有雇员2.1万人,资产额高达620亿美元,总收入达1 000亿美元,而下属公司(包括合作项目)更是达到3 000多个。

至20世纪90年代末,安然已从一家实体性的生产企业摇身一变成为了一家类似于对冲基金的华尔街式的公司;安然通过运用巧妙的会计手段,创造了一套十分复杂的财务结构,用于资本运作。90年代末期至2001年夏天,连续6年排在微软、英特尔之前,它的最主要的"成就"就是对金融工具的创新运用,由于它的"出色表现",安然公司的管理人员被业界认为是资本运营的高手。

安然的成功毕竟是个泡沫,这个泡沫导致安然的股价从2000年的每股90美元跌至不到1美元,安然最终于2001年12月2日申请破产保护,成了美国历史上最大的破产案。

2001年11月下旬,美国最大的能源交易商安然首次公开承认自1997年至今,通过复杂的财务合伙形式虚报盈余5.86亿美元,在与关联公司的内部交易中,隐藏债务25.85亿美元,通过大约3 000家SPE(其中有900家设在避税天堂)进行自我交易、表外融资、编造利润,管理层从中非法获益。消息传出后,立刻引起美国金融与商品交易市场的巨大动荡,负责对安然财务报表进行审计的安达信也成为传媒焦点,人们指责其没有尽到审查职责。

2002年12月4日,安然正式宣布申请破产。安然公司董事会特别委员会于2002年2月2日在纽约联邦破产法院公布一份长达218页的报告,据该报告,安然公司之所以倒闭,是因为管理层经营不善以及部分员工利用职权之便为自己聚敛财富。

报告揭露,安然公司从20世纪90年代末期到2002年夏天的金融成功都是虚幻的泡沫。多年来,安然公司一直虚报巨额利润。一些高级经理不但隐瞒上一个财政年度(2000年9月到2001年9月)安然公司高达10亿美元的亏损,并且出售了价值数百万美元的安然股票。

(资料来源:孙铮等著,《中外会计与财务案例研究》,上海财经大学出版社,2003年。)

语言是一种交流的工具,会计是企业信息传递的手段,所以会计被称作商业语言。会计作为一种通用的"商业语言",是指会计工作要把企业众多的经营信息和杂乱的会计数据归纳整理,加工编制成有用的财务信息,提供给不同的使用者,以做出重大经济决策。因此,本章将以财务会计基本理论的框架体系及各基本理论相互之间的关系为构建原则,以财务会计目标为出发点,在此基础上,理解财务会计的本质与目标,了解会计职业与会计规范,掌握会计要素的概念、特点、确认条件及其计量属性。

第一节　财务会计本质与目标

一、财务会计本质及其特征

财务会计的产生历史比较悠久,自从帕乔利复式记账法产生以来,具有600多年的发展过程。财务会计是现代企业会计的分支之一,它与管理会计相对称,是传统会计的继承和发展。财务会计是按照公认会计原则的要求,对企业发生的交易或事项,通过确认、计量、记录和报告等程序,为投资者、债权人及其他各方面的信息使用者提供关于企业财务状况、经营成果及现金流量等信息的对外报告会计。

（一）财务会计本质

会计的本质是通过现象来表现的,必须透过现象去把握。在中外会计界,人们对会计本质的认识历来存在分歧。综合起来,主要有以下几种观点:

1. 管理工具论

会计是一种管理经济的工具,不能把会计和会计工作混为一谈,会计是从事会计工作的手段,它是一个独立的方法体系。这个方法体系是人们长期从事会计实践的经验总结,把它再用于会计实践,才表现为会计工作。

2. 艺术论

会计是记录、分类和总结一个企业的交易并报告其结果的艺术。美国注册会计师协会所属的名词委员会于1953年发表的第一号"会计名词公报",对会计所下的定义是:"会计是一种艺术,旨在将具有或至少部分具有财务特征的交易事项,以有意义的方式且以货币来表示,予以记录、分类和汇总并解释由此产生的结果。"该公报还对上述定义中涉及的"艺术"一词作了解释:艺术是会计人员运用其知识,以解决特定问题的那种创造性的技巧能力。

3. 信息系统论

会计是一个以提供财务信息为主的经济信息系统,旨在提高企业和各单位活动的经济效益,加强经济管理而建立的一个以提供财务信息为主的经济信息系统。有以下含义:(1)会计作为信息系统,并不直接参与管理,而是通过提供会计信息为管理提供咨询服务。(2)以提供信息为主的反映是最主要的职能,且将整个会计程序分为确认、计量、记录和报告四个环节,将会计目标定位于"受托责任观"和"决策有用观"。(3)会计信息系统是由会计、信息、系统三个概念组成的。

4. 管理活动论

会计是一种经济管理活动,其本身具有管理的职能。会计是经济管理的核心,是反映和控制经济活动并使之达到一定目的的一种能动行为,是有组织、具有管理职能的一种管理活动。表现为:(1)会计是一种社会关系,是人们自觉运用经济规律并通过特定的技术程序管理实际经济活动的一个社会环节。(2)现代会计是经济管理的重要组成部分,本身具有经济管理的职能,明确了它在国家经济管理与企业经营管理中的地位和作用。(3)会计应当而且必须提供相关人士所需的信息,但更重要的是信息生成前的预测和决策以及信息反馈过程中的控制。因此,提供信息是手段,而控制管理才是真正的目的。

(二)财务会计特征

1. 财务会计以计量和传送信息为主要目标

财务会计的目标主要是通过确认、计量、记录和报告对不参与企业经营管理的投资者、债权人、政府部门、社会公众提供会计信息。从信息的性质看,主要是反映企业整体情况,并着重历史信息。从信息的使用者看,主要是外部使用者,包括投资人、债权人、社会公众和政府部门等。从信息的用途看,主要是利用信息了解企业的财务状况和经营成果。

2. 财务会计以财务报告为工作核心

财务信息的主要载体是反映企业整体的财务状况、经营业绩和现金流量变化情况的财务报告。因此,财务报告是会计工作的核心,会计报表是财务报告的重要组成部分。现代财务会计所编制的会计报表是以公认会计原则为指导而编制的通用会计报表,并把会计报表的编制放在最突出的地位。

3. 财务会计以传统会计模式作为数据处理和信息加工的基本方法

为了编制会计报表,财务会计还要运用较为成熟的传统会计模式作为处理和加工信息的方法。财务会计所采用的程序和方法是描述性的,主要是针对会计主体已经发生的一切经济活动进行连续、系统、全面、综合地确认、计量、记录与报告。

4. 财务会计以公认会计原则为指导

公认会计原则是指导财务会计工作的基本原理和准则,是组织会计活动、处理会计业务的规范。在我国,公认会计原则是由1项基本准则和38项具体准则以及应用指南和企业会计准则解释公告所组成的会计准则体系,这是我国财务会计必须遵循的规范。

二、财务会计目标的主要理论

财务会计目标是财务会计活动所要达到的目的,即会计为什么要提供会计信息、要为哪些人服务、提供哪些会计信息。由于财务会计主要以财务报告形式提供信息,因此,财务会计目标也称为财务会计报告目标。

财务会计目标是财务会计基本理论的重要组成部分,是财务会计理论体系的基础,整个财务会计理论体系和会计实务都是建立在财务会计目标的基础之上。纵观会计理论界对会计目标的研究,归纳起来主要有两大观点,即"受托责任观"和"决策有用观"。

(一)受托责任观

这种观点认为,财务会计目标就是以适当的方式有效反映受托人的受托责任及其履行情况,即财务会计应向委托人报告受托人的经营活动及其成果,并以反映经营业绩及其评价为中心。其理由是:由于资源所有权和经营权的分离,资源的受托者(经营者)负有对资源的委托者(所有者)解释、说明其活动及结果的义务。因此,受托责任观的核心是资源的受托者向资源的委托者报告资源受托管理的情况,强调财务会计信息的可靠性;采用历史成本计量属性;会计信息侧重于过去,以保证会计信息的可验证性;重视利润表项目的确认与计量,目的在于评价经营者的经营业绩。

(二)决策有用观

这种观点认为,财务会计的目标就是向会计信息使用者提供对其决策有用的信息,即会计应当为现时的和潜在的投资者、信贷者和其他信息使用者提供有利于其投资和信贷决策及其他决策的信息。其理由是:随着资本市场的不断发展与完善,所有者(委托人)与经营者(受托人)的委托与受托关系变得模糊,作为委托人的所有者更加关注资本市场的可能风险与报酬以及所投资企业的可能风险与报酬。因此,决策有用观的核心是向信息使用者提供有助于经济决策的信息,强调会计信息的相关性;主张各种计量属性并存择优(历史成本、重置成本、可变现净值、未来现金流量的现值等);重视资产负债表项目的确认与计量;提供的会计信息在关注过去的同时,更倾向于未来,其目的在于帮助投资者做出正确的投资决策。

(三)受托责任观和决策有用观的关系

决策有用观和受托责任观是互有关联的会计目标,受托责任是实质,决策有用是形式。受托责任是会计产生和发展的根本动因,决策有用是会计发展的必然;决策有用观是受托责任观的自然延续,其本质是一致的。因此,决策有用观不是对受托责任观的否定,而是受托责任发展到一个特定历史横切面上的特例。

三、财务会计信息使用者及其关注点

财务会计信息使用者包括投资者、债权人、政府及其有关部门和社会公众等。

1. 投资者

投资者既包括现有投资者和潜在投资者。投资者需要利用会计信息评价企业的财务状况和管理当局的经营业绩,判断管理当局是否按既定的经营目标使用资金;分析企业所处行业的市场前景、本企业的发展潜力和面临的风险,做出维持现有投资、追加投资或转让投资的决策。保护投资者的利益、服务于投资者的信息需要是财务报告编制的首要出发点。

2. 债权人

企业的资金来源除了投资者投入的资本外,通常还有向银行等金融机构贷入的款项或者向供应商等赊购货物所形成的应付款项。贷款人、供应商等债权人通常关心企业的偿债能力和财务风险,需要信息来评估企业能否如期支付贷款本金及其利息,能否如期支付所欠货款等。

3. 政府及其有关部门

政府及其有关部门既是市场经济主体,又是经济管理和监管部门。它们通常关心经济资源分配的公平、合理,市场经济秩序的公正、有序,宏观决策所依据信息的真实可靠等,因此,需要信息来监管企业的各项活动(尤其是经济活动)、制定税收政策、进行税收征管和国民经济统计等。

4. 社会公众

企业的生产经营活动还与社会公众密切相关。例如,企业可能以多种方式对当地经济做出贡献,包括增加就业、刺激消费、提供社区服务等。因此,在财务报告中提供有关企业发展前景、经营效益及其效率等方面的信息,可以满足社会公众的信息需要。

四、我国财务会计目标

(一)我国财务会计目标的主要内容

我国《企业会计准则——基本准则》第四条指出:"财务会计报告的目标是向财务报告使用者提供与企业财务状况、经营成果和现金流量等有关的会计信息,反映企业管理层受托责任履行情况,有助于财务报告使用者做出经济决策。"

1. 向财务会计信息使用者提供决策有用的信息

企业编制财务报告的主要目的是为了满足财务报告使用者的信息需要,有助于财务报告使用者做出经济决策。因此,向财务报告使用者提供决策有用的信息是财务报告的基本目标。如果企业在财务报告中提供的会计信息与使用者的决策无关,没有使用价值,那么财务报告就失去了其编制的意义。决策有用的信息主要包括:(1)经济资源及其变化情况的信息;(2)收益及其收益构成情况的信息;(3)企业现金流量的信息。

2. 提供反映企业管理层受托责任履行情况的信息

在现代公司制下,企业所有权和经营权相分离,企业管理层是受委托人之托经营管理企业及其各项资产,负有受托责任。即企业管理层所经营管理的各项资产基本上均为投资者投入的资本(或者留存收益作为再投资)或者向债权人借入的资金所形成的,企业管理层有责任妥善保管并合理、有效地使用这些资产。尤其是企业投资者和债权人等,需要及时或者经常性地了解企业管理层保管、使用资产的情况,以便于评价企业管理层受托责任的履行情况和业绩情况,并决定是否需要调整投资或者信贷决策,是否需要加强企业内部控制和其他制度建设,是否需要更换管理层等。因此,财务报告应当反映企业管理层受托责任的履行情况,以有助于评价企业的经营管理责任以及资源使用的有效性。

(二)我国财务会计目标的特征

财务报告目标要求满足投资者等财务报告使用者决策的需要,体现为财务报告的决策有用观,财务报告目标要求反映企业管理层受托责任的履行情况,体现为财务报告的受托责任观。财务报告的决策有用观和其受托责任观是统一的,投资者出资委托企业管理层经营,希望获得更多的投资回报,实现股东财富的最大化,从而进行可持续投资;企业管理层接受投资者的委托从事生产经营活动,努力实现资产安全完整,保值增值,防范风险,促进企业可持续发展,就能够更好地持续履行受托责任,以为投资者提供回报,为社会创造价值,从而构成企业经营者的目标。由此可见,财务报告的决策有用观和受托责任观是有机统一的。

第二节　会计职业与会计规范

一、会计职业

职业是人们为满足社会生产和生活的需要,所从事的具有一定社会职责的专门的业务和工作。人们的任何一种职业活动都不是孤立的,而是社会分工体系的一部分。在职业活动中,必然会发生各种关系,包括从业人员同工作对象之间的关系,同一组织内部从业人员之间的关系等。会计是一项技能性职业,是随着社会经济的发展而发展的,包括会计技术方面的发展、会计职能的变化、会计领域的扩展等。从会计的最初产生到现在,经历了漫长的历史过程。据考证,早在公元前3600年就已有了反映经济业务的记录,某些会计概念甚至可以追溯到古罗马时代。1494年,意大利的卢卡·帕乔利(Luca Pacioli)写出了《算术、几何、比及比例概要》一书。这本专著第一次系统地介绍了"威尼斯簿记法",并奠定了现代复式簿记的理论基础。它不仅标志着借贷复式记账法的形成,也意味着人类对会计的认识出现了历史性的飞跃。后来,这一记账方法被逐步推广,相继传到德、法、英、美、日和中国等国家,极大地推动了会计职业的发展。从目前看,会计职业主要存在三个领域:企业会计领域、政府及非营利组织会计领域以及公众会计领域。

(一)企业会计领域

企业会计较为复杂,既包括对外会计,如财务会计、税务会计,又包括对内会计,如管理会计、成本会计等。对外会计要遵循相应的会计规范,如财务会计要遵守会计原则,税务会计要遵循税法规定,按规定的格式揭示相关信息等。管理会计为企业管理当局提供相关资料,以利于企业决策,没有统一的格式要求。成本会计介于二者之间,成本会计中的产品成本核算要遵循会计准则的规定,如我国生产企业要求采用制造成本法,而对于企业出于内部管理需要的成本核算,如成本中心的成本核算,企业可以自行确定采用适合企业情况的方法。

1. 财务会计

财务会计是按企业外部会计信息使用者的需要,把企业视为一个整体,以各国(各地区)的财务会计准则或GAAP为标准,向企业外部的信息使用者提供决策和管理所需要的关于该企业整体及其分部的财务信息和其他经济信息。这里的财务信息是指反映企业财务状况、经营成果和现金流量的信息。企业外部的信息使用者主要是指投资人、债权人、政府有关部门、社会公众等。同时,对于财务报表,应由独立公正的注册会计师对其合法性和公允性做出鉴证。与此同时,企业内部的管理部门也运用财务会计提供的信息进行加工、论证,成为管理会计有用的信息来源,从而也能促进企业经营管理水平和经济效益的提高。由于财务会计主要为企业外部的投资者和债权人等提供信息,所以又称为对外报告会计。

2. 管理会计

管理会计主要根据企业管理部门的特定需要,为企业内部各级管理人员提供有效经营和最优化决策的信息。管理会计与财务会计具有密切联系,管理会计所需要的许多信息来自财务会计系统,而企业财务状况和经营成果的提高,又有赖于管理部门进行正确的经营决策和改善生产经营。从这一点看,财务会计与管理会计是相辅相成的。由于管理会计主要是向企业内部提供信息,所以又被称为对内会计。

3. 成本会计

成本会计是着重研究成本的计算、控制和预测的理论和方法,为企业经营决策或理财决策和业绩评价提供所需要成本信息的会计系统。成本会计中,有一部分成本核算要遵循企业会计准则,如我国产品制造业在核算产品成本时,要求采用制造成本法。而对于企业成本中心基于业绩考核而核算产品成本,则没有相应的规定,由企业自行确定。

4. 税务会计

纳税人以税收法规为准绳,运用会计方法,进行税务筹划与纳税申报的一种工作。从广义上说,税务会计是财务会计和管理会计的延伸。在西方,税务会计已经与财务会计、管理会计并驾齐驱,成为现代西方会计的三大支柱之一。在我国,税务会计长期以来作为财务会计的一部分,仅在会计核算中对企业所涉及的会计科目、账户及其相应的会计信息进行处理。

税务会计的主要目的有两个:一是根据税法规定,确定企业经营活动所涉及的税种的计税依据、计算应纳税款、申报与缴纳税款;二是在不违反税法的前提下进行纳税筹划,使企业的税负最低。上述对企业经营活动的纳税事宜进行筹划,对所涉及的应纳税款、已纳税款及退补税款进行计算与核算,最后编制纳税报告,为税务部门提供企业依法纳税的信息。

(二)政府及非营利组织会计领域

政府和非营利组织会计与企业会计属于会计学的两个不同分支,是对政府部门和各种非营利组织(如学校、医院、科研机构、图书馆、慈善机构、各种基金会等)各种资金的拨入和使用进行确认、计量、记录和报告。其会计程序和方法与企业会计有所不同。在我国,政府和非营利组织会计包括财政总预算会计、行政单位会计和事业单位会计。

(三)公众会计领域

公众会计是那些拿薪水提供专门服务的人,提供的主要服务包括审计、咨询与会计服务等业务。在我国主要指注册会计师行业。注册会计师以会计师事务所名义从事鉴证服务和非鉴证服务。要取得注册会计师资格必须经过严格的专业考试和具备一定的实践经验。通常来说,要成为一名注册会计师要具备四个方面的条件:一是通过资格考试;二是要有一定的审计工作经验;三是要受过一定的专业教育;四是要申请取得经政府机构或职业团体组织发给的注册(特许)会计师执照。取得注册会计师执照后,才能成为执业注册会计师,可以独立从事注册会计师业务。

二、会计规范

会计信息要成为有用信息,应当满足使用者的需要。在现代企业制度下,企业外部存在许多与企业有经济利益关系的组织和个人,他们不直接参与企业的经营管理,但出于直接或间接的利害关系,他们也关注企业的财务状况和经营成果以及现金流量等相关信息,这就是所谓的信息不对称问题。为了保障企业外部相关利益者的利益,就要求财务会计站在"公平、公正"的立场上,客观地反映情况,以保证有关资料的真实、可靠。为了维持经济生活的正常有序运行,需要对财务会计实务加以规范,使各个企业在对外披露会计信息时有一套共同认可的规范基础。一般而言,会计规范分为会计法律规范、会计职业道德规范。

(一)会计法律规范

会计法律规范,是指国家立法机构为管理会计工作而按立法程序制定和颁布的规范性文件的总称。会计法律分为狭义与广义两种:狭义的会计法律是指由立法机构颁发的法律;广义的会计法律不仅指由立法机构颁发的法律,还包括由执法机构(各种政府部门)制定和颁发的会计法规。在实践中,会计法律泛指广义的会计法律。

1. 会计法

《会计法》全称《中华人民共和国会计法》。《会计法》于1985年首次颁布施行。1993年12月,经第八届全国人民代表大会常务委员会第五次会议修订。1999年10月,经第九届全国人民代表大会常务委员会第十二次会议再次修订,由国家主席下令公布,于2000年7月1日起施行。《会计法》是国家的正式法律,具有很强的约束力。国家机关、社会团体、企事业单位、个体工商户和其他组织都必须遵守《会计法》。拟订其他会计法规、制订会计准则和会计制度，办理会计事务，均应以《会计法》为依据。

《会计法》全文共七章、五十二条，除了指出立法目的、规定适用范围、划分会计工作的管理权限，以及国家统一会计制度的制定外，还在会计核算、会计监督、会计机构和会计人员、法律责任等方面，规定了应当达到的要求。现行《会计法》具有如下特点：

(1)《会计法》强调了会计信息的真实、完整，严格禁止虚假信息。它要求各单位所提供的财务会计信息(资料、报告等)必须真实、完整，不得提供虚假的财务会计报告，或以虚假的经济业务或资料进行会计核算。此外，对伪造、变造会计凭证、会计账簿或者编制虚假财务会计报告，构成犯罪的，依法追究刑事责任，还对直接责任人增加了经济处罚办法。

(2)《会计法》突出了单位负责人对会计信息真实性的责任。第四条明确规定，"单位负责人对本单位的会计工作和会计资料的真实性、完整性负责"。从法律制度上理顺单位负责人与会计机构、会计人员对于本单位会计工作和会计资料真实性、完整性所应负的责任。

(3)《会计法》特别关注公司、企业的会计核算。它增加了"公司、企业会计核算的特别规定"，强调在资产、负债、所有者权益、收入、费用、成本、利润的确认、计量、记录和报告方面的真实性，利润分配的真实性，不得有违反国家统一的会计制度规定的行为。

(4)《会计法》要求各单位强化会计监督。为保护企事业单位的财产安全，它要求各单位建立、健全内部会计监督制度，并提出了内部会计监督制度的具体要求。

2. 会计法规

除了《会计法》外，在我国还有各项会计法规对会计行为进行约束。会计法规是由国务院根据有关法律的规定制定，或者根据全国人民代表大会及其常务委员会的授权制定。我国会计法规规范主要包括《企业财务会计报告条例》、《总会计师条例》等有关会计工作的条例。

相关案例

在郑州百文股份公司提供虚假财务报告案中，郑百文前董事长、法人代表李福乾在听取总经理卢一德、财务处主任都群福汇报公司1997年度经营亏损，并看到1997年底第一次汇总的财务报表也显示亏损的情况下，仍指示财务部门和家电分公司要在1997年度会计报表中显示完成年初下达的盈利目标。按照三被告人的要求，家电分公司等部门财务人员在重新编制财务报表时，采取虚提返利以及将1997年财务费用推迟到1998年列账的手段，虚增利润8 658.99万元。

2002年11月14日，因提供虚假财会报告罪，原郑州百文股份有限公司董事长、法人代表李福乾被郑州市中级人民法院一审判处有期徒刑3年，缓刑5年，并处罚金人民币5万元；原总经理卢一德、财务处主任都群福一审分别被判处有期徒刑2年，缓刑3年，并处罚金人民币3万元。

3. 企业会计准则

会计准则是处理会计对象的标准，是会计核算(主要是从事确认、计量、记录、报告工作)的规范，也是评价会计工作质量的准绳。在不同的国家，制定会计准则的机构是不同的。如美国的会计准则,是由财务会计准则委员会(FASB)制定,德国则在《商法》中加以规定,英国由"会计准则委员会"(ASB)制定,日本由大藏省制定,我国由财政部制定。

中国企业会计准则体系由基本会计准则、具体会计准则、会计准则应用指南以及企业会计准则解释公告四部分(也即四个层次)组成。

第一层次:企业会计准则——基本准则

基本准则在整个准则体系中起统驭作用,主要规范财务报告目标、会计假设、会计信息质量要求、会计要素的确认与计量以及报告原则等,用来指导具体会计准则的制定以及指导没有具体会计准则规范的交易的处理。

我国的基本准则类似于美国财务会计准则委员会的《财务会计概念公告》和国际会计准则理事会的《编报财务报表的框架》,但区别是我国将其纳入企业会计准则体系,而且具有一定的法律效力。

第二层次:企业会计准则——具体准则

具体准则是根据企业会计基本准则制定的,是对各类经济业务确认、计量、记录和报告的规范。具体包括存货、长期股权投资等38项准则。各项具体准则的规范内容和有关的国际财务报告准则的内容基本一致,这也正是我国会计准则国际趋同的重要体现。

第三层次:企业会计准则——应用指南

应用指南是对具体准则相关条款的细化和对有关重点及难点问题提供操作性规定,它还包括会计科目、主要账务处理等。

第四层次:企业会计准则——解释公告

解释公告主要针对企业会计准则实施中遇到的问题做出解释。它是在"企业会计准则实施问题专家工作组意见"的基础上形成的,主要是为解决专家工作组意见的法律效力问题。

企业会计准则体系所形成的基本准则、具体准则、应用指南和解释公告的四个层次,是相互联系、各有分工。基本准则是纲,在整个准则体系中起统驭作用;具体准则是目,是依据基本准则的要求对有关业务或报告做出的具体规定;应用指南和解释公告是补充,是对具体准则的操作指引。

☞ 相关资料

根据我国《立法法》规定,我国的法律体系通常由四部分组成:(1)法律;(2)行政法规;(3)部门规章;(4)规范性文件。其中,法律由全国人大常委会通过、国家主席签署颁布;行政法规由国务院常务委员会通过、以国务院总理令公布;部门规章由国务院主管部门以部长令公布;规范性文件由国务院主管部门以部门文件形式印发。由此可见,《企业会计准则》属于部门规章,是财政部部长签署公布的。

4. 企业会计制度

会计制度是从事会计工作的具体行为规范。在新中国成立以后的很长一段时期内,财政部主要通过颁布统一的会计制度来规范全国的会计工作。在1993年以前,我国的会计制度按照行业和所有制形式加以制定。改革开放后,由于企业所有制形式的多样化,企业经营方式的多元化,以及新经济业务的不断出现,分行业、分所有制的会计制度已经不再适用,财政部于1992年11月颁布了《企业会计准则》,同时,陆续颁布了13个分行业的会计制度,取代原来的会计制度,形成会计准则与多种会计制度并存的格局。此后,我国的社会经济环境发生了重大变化,为了适应新形势的要求和全球经济一体化的发展趋势,提高会计信息质量,防范和化解金融风险,并与国际会计惯例接轨。财政部于2000年12月颁布《企业会计制度》,自2001年1月1日起在我国境内除金融企业和小企业以外的所有企业实施。2001年11月27日财政部发布《金融企业会计制度》,自2002年1月1日起在上市的金融企业执行,财政部同时鼓励其他股份制金融企业执行该制度。2004年4月27日财政部发布《小企业会计制度》,自2005年1月1日起在小企业范围内执行。

2006年2月15日,财政部发布新的《企业会计准则——基本准则》和38项具体会计准则,同年10月颁布《企业会计准则——应用指南》,新会计准则自2007年1月1日逐渐在上市公司及金融企业范围内施行,鼓励其他企业执行。执行该38项具体准则的企业不再执行《企业会计制度》和《金融企业会计制度》,并计划3年内在国有大中型企业执行。

（二）会计职业道德规范

会计职业道德规范是从事会计工作的人员所应该遵守的具有本职业特征的道德准则和行为规范的总称。它是对会计人员的一种主观心理素质的要求,控制和掌握着会计管理行为的方向和合理化程度。会计职业道德规范是一类比较特殊的会计规范,它的强制性较弱,但约束范围却极为广泛。现阶段,我国会计职业道德规范大致包括以下八个方面的内容:爱岗敬业、诚实守信、廉洁自律、客观公正、坚持准则、提高技能、参与管理、强化服务。

相关案例

> 东方电子公司会计张红因工作努力,钻研业务,积极提出合理化建议,多次被公司评为先进会计工作者。张红的男友在一家民营电子企业任总经理,在其男友的多次请求下,张红将在工作中接触到的公司新产品研发计划及相关会计资料复印件提供给其男友,给公司带来一定的损失。公司认为张红不宜继续担任会计工作。

第三节　财务会计基本假设与会计确认基础

一、财务会计基本假设

财务会计基本假设也称财务会计核算的基本前提,它是企业财务会计工作的必要前提或先决条件。会计假设是人们在长期的会计实践中,根据客观的正常情况或变化趋势形成的对会计核算对象及经济环境的最合乎情理的判断。它最有利于保证财务会计目标的实现。

具体来讲,会计基本假设是企业财务会计确认、计量和报告的前提,是对会计核算所处的空间、时间环境所作的合理设定。财务会计基本假设包括会计主体假设,持续经营假设,会计分期假设和货币计量假设。

（一）会计主体假设

会计主体是指企业会计确认、计量和报告的空间范围,具体指会计工作为其服务的特定单位或组织。会计主体假设是指会计核算应当以企业已经发生的各项交易或事项为对象,记录和反映企业本身的各项生产活动。也就是说,为了向财务报告使用者反映企业财务状况、经营成果和现金流量,提供与其决策有用的信息,会计核算和财务报告的编制应当集中反映特定对象的活动,并将其与其他经济实体区别开来,才能实现财务报告的目标。

在会计主体假设下,企业应当对其本身发生的交易或者事项进行会计确认、计量和报告,反映企业本身所从事的各项生产经营活动。明确界定会计主体是开展会计确认、计量和报告工作的重要前提。

会计主体与法律主体不同。一般来说,法律主体都是会计主体,但会计主体不一定是法律主体。判断一个主体是否是会计主体的标准有三个方面:其一是该主体是否独立核算,自负盈亏;其二是该主体是否有一定的经济资源;其三是该主体是否有独立的经营权和决策权。而法律主体要视其是否具有法人资格。实际工作中,一个主体如果具有法人资格,则是一个法律主体,其必然要求独立核算,必然需要会计人员对其经济活动进行会计核算和监督,也就是一个会计主体。而作为某一个公司下属的一个经营部或一个部门,其如果需要进行独立核算,那么它是一个会计主体,但因其可能不具备法人资格,因而它不是一个法律主体。同样地,对一个由多个具有法人资格的企业所组成的集团公司来说,需要编制该集团公司的合并会计报表,它是一个会计主体,但通常该集团公司不是一个法律主体。独资、合伙形式的企业都可以作为会计主体,但都不是法人。

例如,某基金管理公司管理了10只证券投资基金。对于该公司来讲,一方面公司本身既是法律主体,又是会计主体,需要以公司为主体核算公司的各项经济活动,以反映整个公司的财务状况、经营成果和现金流量;另一方面每只基金尽管不属于法律主体,但需要单独核算,并向基金持有人定期披露基金财务状况、经营成果及现金流量等。因此,每只基金也属于会计主体。

（二）持续经营假设

持续经营是指会计主体的生产经营活动将无限期地延续下去,在可以预见的未来不会因破产、清算、解散等而不复存在。持续经营假设是指会计核算应当以企业持续、正常的生产经营活动为前提,而不考虑企业是否破产清算等,在此前提下选择会计程序及会计处理方法,进行会计核算。尽管客观上企业会由于市场经济的竞争而面临被淘汰的危险,但只有假定作为会计主体的企业是持续、正常经营的,会计原则和会计程序及方法才有可能建立在非清算的基础之上,不采用破产清算的一套处理方法,这样才能保持会计信息处理的一致性和稳定性。持续经营假设明确了会计工作的时间范围。

在持续经营前提下,财务会计确认、计量和报告应当以持续经营为前提。只有以企业正常经营为前提,取得固定资产时才可以按历史成本计价;企业所负担的债务才可以按照原先规定的条件偿还,企业在会计核算中所使用的会计处理方法才得以保持不变,企业的会计记录和会计报表所披露的信息才能真实可靠。如某企业购入一条生产线,预计使用寿命10

年,考虑到这个企业会持续生产经营下去,我们就可以假设企业的固定资产在持续的生产经营期内为企业带来经营效益,并服务于生产过程,而且还不断地为企业生产产品,直至固定资产寿命使用结束。为此,这条生产线就可以按照历史成本来确定固定资产原值,然后按照一定的折旧方法计提折旧。将历史成本分摊到预计使用寿命期间所生产的相关产品的成本中去。

当然,在市场经济环境下,任何企业都存在破产、清算的风险,也就是说,企业不能持续经营的可能性总是存在的。因此,需要企业定期对其持续经营基本前提作出分析和判断。如果可以判断企业不能持续经营,就应当改变会计核算的原则和方法,并在企业财务报告中作相应披露。如果一个企业在不能持续经营时还假定企业能够持续经营,并仍按持续经营的基本假设选择会计核算的原则和方法,就不能客观地反映企业的财务状况、经营成果和现金流量,误导财务报告使用者进行经济决策。

(三)会计分期假设

会计分期又称为会计期间,是指将一个会计主体持续经营的生产经营活动划分为若干个连续的、长短相等的会计期间,以便分期结算账目和编制会计报告。会计分期假设是指将会计主体持续不断的经营活动人为地划分为时间长度相等的期间。因为会计的目标是为决策者提供信息支持,这就要求为阶段性的决策者提供阶段性的会计信息。

根据持续经营假设,一个企业将按当前的规模和状态持续经营下去。要想最终确定企业的生产经营成果,只能等到企业在若干年后歇业时核算一次盈亏。但是,无论是企业的生产经营决策还是投资者、债权人等的决策都需要及时的信息,不能等到歇业时。因此,就必须将企业持续经营的生产经营活动期间划分为若干连续的、长短相同的期间,分期确认、计量和报告企业的财务状况、经营成果和现金流量。而且由于会计分期,才产生了当期与以前期间、以后期间的差别,出现了权责发生制和收付实现制的区别,才使不同类型的会计主体有了记账的基准,进而出现了应收、应付、折旧、摊销等会计处理方法。

在会计分期假设下,企业应当划分会计期间,分期结算账目和编制财务会计报告从而为决策者提供阶段性的会计信息。会计期间分为年度和中期。其中,会计年度可以是日历年度,也可以以某日为开始的365天的期间作为一个会计年度。我国以日历年度为一个会计年度,即从每年1月1日至12月31日为一个会计年度。中期是指短于一个完整的会计年度的报告期间,如半年度、季度和月度。

(四)货币计量假设

货币计量是指会计主体在会计核算过程中采用货币作为统一的计量单位,记录、计量和报告会计主体的生产经营活动。货币计量假设是指会计主体在会计核算过程中采用货币作为计量单位,记录、反映会计主体的财务状况、经营成果和现金流量。货币计量假设包括两个层次,一个是货币计量单位,另一个是货币的币值稳定与否。

在会计的确认、计量和报告过程中选择货币作为基础进行计量,是由货币本身的属性决定的。货币是商品一般等价物,是衡量一般商品价值的共同尺度,具有价值尺度、流通手段、贮藏手段和支付手段等特点。其他计量单位,如重量、长度、容积、台、件等,都只能从一个侧面反映企业的生产经营情况,无法在量上进行汇总和比较,不便于会计计量和经营管理。因此,为全面反映企业的生产经营活动和有关交易、事项,会计确认、计量和报告选择货币作为计量单位。但是,统一采用货币计量也存在缺陷,例如,某些影响企业财务状况和经营成果的因素,如企业经营战略、研发能力、市场竞争力等,往往难以用货币来计量,但这些信息对于使用者决策也很重要。为此,企业可以在财务报告中补充披露有关非财务信息来弥补上述缺陷。

企业进行会计核算,除了应明确以货币作为主要计量尺度之外,还需要具体确定记账本位币,即按何种统一的货币来反映企业的财务状况与经营成果。在企业的经济业务涉及多种货币的情况下,需要确定某一种货币为记账本位币;涉及非记账本位币的业务,需要采用某种汇率折算为记账本位币登记入账。按照企业会计准则的规定,在我国境内的企业应以人民币作为记账本位币。企业平时经营业务以外币为主的企业,可以采用某种外币作为记账本位币,但是年末编制财务报表时,必须将外币折算为人民币反映。

货币计量假设以货币价值不变,币值稳定为前提。因为只有在币值稳定或相对稳定的情况下,不同时点的资产价值才具有可比性、同一期间的收入和费用才能进行比较,才能计算确定其经营成果,会计核算提供的会计信息才能真实反映企业的经营状况。在通货膨胀率不断上升的今天,货币计量这一假设受到了挑战,由此出现了通货膨胀会计。但货币计量仍然是会计核算的基本假设。

上述会计核算的四项基本假设,具有相互依存、相互补充的关系。会计主体确立了会计核算的空间范围,持续经营和会计分期确立了会计核算的时间长度,货币计量则为会计核算提供了必要手段。没有会计主体,持续经营就失去意义;没有持续经营,就不会有会计分期;没有货币计量,就不会有现代会计。

二、会计确认基础

(一)权责发生制

权责发生制又称应计制或应收应付制,是以应收应付为标准来处理经济业务,确定本期收入和费用以计算本期盈亏的会计确认基础。在实际工作中,企业发生的货币收支业务有时与交易或事项本身并不完全一致。如款项已经收到,但销售并未实现(如预收款项业务);或者款项已经支付,但并不是为本期生产经营活动而发生的(如预付款项业务)等,为了合理反映企业在特定期间的财务状况和经营成果,就要求企业在会计核算过程中以权责发生制为基础。

实际上,权责发生制下确认收入的标准在于:收入的赚取过程是否完成,收取货款的权力是否获得,而不在于款项是否收取。同理,权责发生制下确认费用的标准在于:是否受益,是否形成付款的责任,而不在于款项是否支付。因此,权责发生制是一种以是否取得收款权利和是否形成付款责任为标准来确认收入和费用。它更能合理地反映企业不同期间的经营业绩。但是,需要强调的是使用权责发生制计算的利润与当期现金净流量是脱节的,会计信息使用者应特别关注权责发生制的负面影响。

我国《企业会计准则——基本准则》第九条中规定"企业应当以权责发生制为基础进行会计确认、计量与报告",直接明确了权责发生制的企业会计基础地位。

(二)收付实现制

收付实现制又称现金制或实收实付制,是以款项的实际收付为标准来处理经济业务,确定本期收入和费用、计算本期盈亏的会计确认基础。在现金收付制的基础上,凡在本期实际付出的款项,不论其应否在本期收入中获得补偿,均应作为本期费用处理;凡在本期实际收到的现款,不论其是否属于本期均应作为本期收入处理。反之,凡本期还没有以现款收到的收入和没有用现款支付的费用,即使它归属于本期,也不作为本期的收入和费用处理。

第四节　财务会计信息质量要求

　　财务会计目标解决了信息使用者需要什么样的信息这一问题,在总体上规范了信息的需求量。但是合乎需要的信息还必须达到一定的质量要求,只有具备高质量的会计信息,才能有效地实现财务会计的目标。会计信息质量要求是对企业财务报告提供高质量会计信息的基本规范,是使财务报告中所提供会计信息对投资者等使用者决策有用应具备的质量特征。会计信息的质量和财务会计目标是密切相关的,目标决定会计信息的质量要求,而具备应有质量要求的信息才能促使目标的实现。

　　根据我国《企业会计准则——基本准则》的规定,会计信息质量要求包括以下八项:可靠性、相关性、可理解性、可比性、实质重于形式、重要性、谨慎性、及时性。

一、可靠性

　　可靠性要求企业应当以实际发生的交易或者事项为依据进行会计确认、计量和报告,如实反映符合确认和计量要求的各项会计要素及其他相关信息,保证会计信息真实可靠,内容完整。可靠性是高质量会计信息的重要基础和关键所在,如果企业以虚假的经济业务进行确认、计量、报告,属于违法行为,不仅会严重损害会计信息质量,而且会误导投资者,干扰资本市场,导致会计秩序混乱。

二、相关性

　　相关性是指会计信息与决策相关,是服务于投资者经济决策、面向未来的质量要求。相关性要求企业提供会计信息应当与财务会计报告使用者的经济决策需要相关,有助于财务会计报告使用者对企业过去、现在或者未来的情况做出评价或者预测。

　　会计信息是否有用,是否具有价值,关键是看其与使用者的决策需要是否相关,是否有助于决策或者提高决策水平。相关的会计信息应当能够有助于使用者评价企业过去的决策,证实或者修正过去的有关预测,具有反馈价值;相关的会计信息还应当具有预测价值,有助于使用者根据财务报告所提供的会计信息预测企业未来的财务状况、经营成果和现金流量。

　　会计信息质量的相关性要求是以可靠性为基础的,两者之间并不矛盾,不应将两者对立起来。也就是说,会计信息在可靠性前提下,尽可能地做到相关性,以满足投资者等财务报告使用者的决策需要。

三、可理解性

　　可理解性要求企业提供的会计信息应当清晰明了,便于财务会计报告使用者理解和使用。清晰明了有助于对报表的理解,这是衡量报表质量和是否有利于决策者使用的一个标准。如果生成的会计信息不能清晰明了地反映企业的财务状况、经营成果和现金流量,就会影响会计信息的有用性。

企业编制财务报告、提供会计信息的目的在于使用。使用者应能够了解会计信息的内涵,弄懂会计信息的内容,这就要求财务报告所提供的会计信息应当清晰明了,易于理解。只有这样,才能提高会计信息的有用性。实现财务报告的目标,满足向使用者提供决策有用信息的要求。鉴于会计信息是一种专业性较强的信息产品,因此,在强调会计信息的可理解性要求的同时,还应假定使用者具有一定的有关企业生产经营活动和会计方面的知识,并且愿意付出努力去研究这些信息。

四、可比性

企业提供的会计信息应当具有可比性。可比性主要包括两层含义:第一,同一企业不同时期可比。为了便于使用者了解企业财务状况、经营成果和现金流量的变化趋势,比较企业在不同时期的财务报告信息,全面客观地评价企业过去、预测未来,从而做出决策。可比性要求同一企业不同时期发生的相同或者相似的交易或者事项,应当采用一致的会计政策,不得随意变更。如企业所选择的会计政策、会计方法等已不再适合于企业的实际情况,确有必要变更,应当在财务报告附注中说明。第二,不同企业相同会计期间可比。为了便于使用者了解企业财务状况、经营成果和现金流量的变化趋势,可比性还要求不同企业发生的相同或者相似的交易或者事项,应当采用规定的会计政策、确保会计信息口径一致、相互可比。从而有利于会计信息使用者进行企业间的分析比较,提高企业会计信息的有用性。

五、实质重于形式

实质重于形式要求企业应当按照交易或者事项的经济实质进行会计确认、计量和报告,不应仅以交易或者事项的法律形式为依据。企业发生的交易或事项在多数情况下,其经济实质与法律形式是一致的。但在有些情况下,随着市场经济的发展,经济现象及其表现形式日趋复杂化和多样化,某些交易或事项的实质往往存在着与其法律形式不一致的情形。例如,企业按照销售合同销售商品但又签订了售后回购协议,虽然从法律形式上看实现了收入,但如果企业没有将商品所有权上的主要风险和报酬转移给购货方,没有满足收入确认的各项条件,即使签订了商品销售合同或者已将商品交付给购货方,也不应当确认销售收入。

六、重要性

重要性要求企业提供的会计信息应当反映与企业财务状况、经营成果和现金流量等有关的所有重要交易或者事项。在实务中,如果会计信息的省略或错报会影响投资者等财务报告使用者据此做出决策的,该信息就具有重要性。至于哪些项目应视为重要性项目,取决于企业本身的规模以及会计人员的职业判断,一般企业应当根据所处环境和实际情况,从项目的性质和金额大小两方面加以判断。

七、谨慎性

谨慎性也称稳健性,在西方国家也称为保守性。谨慎性要求企业对交易或者事项进行会计确认、计量和报告应当保持应有的谨慎,不应高估资产或者收益、低估负债或者费用。

在市场经济环境下,企业的生产经营活动面临着许多风险和不确定性,如应收款项的可收回性、固定资产的使用寿命、无形资产的使用寿命、售出存货可能发生的退货或返修等。会计信息质量的谨慎性要求,需要企业在面临不确定性因素的情况下做出职业判断时,应当保持应有的谨慎,充分估计到各种风险和损失,既不高估资产或者收益,也不低估负债或者费用。例如,要求企业对可能发生的资产减值损失计提资产减值准备、对售出资产可能发生的保修义务等确认预计负债等,就体现了会计信息质量的谨慎性要求。

八、及时性

及时性要求企业对于已经发生的交易或者事项。应当及时进行会计确认、计量和报告,不得提前或者延后。在会计确认、计量和报告过程中贯彻及时性,一是要求及时收集会计信息,即在经济交易或事项发生后,及时收集整理各种原始凭证;二是要求及时处理会计信息,并编制财务报告;三是要求及时传递会计信息,按照国家规定的有关时限,及时地将编制的财务报告传递给财务报告使用者,便于其及时使用和决策。

☞ 相关资料

月度财务报告应于当月终了后的 6 天内(节假日顺延,下同)对外提供;季度财务报告应于季度终了后的 15 天内对外提供;半年度财务报告应于年度中期结束后的 60 天内对外提供;年度财务报告应于年度终了后的 4 个月内对外提供。

综上可见,会计信息的质量要求之间存在一定的相互关联,而且具有一定的层次性,其中可靠性和相关性是会计信息的主要质量特征,一般情况下,会计信息的相关性越大,可靠性越强,会计信息就越有用。

国际视野

1. 美国财务会计准则委员会(FASB)对于财务会计信息质量特征的划分。FASB 于 1980 年 12 月发布的《财务会计概念公告》第二辑(SFAC No.2)《会计信息质量特征》中提出,由于财务报告都要在不同程度上与决策有关,"对决策的有用性应作为最重要的质量特征,如果没有有用性,就谈不上从信息中获得足以抵偿该项信息所费成本的利益"。在这一最基本质量特征的前提下,构建了会计信息质量的层次结构。

FASB 的会计信息质量特征体系是一个有严密的逻辑关系和内在联系的多层次的体系。相关性和可靠性被并列认为是首要的信息质量特征,可比性属于次要的信息质量特征。然而,遗憾的是 FASB 并没有回答相关性和可靠性哪个更为基本的问题。

2. 国际会计准则委员会(IASC)对于财务会计信息质量特征的划分。IASC 在 1989 年 7 月发表的《编制和提供财务报表的框架》中,以"财务报表的质量特征"为题,提出了会计信息的 10 个质量特征,包括可理解性、相关性、可靠性、可比性、重要性、如实反映、中立性、谨慎性、完整性、实质重于形式等,并把可理解性、相关性、可靠性和可比性作为四个主要的质量特征,把及时性和效益成本作为限制因素。

3. 英国会计准则理事会(ASB)对于财务会计信息质量特征的划分。ASB于1999年2月发表了"财务报告原则公告"。在这份公告中,财务信息的质量特征主要可分为两类:一类是与财务报表中的信息的内容有关,主要包括:相关性和可靠性两个质量特征。其中,可靠性又包括了如实反映、稳健性、完整性、中立性和公允披露等次要质量。另一类则与财务报表中信息的表述有关。主要包括:可理解性、披露、可比性、一致性和及时性等。这一公告提出,重大性是最低的信息质量标准,不符合重大性的信息一般不再进一步考虑其他质量。同时,它还明确回答了FASB所一再回避的问题,财务报表的信息必须相关和可靠,当两者互相排斥,需要对产生信息的方法选择时,所选择的方法应当是能使信息相关性最大化的方法。

⌨相关案例

会计信息质量检查:上市公司会计造假被披露

天津市天海集团有限公司会计信息严重失真,财务管理相当混乱,将利用外国政府贷款购置的价值7.2亿元的船舶长期挂往来账,未纳入固定资产核算。其下属子公司天津市海运股份有限公司连续两年伪造银行存款1.5亿元,以隐瞒大股东占用上市公司资金的问题。黑龙江省电力有限公司2005年通过虚构售电量,虚增收入5.1亿元。

浏阳花炮股份有限公司为了避免2003年、2004年连续亏损,将以前年度发生的费用1 859万元及欠缴税款786万元推迟计入2005年度。航天通信控股集团股份有限公司2003年至2005年划出资金通过其他单位进行周转,虚增利润3 110万元。

厦门国源房地产开发有限公司编制虚假会计报表并串通会计师事务所出具虚假审计报告,违规获取银行贷款3 300万元。海南金邦实业有限公司2005年度实现销售收入3.2亿元,而会计报表反映收入为零,也未按规定预缴企业所得税。

(资料来源:《中国证券报》2008-09-27)

第五节 会计要素及其确认、计量与报告

会计要素也称财务报告要素,是指按照交易或者事项的经济特征所作的基本分类,分为反映企业财务状况的会计要素和反映企业经营成果的会计要素。它既是会计确认和计量的依据,也是确定财务报表结构和内容的基础。

在会计理论中,确认是指将经济活动产生的信息,以会计要素的形式正式列入会计系统的过程。一项已确认的会计要素必须同时以文字和数字加以描述。会计确认解决的问题是,经济活动产生的信息能否进入会计系统,以"什么"列入会计系统,要在何时列入会计系

统。在实务中,会计确认有初始确认和再确认之分。实际上,确认主要解决某项经济业务"是什么,是否应当在会计上反映"的问题。计量主要解决已经确认项目的金额问题,计量的过程就是对符合财务报告要素定义的项目予以货币量化的过程。

我国企业会计要素按照其性质分为资产、负债、所有者权益、收入、费用和利润,其中,资产、负债和所有者权益要素侧重于反映企业的财务状况,收入、费用和利润要素侧重于反映企业的经营成果。会计要素的界定和分类可以使财务会计系统更加科学严密,并可为使用者提供更加有用的信息。

一、反映财务状况的会计要素及其确认

财务状况要素是反映企业在某一日期经营资金的来源和分布情况的各项要素。一般通过资产负债表反映。财务状况要素由资产、负债和所有者权益三个要素所构成。

（一）资产

1. 资产的含义

资产是指企业过去的交易或者事项形成的,由企业拥有或者控制的,预期会给企业带来经济利益的资源。根据这一定义,资产具有以下特征:

（1）资产是由企业过去的交易或者事项形成的

企业过去的交易或者事项包括购买、生产、建造行为或其他交易或者事项。也就是说,资产必须是现实资产,而不是预期的资产,是由于过去已经发生的交易或事项所产生的结果,至于未来交易或事项以及未发生的交易或事项可能产生的结果,则不属于现在的资产,不得作为资产确认。甲企业和乙供应商签订了一份购买原材料的合同,合同尚未履行,即购买行为尚未发生,因此该批原材料不符合资产的定义,甲企业不能因此而确认存货资产。

（2）资产应为企业拥有或控制的资源

资产作为一项资源,必须由企业拥有或者控制。由企业拥有或者控制是指企业享有某项资源的所有权,或者虽然不享有某项资源的所有权,但该资源能被企业所控制。

企业享有资产的所有权,通常表明企业能够排他性地从资产中获取经济利益。但是有些情况下,资产虽然不为企业所拥有,即企业并不享有其所有权,但是企业控制了这些资产,这同样表明企业能够从该资产中获取经济利益,符合会计上对资产的定义。反之,如果企业既不拥有也不控制资产所能带来的经济利益,那么就不能将其作为企业的资产予以确认。如某企业以融资租赁方式租入一项固定资产,尽管企业并不拥有其所有权,但是如果租赁合同规定的租赁期相当长,接近于该资产的使用寿命,则表明企业控制了该资产的使用及其所能带来的经济利益,因此,应当将其作为企业的资产予以确认、计量和报告。

（3）资产预期会给企业带来经济利益

预期会给企业带来经济利益,是指直接或者间接导致现金和现金等价物流入企业的潜力。这种潜力可以来自企业的日常生产经营活动,也可以是非日常生产经营活动;带来的经济利益可以是现金或者现金等价物,或者是可以转化为现金等价物的其他资产,或者表现为减少现金或者现金等价物流出。

资产预期能为企业带来经济利益是资产的重要特征。如果某一项目预期不能给企业带来经济利益,那么就不能将其确认为企业的资产。前期已经确认为资产的项目,如果不能再为企业带来经济利益的,也不能再确认为企业的资产。

2. 资产的确认条件

将一项资源确认为资产,首先应当符合资产的定义。除此之外,还需要同时满足资产确认的两个条件:

(1)与该资源有关的经济利益很可能流入企业

与该资源有关的经济利益很可能流入企业是指资产的确认应当与经济利益流入的不确定性程度的判断结合起来,即:不确定性程度5%及以下为极小可能,大于5%且小于等于50%为可能,大于50%且小于等于95%为很可能,95%以上为基本确定。根据资产的定义,能够带来经济利益是资产的一个本质特征,但是由于经济环境瞬息万变,与资源有关的经济利益能否流入企业或者能够流入多少,实际上带有不确定性。如果根据编制财务报表时所取得的证据,与该资源有关的经济利益很可能流入企业,那么就应当将其作为资产予以确认。如A企业赊销一批商品给B客户,形成了对该客户的应收账款,由于A企业最终收到款项与销售实现之间有时间差,而且收款又在未来期间,因此带有一定的不确定性,如果企业在销售时判断未来很可能收到款项或者能够确定收到款项,A企业就应当在销售实现时点将该应收账款确认为一项资产。反之,对于所形成的应收账款,如果A企业判断很可能部分或者全部无法收回,则表明该部分或者全部应收账款已经不符合资产的确认条件,企业应当对该应收账款计提一项坏账准备,减少资产的价值。

(2)该资源的成本或者价值能够可靠地计量

可计量性是所有会计要素确认的重要前提,资产的确认同样需要符合这一要求。只有当有关资源的成本或者价值能够可靠地计量时,资产才能予以确认。

企业取得的许多资产一般都是发生了实际成本的,比如企业购买或者生产的存货,企业购置的厂房或者设备等,对于这些资产,只要实际发生的购买或者生产成本能够可靠地计量的,就应视为符合了资产的可计量性确认条件。在某些情况下,企业取得的资产没有发生实际成本或者发生的实际成本很小,例如企业持有的某些衍生金融工具形成的资产,对于这些资产,尽管它们没有实际成本或者发生的实际成本很小,但是如果其公允价值能够可靠地计量的,也被认为符合了资产可计量性的确认条件。

因此,关于资产的确认,除了应当符合定义外,上述两个条件缺一不可,只有在同时满足的情况下,才能将其确认为一项资产。如甲企业为一家高科技企业,于2009年度发生研究支出5 000万元。该研究支出尽管能够可靠地计量,但是很难判断其能否为企业带来经济利益或者有关经济利益能否流入企业有很大的不确定性,因此,不能将其作为资产予以确认。又如乙企业是一家咨询服务企业,人力资源丰富,而且这些人力资源都很可能为企业带来经济利益,但是人力资源的成本或者价值往往无法可靠地计量。因此,在现行会计系统中,人力资源通常不确认为企业的一项资产。

(二)负债

1. 负债的含义

负债是指企业过去的交易或者事项形成的、预期会导致经济利益流出企业的现时义务。根据负债的定义,负债具有以下特征:

(1)负债是企业承担的现时义务

负债必须是企业承担的现时义务,它是负债的一个基本标志。现时义务是指企业在现行条件下已承担的义务;未来发生的交易或者事项形成的义务,不属于现时义务,不应当确认为负债。现时义务可以是法定义务,也可以是推定义务。其中法定义务是指具有约束力的合同或者法律、法规规定的义务,通常必须依法执行。例如,企业购买原材料形成应付账款,企业向银行贷入款项形成借款,企业按照税法规定应当交纳的税款等,均属于企业承担的法定义务,需要依法予以偿还。推定义务是指根据企业多年来的习惯做法、公开的承诺或者公开宣布的政策而导致企业将承担的责任,这些责任也使有关各方形成了企业将履行义务解脱责任的合理预期。例如,乙企业多年来制定有一项销售政策,即对于售出商品提供一定期限内的售后保修服务,乙企业将为售出商品提供的保修服务就属于推定义务。

(2)负债的清偿预期会导致经济利益流出企业

负债的清偿预期会导致经济利益流出企业,是负债的又一重要的特征。只有企业在履行义务时会导致经济利益流出企业的,才符合负债的定义;如果不会导致经济利益流出企业的,就不符合负债的定义。在履行现时义务清偿负债时,导致经济利益流出企业的形式是多种多样的。例如,用现金偿还或以实物资产偿还,以提供劳务偿还,部分转移资产、部分提供劳务偿还等。

(3)负债是由企业过去的交易或者事项形成的

企业只有过去发生的交易或者事项才形成负债,企业将在未来发生的承诺、签订的合同等交易或者事项,不形成负债。如某企业已向银行借入款项 5 000 万元,即属于过去的交易或者事项所形成的负债。企业同时还与银行达成了 2 个月后借入 3 000 万元的借款意向书,该交易就不属于过去的交易或者事项,不应形成企业的负债。

2. 负债的确认条件

将一项现时义务确认为负债,必须符合负债的定义,同时还需要满足以下两个条件:

(1)与该义务有关的经济利益很可能流出企业

根据负债的定义,预期会导致经济利益流出企业是负债的一个本质特征。鉴于履行义务所需流出的经济利益带有不确定性,尤其是与推定义务相关的经济利益通常需要依赖于大量的估计,因此,负债的确认应当与经济利益流出的不确定性程度的判断结合起来。如果根据编制财务报表时所取得的证据判断,与现时义务有关的经济利益很可能流出企业,那么就应当将其作为负债予以确认。如某企业涉及的未决诉讼和为销售商品提供质量保证,如果很可能会导致企业的经济利益流出企业的,就应当视为符合负债的确认条件。反之,如果企业虽然承担了现时义务,但是会导致企业经济利益流出的可能性很小的,则不符合负债的确认条件,不应当将其作为负债予以确认。

(2)未来流出的经济利益的金额能够可靠地计量

负债的确认也需要符合可计量性的要求,即对于未来流出的经济利益的金额应当能够可靠地计量。对于与法定义务有关的经济利益流出金额,通常可以根据合同或者法律规定的金额予以确定。考虑到经济利益的流出一般发生在未来期间,有时未来期间的时间还很长,在这种情况下,有关金额的计量通常需要考虑货币时间价值等因素的影响。对于与推定义务有关的经济利益流出金额,通常需要较大程度的估计。为此,企业应当根据履行相关义务所需支出的最佳估计数进行估计,并综合考虑有关货币时间价值、风险等因素的影响。

（三）所有者权益

1. 所有者权益的含义

所有者权益是指企业资产扣除负债后由所有者享有的剩余权益。公司的所有者权益又称为股东权益。所有者权益具体包括实收资本（或股本）、资本公积和留存收益。

所有者投入的资本，是指所有者投入企业的资本部分，它既包括构成企业注册资本或者股本部分的金额，也包括投入资本超过注册资本或者股本部分的金额，即资本溢价或者股本溢价。这部分投入资本在我国企业会计准则体系中被计入了资本公积，并在资产负债表中的资本公积项目下反映。

直接计入所有者权益的利得和损失，是指不应计入当期损益、会导致所有者权益发生增减变动的、与所有者投入资本或者向所有者分配利润无关的利得或者损失。其中，利得，是指由企业非日常活动所形成的、会导致所有者权益增加的、与所有者投入资本无关的经济利益的流入；损失，是指由企业非日常活动所发生的、会导致所有者权益减少的、与向所有者分配利润无关的经济利益的流出。直接计入所有者权益的利得和损失主要包括可供出售金融资产的公允价值变动额、现金流量套期中套期工具利得或损失属于有效套期部分等。

留存收益，是企业历年实现的净利润留存于企业的部分，主要包括计提的盈余公积和未分配利润。

2. 所有者权益的确认条件

由于所有者权益体现的是所有者在企业中的剩余权益，因此，所有者权益的确认主要依赖于其他会计要素，尤其是资产和负债的确认；所有者权益金额的确定也主要取决于资产和负债的计量。所有者权益项目应当列入资产负债表。例如，企业接受投资者投入的资产，在该资产符合企业资产确认条件时，也相应地符合了所有者权益的确认条件。

二、反映经营成果的会计要素及其确认

经营成果是指企业在一定时期内生产经营活动的结果，具体地说，它是指企业生产经营过程中取得的收入与发生的耗费相比较的差额。经营成果要素一般通过利润表来反映，由收入、费用和利润三个要素构成。

（一）收入

1. 收入的含义

收入是指企业在日常活动中形成的、会导致所有者权益增加的、与所有者投入资本无关的经济利益的总流入。收入具有以下特征：

（1）收入是从企业的日常活动中产生，而不是从偶发的交易中产生。日常活动是指企业为完成其经营目标而从事的经常性活动以及与之相关的活动。如工业企业制造和销售产品、商业企业销售商品、保险公司签发保单、咨询公司提供咨询服务、软件企业为客户开发软件、安装公司提供安装服务、商业银行对外贷款、租赁公司出租资产等，均属于企业的日常活动。明确界定日常活动是为了将收入与利得相区分，因为企业非日常活动所形成的经济利益的流入不能确认为收入，而应当计入利得。有些交易或事项也能为企业带来经济利益，但不属于企业的日常经济活动，其流入的经济利益是利得，而不是收入。利得和收入都属于企业的收益，但利得是指收入以外的其他收益，通常从偶发的经济业务中取得，属于那种不经

过经营过程就能取得或不曾期望获得的收益,如企业接受捐赠或政府补助取得的资产、因其他企业违约收取的罚款等。因此,收入属于企业主要的、经常性的业务收入,利得属于偶发性的收益。

(2)收入会导致经济利益的流入,该流入不包括所有者投入的资本。收入应当会导致经济利益的流入,收入可能表现为企业资产的增加,如增加银行存款、应收账款等;也可能表现为企业负债的减少,如以商品或劳务抵偿债务;或者两者兼而有之。如商品销售的货款中一部分用来抵偿债务,将引起负债的减少,另一部分收取现金,将引起资产的增加。但是,企业经济利益的流入有时是由所有者投入资本的增加所导致的,所有者投入资本的增加不应当确认为收入,应当将其直接确认为所有者权益。因此,与收入相关的经济利益的流入应当将所有者投入的资本排除在外。经济利益的流入也不包括为第三方或客户代收的款项,如增值税销项税额、代收利息等。代收的款项,一方面增加企业的资产,一方面增加企业的负债,因此不增加企业的所有者权益,也不属于本企业的经济利益,不能作为本企业的收入。如企业销售商品时代收的增值税,旅行社代客户购买门票、飞机票收取票款等,不能作为企业的收入核算,应作为暂收款记入相关的负债类科目。

(3)收入最终会导致所有者权益的增加。与收入相关的经济利益的流入最终应当会导致所有者权益的增加,不会导致所有者权益增加的经济利益的流入不符合收入的定义,不应确认为收入。如某企业向银行借入款项1 000万元,尽管该借款导致了企业经济利益的流入,但是该流入并不会导致所有者权益的增加,反而使企业承担了一项现时义务。因此,企业对于因借入款项所导致的经济利益的增加,不应将其确认为收入,而应当确认一项负债。

但收入扣除相关成本费用后的净额,则可能增加所有者权益也可能减少所有者权益。这里仅指收入本身导致的所有者权益的增加,而不是指收入扣除相关成本费用后的损益对所有者权益的影响。

2. 收入的确认条件

收入的确认除了应当符合定义外,还应当满足严格的确认条件。收入只有在经济利益很可能流入,从而导致企业资产增加或者负债减少,且经济利益的流入额能够可靠计量时才能予以确认。因此,收入的确认至少应当同时符合下列条件:一是与收入相关的经济利益很可能流入企业;二是经济利益流入企业的结果会导致企业资产的增加或者负债的减少;三是经济利益的流入额能够可靠地计量。

(二)费用

1. 费用的含义

费用是指企业在日常活动中发生的、会导致所有者权益减少的、与向所有者分配利润无关的经济利益的总流出。费用具有以下特征:

(1)费用是企业在日常经营活动中发生的经济利益的流出,而不是从偶发的交易或事项中产生的经济利益的流出。这些日常活动的界定与收入定义中涉及的日常活动相一致。日常活动中所产生的费用通常包括销售成本、职工薪酬、折旧费、无形资产摊销费等。将费用界定为日常活动中所形成的,目的是为了将其与损失相区分,因企业非日常活动所形成的经济利益的流出不能确认为费用,应当计入损失,如工业企业出售固定资产净损失。

(2)费用会导致经济利益的流出,该流出不包括向所有者分配的利润。费用可能表现为资产的减少,如购买原材料支付现金或者现金等价物的流出、制造产品耗用存货、固定资产和无形资产的消耗等;或债务的增加(最终也会导致资产的减少),如负担长期借款利息,或二者兼而有之。如购买原材料支付部分现金,同时承担债务。企业向所有者分配利润也会导致经济利益的流出,而该经济利益的流出属于所有者权益的抵减项目,因而不应确认为费用,应当将其排除在费用之外。

(3)费用最终会导致所有者权益的减少。与费用相关的经济利益的流出最终应当会导致所有者权益的减少,不会导致所有者权益减少的经济利益的流出不符合费用的定义,不应确认为费用。如某企业用银行存款 500 万元购买工程用物资,该购买行为尽管使企业的经济利益流出了 500 万元,但并不会导致企业所有者权益的减少,而使企业增加了另一项资产。在这种情况下,就不应当将该经济利益的流出确认为费用。又如,某企业用银行存款偿还了一笔短期借款 1 000 万元,该偿付行为尽管也导致了经济利益流出 1 000 万元,但是该流出并没有导致企业所有者权益的减少,而是使企业的负债减少了,所以,不应当将该经济利益的流出作为费用确认。

2. 费用的确认条件

费用的确认除了应当符合定义外,还应当满足严格的确认条件。费用只有在经济利益很可能流出,从而导致企业资产减少或者负债增加,且经济利益的流出额能够可靠计量时才能予以确认。因此,费用的确认至少应当同时符合下列条件:一是与费用相关的经济利益很可能流出企业;二是经济利益流出企业的结果会导致企业资产的减少或者负债的增加;三是经济利益的流出额能够可靠地计量。

(三)利润

1. 利润的含义

利润是指企业在一定会计期间的经营成果,反映的是企业的经营业绩情况。利润通常是评价企业管理层业绩的一项重要指标,也是投资者、债权人等作出投资决策、信贷决策等的重要参考指标。

利润包括收入减去费用后的净额、直接计入当期利润的利得和损失等。其中,收入减去费用后的净额反映的是企业日常活动的业绩;直接计入当期利润的利得和损失反映的是企业非日常活动的业绩,具体是指应当计入当期损益、会导致所有者权益发生增减变动的、与所有者投入资本或者向所有者分配利润无关的利得或者损失。企业应当严格区分收入和利得、费用和损失之间的区别,以更全面地反映企业的经营业绩。利润可细分为营业利润、利润总额和净利润。

2. 利润的确认条件

利润反映的是收入减去费用、直接计入当期利润的利得减去损失后的净额,因此,利润的确认主要依赖于收入和费用以及利得和损失的确认,其金额的确定也主要取决于收入、费用、利得、损失金额的计量。

国际视野

会计要素是财务会计理论的基石,是构建会计准则的核心。但不同准则的要素体系确立却不尽相同。中国会计准则、IASB和美国FASB的会计要素存在明显的差异。它们分别是:

中国会计准则	FASB	IASB
资产	资产	资产
负债	负债	负债
所有者权益	所有者权益	所有者权益
收入	业主投资	收益
费用	业主派得	费用
利润	收入	
	费用	
	利得	
	损失	
	综合收益	

三、会计计量

会计计量就是在资产负债表和利润表内确认和列示会计要素而确定其金额的过程。这一过程涉及计量属性的选择。会计计量属性主要包括:

(一)历史成本

历史成本,又称为实际成本。是指企业的各种资产应按其取得或购建时发生的实际成本进行核算。所谓实际成本,就是取得或制造某项财产物资时所实际支付的现金或其他等价物。在历史成本计量下,资产按照购买时支付的现金或者现金等价物的金额,或者按照购置资产时所付出的等价的公允价值计量;负债按照因承担现时义务而实际收到的款项或者资产的金额,或者承担现时义务的合同金额,或者按照日常活动中为偿还负债预期需要支付的现金或者现金等价物的金额计量。

历史成本的特点:(1)发生的时点是资产取得当时,而没有考虑市场价格变动的影响;(2)是真实交易的价格;(3)在发生之时就是公允价值。在我国目前会计计量中,历史成本一直占主导地位,其所以得到广泛应用,主要有以下优点:(1)具有客观性,有合法的原始凭证为依据;(2)具有可验证性,其取得成本较低;(3)具有可比较性,可通过与计划成本、定额成本等相比较,预测成本水平及其变化趋势。但在物价变动较大时,历史成本缺乏可比性和相关性,收入与费用的配比缺乏逻辑统一性,经营业绩和持有收益不能分清,非货币性资产和负债出现低估,难以揭示企业真实的财务状况。

(二)重置成本

重置成本又称现行成本,是指按照当前市场条件,重新取得同样一项资产所需支付的现金或现金等价物金额。在重置成本计量下,资产按照现在购买相同或者相似资产所需支付的现金或者现金等价物的金额计量;负债按照现在偿付该项债务所需支付的现金或者现金等价物的金额计量。负债的重置成本,是不含折扣金额的。

【例1-1】 甬江股份有限公司财产清查发现,基本车间盘盈设备一台。经专业技术人员评估,设备重置成本为100 000元,估计有八成新。企业对财产价值评估采用重置成本法,但不是按重置成本入账,而是按照重置成本扣除财产折耗价值后的余额入账。因此,该设备记账价值计算如下:

设备入账价值＝100 000－100 000×20％＝80 000(元)

在重置成本计量下,资产按照现在购买相同或者相似资产所需支付的现金或者现金等价物的金额计量。负债按照现在偿付该项债务所需支付的现金或者现金等价物的金额计量。重置成本的优点:(1)避免在物价上涨时虚计利润;(2)增强了期间收入与费用相配比的可比性和可靠性;(3)反映了企业真实的财务状况,增强了会计信息的有用性;(4)便于区分企业经营收益,有助于正确评价管理者的业绩。同样,重置成本也存在缺点:(1)由于条件因素的影响,事实上很难存在与原资产完全相同的重置成本;(2)在计算上缺乏足够可信的证据,影响了会计信息的可靠性;(3)仍然不能消除货币购买力变动的影响,也无法以持有资本的形式来解决资本保值问题,不能确保已耗生产能力得到补偿或更新。

(三)可变现净值

可变现净值又称为结算价值,是指在正常生产经营过程中,以预计售价减去进一步加工成本和销售所必需的预计税金、费用后的净值。在可变现净值计量下,资产按照其正常对外销售所能收到现金或者现金等价物的金额,扣减该资产至完工时估计将要发生的成本、估计的销售费用以及相关税费后的金额计量。当然,在运用可变现净值时,一定要注意可变现净值低于估计成本时,才能计提跌价准备。

【例1-2】 2009年12月31日,甬江股份有限公司库存准备直接对外出售的A产品账面价值(历史成本)为90 000元,市场售价88 000元,销售A产品可能发生销售费用2 000元。该产品的可变现净值计算如下:

A产品的可变现净值＝88 000－2 000＝86 000(元)

在可变现净值计量下,资产按照其正常对外销售所能收到现金或现金等价物的金额扣减该资产至完工时估计将要发生的成本、估计的销售费用以及相关税金后的金额计量。可变现净值仅用于计划未来将销售的资产,它无法适用于企业所有资产。

(四)现值

现值是指对未来现金流量按照恰当的折现率折合成的当前价值。它主要分为复利现值和年金现值。在现值计量下,资产按照预计从其持续使用和最终处置中所产生的未来净现金流入量的折现金额计量。负债按照预计期限内需要偿还的未来净现金流出量的折现金额计量。其中,"资产预计未来现金流量的现值,应当按照资产在持续使用过程中和最终处置时所产生的预计未来现金流量,选择恰当的折现率对其进行折现后的金额加以确定。预计资产未来现金流量的现值,应当综合考虑资产的预计未来现金流量、使用寿命和折现率等因素。"

【例1-3】 甬江股份有限公司有一投资项目预计5年后可获得收益800万元。按年利率(折现率)6％计算,这笔收益的现值为:

期限5年,利率6％的复利现值系数＝0.7473(可查复利现值系数表)

该收益的现值＝800×0.7473＝597.84（万元）

在现值计量下,资产按照预计从其持续使用和最终处置中所产生的未来净现金流入量的折现金额计量。负债按照预计期限内需要偿还的未来净现金流出量的折现金额计量。这种计量属性虽然考虑了货币的时间价值,与决策的相关性最强,但其未来现金流入量的现值却是难以准确预测,所以又与决策的可靠性最差。

（五）公允价值

公允价值是指熟悉市场情况的双方都能够接受的价格。在公允价值计量下,资产和负债按照在公平交易中,熟悉情况的交易双方自愿进行资产交换或者债务清偿的金额计量。

【例1-4】　2009年4月21日,甫江股份有限公司将作为固定资产使用的小型挖掘机一台,交换乙公司A库存商品一批,作为商品对外出售。小型挖掘机原价30万元,折旧5万元,公允价值16万元;A商品成本10万元,公允价值16万元。假设不考虑税费。

甫江股份有限公司和乙公司是依据公允价值16万元进行的资产交换。

公允价值的主要优点是:(1)能提供可靠的会计信息,有利于企业的资本保值。(2)符合会计的配比原则要求。(3)能合理地反映企业的财务状况,从而提高财务信息的相关性。(4)能更真实地反映企业的收益。

会计计量属性尽管包括历史成本、重置成本、可变现净值、现值和公允价值等,但是企业在对会计要素进行计量时,应当严格按照规定选择相应的计量属性。一般情况下,对于会计要素的计量,应当采用历史成本计量属性,例如,企业购入存货、建造厂房、生产产品等,应当以所购入资产发生的实际成本作为资产计量的金额。

鉴于应用重置成本、可变现净值、现值、公允价值等其他计量属性,往往需要依赖于估计,为了使所估计的金额在提高会计信息相关性的同时,又不影响其可靠性,企业会计准则要求企业应当保证根据重置成本、可变现净值、现值、公允价值所确定的会计要素金额能够取得并可靠计量;如果这些金额无法取得或者可靠地计量的,则不允许采用。

⌨ 相关案例

会计计量属性对投资者很重要

某上市公司几年前花5 000万元投资的房产,现在涨至1亿元,如果该公司采用历史成本计量属性,其财务报表反映的房产价值仍为5 000万元,不会带来利润,如果采用公允价值计量属性,房产价值则增至1亿元,同时带来5 000万元利润。这说明:企业选用的会计计量属性不同,将会对其财务报表中反映的财务状况和经营业绩产生重大的影响。新会计准则规定:企业在将符合确认条件的会计要素登记入账并列报于财务报表时,应当按照规定的会计计量属性进行计量,确定其金额。因此,投资者分析财务报表时,应该了解公司会计计量属性的采用情况,了解不同会计计量属性之间的关系和适用范围,以便更准确地判断该公司的资产质量和实际经营业绩。

（资料来源:http://www.drcnet.com.cn/DRCNet.Common.Web/）

四、财务会计报告

财务会计报告是对会计要素确认与计量的最终结果体现,是财务会计工作者的最终产品。会计信息使用者主要是通过财务会计报告来了解企业当前的财务状况、经营成果和现金流量等情况,从而预测未来的发展趋势。因此,财务会计报告是向投资者等会计信息使用者提供决策有用信息的媒介和渠道,是沟通投资者、债权人等使用者与企业管理层之间信息的桥梁和纽带。财务会计报告在国际上被称为财务报告。

"财务报告"从国际范围来看是一个比较通用的术语,但是在我国现行有关法律、行政法规中使用的是"财务会计报告"术语,为了保持法规体系上的一致性,我国会计基本准则仍然沿用了"财务会计报告"的术语,但同时又引入了"财务报告"这一术语,并指出"财务会计报告"又称"财务报告",从而较好地解决了立足国情与国际趋同的问题。在所有具体准则的制定中则统一使用了"财务报告"的术语。

财务会计报告是企业对外提供的反映企业某一特定日期的财务状况和某一会计期间的经营成果、现金流量等会计信息的文件。根据财务报告的定义,财务会计报告具有以下几层含义:一是财务会计报告应当是对外报告,其服务对象主要是投资者、债权人等外部使用者,专门为了内部管理需要的、特定目的的报告不属于财务报告的范畴;二是财务会计报告应当综合反映企业的生产经营状况,包括某一时点的财务状况和某一时期的经营成果与现金流量等信息,以勾画出企业整体和全貌;三是财务会计报告必须形成一个系统的文件,不应是零星的或者不完整的信息。

财务会计报告包括会计报表及其附注和其他应当在财务报告中披露的相关信息和资料。会计报表包括资产负债表、利润表、现金流量表和所有者权益变动表。附注是对资产负债表、利润表、现金流量表和所有者权益变动表等报表中列示项目的文字描述或明细资料,以及对未能在这些报表中列示项目的说明等。

要点回顾

• 学习目标总结

　　学习目标 1 财务会计目标与会计规范:财务会计目标是向财务报告使用者提供与企业财务状况、经营成果和现金流量等有关的会计信息,反映企业管理层受托责任履行情况,有助于财务报告使用者做出经济决策;会计规范由会计职业道德规范和会计法律规范构成。其中会计职业道德规范是从事会计工作的人员所应该遵守的具有本职业特征的道德准则和行为规范的总称;会计法律规范是国家立法机构为管理会计工作按立法程序制定和颁布的规范性文件的总称。

　　学习目标 2 会计基本假设:会计基本假设是企业会计确认、计量和报告的前提,是对会计核算所处时间、空间和环境等所作的合理设定。会计基本假设包括会计主体、持续经营、会计分期和货币计量等四个假设。会计核算对象的确定、会计政策的选择、会计数据的收集都要以这一系列的基本假设为前提。

　　学习目标 3 会计信息质量要求:会计信息质量要求是对企业财务报告提供高质量会

计信息的基本规范,是使财务报告中所提供会计信息对投资者等使用者决策有用应具备的质量特征。会计信息的质量和财务会计目标是密切相关的,目标决定会计信息的质量要求,而具备应有质量要求的信息才能促使目标的实现。财务报告中所提供的会计信息应当符合可靠性、相关性、可理解性、可比性、实质重于形式、重要性、谨慎性和及时性的质量要求。

　　<u>学习目标 4</u>　会计要素及其确认:会计要素是按照交易或者事项的经济特征所作的基本分类,分为反映企业财务状况的会计要素和反映企业经营成果的会计要素。它既是会计确认和计量的依据,也是确定财务报表结构和内容的基础,包括资产、负债、所有者权益、收入、费用和利润。

　　<u>学习目标 5</u>　会计计量属性:会计计量属性主要包括历史成本、重置成本、可变现净值、现值和公允价值等。企业对会计要素进行计量时,一般应当采用历史成本。按规定采用其他计量属性时,应当确保相关金额能够取得并可靠计量。

● 关键术语

　　受托责任观;决策有用观;财务会计;会计准则;会计基本假设;会计信息质量特征;会计要素;会计计量;会计规范;会计职业道德

● 重点与难点

　　重点:对我国财务报告目标的理解,会计假设所起的作用;会计要素的确认、计量;会计信息质量特征以及在会计实务中的具体应用。

　　难点:会计假设对会计政策选择的影响、会计信息质量特征对会计要素确认、计量和报告的影响、会计计量属性的应用。

小组讨论

● 思考题

　　1. 你认为会计目标与企业目标之间应当是什么关系? 为什么? 请举例说明。

　　2. 由三个同学分别代表三个不同的会计信息使用者,他们各自分别关注哪些会计信息? 这些会计信息应具备哪些质量特征? 这些信息分别出自何处?

　　3. 为什么会计主体概念在会计中具有重要作用? 试举出四个会计主体的例子,假定你就是当中的一个主体的主办会计,不同的会计主体如何使用会计计量属性,其会计要素分别有哪些,如何对外披露会计信息?

　　4. 如何理解会计是一门艺术? 请分析企业财务报告目标与企业会计信息质量的关系。

　　5. 通过查阅我国的有关法律、规章、制度等资料,将我国现行与会计工作相关的法规、制度、准则等列成清单(提示:包括全国人大、国务院、财政部、中国证监会等发布的有关会计与会计信息披露的法规与制度)。

　　6. 通过查阅相关资料,撰写一篇介绍中国会计准则委员会、美国财务会计准则委员会、国际会计准则委员会等会计准则制定机构基本情况的短文(要求不超过 1 500 字)。

• 案例分析

1. 以发函、现场询问或其他方式，取得一个公司企业及其会计部门的以下资料：

(1)企业名称、经营范围、注册资本数、员工数量、总资产数；

(2)企业的组织机构设置情况；

(3)企业财务会计机构的设置情况，员工数量和分工情况及主要工作内容；

(4)提供哪些会计报告、间隔时间；

(5)企业进行会计处理依据的法律规范；

(6)该企业近3年内是否有过重大会计违规行为(含已揭露和未揭露的)；

(7)会计工作对企业管理与决策的作用、企业负责人对会计工作的态度。

请以小组为单位完成以下问题：

(1)根据上述资料自拟题目撰写一份报告，介绍和说明该企业会计工作的基本情况。

(2)跟踪你所调查的企业，结合课程的学习进度，对该企业的会计业务进行描述分析，并在期末提交该企业的一套完整财务报告。

2. 近年来，无论是国外还是国内，有关"会计假账"、"财务丑闻"等事件不绝于耳，所谓的"会计假账"、"财务丑闻"实际上是指企业提供的会计信息不真实，从而误导信息使用者的决策行为。

请以小组为单位讨论以下问题：

(1)请搜集"安然"、"雷曼兄弟"、"银广夏"、"华源制药(600656)"及其他国内外典型的会计造假案例资料，并分析这些会计丑闻出现的主要原因及防范措施。

(2)请对会计信息的可靠性与相关性进行分析，并讨论二者哪个对会计信息使用者更重要？

项目训练

训练目的：通过本项目训练，使学生对企业财务信息的生成环境有基本的认识，了解财务信息的生成背景以及应掌握的基本技能。

训练形式：以学生自主完成为主，教师适当指导。

训练课时：课外2课时

训练资料与要求：

一、训练资料

2009年6月，学习市场营销专业的张明大学毕业，受聘担任一家大型化工企业的销售业务员。有一次，在与企业化学工程师日常讨论中，得知公司已经研发出了利用回收塑料汽水瓶的生产技术，并申请了专利，该技术的工艺步骤是先把塑料汽水瓶粉研磨成粉末，然后加工成产品。张明从中看到了机会，他决定创办一家企业，专门用来回收塑料汽水瓶，碾成粉末，然后把它卖给该化工企业。张明经过一系列的市场调查和可行性论证，他的两个大学同学认为该项投资有一定的发展前途，决定投资于该企业。于是成立了由其三人组成的股份制企业，其中张明投入10万元，他的两个同学各投入5万元。由于张明是发起人，所占股份最多，由他出任总经理，其他两位投资者分别出任企业的副经理。于2009年8月在当地的工商行政管理部门进行了注册,注册资金 20 万元。同时聘请了一位会计师。

考虑到成本问题,该企业购买了 2 台旧粉碎机(每台花去 2 万元)和一辆旧卡车(花去 5 万元),另外还买了一台电脑 1 万元,以备记账之用。这些共花去 10 万元。

另外,考虑到业务发展的需要,购买了一个位置非常优越的仓库,但需要 20 万元才能买下来。为此,该企业用其中的 10 万元作为仓库的首期付款,银行同意为他们的仓库提供抵押贷款,为期两年,利率 6%。此外,会计师从考虑会计信息规范化的需要,使企业的会计记录从一开始就走上正轨,建议企业购买一套供中小企业使用的通用会计软件,处理企业的会计与非会计信息。

至此,该企业已经开始正式运转,与当地两家瓶子处理厂签订了合同,并雇用了两名粉碎机工人和一名卡车司机。到 2010 年 1 月,该企业已经向小张原来所在的化工企业按期供货了。

二、训练要求

(1)为了管理企业,张明总经理需要哪些信息?请把这些信息分成会计信息和非会计信息。

(2)试列出这家企业成立之时的资产和负债(如有必要,你可以作一些假定)。张明应该怎样为企业的资产进行计价?企业开办之时的所有者权益是多少?

(3)现在该企业已经开始有销售业务了,如果要确定企业的"盈利或亏损"需要哪些信息?构成该企业利润的一般项目应有哪些?该企业应该多长时间进行一次这样的分析?

(4)为了控制企业的经营活动,该企业还应记录和报告其他哪些会计信息?

阅读平台

• 阅读书目

(1)《企业会计准则——基本准则》。

(2)《会计》,中国注册会计师协会编,中国财政经济出版社,2009 年版。

(3)《财务会计概念框架与会计准则问题研究》,葛家澍,中国财政经济出版社,2003 年版。

(4)《中外会计与财务案例研究》,孙铮、戴欣苗、李莉、包洪信,上海财经大学出版社,2003 年版。

• 阅读资料

我国会计职业道德缺失的现状及原因分析

会计行业作为市场经济活动中的一个重要领域,主要提供会计信息或鉴证服务,其服务质量的好坏直接影响着经营者、投资者和社会公众的利益,进而影响着整个社会的经济秩序。市场经济越发展,对会计行业的诚信道德要求就越高。但从现实情况来看,近年来暴露出一系列的会计舞弊欺诈案件以及与之相连的审计失败的案例,不仅使会计人员的社会公众形象蒙受阴影,会计业的公信力受到怀疑,也动摇了市场经济的信用基础。因此,了解会计职业道德缺失的现状,分析会计职业道德缺失的原因十分必要。

一、会计职业道德缺失的现状

当前,在我国社会主义市场经济条件下,多数会计人员能够做到爱岗敬业、勤奋学习、坚持原则、参与管理。但也有一部分会计人员的职业道德出现严重的滑坡,主要表现在:

1. 会计执业态度不端正,缺乏敬业精神。相当一部分会计人员缺乏爱岗敬业、精益求精的工作精神,满足于现状,不思进取,缺乏实事求是、客观公正的工作态度。很多人认为会计工作整天就是算账,既烦琐又复杂,看到业务人员的各种社会应酬,更是心态不平衡,从而在工作中表现出马马虎虎,敷衍塞责,积极性不高,对自己的本职工作随便应付。有的甚至认为做会计工作没什么出息,婆婆妈妈,没有实权,一心想调离会计工作岗位。

2. 会计执业纪律松弛。在会计职业界违背准则、弄虚作假现象严重。有的会计人员在国家、社会公众利益与单位利益发生冲突时,不能够坚持原则,丧失立场,违反会计法律制度的规定。在会计工作中,任意虚列或隐瞒收入,推迟或提前确认收入,随意改变费用和成本的确认标准或计量方法,随意调整利润的计算方法和分配方法等。更有一些会计人员直接参与伪造、变造虚假会计凭证、会计账簿、会计报表,甚至为违法违纪活动出谋划策。这些失范行为致使会计信息严重失真,会计假账大量盛行。中国会计学会会计诚信课题组就国家、社会公众利益与单位利益发生冲突时,会计人员该如何处理这一问题,曾对1 000多名在岗会计人员进行了问卷调查,有16.87%的会计人员认为应当坚持原则,有61.27%的会计人员认为应当按单位负责人意见办,同时做好会计上的"技术处理",有21.86%的会计人员认为应直接按单位负责人的意见办。此调查结果从总体上揭示了我国当前由于会计人员职业道德缺失的严重程度。

3. 职业心术不正。在市场经济下,有一些会计人员个人主义、拜金主义、享乐主义膨胀,追求私利,监守自盗现象严重。一些会计人员丧失了最起码的法制观念,会计职业道德沦丧,故意伪造、变造、隐匿、毁损会计资料,利用职务之便贪污、挪用公款,以身试法,走上了违法犯罪的道路。如:贵州省贵阳市财政局许杰在担任会计兼出纳的10年中,采取各种手段贪污公款7 272万元,媒体报道时冠以"惊天大案"。交通部财务司综合处雷励平自1995年至1998年期间利用自己的职务和向下属单位划拨国家基本建设限额款的权力,非法挪用交通部国家基本建设资金和科技经费共计8 000万元,受贿31.5万元。此类案例不胜枚举。

二、会计职业道德缺失的原因分析

引起会计职业道德缺失的原因很多,归纳起来主要表现在以下几个方面:

1. 社会大环境对会计职业道德的影响

首先,受社会不良风气的影响。我国当前正处于社会转型时期,市场经济在创造出了前所未有的巨大物质财富、提高了社会生产力和人民生活水平的同时,也正在强烈地冲击、改变着中国社会的一系列传统特征,对我们的道德提出了严峻的挑战。在严峻的历史性挑战面前,由于长期以来对道德教育的忽视,许多人暴露出国民素质方面的严重欠缺,道德水平下降:个人主义、享乐主义等意识抬头,重利轻义的思想在社会上滋生蔓延,拜金主义、利己主义成为一些人的人生信条,爱国主义、集体主义、全心全意为人民服务的思想削弱,社会上一些丑恶现象频现,旧社会的沉渣泛起,社会风气受到污染都是不争事实。会计人员生活在这样的社会大环境中,其职业道德不可避免地受到社会各种因素的影响,会计人员的价值观念、价值取向也会发生同样的变化。

其次,受我国缺乏健全的法制环境影响。会计职业道德是依靠会计从业人员的自觉性自愿地执行,并依靠社会舆论和良心来实现,基本上是非强制性的,因此它的执行力较差。所以说,会计法律规范是维护会计职业道德的重要手段,会计职业道德建设离不开良好的法制环境。但现阶段我国有关会计的法制并不健全,相关法律对违法会计行为的制约缺乏强制性和操作性,客观上不利于制约违法会计行为的滋生蔓延,更为严重的事,在会计人员抵制违法会计行为需要法律保护时,法律没能给予足够的保护,会计人员的道德修养缺乏强有力的支撑。正像有的会计人员在面对弄虚作假的授意、指使、强令而承认自己行为有失职业道德时所说:"法律都管不到的事,我们的道德更无能为力了。"

2. 会计职业道德建设的滞后性。社会主义市场经济体制的建立不仅是经济体制上的大变革,也是人们思想观念上的一次大变革,许多方面要破旧立新。但遗憾的是,会计职业道德建设明显滞后,我国尚没有针对会计人员制定出专门的职业道德准则,会计人员职业道德规范的内容都是散见于《会计法》、《会计基础工作规范》和《总会计师条例》等法规中。而且大部分法规只是确立了会计职业道德的重要性,仅对会计职业道德建设做出原则性的指导,只有《会计基础工作规范》对会计人员的职业道德提出了具体要求,但也仅仅只是从三个方面对会计人员的职业道德进行了规范,内容过于概括、简单,没有明确会计人员职业道德行为应该遵循的标准,无法具体指导会计人员的从业行为,使人无所适从。而且有些职业道德规范相当部分已不适应社会的发展变化却未作变更,迟迟没有制定、推出新的职业道德规范,出现了一些道德"真空"地带,什么是允许的、应该的,什么是不允许的、不应该的,缺乏明确的准则。加上会计职业道德规范缺乏强制性和约束力,又没有建立相应的实施机制来保障和落实会计职业道德规范对会计行为的约束,要求与实际存在严重脱节。

3. 会计从业的需要严重污染了会计道德。我国现行的会计人员管理体制导致了会计人员陷入"囚徒困境"。会计人员是企业内部的员工,其衣食住行、奖惩升迁均依赖所在单位。会计人员在企业具有天然的从属性,这种从属性也直接导致了会计职业道德的从属性,换言之,企业负责人道德水准的高低对会计人员的道德操守将产生直接的影响。正因为如此,在现实中,当企业负责人为了追求短期利益,达到个体效益最大化,需要会计人员对财务报表进行粉饰时,会计人员便陷入了两难困境。一是贯彻负责人的意图,对企业财务状况和经营成果进行"包装",其结果必定是陷入会计造假的泥潭;二是坚持会计道德操守,不作假账,其结果势必会受到负责人的打击报复,甚至失去工作。在面对两难困境,会计人员的选择一般会是第一种情况。因此,从某种程度上说,会计人员职业道德的缺失与单位负责人授意、指使、强令会计人员伪造、变造虚假会计信息是分不开的。

4. 会计职业道德教育滞后。会计职业道德缺失与缺乏会计职业道德教育有直接的关系。人们的道德观念不是先天存在的,职业道德品质也不会自发形成。高尚的职业道德品质是由学生在校时期所受的职业道德教育和员工在岗的系统道德教育以及个人在长期职业生活实践中的自觉修养逐渐培养起来的。可以说,会计职业道德教育是培养会计人员职业道德的起点,是会计职业道德发展和延续的一条重要途径,对培养会计人员的完美人格和正确的价值观念具有极为重要的作用。西方发达国家十分重视会计职业道德教育,日本《21世纪的教育目标》提出:能否培养出在道德情操和创造力方面都足以承担起21世纪重任的日本年轻一代,将决定未来的命运,当务之急是加强学校的道德教育。日本还调整了学校的培养目标,进一步提高了职业道德教育的地位。英国专门颁发了道德教育大纲,要求学校必须向学生传授道德价值观,把教育作为在未来国家之间的竞争中保持其发达地位的重要措施,明确地把学校教育作为灌输其价值观和职业道德原则的重要场所。与国外相比,我国的职业道德教育情况不容乐观。据统计,我国每年有 10 万左右的学生进入会计队伍的行列,这些会计类专业就读的学生,是会计队伍的预备人员,他们当中大部分将进入会计队伍,从事会计工作。在大、中专院校的学习阶段是他们的会计职业情感、道德观念、是非善恶判断标准初步形成的时期。所以,会计专业类大、中专院校是会计职业道德教育的重要环节,是会计人员岗前教育的重要场所,在会计职业道德教育中处于基础性地位,具有不可替代的作用。

综上所述,我国会计职业道德的现状与原因不容忽略,要使我国市场经济健康、有序的发展,净化会计信息市场,提高会计职业道德势在必行。

(资料来源:《企业经济》2006 年第 11 期 作者:袁振刘)

第二章

货币资金与应收款项

学习目标

通过本章学习,你应能够:

1. 明确货币资金的基本内容;了解货币资金在管理与核算过程中应遵循的各项有关规定;掌握货币资金的核算;

2. 掌握应收票据、应收账款、预付账款及其他应收款的核算;

3. 掌握坏账损失备抵法的核算。

引入案例

小会计"蚂蚁搬家"挪用货款5 000多万元

作为石化行业的一家大型上市企业,XY化纤股份有限公司是沪港两地上市的国家首批股份制试点企业之一。2005年5月12日,XY化纤发布一则公告,公告称:"在今年4月末员工业务交接过程中,本公司发现营销部财务科一员工存在资金挪用的重大嫌疑,公司立即配合地方司法机关就此事件展开立案侦查并缉拿嫌犯。"

职员钟某1989年从西北某财经高等专科学校毕业,被分配至XY化纤公司营销部从事财务工作至今。钟某在公司的岗位和职务一直都没有变化。钟某利用管理公司销售款的便利条件,在自1999年至今长达6年的时间内,以"蚂蚁搬家"的方式挪用了公司货款达5 000多万元,用于开公司、炒股票及炒期货,损失近4 000万元,绝大部分损失款项难以追回。

该公司营销部每年的资金往来在数十亿元以上,客户付款有不少采用银行承兑汇票方式。公司营销部人员收到客户银行承兑汇票后,在登记簿上登记收到的银行承兑汇票号码、金额等,然后转交给会计并由会计在登记簿上签字,以明确双方的票据交接。会计收到票据后在ERP系统里登记,更新客户往来账。票据实物存放于公司开在主办银行的保管箱,会计将收到的银行承兑汇票放入信封,并在信封上写明票据详细情况,将信封加盖印鉴封装起来。银行工作人员每天上门收取封存的信封并登记签收。公司在使用收到的承兑汇票对外付款时,则从银行保管箱取回承兑汇票,加盖印鉴背书转让给其他单位或委托银行收款。到月底,银行提供代保管的银行承兑汇票清单给公司进行核对。

钟某主要是挪用收到的银行承兑汇票,具体可分两种:第一种手法是滚动挪用公司的银行承兑汇票,通过皮包公司办理质押贷款,汇票快到期时则挪用新的汇票将其替换出来。第二种手法是将直接盗用银行承兑汇票,将被背书人空白的银行承兑汇票据占为己有。

该案例的发生暴露了XY化纤公司在内部控制方面的诸多不足,对其他企业来说也有很多值得借鉴的启示。

(资料来源:马军生、李若山:《财务与会计》2006年第6期)

第一节　货币资金

货币资金是企业资产的重要组成部分,是企业资产中流动性较强的一种资产。任何企业要进行生产经营活动都必须拥有货币资金,持有货币资金是进行生产经营活动的基本条件。货币资金从本质上讲属于金融资产范畴,由于其会计处理的特殊性,本章单独加以阐述。根据货币资金的存放地点及其用途的不同,货币资金分为库存现金、银行存款及其他货币资金。

一、库存现金

(一)库存现金的管理与控制

现金是可以立即投入流动的交换媒介。它的首要特点是普遍的可接收性,即可以有效地立即用来购买商品、货物、劳务或偿还债务。因此,现金是企业中流动性最强的一种货币性资产,可以随时用其购买所需的物资,支付有关费用,偿还债务,也可以随时存入银行。现金的定义有狭义和广义之分。狭义的现金是指企业的库存现金;广义的现金是指除了库存现金外,还包括银行存款和其他符合现金定义的票证等。本章所指现金的定义是指狭义的现金,即库存现金,包括人民币现金和外币现金。

1. 库存现金管理的有关规定

按照现行制度,国家有关部门对企业使用库存现金有如下规定:

(1)库存现金的使用范围

这里的现金,是指人民币现钞,即企业用现钞从事交易,只能在一定范围内进行。根据国家现金管理制度和结算制度的规定,企业收支的各种款项必须按照国务院颁发的《现金管理暂行条例》的规定办理,在规定的范围内使用现金。允许企业使用现金结算的范围是:①职工工资、津贴;②个人劳务报酬;③根据国家规定颁发给个人的科学技术、文化艺术、体育等各种奖金;④各种劳保、福利费用以及国家规定的对个人的其他支出;⑤向个人收购农副产品和其他物资的价款;⑥出差人员必须随身携带的差旅费;⑦零星支出;⑧中国人民银行确定需要支付现金的其他支出。属于上述现金结算范围的支出,企业可以根据需要向银行提取现金支付,不属于上述现金结算范围的款项支付一律通过银行进行转账结算。

(2)库存现金的限额

库存现金限额是指为保证各单位日常零星支出按规定允许留存的现金的最高数额。库存现金的限额,由开户银行根据开户单位的实际需要和距离银行远近等情况核定。其限额一般按照单位3—5天日常零星开支所需现金确定。远离银行或交通不便的企业,银行最多可以根据企业15天的正常开支需要量来核定库存现金的限额。正常开支需要量不包括企业每月发放工资和不定期差旅费等大额现金支出。库存限额一经核定,要求企业必须严格遵守,不能任意超过,超过限额的现金应及时存入银行;库存现金低于限额时,可以签发现金支票从银行提取现金,补足限额。

(3)库存现金收支的规定

企业应当按照中国人民银行规定的现金管理办法和财政部关于各单位货币资金管理和控制的规定,办理有关现金收支业务。办理现金收支业务时,应当遵守以下几项规定:①企业现金收入应于当日送存开户银行。当日送存有困难的,由开户银行确定送存时间。②企业支付现金,可以从本企业库存限额中支付或者从开户银行提取,不得从本企业的现钞收入中直接支付(即坐支)。因特殊情况需要坐支现金的,应当事先报开户银行审查批准,由开户银行核定坐支范围和限额。企业应定期向银行报送坐支金额和使用情况。③企业从开户银行提取现金,应当写明用途,由本单位财会部门负责人签字盖章,经开户银行审核后,予以支付现金。④企业因采购地点不固定、交通不便以及其他特殊情况必须使用现金的,应向开户银行提出申请,经开户银行审核后,予以支付现金。⑤不准用不符合制度的凭证顶替库存现金,即不得"白条顶库";不得谎报用途套取现金;不准用银行账户代其他单位和个人存入或支取现金;不准单位收入的现金以个人名义存储,不准保留账外公款,不得设置"小金库"等。

银行对于违反以上规定的企业,将按照违规金额的一定比例予以处罚。

2. 现金的内部控制

现金的流动性决定了现金内部控制的必要性。除了个人的道德与法制观念的建立之外,一个企业必须强调它的现金内部控制,要严格现金内部控制的措施与手段,建立健全现金的内部控制制度,这样才能防止现金的丢失、被盗,以及违法乱纪行为的发生,以保持现金流动的合理性、安全性,提高现金的使用效果与获利能力。现金的内部控制包括如下几个方面内容:

(1)实行职能分开原则。要求库存现金实物的管理与账务的记录应分开进行,不能由一个人兼任。企业库存现金收支与保管应由出纳人员负责。经管现金的出纳人员不得兼管收入、费用、债权、债务等账簿的登记工作以及会计稽核和会计档案保管工作;填写银行结算凭证的有关印鉴,不能集中由出纳人员保管,应实行印鉴分管制度。这样做的目的是便于分清责任,形成一种互相牵制的控制机制,防止挪用现金以及隐藏流入的现金。

(2)现金收付的交易必须有合法的原始凭证。企业收到现金时,要有现金收入的原始凭证,以保证现金收入的来源合法;企业支付现金时,要按规定的授权程序进行,除小额零星支出需用库存现金外,其他应尽可能少用现钞,而用支票付款,同时要有确凿的原始凭证,以保证支付的有效性。对涉及现金收付交易的经济业务要根据原始凭证编制收付款凭证,并要在原始凭证与收付款凭证上盖上"现金收讫"与"现金付讫"印章。

(3)建立收据和发票的领用制度。领用的收据和发票必须登记数量和起讫编号,由领用人员签字;收回收据和发票存根,应由保管人员办理签收手续。对空白收据和发票应定期检查,以防止短缺。

(4)加强监督与检查。对企业的库存现金,除了要求出纳人员应做到日清月结之外,企业的审计部门以及会计部门的领导对现金的管理工作要进行经常性的与突击性的监督与检查,包括现金收入与支出的所有记录。对发现的现金溢余与短缺,必须认真及时地查明原因,并按规定的要求进行处理。

(5)企业的出纳人员应定期进行轮换,不得一人长期从事出纳工作。一个人长期从事一项工作会形成惰性,不利于提高工作效率,同时可能会隐藏工作中的一些问题和不足。出纳工作每日都与资金打交道,时间长了,容易产生麻痹和侥幸心理,增加犯罪的机会和可能。通过人员的及时轮换,不仅可以避免上述情况的出现,而且对工作人员本身也是一种保护,所以及时进行人员的轮换是非常必要的。

☞相关资料

现金的含义有狭义和广义之分。狭义的现金仅指硬币和纸钞，广义的现金包含所有企业可动用的货币资金，包括库存现金和金融机构存款。就现金的内部控制而言，所取的定义应当是广义的现金。因为，出于国家有关管理规定的限制，企业的大部分货币收支都是通过银行结算的。然而，即便是通过银行收入或支出的货币资金，如果没有恰当的控制程序予以保护，也是容易流失的。

(二)库存现金的会计处理

1. 库存现金的序时核算

现金的序时核算是指根据现金的收支业务逐日逐笔地记录现金的增减及结存情况。它的方法是设置与登记现金日记账。

现金日记账是核算和监督现金日常收付结存情况的序时账簿。通过它可以全面、连续地了解和掌握企业每日现金的收支动态和库存余额，为日常分析、检查企业的现金收支活动提供资料。

现金日记账一般采用借方(收入栏)、贷方(付出栏)及余额三栏式格式。

现金日记账的收入栏和付出栏，是根据审核签字后的现金收、付款凭证和从银行提取现金时填制的银行存款付款凭证，按照经济业务发生的时间顺序，由出纳人员逐日逐笔地进行登记的。为了简化现金日记账的登记手续，对于同一天发生的相同经济业务，也可以汇总一笔登记。每日终了时，出纳人员应做好以下各项工作：(1)在现金日记账上结出"本日收入"合计和"本日付出"合计，然后计算出本日余额，记入"结余"栏。(2)以现金日记账上的本日余额与库存现金的实有额相核对，二者应一致，若不一致，应及时查明原因，进行调整，做到账实相符。(3)以现金日记账上的本日余额与库存现金的限额相比较，超过限额数，要及时送存银行；不足限额部分，应向银行提取，以保证日常开支的需要。在每月终了时，还应在现金日记账上结出月末余额，并同现金总账科目的月末余额核对相符。

现金日记账的格式也可以采用多栏式现金日记账。在此种格式下，每月月末，要结出与现金科目相对应各科目的发生额合计数，并据以登记有关各总账科目。由于采用多栏式现金日记账时所涉及的栏目很多，所以对现金的收入和支出一般都分别设置日记账予以核算，即现金收入日记账和现金支出日记账。多栏式现金日记账能够如实反映收入现金的来源和支出现金的用途情况，简化凭证编制手续。现金收入日记账是按照现金收入对方科目设置专栏的。每日终了，为了计算库存现金的结存额，核对账款，需要把现金付出日记账中的本日贷方合计数，过入收入日记账。

有外币现金的企业，应分别按人民币现金、各种外币现金设置"现金日记账"进行序时核算。

2. 库存现金的总分类核算

(1)现金核算的凭证

企业发生现金的收付业务，必须取得或填制原始凭证，作为收付款的书面证明。例如，企业向银行提取现金,要签发现金支票,以支票存根作为提取现金的证明;将现金存入银行,要填写进账单,以银行加盖印章后退回的进账单回单作为存入现金的证明;收进零星小额销售款,应以销售部门开出的发票副本作为收款证明;支付职工差旅费的借款,要取得经有关领导批准的借款单,作为付款的证明等等。所有这些作为收付款证明的原始凭证,财会部门要进行认真的审核。审核时应注意每笔款项收支是否符合现金管理制度的规定,是否符合开支标准,是否有批准的计划,原始凭证中规定的项目是否填写齐全,数字是否正确,手续是否完备等。经过审核无误后的原始凭证,即可据以填制收款凭证或付款凭证,办理现金收支业务。出纳人员在收付现金以后,应在记账凭证和原始凭证上加盖"收讫"或"付讫"的戳记表示款项已经收付。经过审核签证后的收、付款凭证,即可据以登记账簿。

收款凭证和付款凭证是用于现金和银行存款收付业务核算的依据。为了避免填制凭证和记账的重复,在实际工作中,对于从银行提取现金,或将现金存入银行时,应按照收付款业务涉及的贷方科目填制记账凭证。例如,从银行提取现金时只填制银行存款付款凭证,作为借记"库存现金"科目和贷记"银行存款"科目的依据,不再填制现金收款凭证;将现金存入银行时,只填制现金付款凭证,作为借记"银行存款"科目和贷记"库存现金"科目的依据,不再填制银行存款收款凭证。

(2)科目设置及账务处理

为了总括地反映和监督企业库存现金的收支结存情况,需要设置"库存现金"科目。该科目借方登记现金收入数,贷方登记现金的付出数,余额在借方,反映库存现金的实有数。库存现金总账科目的登记,可以根据现金收、付款凭证和从银行提取现金时填制的银行存款付款凭证逐笔登记,但是在现金收付款业务较多的情况下,这样登记必然会加大工作量,所以,在实际工作中,一般是把现金收付款凭证按照对方科目进行归类,定期(10天或半月)填制汇总收付款凭证,据以登记库存现金总账科目。

【例2-1】　甬江股份有限公司 2009 年 6 月 8 日发生如下现金收支业务:预支经理张欢差旅费 800 元,购买办公用品 400 元,发放职工工资 75 800 元,现金送存银行 1 200 元,职工王强出差回来报销差旅费 500 元,交回多余款项 100 元。甬江股份有限公司的账务处理如下:

借:其他应收款	800	
贷:库存现金		800
借:管理费用	400	
贷:库存现金		400
借:应付职工薪酬	75 800	
贷:库存现金		75 800
借:银行存款	1 200	
贷:库存现金		1 200
借:管理费用	500	
贷:其他应收款		500
借:库存现金	100	
贷:其他应收款		100

3. 库存现金的清查

为了保护现金的安全完整,做到账实相符,必须做好现金的清查工作。

现金清查的基本方法是清点库存现金,并将现金实存数与现金日记账上的余额进行核对。实存数是指企业金库内实有的现款额,清查时不能用借条等单据来抵充现金。每日终了应查对库存现金实存数与其账面余额是否相符。

定期或不定期清查时,一般应组成清查小组并负责现金清查工作,清查人员应在出纳人员在场时清点现金,核对账实,并根据清查结果填制"现金盘点报告单",注明实存数与账面余额。如发现现金账实不符或有其他问题,应查明原因,报告主管负责人或上级领导部门处理。对于预付给职工或内部单位尚未使用的备用金或剩余备用金,应及时催促报销或交回,采用定额备用金制度的企业,一般是在年终时进行一次清理,收回拨付的定额数,下一年度再根据实际需要重新规定定额,拨付现金。

为了防止挪用现金,各部门或车间必须配备备用金负责人进行管理,财会部门应进行抽查。对于现金清查中发现的账实不符,即现金溢缺情况,通过"待处理财产损溢——待处理流动资产损溢"科目进行核算。现金清查中发现短缺的现金,应按短缺的金额,借记"待处理财产损溢——待处理流动资产损溢"科目,贷记"库存现金"科目;现金清查中发现溢余的现金,应按溢余的金额,借记"库存现金"科目,贷记"待处理财产损溢——待处理流动资产损溢"科目,待查明原因后按如下要求进行处理:

(1)如为现金短缺,属于应由责任人赔偿的部分,借记"其他应收款——应收现金短缺款"或"库存现金"等科目,贷记"待处理财产损溢——待处理流动资产损溢"科目;属于应由保险公司赔偿的部分,借记"其他应收款——应收保险赔款"科目,贷记"待处理财产损溢——待处理流动资产损溢"科目;属于无法查明的其他原因,根据管理权限,经批准后作为盘亏损失处理,借记"管理费用"科目,贷记"待处理财产损溢—待处理流动资产损溢"科目。

(2)如为现金溢余,属于应支付给有关人员或单位的,应借记"待处理财产损溢——待处理流动资产损溢"科目,贷记"其他应付款——应付现金溢余"科目;属于无法查明原因的现金溢余,经批准后作为盘盈利得处理,借记"待处理财产损溢——待处理流动资产损溢"科目,贷记"营业外收入——盘盈利得"科目。

【例 2-2】 甬江股份有限公司 2009 年 5 月 31 日,在对现金进行清查时,发现短缺 80 元。其账务处理如下:

借:待处理财产损溢——待处理流动资产损溢　　　　　　　　80
　　贷:库存现金　　　　　　　　　　　　　　　　　　　　　　80

【例 2-3】 上述现金短缺,无法查明原因,转入管理费用。其账务处理如下:

借:管理费用　　　　　　　　　　　　　　　　　　　　　　80
　　贷:待处理财产损溢——待处理流动资产损溢　　　　　　　80

【例 2-4】 甬江股份有限公司 2009 年 6 月 30 日,在对现金进行清查时,发生溢余 100元。其账务处理如下:

借:库存现金　　　　　　　　　　　　　　　　　　　　　　100
　　贷:待处理财产损溢——待处理流动资产损溢　　　　　　　100

【例 2-5】 现金溢余原因不明,经批准计入营业外收入。其账务处理如下:

借:待处理财产损溢——待处理流动资产损溢　　　　　　　　100
　　贷:营业外收入——盘盈利得　　　　　　　　　　　　　　100

二、银行存款

(一)银行存款的管理办法

银行存款就是企业存放在银行或其他金融机构的货币资金。按照国家有关规定,凡是独立核算的单位都必须在当地银行开设账户。企业在银行开设账户以后,除按核定的限额保留库存现金外,超过限额的现金必须存入银行;除了在规定的范围内可以用现金直接支付的款项外,在经营过程中所发生的一切货币收支业务,都必须通过银行存款账户进行结算。

按照国家《支付结算办法》的规定,企业应在银行开立账户,办理存款、取款和转账等结算。企业在银行开立人民币存款账户,必须遵守中国人民银行《银行账户管理办法》的各项规定。

1. 银行存款开户的有关规定

银行存款账户分为基本存款账户、一般存款账户、临时存款账户和专用存款账户。

基本存款账户是企业办理日常结算和现金收付的账户。企业的工资、奖金等现金的支取,只能通过基本存款账户办理;一般存款账户是企业在基本存款账户以外的银行借款转存、与基本存款账户的企业不在同一地点的附属非独立核算单位的账户,企业可以通过本账户办理转账结算和现金缴存,但不能办理现金支取;临时存款账户是企业因临时经营活动需要开立的账户,企业可以通过本账户办理转账结算和根据国家现金管理的规定办理现金收付;专用存款账户是企业因特定用途需要开立的账户。一个企业只能选择一家银行的一个营业机构开立一个基本存款账户,不得在多家银行机构开立基本存款账户;不得在同一家银行的几个分支机构开立一般存款账户。

企业在银行开立账户后,可到开户银行购买各种银行往来使用的凭证(如送款簿、进账单、现金支票、转账支票等),用以办理银行存款的收付款项。

企业除了按规定留存的库存现金以外,所有货币资金都必须存入银行,企业与其他单位之间的一切收付款项,除制度规定可用现金支付的部分以外,都必须通过银行办理转账结算,也就是由银行按照事先规定的结算方式,将款项从付款单位的账户划出,转入收款单位的账户。因此,企业不仅要在银行开立账户,而且账户内必须要有可供支付的存款。

2. 银行结算纪律

企业通过银行办理支付结算时,应当认真执行国家各项管理办法和结算制度。中国人民银行1997年9月19日颁布的《支付结算办法》规定:单位和个人办理支付结算,不准签发没有资金保证的票据或远期支票,套取银行信用;不准签发、取得和转让没有真实交易和债权债务的票据,套取银行和他人资金;不准无理拒绝付款,任意占用他人资金;不准违反规定开立和使用账户。

(二)银行结算方式

根据中国人民银行有关支付结算办法规定,目前企业发生的货币资金收付业务可以采用以下几种方式,通过银行办理转账结算。

1. 支票结算方式

支票是单位或个人签发的,委托办理支票存款业务的银行在见票时无条件支付确定的金额给收款人或者持票人的票据。

支票结算方式适用于同城结算。支票由银行统一印制,支票上印有"现金"字样的为现金支票。支票上印有"转账"字样的为转账支票,转账支票只能用于转账。未印有"现金"或"转账",字样的为普通支票,普通支票可以用于支取现金,也可以用于转账。在普通支票左上角划两条平行线的,为划线支票,划线支票只能用于转账,不得支取现金。

支票的提示付款期限为自出票日起 10 日内,中国人民银行另有规定的除外。超过提示付款期限的,持票人开户银行不予受理,付款人不予付款。转账支票可以根据需要在票据交换区域内背书转让。

存款人领购支票,必须填写"票据和结算凭证领用单"并加盖预留银行印鉴。存款账户结清时,必须将剩余的空白支票全部交回银行注销。

企业财会部门在签发支票之前,出纳人员应该认真查明银行存款的账面结余数额,防止签发超过存款余额的空头支票。签发空头支票,银行除退票外,还按票面金额处以 5% 但不低于 1000 元的罚款。持票人有权要求出票人赔偿支票金额 2% 的赔偿金。签发支票时,应使用蓝黑墨水或碳素墨水,将支票上的各要素填写齐全,并在支票上加盖其预留银行印鉴。出票人预留银行的印鉴是银行审核支票付款的依据。银行也可以与出票人约定使用支付密码,作为银行审核支付支票金额的条件。转账支票结算流程如图 2-1 所示。

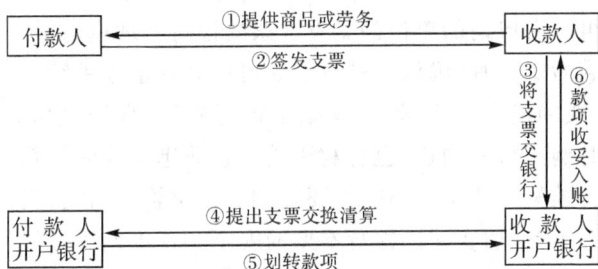

图 2-1 支票结算流程图

2. 银行汇票结算方式

银行汇票是汇款人将款项交存当地出票银行,由出票银行签发的,由其在见票时,按照实际结算金额无条件支付给收款人或持票人的票据。

银行汇票可以用于转账,填明"现金"字样的银行汇票也可以用于支取现金。银行汇票的付款期限为自出票日起 1 个月内。超过付款期限提示付款不获付款的,持票人须在票据权利时效内向出票银行做出说明,并提供本人身份证件或单位证明,持银行汇票和解讫通知向出票银行请求付款。银行汇票一律记名。银行汇票可以背书转让,但填明"现金"字样的银行汇票不得背书转让。

银行汇票结算方式,便于单位和个人的应急用款和及时采购,使用灵活,持票人既可以将汇票转让给收款单位,也可以通过银行办理分次支付或转汇,银行汇票兑现性强,持票人可以到兑现银行提取现金,避免长途携带现金。而凭票购货,余额自动退回,又可以保证钱货两清,防止不合理的预付款项的发生。银行汇票结算流程如图 2-2 所示。

3. 银行本票结算方式

银行本票是银行签发的,承诺自己在见票时无条件支付确定的金额给收款人或者持票人的票据。同城的商品交易、劳务供应以及其他款项的结算,均可以使用银行本票。采用银行本票结算方式时,企业应向银行填写"银行本票申请书",详细填明收款单位名称后交存银

图 2-2　银行汇票结算流程图

行。如果需要支取现金,应填明"现金"字样;银行受理银行本票申请书,在收妥款项后,据以签发银行本票并加盖印章。对于支取现金的本票,银行应划去"转账"字样,不定额本票用压数机压印金额后,将银行本票交给申请企业。企业取得银行本票以后,即可向填明的收款单位办理结算。具有"现金"字样的银行本票,可以向银行支取现金。

银行本票的特点如下:(1)银行本票一律记名,可以背书转让。(2)银行本票的付款期限为 2 个月,在付款期内银行见票即付,不能挂失。超过付款期限的银行本票,不能再向银行转账或支取现金,但可以由申请的单位到签发本票的银行办理退款手续。(3)遗失的不定额银行本票,在付款期满后 1 个月,确认未被冒领后可以办理退款手续。

银行本票结算方式的优点在于:银行本票由银行签发,保证兑付,而且见票即付,信誉高,便于购货企业及时购买材料物资,也有利于销售企业迅速收回货款。银行本票的不足之处在于:它不能向银行挂失。使用本票的人要特别注意保管,防止丢失;同时,企业在收到银行本票后,应及时交存银行,切实保证银行本票的安全和正确使用。银行本票结算流程如图 2-3 所示。

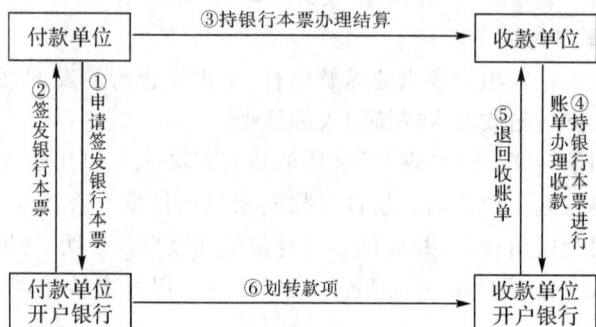

图 2-3　银行本票结算流程图

4. 商业汇票结算方式

商业汇票是由收款人、付款人或承兑申请人签发,由承兑人承兑,并于到期日向收款人或被背书人支付票款的一种票据。商业汇票结算方式适用于企业先发货、后收款,或者是双方约定延期付款的商品交易,同城和异地均可使用。

商业汇票可以背书转让。符合条件的商业汇票的持票人可持未到期的商业汇票连同贴现凭证,向银行申请贴现。商业汇票按承兑人不同分为商业承兑汇票和银行承兑汇票两种。

（1）商业承兑汇票

商业承兑汇票是由银行以外的付款人承兑。商业承兑汇票按交易双方约定，由销货企业或购货企业签发，但由购货企业承兑。承兑时，购货企业应在汇票正面记载"承兑"字样和承兑日期并签章。承兑不得附有条件，否则视为拒绝承兑。汇票到期时，购货企业的开户银行凭票将票款划给销售企业或贴现银行。销售企业应在提示付款期限内通过开户银行委托收款或直接向付款人提示付款。对异地委托收款的，销售企业可匡算邮程，提前通过开户银行委托收款。汇票到期时，如果购货企业的存款不足以支付票款，开户银行应将汇票退还销售企业，银行不负责付款，由购销双方自行处理。同时，银行对付款人按照签发空头支票的有关罚款规定，处以罚金。商业承兑汇票结算流程如图2-4所示。

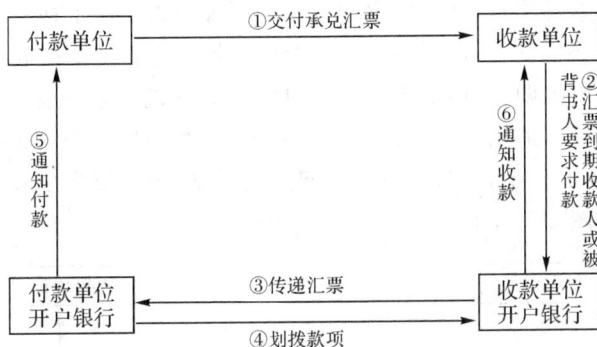

图 2-4　商业承兑汇票结算流程图

（2）银行承兑汇票

银行承兑汇票由银行承兑，由在承兑银行开立存款账户的存款人签发。承兑银行按票面金额向出票人收取万分之五的手续费。

购货企业应于汇票到期前将票款足额交存其开户银行，以备由承兑银行在汇票到期日或到期日后的见票当日支付货款。销货企业应在汇票到期时将汇票连同进账单送交开户银行以便转账收款。承兑银行凭汇票将承兑款项无条件转给销货企业，如果购货企业于汇票到期日未能足额交存票款时，承兑银行除凭票向持票人无条件付款外，对出票人尚未支付的汇票金额按照每天万分之五计收罚息。银行承兑汇票结算流程如图2-5所示。

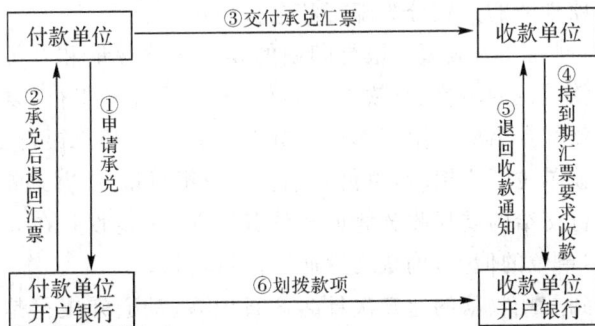

图 2-5　银行承兑汇票结算流程图

采用商业汇票结算方式，可以使企业之间的债权债务关系表现为外在的票据，使商业信用票据化，加强约束力，有利于维护和发展社会主义市场经济。对于购货企业来说，由于可以延期付款,可以在资金暂时不足的情况下及时购进材料物资,保证生产经营顺利进行。对于销货企业来说,可以疏通商品渠道,扩大销售,促进生产。汇票经过承兑,信用较高,可以按期收回货款,防止拖欠,在急需资金时,还可以向银行申请贴现,融通资金,比较灵活。销货企业应根据购货企业的资金和信用情况不同,选用商业承兑汇票或银行承兑汇票;购货企业应加强资金的计划管理,调度好货币资金,在汇票到期以前,将票款送存开户银行,保证按期承付。

5. 汇兑结算方式

汇兑结算方式是付款单位委托银行将款项汇往外地收款单位或个人的一种结算方式。采用这种结算方式,付款单位汇出款项时,应填写银行印制的汇款凭证,列明收款单位名称、汇款金额及汇款的用途等项目,送达开户银行。委托银行将款项汇往收款单位的开户银行,收款单位的开户银行将汇款收进收款单位存款户后,转送汇款凭证一联通知收款单位收款。

汇兑分为信汇和电汇两种,由汇款人根据对汇款时间的要求选择使用。这种结算方式划拨款项简便,比较灵活,适用面广,可用于各种资金调拨,清理旧欠,结算货款等。信汇款项可以转账,也可以支取现金,而且没有金额起点的限制,用于资金往来十分方便。

汇兑结算流程如图 2-6 所示。

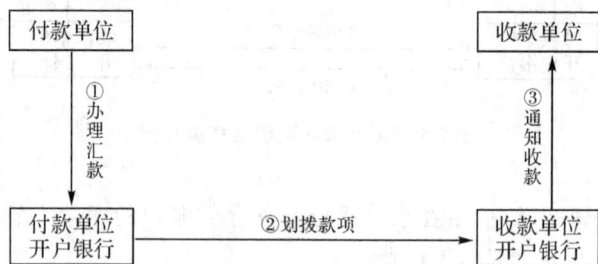

图 2-6　汇兑结算流程图

6. 委托收款结算方式

委托收款是收款人委托银行向付款人收取款项的结算方式。无论单位还是个人都可凭已承兑商业汇票、债券、存单等付款人债务证明办理款项收取同城或异地款项。委托收款还适用于收取电费、电话费等付款人众多、分散的公用事业费等有关款项。

委托收款结算款项划回的方式分为邮寄和电报两种。

企业委托开户银行收款时,应填写银行印刷的委托收款凭证和有关的债务证明。在委托收款凭证中写明付款单位的名称、收款单位名称、账号及开户银行、委托收款金额的大小写、款项内容、委托收款凭据名称及附寄单证张数等。企业的开户银行受理委托收款后,将委托收款凭证寄交付款单位开户银行,由付款单位开户银行审核,并通知付款单位。

付款单位收到银行交给的委托收款凭证及债务证明,应签收并在 3 天之内审查债务证明是否真实,是否是本单位的债务,确认之后通知银行付款。

付款单位应在收到委托收款的通知次日起 3 日内,主动通知银行是否付款。如果不通知银行,银行视同企业同意付款并在第 4 日,从单位账户中付出此笔委托收款款项。

付款人在 3 日内审查有关债务证明后,认为债务证明或与此有关的事项符合拒绝付款的规定,应出具拒绝付款理由书和委托收款凭证第五联及持有的债务证明,向银行提出拒绝付款。委托收款结算流程与托收承付结算流程图非常相似,如图 2-7 所示。

7. 托收承付结算方式

托收承付是根据购销合同由收款人发货后委托银行向异地付款人收取款项,由付款人向银行承认付款的结算方式。使用托收承付结算方式的收款单位和付款单位,必须是国有企业、供销合作社以及经营管理较好,并经开户银行审查同意的城乡集体所有制工业企业。办理托收承付结算的款项,必须是商品交易,以及因商品交易而产生的劳务供应的款项。代销、寄销、赊销商品的款项,不得办理托收承付结算。托收承付结算每笔的金额起点为10 000元;新华书店系统每笔金额起点为1 000元。

托收承付结算方式的结算过程,包括托收和承付两个阶段。

托收是指销货单位(收款单位)委托开户银行收取结算款项的行为。在托收阶段,销货单位根据经济合同发货,取得发运证件后,填制托收承付结算凭证。托收承付结算凭证一式数联,连同发票、托运单和代垫运费等单据,一并送交开户银行办理托收手续。

承付是指购货单位(付款单位)在承付期内,向银行承认付款的行为。在承付阶段,购货单位开户银行将托收承付结算凭证及所附单、证,送交购货单位通知承付货款。购货单位根据经济合同核对单、证或验货后,在规定的承付期内,向银行承认付款,银行则据以划转款项。划转托收款项的方式分为邮寄划回(简称邮划)和电报划回(简称电划)两种,由销货单位根据不同情况选择使用。收款单位办理托收承付,必须具有商品发出的证件或其他证明。

购货单位承付货款有验单承付和验货承付两种方式。验单承付是根据银行转来的托收承付结算凭证及其他单证,与经济合同核对无误后,承付货款。验货承付是指在收到收款单位商品,验收无误后,才承付货款。

无论采用验单承付或验货承付,购货单位都必须在承付期内承付,验单承付期为3天,从购货单位开户银行发出通知的次日算起。在承付期内,如未向银行表示拒绝付款,银行即作为默认承付,于期满的次日由购货单位的账户将款项转出。验货承付期为10天,即从银行向购货单位发出承付通知的次日起10天内,购货单位如果既没有将提货通知送交银行,又未将货物尚未到达的情况告知银行,银行即视做已经验货同意付款,并于10天期满的次日办理划拨,这样可以防止购货单位故意拖延付款。

在承付期满时,如果购货单位资金不足,不足支付部分作为延期付款处理,并支付一定的赔偿金。延期支付金额连同赔偿金由银行按照规定的扣款顺序划转给销货单位。如果购货单位经过验单或验货,发现销货单位托收款项计算有错误,或者商品品种、质量、规格、数量与合同规定不符时,购货单位在承付期内有权全部或部分拒付货款。拒付货款需要填写"拒付理由书"交银行办理,但拒付后的商品必须妥善代管,不能短少或损坏。

购货单位开户银行,按照销货单位制定的邮划或电划方式,将托收款项划转到销货单位开户银行。销货单位开户银行收到划转来的托收款项,记入销货单位账户,并通知销货单位。托收承付结算方式适用于订有合同的商品交易和劳务供应的款项结算。采用这种结算方式,可以促使销货单位按照合同规定发货,购货单位按合同规定付款,从而维护购销双方的正当权益。托收承付结算流程如图2-7所示。

8. 信用卡

信用卡是指商业银行向个人和单位发行的,凭以向特约单位购物、消费和向银行存取现金,且具有消费信用的特制载体卡片。

信用卡按使用对象分为单位卡和个人卡;按信誉等级分为金卡和普通卡。凡在中国境

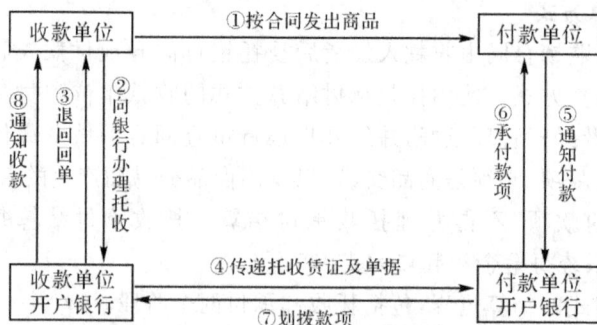

图 2-7 托收承付结算流程图

内金融机构开立基本存款账户的单位可申领单位卡。单位卡可申领若干张,持卡人资格由申领单位法定代表人或其委托的代理人书面指定和注销,持卡人不得出租或转借信用卡。单位卡账户的资金一律从其基本存款账户转账存入,在使用过程中,需要向其账户续存资金的,也一律从其基本存款账户转账存入,不得交存现金,不得将销货收入的款项存入其账户。单位卡一律不得用于 10 万元以上的商品交易、劳务供应款项的结算,不得支取现金。

信用卡在规定的限额和期限内允许善意透支。透支期限最长为 60 天。透支利息,自签单日或银行记账日起 15 日内按日息万分之五计算,超过 15 日按日息万分之十计算,超过 30 日或透支金额超过规定限额的,按日息万分之十五计算。透支计算不分段,按最后期限或者最高透支额的最高利率档次计息。超过规定限额或规定期限,并且经发卡银行催收无效的透支行为称为恶意透支,持卡人使用信用卡不得发生恶意透支。严禁将单位的款项存入个人卡账户中。

单位或个人申领信用卡,应按规定填制申请表,连同有关资料一并送交发卡银行。符合条件并按银行要求交存一定金额的备用金后,银行为申领人开立信用卡存款账户,并发给信用卡。

9. 信用证

信用证结算方式是国际结算的一种主要方式。经中国人民银行批准经营结算业务的商业银行总行以及经商业银行总行批准开办信用证结算业务的分支机构,也可以办理国内企业之间商品交易的信用证结算业务。

采用信用证结算方式的收款单位收到信用证后,即备货装运,签发有关发票账单,连同运输单据和信用证,送交银行,根据退还的信用证等有关凭证编制收款凭证;付款单位在接到开证行的通知时,根据付款的有关单据编制付款凭证。

相关案例

关于银行汇票背书转让的纠纷

1993年，在河北省石家庄市的工商银行发生了一笔银行汇票被错付的案件。当年的3月15日，河北省汽车工业贸易总公司汇明公司因与虎港公司签订汽车套件的合同，向工商银行桥东办事处申请办理银行汇票，并获得桥东办事处签发的两张总金额为140万元的汇票。汇票的收款人均为汇明公司业务员赵军，兑付行为工商银行虎门支行。赵军于同年3月25日依合同约定将两张支票交给虎港公司经理。同年3月29日，虎港公司在汇票背后伪造赵军的签名后持该汇票到虎门支行支取票款。虎门支行因此将140万元转入虎港公司在东莞市虎门城市信用社开立的账户。汇明公司为此向法院提出起诉。

该案先后经河北省石家庄市中级人民法院一审和河北省高级人民法院二审，均认定，中国工商银行石家庄市桥东办事处作为兑付行，没有遵守《中国人民银行结算办法》和《中国人民银行支付结算会计核算手续》的规定，存在过错，因此判决虎门支行应赔偿汇明公司货款140万元。虎门支行不服一审、二审的判决，向最高人民法院提出上诉。与一审、二审法院不同的是，最高人民法院认定虎门支行兑付票款的行为符合《中国人民银行支付结算会计核算手续》的规定，并无过错。虎门支行在审查汇明公司提交的汇票时只负有形式审查义务，不负责对赵军的身份证件的真伪进行判断。因此，最高人民法院于2002年判决：撤销河北省高级人民法院和河北省石家庄市中级人民法院对该案的民事判决。

（三）银行存款的会计处理

1. 银行存款的序时核算

银行存款的序时核算是指根据银行存款的收支业务逐日逐笔地记录银行存款的增减及结存情况。它的方法是设置与登记银行存款日记账。

银行存款日记账是核算和监督银行存款日常收付结存情况的序时账簿。通过它，可以全面、连续地了解和掌握企业每日银行存款的收支动态和余额，为日常分析、检查企业的银行存款收支活动提供资料。

银行存款日记账一般采用收入、付出及结余三栏式格式。

2. 银行存款的总分类核算

银行存款的总分类核算是为了总括地反映和监督企业在银行开立结算账户的收支结存情况，为此，应设置"银行存款"账户。这是一个资产类科目，用来核算企业存入银行的各种存款。企业存入其他金融机构的存款，也在本科目核算。企业的外埠存款、银行本票存款、银行汇票存款等在"其他货币资金"科目核算，不在本科目核算。"银行存款"账户可以根据银行存款的收款凭证和付款凭证登记。为了减少登记的工作量，在实际工作中，一般都是把收付款凭证按照对方科目进行归类。定期（10天或半月）填制汇总收付款凭证，据以登记银行存款总账。企业收入银行存款时,借记"银行存款"科目,贷记有关科目,如"库存现金"、"应收账款"等科目;企业提取现金或支出存款时,借记"库存现金"、"应付账款"等科目,贷记"银行存款"科目。

【例2-6】 甬江股份有限公司2009年6月2日发生如下收入银行存款业务:销售商品收到销售货款70 200元,增值税专用发票标明税款10 200元;货款已存入银行。甬江股份有限公司的账务处理如下:

借:银行存款　　　　　　　　　　　　　　　　　　　　　　　　70 200
　　贷:主营业务收入　　　　　　　　　　　　　　　　　　　　　　60 000
　　　应交税费——应交增值税(销项税额)　　　　　　　　　　　10 200

【例2-7】 甬江股份有限公司2009年6月2日发生如下支付银行存款业务:采购生产用材料,支付银行存款46 800元,增值税专用发票标明税款6 800元;购买不需要安装的机床设备,支付银行存款35 100元,增值税专用发票标明税款5 100元,设备已交付使用。甬江股份有限公司的账务处理如下:

借:在途物资　　　　　　　　　　　　　　　　　　　　　　　　40 000
　　应交税费——应交增值税(进项税额)　　　　　　　　　　　　6 800
　　贷:银行存款　　　　　　　　　　　　　　　　　　　　　　　46 800
借:固定资产　　　　　　　　　　　　　　　　　　　　　　　　30 000
　　应交税费——应交增值税(进项税额)　　　　　　　　　　　　5 100
　　贷:银行存款　　　　　　　　　　　　　　　　　　　　　　　35 100

三、其他货币资金

(一)其他货币资金的内容

在企业的经营资金中,有些货币资金的存款地点和用途与库存现金和银行存款不同,如外埠存款、银行汇票存款、银行本票存款、信用证保证金存款、信用卡存款、存出投资款等,这些资金在会计核算上统称为"其他货币资金"。

(二)其他货币资金的会计处理

1. 外埠存款

外埠存款是指企业到外地进行临时或零星采购时,汇往采购地银行开立采购专户的款项。企业汇出款项时,须填写汇款委托书,加盖"采购资金"字样。汇入银行对汇入的采购款项,以汇款单位名义开立采购账户。采购资金存款不计利息,除采购员差旅费可以支取少量现金外,一律转账。采购专户只付不收,付完结束账户。

企业将款项委托当地银行汇往采购地开立专户时,根据汇出款项凭证,编制付款凭证,借记"其他货币资金——外埠存款"科目,贷记"银行存款"科目。

外出采购人员报销用外埠存款支付材料的采购货款等款项时,企业应根据供应单位发票账单等报销凭证,编制付款凭证,借记"在途物资"、"应交税费——应交增值税(进项税额)"等科目,贷记"其他货币资金——外埠存款"科目。采购员完成采购任务,将多余的外埠存款转回当地银行时,应根据银行的收款通知,编制收款凭证。

【例2-8】 甬江股份有限公司2009年6月2日因零星采购需要,将款项60 000元汇往杭州并开立采购专户,会计部门应根据银行转来的回单联,进行如下账务处理。

借：其他货币资金——外埠存款　　　　　　　　　　　　　　　60 000
　　贷：银行存款　　　　　　　　　　　　　　　　　　　　　　　　　60 000

【例2-9】　2009年6月12日会计部门收到采购员寄来的采购材料发票等凭证，货物价款58 500元，其中应交增值税8 500元。账务处理如下：

借：在途物资　　　　　　　　　　　　　　　　　　　　　　　50 000
　　应交税费——应交增值税（进项税额）　　　　　　　　　　　8 500
　　贷：其他货币资金——外埠存款　　　　　　　　　　　　　　　58 500

【例2-10】　2009年6月15日，外地采购业务结束，采购员将剩余采购资金1 500元，转回本地银行，会计部门根据银行转来的收款通知进行如下账务处理。

借：银行存款　　　　　　　　　　　　　　　　　　　　　　　1 500
　　贷：其他货币资金——外埠存款　　　　　　　　　　　　　　　　1 500

2. 银行汇票存款

银行汇票存款是指企业为取得银行汇票，按照规定存入银行的款项。企业向银行提交"银行汇票委托书"并将款项交存开户银行，取得汇票后，根据银行盖章的委托书存根联，编制付款凭证，借记"其他货币资金——银行汇票"科目，贷记"银行存款"科目。

企业使用银行汇票支付款项后，应根据发票账单及开户行转来的银行汇票有关副联等凭证，经核对无误后，借记"在途物资"、"应交税费——应交增值税（进项税额）"等科目，贷记"其他货币资金——银行汇票"科目。银行汇票使用完毕，应转销"其他货币资金——银行汇票"账户。如实际采购支付后银行汇票有余额，多余部分应借记"银行存款"科目，贷记"其他货币资金——银行汇票"科目。汇票因超过付款期限或其他原因未曾使用而退还款项时，应借记"银行存款"科目，贷记"其他货币资金——银行汇票"科目。

【例2-11】　2009年6月16日，甬江股份有限公司向银行提交"银行汇票委托书"，并交存款项25 000元，银行受理后签发银行汇票和解讫通知。甬江股份有限公司根据"银行汇票委托书"存根联进行如下账务处理。

借：其他货币资金——银行汇票　　　　　　　　　　　　　　　25 000
　　贷：银行存款　　　　　　　　　　　　　　　　　　　　　　　　25 000

【例2-12】　2009年6月17日，甬江股份有限公司用银行签发的银行汇票支付采购材料货款23 400元，其中应交增值税3 400元，企业记账的原始凭证是银行转来的银行汇票第四联及所附的发货票账单等凭证。甬江股份有限公司进行如下账务处理。

借：在途物资　　　　　　　　　　　　　　　　　　　　　　　20 000
　　应交税费——应交增值税（进项税额）　　　　　　　　　　　3 400
　　贷：其他货币资金——银行汇票　　　　　　　　　　　　　　　23 400

【例2-13】　2009年6月20日，甬江股份有限公司收到银行退回的多余款收账通知。其账务处理如下：

借：银行存款　　　　　　　　　　　　　　　　　　　　　　　1 600
　　贷：其他货币资金——银行汇票　　　　　　　　　　　　　　　　1 600

3. 银行本票存款

银行本票存款是指企业为取得银行本票，按照规定存入银行的款项。企业向银行提交"银行本票申请书"并将款项交存银行，取得银行本票时，应根据银行盖章退回的申请书存根联,编制付款凭证,借记"其他货币资金——银行本票"科目,贷记"银行存款"科目。企业用银行本票支付购货款等款项后,应根据发票账单等有关凭证,借记"在途物资"、"应交税费——应交增值税(进项税额)"等科目,贷记"其他货币资金——银行本票"科目。如企业因本票超过付款期等原因未曾使用而要求银行退款时,应填制进账单一式二联,连同本票一并交给银行,然后根据银行收回本票时盖章退回的一联进账单,借记"银行存款"科目,贷记"其他货币资金——银行本票"科目。

4. 信用证保证金存款

信用证存款是指采用信用证结算方式的企业为开具信用证而存入银行信用证保证金专户的款项。企业向银行申请开出信用证用于支付供货单位购货款项时,根据开户银行盖章退回的"信用证委托书"回单,借记"其他货币资金——信用证存款"科目,贷记"银行存款"科目。企业收到供货单位信用证结算凭证及所附发票账单,经核对无误后进行会计处理,借记"在途物资"、"应交税费——应交增值税(进项税额)"等科目,贷记"其他货币资金——信用证存款"科目。如果企业收到未用完的信用证存款余款,应借记"银行存款"科目,贷记"其他货币资金——信用证存款"科目。

5. 信用卡存款

信用卡存款是指企业为取得信用卡而存入银行信用卡专户的款项。企业申领信用卡,按照有关规定填制申请表,并按银行要求交存备用金,银行开立信用卡存款账户,发给信用卡。企业根据银行盖章退回的交存备用金的进账单,借记"其他货币资金——信用卡存款"科目,贷记"银行存款"科目。企业收到开户银行转来的信用卡存款的付款凭证及所附发票账单,经核对无误后进行会计处理,借记"管理费用"等科目,贷记"其他货币资金——信用卡存款"科目。

6. 存出投资款

存出投资款是指企业已存入证券公司但尚未进行短期投资的现金。企业向证券公司划出资金时,应按实际划出的金额,借记"其他货币资金——存出投资款"科目,贷记"银行存款"科目;购买股票、债券等时,按实际发生的金额,借记"交易性金融资产"科目,贷记"其他货币资金——存出投资款"科目。

第二节　应收款项

一、应收票据

(一)应收票据的特点及其分类

应收票据是指企业持有的还没有到期、尚未兑现的商业汇票。商业汇票是一种由出票人签发的,委托付款人在指定日期无条件支付确定金额给收款人或持票人的票据。商业汇票的付款期限,最长不得超过6个月。符合条件的商业汇票的持票人,可以持未到期的商业汇票连同贴现凭证向银行申请贴现。

商业汇票按承兑人不同,分为商业承兑汇票和银行承兑汇票。商业承兑汇票是指由付款人签发并承兑,或由收款人签发交由付款人承兑的汇票。银行承兑汇票是指由在承兑银行开立存款账户的存款人(这里也是出票人)签发,由承兑银行承兑的票据。

商业汇票的持票人在票据到期日可向承兑人收取票据款。商业汇票自承兑日起生效,其到期日是由票据有效期限的长短来决定的。在实务中,票据的期限一般有按月表示和按日表示两种。其中,定日付款的汇票付款期限自出票日起按日计算,定期付款的汇票付款期限自出票日起按月计算。

票据期限按月表示时,票据的期限不考虑各月份实际天数多少,统一按次月对日为整月计算。当签发承兑汇票的为某月月末时,统一以当期月份的最后一日为到期日。如5月2日签发承兑的期限为6个月的商业汇票,其到期日为11月2日;1月31日签发承兑的期限为1个月、2个月、3个月和6个月的商业汇票,其到期日分别为2月28日(闰年为2月29日)、3月31日、4月30日和7月31日。

票据期限按日表示时,票据的期限不考虑月数,统一按票据的实际天数计算。在票据签发承兑日和票据到期日这两天中,只计算其中的一天,即"算头不算尾"或"算尾不算头"。如3月2日签发承兑的期限为180天的商业汇票,其到期日为8月29日;1月31日(当年2月份为28天)签发承兑的期限为30天、60天、90天的商业汇票,其到期日分别为3月2日、4月1日、5月1日。

(二)应收票据的确认与计量

为了反映和监督应收票据取得、票款收回等经济业务,企业应设置"应收票据"科目,本科目核算企业因销售商品、提供劳务等而收到的商业汇票。借方登记取得的应收票据的票面金额,贷方登记到期收回票款或到期前向银行贴现的应收票据的票面金额,期末余额在借方,反映企业尚未收回且未申请贴现的应收票据的票面金额。本科目应按照商业汇票的种类设置明细科目,并设置"应收票据备查簿",逐笔登记每一商业汇票的种类、号数和出票日、票面金额、交易合同号和付款人、承兑人、背书人的姓名或单位名称、到期日、背书转让日、贴现日、贴现率和贴现净额以及收款日和收回金额、退票情况等资料,商业汇票到期结清票款或退票后,应当在备查簿内逐笔注销。

企业销售商品、产品或提供劳务收到开出、承兑的商业汇票时,按应收票据的票面金额,借记"应收票据"科目,按实现的营业收入,贷记"主营业务收入"科目,按专用发票上注明的增值税税额,贷记"应交税费——应交增值税(销项税额)"科目。应收票据到期收回按票面金额,借记"银行存款"科目,贷记"应收票据"科目。商业承兑汇票到期,承兑人违约拒付或无力支付票款,企业收到银行退回的商业承兑汇票、委托收款凭证、未付票款通知书或拒绝付款证明等,借记"应收账款"科目,贷记"应收票据"科目。

【例2-14】甬江股份有限公司销售一批产品给A企业,货已发出,货款200 000元,增值税税额为34 000元。按合同约定3个月以后付款,A企业交给甬江股份有限公司一张不带息3个月到期的商业承兑汇票,面额234 000元。甬江股份有限公司应作如下账务处理:

借:应收票据　　　　　　　　　　　　　　　　　　234 000
　贷:主营业务收入　　　　　　　　　　　　　　　　　200 000
　　　应交税费——应交增值税(销项税额)　　　　　　　34 000

3个月后,应收票据到期,甬江股份有限公司收回款项234 000元,存入银行。

借:银行存款　　　　　　　　　　　　　　　　　　234 000
　贷:应收票据　　　　　　　　　　　　　　　　　　234 000

如果该票据到期,A企业无力偿还票款,甬江股份有限公司应将到期票据的票面金额转入"应收账款"科目。

借:应收账款　　　　　　　　　　　　　　　　　　　　　234 000
　　贷:应收票据　　　　　　　　　　　　　　　　　　　　　　234 000

(三)应收票据转让

企业可以将自己持有的商业汇票背书转让。背书是指在票据背面或者粘单上记载有关事项并签章的票据行为。票据被拒绝承兑、拒绝付款或者超过付款提示期限的,不得背书转让。背书转让的,背书人应当承担票据责任。

企业将持有的应收票据背书转让,以取得所需物资时,按应计入取得物资成本的价值,借记"材料采购"或"原材料"、"库存商品"等科目,按专用发票上注明的增值税税额,借记"应交税费——应交增值税(进项税额)"科目,按应收票据的账面余额,贷记"应收票据"科目,如有差额,借记或贷记"银行存款"等科目。

(四)应收票据的贴现

应收票据贴现是指持票人因急需资金,将未到期的商业汇票背书后转让给银行,银行受理后,扣除按银行的贴现率计算确定的贴现息后,将余额付给贴现企业的业务活动。贴现金额的计算方法如下:

贴现净额(或贴现款)=票据到期值-贴现息

贴现息=票据到期值×贴现率×贴现天数/360

企业持未到期的应收票据向银行贴现,应按实际收到的金额(即减去贴现息后的净额),借记"银行存款"科目,按贴现息部分,借记"财务费用"等科目,按商业汇票的票面金额,贷记"应收票据"(不附追索权方式)或"短期借款"科目(附追索权方式)。

贴现的商业承兑汇票到期(附追索权方式),承兑人付款,借记"短期借款"科目,贷记"应收票据"科目。因承兑人的银行存款账户不足支付,申请贴现的企业收到银行退回的商业承兑汇票时,按商业汇票的票面金额,借记"短期借款"科目,贷记"银行存款"科目。同时,应按商业汇票的票面金额,借记"应收账款"科目,贷记"应收票据"科目。申请贴现企业的银行存款账户余额不足,银行作逾期贷款处理,同时,应按商业汇票的票面金额,借记"应收账款"科目,贷记"应收票据"科目。

【例 2-15】　甬江股份有限公司于 2009 年 2 月 10 日将签发承兑日为 1 月 31 日、期限为 90 天、面值为 50 000 元、到期日为 5 月 1 日的商业承兑汇票到银行申请贴现(不附追索权),银行规定的月贴现利率为 6‰。甬江股份有限公司贴现所得金额的计算及账务处理如下:

票据到期值=50 000(元)

贴现天数=80(天)

贴现利息=50 000×6‰÷30×80=800(元)

贴现净额(或贴现款)=50 000-800=49 200(元)

借:银行存款　　　　　　　　　　　　　　　　　　　　　49 200
　　财务费用　　　　　　　　　　　　　　　　　　　　　　　800
　　贷:应收票据　　　　　　　　　　　　　　　　　　　　　　50 000

☞相关资料

从广义上讲,应收票据作为一种债权凭证,应包括企业持有的未到期或未兑现的汇票、本票和支票等,但在我国会计实务中,支票、银行本票及银行汇票均为见票即付的票据,无需将其列为应收票据予以处理。因此在我国,应收票据仅指企业持有的未到期或未兑现的商业汇票。

二、应收账款

(一)应收账款的确认与计量

1. 应收账款的确认

应收账款是指企业在正常经营活动中,由于销售商品或提供劳务等,而应向购货或接受劳务单位收取的款项,主要包括企业出售商品、材料、提供劳务等应向有关债务人收取的价款及代购货方垫付的运杂费等。

应收账款的确认与收入的确认标准密切相关。按照收入确认标准,企业在销售商品时,如果同时符合五个条件,即确认为收入:企业已将商品所有权上的主要风险和报酬转移给购货方;企业既没有保留通常与所有权相联系的继续管理权,也没有对已售出的商品实施有效控制;收入的金额能够可靠地计量;相关的经济利益很可能流入企业;相关的已发生或将发生的成本能够可靠地计量。由于大多数商品的销售在交易发生时就具备了这些条件,因此,应收账款应于收入实现时确认。

2. 应收账款的计量

应收账款是因企业销售商品或提供劳务等产生的债权,应当按照实际发生额记账。其入账价值包括:销售货物或提供劳务的价款、增值税,以及代购货方垫付的运杂费等。在确认应收账款的入账价值时,应当考虑有关的折扣因素。

(1)商业折扣

商业折扣是指企业为促进销售而在商品标价上给予的扣除。例如,企业为鼓励买主购买更多的商品而规定购买 10 件以上者给予 10% 的折扣,或买主每买 10 件送 1 件;再如,企业为尽快出售一些残次、陈旧、冷背的商品而进行降价销售等。商业折扣一般在交易发生时即已确定,它仅仅是确定实际销售价格的一种手段,不需在买卖双方任何一方的账上反映,因此,在存在商业折扣的情况下,企业应收账款入账金额应按扣除商业折扣以后的实际售价确定。

(2)现金折扣

现金折扣是指债权人为鼓励债务人在规定的期限内付款,而向债务人提供的债务扣除。现金折扣通常发生在以赊销方式销售商品及提供劳务的交易中。企业为了鼓励客户提前偿付货款,通常与债务人达成协议,债务人在不同期限内付款可享受不同比例的折扣。现金折扣一般用符号"折扣/付款期限"表示。例如买方在 10 天内付款可按售价给予 2% 的折扣,用符号"2/10"表示;在 20 天内付款按售价给予 1% 的折扣,用符号"1/20"表示;在 30 天内付款,则不给折扣,用符号"N/30"表示。

在存在现金折扣的情况下,应收账款入账价值的确定有两种方法:一种是总价法,另一种是净价法。

总价法是将未减去现金折扣前的金额作为应收账款的入账价值。现金折扣只有客户在折扣期内支付货款时，才予以确认。在这种方法下，销售方把给予客户的现金折扣视为融资的理财费用，会计上作为财务费用处理。总价法可以较好地反映企业销售的总过程，但可能会因客户享受现金折扣而高估应收账款和销售收入。例如，期末结账时，有些应收账款还没有超过折扣期限，如果有一部分客户享受现金折扣，则销货企业的应收账款和销售收入就会因入账时按总价确认而虚增。

净价法是将扣减最大现金折扣后的金额作为应收账款的入账价值。这种方法是把客户取得折扣视为正常现象，认为客户一般都会提前付款，而将由于客户超过折扣期限而多收入的金额，视为提供信贷获得的收入，于收到账款时入账，冲减财务费用。净价法可以避免总价法的不足，但在客户没有享受现金折扣而全额付款时，必须再查对原销售总额。期末结账时，对已超过期限尚未收到的应收账款，需按客户未享受的现金折扣进行调整，操作起来比较麻烦。

根据我国《企业会计准则》规定，企业应收账款的入账价值，应按总价法确定。

(二)应收账款的会计处理

应收账款的核算是通过"应收账款"科目进行的，企业销售商品或材料等发生应收款项时，借记"应收账款"科目，贷记"主营业务收入"、"应交税费——应交增值税(销项税额)"、"其他业务收入"等科目；收回款项时，借记"银行存款"等科目，贷记"应收账款"科目。企业代购货单位垫付包装费、运杂费时，借记"应收账款"科目，贷记"银行存款"等科目；收回代垫费用时，借记"银行存款"等科目，贷记"应收账款"科目。

如果企业应收账款改用应收票据结算，在收到承兑的商业汇票时，借记"应收票据"科目，贷记"应收账款"科目。

1. 在没有商业折扣的情况下，应收账款应按应收的全部金额入账

【例2-16】　甬江股份有限公司赊销给B企业商品一批，货款总计60 000元，适用的增值税税率为17%，代垫运杂费2 000元(假设不作为计税基数)。甬江股份有限公司应作如下账务处理：

借：应收账款		72 200
贷：主营业务收入		60 000
应交税费——应交增值税(销项税额)		10 200
银行存款		2 000

收到货款时：

借：银行存款		72 200
贷：应收账款		72 200

2. 在有商业折扣的情况下，应收账款和销售收入按扣除商业折扣后的金额入账

【例2-17】　甬江股份有限公司赊销商品一批，按价目表的价格计算，货款金额总计20 000元，给买方的商业折扣为10%，适用增值税税率为17%，代垫运杂费500元(假设不作为计税基数)。甬江股份有限公司应作如下账务处理：

借：应收账款		21 560
贷：主营业务收入		18 000
应交税费——应交增值税(销项税额)		3 060
银行存款		500

收到货款时：

    借：银行存款   21 560
      贷：应收账款   21 560

3. 在有现金折扣的情况下，采用总价法和净价法的核算

【例 2-18】 甬江股份有限公司赊销一批商品，货款为 200 000 元，规定对价款部分的付款条件为"2/10，N/30"，适用的增值税税率为 17%。假设折扣时不考虑增值税，甬江股份有限公司应作如下账务处理：

（1）总价法

销售业务发生时，根据有关销货发票：

    借：应收账款   234 000
      贷：主营业务收入   200 000
        应交税费——应交增值税（销项税额）   34 000

假若客户于 10 天内付款：

    借：银行存款   230 000
      财务费用   4 000
      贷：应收账款   234 000

假若客户超过 10 天付款，则无现金折扣：

    借：银行存款   234 000
      贷：应收账款   234 000

（2）净价法

销售业务发生时，根据有关销货发票：

    借：应收账款   230 000
      贷：主营业务收入   196 000
        应交税费——应交增值税（销项税额）   34 000

10 天内收到货款时：

    借：银行存款   230 000
      贷：应收账款   230 000

超过 10 天收到货款：

    借：银行存款   234 000
      贷：应收账款   230 000
        财务费用   4 000

（三）应收账款出售和融资

1. 应收债权出售、融资业务的核算原则

企业将销售商品、提供劳务所产生的应收债权出售给银行等金融机构，在进行会计核算时，应按照实质重于形式的原则，充分考虑交易的经济实质。对于有明确的证据表明有关交易事项满足销售确认条件，如与应收债权有关的风险和报酬实质上已经发生转移等，应按照出售应收债权处理，并确认相关损益。否则，应作为以应收债权为质押取得借款进行会计处理。

2. 以应收债权为质押取得借款的核算

企业销售商品、提供劳务所产生的应收债权提供给银行作为其向银行借款的质押的，应将从银行等金融机构获得的款项确认为对银行等金融机构的一项负债,作为短期借款等核算。

相关案例

据中新社2009年10月30日报道,从中国人民银行南京分行举办的应收账款质押融资推动月启动会上获悉,截至9月底,江苏省应收账款质押融资业务累计注册用户352个,登记业务9 686笔,查询9 408笔,登记量居全国第二,出质人为中小企业的初始登记主合同金额累计超过2 320亿元。

应收账款质押融资是一种以应收账款为担保物的资产支持贷款,是国际上针对中小企业的主要信贷品种之一,美国约95%中小企业融资有动产担保,其中大部分涉及应收账款。而在我国,直到2007年《物权法》颁布,人民银行配套出台《应收账款质押登记管理办法》,应收账款质押融资业务才开始在全国范围内广泛开展。

在启动仪式上,中国人民银行南京分行副行长李铀表示,应收账款质押融资是人民银行金融危机背景下人民银行支持中小企业发展,帮助中小企业走出融资困境的一项重要举措。各金融机构要进一步完善登记系统的管理和使用,建立积极有效的风控机制,积极协调好银企对接工作,进一步加大对中小企业的有效信贷投入,力争把江苏建成全国应收账款质押融资业务发展最好的一块区域。

企业发生的借款利息及向银行等金融机构偿付借入款项的本息时的会计处理,应按有关借款核算的规定进行处理。

会计期末,企业应根据债务单位的情况,合理计提用于质押的应收债权的坏账准备。企业应设置备查簿,详细记录质押的应收债权的账面余额、质押期限及回款情况等。

【例2-19】 2009年2月5日,甬江股份有限公司销售一批商品给D公司,开出的增值税专用发票上注明的销售价款为400 000元,增值税销项税额为68 000元,款项尚未收到。双方约定,D公司应于2009年9月30日付款。2009年4月1日,甬江股份有限公司因急需流动资金,经与中国银行协商,以应收D公司货款为质押取得5个月流动资金借款360 000元,年利率为6%,每月末偿付利息。假定不考虑其他因素,甬江股份有限公司与应收债权质押有关的账务处理如下:

(1)2月5日销售成立时。

借:应收账款　　　　　　　　　　　　　　　　　468 000
　　贷:主营业务收入　　　　　　　　　　　　　　　　400 000
　　　　应交税费——应交增值税(销项税额)　　　　　68 000

(2)4月1日取得短期借款时。

借:银行存款　　　　　　　　　　　　　　　　　360 000
　　贷:短期借款　　　　　　　　　　　　　　　　　360 000

(3)4月30日偿付利息时。

借:财务费用　　　　　　　　　　　　　　　　　1 800
　　贷:银行存款　　　　　　　　　　　　　　　　　1 800

(4)8月31日偿付短期借款本金及最后一期利息。

借:财务费用 1 800

短期借款 360 000

贷:银行存款 361 800

3. 应收债权出售的核算

(1)不附追索权的应收债权出售的核算

企业将销售商品、提供劳务所产生的应收债权出售给银行等金融机构,根据企业、债务人及银行等金融机构之间的协议,在所售应收债权到期无法收回时,银行等金融机构不能够向出售应收债权的企业进行追偿的,企业应将所售应收债权予以转销,结转计提的相关坏账准备,确认出售损益。

【例2-20】　2009年3月15日,甬江股份有限公司销售一批商品给乙公司,开出的增值税专用发票上注明的销售价款500 000元,增值税销项税额为85 000元,款项尚未收到。双方约定,乙公司应于2009年10月31日付款。2009年6月4日,经与中国银行协商后约定:甬江公司将应收乙公司的货款出售给中国银行,价款为489 540元;在应收乙公司货款到期无法收回时,中国银行不能向甬江公司追偿。假定不考虑其他因素,甬江公司与应收债权出售有关的账务处理如下:

(1)3月15日销售成立时。

借:应收账款 585 000

贷:主营业务收入 500 000

应交税费——应交增值税(销项税额) 85 000

(2)6月4日出售应收债权。

借:银行存款 489 540

营业外支出 72 060

其他应收款 23 400

贷:应收账款 585 000

(2)附追索权的应收债权出售的核算

企业在出售应收债权的过程中如附有追索权,即在有关应收债权到期无法从债务人处收回时,银行等金融机构有权向出售应收债权的企业追偿,或按照协议约定,企业有义务按照约定金额自银行等金融机构回购部分应收债权,应收债权的坏账风险由售出应收债权的企业负担,则企业应按照以应收债权为质押取得借款的核算原则进行会计处理。

☞ 相关资料

当企业有好的投资机会,此时却由于很多应收账款未能及时收回,没有足够的资金时,就可以利用应收账款进行融资,主要有以下四条途径:

应收账款证券化。企业可以根据自身的财务特点和财务安排的具体要求,对应收账款证券化融资,借助证券化提供一种偿付期与其资产的偿还期相匹配的资产融资方式,对资产负债表中具体项目进行调整和优化,盘活存量资产,增加资产流动性。特别是对于那些产品单价高、收到款项期限漫长的企业来说,应收账款往往在其资产负债表上占有相当大的比重,将应收账款进行证券化既能让这部分资产产生流动性又能很好地为企业融得资金。企业可以将其应收账款证券化,由银行担任受托机构,发行基于该笔应收账款的短期受益证券。

应收账款的抵借。在新实施的《物权法》条款中,扩大了动产担保物的范围,允许应收账款质押,明确了应收账款的登记机构为人民银行信贷征信系统,在动产担保制度方面取得了重大突破,有利于动产担保价值发挥,促进企业尤其是中小企业融资。应收账款的抵借是将企业的应收账款作为抵押品向银行获得借款的一种融资方式,分为整体抵借和特定抵借。尤其适用于中小型企业,因为中小型企业的信用地位与社会地位使其不但难以进入直接融资市场,间接融资也是困难重重,客观上制约了中小企业在经济中优势的发挥。应收账款的抵借能够满足中小企业的资金需求,加速应收账款的周转率。企业以自己的应收账款作抵押向银行申请贷款。银行的贷款额一般为应收账款面值的 $50\% - 90\%$。企业将应收账款抵押给银行后一般不通知相关的客户。

委托专业机构追讨或采取仲裁、法律诉讼的形式。当应收账款已经发生较大的损失时,企业应该尽快与债务方商讨,必要时进行债务重组。当债务企业破产时,应积极参与债权的申报以及追讨,切勿错过追逃的最佳时机。对于有能力付款却恶意拖欠的,企业自己追讨一段时间后仍没有实质性的效果,可以委托专业机构追讨应收账款,由其代理行使债权人的追讨工作,当然如果还不行,就只好应用仲裁或法律诉讼来捍卫自身的正当权益了。

在合同中约定所有权保留条款。根据我国《合同法》第 134 条规定:"当事人可以在买卖合同中规定买受人未履行支付价款或其他义务的,标的物所有权属出卖人。"这样,只有客户在付清全部货款时,才能取得货物的所有权,即使客户破产了,由于该货物的所有权仍然属于企业,不会作为破产财产,从而很大程度上保障了应收账款的安全。

三、预付账款及其他应收款

(一)预付账款

1. 预付账款的内容

预付账款是指企业按照购货合同规定预付给供应单位的款项。预付账款是企业暂时被供货单位占用的资金。企业预付货款后,有权要求对方按照购货合同规定发货。预付账款必须以购销双方签订的购货合同为条件,按照规定的程序和方法进行核算。

为了反映和监督预付账款的增减变动情况,企业应设置"预付账款"科目,借方登记预付的款项和补付的款项,贷方登记收到采购货物时按发票金额冲销的预付账款数和因预付货款多余而退回的款项,期末余额一般在借方,反映企业实际预付的款项。

预付款项不多的企业,可以不设"预付账款"科目,而直接在"应付账款"科目核算。但在编制资产负债表时,应当将"应付账款"项目的借方明细余额填入"预付账款"项目。

2. 预付账款的核算

预付账款的核算包括预付款项和收回货物两个方面。

根据购货合同的规定向供应单位预付款项时,借记"预付账款"科目,贷记"银行存款"科目。企业收到所购货物时,根据有关发票账单金额,借记"原材料"、"应交税费——应交增值税(进项税额)"等科目,贷记"预付账款"科目;当预付货款小于采购货物所需支付的款项时,应将不足部分补付,借记"预付账款"科目,贷记"银行存款"科目;当预付货款大于采购货物所需支付的款项时,对收回的多余款项应借记"银行存款"科目,贷记"预付账款"科目。

【例 2-21】 甬江股份有限公司向 E 公司采购材料 1 000 千克,单价 50 元,所需支付的款项总额为 50 000 元。按照合同规定向 E 公司预付货款的 40%,验收货物后补付其余款项。甬江股份有限公司的账务处理如下:

(1)预付 40% 的货款。

借:预付账款	20 000
贷:银行存款	20 000

(2)收到 E 公司发来的 1 000 千克材料,经验收无误,有关发票记载的货款为 50 000 元,增值税税额为 8 500 元。据此以银行存款补付不足款项 38 500 元。

借:原材料	50 000
应交税费——应交增值税(进项税额)	8 500
贷:预付账款	58 500
借:预付账款	38 500
贷:银行存款	38 500

(二)其他应收款

1. 其他应收款的内容

其他应收款是指除应收票据、应收账款、预付账款以外的其他各种应收、暂付款项。其主要内容包括:

(1)应收的各种赔款、罚款,如因企业财产等遭受意外损失而应向有关保险公司收取的赔款等。

(2)应收的出租包装物租金。

(3)应向职工收取的各种垫付款项,如为职工垫付的水电费,应由职工负担的医药费、房租费等。

(4)备用金,如向企业各有关部门拨出的备用资金。

(5)存出保证金,如租入周转材料包装物支付的押金。

(6)其他各种应收、暂付款项。

2. 其他应收款的核算

企业应设置"其他应收款"科目对其他应收款进行核算。该科目借方登记发生的各种其他应收款,贷方登记企业收到的款项和结转情况,余额一般在借方,表示应收未收的其他应收款项,企业应在"其他应收款"科目下,按债务人设置明细科目,进行明细核算。

企业发生备用金以外的其他应收款时,借记"其他应收款"科目,贷记"库存现金"、"银行存款"、"营业外收入"等科目;收回备用金以外的其他应收款时,借记"库存现金"、"银行存款"、"应付职工薪酬"等科目,贷记"其他应收款"科目。

企业应当定期或者至少于每年年度终了对其他应收款进行检查,预计其可能发生的坏账损失,并计提坏账准备。对于不能收回的其他应收款应查明原因,追究责任。对确实无法收回的,按照企业的管理权限,经股东大会或董事会,或经理(厂长)会议或类似机构批准作为坏账损失,冲减提取的坏账准备。

【例 2-22】 甬江股份有限公司为李利垫付应由其个人负担的住院医药费 800 元,拟从其工资中扣回。其账务处理为:

垫支时:

借:其他应收款 　　　　　　　　　　　　　　　　　800

　　贷:银行存款 　　　　　　　　　　　　　　　　　　　800

扣款时:

借:应付职工薪酬 　　　　　　　　　　　　　　　　800

　　贷:其他应收款 　　　　　　　　　　　　　　　　　　800

【例 2-23】 甬江股份有限公司租入周转材料包装物一批,以银行存款向出租方支付押金 5 000 元。其账务处理为:

支付时:

借:其他应收款 　　　　　　　　　　　　　　　　5 000

　　贷:银行存款 　　　　　　　　　　　　　　　　　　5 000

收到出租方退还的押金时:

借:银行存款 　　　　　　　　　　　　　　　　　5 000

　　贷:其他应收款 　　　　　　　　　　　　　　　　　5 000

【例 2-24】 5 月 8 日,甬江股份有限公司职工王祖预借差旅费 1 200 元,以现金支付。其账务处理为:

借:其他应收款 　　　　　　　　　　　　　　　　1 200

　　贷:库存现金 　　　　　　　　　　　　　　　　　　1 200

6 月 16 日,王祖出差归来,报销差旅费 1080 元,余款交回。

借:管理费用 　　　　　　　　　　　　　　　　　1 080

　　库存现金 　　　　　　　　　　　　　　　　　　120

　　贷:其他应收款 　　　　　　　　　　　　　　　　　1 200

☞ 相关资料

备用金的管理办法一般有两种:一是随借随用、用后报销制度,适用于不经常使用备用金的单位和个人;二是定额备用金制度,适用于经常使用备用金的单位和个人。定额备用金制度的特点是对经常使用备用金的部门或车间,分别规定一个备用金定额。按定额拨付现金时,记入"其他应收款"或"备用金"科目的借方和"库存现金"科目的贷方。报销时,财会部门根据报销单据付给现金,补足用掉数额,使备用金仍保持原有的定额数。报销的金额直接记入"库存现金"科目的贷方和有关科目的借方,不需要通过"其他应收款"或"备用金"科目核算。

四、坏账及坏账损失

坏账是指企业无法收回或收回的可能性极小的应收款项。由于发生坏账而产生的损失,称为坏账损失。

(一)坏账损失的确认

企业确认坏账时,应遵循财务报告的目标和会计核算的基本要求,具体分析各应收款项的特性、金额的大小、信用期限、债务人的信誉和当时的经营情况等因素。一般来讲,企业对有确凿证据表明确实无法收回的应收款项,如债务单位已撤销、破产、资不抵债、现金流量严重不足等,根据企业管理权限,经股东大会或董事会,或经理(厂长)办公会或类似机构批准作为坏账损失。

企业应当在期末分析各项应收款项的可收回性,并预计可能产生的坏账损失。对预计可能发生的坏账损失,计提坏账准备。企业计提坏账准备的方法由企业自行确定。企业应当制定计提坏账准备的政策,明确计提坏账准备的范围、提取方法、账龄的划分和提取比例,按照法律、行政法规的规定报有关各方备案,并备置于企业所在地。坏账准备计提方法一经确定,不得随意变更。如需变更,应当在会计报表附注中予以说明。

在确定坏账准备的计提比例时,除有确凿证据表明该项应收款项不能收回或收回的可能性不大外(如债务单位已撤销、破产、资不抵债、现金流量严重不足、发生严重的自然灾害等导致停产而在短时间内无法偿付债务等,以及3年以上的应收款项),下列各种情况不能全额计提坏账准备:

(1)当年发生的应收款项;

(2)计划对应收款项进行重组;

(3)与关联方发生的应收款项;

(4)其他已逾期,但无确凿证据表明不能收回的应收款项。

应当指出,对已确认为坏账的应收款项,并不意味着企业放弃了其追索权,一旦重新收回,应及时入账。

(二)坏账损失的核算

坏账损失的核算方法有两种:直接转销法和备抵法。我国《企业会计准则》规定,企业只能采用备抵法核算坏账损失。

1. 直接转销法

采用直接转销法时,日常核算中应收款项可能发生的坏账损失不予考虑,不计提坏账准备,只有在实际发生坏账时,才作为损失计入当期损益,同时冲销应收款项。

【例2-28】 C企业欠甬江股份有限公司的账款3600元已超过3年,屡催无效,断定无法收回,则应对该客户的应收账款作坏账损失处理。甬江股份有限公司的账务处理如下:

```
借:资产减值损失                    3 600
    贷:应收账款                              3 600
```

如果已冲销的应收账款以后又收回,应进行如下账务处理:

```
借:应收账款                        3 600
    贷:资产减值损失                          3 600
```

同时,

借:银行存款 　　　　　　　　　　　　　　　　　　　　　　　　　3 600

　　贷:应收账款 　　　　　　　　　　　　　　　　　　　　　　　　　　　　　3 600

2. 备抵法

备抵法,是指按期估计坏账损失,形成坏账准备,当某一应收款项的全部或部分被确认为坏账时,应根据其金额冲减坏账准备,同时转销相应的应收款项金额的一种核算方法。

采用备抵法,企业需设置"坏账准备"科目。资产负债表日,企业根据金融工具确认和计量准则确定应收款项发生减值的,按应减记的金额,借记"资产减值损失"科目,贷记"坏账准备"科目。本期应计提的坏账准备大于其账面余额的,按其差额计提;应计提的金额小于其账面余额的差额做相反的会计分录。

对于确实无法收回的应收款项,按管理权限报经批准后作为坏账损失,转销应收款项,借记"坏账准备"科目,贷记"应收票据"、"应收账款"、"预付账款"、"应收利息"、"其他应收款"、"长期应收款"等科目。

已确认并转销的应收款项以后又收回的,应按实际收回的金额,借记"应收票据"、"应收账款"、"预付账款"、"应收利息"、"其他应收款"、"长期应收款"等科目,贷记"坏账准备"科目;同时,借记"银行存款"科目,贷记"应收票据"、"应收账款"、"预付账款"、"应收利息"、"其他应收款"、"长期应收款"等科目。

已确认并转销的应收款项以后又收回的,企业也可以按照实际收回的金额,借记"银行存款"科目,贷记"坏账准备"科目。

企业采用备抵法进行坏账核算时,首先应按期估计坏账损失。估计坏账损失的方法有应收款项余额百分比法、账龄分析法、销货百分比法和个别认定法等。

(1)应收款项余额百分比法

应收款项余额百分比法是根据会计期末应收款项的余额和估计的坏账率,估计坏账损失,计提坏账准备的方法。举例如下:

【例2-29】 甬江股份有限公司从2007年开始计提坏账准备。2007年年末应收账款余额为1 200 000元,该公司坏账准备的提取比例为5‰。则计提的坏账准备为:

坏账准备提取额=1 200 000×5‰=6 000(元)

借:资产减值损失 　　　　　　　　　　　　　　　　　　　　　　　6 000

　　贷:坏账准备 　　　　　　　　　　　　　　　　　　　　　　　　　　　　6 000

2008年,公司发现有3 200元的应收账款无法收回,按有关规定确认为坏账损失。

借:坏账准备 　　　　　　　　　　　　　　　　　　　　　　　　　3 200

　　贷:应收账款 　　　　　　　　　　　　　　　　　　　　　　　　　　　　3 200

2008年12月31日,该公司应收账款余额为2 500 000元。按本年年末应收账款余额应保持的坏账准备金额(即坏账准备的余额)为:

2 500 000×5‰=12 500(元)

年末计提坏账准备前,"坏账准备"科目的贷方余额为:

6 000-3 200=2 800(元)

本年度应补提的坏账准备金额为:

12 500-2 800=9 700(元)

有关账务处理如下：

　　借：资产减值损失　　　　　　　　　　　　　　　　　　　9 700
　　　　贷：坏账准备　　　　　　　　　　　　　　　　　　　　　　9 700

2009 年 7 月 15 日，接银行通知，公司上年度已冲销的 3 200 元坏账又收回，款项已存入银行。有关账务处理如下：

　　借：应收账款　　　　　　　　　　　　　　　　　　　　　3 200
　　　　贷：坏账准备　　　　　　　　　　　　　　　　　　　　　　3 200
　　借：银行存款　　　　　　　　　　　　　　　　　　　　　3 200
　　　　贷：应收账款　　　　　　　　　　　　　　　　　　　　　　3 200

2009 年 12 月 31 日公司应收账款余额为 1 800 000 元。本年末坏账准备余额应为：

1 800 000×5‰＝9 000(元)

至年末，计提坏账准备前的"坏账准备"科目的贷方余额为：

12 500＋3 200＝15 700(元)

本年度应冲销多提的坏账准备金额为：

15 700－9 000＝6 700(元)

有关账务处理如下：

　　借：坏账准备　　　　　　　　　　　　　　　　　　　　　6 700
　　　　贷：资产减值损失　　　　　　　　　　　　　　　　　　　　6 700

（2）账龄分析法

账龄分析法是根据应收款项账龄的长短来估计坏账的方法。账龄指的是顾客所欠账款的时间。采用这种方法，企业利用账龄分析表所提供的信息，确定坏账准备金额。确定的方法按各类账龄分别估计其可能成为坏账的部分。

【例 2-30】 甬江股份有限公司 2009 年 12 月 31 日应收账款账龄分析表见表 2-1。

表 2-1　　　　　　　　　　　　应收账款账龄分析表　　　　　　　　　金额单位：元

客户名称	余额	未到期	已过期			
			1 个月	2 个月	3 个月	3 个月以上
A	110 000	40 000	30 000		20 000	20 000
B	90 000	60 000		20 000	10 000	
C	120 000	20 000	50 000	40 000	10 000	
合计	320 000	120 000	80 000	60 000	40 000	20 000

甬江股份有限公司编制的坏账损失估计表见表 2-2。

表 2-2 坏账损失估计表 金额单位:元

应收账款账龄	应收账款余额	估计损失(%)	估计损失金额
未到期	120 000	0.5	600
过期 1 个月	80 000	1	800
过期 2 个月	60 000	2	1 200
过期 3 个月	40 000	3	1 200
过期 3 个月以上	20 000	5	1 000
合计	320 000		4 800

由表 2-2 看出,该公司 2009 年 12 月 31 日估计的坏账损失为 4 800 元,所以"坏账准备"科目的账面余额应为 4 800 元。

假设在估计坏账损失前,"坏账准备"科目有贷方余额 2 000 元,则该企业还应计提 2 800 元(4 800－2 000)。有关账务处理如下:

借:资产减值损失　　　　　　　　　　　　　　　　　2 800

　　贷:坏账准备　　　　　　　　　　　　　　　　　　　　　2 800

再假设在估计坏账损失前,"坏账准备"科目有贷方余额 5 200 元,则该企业应冲减 400 元(5 200－4 800)。有关账务处理如下:

借:坏账准备　　　　　　　　　　　　　　　　　　　400

　　贷:资产减值损失　　　　　　　　　　　　　　　　　　　　400

(3)销货百分比法

销货百分比法是以赊销金额的一定百分比作为估计坏账的方法。企业可以根据过去的经验和有关资料,估计坏账损失与赊销金额之间的比率,也可用其他更合理的方法进行估计。

【例 2-31】 甬江股份有限公司 2009 年全年赊销金额为 800 000 元,根据以往资料和经验,估计坏账损失率为 1.5%。

年末估计坏账损失为:

800 000×1.5%＝12 000(元)

有关账务处理如下:

借:资产减值损失　　　　　　　　　　　　　　　　　12 000

　　贷:坏账准备　　　　　　　　　　　　　　　　　　　　　12 000

(4)个别认定法

个别认定法就是根据每一项应收账款的情况来估计坏账损失的方法。

在采用账龄分析法、应收款项余额百分比法等方法的同时,如果某项应收款项的可收回性与其他各项应收款项存在明显的差别(例如,债务单位所处的特定地区等),导致该项应收款项如果按照与其他应收款项同样的方法计提坏账准备,将无法真实地反映其可收回金额的,可对该项应收款项采用个别认定法计提坏账准备。在同一会计期间内运用个别认定法的应收款项,应从用其他方法计提坏账准备的应收款项中剔除。

相关案例

　　注册会计师李文审计 A 公司坏账准备项目,在审查坏账损失时发现:

　　1. 该公司采用"账龄分析法"计提坏账准备,当年全额提取坏账准备的账户有 8 笔,共计 5 000 万元。其中:未到期的应收账款 2 笔,计 2 000 万元;计划进行债务重组 1 笔,计 1 500 万元;与母公司发生的交易 1 笔,计 1 000 万元;其他虽已逾期但无充分证据证明不能收回的 4 笔,计 500 万元。

　　2. 已逾期 7 年,对方无偿债行为,且近期无法改善财务状况,或对方单位已停产,近期无法偿还所欠债务 2 000 万元。A 公司在确定计提坏账比例时,仅按 3‰ 计提坏账准备。该公司采用"账龄分析法"计提坏账准备。

　　请分析 A 公司坏账损失核算存在什么问题?

要点回顾

• 学习目标总结

　　学习目标 1　货币资金是指企业在生产经营过程中,以货币形态存在的资产。货币资金按其存放地点和用途,可分为库存现金、银行存款和其他货币资金。

　　货币资金是流动性最强的资产,必须加强管理。现金的管理包括严格控制现金使用范围、保持库存现金限额、不得坐支现金等;银行存款的管理包括账户的管理和银行结算纪律。货币资金的管理和控制应遵循的原则是:严格职责分工、实行交易分开、实施内部稽核、实施定期轮岗制度。

　　库存现金的账务处理主要包括两个部分:一是通过"库存现金"总分类账进行总括核算,二是设置"现金日记账"。银行存款的账务处理主要包括两个部分:一是通过"银行存款"总分类账进行总括核算,二是设置"银行存款日记账"。由于存放地点和用途不同,会计上对其他货币资金通常是设置"其他货币资金"总账科目进行单独核算,并按照外埠存款、银行汇票存款、银行本票存款、信用证保证金存款、信用卡存款和存出投资款等设置明细科目,进行明细分类核算。

　　学习目标 2　应收票据是指企业持有的、尚未兑现的商业汇票。应收票据的核算包括持有票据、票据到期、票据转让和贴现。应收账款是指企业在正常经营活动中,由于销售商品或提供劳务等,而应向购货或接受劳务单位收取的款项。其入账价值包括销售货或提供劳务的价款、增值税,以及代购货方付的这杂费等。在确定入账价值时,应当考虑商业折扣、现金折扣因素。预付账款是指企业按照购货合同预付给供应单位的款项。其核算包括预付款项和收回货物两个方面。其他应收款是指除应收票据、应收账款、预付账款以外的其他各种应收、暂付款项。

　　学习目标 3　坏账是指企业无法收回或收回的可能性极小的应收款项。由于发生坏账而产生的损失,称为坏账损失。对于坏账损失的核算一般采用备抵法,在备抵法下要求企业在每一会计期间,采用一定方法估计坏账损失,计入当期费用,同时形成坏账准备。当某一笔应收账款全部或部分被确认为坏账时,根据其金额冲减坏账准备,同时转销相应的应收账款的金额。估计坏账损失的方法主要有四种:应收账款余额百分比法、账龄分析法、赊销百分比法和个别认定法。

• 关键术语

货币资金;内部控制;库存现金;银行存款;其他货币资金;备用金;银行结算方式;支票;汇兑;商业汇票;委托收款;银行汇票;银行本票;托收承付;信用证;信用卡;应收票据;商业承兑汇票;银行承兑汇票;贴现;应收账款;商业折扣;现金折扣;总价法;净价法;应收账款融资;预付账款;其他应收款;坏账损失;备抵法;账龄分析法

• 重点与难点

重点:货币资金的内容、内部管理的重要性及会计核算;应收票据的贴现;应收账款的计价;坏账损失的核算;其他应收款的主要内容及核算。

难点:库存现金的管理和控制方法;应收账款总价法和净价法的会计核算;坏账准备的计提及坏账损失的会计核算;应收债权出售和融资的核算。

小组讨论

• 思考题

1. 为什么要规定库存现金的使用范围? 如果用非现金结算,请问有哪些具体的结算方式? 企业应如何选择?

2. 应收票据是怎样产生的? 应如何管理? 应收票据在什么情况下可以贴现? 请通过实例对应收票据贴现的原理、流程以及优缺点作具体地描述。

3. 在企业里为什么会产生应收账款? 根据你的理解应收账款的入账时间和入账价值如何确定?

4. 企业给予商业折扣的理由有哪些? 为什么商业折扣不像现金折扣那样在账户中记录?

5. 什么是坏账和坏账损失? 坏账损失的标准通常有哪些? 在确定坏账准备的计提比例时,哪些情况不能全额计提坏账准备? 有人认为企业计提了坏账准备导致利润减少,意味着现金流出企业,对此你是怎样理解的?

• 案例分析

1. 对本章开篇的引入案例——"小会计'蚂蚁搬家'挪用货款5 000多万元"进行分析。请以小组为单位讨论以下问题:

(1)请收集案例的原文,对本案例会计钟某挪用货款的做法作一个详细的描述;

(2)该案例有哪些教训可以总结?

(3)通过该案例你认为企业应否建立货币资金内部控制制度? 为什么?

2. 资料：申能股份是上海证券交易所的上市公司，在上海、浙江等省区投资经营电厂和天然气管网等能源类项目，拥有稳定和充沛的现金流量。该公司1998年中报现金和短期投资占总资产的比重为24%，这个数字在1998年年报增加到了34%，1999年中报突破了35%，总量有38亿元之多。大量的资产以货币的形式存在，我们预测企业下一步财务行动会选择两条路：一是进行收购兼并使用现金；二是大比例分配现金股利或者是进行股份回购，总之，是需要消耗现金，以优化企业的资产结构。1999年12月，申能股份向申能集团定向协议回购10亿股国有法人股，回购股数占申能股份总股本的37.98%，回购单价为每股净资产2.51元，共计25亿元的回购资金来源全部为公司自有资金。

请以小组为单位讨论以下问题：

(1)分析企业利用溢余的现金进行的股份回购有什么意义？回购前后的每股收益发生了什么变化？对企业的总资产收益率会产生什么影响？

(2)如何理解现金的涵义，国家为什么规定现金的使用范围？

(3)写一篇关于如何加强对现金管理的研究报告。

项目训练

训练目的：通过本项目训练，使学生对应收款项目有一个比较系统地认识，熟悉其账务处理程序，据以达到熟练地掌握债权性资产的确认、计量、记录与报告等会计技能。

训练形式：以学生自主完成为主，教师适当指导。

训练课时：课外2课时。

训练资料与要求：

一、训练资料

东升股份有限公司为增值税一般纳税人，增值税税率为17%。采用备抵法核算坏账。2009年12月1日，东升公司"应收账款"科目借方余额为500万元，"坏账准备"科目贷方余额为25万元，计提坏账准备的比例为期末应收账款余额的5%。

12月份，东升公司发生如下相关业务：

(1)12月5日，向乙企业赊销商品一批，按商品价目表标明的价格计算的金额为1000万元(不含增值税)，由于是成批销售，东升公司给予乙企业10%的商业折扣。

(2)12月9日，一客户破产，根据清算程序，有应收账款40万元不能收回，确认为坏账。

(3)12月11日，收到乙企业的销货款500万元，存入银行。

(4)12月21日，收到2004年已转销为坏账的应收账款10万元，存入银行。

(5)12月30日，向丙企业销售商品一批，增值税专用发票上注明的售价为100万元，增值税额为17万元。东升公司为了及早收回货款而在合同中规定的现金折扣条件为"2/10，1/20，N/30"。假定现金折扣不考虑增值税。

二、训练要求

(1)编制东升公司上述业务的会计分录。

(2)计算东升公司本期应计提的坏账准备并编制会计分录。

(3)说明东升股份有限公司2009年12月31日资产负债表中"应收账款"项目的金额以及如何进行表外披露。

阅读平台

• 阅读书目

(1)《企业会计准则第 22 号——金融工具确认和计量》。

(2)《会计》,中国注册会计师协会,中国财政经济出版社,2009 年版。

(3)《支付结算办法》《银行账户管理办法》,中国人民银行。

(5)《中华人民共和国现金管理暂行条例》,国务院。

(6)《企业会计准则讲解》(2008),财政部会计司编写组,北京:人民出版社,2008 年版。

(7)《中外财务会计学》(第三版),葛家澍,杜兴强,中国人民大学出版社,2007 年。

• 阅读资料

基于应收账款视角上市公司盈余质量分析

目前我国深沪两市上市公司应收账款增长速度较快,适当比例应收账款的存在,是公司开展生产经营活动的正常需要,但过高的应收账款,给公司未来业绩带来很大的不确定性。一般而言,应收账款越多,逾期时间越长,坏账准备就应该越多。然而,许多上市公司为维持虚假利润,当企业存在大量应收账款时,却只提取少量坏账准备。如果一家公司被证明坏账准备存在重大公允性风险,这一风险注定要在以后会计期间以会计变更方式逐步甚至一次性释放,导致公司业绩大幅度波动,存在瞬间出现巨额亏损的可能。

应收账款项目对于财务报表使用者而言,具备一定的信息内涵,应收账款对于公司业绩的具体作用也就决定了该项目传递的信息是"好消息"还是"坏消息"。因而有必要从应收账款视角分析上市公司应收账款的风险,使投资者能通过应收账款项目识别上市公司盈余的质量。

一、应收账款对企业的影响

(一)对企业的积极作用

(1)促进销售。在激烈的市场竞争中,赊销也是重要的促进销售手段。企业一方面向客户提供商品和劳务,另一方面提供可以在一定时期内无偿使用的资金,即商业信用资金,其数额等同于商品的售价,对购买方有极大的吸引力。所以,赊销对于企业扩大商品的销售、开拓并占领市场具有十分重要的意义,特别是在商品销售不畅、市场萎缩、竞争不力的情况下,以及在企业开拓新市场过程中,适时地采用各种有效的赊销方式尤为重要。

(2)扩大市场占有率或开拓新市场。企业为了扩大市场占有率和开拓新市场,一般都采用较为优惠的信用条件进行销售,以增强竞争力。当企业力图占领某市场时,就可能把有利的信用条件当作一种工具来增加其市场份额。

(3)减少库存,降低存货风险和管理开支。企业持有产成品存货,要追加管理费、仓储费和保险费等支出;相反,企业持有应收账款,则无需上述支出,因此,当企业产成品存货较多时,一般都可采用较为优惠的信用条件进行赊销,把存货转化为应收账款,减少产成品存货,节约相关的开支。

（二）对企业的不良影响

（1）影响企业的资金周转。公司的产品生产与销售是自成体系的，发出货物经客户检验合格，即开出销售发票，财务部门对应收账款和销售收入进行确认和计量。这样产品流出与资金流入才构成一个完整的产销周期，维持再生产。没有相应资金流入的销售，可能导致财务风险。为了维持再生产，公司用流动资金预先垫付购买材料、支付工资等款项。如果过多的货款不能按时收回，必然造成资金紧张，影响资金周转。

（2）真实的经营成果被遮掩。目前，财务核算采用"权责发生制"，销售实现即确认收入，如果货款不能如期到账，就没有现金流入，只是财务账面利润增加了，一旦日后变为坏账，则财物两空。不仅如此，还要以应收账款为基数按一定比例计提坏账准备。应收账款的存在某种程度上遮掩了真实的经营成果，这种隐瞒的做法，很容易使中小投资者掉进应收账款的陷阱。

（3）导致现金流量的失衡，应收账款与收入同时确认。但如果不能及时收到销售货款，就会造成现金流入量与销售量的不对称。可是企业所纳流转税是以销售额为计算基数，所得税以会计利润为计算基数，即使没有收回货款也要交税，造成只有现金流出，没有现金流入。由于现金流入量没能与销售额同步实现，必然要以流动资金垫付各种税金和其他必要成本费用，导致现金流量失衡。

（4）发生坏账的风险。当应收账款占用大量流动资金时，将会使企业陷入周转资金不足的泥沼。企业在赊销产品时，发出存货，货款却不能收回。长此以往必将影响企业流动资金的周转，使企业货币资金短缺，而影响企业的正常开支和生产经营，甚至威胁企业的生存，导致企业破产。

二、应收账款视角的上市公司盈余质量

（一）应收账款和主营业务收入增长情况分析

如果企业应收账款不正常地增加，有可能是企业为了增加销售收入而有意改变信用政策，放宽客户付款的期限或向资信程度较低的顾客提供赊销造成，虽然宽松的信用政策可以在一定程度上刺激销售收入的增长，但也可能在未来给企业带来较大的坏账风险，一旦应收账款不能收回，在未来年份就可能会出现亏损甚至破产的危机。大多数上市公司的应收账款数额都在千万元左右，有的甚至上亿元及十亿元，并呈现出连年递增的趋势。

主营业务收入应该与应收账款之间保持一定的稳定对应关系。公司在业绩增长的同时，应收账款也应同比增长，但应收账款增长速度接近甚至超过主营业务收入的增长速度，有些公司甚至还大大高于公司主营业务收入的涨幅，使得上市公司年报上所反映出的年利润虽然很高，实际却并没有多少资金流入到企业里，企业得到的只是悬空的虚资产。在现金流量表上，甚至是经营活动和投资活动的净现金流量都为负值。如从 2002 年开始，长虹开始大量依赖美国进口商 APEX（美国消费电子公司）进行海外销售。2002 年至 2004 年，长虹对 APEX 的销售收入占当年销售收入总额的 40％以上，对其赊销金额更是占到赊销总额的 80％以上，而回款率仅为 31％、52％和 60％。由于这个原因，从 2002 年开始，长虹的经营活动净现金流量出现了负值，当年达到了 −29 亿元。2005 年 2 月 16 日，四川长虹公布的 2004 年年度报告显示：因计提巨额资产减值准备，该公司 2004 年度出现了 36.8 亿元的亏损。在该年公司计提的 374 亿元的减值准备中，坏账准备为 25 亿元，这暴露了长虹长期以来应收账款存在着质量问题。

（二）关联方应收账款金额分析

上市公司的关联方交易一直备受投资者关注,关联方之间通过相互销售产品、提供劳务等形成的应收账款也是历来重点分析领域。在对上市公司应收账款数据分析中,大多数公司欠款为公司的股东及其关联方。欠款单位主要是上市公司母公司,还包括上市公司的子公司、同一母公司下属的兄弟公司以及联营公司。其中许多是大股东,而且欠款比例往往高居首位。一方面,上市公司发生大量现金支出,资金严重短缺,并使公司的持续经营能力、支付能力和偿债能力大幅度下降;另一充面,当欠款方式以资抵债时,得到的抵押资产质量没有有效的担保,其中的劣质资产不但不能给公司带来任何转机,相反使公司的不良资产比例上升,增添了新的包袱。

（三）应收账款账龄分析

应收账款是企业流动资产的重要组成部分,意味着它是在不超过一年或一个经营周期可以回收的流动性很强的资产,如果无法在到期日收回的就有成为坏账的风险。但大多数企业的实际做法是按照账龄列示应收账款,不及时将应收账款归人坏账,应收账款账龄的老化现象严重。许多上市公司为了使报表所反映出的流动比率、利润更加美观,对应该确认为坏账的应收账款部分视而不见,以达到粉饰报表的目的,最终导致应收账款的虚列,报表无法真实公允地反映企业的经营成果和业绩表现。可通过计算账龄在3年以上而尚未计提坏账准备的应收账款占应收账款净额的比率,对应收账款的质量做出初步判断。按照国际会计准则,企业一般对三年期以上的应收账款计提的坏账准备是100%。在我国不少上市公司对三年期以上应收账款和其他应收账款的计提比例连50%都不到,仍有部分不良应收账款在资产负债表中列示,而这些应收账款已经失去了流动性。因此,在其他条件一定的情况下,该比例越高,企业的应收账款质量越差。

（四）坏账准备计提比率及账务处理恰当性分析

在采用备抵法前提下,究竟用比例法还是账龄分析法,以及具体提取比例都由公司根据实际情况自行确定。少数企业出于各种目的需要进行盈余管理,运用政策所赋予的职业判断权、随意确定减值准备的计提比例。如有些上市公司利用这种权利,对总额较大的账龄段计提相对较低比例的坏账准备,而对总额较小的账龄段计提比例较高,这样使所提的坏账准备金额相对实际应提数要小,从而虚增利润。

由于企业对坏账准备进行处理的多方面差异,企业披露的关于坏账准备的信息就比以往更加重要。新的会计准则实施以后,企业计提的坏账准备不得在收款条件好转时转回,直到应收债权收回或处置时同时转销。这就避免了企业利用坏账准备的不恰当计提来调节年度间的盈亏状况,有利于报表使用者分析企业的应收账款质量。利用企业报表披露的信息一般难以直接确定企业债权的质量,只有通过对企业坏账准备计提的恰当性、企业赊销政策以及企业所从事行业特点、在行业中的地位等因素综合分析,才能对企业债权的质量进行评判。（注:本文作了部分删减）

资料来源:《财会通讯》2009年第4期　作者:翟金花

第三章

存　货

学习目标

通过本章学习,你应能够:

1. 理解存货的概念、特征、确认条件和分类;
2. 掌握存货按实际成本计价的核算;
3. 掌握存货按计划成本计价的核算;
4. 掌握存货可变现净值的确认方法以及成本与可变现净值孰低法的核算。

引入案例

钢铁业:败也存货 成亦存货

作为经营过程中必不可少的核心构件,"存货"对上市公司业绩的影响不容忽视。以钢铁行业为例,在未来铁矿石价格上涨较为确定的背景下,拥有较多原材料存货的公司有望获得成本优势,从而实现业绩提升。

原材料存货:利润双刃剑

原材料存货可谓上市公司利润的双刃剑。根据新会计准则的"先进先出法"(即当期成本反映实际历史成本),在存货价格下降时期,则是将前期高价格的材料入账,从而增加当期成本费用、降低当期利润;如果存货价格处于上升阶段,则正好相反。也就是说,在原材料价格上涨阶段,前期较多的原材料存货能够成为上市公司利润的"蓄水池",一方面能够稳定上市公司的经营生产,另一方面还可以给上市公司带来降低成本,提高利润的益处。

钢铁业:关注存货驱动力

历史数据显示,2002—2005年,原材料价格同比上涨,期间伴随钢铁行业原材料存货的增加,企业总体净利润稳步提升;2005—2006年,原材料价格同比下跌,期间由于钢铁行业原材料存货保持高位,因此企业净利润出现下滑;2007—2008年中期,原材料价格同比继续大幅上涨,期间钢铁行业原材料库存迅速提升,企业净利润也大幅提高;2008年中期—2009年中期,原材料价格巨幅下挫,钢铁行业减少库存,但企业净利润加速跌至低点。可见,在原材料下降阶段,钢铁行业深受高存货之苦,但是在原材料价格上升阶段,钢铁行业也能够较大程度地享受前期高库存带来的利润提升。2009年中期以来,原材料价格的同比增速已经开始触底回升。目前分析人士普遍认为,明年铁矿石价格或将上涨10%—15%。如果上涨趋势确定,那么原材料存货对于钢铁行业的利润影响就将进入正面周期,前期原材料存货较多的公司自然将享有低成本优势。

中报和年报数据显示,钢铁股的存货明细中,原材料占绝大部分比重,因此,我们拟以今年三季报的"存货"来刻画原材料存货,并计算出钢铁上市公司的"每股存货",以期寻找未来存货对每股收益贡献较大的个股。

(资料来源:《中国证券报》 2009-12-7)

第一节　存货的确认和初始计量

一、存货概述

(一)存货的概念与特征

存货是指企业在日常活动中持有以备出售的产成品或商品、处在生产过程中的在产品、在生产过程或提供劳务过程中耗用的材料、物料等。包括企业为产品生产和商品销售而持有的原材料、燃料、包装物、低值易耗品、在产品、产成品、商品等。存货通常在1年或超过1年的一个营业周期内被消耗或经出售转换为现金、银行存款或应收账款等,具有明显的流动性,属于流动资产。在大多数企业中,存货在流动资产中占有很大比重,是流动资产的重要组成部分。

存货区别于固定资产等非流动资产的最基本的特征是,企业持有存货的最终的目的是为了出售,不论是可供直接出售,如企业的产成品、商品等;还是需经过进一步加工后才能出售,如原材料等。

随着企业生产经营过程的进行,有的存货被耗用后形成了在产品成本、产成品成本等;有的存货被销售后形成产品或商品的销售成本;有的存货以营业费用的形式被耗用;有的存货仍以原有形态存在。因此,存货会计所生成的会计信息是否真实、可靠,不仅影响到资产的价值是否准确,同时也影响到损益的确定是否正确。

(二)存货的确认

存货同时满足下列条件的,才能予以确认:

1. 与该存货有关的经济利益很可能流入企业

在通常情况下,随着存货实物的交付和存货所有权的转移,所有权上的主要风险和报酬也一并转移。就销货方而言,存货所有权的转出一般可以表明其所包含的经济利益已不能再流入企业;就购货方而言,存货所有权的转入一般可以表明其所包含的经济利益能够流入企业。因此,存货确认的一个重要标志,就是企业是否拥有某项存货的所有权。一般来说,凡企业拥有所有权的货物,无论存放何处,都应包括在本企业的存货之中;而尚未取得所有权或者已将所有权转移给其他企业的货物,即使存放在本企业,也不应包括在本企业的存货之中。但需要注意的是,在有些交易方式下,存货实物的交付及所有权的转移与所有权上主要风险和报酬的转移可能并不同步。此时,存货的确认应当注重交易的经济实质,而不能仅仅依据其所有权的归属。在会计实务中,应当注意以下几种情况下的存货确认:

(1)在途存货

在途存货,是指销货方已将货物发运给购货方但购货方尚未验收入库的存货。对于在途存货,购货方通常应根据所有权是否转移来判定是否应作为其存货入账。存货的交货方式可分为目的地交货和起运地交货两种。在目的地交货的情况下,货物运至购货方指定的地点并交货后,所有权才转移给购货方,此时,购货方才将货物确认为本企业的存货;在起运地交货的情况下,销货方根据合同或协议的约定,在起运地办理完货物发运手续后,货物的所有权即转移给购货方,此时,购货方就应将该货物包括在本企业的存货之中,并通过"在途物资"科目核算。

（2）代销商品

代销商品，是指在委托代销方式下，由委托方交付受托方、受托方作为代理人代委托方销售的商品。代销商品具体又可分为视同买断方式和收取手续费方式两种。在视同买断方式下，当委托方将商品交付受托方时，通常可以认为商品所有权上的主要风险和报酬实质上已经转移给了受托方，因此，委托方应作为商品销售处理，而受托方应作为商品购进处理，委托代销的商品应包括在受托方的存货之中。在收取手续费方式下，当委托方将商品交付受托方时，商品所有权上的主要风险和报酬实质上并未转移给受托方，委托方仍应将委托代销的商品包括在本企业的存货之中，并通过"发出商品"科目或单独设置"委托代销商品"科目核算。但需要注意的是，为了促使受托方加强对代销商品的管理，我国企业会计准则也要求受托方将受托代销的商品纳入其正式会计账簿之内，通过"受托代销商品"科目进行核算。

（3）售后回购

售后回购，是指销货方在销售商品的同时，承诺在未来一定期限内以约定的价格购回该批商品的一种交易方式。售后回购交易的实质是销货方以商品向购货方融通资金，虽然商品的所有权已转移给了购货方，但销货方实质上仍然保留了所有权上的主要风险。因此，在售后回购交易方式下，销货方通常并不确认销售收入，所销售的商品仍应包括在销货方的存货之中。

（4）分期收款销售

分期收款销售，是指商品已经交付，但货款分期收回的一种销售方式。在分期收款销售方式下，销货方为了保证账款如期收回，通常要在分期收款期限内保留商品的法定所有权，直至账款全部收回。但从该项交易的经济实质来看，当销货方将商品交付购货方时，商品所有权上的主要风险和报酬实质上已经转移给了购货方，销售已经成立。因此，销货方应按照应收合同或协议价款的公允价值确认销售收入，并相应地结转销售成本，所售商品应包括在购货方的存货之中。

（5）附有销售退回条件的商品销售

附有销售退回条件的商品销售，是指购货方依照有关协议有权退货的销售方式。例如，玩具公司为推销其新款玩具，在与零售商签订的销售协议中约定，该零售商未售出的玩具可以全部退货，玩具公司将如数退回货款。在这种销售方式下，如果销货方能够按照以往的经验对退货的可能性作出合理估计，应在发出商品时，作为一般商品销售处理，售出的商品不再包括在销货方的存货之中；对不能合理确定退货可能性的发出商品，不确认销售收入，已发出的商品仍应包括在销货方的存货之中，并通过"发出商品"科目进行核算。

（6）购货约定

购货约定，是指购销双方就未来某一时日进行的商品交易所作的事先约定。对购货方来说，由于目前尚未发生实际的购货行为，因此，约定未来将购入的商品不能作为其存货入账，也不确认有关的负债和费用。

2. 该存货的成本能够可靠地计量

成本或者价值能够可靠地计量是资产确认的一项基本条件。存货做为企业资产的组成部分，要予以确认也必须能够对其成本进行可靠的计量。存货的成本能够可靠地计量必须以取得的确凿的证据为依据，并且具有可验证性。如果存货成本不能可靠地计量，则不能确认为一项存货。如企业承诺的订货合同,由于并未实际发生,不能可靠确定其成本,因此就不能确认为购买企业的存货。

(三)存货的分类

存货分布于企业生产经营的各个环节,而且种类繁多、用途各异。为了加强存货的管理,提供有用的会计信息,应当对存货进行适当的分类。

1. 存货按经济用途的分类

不同行业的企业,由于经济业务的具体内容各不相同,因而存货的构成也不尽相同。例如,服务性企业的主要业务是提供劳务,其存货以办公用品、家具用具以及少量消耗性的物料用品为主;商品流通企业的主要业务是商品购销,其存货以待销售的商品为主,也包括少量的周转材料和其他物料用品;制造企业的主要业务是生产和销售产品,其存货构成比较复杂,不仅包括各种将在生产经营过程中耗用的原材料、周转材料,也包括仍然处在生产过程中的在产品,还包括准备出售的产成品。因此,存货的具体内容和类别应依企业所处行业的性质而定。一般来说,存货按经济用途可作如下分类:

(1)原材料,是指在生产过程中经加工改变其形态或性质并构成产品主要实体的各种原料及主要材料、辅助材料、外购半成品(外购件)、修理用备件(备品备件)、包装材料、燃料等。

(2)在产品,是指仍处于生产过程中、尚未完工入库的生产物,包括正处于各个生产工序尚未制造完成的在产品,以及虽已制造完成但尚未检验或虽已检验但尚未办理入库手续的产成品。

(3)自制半成品,是指在本企业已经过一定生产过程的加工并经检验合格交付半成品仓库保管,但尚未最终制造完成、仍需进一步加工的中间产品。自制半成品不包括从一个生产车间转给另一个生产车间继续加工的半成品以及不能单独计算成本的半成品。

(4)产成品,是指工业企业已经完成全部生产过程并验收入库,可以按照合同规定的条件送交订货单位,或者可以作为商品对外销售的产品。企业接受外来原材料加工制造的代制品和为外单位加工修理的代修品,制造和修理完成验收入库后,应视同企业的产成品。

(5)商品,是指商品流通企业的商品,包括外购或委托加工完成验收入库的用于销售的各种商品。

(6)周转材料,是指企业能够多次使用、逐渐转移其价值但仍保持原有形态、不确认为固定资产的材料,包括包装物、低值易耗品,以及企业(建造承包商)的钢模板、木模板、脚手架等。其中,包装物,是指为了包装本企业产品及商品而储备的各种包装容器,如桶、箱、瓶、坛、袋等,其主要作用是盛装、装潢产品或商品;低值易耗品,是指在使用过程中基本保持其原有实物形态不变,但单位价值相对较低、使用期限相对较短,或在使用过程中容易损坏,因而不能列入固定资产的各种用具物品,如工具、管理用具、玻璃器皿、劳动保护用品,以及在经营过程中周转使用的包装容器等。

2. 存货按存放地点的分类

企业的存货分布于供、产、销各个环节,按存放地点,可以分为在库存货、在途存货、在制存货和在售存货。

(1)在库存货,是指已经购进或生产完工并经过验收入库的各种原材料、周转材料、半成品、产成品以及商品。

(2)在途存货,是指已经取得所有权但尚在运输途中或虽已运抵企业但尚未验收入库的各种材料物资及商品。

（3）在制存货，是指正处于本企业各生产工序加工制造过程中的在产品，以及委托外单位加工但尚未完成的材料物资。

（4）在售存货，是指已发运给购货方，但尚不能完全满足收入确认条件，因而仍应作为销货方存货的发出商品、委托代销商品等。

3. 存货按取得方式的分类

存货按取得方式，可以分为外购存货、自制存货、委托加工存货、投资者投入的存货、接受捐赠取得的存货、通过债务重组取得的存货、非货币性资产交换取得的存货、盘盈的存货等。

二、存货的初始计量

（一）外购存货

外购存货的成本是指采购成本，一般包括购买价款、相关税费、运输费、装卸费、保险费以及其他可归属于存货采购成本的费用。

购买价款，是指所购货物发票账单上列明的价款，但不包括按规定可予抵扣的增值税税额；相关税费，是指进口关税以及购买、自制或委托加工存货发生的消费税、资源税和不能从增值税销项税额中抵扣的进项税额；其他可归属于存货采购成本的费用，是指存货采购过程中发生的除上述各项费用以外的仓储费、包装费、运输途中的合理损耗、大宗物资的市内运杂费、入库前的挑选整理费用等可直接归属于存货采购成本的费用。

存货在运输途中发生短缺，属于过失人造成的损失，应向过失人索取赔偿，不计入采购成本；属于自然灾害造成的非常损失，应将扣除保险赔款和可收回残值后的净损失，计入营业外支出；属于无法查明原因的途中损耗，应先作为待处理财产损溢核算，待查明原因后再作处理。此外，市内零星货物运杂费、采购人员的差旅费、采购机构的经费以及供应部门经费等一般都不应当包括在存货的采购成本中。

企业外购的存货，由于距离采购地点远近不同、货款结算方式不同等原因，可能造成存货验收入库和货款结算并不总是同步完成；同时，外购存货还可能采用预付货款方式、赊购方式等。因此，企业外购的存货应根据具体情况，分别进行会计处理。

1. 存货验收入库和货款结算同时完成

在存货验收入库和货款结算同时完成的情况下，企业应于支付货款或开出、承兑商业汇票，并且存货验收入库后，按发票账单等结算凭证确定的存货成本，借记"原材料"、"周转材料"、"库存商品"等存货科目，按增值税专用发票上注明的增值税税额，借记"应交税费——应交增值税（进项税额）"科目，按实际支付的款项或应付票据面值，贷记"银行存款"、"应付票据"等科目。

【例3-1】 2009年1月5日甬江股份有限公司购入一批原材料，增值税专用发票上注明的材料价款为60 000元，增值税税额为10 200元。货款已通过银行转账支付，材料也已验收入库。其账务处理如下：

借：原材料　　　　　　　　　　　　　　　　　　　　　60 000
　　应交税费——应交增值税（进项税额）　　　　　　　10 200
　　贷：银行存款　　　　　　　　　　　　　　　　　　　　70 200

2. 货款已结算但存货尚在运输途中

在已经支付货款或开出、承兑商业汇票,但存货尚在运输途中或虽已运达但尚未验收入库的情况下,企业应于支付货款或开出、承兑商业汇票时,按发票账单等结算凭证确定的存货成本,借记"在途物资"科目,按增值税专用发票上注明的增值税税额,借记"应交税费——应交增值税(进项税额)"科目,按实际支付的款项或应付票据面值,贷记"银行存款"、"应付票据"等科目;待存货运达企业并验收入库后,再根据有关验货凭证,借记"原材料"、"周转材料"、"库存商品"等存货科目,贷记"在途物资"科目。

【例3-2】 2009年1月15日甬江股份有限公司购入一批原材料,增值税专用发票上注明的材料价款为50 000元,增值税税额为8 500元,货款已通过银行转账支付,材料尚在运输途中。其账务处理如下:

(1)支付货款,材料尚在运输途中。

　　借:在途物资　　　　　　　　　　　　　　　　　　　　　　　50 000
　　　　应交税费——应交增值税(进项税额)　　　　　　　　　　8 500
　　　　贷:银行存款　　　　　　　　　　　　　　　　　　　　　　58 500

(2)原材料运达企业,验收入库。

　　借:原材料　　　　　　　　　　　　　　　　　　　　　　　　50 000
　　　　贷:在途物资　　　　　　　　　　　　　　　　　　　　　　50 000

3. 存货已验收入库但货款尚未结算

在存货已运达企业并验收入库,但发票账单等结算凭证尚未到达、货款尚未结算的情况下,企业在收到存货时可先不进行会计处理。如果在本月内结算凭证能够到达企业,则应在支付货款或开出、承兑商业汇票后,按发票账单等结算凭证确定的存货成本,借记"原材料"、"周转材料"、"库存商品"等存货科目,按增值税专用发票上注明的增值税税额,借记"应交税费——应交增值税(进项税额)"科目,按实际支付的款项或应付票据面值,贷记"银行存款"、"应付票据"等科目。

如果月末结算凭证仍未到达,为全面反映资产及负债情况,应对收到的存货按暂估价值入账,借记"原材料"、"周转材料"、"库存商品"等存货科目;贷记"应付账款——暂估应付账款"科目,下月初,再编制相同的红字记账凭证予以冲回;待结算凭证到达企业付款或开出、承兑商业汇票后,按发票账单等结算凭证确定的存货成本,借记"原材料"、"周转材料"、"库存商品"等存货科目,按增值税专用发票上注明的增值税税额,借记"应交税费——应交增值税(进项税额)"科目,按实际支付的款项或应付票据面值,贷记"银行存款"、"应付票据"等科目。

【例3-3】 2009年5月29日,甬江股份有限公司购入一批原材料,材料已运达企业并已验收入库,但发票账单等结算凭证尚未到达。月末,该批货物的结算凭证仍未到达,甬江公司对该批材料估价65 000元入账。6月3日,结算凭证到达企业,增值税专用发票上注明的原材料价款为63 000元,增值税税额为10 710元,货款通过银行转账支付。其账务处理如下:

(1)5月29日,材料运达企业并验收入库,暂不作会计处理。

(2)5月31日,结算凭证仍未到达,对该批材料暂估价值入账。

　　借:原材料　　　　　　　　　　　　　　　　　　　　　　　　65 000
　　　　贷:应付账款——暂估应付账款　　　　　　　　　　　　　65 000

(3)6 月 1 日,编制红字记账凭证冲回估价入账分录。

借:原材料 65 000

　　贷:应付账款——暂估应付账款 65 000

(4)6 月 3 日,收到结算凭证并支付货款。

借:原材料 63 000

　　应交税费——应交增值税(进项税额) 10 710

　　贷:银行存款 73 710

☞相关资料

存货的暂估入库

按照相应会计政策和制度规定,企业在作外购入库核算时,必须基于材料已经验收入库、材料货款已经结算,要有外购发票、外购入库单等相关单据票据。而暂估入库是指那些材料的实物已到公司,可其发票没有取得,财务这边没法进行正常外购入库核算处理时,而采用的一种方式。简单一点说,这是由于会计分期造成的。

正常情况下,企业是持续经营的,其业务都是随着时间的自然顺序而发生,货到票到、货到票未到、票到货未到,在企业购销业务中,一般都算正常。但会计核算是有期间的,且根据权责发生制的要求,在月底,即便是对于货物已收到、但尚未正式取得供应商发票的(有时连价款都不能完全确认),但为了尽可能真实地体现企业的资产负债情况、保证财务报表真实性和完整性,也必须对这种业务也要进行核算,先进行暂估,待收相应的发票后予以冲销,会计业务上把这种作业方式称为"暂估入库核算"。

在手工会计下,暂估处理方式有月初回冲、票到回冲和单到补差三种核算方式。

月初回冲是指在月底时进行一次性暂估、次月初又对于暂估材料一次性冲回的方式,且不管有没有拿到发票。票到回冲是指在收到发票之后,先冲销原来的存货估账、尔后待发票结之后再以蓝字存货入账的核算方式。单到补差是指即便拿到发票后,也不冲回原暂估金额,而是根据实际发票金额与原有暂估材料金额之差进行入账,存货金额多冲少补。

4. 采用预付货款方式购入存货

在采用预付货款方式购入存货的情况下,企业应在预付货款时,按照实际预付的金额,借记"预付账款"科目,贷记"银行存款"科目;购入的存货验收入库时,按发票账单等结算凭证确定的存货成本,借记"原材料"、"周转材料"、"库存商品"等存货科目,按增值税专用发票上注明的增值税税额,借记"应交税费——应交增值税(进项税额)"科目,按存货成本与增值税进项税额之和,贷记"预付账款"科目。预付的货款不足,需补付货款时,按照补付的金额,借记"预付账款"科目,贷记"银行存款"科目;供货方退回多付的货款时,借记"银行存款"科目,贷记"预付账款"科目。

【例3-4】 2009 年 6 月 18 日,甬江股份有限公司向乙公司预付货款 90 000 元采购一批原材料。乙公司于 7 月 15 日交付所购材料,并开来增值税专用发票,材料价款为 92 000 元,增值税税额为 15 640 元。7 月 15 日,甬江公司将应补付的货款 17 640 元通过银行转账支付。其账务处理如下:

(1)6 月 18 日,预付货款。

借:预付账款——乙公司	90 000
贷:银行存款	90 000

(2)7 月 15 日,材料验收入库。

借:原材料	92 000
应交税费——应交增值税(进项税额)	15 640
贷:预付账款——乙公司	107 640

(3)7 月 15 日,补付货款。

借:预付账款——乙公司	17 640
贷:银行存款	17 640

5. 采用赊购方式购入存货

在采用赊购方式购入存货的情况下,企业应于存货验收入库后,按发票账单等凭证确定的存货成本,借记"原材料"、"周转材料"、"库存商品"等存货科目,按增值税专用发票上注明的增值税税额,借记"应交税费——应交增值税(进项税额)"科目,按应付未付的货款,贷记"应付账款"科目;待支付款项或开出、承兑商业汇票后,再根据实际支付的货款金额或应付票据面值,借记"应付账款"科目,贷记"银行存款"、"应付票据"等科目。

【例 3-5】 2009 年 5 月 20 日,甬江股份有限公司从乙公司赊购一批原材料,增值税专用发票上注明的原材料价款为 50 000 元,增值税税额为 8 500 元。材料已验收入库。根据购货合同约定,甬江公司应于 6 月 30 日之前支付货款。其账务处理如下:

(1)5 月 20 日,赊购原材料。

借:原材料	50 000
应交税费——应交增值税(进项税额)	8 500
贷:应付账款——乙公司	58 500

(2)6 月 30 日,支付货款。

借:应付账款——乙公司	58 500
贷:银行存款	58 500

如果应付账款附有现金折扣条件,则其会计处理有总价法和净价法两种方法。在总价法下,应付账款按实际交易金额入账,如果购货方在现金折扣期限内付款,则取得的现金折扣作为一项理财收入,冲减当期财务费用;在净价法下,应付账款按实际交易金额扣除现金折扣后的净额入账,如果购货方超过现金折扣期限付款,则丧失的现金折扣视为超期付款支付的利息,计入当期财务费用。在我国的会计实务中,由于现金折扣的使用并不普遍,因此,企业会计准则要求采用总价法进行会计处理。

【例 3-6】 2009 年 8 月 1 日,甬江股份有限公司从乙公司赊购一批原材料,增值税专用发票上注明的原材料价款为 8 000 元,增值税税额为 1 360 元。根据购货合同约定,甬江股份有限公司应于 8 月 31 日之前支付货款,并附有现金折扣条件:如果甬江公司能在 10 日内付款,可按原材料价款(不含增值税)的 2% 享受现金折扣;如果超过 10 日付款,则须按交易金额全额支付。

(1)甬江公司采用总价法的账务处理

①8月1日,赊购原材料。

借:原材料 8 000

　　应交税费——应交增值税(进项税额) 1 360

　　贷:应付账款——乙公司 9 360

②支付购货款。

A. 假定甬江公司于8月10日支付货款。

现金折扣=8 000×2%=160(元)

实际付款金额=9 360-160=9 200(元)

借:应付账款——乙公司 9 360

　　贷:银行存款 9 200

　　　财务费用 160

B. 假定甬江公司于8月31日支付货款。

借:应付账款——乙公司 9 360

　　贷:银行存款 9 360

(2)甬江公司采用净价法的账务处理

①8月1日,赊购原材料。

现金折扣=8 000×2%=160(元)

原材料入账净额=8 000-160=7 840(元)

应付账款入账净额=9 360-160=9 200(元)

借:原材料 7 840

　　应交税费——应交增值税(进项税额) 1 360

　　贷:应付账款——乙公司 9 200

②支付购货款。

A. 假定甬江公司于8月10日支付货款。

借:应付账款——乙公司 9 200

　　贷:银行存款 9 200

B. 假定甬江公司于8月31日支付货款。

借:应付账款——乙公司 9 200

　　财务费用 160

　　贷:银行存款 9 360

6. 外购存货发生短缺

企业在存货采购过程中,如果发生了存货短缺、毁损等情况,应及时查明原因,区别情况进行会计处理:

(1)属于运输途中的合理损耗,应计入有关存货的采购成本。

(2)属于供货单位或运输单位的责任造成的存货短缺,应由责任人补足存货或赔偿货款,不计入存货的采购成本。

(3)属于自然灾害或意外事故等非常原因造成的存货毁损,先转入"待处理财产损溢"科目核算;待报经批准处理后,将扣除保险公司和过失人赔款后的净损失,计入营业外支出。

（4）尚待查明原因的存货短缺,先转入"待处理财产损溢"科目核算;待查明原因后,再按上述要求进行会计处理。

（5）上列短缺存货涉及增值税的,还应进行相应处理。

【例3-7】　甬江股份有限公司从甲公司购入原材料2 000件,单位价格30元,增值税专用发票上注明的增值税税额为10 200元,款项已通过银行转账支付,但材料尚在运输途中。待所购材料运达企业后,验收时发现短缺100件,经查,甬江公司确认短缺的存货中有90件为供货方发货时少付,经与供货方协商,由其补足少付的材料,其余10件属于运输途中的合理损耗。其账务处理如下:

（1）支付货款,材料尚在运输途中。

借:在途物资	60 000	
应交税费——应交增值税(进项税额)	10 200	
贷:银行存款		70 200

（2）材料运达企业,验收时发现短缺,原因待查,其余材料入库。

借:原材料	57 000	
待处理财产损溢	3 000	
贷:在途物资		60 000

（3）短缺原因查明,进行相应的会计处理。

借:原材料	300	
应收账款——甲公司	2 700	
贷:待处理财产损溢		3 000

（4）收到供货方补发的材料,验收入库。

借:原材料	2 700	
贷:应收账款——甲公司		2 700

（二）自制存货

企业自制存货的成本由采购成本、加工成本和其他成本构成。

加工成本,是指存货制造过程中发生的直接人工以及按照一定方法分配的制造费用。其中,制造费用是指企业为生产产品和提供劳务而发生的各项间接费用。企业应当根据制造费用的性质,合理地选择制造费用分配方法。在同一生产过程中,同时生产两种或两种以上的产品,并且每种产品的加工成本不能直接区分的,其加工成本应当按照合理的方法在各种产品之间进行分配。

其他成本,是指除采购成本、加工成本以外的,使存货达到目前场所和状态所发生的其他支出。例如,为特定客户设计产品所发生的可直接确定的设计费用;可直接归属于符合资本化条件的存货、应当予以资本化的借款费用等。其中,符合资本化条件的存货,是指需要经过相当长时间的生产活动才能达到预定可销售状态的存货。企业发生的一般产品设计费用以及不符合资本化条件的借款费用,应当确认为当期损益。

企业在存货制造过程中发生的下列支出,应当于发生时直接确认为当期损益,不计入存货成本:

（1）非正常消耗的直接材料、直接人工和制造费用。例如,企业因自然灾害而发生的直接材料、直接人工和制造费用损失,无助于使继续加工的存货达到目前的场所和状态,不能计入继续加工的存货成本,而应将扣除残料和保险赔款后的净损失,计入营业外支出。

(2)仓储费用。这里所说的仓储费用,仅指存货在加工和销售环节发生的仓储费用,不包括存货采购过程中发生的仓储费用,也不包括在生产过程中为使存货达到下一个生产阶段所必需的仓储费用。存货采购过程中发生的仓储费用以及在生产过程中为使存货达到下一个生产阶段所必需的仓储费用,应当计入存货成本。例如,酿造企业为使产品达到规定的质量标准,通常需要经过必要的储存过程,其实质是产品生产过程的继续,是使产品达到规定的质量标准所必不可少的一个生产环节,相关仓储费用属于生产费用,应当计入存货成本,而不应计入当期损益。

(3)不能归属于使存货达到目前场所和状态的其他支出。

企业自制并已验收入库的存货,按确定的实际成本,借记"周转材料"、"库存商品"等存货科目,贷记"生产成本"科目。

【例3-8】　甬江股份有限公司生产车间分别以甲、乙两种材料生产两种产品A和B,2009年7月,投入甲材料60 000元生产A产品,投入乙材料30 000元生产B产品。当月生产A产品发生直接人工费用8 000元,生产B产品发生直接人工费用7 000元,该生产车间归集的制造费用总额为30 000元。假定,当月投入生产的A、B两种产品均于当月完工,该企业生产车间的制造费用按生产工人工资比例进行分配,则:

A产品应分担的制造费用为＝8 000×[30 000/(8 000＋7 000)]＝16 000(元)

B产品应分担的制造费用为＝7 000×[30 000/(8 000＋7 000)]＝14 000(元)

A产品完工成本(即A存货的成本)＝60 000＋8 000＋16 000＝84 000(元)

B产品完工成本(即A存货的成本)＝30 000＋7 000＋14 000＝51 000(元)

有关的账务处理如下:

借:生产成本——A产品　　　　　　　　　　　　　　　　　　　　　16 000
　　　　　　　——B产品　　　　　　　　　　　　　　　　　　　　14 000
　　贷:制造费用　　　　　　　　　　　　　　　　　　　　　　　　　　30 000
借:库存商品——A产品　　　　　　　　　　　　　　　　　　　　　84 000
　　　　　　　——B产品　　　　　　　　　　　　　　　　　　　　51 000
　　贷:生产成本——A产品　　　　　　　　　　　　　　　　　　　　　84 000
　　　　　　　　　——B产品　　　　　　　　　　　　　　　　　　　51 000

(三)委托加工物资

委托加工存货的成本,一般包括加工过程中实际耗用的原材料或半成品成本、加工费、运输费、装卸费等,以及按规定应计入加工成本的税金。

企业拨付待加工的材料物资、委托其他单位加工存货时,按发出材料物资的实际成本,借记"委托加工物资"科目,贷记"原材料"、"库存商品"等科目;支付加工费和往返运杂费时,借记"委托加工物资"科目,贷记"银行存款"科目;支付增值税时,借记"应交税费——应交增值税(进项税额)"科目,贷记"银行存款"科目;需要交纳消费税的委托加工存货,由受托加工方代收代交的消费税,应分别以下情况处理:

(1)委托加工存货收回后直接用于销售,由受托加工方代收代交的消费税应计入委托加工存货成本,借记"委托加工物资"科目,贷记"银行存款"等科目。

(2)委托加工存货收回后用于连续生产应税消费品,由受托加工方代收代交的消费税按规定准予抵扣的,借记"应交税费——消费税"科目,贷记"银行存款"等科目。

委托加工的存货加工完成验收入库并收回剩余物资时,按计算的委托加工存货实际成本和剩余物资实际成本,借记"原材料"、"周转材料"、"库存商品"等科目,贷记"委托加工物资"科目。

【例3-9】 甬江股份有限公司委托甲公司加工一批B材料(属于应税消费品)。发出A材料的实际成本为40 000元,支付加工费14 000元。甬江公司适用的增值税税率为17%,B材料适用的消费税税率为10%。委托加工的B材料收回后用于连续生产。其账务处理如下:

(1)发出待加工的A材料。

　　借:委托加工物资　　　　　　　　　　　　　　　　　　40 000
　　　　贷:原材料——A材料　　　　　　　　　　　　　　　　　　40 000

(2)支付加工费。

　　借:委托加工物资　　　　　　　　　　　　　　　　　　14 000
　　　　贷:银行存款　　　　　　　　　　　　　　　　　　　　　14 000

(3)支付增值税和消费税。

应交增值税=14 000×17%=2 380(元)

消费税组成计税价格=(40 000+14 000)/(1−10%)=60 000(元)

应交消费税=60 000×10%=6 000(元)

　　借:应交税费——应交增值税(进项税额)　　　　　　　　2 380
　　　　　　　　——应交消费税　　　　　　　　　　　　　　6 000
　　　　贷:银行存款　　　　　　　　　　　　　　　　　　　　　8 380

(4)收回加工完成的B材料。

B材料实际成本=40 000+14 000=54 000(元)

　　借:原材料——B材料　　　　　　　　　　　　　　　　　54 000
　　　　贷:委托加工物资　　　　　　　　　　　　　　　　　　　54 000

(四)投资者投入的存货

投资者投入存货的成本应当按照投资合同或协议约定的价值确定,但合同或协议约定价值不公允的除外。在投资合同或协议约定价值不公允的情况下,按照该项存货的公允价值作为其入账价值。

企业收到投资者投入的存货,按照投资合同或协议约定的存货价值,借记"原材料"、"周转材料"、"库存商品"等科目,按增值税专用发票上注明的增值税税额,借记"应交税费——应交增值税(进项税额)"科目,按投资者在注册资本中所占的份额,贷记"实收资本"或"股本"科目,按其差额,贷记"资本公积"科目。

【例3-10】 甬江股份有限公司收到甲公司作为资本投入的原材料。原材料计税价格700 000元;增值税专用发票上注明的税额为119 000元,投资各方确认按该金额作为甲公司的投入资本,可折换甬江公司每股面值1元的普通股股票600 000股。其账务处理如下:

　　借:原材料　　　　　　　　　　　　　　　　　　　　　700 000
　　　　应交税费——应交增值税(进项税额)　　　　　　　119 000

贷:股本——甲公司	600 000
资本公积——股本溢价	219 000

第二节　发出存货的计量

一、发出存货的计价方法

我国企业会计准则规定,企业应当采用先进先出法、加权平均法或个别计价法确定发出存货的实际成本。对于性质和用途相似的存货,应当采用相同的存货计价方法。

☞相关资料

存货成本流转的假设

企业取得存货的目的,是满足生产和销售的需要。随着存货的取得,存货源源不断地流入企业,而随着存货的销售或耗用,存货则从一个生产经营环节流向另一个生产经营环节,并最终流出企业。存货的这种不断流动,就形成了生产经营过程中的存货流转。

存货流转包括实物流转和成本流转两个方面。从理论上说,存货的成本流转应当与实物流转相一致,即取得存货时确定的各项存货入账成本应当随着各该存货的销售或耗用而同步结转。但在会计实务中,由于存货品种繁多,流进流出数量很大,而且同一存货因不同时间、不同地点、不同方式取得而单位成本各异,很难保证存货的成本流转与实物流转完全一致。因此,会计上可行的处理方法是,按照一个假定的成本流转方式来确定发出存货的成本,而不强求存货的成本流转与实物流转相一致,这就是存货成本流转假设。

采用不同的存货成本流转假设在期末结存存货与本期发出存货之间分配存货成本,就产生了不同的发出存货计价方法,如个别计价法、先进先出法、加权平均法、移动平均法、后进先出法等。

企业应当根据实际情况,综合考虑存货收发的特点和管理的要求以及财务报告目标、税收负担、现金流量、股票市价、经理人员业绩评价等各种因素,选择适当的存货计价方法,合理确定发出存货的实际成本。存货计价方法一旦选定,前后各期应当保持一致,并在会计报表附注中予以披露。

（一）先进先出法

先进先出法是以先购入的存货应先发出(销售或耗用)这样一种存货实物流动假设为前提,对发出存货进行计价。采用这种方法,先购入的存货成本在后购入存货成本之前转出,据此确定发出存货和期末存货的成本。

（二）加权平均法

加权平均法,是指以当月全部进货数量加上月初存货数量作为权数,去除当月全部进货成本加上月初存货成本,计算出存货的加权平均单位成本,以此为基础计算当月发出存货的成本和期末存货的成本的一种方法。

（三）个别计价法

个别计价法,亦称个别认定法、具体辨认法、分批实际法,其特征是注重所发出存货具体项目的实物流转与成本流转之间的联系,逐一辨认各批发出存货和期末存货所属的购进批别或生产批别,分别按其购入或生产时所确定的单位成本计算各批发出存货和期末存货的成本。即把每一种存货的实际成本作为计算发出存货成本和期末存货成本的基础。对于不能替代使用的存货、为特定项目专门购入或制造的存货以及提供的劳务,通常采用个别计价法确定发出存货的成本。在实际工作中,越来越多的企业采用计算机信息系统进行会计处理,个别计价法可以广泛应用于发出存货的计价,并且该方法确定的存货成本最为准确。

相关案例

取消后进先出法对上市公司的影响

存货核算方法的变动是新准则的重大变革之一。新的存货准则取消了后进先出法,有关评论认为这将会对某些上市公司的业绩产生重大影响。

例如,福建福日电子股份有限公司主要生产"福日"牌彩电,于1999年4月向社会公开发行7000万股普通股,募集资金2.54亿元,主要投向数字化大屏幕彩电、超大屏幕背投彩电等项目。该公司所用的主要原材料有显像管、机芯散件、外壳等。《招股说明书》披露存货政策为:"存货取得采用实际成本计价,存货发出采用以下方法计价:外购商品采用分批确认法;原材料按移动加权平均法;生产成本中费用分配按工时费用率;低值易耗品采用一次性摊销。根据福建日立电视机有限公司董事会决议,福日公司产成品核算方法从1998年1月1日起由原来的先进先出法改为后进先出法。"根据公司披露的财务数据,公司产品成本中主要组成部分为显像管,而显像管价格一直处于下跌趋势,在这样的价格趋势下,改变存货计价方式将会影响公司成本和毛利率。公司存货计价方式改变后,平均每台彩电销售成本降低5%左右,公司1997年的彩电产品毛利率为11%,如果产品价格维持不变,则存货计价方式的改变将提高毛利率至15%的水平。但事实上,1998年福日电视机产品的毛利率为8%,比1997年的11%还有较大幅度下降,这从另一方面说明了价格大幅下降反映了该行业当时的竞争状况,如果企业没有改变存货发出计价方法,则毛利率的下降幅度要更大。

按照新会计准则,取消后进先出法,该家电上市公司,在显像管价格不断下跌的过程中,一旦改为先进先出法,其成本将大幅上升,毛利率快速下滑,当期利润下降。

二、发出存货的核算

存货是为了满足企业生产经营的各种需要而储备的,其经济用途各异,消耗方式也各不相同。因此,企业应当根据各类存货的用途及特点,选择适当的会计处理方法,对发出的存货进行会计处理。

（一）原材料

原材料在生产经营过程中领用后,其原有实物形态会发生改变乃至消失,其成本也随之形成产品成本或直接转化为费用,或形成其他有关项目支出的一部分。根据原材料的消耗特点,企业应按发出原材料的用途,将其成本直接计入产品成本或当期费用,或作为有关项目支出。

（1）生产经营领用的原材料,应根据领用部门和用途,分别计入有关成本费用项目。领用原材料时,按计算确定的实际成本,借记"生产成本"、"制造费用"、"委托加工物资"、"销售费用"、"管理费用"等科目,贷记"原材料"科目。

【例3-11】 甬江股份有限公司本月领用原材料的实际成本为400 000元。其中,基本生产领用250 000元,辅助生产领用100 000元,生产车间一般耗用30 000元,管理部门领用20 000元。其账务处理如下:

借:生产成本——基本生产成本		250 000
——辅助生产成本		100 000
制造费用		30 000
管理费用		20 000
贷:原材料		400 000

（2）出售原材料取得的销售收入作为其他业务收入,相应的原材料成本应计入其他业务成本。出售原材料时,按已收或应收的价款,借记"银行存款"、"应收账款"等科目,按实现的营业收入,贷记"其他业务收入"科目,按增值税销项税额,贷记"应交税费——应交增值税（销项税额）"科目;同时,按出售原材料的实际成本结转销售成本,借记"其他业务成本"科目,贷记"原材料"科目。

【例3-12】 甬江股份有限公司销售一批原材料,售价8 000元,增值税税额1 360元,原材料实际成本5 500元。其账务处理如下:

借:银行存款	9 360
贷:其他业务收入	8 000
应交税费——应交增值税（销项税额）	1 360
借:其他业务成本	5 500
贷:原材料	5 500

（3）在建工程领用的原材料,如果在建工程为不动产,相应的增值税进项税额不予抵扣,应当随同原材料成本一并作为有关工程项目支出。领用原材料时,按实际成本加上不予抵扣的增值税进项税额,借记"在建工程"科目,按实际成本,贷记"原材料"科目,按不予抵扣的增值税进项税额,贷记"应交税费——应交增值税（进项税额转出）"科目。如果在建工程为动产,按原材料实际成本,借记"在建工程"科目,贷记"原材料"科目。

【例3-13】 甬江股份有限公司改建一栋房屋,领用库存材料6 000元,不予抵扣的增值税税额为1 020元。其账务处理如下:

借:在建工程	7 020
贷:原材料	6 000
应交税费——应交增值税（进项税额转出）	1 020

(二)周转材料

周转材料主要包括包装物、低值易耗品,以及企业(建造承包商)的钢模板、木模板、脚手架等。周转材料种类繁多,分布于生产经营的各个环节,具体用途各不相同,会计处理也不尽相同。

生产部门领用的周转材料,构成产品实体一部分的,其账面价值应直接计入产品生产成本;属于车间一般性物料消耗的,其账面价值应计入制造费用。销售部门领用的周转材料,随同商品出售但不单独计价的,其账面价值应计入销售费用;随同商品出售并单独计价的,应视为材料销售,将取得的收入作为其他业务收入,相应的周转材料账面价值计入其他业务成本。用于出租的周转材料,收取的租金应作为其他业务收入并计算交纳增值税,相应的周转材料账面价值应计入其他业务成本;用于出借的周转材料,其账面价值应计入销售费用;管理部门领用的周转材料,其账面价值应计入管理费用。建造承包商使用的钢模板、木模板、脚手架和其他周转材料等,其账面价值应计入工程施工成本。

企业应根据周转材料的消耗方式、价值大小、耐用程度等,选择适当的摊销方法,将其账面价值一次或分次计入有关成本费用。常用的周转材料摊销方法有一次转销法、五五摊销法、分次摊销法等。一般企业的包装物、低值易耗品,应当采用一次转销法或五五摊销法进行摊销;建造承包商的钢模板、木模板、脚手架和其他周转材料等,可以采用一次转销法、五五摊销法或者分次摊销法进行摊销。

1. 一次转销法

一次转销法是指在领用周转材料时,将其账面价值一次计入有关成本费用的一种方法。

采用这种方法,领用周转材料时,应按其账面价值,借记"管理费用"、"生产成本"、"其他业务成本"、"销售费用"、"工程施工"等科目,贷记"周转材料"科目;周转材料报废时,应按其残料价值,借记"原材料"等科目,贷记"管理费用"、"生产成本"、"其他业务成本"、"销售费用"、"工程施工"等科目。

一次转销法适用于一次领用金额不大的周转材料摊销。

【例3-14】 甬江股份有限公司的管理部门领用一批低值易耗品,账面价值为4 000元,采用一次转销法。同时,报废一批低值易耗品,残料作价300元,作为原材料入库。其账务处理如下:

借:管理费用 4 000
　　贷:周转材料 4 000
借:原材料 300
　　贷:管理费用 300

【例3-15】 甬江股份有限公司销售一批产品,随同产品一并销售若干包装物。包装物售价2 300元,增值税税额391元,账面价值1 900元,价款已收存银行。其账务处理如下:

借:银行存款 2 691
　　贷:其他业务收入 2 300
　　　　应交税费——应交增值税(销项税额) 391
借:其他业务成本 1 900
　　贷:周转材料 1 900

2. 五五摊销法

五五摊销法是指在领用周转材料时先摊销其账面价值50％,待报废时再摊销其账面价值的50％的一种摊销方法。

采用五五摊销法,周转材料应分别"在库"、"在用"和"摊销"进行明细核算。领用周转材料时,按其账面价值,借记"周转材料——在用"科目,贷记"周转材料——在库"科目;摊销其账面价值的50％时,借记"管理费用"、"生产成本"、"其他业务成本"、"销售费用"、"工程施工"等科目,贷记"周转材料——摊销"科目。周转材料报废时,摊销其余50％的账面价值,借记"管理费用"、"生产成本"、"其他业务成本"、"销售费用"、"工程施工"等科目,贷记"周转材料——摊销"科目;同时,转销周转材料全部已提摊销额,借记"周转材料——摊销"科目,贷记"周转材料——在用"科目。报废周转材料的残料价值,借记"原材料"等科目,贷记"管理费用"、"生产成本"、"其他业务成本"、"销售费用"、"工程施工"等科目。

采用五五摊销法,虽然会计处理略显繁琐,但周转材料在报废之前,终有50％的价值保留在账面上,有利于加强对周转材料的管理与核算、该方法适用于领用数量多、金额大的周转材料摊销。

【例3-16】 甬江股份有限公司领用了一批全新的包装箱,无偿提供给客户周转使用。包装箱账面价值60 000元,采用五五摊销法摊销。该批包装箱报废时,残料估价3 000元作为原材料入库。其账务处理如下:

(1)领用包装物并摊销其账面价值的50％。

借:周转材料——在用	60 000	
贷:周转材料——在库		60 000
借:销售费用	30 000	
贷:周转材料——摊销		30 000

(2)包装物报废,摊销其余50％的账面价值并转销全部已提摊销额。

借:销售费用	30 000	
贷:周转材料——摊销		30 000
借:周转材料——摊销	60 000	
贷:周转材料——在用		60 000

(3)报废包装物的残料作价入库。

借:原材料	3 000	
贷:销售费用		3 000

【例3-17】 甬江股份有限公司领用了一批账面价值为30 000元的包装桶,出租给客户使用,收取租金23 400元,收取押金40 000元,租金于客户退还包装桶时从押金中扣除。其账务处理如下:

(1)领用包装物并摊销其账面价值的50％。

借:周转材料——在用	30 000	
贷:周转材料——在库		30 000
借:其他业务成本	15 000	
贷:周转材料——摊销		15 000

(2)收取包装物押金。

```
借:银行存款                                          40 000
    贷:其他应付款                                              40 000
```

(3)客户退还包装物,计算收取租金 23 400 元,并退还其押金。

增值税销项税额＝23 400/(1＋17％)×17％＝3 400(元)

```
借:其他应付款                                        40 000
    贷:其他业务收入                                            20 000
        应交税费——应交增值税(销项税额)                        3 400
        银行存款                                              16 600
```

如果客户逾期未退还出租的周转材料,则没收的押金应视为销售周转材料取得的收入,计入其他业务收入,并计算相应的增值税销项税额;同时,应摊销其余 50％的账面价值,并转销周转材料全部已提摊销额。

【例 3-18】 按例【3-17】资料。假定客户逾期未退还包装物,甬江公司没收押金。其账务处理如下:

(1)确认没收押金取得的收入。

增值税销项税额＝40 000/(1＋17％)×17％＝5 812(元)

其他业务收入＝40 000－5 812＝34 188(元)

```
借:其他应付款                                        40 000
    贷:其他业务收入                                            34 188
        应交税费——应交增值税(销项税额)                        5 812
```

(2)摊销其余 50％的账面价值并转销全部已提摊销额。

```
借:其他业务成本                                      15 000
    贷:周转材料——摊销                                        15 000
借:周转材料——摊销                                    30 000
    贷:周转材料——在用                                        30 000
```

3. 分次摊销法

分次摊销法是指根据周转材料可供使用的估计次数,将其成本分次计入有关成本费用的一种摊销方法。各期周转材料摊销额的计算公式如下:

某期周转材料摊销额＝(周转材料账面价值/预计可使用次数)×该期实际使用次数

分次摊销法的核算原理与五五摊销法相同,只是周转材料的价值是分次计算摊销的,而不是在领用和报废时各摊销一半。领用周转材料时,按其账面价值,借记"周转材料——在用"科目,贷记"周转材料——在库"科目;分次摊销其账面价值时,按计算的本期摊销额,借记"管理费用"、"生产成本"、"其他业务成本"、"销售费用"、"工程施工"等科目,贷记"周转材料——摊销"科目。周转材料报废时,应将其账面摊余价值一次摊销,借记"管理费用"、"生产成本"、"其他业务成本"、"销售费用"、"工程施工"等科目,贷记"周转材料——摊销"科目;同时,结转周转材料全部已提摊销额,借记"周转材料——摊销"科目,贷记"周转材料——在用"科目。报废周转材料的残料价值,借记"原材料"等科目,贷记"管理费用"、"生产成本"、"其他业务成本"、"销售费用"、"工程施工"等科目。

【例 3-19】 甬江股份有限公司本月领用一批模板,账面价值 140 000 元,预计可使用 10次,采用分次摊销法摊销。领用当月,实际使用 4 次;领用第 2 个月,实际使用 5 次;领用第

3 个月,模板报废,将残料售出,收取价款 2 000 元存入银行。其账务处理如下:

(1)领用模板。

　　借:周转材料——在用　　　　　　　　　　　　　　　140 000
　　　　贷:周转材料——在库　　　　　　　　　　　　　　　　　140 000

(2)领用当月,摊销模板账面价值。

本月钢模板摊销额＝(140 000/10)×4＝56 000(元)

　　借:工程施工　　　　　　　　　　　　　　　　　　　56 000
　　　　贷:周转材料——摊销　　　　　　　　　　　　　　　　56 000

(3)领用第 2 个月,摊销模板账面价值。

第 2 个月模板摊销额＝(140 000/10)×5＝70 000(元)

　　借:工程施工　　　　　　　　　　　　　　　　　　　70 000
　　　　贷:周转材料——摊销　　　　　　　　　　　　　　　　70 000

(4)领用第 3 个月,模板报废,将账面摊余价值一次摊销并转销全部已提摊销额。

账面摊余价值＝140 000－56 000－70 000＝14 000(元)

　　借:工程施工　　　　　　　　　　　　　　　　　　　14 000
　　　　贷:周转材料——摊销　　　　　　　　　　　　　　　　14 000
　　借:周转材料——摊销　　　　　　　　　　　　　　　140 000
　　　　贷:周转材料——在用　　　　　　　　　　　　　　　　140 000

(5)将报废模板残料售出,收取价款存入银行。

　　借:银行存款　　　　　　　　　　　　　　　　　　　2 000
　　　　贷:工程施工　　　　　　　　　　　　　　　　　　　2 000

(三)库存商品

　　库存商品通常用于对外销售,但也可能用于在建工程、对外投资、债务重组、非货币性资产交换等方面。企业用于不同方面的库存商品,会计处理有所不同。

　　企业对外销售的库存商品,应按从购货方已收或应收合同或协议价款的公允价值确认销售收入,借记“银行存款”或“应收账款”等科目,贷记“主营业务收入”、“应交税费——应交增值税(销项税额)”科目;同时,按库存商品的账面价值结转销售成本,借记“主营业务成本”科目,贷记“库存商品”科目。

　　【例 3-20】 甬江股份有限公司赊销 A 产品 500 件,每件售价 60 元。A 产品的单位生产成本为 45 元。其账务处理如下:

　　借:应收账款　　　　　　　　　　　　　　　　　　35 100
　　　　贷:主营业务收入　　　　　　　　　　　　　　　　30 000
　　　　　　应交税费——应交增值税(销项税额)　　　　　　　5 100
　　借:主营业务成本　　　　　　　　　　　　　　　　22 500
　　　　贷:库存商品　　　　　　　　　　　　　　　　　　22 500

　　在建工程领用本企业的库存商品时,属于税法中的视同销售货物行为,需计算交纳增值税。

　　【例 3-21】 甬江股份有限公司自建房屋一幢,领用本企业生产的 B 产品一批,实际成本 80 000 元,税务门部确定的计税价格为 100 000 元,增值税率 17%。其账务处理如下:

借：在建工程　　　　　　　　　　　　　　　　　　　　　97 000
　　贷：库存商品　　　　　　　　　　　　　　　　　　　　　　80 000
　　　　应交税费——应交增值税（销项税额）　　　　　　　　17 000

第三节　存货的期末计量

为了在资产负债表中更合理地反映期末存货的价值，企业应当选择适当的计价方法对期末存货进行再计量。我国企业会计准则规定，资产负债表日，存货应当按照成本与可变现净值孰低计量。

一、成本与可变现净值孰低法的含义

成本与可变现净值孰低法，是指按照存货的成本与可变现净值两者之中的较低者对期末存货进行计量的一种方法。采用这种方法，当期末存货的成本低于可变现净值时，存货仍按成本计量；当期末存货的可变现净值低于成本时，存货则按可变现净值计量。

所谓成本，是指期末存货的实际成本，即采用先进先出法、加权平均法等存货计价方法，对发出存货（或期末存货）进行计价所确定的期末存货账面成本。如果存货的日常核算采用计划成本法、售价金额核算法等简化核算方法，则期末存货的实际成本是指通过差异调整而确定的存货成本。

所谓可变现净值，是指在日常活动中，存货的估计售价减去至完工时估计将要发生的成本、估计的销售费用以及相关税费后的金额。存货在销售过程中，不仅会取得销售收入，也会发生销售费用和相关税费；为使存货达到预定可销售状态，还可能发生进一步的加工成本。这些销售费用、相关税费和加工成本，均构成销售存货产生的现金流入的抵减项目，只有扣除了这些现金流出后，才能确定存货的可变现净值。因此，可变现净值不是指存货的预计售价或合同价，而是指存货的预计未来净现金流入量。

采用成本与可变现净值孰低法对期末存货进行计量，当某项存货的可变现净值跌至成本以下时，表明该项存货为企业带来的未来经济利益将低于账面成本，企业应按可变现净值低于成本的差额确认存货跌价损失，并将其从存货价值中扣除，否则，就会虚计当期利润和存货价值；而当可变现净值高于成本时，企业则不能按可变现净值高于成本的金额确认这种尚未实现的存货增值收益，否则，也会虚计当期利润和存货价值。因此，成本与可变现净值孰低法体现了谨慎性的要求。

二、存货可变现净值的确定

根据存货的账面记录，可以很容易地获得存货的成本资料。因此，运用成本与可变现净值孰低法对期末存货进行计量的关键，是合理确定存货的可变现净值。

（一）确定存货可变现净值应当考虑的主要因素

1. 确定存货的可变现净值应以确凿的证据为基础

存货可变现净值的确凿证据，是指对确定存货的可变现净值有直接影响的客观证明，如产品或商品的市场销售价格、与企业产品或商品相同或类似商品的市场销售价格、销售方提供的有关资料和生产成本资料等。

2. 确定存货的可变现净值应考虑持有存货的目的

根据存货的定义,企业持有存货有两个基本的目的,即持有以备出售和持有以备继续加工或耗用。企业在确定存货的可变现净值时,应考虑持有存货的目的。持有存货的目的不同,可变现净值的确定方法也不尽相同。

(1)产成品、商品和用于出售的材料等直接用于出售的商品存货,在正常生产经营过程中,应当以该存货的估计售价减去估计的销售费用和相关税费后的金额确定其可变现净值。

(2)需要经过加工的材料存货,在正常生产经营过程中,应当以所生产的产成品的估计售价减去至完工时估计将要发生的成本、估计的销售费用和相关税费后的金额,确定其可变现净值。

3. 确定存货的可变现净值应考虑资产负债表日后事项的影响

存货的可变现净值,不仅要受资产负债表日已存在的相关事项的影响,而且还会受未来相关事项的影响,这些未来相关事项应能够确定资产负债表日存货的存在状况。例如,某年年末,企业持有的 A 商品市场售价为 80 000 元。但根据可靠资料,A 商品的关税将从下一年起大幅降低,受此影响,A 商品的市场售价将会下跌,预计到下一年第一季度末,A 商品市场售价很可能会跌至 60 000 元以下。企业在编制本年度的资产负债表时,有必要考虑这一未来的价格下跌因素对 A 商品可变现净值的影响。

(二)存货估计售价的确定

在确定存货的可变现净值时,应合理确定估计售价、至完工将要发生的成本、估计的销售费用和相关税费。其中,存货估计售价的确定对于计算存货可变现净值至关重要,企业在确定存货的估计售价时,应当以资产负债表日为基准。但是,如果当月存货价格变动较大,则应以当月该存货平均销售价格或资产负债表日最近几次销售价格的平均数,作为估计售价的基础。此外,还应当根据存货是否有约定销售的合同,按照以下原则确定估计售价:

(1)为执行销售合同或者劳务合同而持有的存货,通常应当以产成品或商品的合同价格作为其可变现净值的计量基础。

【例 3-22】 甬江股份有限公司于 2009 年 11 月 1 日与乙公司签订了一份不可撤销的销售合同,双方约定,2010 年 2 月 20 日,甬江公司应按每台 31 万元的价格向乙公司提供 M1 型机器 10 台。

2009 年 12 月 31 日,甬江公司 M1 型机器的账面成本为 280 万元,数量为 10 台,单位成本为 28 万元/台。

2009 年 12 月 31 日,M1 型机器的市场销售价格为 30 万元/台。假定不考虑相关税费和销售费用。

根据甬江股份有限公司与乙公司签订的销售合同规定,该批 M1 型机器的销售价格已由销售合同约定,并且其库存数量等于销售合同约定的数量,因此,在这种情况下,计算 M1 型机器的可变现净值应以销售合同约定的价格 310 万元(31×10)作为计量基础。

(2)如果企业持有存货的数量多于销售合同订购数量,超出部分的存货可变现净值应当以产成品或商品的一般销售价格作为计量基础。

【例 3-23】 甬江股份有限公司于 2009 年 12 月 1 日与乙公司签订了一份不可撤销的销售合同,双方约定,2010 年 5 月 20 日,甬江公司应按每台 30 万元的价格向乙公司提供 M2 型机器 12 台。

2009年12月31日,甬江公司M2型机器的账面成本为392万元,数量为14台,单位成本为28万元/台。

根据甬江股份有限公司销售部门提供的资料表明,向乙公司销售的M2型机器的平均运杂费等销售费用为0.12万元/台;向其他客户销售M2型机器的平均运杂费等销售费用为0.1万元/台。

2009年12月31日,M2型机器的市场销售价格为32万元/台。

在本例中,能够证明M2型机器的可变现净值的确凿证据是甬江公司与乙公司签订的有关M2型机器的销售合同、市场销售价格资料、账簿记录和公司销售部门提供的有关销售费用的资料等。

根据该销售合同规定,库存的M2型机器中的12台的销售价格已由销售合同约定,其余2台并没有由销售合同约定。因此,在这种情况下,对于销售合同约定的数量(12台)的M2型机器的可变现净值应以销售合同约定的价格30万元/台作为计量基础,而对于超出部分(2台)的M2型机器的可变现净值应以市场销售价格32万元/台作为计量基础。

$$M2型机器的可变现净值 = (30 \times 12 - 0.12 \times 12) + (32 \times 2 - 0.1 \times 2)$$
$$= (360 - 1.44) + (64 - 0.2)$$
$$= 358.56 + 63.8 = 422.36(万元)$$

(3)没有销售合同或者劳务合同约定的存货(不包括用于出售的材料),其可变现净值应当以产成品或商品一般销售价格(即市场销售价格)作为计量基础。

【例3-24】 2009年12月31日,甬江股份有限公司M3型机器的账面成本为300万元,数量为10台,单位成本为30万元/台。

2009年12月31日,M3型机器的市场销售价格为32万元/台。预计发生的相关税费和销售费用合计为1万元/台。

甬江股份有限公司没有签订有关M3型机器的销售合同。

由于甬江公司没有就M3型机器签订销售合同,因此,在这种情况下,计算M3型机器的可变现净值应以一般销售价格总额320(32×10)万元作为计量基础。

$$M3型机器的可变现净值 = 32 \times 10 - 1 \times 10 = 310(万元)$$

(4)用于出售的材料等通常以市场价格作为其可变现净值的计算基础。这里的市场价格是指材料等的市场销售价格。如果用于出售的材料存在销售合同约定,应按合同价格作为其可变现净值的计量基础。

【例3-25】 2009年12月1日,甬江股份有限公司根据市场需求的变化,决定停止生产M4型机器。为减少不必要的损失,决定将原材料中专门用于生产M4机器的外购材料——D材料全部出售,2009年12月31日其账面成本为200万元,数量为10吨。据市场调查,D材料的市场销售价格为10万元/吨,同时可能发生销售费用及其相关税费共计为0.5万元。

在本例中,由于企业已决定不再生产M4型机器,因此,该批D材料的可变现净值不能再以M4型机器的销售价格作为计量基础,而应按其本身的市场销售价格作为计量基础。即:

$$该批D材料的可变现净值 = 10 \times 10 - 0.5 = 99.5(万元)$$

资产负债表日,同一项存货中一部分有合同价格约定、其他部分不存在合同价格的,应当分别确定其可变现净值,并与其相对应的成本进行比较,分别确定存货跌价准备的计提或转回的金额。

三、材料存货的期末计量

企业持有的材料主要用于生产产品,但也会直接对外出售。会计期末,在运用成本与可变现净值孰低法对材料存货进行计量时,需要考虑持有材料的不同目的或用途。

(1)对用于出售而持有的材料,应直接比较材料的成本和根据材料估计售价确定的可变现净值。

(2)对用于生产而持有的材料(包括原材料、在产品、委托加工材料等),应当将材料的期末计量与所生产的产成品期末价值减损情况联系起来,按如下原则处理:

①如果用该材料生产的产成品的可变现净值预计高于生产成本,则该材料应当按照成本计量。

【例3-26】 2009年12月1日,甬江股份有限公司库存原材料——A材料的账面成本为300万元,市场销售价格总额为280万元(假定本节所称销售价格和成本均不含增值税),假定不发生其他销售费用。用A材料生产的产成品——M5型机器的可变现净值高于成本。

根据上述资料可知,2009年12月31日,A材料的账面成本高于其市场价格,但是由于用其生产的产成品——M5型机器的可变现净值高于成本,也就是用该原材料生产的最终产品此时并没有发生价值减损,因而,A材料即使其账面成本已高于市场价格,也不应计提存货跌价准备,仍应按300万元列示在2009年12月31日的资产负债表的存货项目之中。

②如果材料价格的下降表明产成品的可变现净值低于生产成本,则该材料应当按可变现净值计量,按其差额计提存货跌价准备。

【例3-27】 2009年12月1日,甬江股份有限公司库存原材料——B材料的账面成本为120万元,单位成本为1.2万元/件,数量为100件,可用于生产100台M6型机器。B材料的市场销售价格为1.1万元/件。假定不发生其他销售费用。

B材料市场销售价格下跌,导致用B材料生产的M6型机器市场销售价格也下跌,由此造成M6型机器的市场销售价格由3万元/台降为2.7万元/台,但生产成本仍为2.8万元/台。将每件B材料加工成M6型机器尚需投入1.6万元,估计发生运杂费等销售费用0.1万元/台。

根据上述资料,可按照以下步骤确定B材料的可变现净值。

首先,计算用该原材料所生产的产成品的可变现净值:

M6型机器的可变现净值＝M6型机器估计售价－估计销售费用－估计相关税费
$$＝2.7×100－0.1×100＝260(万元)$$

其次,将用该原材料所生产的产成品的可变现净值与其成本进行比较:

M6型机器的可变现净值260万元小于其成本280万元,即B材料价格的下降表明M6型机器的可变现净值低于成本,因此B材料应当按可变现净值计量。

最后,计算该原材料的可变现净值:

B材料的可变现净值＝M6型机器的售价总额－将B材料加工成M6型机器尚需投入
的成本－估计销售费用－估计相关税费
$$＝2.7×100－1.6×100－0.1×100＝100(万元)$$

B材料的可变现净值100万元小于其成本120万元,因此,B材料的期末价值应为其可变现净值100万元,即B材料应按100万元列示在2009年12月31日资产负债表的存货项目之中。

四、存货跌价准备的计提方法

企业应当定期对存货进行全面检查,如果由于存货毁损、全部或部分陈旧过时或销售价格低于成本等原因,使存货可变现净值低于其成本,应按可变现净值低于成本的部分,计提存货跌价准备。

(一)存货减值的判断依据

企业在对存货进行定期检查时,如果存在下列情况之一,表明存货的可变现净值低于成本:

(1)该存货的市场价格持续下跌,并且在可预见的未来无回升的希望;

(2)企业使用该项原材料生产的产品的成本高于产品的销售价格;

(3)企业因产品更新换代,原有库存原材料已不适应新产品的需要,而该原材料的市场价格又低于其账面成本;

(4)因企业所提供的商品或劳务过时或消费者偏好改变而使市场的需求发生变化,导致市场价格逐渐下跌;

(5)其他足以证明该项存货实质上已经发生减值的情形。

(二)存货跌价准备的计提和转回

企业通常应当按照单个存货项目计提存货跌价准备,即应当将每一存货项目的成本与可变现净值分别进行比较,按每一存货项目可变现净值低于成本的差额作为计提各该存货项目跌价准备的依据。但在某些特殊情况下,也可以合并计提存货跌价准备。例如,与在同一地区生产和销售的产品系列相关、具有相同或类似最终用途或目的,且难以与其他项目分开来计量的存货,可以按产品系列合并计提存货跌价准备。此外,对于数量繁多、单价较低的存货,可以按照存货类别计提存货跌价准备。

资产负债表日,企业计提存货跌价准备时,首先应确定本期存货的减值金额,即本期存货可变现净值低于成本的差额,然后将本期存货的减值金额与"存货跌价准备"科目原有的余额进行比较,按下列公式计算确定本期应计提的存货跌价准备金额:

某期应计提的存货跌价准备=当期可变现净值低于成本的差额-"存货跌价准备"科目原有余额

根据上列公式,如果计提存货跌价准备前,"存货跌价准备"科目无余额,应按本期存货可变现净值低于成本的差额计提存货跌价准备,借记"资产减值损失"'科目,贷记"存货跌价准备"科目;如果本期存货可变现净值低于成本的差额大于"存货跌价准备"科目原有贷方余额,应按二者之差补提存货跌价准备,借记"资产减值损失"科目,贷记"存货跌价准备",科目;如果本期存货可变现净值低于成本的差额与"存货跌价准备"科目原有贷方余额相等,不需要计提存货跌价准备;如果本期存货可变现净值低于成本的差额小于"存货跌价准备"科目原有贷方余额,表明以前引起存货减值的影响因素已经部分消失,存货的价值又得以部分恢复,企业应当相应地恢复存货的账面价值,即按二者之差冲减已计提的存货跌价准备,借记"存货跌价准备"科目,贷记"资产减值损失"科目;如果本期存货可变现净值高于成本,表明以前引起存货减值的影响因素已经完全消失,存货的价值全部得以恢复,企业应将存货的账面价值恢复至账面成本,即将已计提的存货跌价准备全部转回,借记"存货跌价准备"科目,贷记"资产减值损失"科目。

【例3-28】 甬江股份有限公司从2005年度开始,对期末存货按成本与可变现净值孰低计量。2005年至2008年,有关A商品期末计量的资料及相应的账务处理如下:

(1)2005年12月31日,A商品的账面成本为90 000元,可变现净值为80 000元。

可变现净值低于成本的差额=90 000-80 000=10 000(元)

借:资产减值损失　　　　　　　　　　　　　　　　　　　　　　10 000

　　贷:存货跌价准备——A商品　　　　　　　　　　　　　　　　　　　　10 000

在2005年12月31日的资产负债表中,A商品应按可变现净值80 000元列示其价值。

(2)2006年度,在转出A商品时,相应的结转存货跌价准备6 000元。2006年12月31日,A商品账面成本106 000元,可变现净值95 000元;计提存货跌价准备之前,"存货跌价准备"科目贷方余额4 000元。

可变现净值低于成本的差额=106 000-95 000=11 000(元)

本年应计提存货跌价准备=11 000-4 000=7 000(元)

借:资产减值损失　　　　　　　　　　　　　　　　　　　　　　7 000

　　贷:存货跌价准备——A商品　　　　　　　　　　　　　　　　　　　　7 000

本年计提存货跌价准备之后,"存货跌价准备"科目贷方余额为11 000元;在2006年12月31日的资产负债表中,A商品应按可变现净值95 000元列示其价值。

(3)2007年度,在转出A商品时,相应地结转存货跌价准备6 000元。2007年12月31日,A商品账面成本62 000元,可变现净值58 000元;计提存货跌价准备之前,"存货跌价准备"科目贷方余额5 000元。

可变现净值低于成本的差额=62 000-58 000=4 000(元)

本年应计提存货跌价准备=4 000-5 000=-1 000(元)

借:存货跌价准备——A商品　　　　　　　　　　　　　　　　　　1 000

　　贷:资产减值损失　　　　　　　　　　　　　　　　　　　　　　　　1 000

本年计提存货跌价准备之后,"存货跌价准备"科目贷方余额为4 000元;在2007年12月31日的资产负债表中,商品应按可变现净值58 000元列示其价值。

(4)2008年度,在转出A商品时,相应地结转存货跌价准备3 000元。2008年12月31日,A商品账面成本80 000元,可变现净值82 000元;计提存货跌价准备之前,"存货跌价准备"科目贷方余额1 000元。

由于可变现净值高于账面成本,因此,应将存货的账面价值恢复至账面成本,即将已计提的存货跌价准备全部转回。

借:存货跌价准备——A商品　　　　　　　　　　　　　　　　　　1 000

　　贷:资产减值损失　　　　　　　　　　　　　　　　　　　　　　　　1 000

2008年12月31日的资产负债表中,A商品应按账面成本80 000元列示其价值。

(三)存货跌价准备的结转

已经计提了跌价准备的存货,在生产经营领用、销售或其他原因转出时,应当根据不同情况,对已计提的存货跌价准备进行适当的会计处理。

(1)生产经营领用的存货,领用时一般可不结转相应的存货跌价准备,待期末计提存货跌价准备时一并调整。如果需要同时结转已计提的存货跌价准备,应借记"存货跌价准备"科目,贷记"生产成本"等科目。

【例 3-29】 甬江股份有限公司本月生产领用一批 A 材料。领用的 A 材料账面余额为 30 000 元,相应的存货跌价准备为 3 000 元。其账务处理如下:

借:生产成本		30 000
贷:原材料——A 材料		30 000

如果需要同时结转 A 材料已计提的跌价准备,则还应编制下列会计分录:

借:存货跌价准备——A 材料		3 000
贷:生产成本		3 000

(2)销售的存货,在结转销售成本的同时,应结转相应的存货跌价准备,借记"存货跌价准备"科目,贷记"主营业务成本"、"其他业务成本"等科目。

【例 3-30】 甬江股份有限公司将 A 商品按 80 000 元的价格售出,增值税销项税额为 13 600 元。A 商品账面余额 90 000 元,已计提存货跌价准备 12 000 元。其账务处理如下:

借:银行存款		93 600
贷:主营业务收入		80 000
应交税费——应交增值税(销项税额)		13 600
借:主营业务成本		90 000
贷:库存商品——A 商品		90 000
借:存货跌价准备——A 商品		12 000
贷:主营业务成本		12 000

(3)可变现净值为零的存货,应当将其账面余额全部转销,同时转销相应的存货跌价准备。当存货存在以下情况之一时,表明存货的可变现净值为零。

①已霉烂变质的存货;

②已过期且无转让价值的存货;

③生产中已不再需要,并且已无使用价值和转让价值的存货;

④其他足以证明已无使用价值和转让价值的存货。

【例 3-31】 甬江股份有限公司的库存 M 商品已过保质期,不可再使用或销售。M 商品账面余额 40 000 元,已计提存货跌价准备 25 000 元。其账务处理如下:

借:资产减值损失		15 000
存货跌价准备——M 商品		25 000
贷:库存商品——M 商品		40 000

如果存货是按类别计提跌价准备的,在销售以及债务重组、非货币性资产交换、支付合并对价等转出存货时,应按比例同时结转相应的存货跌价准备。

第四节　存货的其他计量方法

一、计划成本法

存货采用实际成本进行日常核算,要求存货的收入和发出凭证、明细分类账、总分类账全部按实际成本计价,这对于存货品种、规格、数量繁多,收发频繁的企业来说,日常核算工作量很大,核算成本较高,也会影响会计信息的及时性。为了简化存货的核算,企业可以采用计划成本法对存货的收入、发出及结存进行日常核算。

（一）计划成本法的基本核算程序

计划成本法是指存货的日常收入、发出和结存均按预先制定的计划成本计价,并设置"材料成本差异"科目登记实际成本与计划成本之间的差异;月末,再通过对存货成本差异的分摊,将发出存货的计划成本和结存存货的计划成本调整为实际成本进行反映的一种核算方法。采用计划成本法进行存货日常核算的基本程序如下:

(1)制定存货的计划成本目录,规定存货的分类,各类存货的名称、规格、编号、计量单位和单位计划成本。采用计划成本法核算的前提是对每一品种、规格的存货制定计划成本。计划成本是指在正常的市场条件下,企业取得存货应当支付的合理成本,包括采购成本、加工成本和其他成本,其组成内容应当与实际成本完全一致。计划成本一般由会计部门会同采购等部门共同制定,制定的计划成本应尽可能接近实际,以利于发挥计划成本的考核和控制功能。除特殊情况外,计划成本在年度内一般不作调整。

(2)设置"材料成本差异"科目,登记存货实际成本与计划成本之间的差异,并分别"原材料"、"周转材料"等,按照类别或品种进行明细核算。取得存货并形成差异时,实际成本高于计划成本的超支差异,在该科目的借方登记,实际成本低于计划成本的节约差异,在该科目的贷方登记;发出存货并分摊差异时,超支差异从该科目的贷方用蓝字转出,节约差异从该科目的贷方用红字转出。企业也可以根据具体情况,在"原材料"、"周转材料"等科目下设置"材料成本差异"明细科目进行核算。

(3)设置"材料采购"科目,对购入存货的实际成本与计划成本进行计价对比。该科目的借方登记购入存货的实际成本,贷方登记购入存货的计划成本,并将计算的实际成本与计划成本的差额,转入"材料成本差异"科目分类登记。

(4)存货的日常收入与发出均按计划成本计价,月末,通过存货成本差异的分摊,将本月发出存货的计划成本和月末结存存货的计划成本调整为实际成本反映。

（二）存货的取得及成本差异的形成

企业外购的存货,需要专门设置"材料采购"科目进行计价对比,以确定外购存货实际成本与计划成本的差异。购进存货时,按确定的实际采购成本,借记"材料采购"科目,按增值税专用发票上注明的增值税税额,借记"应交税费——应交增值税(进项税额)"科目,按已支付或应支付的金额,贷记"银行存款"、"应付票据"、"应付账款"等科目。已购进的存货验收入库时,按计划成本,借记"原材料"、"周转材料"等存货科目,贷记"材料采购"科目。已购进并已验收入库的存货,按实际成本大于计划成本的超支差额,借记"材料成本差异"科目,贷记"材料采购"科目;按实际成本小于计划成本的节约差额,借记"材料采购"科目,贷记"材料成本差异"科目。月末,对已验收入库但尚未收到发票账单的存货,按计划成本暂估入账,借记"原材料"等存货科目,贷记"应付账款—暂估应付账款"科目,下月初再用红字作相同的会计分录予以冲回;下月收到发票账单并结算时,按正常的程序进行会计处理。

【例3-32】　甬江股份有限公司的存货采用计划成本核算。2009年6月份,发生材料采购业务及相应的账务处理如下:

(1)6月5日,购入一批原材料,增值税专用发票上注明的价款为200 000元,增值税税额为34 000元。货款已通过银行转账支付,材料也已验收入库。该批原材料的计划成本为210 000元。

借:材料采购 200 000
应交税费——应交增值税(进项税额) 34 000
贷:银行存款 234 000

借:原材料 210 000
贷:材料采购 210 000

借:材料采购 10 000
贷:材料成本差异——原材料 10 000

(2)6月10日,购入一批原材料,增值税专用发票上注明的价款为180 000元,增值税税额为30 600元。货款已通过银行转账支付,材料尚在运输途中。

借:材料采购 180 000
应交税费——应交增值税(进项税额) 30 600
贷:银行存款 210 600

(3)6月16日,购入一批原材料,材料已经运达企业并已验收入库,但发票等结算凭证尚未收到,货款尚未支付。暂不作会计处理。

(4)6月18日,收到6月10日购进的原材料并验收入库。该批原材料的计划成本为170 000元。

借:原材料 170 000
贷:材料采购 170 000

借:材料成本差异——原材料 10 000
贷:材料采购 10 000

(5)6月22日,收到6月16日已入库原材料的发票等结算凭证,增值税专用发票上注明的材料价款为250 000元,增值税税额为42 500元,开出一张商业汇票抵付。该批原材料的计划成本为243 000元。

借:材料采购 250 000
应交税费——应交增值税(进项税额) 42 500
贷:应付票据 292 500

借:原材料 243 000
贷:材料采购 243 000

借:材料成本差异——原材料 7 000
贷:材料采购 7 000

(6)6月25日,购入一批原材料,增值税专用发票上注明的价款为200 000元,增值税税额为34 000元。货款已通过银行转账支付,材料尚在运输途中。

借:材料采购 200 000
应交税费——应交增值税(进项税额) 34 000
贷:银行存款 234 000

(7)6月27日,购入一批原材料,材料已经运达企业并已验收入库,但发票等结算凭证尚未收到,货款尚未支付。6 月 30 日,该批材料的结算凭证仍未到达,企业按该批材料的计划成本 80 000 元估价入账。

  借:原材料   80 000
   贷:应付账款——暂估应付账款   80 000

下月初,用红字将上述分录予以冲回。

  借:原材料   80 000
   贷:应付账款——暂估应付账款   80 000

待下月收到发票等有关结算凭证并支付货款时,按正常程序记账。

在会计实务中,为了简化收入存货和结存存货成本差异的核算手续,企业平时收到存货时,也可以先不记录存货的增加,也不结转形成的存货成本差异;月末时,再将本月已付款或已开出、承兑商业汇票并已验收入库的存货,按实际成本和计划成本分别汇总,一次登记本月存货的增加,并计算和结转本月存货成本差异。

【例 3-33】　按【例 3-32】中资料,如果甬江股份有限公司采用月末汇总登记存货的增加和结转存货成本差异的方法,有关账务处理如下:

(1)6 月 5 日,购入一批原材料,增值税专用发票上注明的价款为 200 000 元,增值税税额为 34 000 元。货款已通过银行转账支付,材料也已验收入库。该批原材料的计划成本为 210 000 元。

  借:材料采购   200 000
    应交税费——应交增值税(进项税额) 34 000
   贷:银行存款   234 000

(2)6 月 10 日,购入一批原材料,增值税专用发票上注明的价款为 180 000 元,增值税税额为 30600 元。货款已通过银行转账支付,材料尚在运输途中。

  借:材料采购   180 000
    应交税费——应交增值税(进项税额) 306 00
   贷:银行存款   210 600

(3)6 月 16 日,购入一批原材料,材料已经运达企业并已验收入库,但发票等结算凭证尚未收到,货款尚未支付。暂不作会计处理。

(4)6 月 18 日,收到 6 月 10 日购进的原材料并验收入库。该批原材料的计划成本为 170 000 元。暂不作会计处理。

(5)6 月 22 日,收到 6 月 16 日已入库原材料的发票等结算凭证,增值税专用发票上注明的材料价款为 250 000 元,增值税税额为 42 500 元,开出一张商业汇票抵付。该批原材料的计划成本为 243 000 元。

  借:材料采购   250 000
    应交税费——应交增值税(进项税额) 42 500
   贷:应付票据   292 500

(6)6 月 25 日,购入一批原材料,增值税专用发票上注明的价款为 200 000 元,增值税税额为 34 000 元。货款已通过银行转账支付,材料尚在运输途中。

  借:材料采购   200 000

```
    应交税费——应交增值税（进项税额）                          34 000
    贷:银行存款                                              234 000
```

（7）6月27日，购入一批原材料,材料已经运达企业并已验收入库,但发票等结算凭证尚未收到,货款尚未支付。6月30日,该批材料的结算凭证仍未到达,企业按该批材料的计划成本80 000元估价入账。

```
    借:原材料                                                 80 000
    贷:应付账款——暂估应付账款                                 80 000
```

下月初,用红字将上述分录予以冲回。

```
    借:原材料                                                 80 000
    贷:应付账款——暂估应付账款                                 80 000
```

（8）6月30日,汇总本月已付款或已开出承兑商业汇票并已验收入库的原材料实际成本和计划成本,登记本月存货的增加,并计算和结转本月存货成本差异。

原材料实际成本＝200 000＋180 000＋250 000＝630 000（元）

原材料计划成本＝210 000＋170 000＋243 000＝623 000（元）

原材料成本差异＝630 000－623 000＝7 000（元）

```
    借:原材料                                                623 000
    贷:材料采购                                              623 000
    借:材料成本差异——原材料                                   7 000
    贷:材料采购                                                7 000
```

企业通过外购以外的其他方式取得存货,不需要通过"材料采购"科目确定存货成本差异,而应直接按取得存货的计划成本,借记"原材料"等存货科目,按确定的实际成本,贷记"生产成本"、"委托加工物资"等相关科目,按实际成本与计划成本之间的差额,借记或贷记"材料成本差异"科目。

【例3-34】 甬江股份有限公司的甲投资者以一批原材料作为投资,投入企业。增值税专用发票上注明的材料价款为450 000元,增值税税额为76 500元,投资各方确认按该发票金额作为甲投资者的投入资本,折换为甬江公司每股面值1元的股票350 000股。该批原材料的计划成本为460 000元。其账务处理如下:

```
    借:原材料                                                460 000
    应交税费——应交增值税（进项税额）                          76 500
    贷:股本——甲股东                                         350 000
    资本公积——股本溢价                                      176 500
    材料成本差异——原材料                                     10 000
```

（三）存货的发出及成本差异的分摊

采用计划成本法对存货进行日常核算,发出存货时先按计划成本计价,即按发出存货的计划成本,借记"生产成本"、"制造费用"、"管理费用"等有关成本费用科目,贷记"原材料"等存货科目;月末,再将期初结存存货的成本差异和本月取得存货形成的成本差异,在本月发出存货和期末结存存货之间进行分摊,将本月发出存货和期末结存存货的计划成本调整为实际成本。计划成本、成本差异与实际成本之间的关系如下:

实际成本＝计划成本＋超支差异

或 ＝计划成本－节约差异

为了便于存货成本差异的分摊,企业应当计算材料成本差异率,作为分摊存货成本差异的依据。材料成本差异率包括本期材料成本差异率和期初材料成本差异率两种,计算公式如下:

$$\frac{本期材料}{成本差异率} = \frac{期初结存材料的成本差异＋本期验收入库材料的成本差异}{期初结存材料的计划成本＋本期验收入库材料的计划成本} \times 100\%$$

$$期初材料成本差异率 = \frac{期初结存材料的成本差异}{期初结存材料的计划成本} \times 100\%$$

企业应当分别原材料、周转材料等,按照类别或品种对存货成本差异进行明细核算,并计算相应的材料成本差异率,不能使用一个综合差异率。在计算发出存货应负担的成本差异时,除委托外部加工发出存货可按月初成本差异率计算外,应使用当月的实际差异率;月初成本差异率与本月成本差异率相差不大的,也可按月初成本差异率计算。计算方法一经确定,不得随意变更。如果确需变更,应在会计报表附注中予以说明。

本月发出存货应负担的成本差异及实际成本和月末结存存货应负担的成本差异及实际成本,可按如下公式计算:

本月发出存货应负担的成本差异＝发出存货的计划成本×材料成本差异率

本月发出存货的实际成本＝发出存货的计划成本＋发出存货应负担的超支差异

或 ＝发出存货的计划成本－发出存货应负担的节约差异

月末结存存货应负担的成本差异＝结存存货的计划成本×材料成本差异率

月末结存存货的实际成本＝结存存货的计划成本＋结存存货应负担的超支差异

或 ＝结存存货的计划成本－结存存货应负担的节约差异

发出存货应负担的成本差异,必须按月分摊,不得在季末或年末一次分摊。企业在分摊发出存货应负担的成本差异时,按计算的各成本费用项目应负担的差异金额,借记"生产成本"、"制造费用"、"管理费用"等有关成本费用科目,贷记"材料成本差异"科目。实际成本大于计划成本的超支差异,用蓝字登记;实际成本小于计划成本的节约差异,用红字登记。

本月发出存货应负担的成本差异从"材料成本差异"科目转出之后,该科目的余额为月末结存存货应负担的成本差异。在编制资产负债表时,月末结存存货应负担的成本差异应作为存货的调整项目,将结存存货的计划成本调整为实际成本列示。

【例3-35】 2009年6月1日,甬江股份有限公司结存原材料的计划成本为52 000元,"材料成本差异——原材料"科目的贷方余额为1 000元。6月份的材料采购业务,见【例3-32】资料。经汇总,6月份已经付款或已开出、承兑商业汇票并已验收入库的原材料计划成本为623 000元,实际成本为630 000元,材料成本差异为超支的7 000元。6月份领用原材料的计划成本为504 000元,其中,基本生产领用350 000元,辅助生产领用110 000元,车间一般耗用16 000元、管理部门领用8 000元,出售20 000元。其账务处理如下:

(1)按计划成本发出原材料。

借:生产成本——基本生产成本 350 000

　　　——辅助生产成本 110 000

　制造费用 16 000

　管理费用 8 000

其他业务成本	20 000
贷:原材料	504 000

（2）计算本月材料成本差异率。

$$本月材料成本差异率=\frac{-1\ 000+7\ 000}{52\ 000+623\ 000}\times100\%=0.8889\%$$

在计算本月材料成本差异率时,本月收入存货的计划成本金额不包括已验收入库但发票等结算凭证月末尚未到达,企业按计划成本估价入账的原材料金额。

（3）分摊材料成本差异。

生产成本(基本生产成本)=350 000×0.8889%=3 111(元)

生产成本(辅助生产成本)=110 000×0.8889%=978(元)

制造费用=16 000×0.8889% =144(元)

管理费用=8 000×0.8889%=70(元)

其他业务成本=20 000×0.8889%=177(元)

借:生产成本——基本生产成本	3 111
——辅助生产成本	978
制造费用	144
管理费用	70
其他业务成本	177
贷:材料成本差异——原材料	4 480

（4）月末,计算结存原材料实际成本,据以编制资产负债表。

"原材料"科目期末余额=(52 000+623 000+80 000)-504 000=251 000(元)

"材料成本差异"科目期末余额=(-1 000+7 000)-4 480=1 520(元)

结存原材料实际成本=251 000+1 520=252 520(元)

月末编制资产负债表时,存货项目中的原材料存货,应当按上列结存原材料实际成本252 520元列示。

周转材料采用五五摊销法进行摊销,领用时,先按计划成本的50%摊销,月末再根据本月材料成本差异率,将摊销的计划成本调整为实际成本;报废时,同样按计划成本的50%摊销,月末,再根据报废当月材料成本差异率,将摊销的计划成本调整为实际成本。

【例3-36】 甬江股份有限公司生产车间本月领用一批低值易耗品,计划成本为60 000元,采用五五摊销法摊销;领用当月,材料成本差异率为3%。该低值易耗品报废时,残料估价2 000元作为原材料入库,报废当月,材料成本差异率为-2%。其账务处理如下:

（1）领用低值易耗品并摊销其计划成本的50%。

借:周转材料——在用	60 000
贷:周转材料——在库	60 000
借:制造费用	30 000
贷:周转材料——摊销	30 000

（2）领用当月,分摊材料成本差异。

低值易耗品摊销应负担的成本差异=30 000×3%=900(元)

```
    借:制造费用                                                    900
        贷:材料成本差异——周转材料                                       900
```

(3)低值易耗品报废,摊销其余50%的计划成本,并转销全部已提摊销额。

```
    借:制造费用                                                 30 000
        贷:周转材料——摊销                                           30 000
    借:周转材料——摊销                                           60 000
        贷:周转材料——在用                                           60 000
```

(4)报废低值易耗品的残料作价入库。

```
    借:原材料——周转材料                                         2 000
        贷:制造费用                                                 2 000
```

(5)报废当月,分摊材料成本差异。

低值易耗品摊销应负担的成本差异=30 000×(-2%)=-600(元)

```
    借:制造费用                                                   600
        贷:材料成本差异——周转材料                                       600
```

企业委托外部加工的存货,在发出材料物资时,可以按月初材料成本差异率将发出材料物资的计划成本调整为实际成本,并通过"委托加工物资"科目核算委托加工存货的实际成本;收回委托加工的存货时,实际成本与计划成本的差额直接记入"材料成本差异"科目。

【例3-37】　甬江股份有限公司委托丁公司加工一批周转材料。发出原材料计划成本为40 000元,月初材料成本差异率为2%;支付加工费10 000元,支付增值税1 700元;周转材料的计划成本为52 000元。其账务处理如下:

(1)发出原材料,委托丁公司加工周转材料。

```
    借:委托加工物资                                             40 800
        贷:原材料                                                 40 000
            材料成本差异——原材料                                       800
```

(2)支付加工费和税金。

```
    借:委托加工物资                                             10 000
        应交税费——应交增值税(进项税额)                              1 700
        贷:银行存款                                                11 700
```

(3)收回委托加工的周转材料,验收入库。

周转材料实际成本=40 800+10 000=50 800(元)

```
    借:周转材料                                                 52 000
        贷:委托加工物资                                             50 800
            材料成本差异——周转材料                                      1 200
```

(四)计划成本法的优点

1. 可以简化存货的日常核算手续。

在计划成本法下,同一种存货只有一个单位计划成本,因此,存货明细账平时可以只登记收、发、存数量,而不必登记收、发、存金额。需要了解某项存货的收、发、存金额时,以该项存货的单位计划成本乘以相应的数量即可求得,避免了烦琐的发出存货计价,简化了存货的日常核算手续。

2. 有利于考核采购部门的工作业绩。

计划成本法的显著特点是可以通过实际成本与计划成本的比较,得出实际成本脱离计划成本的差异,并通过对差异的分析,寻求实际成本脱离计划成本的原因,据以考核采购部门的工作业绩、促使采购部门不断降低采购成本。

鉴于上述优点,计划成本法在我国大中型工业企业中应用得比较广泛。

二、毛利率法

毛利率法是指用前期实际(或本期计划、本期估计)毛利率乘以本期销售净额,估算本期销售毛利,进而估算本期发出存货成本和期末结存存货成本的一种方法。采用毛利率法估算存货成本的基本程序如下:

1. 确定前期实际(或本期计划、本期估计)毛利率,作为估价的依据

毛利率＝销售毛利/销售净额×100%

2. 从本期销售净额中减除估计销售毛利,估算本期销售成本

销售净额＝销售收入－销售退回与折让

估计销售毛利＝销售净额×毛利率

本期销售成本＝本期销售净额－销售毛利

或　　　　　＝本期销售净额×(1－毛利率)

3. 从本期可供销售商品成本总额中减除本期估计销售成本,估算期末结存存货成本

期末结存存货成本＝期初存货成本＋本期购货成本－本期销售成本

采用毛利率法估算存货成本的关键在于确定一个合理的毛利率,如果毛利率不合理,估算的存货成本就会与实际情况发生较大的背离。采用前期实际毛利率要求前后各期的毛利率应大致相同,而采用本期估计毛利率则需要根据存货采购成本、销售价格、销售结构等因素的变化情况,对毛利率进行不断的修正。此外,如果企业的存货品种繁多且毛利率差别较大,为了保证估价结果的相对合理性,企业应按存货的类别,分别确定各类存货的毛利率,据以估算存货成本,不能采用综合毛利率。

【例3-38】 甬江股份有限公司的家用电器商场,月初结存存货成本648 000元,本月购进存货成本4 120 000元,本月销售收入5 650 000元,销售退回与折让10 000元。上季度家用电器的实际毛利率为25%。有关计算如下:

本月销售净额＝5 650 000－10 000＝5 640 000(元)

本月销售毛利＝5 640 000×25%＝1 410 000(元)

本月销售成本＝5 640 000－1 410 000(元)

或　　　　　＝5 640 000×(1－25%)＝4 230 000(元)

毛利率法提供的只是存货成本的近似值,不是对存货的准确计价。为了合理确定期末存货的实际价值,企业一般应当在每季季末,采用先进先出法、加权平均法等存货计价方法,对结存存货的成本进行一次准确的计量,然后用本季度期初结存存货的成本和本期购进存货的成本,倒减出本季度发出存货的实际成本,据以调整采用毛利率法估算的发出存货成本。

毛利率法是商品批发企业普遍采用的一种存货估价方法。商品批发企业经营的商品品种繁多,若按月采用发出存货的计价方法对每种商品计算并结转销售成本,工作量十分繁重。此外,商品批发企业同类商品的毛利率大致相同,采用毛利率估算的存货成本也比较接近实际。

三、零售价法

零售价法是指成本占零售价的比率(即成本率)乘以期末存货的售价总额,估算期末存货成本,并据以计算本期发出存货成本的一种方法。采用零售价法估算存货成本的基本程序如下:

1. 计算本期可供销售的存货成本占零售价的比率

本期可供销售的存货成本占零售价的比率,是根据期初结存存货的成本及零售价和本期购入存货成本及零售价计算确定的,公式如下:

$$成本占零售价的比率 = \frac{期初存货成本 + 本期购货成本}{期初存货售价 + 本期购货售价} \times 100\%$$

为了便于取得本期可供销售的存货成本和售价资料,在日常核算中,必须同时按成本和零售价记录期初存货和本期购货。

2. 计算期末存货的售价总额

期末存货售价总额 = 本期可供销售的存货的售价总额 - 本期已销存货的售价总额

3. 计算期末存货成本

根据计算的成本占零售价的比率和期末存货的售价总额,就可以计算期末存货的估计成本,公式如下:

期末存货成本 = 期末存货售价总额 × 成本占零售价的比率

4. 计算本期销售成本

本期销售成本 = 期初存货成本 + 本期购货成本 - 期末存货成本

【例 3-39】 甬江股份有限公司的零售商店,某月初存货成本为 250 000 元,售价金额为 350 000 元;本月购货成本为 1 400 000 元,售价金额为 1 850 000 元;本期销售收入为 1 780 000 元。有关计算如下:

$$成本占零售价的比率 = \frac{250\,000 + 1\,400\,000}{350\,000 + 1\,850\,000} \times 100\% = 75\%$$

期末存货售价总额 = (350 000 + 1 850 000) - 1 780 000 = 420 000(元)

期末存货成本 = 420 000 × 75% = 315 000(元)

本期销售成本 = (250 000 + 1 400 000) - 315 000 = 1 335 000(元)

零售价法是商品零售企业普遍采用的一种存货估价方法。在百货商店、超级市场等零售企业中,商品的品种、型号、款式繁多,很难采用通常的发出存货计价方法,按月确定销售成本和结存存货成本。而零售企业必须按零售价格标明商品价值,也为采用零售价法提供了便利。

在我国的商品零售企业中广泛采用的售价金额核算法,可以认为是零售价法的一种具体会计处理方式。采用售价金额核算法,需要设置"商品进销差价"科目单独核算商品售价与进价的差额。商品日常的进、销、存记录均按售价进行,期末,通过计算商品进销差价率,将商品进销差价在本期已销商品和结存商品之间进行分摊,据以确定本期已销商品的成本和结存商品的成本。

【例 3-40】 按【例 3-39】中资料,该零售商店如果采用售价金额核算法,则本月购销业务的总括账务处理如下:

(1)购进商品。

借:库存商品 1 850 000
　　应交税费——应交增值税(进项税额) 238 000
　　贷:银行存款 1 638 000
　　　商品进销差价 450 000

(2)销售商品。

借:银行存款 2 082 600
　　贷:主营业务收入 1 780 000
　　　应交税费——应交增值税(销项税额) 302 600

(3)结转销售成本。

借:主营业务成本 1 780 000
　　贷:库存商品 1 780 000

(4)计算商品进销差价率并分摊进销差价。

商品进销差价率$=(100\ 000+450\ 000)/(350\ 000+1\ 850\ 000)\times100\%=25\%$

已销商品应分摊的进销差价$=1\ 7800\ 000\times25\%=445\ 000$(元)

借:商品进销差价 445 000
　　贷:主营业务成本 445 000

经上述会计处理,商品实际成本的核算结果如下:

已销商品实际销售成本$=1\ 780\ 000-445\ 000=1\ 335\ 000$(元)

结存商品应分摊的进销差价$=(100\ 000+450\ 000)-445\ 000=105\ 000$(元)

结存商品实际成本$=[(350\ 000+1\ 850\ 000)-1\ 780\ 000]-105\ 000=315\ 000$(元)

期末,该零售商店在编制资产负债表时,存货项目中的商品存货部分,应根据结存商品的实际成本 315 000 元列示。

第五节　存货清查

一、存货清查的意义与方法

存货是企业资产的重要组成部分,且处于不断销售或耗用以及重置之中,具有较强的流动性。为了加强对存货的控制,维护存货的安全完整,企业应当定期或不定期对存货的实物进行盘点和抽查,以确定存货的实有数量,并与账面记录进行核对,确保存货账实相符。企业至少应当在编制年度财务会计报告之前,对存货进行两次全面的清查盘点。

存货清查采用实地盘点、账实核对的方法。在每次进行清查盘点前,应将已经收发的存货数量全部登记入账,并准备盘点清册,抄列各种存货的编号、名称、规格和存放地点。盘点时,应在盘点清册上逐一登记各种存货的账面结存数量和实存数量,并进行核对。对于账实不符的存货,应查明原因,分清责任,并根据清查结果编制"存货盘存报告单",作为存货清查的原始凭证。

在进行存货清查盘点时,如果发现存货盘盈或盘亏,应于期末前查明原因,并根据企业的管理权限,报经股东大会或董事会,或经理(厂长)会议或类似机构批准后,在期末结账前处理完毕。

二、存货盘盈与盘亏的会计处理

(一)存货盘盈

存货盘盈,是指存货的实存数量超过账面结存数量的差额。存货发生盘盈,应按照同类或类似存货的市场价格作为实际成本及时登记入账,借记"原材料"、"周转材料"、"库存商品"等存货科目,贷记"待处理财产损溢——待处理流动资产损溢"科目;待查明原因,报经批准处理后,冲减当期管理费用。

【例 3-41】　甬江股份有限公司在存货清查中发现盘盈一批材料,市场价格为 6 000 元。其账务处理如下:

(1)发现盘盈。

借:原材料　　　　　　　　　　　　　　　　　　　　　　　　6 000
　　　贷:待处理财产损溢——待处理流动资产损溢　　　　　　　　　　　　6 000

(2)报经批准处理。

借:待处理财产损溢——待处理流动资产损溢　　　　　　　　　6 000
　　　贷:管理费用　　　　　　　　　　　　　　　　　　　　　　　　　6 000

(二)存货盘亏

存货盘亏,是指存货的实存数量少于账面结存数量的差额。存货发生盘亏,应将其账面成本及时转销,借记"待处理财产损溢——待处理流动资产损溢"科目,贷记"原材料"、"周转材料"、"库存商品"等存货科目;盘亏存货涉及增值税的,还应进行相应处理。待查明原因,报经批准处理后,根据造成盘亏的原因,分别以下情况进行会计处理:

(1)属于定额内自然损耗造成的短缺,计入管理费用;

(2)属于收发计量差错和管理不善等原因造成的短缺或毁损,将扣除可收回的保险公司和过失人赔款以及残料价值后的净损失,计入管理费用;

(3)属于自然灾害或意外事故等非常原因造成的毁损,将扣除可收回的保险公司和过失人赔款以及残料价值后的净损失,计入营业外支出。

【例 3-42】　甬江股份有限公司在存货清查中发现盘亏一批 B 材料,账面成本为 8 000 元。查明原因,属于自然灾害导致。其账务处理如下:

(1)发现盘亏。

借:待处理财产损溢——待处理流动资产损溢　　　　　　　　9 360
　　　贷:原材料　　　　　　　　　　　　　　　　　　　　　　　　　8 000
　　　　　应交税费——应交增值税(进项税额转出)　　　　　　　　　1 360

(2)报经批准处理。

借:营业外支出　　　　　　　　　　　　　　　　　　　　　　9 360
　　　贷:待处理财产损溢——待处理流动资产损溢　　　　　　　　　　　9 360

如果盘盈或盘亏的存货在期末结账前尚未经批准,在对外提供财务会计报告时,应先按上述方法进行会计处理,并在财务会计报告附注中作出说明。如果其后批准处理的金额与已处理的金额不一致,应当调整当期会计报表相关项目的年初数。

相关案例

存货跌价左右业绩

在存货大幅增长的同时,存货价值的变动也对上市公司的业绩产生了直接影响。一些公司大量计提存货跌价准备,从而对当期业绩产生了压力。与此同时,由于存货跌价准备转回等因素,部分公司的资产减值损失有了较大下降,从而提升了业绩表现。

截至 8 月 30 日,已披露中报的上市公司中有 1 195 家计提了存货跌价准备。其中,有 426 家公司的存货计提金额超过了 1 000 万元。宝钢股份在 6 月底计提的存货跌价准备高达 12.49 亿元。中国石化和中国神华的存货计提额也均超过了 10 亿元。尽管计提额较大,但是存货跌价对于各家公司的业绩影响却不尽相同。统计显示,共有 224 家公司的存货跌价准备金额占净利润的比例超过了 50%,显然,这些公司所计提的存货损失有可能对业绩产生重要影响。

统计显示,不少 ST 公司计提的存货跌价准备是中期存货额的数倍之高,而且大幅超过当期的净利润水平。其中,*ST 海鸟和 ST 华光中期业绩亏损,但计提的存货跌价准备都是存货额的 10 倍以上。 *ST 精伦上半年实现净利润 22.72 万元,计提存货跌价准备高达 4 448.52 万元,同比增长了 2.3 倍,是净利润的 195.82 倍。

资料来源:中国经济网 2010 年 8 月 31 日   作者:于萍

要点回顾

• 学习目标总结

学习目标 1　存货是指企业在日常活动中持有以备出售的产成品或商品、处在生产过程中的在产品、在生产过程或提供劳务过程中耗用的材料、物料等。存货区别于固定资产等非流动资产的最基本的特征是,企业持有存货的最终的目的是为了出售,不论是可供直接出售,如企业的产成品、商品等;还是需经过进一步加工后才能出售,如原材料等。

存货同时满足下列条件的,才能予以确认:与该存货有关的经济利益很可能流入企业;该存货的成本能够可靠地计量。

学习目标 2　实际成本法下,存货的初始计量应以取得存货的实际成本为基础,实际成本包括采购成本、加工成本和其他成本。存货的实际成本应结合存货的具体取得方式分别确定,作为存货入账的依据。发出存货的计价方法包括个别计价法、先进先出法、加权平均法。

周转材料主要包括包装物、低值易耗品,以及企业(建造承包商)的钢模板、木模板、脚手架等。常用的周转材料摊销方法有一次转销法、五五摊销法、分次摊销法等。

学习目标3 计划成本法是指存货的日常收入、发出和结存均按预先制定的计划成本计价,并设置"材料成本差异"科目登记实际成本与计划成本之间的差异;月末,再通过对存货成本差异的分摊,将发出存货的计划成本和结存存货的计划成本调整为实际成本进行反映的一种核算方法。

学习目标4 资产负债表日,存货应当按照成本与可变现净值孰低计量。成本与可变现净值孰低法,是指按照存货的成本与可变现净值两者之中的较低者对期末存货进行计量的一种方法。采用这种方法,当期末存货的成本低于可变现净值时,存货仍按成本计量;当期末存货的可变现净值低于成本时,存货则按可变现净值计量。

所谓可变现净值,是指在日常活动中,存货的估计售价减去至完工时估计将要发生的成本、估计的销售费用以及相关税费后的金额。

• 关键术语

存货;成本流转假说;个别计价法;先进先出法;加权平均法;成本与可变现净值孰低法;存货跌价准备;毛利率法;零售价法;周转材料;五五摊销法;实际成本法;计划成本法

• 重点与难点

重点:存货的性质和范围;取得存货的计价与核算;发出存货计价方式的选择及比较;计划成本法;存货的期末计量。

难点:计划成本法的会计核算;成本与可变现净值孰低法。

小组讨论

• 思考题

1. 比较各种存货发出计价方法对存货期末价值和当期损益的影响。

2. 什么是周转材料?周转材料包括哪些内容?不同情况下发出周转材料如何核算?

3. 什么是计划成本法?与实际成本法相比,计划成本法有何优点?计划成本法核算内容与实际成本法有何差异?如何核算?

4. 什么是成本与可变现净值孰低法?为什么存货期末要按成本与可变现净值孰低法计量?此方法如何运用?

• 案例分析

资料:春晖股份(000976)在2008年年末计提存货跌价准备的公告中指出:2008年末,由于受到金融危机的影响,公司生产所用的原材料和库存商品的市场价格出现大幅下跌,致使公司存货的成本大多高于可变现净值,经测算具体金额在下表中列示,为了真实的反映公司2008年度的生产经营成果和2008年底的资产负债情况,公司已于2008年年报中将该跌价准备进行计提和披露。2008年12月31日存货成本同可变现净值的情况如下表所示:

2008 年 12 月 31 日存货成本同可变现净值的情况　　　　金额单位:元

存货种类	年末账面金额	可变现净值	累计计提跌价准备	本年计提跌价准备
原材料	101 564 407.48	74 090 826.64	27 473 580.84	15 415 545.85
在产品	13 078 834.61	12 213 306.78	865 527.83	865 527.83
库存商品和发出商品	228 464 470.38	167 161 775.43	61 302 694.95	55 725 493.62
合计	343 107 712.47	253 465 908.85	89 641 803.62	72 006 567.30

请以小组为单位讨论以下问题:

(1)请查阅春晖股份(000976)关于 2008 年年末计提存货跌价准备的公告的全部内容。指出春晖股份的本期存货包括哪些? 其存货是增加还是减少? 从会计核算的角度分析存货变动可能的原因有哪些? 存货变动的同时,利润会有变化吗?

(2)春晖股份原材料日常核算方式是计划成本还是实际成本? 企业如何选择? 分别就以上两种会计核算方法作出会计上的说明。

(3)春晖股份的存货跌价准备计提的依据是什么? 存货跌价准备的多提和少提对利润有何影响? 不充分计提存货跌价准备为什么会对未来业绩埋下隐患? 以春晖股份为例,说明该公司如何计提存货跌价准备以及会计上的处理?

(4)以春晖股份为例,说明发出存货的不同计价方法对企业财务状况和经营业绩产生的影响。

(5)以春晖股份为例,说明其在存货方面的会计政策与会计估计是如何选择的?

项目训练

训练目的:通过本项目训练,使学生对存货项目有一个比较系统地认识,熟悉其账务处理程序,据以达到熟练地掌握存货的确认、计量、记录与报告等会计技能。

训练形式:以学生自主完成为主,教师适当指导。

训练课时:课外 2 课时。

训练资料与要求:

一、训练资料

东升股份有限公司为增值税一般纳税人企业,增值税税率为 17%,所得税税率为 25%。材料的核算采用实际成本计价,2009 年 12 月份发生下列经济业务:

(1)购入原材料一批,增值税专用发票上注明的价款为 10 000 元,增值税 1 700 元,材料已验收入库,货款尚未支付。

(2)接收某投资者投入的原材料一批,增值税专用发票上注明的价款为 50 000 元,增值税 8 500 元,材料已验收入库,双方确认的投入资本为 58 500 元。

(3)盘盈原材料一批,同类市场价为 75 000 元,月末经批准后转入损益。

(4)委托加工原材料一批(属于应税消费品),发出原材料成本 150 000 元,支付加工费 10 000 元,增值税 1 700 元,消费税税率为 10%,委托加工的原材料已收回,将用于连续生产应税消费品,加工费和税金已用银行存款支付。

(5)月末结转本月随同产品出售单独计价的包装物成本4 000元。

东升股份有限公司从2007年开始计提存货跌价准备,2007年12月31日存货的账面价值为15 000元,可变现净值为12 000元。2008年12月31日,存货的市场价格继续下跌,账面价值为20 000元,可变现净值为14 000元。2009年12月31日,存货账面价值为24 000元,市场价格的上升导致其可变现净值为31 000元。

二、训练要求

(1)根据东升股份有限公司12月份的情况编制有关的会计分录。

(2)根据上述资料,计提东升股份有限公司2007年、2008年和2009年的存货跌价准备。

(3)说明2009年末东升股份公司资产负债表中"存货"项目如何进行表外披露。

阅读平台

• 阅读书目

(1)《企业会计准则第1号——存货》。

(2)《会计》,中国注册会计师协会,中国财政经济出版社,2009年版。

(3)《企业会计准则——应用指南》,中华人民共和国财政部,北京:中国财政经济出版社,2006年版。

(4)《企业会计准则讲解》(2008),财政部会计司编写组,北京:人民出版社,2008年版。

• 阅读资料

企业存货会计政策的经济学分析

当存货的价格在一个会计期间是按同一方向变动时,在以成本为存货计价基础的情况下,上述各存货计价方法对本期净利润和期末存货价值的影响是有差别的。由于"本期可供销售的存货成本＝已销商品成本＋期末存货账面价值",因而,存货价格的变动不是影响"已销商品成本",就是影响"期末存货账面价值"。在有些国家,上述各种成本假设都是公认会计准则所承认的,如果物价水平不变,则不论选择任何一种成本流转假设所得的损益结果都是基本相同的,但上述理论分析都是针对物价水平变动的情况而提出的,因为物价波动是市场经济的常态,与企业的现实经营活动实践是一致的。因此,通过以上分析,可以将上述存货会计政策选择产生的经济后果概括为以下方面:

(一)对资产负债表即财务状况的影响

"资产负债表是说明为实现未来成果的现存手段资产","负债表的有用性是对当时的可偿付债务的资产、待支付债务或净清偿价值的表述"。在FIFO法下,期末存货按照近期进价计算,比较接近于资产负债表日的重置成本,使资产负债表较为真实合理;在LIFO法下,期末存货是按较早期的采购价格计算的,与资产负债表日的重置成本差别较大,因此LIFO法计算的存货数值偏低,即资产负债表中存货的价值被低估。运用这一存货数值计算的相关财务分析比率也受影响,如存货周转率、流动比率和速动比率就会被歪曲。亨德里克森提出反对 LIFO 法观点的理由之一是，"资产负债表中反映的存货价值是过时的，在现在的经济环境下反映过去期间存货的价值是毫无意义的。"

（二）对损益表即收益质量的影响

在 FIFO 法下，用早期较低的存货成本与当期的营业收入相配比，就会高估或虚计利润。若以此利润数额计缴所得税、分配股利等，会使企业因难以重置同等数量的存货即企业无法进行实物补偿，使企业无法在原有的规模上持续经营，造成过量分配，不利于资本保全，从而会削弱企业的持续经营能力。相反，在 LIFO 法下，以最近的存货采购成本与当期的营业收入相配比产生的利润数额，可以恰当地解释、评价和预测企业的经营成果，以此利润数额计缴所得税和分配股利就不至于影响企业的持续经营。由此可以看出，各种存货会计政策对损益表影响的主要差别在于时间性，即存货成本在什么时候由资产摊销、转化为费用。在上述存货计价方法中，按稳健程度从大到小的顺序进行排列依次是后进先出法、加权平均法、先进先出法，具体辨认法最接近于真实状况。在物价上涨的情况下，FIFO 法使存货价值和企业损益达到最高水平，其次是加权平均法和 LIFO 法；在物价下降时则相反。在物价持续上涨及不动用期初存货的情况下，LIFO 法使当期已销商品成本最高，企业的损益降到最低水平。

（三）对税收成本和现金流量的影响

在 LIFO 法下，由于低估了期末存货成本而多计了已销商品存货成本，就减少了本期应税利润，从而也减少了税收成本，LIFO 因节税而减少了现金流出量，与其他方法相比，增加了当期的现金流量，改善了企业的现金流转状况。从此意义上而言，企业采用不同的会计政策产生不同的税收负担，相当于企业享受不同的税收优惠政策。笔者认为，企业因采用不同存货计价方法对报告收益的影响只是一种形式上的影响，并不能反映企业财富的任何变化，所得税支出才是对企业的真正影响。

（四）对经营者业绩及其报酬的影响

在每一份重要的收益表后面都有相当数量的利益关系，不少企业的激励机制都是建立对经营者业绩考核基础之上的，而选择何种存货会计政策对企业的经营业绩有显著的影响。一般来讲，FIFO 能高估经营者任期内的利润水平，获得较多的短期利益，实现经营者自身利益的最大化，而 LIFO 则相反。"由于存在可以产生不同结果的代用方法，所以，人们不断尝试不通过实实在在地改善业绩就能获得盈利和增长的办法"。

（五）对股票价格的影响

人们普遍认为，不同的会计政策包括存货计价方法会对企业股票价格产生影响。导致较低报告收益的计价方法会产生较低的股票价格，反之亦然，这也是众多企业不愿意采用后进先出法的原因之一。但有效市场理论认为，虽然企业任何公开相关的信息都会立刻反映在企业的股票价格之中，但市场并不会被那些不反映企业经济本质的盈余操纵所迷惑。所以，对企业财务状况、经营成果和现金流量，没有实质性影响的存货计价方法的变动并不会影响企业股票的价格。从长远的观点看，股东的财富通常是由能推迟所得税支付的决策提高的，而所报告的净收益有可能比较低。投资者早已观察到，FIFO 将使公司支付的所得税增多，而现金流量减少，即只有那些对公司现金流量具有实质性影响的存货会计政策才会影响公司的股票价格，而"仅仅为了编制报告而把存货计价法由先进先出法改为后进先出法并没有改变股份公司的经济状况，因此，不应该影响公司的股票价格"。

（六）对报表使用者理解会计信息的影响

企业财务报表蕴涵着丰富的信息含量，全面综合地反映了企业的财务状况、经营成果和现金流量，但会计报表使用者要完整、准确地从报表中获得这些决策有用的信息还要付出一定的努力。因为尽管各国都有统一的会计准则，但在进行具体会计核算和编制会计报表的过程中，各个企业都有相当大的灵活性和可选择余地。会计政策和会计方法的选择不可避免的带有一定主观判断的成分，从而造成了企业之间的差异情况，降低了企业之间会计信息的可比性，加大了会计报表分析的难度；会计政策选择过程中的人为操纵因素，更使企业的财务状况变得难以区分真伪。

（资料来源:《财会通讯》（学术版）2007 年第 12 期　作者:戴奉祥）

第四章

对外投资

学习目标

通过本章学习,你应能够:

1. 理解对外投资的目的、分类;

2. 掌握交易性金融资产、持有至到期投资和可供出售交易性金融资产的含义、初始计量、后续计量、期末计量及处置。

3. 掌握长期股权投资的含义、初始计量、后续计量(成本法和权益法)及处置,了解成本法和权益法的转换。

引入案例

天地科技股份有限公司对外投资公告

本公司董事会及全体董事保证本公告内容不存在任何虚假记载、误导性陈述或者重大遗漏,并对其内容的真实性、准确性和完整性承担个别及连带责任。

一、对外投资概述

本公司与平顶山煤矿机械有限责任公司、宁夏天地奔牛实业集团有限公司签署协议,共同出资设立宁夏天地平顶山煤机有限公司,其中本公司出资 4 000 万元,占注册资本的 50%。

二、投资协议主体的基本情况

1. 平顶山煤矿机械有限责任公司,注册地为河南省平顶山市南环西路,法定代表人钟东虎,注册资本 5 000 万元,经营范围为煤矿机械、其他矿山机械、配件的制造、加工、销售等。

2. 宁夏天地奔牛实业集团有限公司,注册地为宁夏石嘴山市,法定代表人为吴德政,注册资本 21 240.7034 万元,经营范围为矿山采掘设备、机电设备的加工制造、销售及技术服务等。宁夏天地奔牛实业集团有限公司为本公司的控股子公司,本公司持有其 65.70% 的股份。

三、投资标的的基本情况

公司本次与平顶山煤矿机械有限责任公司、宁夏天地奔牛实业集团有限公司共同出资设立宁夏天地平顶山煤机有限公司,专业从事高端液压支架的设计、研发、制造、销售及售后服务等。新设立的公司注册在宁夏银川市高新技术产业开发区(国家级),注册资本为 8 000 万元,其中本公司出资 4 000 万元,占注册资本的 50%,平顶山煤矿机械有限责任公司出资 3 000 万元,占注册资本的 37.5%,宁夏天地奔牛实业集团有限公司出资 1 000 万元,占注册资本的 12.5%。三位股东全部以现金一次性出资。

四、对外投资对上市公司的影响

公司本次与其他二家股东共同出资设立专业从事液压支架制造、销售及服务于一体的煤机公司,可以充分利用各位股东在液压支架研发设计、加工制造、综采工作面配套、区域等方面的优势,有望成为公司新的经济增长点,从而创造投资收益回报全体股东。

(天地科技股份有限公司 2009 年 9 月 10 日)

市场经济条件下,企业生产经营日趋多元化,除传统的经过原材料投入、加工、销售方式获取利润外,通常采用投资、收购、兼并、重组等方式拓宽生产经营渠道、提高获利能力。投资是企业为了获得收益或实现资本增值向被投资单位投放资金的经济行为。企业对外进行的投资,可以有不同的分类。从性质上划分,可以分为债权性投资与权益性投资;从管理层持有意图划分,可以分为交易性投资、可供出售投资、持有至到期投资和长期股权投资等。企业会计准则按管理层持有意图对投资进行分类,并设置相应会计科目核算;在资产负债表中,各类投资分项单独列示。

第一节　交易性金融资产

一、交易性金融资产概述

金融资产属于企业资产的重要组成部分,金融资产通常包括:现金、银行存款、应收账款、应收票据、股权投资、债券投资等。交易性金融资产主要是指企业为了近期内出售而持有的金融资产。如企业以赚取差价为目的从二级市场购入的股票、债券、基金等。

某类金融资产划分为交易性金融资产后,不能再重分类为其他类别的金融资产;其他类别的金融资产也不能再重分类为交易性金融资产。

二、交易性金融资产的初始计量

企业应设置"交易性金融资产"科目,核算为交易目的而持有的债券投资、股票投资、基金投资等交易性金融资产的公允价值,并按照交易性金融资产的类别和品种,分别"成本"、"公允价值变动"等进行明细核算。

交易性金融资产初始确认时,应按公允价值计量,相关交易费用应当直接计入当期损益。其中,交易费用是指可直接归属于购买、发行或处置金融工具新增的外部费用。所谓新增的外部费用,是指企业不购买、发行或处置金融工具就不会发生的费用。交易费用包括支付给代理机构、咨询公司、券商等的手续费和佣金及其他必要支出,不包括债券溢价、折价、融资费用、内部管理成本及其他与交易不直接相关的费用。

企业取得交易性金融资产所支付的价款中,包含已宣告但尚未发放的现金股利或已到付息期但尚未领取的债券利息的,应当单独确认为应收项目。

企业取得交易性金融资产,按其公允价值(不含支付的价款中所包含的已宣告但尚未发放的现金股利或已到付息期但尚未领取的债券利息),借记"交易性金融资产——成本"科目,按发生的交易费用,借记"投资收益"科目,按已宣告但尚未发放的现金股利或已到付息期但尚未领取的债券利息,借记"应收股利"或"应收利息"科目,按实际支付的金额,贷记"银行存款"等科目;收到上列现金股利或债券利息时,借记"银行存款"科目,贷记"应收股利"或"应收利息"科目。

【例4-1】　2009年1月3日,甫江股份有限公司购入富安公司每股面值1元的股票50 000股,每股购买价格7元,作为交易性金融资产,并支付手续费等交易费用1 000元。

其账务处理如下:

初始投资成本=50 000×7=350 000(元)

借:交易性金融资产——富安公司股票(成本)　　　　　　　　350 000

　　投资收益　　　　　　　　　　　　　　　　　　　　　　1 000

　　贷:银行存款　　　　　　　　　　　　　　　　　　　　　　　　351 000

【例 4-2】 2009 年 1 月 3 日,甬江股份有限公司按 84 000 元的价格购入新星公司于 2008 年 1 月 1 日发行的面值 80 000 元、期限 5 年、票面利率 4%、每年 12 月 31 日付息、到期还本的债券作为交易性金融资产,并支付交易费用 500 元。债券购买价格中包含已到付息期但尚未支付的利息 3 200 元。其账务处理如下:

(1)2009 年 1 月 3 日,购入新星公司债券。

初始投资成本＝84 000－3 200＝80 800(元)

　　借:交易性金融资产——新星公司债券(成本)　　　　　　　80 800

　　　应收利息　　　　　　　　　　　　　　　　　　　　　3 200

　　　投资收益　　　　　　　　　　　　　　　　　　　　　500

　　　贷:银行存款　　　　　　　　　　　　　　　　　　　　　　84 500

(2)收到新星公司支付的债券利息。

　　借:银行存款　　　　　　　　　　　　　　　　　　　　　3 200

　　　贷:应收利息　　　　　　　　　　　　　　　　　　　　　　3 200

三、交易性金融资产持有期间收益的确认

在持有期间取得的利息或现金股利,应当确认为投资收益。

持有交易性金融资产期间,被投资单位宣告发放现金股利时,投资企业按应享有的份额,借记"应收股利"科目,贷记"投资收益"科目;资产负债表日,投资企业按分期付息、一次还本债券投资的票面利率计提利息时,借记"应收利息"科目,贷记"投资收益"科目。收到现金股利或债券利息时,借记"银行存款"科目,贷记"应收股利"或"应收利息"科目。

【例 4-3】 接【例 4-1】资料。2009 年 7 月 20 日,富安公司宣告 2009 年半年度利润分配方案,每股分派现金股利 0.2 元。并于 2009 年 9 月 26 日发放。甬江股份有限公司持有富安公司股票 50 000 股。其账务处理如下:

(1)2009 年 7 月 20 日,富安公司宣告分派现金股利。

应收现金股利＝50 000×0.20＝10 000(元)

　　借:应收股利　　　　　　　　　　　　　　　　　　　　　10 000

　　　贷:投资收益　　　　　　　　　　　　　　　　　　　　　　10 000

(2)2009 年 9 月 26 日,收到富安公司派发的现金股利。

　　借:银行存款　　　　　　　　　　　　　　　　　　　　　10 000

　　　贷:应收股利　　　　　　　　　　　　　　　　　　　　　　10 000

【例 4-4】 接【例 4-2】资料。甬江股份有限公司对持有的交易性债券投资每半年计提一次利息。2009 年 6 月 30 日,甬江公司对持有的面值 80 000 元、期限 5 年、票面利率 4%、每年 12 月 31 日付息的新星公司债券计提利息。其账务处理如下:

应计债券利息＝80 000×4%×6/12＝1 600(元)

　　借:应收利息　　　　　　　　　　　　　　　　　　　　　1 600

　　　贷:投资收益　　　　　　　　　　　　　　　　　　　　　　1 600

四、交易性金融资产的期末计量

交易性金融资产的期末计量,是指采用一定的价值标准,对交易性金融资产的期末价值进行后续计量,并以此列示于资产负债表中的会计程序。交易性金融资产在最初取得时,是按公允价值入账的,反映了企业取得交易性金融资产的实际成本,但交易性金融资产的公允价值是不断变化的,会计期末的公允价值则代表了交易性金融资产的现时可变现价值。根据企业会计准则的规定,交易性金融资产的价值应按资产负债表日的公允价值反映,公允价值的变动计入当期损益。

资产负债表日,交易性金融资产的公允价值高于其账面余额时,应按二者之间的差额,调增交易性金融资产的账面余额,同时确认公允价值上升的收益,借记"交易性金融资产——公允价值变动"科目,贷记"公允价值变动损益"科目;交易性金融资产的公允价值低于其账面余额时,应按二者之间差额,调减交易性金融资产的账面余额,同时确认公允价值下跌的损失,借记"公允价值变动损益"科目,贷记"交易性金融资产——公允价值变动"科目。

【例 4-5】 甬江股份有限公司每年 6 月 30 日和 12 月 31 日对持有的交易性金融资产按公允价值进行再计量,确认公允价值变动损益。2009 年 6 月 30 日,甬江公司持有的交易性金融资产账面余额和当日公允价值资料见表 4-1。

表 4-1 　　　交易性金融资产账面余额和公允价值表(2009 年 6 月 30 日) 　　　金额单位:元

交易性金融资产	调整前账面余额	期末公允价值	公允价值变动损益	调整后账面余额
富安公司股票	350 000	300 000	−50 000	300 000
新星公司债券	80 800	83 000	2 200	83 000

根据表 4-1 资料,甬江公司 2009 年 6 月 30 日的账务处理如下:

借:公允价值变动损益　　　　　　　　　　　　　　　　　　　　50 000
　　贷:交易性金融资产——富安公司股票(公允价值变动)　　　　　　50 000
借:交易性金融资产——新星公司债券(公允价值变动)　　　　　　2 200
　　贷:公允价值变动损益　　　　　　　　　　　　　　　　　　　　　2 200

五、交易性金融资产的处置

企业处置交易性金融资产的主要会计问题,是正确确认处置损益。交易性金融资产的处置损益,是指处置交易性金融资产实际收到的价款,减去所处置交易性金融资产账面余额后的差额。其中,交易性金融资产的账面余额,是指交易性金融资产的初始计量金额加上或减去资产负债表日公允价值变动后的金额。如果在处置交易性金融资产时,已计入应收项目的现金股利或债券利息尚未收回,还应先从处置价款中扣除该部分现金股利或债券利息之后,确认处置损益。

处置交易性金融资产时,应按实际收到的处置价款,借记"银行存款"科目,按该交易性金融资产的初始成本,贷记"交易性金融资产——成本"科目,按该项交易性金融资产的公允价值变动,贷记或借记"交易性金融资产——公允价值变动"科目,按其差额,贷记或借记"投资收益"科目。同时,将该交易性金融资产持有期间已确认的公允价值变动净损益,转入"投资收益"科目,借记或贷记"公允价值变动损益"科目,贷记或借记"投资收益"科目。

【例 4-6】 接【例 4-1】和【例 4-5】资料。2009 年 12 月 21 日,甬江股份有限公司将持有的富安公司股票售出,实际收到出售价款 306 000 元。股票出售日,富安公司股票账面价值 300 000 元,其中,成本 350 000 元,已确认公允价值变动损失 50 000 元。其账务处理如下:

处置损益=306 000-300 000=6 000(元)

借:银行存款　　　　　　　　　　　　　　　　　　　306 000
　交易性金融资产——富安公司股票(公允价值变动)　　50 000
　贷:交易性金融资产——富安公司股票(成本)　　　　　　　　　350 000
　　　投资收益　　　　　　　　　　　　　　　　　　　　　　　6 000
借:投资收益　　　　　　　　　　　　　　　　　　　50 000
　贷:公允价值变动损益　　　　　　　　　　　　　　　　　　　50 000

【例 4-7】 接【例 4-2】、【例 4-4】和【例 4-5】资料。2009 年 12 月 30 日,甬江股份有限公司将新星公司债券售出,实际收到出售价款 88 600 元。债券出售日,新星公司债券已计提利息 1 600 元,债券账面价值 83 000 元,其中,成本 80 800 元,已确认公允价值变动收益 2 200 元。其账务处理如下:

处置损益=88 600-83 000-1 600=4 000(元)

借:银行存款　　　　　　　　　　　　　　　　　　　88 600
　贷:交易性金融资产——新星公司债券(成本)　　　　　　　　　80 800
　　　　　　　　　　——新星公司债券(公允价值变动)　　　　　2 200
　　　应收利息　　　　　　　　　　　　　　　　　　　　　　　1 600
　　　投资收益　　　　　　　　　　　　　　　　　　　　　　　4 000
借:公允价值变动损益　　　　　　　　　　　　　　　2 200
　贷:投资收益　　　　　　　　　　　　　　　　　　　　　　　2 200

相关案例

> 从上市公司已公布的 2007 年半年报来看,已披露半年报公司共持有交易性金融资产约 3 942 亿元,其中排名前 20 家公司持有 3 859 亿元,占总金额的 98%。一些上市公司的公允价值变动收益无疑是举足轻重的。数据显示,有 10 家公司上半年的公允价值变动收益超过了净利润的 50%,界龙实业就是一个典型的例子,该公司上半年实现净利润 410 万元,而其公允价值变动收益就高达 405 万元。
>
> (资料来源:根据上市公司 2007 年半年报整理)

第二节　持有至到期投资

一、持有至到期投资概述

持有至到期投资,是指到期日固定、回收金额固定或可确定,且企业有明确意图和能力持有至到期的非衍生金融资产。通常情况下,能够划分为持有至到期投资的金融资产,主要是债权性投资,比如从二级市场上购入的固定利率国债、浮动利率金融债券等。股权投资因其没有固定的到期日,因而不能划分为持有至到期投资。持有至到期投资通常具有长期性质,但期限较短(1 年以内)的债券投资,符合持有至到期投资条件的,也可将其划分为持有至到期投资。

企业在将金融资产划分为持有至到期投资时,应当注意把握其特征:

（一）该金融资产到期日固定、回收金额固定或可确定

"到期日固定、回收金额固定或可确定"是指相关合同明确了投资者在确定的期间内获得或应收取现金流量(如投资利息和本金等)的金额和时间。因此,从投资者角度看,如果不考虑其他条件,在将某项投资划分为持有至到期投资时可以不考虑可能存在的发行方重大支付风险。

（二）企业有明确意图将该金融资产持有至到期

"有明确意图持有至到期"是指投资者在取得投资时意图就是明确的,除非遇到一些企业所不能控制、预期不会重复发生且难以合理预计的独立事项,否则将持有至到期。

（三）企业有能力将该金融资产持有至到期

"有能力持有至到期"是指企业有足够的财务资源,并不受外部因素影响将投资持有至到期。

企业将某金融资产划分为持有至到期投资后,可能会发生到期前将该金融资产予以处置或重分类的情况。这种情况的发生,通常表明企业违背了将投资持有至到期的最初意图。

企业将尚未到期的某项持有至到期投资在本会计年度内出售或重分类为可供出售金融资产的金额,相对于该类投资(即企业全部持有至到期投资)在出售或重分类前的总额较大时,则企业在处置或重分类后应立即将其剩余的持有至到期投资(即全部持有至到期投资扣除已处置或重分类的部分)重分类为可供出售金融资产,且在本会计年度及以后两个完整的会计年度内不得再将该金融资产划分为持有至到期投资。

二、持有至到期投资的初始计量

企业对持有至到期投资的会计处理,应着重于该金融资产的持有者打算"持有至到期",未到期前通常不会出售或重分类,主要应解决该金融资产实际利率的计算、摊余成本的确定、持有期间的收益确认以及将其处置时损益的处理。

企业应设置"持有至到期投资"科目,核算持有至到期投资的摊余成本,并按照持有至到期投资的类别和品种,分别"成本"、"利息调整"、"应计利息"等进行明细核算。以购入债券为例,债券的购入价格有面值、溢价和折价三种。其中,"成本"明细核算债券的面值;溢价、折价购入债券使得实际利率与票面利率产生差异,溢价、折价的实质是对债券利息收入进行的调整,"利息调整"明细核算的内容包括溢价、折价和交易费用;按照权责发生制,应于资产负债表日计提债券利息,"应计利息"明细核算一次还本付息债券每期应计提的利息。

持有至到期投资初始确认时,应当按照公允价值和相关交易费用之和作为初始入账金额。实际支付的价款中包括的已到付息期但尚未领取的债券利息,应单独确认为应收项目。

企业取得持有至到期投资,应按该投资的面值,借记"持有至到期投资——成本"科目,按支付的价款中包含的已到付息期但尚未领取的利息,借记"应收利息"科目,按实际支付的

金额,贷记"银行存款"等科目,按其差额,借记或贷记"持有至到期投资——利息调整"科目。收到支付的价款中包含的已到付息期但尚未领取的利息,借记"银行存款"科目,贷记"应收利息"科目。

【例 4-8】 2009 年 1 月 1 日,甬江股份有限公司购入恒源公司当日发行的面值 600 000 元、期限 3 年、票面利率 6%、每年 12 月 31 日付息、到期还本的债券作为持有至到期投资,实际支付的购买价款为 645 000 元。其账务处理如下:

　　借:持有至到期投资——恒源公司债券(成本)　　　　　　600 000
　　　　　　　　　　　　——恒源公司债券(利息调整)　　　45 000
　　　　贷:银行存款　　　　　　　　　　　　　　　　　　645 000

【例 4-9】 2009 年 1 月 1 日,甬江股份有限公司购入正泰公司于 2008 年 1 月 1 日发行的面值 700 000 元、期限 5 年、票面利率 4%、每年 12 月 31 日付息、到期还本的债券作为持有至到期投资,实际支付的购买价款为 715 000 元,该价款中包含已到付息期但尚未支付的利息 28 000 元。其账务处理如下:

(1)购入债券时。

持有至到期投资取得成本=715 000-28 000＝687 000(元)

　　借:持有至到期投资——正泰公司债券(成本)　　　　　　700 000
　　　应收利息　　　　　　　　　　　　　　　　　　　　28 000
　　　　贷:银行存款　　　　　　　　　　　　　　　　　　715 000
　　　　　持有至到期投资——正泰公司债券(利息调整)　　13 000

(2)收到债券利息时。

　　借:银行存款　　　　　　　　　　　　　　　　　　　28 000
　　　　贷:应收利息　　　　　　　　　　　　　　　　　　28 000

三、持有至到期投资的后续计量

企业应当采用实际利率法,按摊余成本对持有至到期投资进行后续计量。其中,实际利率法,是指按照金融资产的实际利率计算其摊余成本及各期利息收入的方法。摊余成本,是指该金融资产的初始确认金额经下列调整后的结果:(1)扣除已偿还的本金;(2)加上或减去采用实际利率法将该初始确认金额与到期日金额之间的差额进行摊销形成的累计摊销。(3)扣除已发生的减值损失。

持有至到期投资初始确认时,应当计算确定其实际利率,并在该持有至到期投资预期存续期间或适用的更短期间内保持不变。实际利率,是指将金融资产在预期存续期间或适用的更短期间内的未来现金流量,折现为该金融资产当前账面价值所使用的利率。

企业应在持有至到期投资持有期间,采用实际利率法,按照摊余成本和实际利率计算确认利息收入,计入投资收益。实际利率应当在取得持有至到期投资时确定,实际利率与票面利率差别较小的,也可按票面利率计算利息收入,计入投资收益。

实际利率法计算公式:

当期利息收入=期初账面摊余成本×实际利率

当期应计利息=债券票面价值×票面利率

当期账面成本摊销额=当期应计利息-当期利息收入

　　持有至到期投资如为分期付息、一次还本债券投资,应将于资产负债表日按票面利率计算确定的应收未收利息,借记"应收利息"科目,按持有至到期投资摊余成本和实际利率计算确定的利息收入,贷记"投资收益"科目,按其差额,借记或贷记"持有至到期投资——利息调整"科目。收到分期付息、一次还本持有至到期投资持有期间的利息,借记"银行存款"科目,贷记"应收利息"科目。

　　持有至到期投资如为一次还本付息债券投资,应将于资产负债表日按票面利率计算确定的应收未收利息,借记"持有至到期投资——应计利息"科目,按持有至到期投资摊余成本和实际利率计算确定的利息收入,贷记"投资收益"科目,按其差额,借记或贷记"持有至到期投资——利息调整"科目。

　　【例4-10】 2007年1月1日,甬江股份有限公司从证券市场上购入海鸥公司5年期债券,面值100 000元,票面利率6%,按年支付利息,本金最后一次支付。购入价格105 600元。甬江公司将购入的该公司债券划分为持有至到期投资,且不考虑所得税、减值损失等因素。

　　甬江公司在初始确认时先计算确定该债券的实际利率:

　　由于甬江公司取得该债券成本高于面值,因此,该持有至到期投资的实际利率一定低于票面利率。经过有关计算(略),实际利率为4.72%。

　　甬江公司采用实际利率法确认的利息收入,见表4-2。

表4-2　　　　　　　　　　　　　利息收入计算表　　　　　　　　　　　金额单位:元

计息日期	应计利息	实际利率	利息收入	利息调整	摊余成本
2007年1月1日					105 600
2007年12月31日	6 000	4.72%	4 984	1 016	104 584
2008年12月31日	6 000	4.72%	4 936	1 064	103 520
2009年12月31日	6 000	4.72%	4 886	1 114	102 406
2010年12月31日	6 000	4.72%	4 834	1 166	101 240
2011年12月31日	6 000	4.72%	4 760	1 240	100 000
合计	30 000	—	24 400	5 600	—

　　注:最后一年利息收入的计算考虑了尾差。

　　根据上述数据,甬江公司的有关账务处理如下:

　　(1)2007年1月1日,购入债券。

　　　　借:持有至到期投资——海鸥公司债券(成本)　　　　　　　100 000
　　　　　　持有至到期投资——海鸥公司债券(利息调整)　　　　　5 600
　　　　　贷:银行存款　　　　　　　　　　　　　　　　　　　　　105 600

　　(2)2007年12月31日,确认实际利息收入、收到票面利息。

　　　　借:应收利息　　　　　　　　　　　　　　　　　　　　　　6 000
　　　　　贷:投资收益　　　　　　　　　　　　　　　　　　　　　4 984
　　　　　　持有至到期投资——海鸥公司债券(利息调整)　　　　　1 016
　　　　借:银行存款　　　　　　　　　　　　　　　　　　　　　　6 000
　　　　　贷:应收利息　　　　　　　　　　　　　　　　　　　　　6 000

　　(3)2008年12月31日,确认实际利息收入、收到票面利息。

```
借:应收利息                                           6 000
    贷:投资收益                                              4 936
        持有至到期投资——海鸥公司债券(利息调整)              1 064
借:银行存款                                           6 000
    贷:应收利息                                              6 000
```

以后各年确认利息收入、收到票面利息的会计处理可依此类推,此略。

【例 4-11】 2008 年 1 月 1 日,甬江股份有限公司从证券市场上购入宝德公司 4 年期债券,面值 400 000 元,票面利率 5%,按年支付利息,本金最后一次支付。购入价格 389 250元。甬江公司将购入的该公司债券划分为持有至到期投资,且不考虑所得税、减值损失等因素。

甬江公司在初始确认时先计算确定该债券的实际利率:

由于甬江公司取得该债券时的成本低于面值,因此,该持有至到期投资的实际利率一定高于票面利率。经过有关计算(略),实际利率为 5.78%。

甬江公司采用实际利率法确认的利息收入,见表 4-3。

表 4-3　　　　　　　　　　　利息收入计算表　　　　　　　　　　金额单位:元

计息日期	应计利息	实际利率	利息收入	利息调整	摊余成本
2008 年 1 月 1 日					389 250
2008 年 12 月 31 日	20 000	5.78%	22 499	2 499	391 749
2009 年 12 月 31 日	20 000	5.78%	22 643	2 643	394 392
2010 年 12 月 31 日	20 000	5.78%	22 796	2 796	397 188
2011 年 12 月 31 日	20 000	5.78%	22 812	2 812	400 000
合计	80 000	—	90 750	10 750	—

注:最后一年利息收入的计算考虑了尾差。

根据上述数据,甬江公司的有关账务处理如下:

(1)2008 年 1 月 1 日,购入债券。

```
借:持有至到期投资——宝德公司债券(成本)              400 000
    贷:银行存款                                           389 250
        持有至到期投资——宝德公司债券(利息调整)           10 750
```

(2)2008 年 12 月 31 日,确认实际利息收入、收到票面利息。

```
借:应收利息                                           20 000
    持有至到期投资——宝德公司债券(利息调整)             2 499
    贷:投资收益                                            22 499
借:银行存款                                           20 000
    贷:应收利息                                            20 000
```

(3)2009 年 12 月 31 日,确认实际利息收入、收到票面利息。

```
借:应收利息                                           20 000
    持有至到期投资——宝德公司债券(利息调整)             2 643
    贷:投资收益                                            22 643
```

借:银行存款　　　　　　　　　　　　　　　　　　　　　　20 000
　　贷:应收利息　　　　　　　　　　　　　　　　　　　　　　　　20 000

以后各年确认利息收入、收到票面利息的会计处理可依此类推,此略。

四、持有至到期投资减值

在资产负债表中,持有至到期投资通常应按账面摊余成本列示其价值。但有客观证据表明其发生了减值的,应当根据其账面摊余成本与预计未来现金流量现值之间的差额计算确认减值损失。

企业对持有至到期投资进行减值测试时,应根据本企业的实际情况,将持有至到期投资分为单项金额重大和非重大两类。对单项金额重大的持有至到期投资,应单独进行减值测试;对单项金额不重大的持有至到期投资,可以单独进行减值测试,或者将其包含在具有类似信用风险特征的持有至到期投资组合中进行减值测试。单独测试未发生减值的持有至到期投资,也应包括在具有类似信用风险特征的持有至到期投资组合中再进行减值测试。

企业进行持有至到期投资减值测试时,可以根据自身管理水平和业务特点,确定单项金额重大持有至到期投资的标准。比如,可以将取得成本大于或等于一定金额的持有至到期投资作为单项金额重大的持有至到期投资,此标准以下的持有至到期投资属于单项金额非重大的持有至到期投资。单项金额重大持有至到期投资的标准一经确定,不得随意变更。

企业对于单独进行减值测试的持有至到期投资,有客观证据表明其发生了减值的,应当计算资产负债表日的未来现金流量现值(通常以初始确认时确定的实际利率作为折现率),该现值低于其账面摊余成本的差额,确认为持有至到期投资减值损失。企业采用组合方式对持有至到期投资进行减值测试的,可以根据自身风险管理模式和数据支持程度,选择合理的方法确认和计量减值损失。

资产负债表日,持有至到期投资发生减值的,按应减记的金额,借记"资产减值损失"科目,贷记"持有至到期投资减值准备"科目;已计提减值准备的持有至到期投资,若其价值以后又得以恢复,应在原已计提的减值准备金额内,按恢复增加的金额,借记"持有至到期投资减值准备"科目,贷记"资产减值损失"科目。

五、持有至到期投资的重分类

企业因持有意图或能力发生改变,使某项投资不再适合划分为持有至到期投资的,应当将其重分类为可供出售金融资产,并以公允价值进行后续计量。重分类日,该投资的账面价值与公允价值之间的差额计入所有者权益,在该可供出售金融资产发生减值或终止确认时转出,计入当期损益。

持有至到期投资部分出售或重分类的金额较大,使该投资的剩余部分不再适合划分为持有至到期投资的,企业应当将该投资的剩余部分重分类为可供出售金融资产,并以公允价值进行后续计量。重分类日,该投资剩余部分的账面价值与其公允价值之间的差额计入所有者权益,在该可供出售金融资产发生减值或终止确认时转出,计入当期损益。

企业将持有至到期投资重分类为可供出售金融资产时,应在重分类日按投资的公允价值,借记"可供出售金融资产"科目,按投资的账面余额,贷记"持有至到期投资——成本"、"持有至到期投资——应计利息"科目,贷记或借记"持有至到期投资——利息调整"科目,按其差额,贷记或借记"资本公积——其他资本公积"科目。已计提减值准备的,还应同时结转减值准备。

【例 4-12】 2009 年 3 月,由于贷款基准利率的变动和其他市场因素的影响,甬江股份有限公司持有的、原划分为持有至到期投资的奥普公司债券价格持续下跌。为此,甬江股份有限公司于 4 月 1 日对外出售该持有至到期债券投资 10%,收取价款 1 200 000 元(即所出售债券的公允价值)。

假定 4 月 1 日该债券出售前的账面余额(成本)为 10 000 000 元,不考虑债券出售等其他相关因素的影响,则甬江股份有限公司相关的账务处理如下:

```
借:银行存款                                          1 200 000
    贷:持有至到期投资——奥普公司债券(成本)                      1 000 000
       投资收益                                                200 000
借:可供出售金融资产——奥普公司债券(成本)              10 800 000
    贷:持有至到期投资——奥普公司债券(成本)                     9 000 000
       资本公积——其他资本公积                                1 800 000
```

假定 4 月 23 日,甬江股份有限公司将剩余的该债券全部出售,收取价款 11 800 000 元,则甬江股份有限公司相关账务处理如下:

```
借:银行存款                                         11 800 000
    贷:可供出售金融资产——奥普公司债券(成本)                  10 800 000
       投资收益                                              1 000 000
借:资本公积——其他资本公积                            1 800 000
    贷:投资收益                                              1 800 000
```

六、持有至到期投资的处置

处置持有至到期投资时,应将所取得价款与持有至到期投资账面价值之间的差额,计入当期损益。其中,投资的账面价值是指投资的账面余额减去已经计提的减值准备后的差额。

处置持有至到期投资时,应按实际收到的金额,借记"银行存款"科目、按持有至到期投资账面余额,贷记"持有至到期投资——成本"、"持有至到期投资——应计利息"科目,贷记或借记"持有至到期投资——利息调整"科目,按其差额,贷记或借记"投资收益"科目。已计提减值准备的,还应同时结转减值准备。

⌨ 相关案例

> **关于公司 4 000 万元持有至到期投资事项的情况说明**
>
> 本公司及董事会全体成员保证本公告内容的真实、准确和完整,并对本公告中的任何虚假记载、误导性陈述或重大遗漏承担连带责任。
>
> 近日,我公司收到上海证券交易所的监管函,要求我公司就 2007 年年报中关于"4 000 万元持有至到期投资"事项进行补充披露。现将该问题披露如下:2007 年 11 月 16 日,经公司控股子公司协和干细胞基因工程有限公司股东会同意,协和干细胞基因

工程有限公司及间接非控股子公司协和华东干细胞基因工程有限公司分别投资于北方国际信托投资股份有限公司 3 500 万元和 500 万元,购买期限六个月、固定利率10.70％的理财产品,北方国际信托投资股份有限公司为该两笔资金提供连带责任担保,公司在 2007 年年报中对该投资事项做了披露。

2008 年 4 月 17 日、4 月 18 日该两笔投资分别收回,公司在 2008 年一季报中对收回投资本金的事项做了披露。该理财产品的投资收益分别为 145.24 万和 20.73 万,已于 2008 年 6 月 4 日收回。自此,协和干细胞基因工程有限公司及协和华东干细胞基因工程有限公司共计 4 000 万元投资的本金和投资收益全部收回。

公司认为,由于当时投资机会难得,考虑到国有(天津市政府)控股的金融机构北方国际信托投资股份有限公司作为本公司的关联方为该两笔资金提供连带责任担保,风险很小,并且经过了协和干细胞公司股东会通过,所以未能及时进行董事会决策程序和进行信息披露,该两笔投资构成关联交易。公司董事会对此表示歉意,将严格遵守相关的投资决策程序,加强信息披露的管理工作,防止类似情况的再次发生。公司董事会提请广大投资者注意投资风险,理性投资。

特此说明。

上海望春花(集团)股份有限公司董事会

2008 年 7 月 14 日

第三节　可供出售金融资产

一、可供出售金融资产的概述

可供出售金融资产,是指初始确认时即被指定为可供出售的非衍生金融资产,以及除下列各类资产以外的金融资产:(1)贷款和应收款项;(2)持有至到期投资;(3)以公允价值计量且其变动计入当期损益的金融资产。例如,企业购入的在活跃市场上有报价的股票、债券和基金等,没有划分为以公允价值计量且其变动计入当期损益的金融资产或持有至到期投资等金融资产的,可归为此类。

对于在活跃市场上有报价的金融资产,既可划分为以公允价值计量且其变动计入当期损益的金融资产,也可能划分为可供出售金融资产;如果该金融资产属于有固定到期日、回收金额固定或可确定的金融资产,则该金融资产还可能划分为持有至到期投资。某项金融资产具体应划分为哪一类,主要取决于企业管理层的风险管理、投资决策等因素。金融资产的分类应是管理层意图的如实表达。相对于其他金融资产,可供出售金融资产的持有意图不明确。

可供出售金融资产可以重分类为持有至到期投资。

二、可供出售金融资产的初始计量

企业应当设置"可供出售金融资产"科目,核算持有的可供出售金融资产的公允价值,并按照可供出售金融资产类别和品种,分别"成本"、"利息调整"、"应计利息"、"公允价值变动"等进行明细核算。

　　可供出售金融资产的会计处理,与交易性金融资产的会计处理有些类似,例如,均要求按公允价值进行后续计量。但是,也有一些不同。例如,可供出售金融资产取得时发生的交易费用应当计入初始入账金额,可供出售金融资产后续计量时公允价值变动计入所有者权益。

　　可供出售金融资产应当按取得该金融资产的公允价值和相关交易费用之和作为初始确认金额。如果支付的价款中包含已到付息期但尚未领取的债券利息或已宣告但尚未发放的现金股利,应单独确认为应收项目。

　　企业取得可供出售金融资产为股票投资的,应按其公允价值与交易费用之和,借记"可供出售金融资产——成本"科目,按支付的价款中包含的已宣告但尚未发放的现金股利,借记"应收股利"科目,按实际支付的金额,贷记"银行存款"等科目。企业取得的可供出售金融资产为债券投资的,应按债券的面值,借记"可供出售金融资产——成本",按支付的价款中包含的已到付息期但尚未领取的利息,借记"应收利息"科目,按实际支付的金额,贷记"银行存款"等科目,按差额,借记或贷记"可供出售金融资产——利息调整"科目。

　　收到支付的价款中包含的已宣告但尚未发放的现金股利或已到付息期但尚未领取的利息,借记"银行存款"科目,贷记"应收利息"或"应收股利"科目。

　　【例4-13】　甬江股份有限公司于2009年1月1日从证券市场上购入吉峰公司于2008年1月1日发行的债券作为可供出售金融资产,该债券5年期、票面年利率为5%、每年1月5日支付上年度的利息,到期日一次归还本金和最后一次利息。购入债券时的实际利率为4%。甬江股份有限公司购入债券的面值为1 000万元,实际支付价款为1 076.30万元,另支付相关费用10万元。假定按年计提利息。其账务处理如下:

　　(1)2009年1月1日,购入吉峰公司债券。

借:可供出售金融资产——吉峰公司债券(成本)	10 000 000
应收利息	500 000
可供出售金融资产——吉峰公司债券(利息调整)	363 000
贷:银行存款	10 863 000

　　(2)2009年1月5日,收到吉峰公司发放的利息。

借:银行存款	500 000
贷:应收利息	500 000

　　【例4-14】　2009年6月20日,甬江股份有限公司按每股6.60元的价格购入汉威公司每股面值1元的股票70 000股作为可供出售金融资产,并支付交易费用3 000元。股票购买价格中包含每股0.20元已宣告但尚未领取的现金股利,该现金股利于2009年7月10日发放。其账务处理如下:

　　(1)2009年6月20日,购入汉威公司股票。

　　初始投资成本=70 000×(6.60-0.20)+3 000=451 000(元)

　　应收现金股利=70 000×0.20=14 000(元)

借:可供出售金融资产——汉威公司股票(成本)	451 000
应收股利	14 000
贷:银行存款	465 000

　　(2)2009年7月10日,收到汉威公司发放的现金股利。

借:银行存款	14 000
贷:应收股利	14 000

三、可供出售金融资产持有期间收益的确认

可供出售金融资产在持有期间取得的现金股利或债券利息,应当计入投资收益。

可供出售权益工具投资持有期间被投资单位宣告发放现金股利,按应享有的份额,借记"应收股利"科目,贷记"投资收益"科目;收到可供出售权益工具投资发放的现金股利,借记"银行存款"科目,贷记"应收股利"科目。

资产负债表日,可供出售债券如为分期付息、一次还本债券投资,应按票面利率计算确定的应收未收利息,借记"应收利息"科目,按可供出售债券摊余成本和实际利率计算确定的利息收入,贷记"投资收益"科目,按其差额,借记或贷记"可供出售金融资产——利息调整"科目;可供出售债券如为一次还本付息债券投资,应于资产负债表日按票面利率计算确定的应收未收利息,借记"可供出售金融资产——应计利息"科目,按可供出售债券摊余成本和实际利率计算确定的利息收入,贷记"投资收益"科目,按其差额,借记或贷记"可供出售金融资产——利息调整"科目。收到可供出售债券投资持有期间支付的利息,借记"银行存款"科目,贷记"应收利息"科目。

【例 4-15】 接【例 4-13】资料。甬江股份有限公司对可供出售金融资产采用实际利率法确认利息收入。该公司 2009 年 1 月 1 日购入的面值 10 000 000 元、期限 5 年、票面利率 5%、每年 1 月 5 日付息、到期还本支付最后一次利息的吉峰公司债券,在持有期间确认利息收入的账务处理如下:

(1)2009 年 12 月 31 日。

应确认的投资收益=(10 000 000+363 000)× 4% =414 520(元)

可供出售金融资产——利息调整=10 000 000 × 5%-414 520=85 480(元)

借:应收利息　　　　　　　　　　　　　　　　　　　　500 000

　　贷:投资收益　　　　　　　　　　　　　　　　　　　414 520

　　　可供出售金融资产——吉峰公司债券(利息调整)　　85 480

(2)2010 年 1 月 5 日,收到吉峰公司发放的利息。

借:银行存款　　　　　　　　　　　　　　　　　　　　500 000

　　贷:应收利息　　　　　　　　　　　　　　　　　　　500 000

(3)2010 年 12 月 31 日。

应确认的投资收益=(10 000 000+363 000-85 480)× 4% =411 100(元)

可供出售金融资产——利息调整=10 000 000 × 5%-411 100=88 900(元)

借:应收利息　　　　　　　　　　　　　　　　　　　　500 000

　　贷:投资收益　　　　　　　　　　　　　　　　　　　411 100

　　　可供出售金融资产——吉峰公司债券(利息调整)　　88 900

(4)2011 年 1 月 5 日,收到吉峰公司发放的利息。

借:银行存款　　　　　　　　　　　　　　　　　　　　500 000

　　贷:应收利息　　　　　　　　　　　　　　　　　　　500 000

(5)2011 年 12 月 31 日。

应确认的投资收益=(10 000 000+363 000-85 480-88 900)× 4% =407 545(元)

可供出售金融资产——利息调整=10 000 000 × 5%-407 545=92 455(元)

借：应收利息　　　　　　　　　　　　　　　　　　　　　　500 000
　　贷：投资收益　　　　　　　　　　　　　　　　　　　　　　　　407 545
　　　　可供出售金融资产——吉峰公司债券（利息调整）　　　　　　92 455

（6）2012 年 1 月 5 日，收到吉峰公司发放的利息。

借：银行存款　　　　　　　　　　　　　　　　　　　　　　500 000
　　贷：应收利息　　　　　　　　　　　　　　　　　　　　　　　　500 000

（7）2012 年 12 月 31 日。

可供出售金融资产——利息调整＝363 000－85 480－88 900－92 455＝96 165（元）

应确认的投资收益＝500 000－96 165＝403 835（元）

借：应收利息　　　　　　　　　　　　　　　　　　　　　　500 000
　　贷：投资收益　　　　　　　　　　　　　　　　　　　　　　　　403 835
　　　　可供出售金融资产——吉峰公司债券（利息调整）　　　　　　96 165

（8）2013 年 1 月 1 日，收到吉峰公司发放的利息和归还的本金。

借：银行存款　　　　　　　　　　　　　　　　　　　　　　500 000
　　贷：应收利息　　　　　　　　　　　　　　　　　　　　　　　　500 000
借：银行存款　　　　　　　　　　　　　　　　　　　10 000 000
　　贷：可供出售金融资产——吉峰公司债券（成本）　　　　　　10 000 000

四、可供出售金融资产的期末计量

1. 可供出售金融资产公允价值变动

资产负债表日，可供出售金融资产应当以公允价值计量，且公允价值变动计入资本公积（其他资本公积）。

资产负债表日，可供出售金融资产的公允价值高于其账面余额（如可供出售金融资产为债券，即为其摊余成本）的金额，借记"可供出售金融资产——公允价值变动"科目，贷记"资本公积——其他资本公积"科目；公允价值低于其账面余额的金额，借记"资本公积——其他资本公积"科目，贷记"可供出售金融资产——公允价值变动"科目。

2. 可供出售金融资产减值

分析判断可供出售金融资产是否发生减值，应当注重该金融资产公允价值是否持续下降。通常情况下，如果可供出售金融资产的公允价值发生较大幅度下降，或在综合考虑各种相关因素后，预期这种下降趋势属于非暂时性的，可以认定该可供出售金融资产已发生减值，应当确认减值损失。

可供出售金融资产发生减值的，在确认减值损失时，应当将原直接计入所有者权益的公允价值下降形成的累计损失一并转出，计入减值损失。

确定可供出售金融资产发生减值的，按应减记的金额，借记"资产减值损失"科目，按应从所有者权益中转出原计入资本公积的累计损失金额，贷记"资本公积——其他资本公积"科目，按其差额，贷记"可供出售金融资产——公允价值变动"科目。

【例 4-16】 接【例 4-13】和【例 4-15】资料。甬江股份有限公司对可供出售金融资产采用实际利率法确认利息收入。该公司 2009 年 1 月 1 日购入的面值 10 000 000 元、期限 5 年、票面利率 5%、每年 1 月 5 日付息、到期还本支付最后一次利息吉峰公司债券。2009 年

12月31日,该债券的公允价值为10 200 000元。2010年12月31日,该债券的预计未来现金流量现值为10 000 000元并将继续下降。其账务处理如下:

(1)2009年12月31日,调整可供出售金融资产账面余额。

可供出售金融资产账面价值＝10 000 000＋363 000－85 480＝10 277 520(元)

公允价值＝10 200 000(元)

公允价值变动＝10 277 520－10 200 000＝77 520(元)

  借:资本公积——其他资本公积   77 520

    贷:可供出售金融资产——吉峰公司债券(公允价值变动)   77 520

调整后甫江公司可供出售金融资产账面余额＝10 000 000＋363 000－85 480－77 520＝10 200 000(元)

(2)2010年12月31日。

可供出售金融资产账面价值＝10 200 000－88 900＝10 111 100(元)

公允价值＝10 000 000(元)

公允价值变动＝10 111 100－10 000 000＝111 100(元)

  借:资产减值损失   188 620

    贷:可供出售金融资产——吉峰公司债券(公允价值变动) 111 100

      资本公积——其他资本公积   77 520

对于已确认减值损失的可供出售金融资产,在随后会计期间内公允价值已上升且客观上与确认原减值损失事项有关的,应按原确认的减值损失,借记"可供出售金融资产——公允价值变动"科目,贷记"资产减值损失"科目;但可供出售金融资产为股票等权益工具投资的(不含在活跃市场上没有报价、公允价值不能可靠计量的权益工具投资),借记"可供出售金融资产——公允价值变动"科目,贷记"资本公积——其他资本公积"科目。

五、可供出售金融资产的处置

处置可供出售金融资产时,应将取得的价款与该金融资产账面余额之间的差额,计入投资收益;同时,将原直接计入所有者权益的公允价值变动累计额对应处置部分的金额转出,计入投资收益。其中,可供出售金融资产的账面余额,是指可供出售金融资产的初始计量金额加上或减去资产负债表日公允价值变动后的金额。

处置可供出售金融资产时,应按实际收到的金额,借记"银行存款"科目,按其账面余额,贷记"可供出售金融资产——成本"、"可供出售金融资产——应计利息"科目,贷记或借记"可供出售金融资产——利息调整"、"可供出售金融资产——公允价值变动"科目,按应从所有者权益中转出的公允价值累计变动额,借记或贷记"资本公积——其他资本公积"科目,按其差额,贷记或借记"投资收益"科目。

【例4-17】 接【例4-16】资料。2011年1月20日,甫江股份有限公司将持有的面值10 000 000元、期限5年、票面利率5％、每年1月5日付息、到期还本支付最后一次利息吉峰公司债券全部出售,收到款项9 950 000元存入银行。其账务处理如下:

公允价值变动＝77 520＋111 100＝188 620(元)

利息调整＝363 000－85 480－88 900＝188 620(元)

  借:银行存款   9 950 000

可供出售金融资产——吉峰公司债券(公允价值变动)	188 620
投资收益	50 000
贷:可供出售金融资产——吉峰公司债券(成本)	10 000 000
——吉峰公司债券(利息调整)	188 620

相关案例

从上市公司已公布的 2007 年半年报来看,已披露半年报公司共持有可供出售金融资产 24 871 亿元,是交易性金融资产的 6 倍多。在交易性金融资产的市价波动影响当期业绩的前提下,上市公司管理层显然更倾向于将股票投资划分为可供出售金融资产。值得关注的是,在可供出售金融资产终止确认时,原计入所有者权益的公允价值变动部分将转出,计入当期损益。因此,上市公司目前拥有的 24 871 亿元可供出售金融资产,相当于一个巨大的利润蓄水池,这些股权投资将来被处置时,有可能释放出利润来。

(资料来源:根据上市公司 2007 年半年报整理)

第四节 长期股权投资

一、长期股权投资概述

长期股权投资,是指投资方对被投资单位实施控制、重大影响的权益性投资,以及对其合营企业的权益性投资。主要包括以下几个方面:

(一)控制

企业持有的能够对被投资单位实施控制的权益性投资,即对子公司投资。控制,是指有权决定一个企业的财务和经营政策,并能据以从该企业的经营活动中获取利益。控制包括以下两种情形:一是投资企业拥有被投资单位 50% 以上的表决权资本。这种情形具体又包括:投资企业直接拥有被投资单位 50% 以上的表决权资本;投资企业间接拥有被投资单位 50% 以上的表决权资本;投资企业直接和间接拥有被投资单位 50% 以上的表决权资本。二是投资企业虽未拥有被投资单位半数以上的表决权资本,但通过其他方式可以对被投资单位实施有效控制。这种情形具体又包括:通过与其他投资者的协议,投资企业拥有被投资单位 50% 以上的表决权;根据章程或协议,投资企业有权控制被投资单位的财务和经营政策;投资企业有权任免被投资单位董事会等类似权力机构的多数成员;投资企业在被投资单位董事会或类似权力机构会议上有半数以上投票权。投资企业能够对被投资单位实施控制的,被投资单位为其子公司,投资企业应当将子公司纳入合并财务报表的合并范围。投资企业对子公司的长期股权投资,应当采用成本法核算,编制合并财务报表时按照权益法进行调整。

(二)共同控制

企业持有的能够与其他合营方一同对被投资单位实施共同控制的权益性投资,即对合营企业投资。共同控制,是指按合同约定对某项经济活动所共有的控制,仅在与该项经济活动相关的重要财务和经营决策需要分享控制权的投资方一致同意时存在。例如,由两个以上企业共同投资设立一个实体,投资各方持股比例相同,任何一方均不能单独控制该实体的重要财务和经营决策,而须由投资各方共同决定。投资企业与其他方对被投资单位实施共同控制的,被投资单位为其合营企业。

（三）重大影响

企业持有的能够对被投资单位施加重大影响的权益性投资,即对联营企业投资。重大影响,是指对一个企业的财务和经营政策有参与决策的权力,但并不能够控制或者与其他方一起共同控制这些政策的制定。在通常情况下,当投资企业拥有被投资单位20%或以上表决权资本,但尚未形成控制或共同控制时,可以认为对被投资单位具有重大影响。但在有些情况下,虽然投资企业拥有被投资单位的表决权资本不足20%,但如果存在对被投资单位权力机构或经营管理机构派有人员、参与被投资单位经营政策的制定、互相交换管理人员、技术资料为被投资单位所依赖等情况时,也可以认为对被投资单位具有重大影响。投资企业能够对被投资单位施加重大影响的,被投资单位为其联营企业。

除上述情况以外,企业持有的其他权益性投资,应当按照金融工具确认和计量准则的规定,划分为以公允价值计量且其变动计入当期损益的金融资产或可供出售金融资产。

相关案例

雅戈尔集团股份有限公司持有的长期股权投资				
被投资单位名称	企业类型	注册资本（万元）	公司持股比例（%）	公司在被投资单位表决权比例（%）
一、子公司				
宁波雅戈尔西服厂	有限责任公司	6 500.00	100	100
宁波雅戈尔服饰有限公司	有限责任公司	USD1 300.00	75	75
二、合营企业				
杭州中海雅戈尔房地产有限公司	有限责任公司	20 000.00	50	50
三、联营企业				
宁波宜科科技实业股份有限公司	上市公司	13 483.26	12.84	12.84
中基宁波对外贸易股份有限公司	股份公司	12 000.00	20	20
汉麻产业投资控股有限公司	有限责任公司	20 000.00	40	40

（资料来源:雅戈尔集团股份有限公司 2009 年半年度报告）

二、长期股权投资的初始计量

长期股权投资在取得时,应按初始投资成本入账。长期股权投资的初始投资成本,应分别形成控股合并和不形成控股合并两种情况确定。但是,无论企业以何种方式取得长期股权投资,实际支付的价款或对价中包含的已宣告但尚未发放的现金股利或利润,都应作为应收项目单独入账,不构成取得长期股权投资的成本。

企业应设置"长期股权投资"科目,在初始计量时,核算企业持有的长期股权投资初始成本,并按被投资单位进行明细核算。

（一）形成控股合并的长期股权投资

控股合并,是指合并方(或购买方,下同)通过企业合并交易或事项取得对被合并方(或被购买方,下同)的控制权,企业合并后能够通过所取得的股权等主导被合并方的生产经营决策并自被合并方的生产经营活动中获益,被合并方在企业合并后仍维持其独立法人资格继续经营。

对于形成控股合并的长期股权投资,初始投资成本的确定应区分控股合并的类型,分别同一控制下控股合并与非同一控制下控股合并分别确定长期股权投资的初始投资成本。

1. 形成同一控制下控股合并的长期股权投资

参与合并的企业在合并前后均受同一方或相同的多方最终控制且该控制并非暂时性的,为同一控制下的企业合并。同一控制下的企业合并,在合并日取得对其他参与合并企业控制权的一方为合并方,参与合并的其他企业为被合并方。

(1)同一控制下的企业合并,合并方以支付现金、转让非现金资产或承担债务方式作为合并对价的,应当在合并日按照取得被合并方所有者权益账面价值的份额作为长期股权投资的初始投资成本。长期股权投资初始投资成本与支付的现金、转让的非现金资产以及所承担债务账面价值之间的差额,应当调整资本公积,资本公积不足冲减的,调整留存收益。

合并方发生的审计、法律服务、评估咨询等中介费用以及其他直接相关费用,应当于发生时计入当期管理费用。

合并方应在合并日按取得被合并方所有者权益账面价值的份额,借记"长期股权投资"科目,按享有被投资单位已宣告但尚未发放的现金股利或利润,借记"应收股利"科目,按支付的合并对价的账面价值,贷记有关资产等科目,按其贷方差额,贷记"资本公积——资本溢价或股本溢价"科目。如为借方差额,应借记"资本公积——资本溢价或股本溢价"科目,资本公积(资本溢价或股本溢价)不足冲减的,应依次借记"盈余公积"、"利润分配——未分配利润"科目。

【例 4-18】 甬江股份有限公司和富安公司为同一母公司所控制的两个子公司。2009年2月20日,甬江公司和富安公司达成合并协议,约定甬江公司以固定资产和银行存款作为合并对价,取得富安公司80%的股权。甬江公司投出固定资产的账面原价为2 800万元,已计提折旧800万元;投出银行存款2 500万元。2009年3月1日,甬江公司实际取得对富安公司的控制权。当日,富安公司所有者权益总额账面价值为5 000万元;甬江公司"资本公积——股本溢价"科目余额450万元。

在本例中,甬江公司和富安公司在合并前后均受同一母公司控制,通过合并,甬江公司取得了对富安公司的控制权。因此,该合并为同一控制下的企业合并,甬江公司为合并方,富安公司为被合并方,合并日为2009年3月1日。甬江公司在合并日的账务处理如下:

①转销参与合并的固定资产账面价值。

借:固定资产清理 20 000 000
　累计折旧 8 000 000
　贷:固定资产 28 000 000

②确认长期股权投资。

初始投资成本=5 000×80% = 4 000(万元)

借:长期股权投资——富安公司 40 000 000

资本公积——股本溢价	4 500 000	
盈余公积	500 000	
贷:固定资产清理		20 000 000
银行存款		25 000 000

(2)同一控制下的企业合并,合并方以发行权益性证券作为合并对价的,应当在合并日按照取得被合并方所有者权益账面价值的份额作为长期股权投资的初始投资成本,按照发行股份的面值总额作为股本。长期股权投资初始投资成本与所发行股份面值总额之间的差额,应当调整资本公积,资本公积不足冲减的,调整留存收益。

合并方为进行企业合并发行的权益性证券发生的手续费、佣金等费用,应当抵减权益性证券溢价收入,溢价收入不足冲减的,冲减留存收益。

合并方应在合并日按取得被合并方所有者权益账面价值的份额,借记"长期股权投资"科目,按享有被投资单位已宣告但尚未发放的现金股利或利润,借记"应收股利"科目,按发行股份的面值总额,贷记"股本"科目,按支付的权益性证券发行费用,贷记"银行存款"等科目,按其贷方差额,贷记"资本公积——资本溢价或股本溢价"科目。如为借方差额,应借记"资本公积——资本溢价或股本溢价"科目,资本公积(资本溢价或股本溢价)不足冲减的,应依次借记"盈余公积"、"利润分配——未分配利润"科目。

【例 4-19】 甬江股份有限公司和汉威公司为同一母公司所控制的两个子公司。根据甬江公司和汉威公司达成的合并协议,2009 年 4 月 1 日,甬江公司以增发的权益性证券作为合并对价,取得汉威公司 100%的股权。甬江公司增发的权益性证券为每股面值 1 元的普通股股票,共增发 2 500 万股,支付手续费及佣金等发行费用 70 万元。2009 年 4 月 1 日,甬江公司实际取得对汉威公司的控制权,当日汉威公司所有者权益总额为 5 000 万元。其账务处理如下:

初始投资成本=5 000×100% = 5 000(万元)

借:长期股权投资——汉威公司	50 000 000	
贷:股本		25 000 000
银行存款		700 000
资本公积——股本溢价		24 300 000

2. 形成非同一控制下控股合并的长期股权投资

参与合并的各方在合并前后不受同一方或相同的多方最终控制的,为非同一控制下的企业合并。非同一控制下的企业合并,在购买日取得对其他参与合并企业控制权的一方为购买方,参与合并的其他企业为被购买方。

非同一控制下的企业合并,购买方应将企业合并作为一项购买交易,合理确定合并成本,作为长期股权投资的初始投资成本。合并成本应当区别下列情况确定:

(1)一次交换交易实现的企业合并,合并成本为购买方在购买日为取得对被购买方的控制权而付出的资产、发生或承担的负债、发行的权益性证券的公允价值。

(2)通过多次交换交易分步实现的企业合并,合并成本为每一单项交易成本之和。

购买方为企业合并发生的审计、法律服务、评估咨询等中介费用以及其他直接相关费用计入当期管理费用。

购买方作为合并对价付出的资产为固定资产、无形资产的,付出资产公允价值与其账面价值的差额,计入"营业外收入"或"营业外支出"。付出的资产为存货的,应当作为销售处理,以其公允价值确认收入,同时结转相应的成本,涉及增值税的,还应进行相应的处理。

购买方应在购买日按确定的企业合并成本,借记"长期股权投资"科目,按享有被投资单位已宣告但尚未发放的现金股利或利润,借记"应收股利"科目,按支付合并对价的账面价值,贷记有关资产等科目,按其差额,贷记"营业外收入"或借记"营业外支出"等科目。

【例4-20】 甬江股份有限公司和正泰公司为两个互不关联的独立企业,合并之前不存在任何投资关系。2009年1月10日,甬江公司和正泰公司达成合并协议,约定甬江公司以固定资产和银行存款作为合并对价,取得正泰公司70%的股权。甬江公司投出固定资产的账面原价为6 500万元,已计提折旧为700万元,发生固定资产清理费用5万元,未计提固定资产减值准备,经评估,固定资产的公允价值为6 000万元;投出银行存款的金额为1 200万元。2009年2月1日,甬江公司实际取得对正泰公司的控制权。在甬江公司和正泰公司的合并中,甬江公司以银行存款支付审计费用、评估费用、法律服务费用等共计60万元。

在上例中,甬江公司和正泰公司为两个独立企业,在合并前后均不受同一方或相同的多方最终控制,通过合并,甬江公司取得了对正泰公司的控制权。因此,该合并为非同一控制下的企业合并,甬江公司为购买方,正泰公司为被购买方,购买日为2009年2月1日。甬江公司在购买日的账务处理如下:

(1)转销参与合并的固定资产账面价值。

借:固定资产清理	58 000 000
累计折旧	7 000 000
贷:固定资产	65 000 000

(2)支付清理费用。

借:固定资产清理	50 000
贷:银行存款	50 000

(3)确认长期股权投资初始成本。

企业合并成本 = 6 000 + 1 200 = 7 200(万元)

资产增值收益 = 6 000 - 5 800 - 5 = 195(万元)

借:长期股权投资——正泰公司	72 000 000
贷:固定资产清理	58 050 000
银行存款	12 000 000
营业外收入	1 950 000

(4)支付相关费用。

借:管理费用	600 000
贷:银行存款	600 000

【例4-21】 甬江股份有限公司和宝德公司为两个互不关联的独立企业,合并之前不存在任何投资关系。2009年6月5日,甬江公司和宝德公司达成合并协议,约定甬江公司以库存商品以及发行的权益性证券作为合并对价,取得宝德公司80%的股权。甬江公司投出库存商品的账面价值为1 200万元,公允价值为1 500万元,增值税额为255万元;增发的权益性证券为每股面值1元的普通股股票,共增发1 000万股,每股公允价值3.50元,发生手

续费及佣金等发行费用 50 万元。其账务处理如下：

企业合并成本＝1 500 ＋ 255 ＋ 1 000×3.50 ＝ 5 255(万元)

股本溢价＝1 000×3.50－1 000－50 ＝ 2 450(万元)

```
借：长期股权投资——宝德公司                         52 550 000
    贷：主营业务收入                                     15 000 000
        应交税费——应交增值税(销项税额)                  2 550 000
        股本                                            10 000 000
        资本公积——股本溢价                             24 500 000
        银行存款                                            500 000
    借：主营业务成本                                  12 000 000
        贷：库存商品                                        12 000 000
```

(二)以企业合并以外的其他方式取得的长期股权投资

除企业合并形成的长期股权投资外,企业还可以通过支付现金、发行权益性证券、投资者投入、非货币性资产交换、债务重组等非企业合并方式取得长期股权投资。企业应当根据不同的取得方式,分别确定长期股权投资的初始成本,作为入账的依据。

1. 以支付现金取得的长期股权投资

以支付现金取得的长期股权投资,应当按照实际支付的购买价款作为初始投资成本。初始投资成本包括与取得长期股权投资直接相关的费用、税金及其他必要支出。企业支付现金取得长期股权投资时,按照确定的初始投资成本,借记"长期股权投资"科目,按享有被投资单位已宣告但尚未发放的现金股利或利润,借记"应收股利"科目,按照实际支付的买价及手续费、税金等,贷记"银行存款"等科目。

【例 4-22】 甬江股份有限公司以支付现金的方式取得新宁公司 30% 的股权作为长期股权投资,实际支付的购买价款(包括相关税费)为 520 万元。股票购买价款中包含甬江公司应享有的新宁公司已宣告但尚未发放的现金股利 30 万元。其账务处理如下：

(1)购入股票时。

初始投资成本＝520－30＝490(万元)

```
借：长期股权投资——新宁公司                          4 900 000
    应收股利                                            300 000
    贷：银行存款                                          5 200 000
```

(2)收到现金股利时。

```
借：银行存款                                         300 000
    贷：应收股利                                          300 000
```

2. 以发行权益性证券取得的长期股权投资

以发行权益性证券取得的长期股权投资,应当按照发行权益性证券的公允价值作为初始投资成本。与发行权益性证券有关的税费及其他直接相关支出,应当抵减权益性证券的溢价收入。

企业发行权益性证券取得长期股权投资时,按照确定的初始投资成本,借记"长期股权投资"科目,按享有被投资单位已宣告但尚未发放的现金股利或利润,借记"应收股利"科目,按照权益性证券的面值,贷记"股本"科目,按照权益性证券的公允价值与其面值之间的差额,贷记"资本公积——股本溢价"科目。发行权益性证券所支付的税费及其他直接相关支出,借记"资本公积——股本溢价"科目,贷记"银行存款"等科目。

【例 4-23】 甬江股份有限公司和佳豪公司达成协议,约定甬江公司以增发的权益性证券作为对价向佳豪公司投资,取得佳豪公司 30% 的股权。甬江公司增发的权益性证券为每股面值 1 元的普通股股票,共增发 350 万股,每股发行价格 3 元,发生手续费及佣金等直接相关费用 10 万元。其账务处理如下:

初始投资成本 350×3 = 1 050(万元)

借:长期股权投资——佳豪公司　　　　　　　　　　　　　　10 500 000

　　贷:股本　　　　　　　　　　　　　　　　　　　　　　　3 500 000

　　　　资本公积——股本溢价　　　　　　　　　　　　　　6 900 000

　　　　银行存款　　　　　　　　　　　　　　　　　　　　　100 000

3. 投资者投入的长期股权投资

投资者投入的长期股权投资,是指投资者将其持有的对第三方的投资作为出资投入企业形成的长期股权投资。投资者投入的长期股权投资,应当按照投资合同或协议约定的价值作为初始投资成本,但合同或协议约定价值不公允的除外。投资者在合同或协议中约定的价值如果不公允,应当按照取得长期股权投资的公允价值作为其初始投资成本。

收到投资者投入的长期股权投资时,按照确定的初始投资成本,借记"长期股权投资"科目,按享有被投资单位已宣告但尚未发放的现金股利或利润,借记"应收股利"科目,按照投资者出资占实收资本(或股本)的份额,贷记"实收资本"或"股本"科目,按其差额,贷记"资本公积"科目。

【例 4-24】 甬江股份有限公司的乙股东以其持有的鼎汉公司每股面值 1 元的普通股股票 200 万股作为资本金投入企业,投资协议约定的股权投资价值为 600 万元,可折换甬江公司每股面值 1 元的普通股股票 160 万股。其账务处理如下:

借:长期股权投资——鼎汉公司　　　　　　　　　　　　　6 000 000

　　贷:股本——乙股东　　　　　　　　　　　　　　　　　1 600 000

　　　　资本公积　　　　　　　　　　　　　　　　　　　　4 400 000

三、长期股权投资的后续计量

企业取得的长期股权投资在持有期间,根据所持股份的性质、占被投资单位股份总额比例的大小、对被投资单位财务和经营政策的影响程度及是否存在活跃市场、公允价值能否可靠取得等进行划分,应当分别采用成本法及权益法进行核算。

(一)长期股权投资的成本法

成本法,是指长期股权投资的价值通常按初始投资成本计量,除追加或收回投资外,一般不对长期股权投资的账面价值进行调整的一种会计处理方法。

1. 成本法的适用范围

投资企业能够对被投资单位实施控制的长期股权投资,即对子公司的投资,应当采用成本法核算。

2. 成本法的基本核算

(1)初始投资或追加投资时,按照初始投资或追加投资时的成本增加长期股权投资的账面价值。

(2)被投资单位宣告分派现金股利或利润时,投资企业按应享有的部分确认为投资收益,不管有关利润分配是属于对取得投资前还是取得投资后被投资单位实现净利润的分配。

(3)被投资单位宣告分派股票股利,投资企业只做备忘记录;被投资单位未分派股利,投资企业不作任何会计处理。

长期股权投资采用成本法核算时,应按被投资单位宣告发放的现金股利或利润中属于本企业享有的部分,借记"应收股利"科目,贷记"投资收益"科目。

【例4-25】 2009年1月20日,甬江股份有限公司以2 000万元取得东升公司60％的股权,能够对东升公司实施控制。2009年3月25日,东升公司宣告2008年度股利分配方案,甬江公司按其持股比例可取得150万元,并于4月20日发放。其账务处理如下:

(1)2009年1月20日,甬江公司购入东升公司股票。

借:长期股权投资——东升公司 　　　　　　　　　　　20 000 000
　　贷:银行存款 　　　　　　　　　　　　　　　　　　　　20 000 000

(2)2009年3月25日,东升公司宣告分派现金股利。

现金股利=50 000×0.30 = 15 000(元)

借:应收股利 　　　　　　　　　　　　　　　　　　　　1 500 000
　　贷:投资收益 　　　　　　　　　　　　　　　　　　　　1 500 000

(3)2009年4月20日,收到现金股利。

借:银行存款 　　　　　　　　　　　　　　　　　　　　1 500 000
　　贷:应收股利 　　　　　　　　　　　　　　　　　　　　1 500 000

(二)长期股权投资的权益法

权益法,是指长期股权投资最初以投资成本计量,以后则要根据投资企业应享有被投资单位所有者权益份额的变动,对长期股权投资的账面价值进行相应调整的一种会计处理方法。

1. 权益法的适用范围

投资企业对被投资单位具有共同控制或重大影响的长期股权投资,即对合营企业投资及对联营企业投资,应当采用权益法核算。

2. 权益法的基本核算

(1)会计科目的设置

采用权益法核算,在"长期股权投资"科目下除按被投资单位进行明细核算外,还应当设置"成本"、"损益调整"、"其他权益变动"明细科目,分别反映长期股权投资的初始投资成本以及因被投资单位所有者权益发生增减变动而对长期股权投资账面价值进行调整的金额。其中:

①成本,反映长期股权投资的初始投资成本,以及在长期股权投资的初始投资成本小于投资时应享有被投资单位可辨认净资产公允价值份额的情况下,按其差额调整初始投资成本后形成的新的投资成本。

②损益调整,反映投资企业应享有或应分担的被投资单位实现的净损益的份额,以及被投资单位分派的现金股利或利润中投资企业应获得的份额。

③其他权益变动,反映被投资单位除净损益以外所有者权益的其他变动中,投资企业应享有或承担的份额。

(2)初始投资成本的调整

企业在取得长期股权投资时,按照确定的初始投资成本入账。如果长期股权投资的初始投资成本大于投资时应享有被投资单位可辨认净资产公允价值的份额,不调整已确认的初始投资成本,在编制合并资产负债表时,其差额应当在商誉项目中列示;如果长期股权投资的初始投资成本小于投资时应享有被投资单位可辨认净资产公允价值的份额,则其差额应当计入当期损益(营业外收入),同时调整长期股权投资的初始投资成本。投资企业应享有被投资单位可辨认净资产公允价值的份额,可用下列公式计算:

应享有被投资单位可辨认净资产公允价值份额＝投资时被投资单位可辨认净资产公允价值总额×投资企业持股比例

【例 4-26】 2009 年 1 月 1 日,甫江股份有限公司以每股 3.50 元的价格购入西山公司股票 1 600 万股作为长期股权投资,并支付交易税费 6 万元。该股份占西山公司普通股股份的 30%,甫江公司采用权益法核算。

①假定投资当时,西山公司可辨认净资产公允价值为 15 000 万元。

初始投资成本＝1 600×3.50＋6＝5 606(万元)

应享有西山公司可辨认净资产公允价值份额＝15 000×30%＝4 500(万元)

由于长期股权投资的初始投资成本大于投资时应享有西山公司可辨认净资产公允价值的份额,因此,不调整长期股权投资的初始投资成本。

甫江公司应作如下账务处理:

借:长期股权投资——西山公司(成本)　　　　　　56 060 000
　　贷:银行存款　　　　　　　　　　　　　　　　　　56 060 000

②假定投资当时,西山公司可辨认净资产公允价值为 20 000 万元。

应享有西山公司可辨认净资产公允价值的份额＝20 000×30%＝6 000(万元)

由于长期股权投资的初始投资成本小于投资时应享有西山公司可辨认净资产公允价值的份额,因此,应按其差额调整长期股权投资的初始投资成本,同时计入当期营业外收入。

甫江公司应作如下账务处理:

初始投资成本调整额＝6 000－5 606＝394(万元)

借:长期股权投资——西山公司(成本)　　　　　　56 060 000
　　贷:银行存款　　　　　　　　　　　　　　　　　　56 060 000
借:长期股权投资——西山公司(成本)　　　　　　3 940 000
　　贷:营业外收入　　　　　　　　　　　　　　　　　3 940 000

(3)投资损益的确认

投资企业取得长期股权投资后,应当按照被投资单位实现的净利润或发生的净亏损中,投资企业应享有或应分担的份额确认投资损益,同时相应调整长期股权投资的账面价值。即按照被投资单位实现净利润中投资企业应享有的份额,借记"长期股权投资"科目,贷记"投资收益"科目;或按照被投资单位发生净亏损中投资企业应分担的份额,借记"投资收益"科目,贷记"长期股权投资"科目。

在确认应享有或应分担被投资单位的净利润或净亏损时,在被投资单位账面净利润的基础上,应考虑以下因素的影响进行适当调整:

① 被投资单位采用的会计政策及会计期间与投资企业不一致的,应按投资企业的会计政策及会计期间对被投资单位的财务报表进行调整,在此基础上确定被投资单位的损益。

②投资企业在确认投资损益时,应当以取得投资时被投资单位各项可辨认资产等的公允价值为基础,对被投资单位的净利润进行调整后加以确定。例如,以取得投资时被投资单位固定资产、无形资产的公允价值为基础计提的折旧额或摊销额,相对于被投资单位已计提的折旧额、摊销额之间存在差额的,应按其差额对被投资单位净损益进行调整,并按调整后的净损益和持股比例计算确认投资损益。在进行有关调整时,应当考虑具有重要性的项目。

存在下列情况之一的:无法可靠确定投资时被投资单位各项可辨认资产等的公允价值;投资时被投资单位可辨认资产等的公允价值与其账面价值之间的差额较小;其他原因导致无法对被投资单位净损益进行调整。可以按照被投资单位的账面净损益与持股比例计算确认投资损益,但应当在会计报表附注中说明这一事实及其原因。

【例4-27】　甬江股份有限公司于2013年1月10日购入吉利公司30%的股份,购买价款为2 200万元,并自取得投资之日起派人参与吉利公司的生产经营决策。取得投资当日,吉利公司可辨认净资产公允价值为6 000万元,除表4-4所列项目外,吉利公司其他资产、负债的公允价值与账面价值相同。

表4-4　　　　　　　吉利公司有关资产账面价值与公允价值　　　　　　　金额单位:万元

项目	账面原价	已提折旧或摊销	公允价值	吉利公司预计使用年限	甬江公司取得投资后剩余使用年限
存货	500		700		
固定资产	1 200	240	1 600	20	16
无形资产	700	140	800	10	8
小计	2 400	380	3 100		

假定吉利公司于2013年实现净利润600万元,其中在甬江公司取得投资时的账面存货有80%对外出售。甬江公司与吉利公司的会计年度及采用的会计政策相同。固定资产、无形资产均按直线法提取折旧或摊销,预计净残值均为0。假定甬江公司、吉利公司间未发生任何内部交易。

甬江公司在确定其应享有的投资收益时,应在吉利公司实现净利润的基础上,根据取得投资时吉利公司有关资产的账面价值与其公允价值差额的影响进行调整(假定不考虑所得税影响):

存货账面价值与公允价值的差额应调减的利润=$(700-500)\times80\%=160$(万元)

固定资产公允价值与账面价值差额应调整增加的折旧额=$1\,600\div16-1\,200\div20=40$(万元)

无形资产公允价值与账面价值差额应调整增加的摊销额=$800\div8-700\div10=30$(万元)

调整后的净利润=$600-160-40-30=370$(万元)

甬江公司应享有份额=$370\times30\%=111$(万元)

确认投资收益的账务处理如下:

借:长期股权投资——吉利公司(损益调整)　　　　　　　　　1 110 000

贷:投资收益　　　　　　　　　　　　　　　　　　　　　　　　　1 110 000

③在确认投资损益时,除考虑公允价值的调整外,对于投资企业与其联营企业及合营企业之间发生的未实现内部交易损益(即有关资产未向外部独立第三方出售)应予抵销。即投

资企业与联营企业及合营企业之间发生的未实现内部交易损益按照持股比例计算归属于投资企业的部分应当予以抵销,在此基础上确认投资损益。投资企业与被投资单位发生的内部交易损失,按照《企业会计准则第8号——资产减值》等规定属于资产减值损失的,应当全额确认。

　　该未实现内部交易损益的抵销既包括顺流交易也包括逆流交易。其中,顺流交易是指投资企业向其联营企业或合营企业出售资产,逆流交易是指联营企业或合营企业向投资企业出售资产。当该未实现内部交易损益体现在投资企业或其联营企业、合营企业持有的资产账面价值中时,相关的损益在计算确认投资损益时应予抵销。

　　【例4-28】　甬江股份有限公司于2013年1月取得优乐公司20%有表决权股份,能够对优乐公司施加重大影响。假定甬江公司取得该项投资时,优乐公司各项可辨认资产、负债的公允价值与其账面价值相同。2013年8月,优乐公司将其成本为600万元的某商品以1 000万元的价格出售给甬江公司,甬江公司将取得的商品作为存货。至2013年资产负债表日,甬江公司仍未对外出售该存货。优乐公司2013年实现净利润为3 200万元。假定不考虑所得税因素。

　　甬江公司在确定其应享有的投资收益时,应在优乐公司实现净利润的基础上,对甬江公司与优乐公司发生的未实现内部交易损益(即有关资产未向外部独立第三方出售)应予抵销:

　　　　调整后的净利润=3 200-(1 000-600)=370(万元)

　　　　甬江公司应享有份额=28 000 000×20%=560(万元)

　　　　确认投资收益的账务处理如下:

　　　　借:长期股权投资——优乐公司(损益调整)　　　　　　　　　5 600 000

　　　　贷:投资收益　　　　　　　　　　　　　　　　　　　　　　　　　　5 600 000

　　(4)取得股利或利润的处理

　　被投资单位宣告分派现金股利或利润时,投资企业按应分得的部分,相应减少长期股权投资的账面价值,借记"应收股利"科目,贷记"长期股权投资——(损益调整)"科目;被投资单位分派股票股利时,投资企业不进行账务处理,但应在备查簿中登记增加的股份。

　　【例4-29】　接【例4-26】资料。甬江公司按照西山公司的账面净损益与持股比例计算确认投资损益。

　　①2009年度,西山公司报告净利润1 500万元;2010年3月10日,西山公司宣告2009年度利润分配方案,每股分派现金股利0.10元。

　　　　应确认投资收益=1 500×30%=450(万元)

　　　　借:长期股权投资——西山公司(损益调整)　　　　　　　　4 500 000

　　　　　贷:投资收益　　　　　　　　　　　　　　　　　　　　　　　　4 500 000

　　　　应收现金股利=1 600×0.10=160(万元)

　　　　借:应收股利　　　　　　　　　　　　　　　　　　　　　　　1 600 000

　　　　　贷:长期股权投资——西山公司(损益调整)　　　　　　　　　1 600 000

　　②2010年度,西山公司报告净利润1 250万元;2011年4月15日,西山公司宣告2010年度利润分配方案,每股派送股票股利0.30股。

　　　　应确认投资收益=1 250×30%=375(万元)

借:长期股权投资——西山公司(损益调整)　　　　　　　　　　　　3 750 000
　　贷:投资收益　　　　　　　　　　　　　　　　　　　　　　　　　　　3 750 000

在备查簿中登记增加的股份。

股票股利＝1 600×0.30 ＝ 480(万股)

持有股票总数＝1 600＋480 ＝2 080(万股)

③2011年度,西山公司报告净亏损600万元,用以前年度留存收益弥补亏损后,于2012年4月5日,宣告2011年度利润分配方案,每股分派现金股利0.10元。

应确认投资损失＝600×30％ ＝180(万元)

借:投资收益　　　　　　　　　　　　　　　　　　　　　　　　　1 800 000
　　贷:长期股权投资——西山公司(损益调整)　　　　　　　　　　　　1 800 000

应收现金股利＝2 080×0.10＝208(万元)

借:应收股利　　　　　　　　　　　　　　　　　　　　　　　　　2 080 000
　　贷:长期股权投资——西山公司(损益调整)　　　　　　　　　　　　2 080 000

(5)超额亏损的确认

需要注意的是,在被投资单位发生亏损、投资企业按持股比例确认应分担的亏损份额时,应当以长期股权投资的账面价值以及其他实质上构成对被投资单位净投资的长期权益减记至零为限,投资企业负有承担额外损失义务的除外。其中,实质上构成对被投资单位净投资的长期权益,通常是指长期性的应收项目,例如,投资企业对被投资单位的某项长期债权,如果没有明确的清收计划,且在可预见的未来期间不准备收回,则实质上构成对被投资单位的净投资。

在确认应分担被投资单位发生的亏损时,应当按照以下顺序进行处理:

首先,冲减长期股权投资的账面价值。

其次,长期股权投资的账面价值不足以冲减的,应当以其他实质上构成对被投资单位净投资的长期权益账面价值为限继续确认投资损失,冲减长期应收项目等的账面价值。

最后,经过上述处理,按照投资合同或协议约定企业仍承担额外义务的,应按预计承担的义务确认预计负债,计入当期投资损失。

如果经过上列顺序确认应分担的亏损额后,仍有未确认的亏损分担额,投资企业应先作备忘记录,待被投资单位以后年度实现盈利时,再按应享有的收益份额,先扣除未确认的亏损分担额,然后按与上述相反的顺序进行处理,减记已确认预计负债的账面余额、恢复其他实质上构成对被投资单位净投资的长期权益及长期股权投资的账面价值,同时确认投资收益。

【例4-30】　甬江股份有限公司持有海利公司40％的股份,采用权益法核算。由于海利公司持续亏损,甬江公司在确认了2004年度的投资损失以后,该项股权投资的账面价值已减至500万元,其中,"长期股权投资——成本"科目借方余额2 400万元,"长期股权投资——损益调整"科目贷方余额1 900万元。甬江公司未对该项股权投资计提减值准备。除了对海利公司的长期股权投资外,甬江公司还有一笔金额为300万元的应收海利公司长期债权,该项债权没有明确的清收计划,且在可预见的未来期间不准备收回。2005年度海利公司继续亏损,当年亏损额为1 500万元;2006年度海利公司仍然亏损,当年亏损额为800万元;2007年度海利公司经过资产重组,经营情况好转,当年取得净收益200万元;2008年度海利公司经营情况进一步好转,当年取得净收益600万元;2009年海利公司取得净收益 1 200 万元。

①确认应分担的 2005 年度亏损份额。

应分担的亏损份额＝1 500×40%＝600(万元)

由于应分担的亏损份额大于该项长期股权投资的账面价值,因此,甫江公司应以该项长期股权投资的账面价值减记至零为限确认投资损失,剩余应分担的亏损份额 100 万元,应继续冲减实质上构成对被投资单位净投资的长期应收款,并确认投资损失。甫江公司确认当年投资损失的会计处理如下:

借:投资收益　　　　　　　　　　　　　　　　　　　　　5 000 000

　　贷:长期股权投资——海利公司(损益调整)　　　　　　　　　　5 000 000

借:投资收益　　　　　　　　　　　　　　　　　　　　　1 000 000

　　贷:长期应收款——海利公司　　　　　　　　　　　　　　　　1 000 000

②确认应分担的 2006 年度亏损份额。

应分担的亏损份额＝800×40%＝320(万元)

由于应分担的亏损份额大于尚未冲减的长期应收款账面余额,因此,甫江公司不能再按应分担的亏损份额确认当年的投资损失,而只能以长期应收款账面余额 200 万元为限确认当年的投资损失,其余 120 万元未确认的亏损分担额应在备查登记簿中作备忘记录,留待以后年度海利公司取得收益后抵消。甫江公司确认当年投资损失的会计处理如下:

借:投资收益　　　　　　　　　　　　　　　　　　　　　2 000 000

　　贷:长期应收款——海利公司　　　　　　　　　　　　　　　　2 000 000

③确认应享有的 2007 年度收益份额。

应享有的收益份额＝200×40%＝80(万元)

由于甫江公司以前年度未确认的亏损分担额为 120 万元,而当年应享有的收益份额不足以抵消该未确认的亏损分担额,因此,不能按当年应享有的收益分享额恢复长期应收款及长期股权投资的账面价值。甫江公司当年不作正式的会计处理,但应在备查登记簿中记录已抵消的未确认亏损分担额 80 万元以及尚未抵消的未确认亏损分担额 40 万元。

④确认应享有的 2008 年度收益份额。

应享有的收益份额＝600×40%＝240(万元)

由于当年应享有的收益份额超过了以前年度尚未抵消的未确认亏损分担额,因此,应在备查登记簿中记录对以前年度尚未抵消的未确认亏损分担额 40 万元的抵消,并按超过部分首先恢复长期应收款的账面价值。

应恢复长期应收款账面价值＝240－40＝200(万元)

借:长期应收款——海利公司　　　　　　　　　　　　　　2 000 000

　　贷:投资收益　　　　　　　　　　　　　　　　　　　　　　2 000 000

⑤确认应享有的 2009 年度收益份额。

应享有的收益份额＝1 200×40%＝480(万元)

由于当年应享有的收益份额超过了尚未恢复的长期应收款账面价值,因此,在完全恢复了长期应收款的账面价值后,应按超过部分继续恢复长期股权投资的账面价值。

应恢复长期股权投资账面价值＝480－100＝380(万元)

借:长期应收款——海利公司　　　　　　　　　　　　　　1 000 000

```
        贷:投资收益                                                    1 000 000
    借:长期股权投资——海利公司(损益调整)              3 800 000
        贷:投资收益                                                    3 800 000
```

(6)被投资单位除净损益以外所有者权益的其他变动

投资企业对于被投资单位除净损益以外所有者权益的其他变动,在持股比例不变的情况下,按照持股比例计算的应享有或承担的部分,调整长期股权投资的账面价值,同时增加或减少资本公积(其他资本公积)。

【例4-31】　甬江股份有限公司持有雅阁公司30％的股份,采用权益法核算。2009年12月31日,雅阁公司持有的一项成本为1 500万元的可供出售金融资产,公允价值升至2 000万元。雅阁公司按公允价值超过成本的差额500万元调增该项可供出售金融资产的账面价值,并计入资本公积。其账务处理如下:

```
    应享有资本公积份额＝500×30％＝150(万元)
    借:长期股权投资——雅阁公司(其他权益变动)        1 500 000
        贷:资本公积——其他资本公积                              1 500 000
```

四、长期股权投资核算方法的转换

长期股权投资在持有期间,因各方面情况的变化,可能导致其核算需要由一种方法转换为另外的方法。

(一)成本法转换为权益法

投资方因处置部分权益性投资等原因丧失了对被投资单位的控制的,在编制个别财务报表时,处置后的剩余股权能够对被投资单位实施共同控制或施加重大影响的,应当改按权益法核算,并对该剩余股权视同自取得时即采用权益法核算进行调整。

应进行如下处理:

(1)比较剩余的长期股权投资成本与按照剩余持股比例计算原投资时应享有被投资单位可辨认净资产公允价值的份额,属于投资作价中体现的商誉部分,不调整长期股权投资的账面价值;属于投资成本小于原投资时应享有被投资单位可辨认净资产公允价值份额的,在调整长期股权投资成本的同时,应调整留存收益。

(2)对于原取得投资后至因处置投资导致转变为权益法核算之间被投资单位实现净损益中应享有的份额,一方面应当调整长期股权投资的账面价值,同时对于原取得投资时至处置投资当期期初被投资单位实现的净损益(扣除已发放及已宣告发放的现金股利和利润)中应享有的份额,调整留存收益,对于处置投资当期期初至处置投资之日被投资单位实现的净损益中享有的份额,调整当期损益;其他原因导致被投资单位所有者权益变动中应享有的份额,在调整长期股权投资账面价值的同时,应当计入"资本公积——其他资本公积"。

长期股权投资自成本法转为权益法后,未来期间应当按照准则规定计算确认应享有被投资单位实现的净损益及所有者权益其他变动的份额。

【例4-32】　甬江公司原持有红日公司60％的股权,其账面余额为6 000万元,未计提减值准备。2009年12月6日,甬江公司将其持有的对红日公司长期股权投资中的1/3出售给某企业,出售取得价款3 600万元,当日被投资单位可辨认净资产公允价值总额为16 000万元。甬江公司原取得红日公司60％股权时,红日公司可辨认净资产公允价值总额为

9 000万元(假定公允价值与账面价值相同)。自甬江公司取得对红日公司长期股权投资后至部分处置投资前,红日公司实现净利润5 000万元。假定红日公司一直未进行利润分配。除所实现净损益外,红日公司未发生其他计入资本公积的交易或事项。本例中甬江公司按净利润的10%提取盈余公积。

在出售20%的股权后,甬江公司对红日公司的持股比例为40%,在被投资单位董事会中派有代表,但不能对红日公司生产经营决策实施控制。对红日公司长期股权投资应由成本法改为按照权益法核算。

(1)确认长期股权投资处置损益。

借:银行存款　　　　　　　　　　　　　　　　　　36 000 000
　　贷:长期股权投资——红日公司　　　　　　　　　　　20 000 000
　　　　投资收益　　　　　　　　　　　　　　　　　　16 000 000

(2)调整长期股权投资账面价值。

①剩余长期股权投资的账面价值为4 000万元,与原投资时应享有被投资单位可辨认净资产公允价值份额之间的差额400万元(4 000－9000×40%)为商誉,该部分商誉的价值不需要对长期股权投资的成本进行调整。

②处置投资以后按照持股比例计算享有被投资单位自购买日至处置投资日期间实现的净损益为2 000万元(5 000×40%),应调整增加长期股权投资的账面价值,同时调整留存收益。除实现净损益外其他原因导致的可辨认净资产公允价值的变动800(2 000×40%)万元,应当调整增加长期股权投资的账面余额,同时计入资本公积(其他资本公积)。企业应进行以下账务处理:

借:长期股权投资——红日公司(损益调整)　　　　　20 000 000
　　　　　　　　——红日公司(其他权益变动)　　　　8 000 000
　　贷:资本公积——其他资本公积　　　　　　　　　　8 000 000
　　　　盈余公积　　　　　　　　　　　　　　　　　　2 000 000
　　　　利润分配——未分配利润　　　　　　　　　　　18 000 000

如果处置后的剩余股权不能对被投资单位实施共同控制或施加重大影响的,应当改按《企业会计准则第22号——金融工具确认和计量》的有关规定进行会计处理,其在丧失控制之日的公允价值与账面价值间的差额计入当期损益。

投资方因追加投资等原因能够对被投资单位施加重大影响或实施共同控制但不构成控制的,应当按照《企业会计准则第22号——金融工具确认和计量》确定的原持有的股权投资的公允价值加上新增投资成本之和,作为改按权益法核算的初始投资成本。原持有的股权投资分类为可供出售金融资产的,其公允价值与账面价值之间的差额,以及原计入其他综合收益的累计公允价值变动应当转入改按权益法核算的当期损益。

(二)权益法转换为成本法

投资方因追加投资等原因能够对非同一控制下的被投资单位实施控制的,在编制个别财务报表时,应当按原持有的股权投资账面价值加上新增投资成本之和,作为改按成本法核算的初始投资成本。

投资方因处置部分权益性投资等原因丧失了对被投资单位的控制的,在编制个别财务报表时,处置后的剩余股权不能对被投资单位实施共同控制或施加重大影响的,应当改按

《企业会计准则第 22 号——金融工具确认和计量》的有关规定进行会计处理,其在丧失控制之日的公允价值与账面价值间的差额计入当期损益。

五、长期股权投资的处置

长期股权投资的处置,主要指通过证券市场售出股权,也包括抵偿债务转出、非货币性资产交换转出以及因被投资企业破产清算而被迫清算股权等情形。

处置长期股权投资发生的损益应当在符合股权转让条件时予以确认,计入处置当期投资损益。长期股权投资的处置损益,是指取得的处置收入与长期股权投资的账面价值和已确认但尚未收到的现金股利之间的差额。已计提减值准备的长期股权投资,处置时应同时结转已计提的长期股权投资减值准备;采用权益法核算的长期股权投资,处置时还应将原计入资本公积项目的相关金额,转为处置当期投资收益。

在部分处置某项长期股权投资时,按该项投资的总平均成本确定处置部分的成本,并按相同的比例结转已计提的长期股权投资减值准备和相关的资本公积金额。

【例 4-33】　甬江股份有限公司对持有的飞翔公司股份采用权益法核算。2009 年 4 月 5 日,甬江公司将持有的飞翔公司股份全部转让,收到转让价款 4 500 万元,其中包括甬江公司应收飞翔公司已宣告但尚未发放的现金股利 300 万元。转让日,该项股权投资的账面价值为 3 650 万元,其中,成本 2 200 万元,损益调整(借方)1 200 万元,其他权益变动(借方)250 万元。其账务处理如下:

转让损益＝4 500－3 650－300＝550(万元)

```
借:银行存款                                    45 000 000
    贷:长期股权投资——飞翔公司(成本)             22 000 000
                  ——飞翔公司(损益调整)           12 000 000
                  ——飞翔公司(其他权益变动)         2 500 000
        应收股利                                  3 000 000
        投资收益                                  5 500 000
借:资本公积——其他资本公积                        2 500 000
    贷:投资收益                                    2 500 000
```

六、长期股权投资综合实例

甬江公司发生下列长期股权投资业务:

(1)2008 年 1 月 3 日,购入大江公司股票 580 万股,占大江公司有表决权股份的 25%,对大江公司的财务和经营决策具有重大影响,甬江公司将其作为长期股权投资核算。每股购入价 8 元。每股价格中包含已宣告但尚未发放的现金股利 0.25 元,另外支付相关税费 7 万元。款项均以银行存款支付。当日,大江公司所有者权益的账面价值(与其公允价值不存在差异)为 18 000 万元。

(2)2008 年 3 月 16 日,收到大江公司宣告分派的现金股利。

(3)2008 年度,大江公司实现净利润 3 000 万元。

(4)2009 年 2 月 16 日,大江公司宣告分派 2008 年度股利,每股分派现金股利 0.20 元。

(5)2009 年 3 月 12 日,甬江公司收到大江公司分派的 2008 年度的现金股利。

(6)2010年1月4日,甫江公司出售所持有的全部大江公司的股票,共取得价款5 200万元(不考虑长期股权投资减值及相关税费)。

编制甫江公司长期股权投资的会计分录如下:

(1)2008年1月3日,购入大江公司股票

初始投资成本＝580×(8−0.25)＋7＝4 502(万元)

应享有大江公司可辨认净资产公允价值份额＝18 000×25%＝4 500(万元)

由于长期股权投资的初始投资成本大于投资时应享有大江公司可辨认净资产公允价值的份额,因此,不调整长期股权投资的初始投资成本。

```
借:长期股权投资——大江公司(成本)                    4 502
   应收股利                                          145
   贷:银行存款                              (580×8+7)4 647
```

(2)2008年3月16日,收到大江公司宣告分派的现金股利

```
借:银行存款                                          145
   贷:应收股利                                        145
```

(3)2008年度,大江公司实现净利润

```
借:长期股权投资——大江公司(损益调整)       (3000×25%)750
   贷:投资收益                                       750
```

(4)2009年2月16日,大江公司宣告分派2008年度股利

```
借:应收股利                            (0.2×580)116
   贷:长期股权投资——大江公司(损益调整)               116
```

(5)2009年3月12日,收到大江公司宣告分派的现金股利

```
借:银行存款                                          116
   贷:应收股利                                        116
```

(6)2010年1月4日,出售所持有的全部大江公司的股票

```
借:银行存款                                        5 200
   贷:长期股权投资——大江公司(成本)                  4 502
              ——大江公司(损益调整)       (750−116)634
      投资收益                                        64
```

要点回顾

• 学习目标总结

学习目标1　投资是企业为了获得收益或实现资本增值向被投资单位投放资金的经济行为。企业对外进行的投资,可以有不同的分类。从性质上划分,可以分为债权性投资与权益性投资;从管理层持有意图划分,可以分为交易性投资、可供出售投资、持有至到期投资和长期股权投资等。

学习目标2　(1)交易性金融资产主要是指企业为了近期内出售而持有的金融资产。交易性金融资产初始确认时,应按公允价值计量,相关交易费用应当直接计入当期损益。在

持有期间取得的利息或现金股利,应当确认为投资收益。资产负债表日,企业应将交易性金融资产的公允价值变动计入当期损益。

(2)持有至到期投资,是指到期日固定、回收金额固定或可确定,且企业有明确意图和能力持有至到期的非衍生金融资产。持有至到期投资初始确认时,应当按照公允价值和相关交易费用之和作为初始入账金额。采用实际利率法,按摊余成本对持有至到期投资进行后续计量。资产负债表中,持有至到期投资通常应按账面摊余成本列示其价值。但有客观证据表明其发生了减值的,应当根据其账面摊余成本与预计未来现金流量现值之间的差额计算确认减值损失。

(3)可供出售金融资产,是指初始确认时即被指定为可供出售的非衍生金融资产,以及除下列各类资产以外的金融资产:①贷款和应收款项;②持有至到期投资;③以公允价值计量且其变动计入当期损益的金融资产。可供出售金融资产应当按取得该金融资产的公允价值和相关交易费用之和作为初始确认金额。可供出售金融资产在持有期间取得的现金股利或债券利息,应当计入投资收益。资产负债表日,可供出售金融资产应当以公允价值计量,且公允价值变动计入资本公积。可以认定可供出售金融资产已发生减值,应当确认减值损失。

<u>学习目标3</u> 长期股权投资,是指企业准备长期持有的权益性投资。合并和合并以外的其他方式形成的长期股权投资的初始计量:同一控制下的企业合并,应当按照取得被合并方所有者权益账面价值的份额作为长期股权投资的初始投资成本;非同一控制下企业合并形成的长期股权投资和企业合并以外的其他方式取得的长期股权投资应当按照取得长期股权投资的公允价值作为其初始投资成本。长期股权投资在持有期间应当分别采用成本法及权益法进行核算。投资企业能够对被投资单位实施控制的长期股权投资;不具有共同控制或重大影响,并且在活跃市场中没有报价、公允价值不能可靠计量的长期股权投资适用成本法。投资企业对被投资单位具有共同控制或重大影响的长期股权投资应当采用权益法。成本法,长期股权投资的价值通常按初始投资成本计量,除追加或收回投资外,一般不对长期股权投资的账面价值进行调整。权益法,长期股权投资最初以投资成本计量,以后则要根据投资企业应享有被投资单位所有者权益份额的变动,对长期股权投资的账面价值进行相应调整。

处置各类对外投资时,应将取得的价款与该投资账面余额之间的差额,计入投资收益。

• 关键术语

交易性金融资产;持有至到期投资;可供出售金融资产;长期股权投资;公允价值;公允价值变动损益;实际利率法;摊余成本;控制;共同控制;重大影响;成本法;权益法

• 重点与难点

重点:交易性金融资产、可供出售金融资产初始成本的确定、投资收益计算和期末计价;持有至到期投资初始成本确定、投资收益计算和摊余成本的确定;长期股权投资确认与计量

难点:长期股权投资的权益法核算;持有至到期投资利息收入的确认及持有至到期投资溢、折价摊销的处理;长期股权投资成本法转换为权益法的核算。

小组讨论

• 思考题

1. 企业对外投资的目的是什么？投资的目的会影响企业对外投资的核算吗？
2. 比较各类对外投资初始投资成本确定的异同。
3. 交易性金融资产和可供出售金融资产公允价值变动的会计处理有何不同？
4. 债券应计利息和利息收益之间有何关系？如何确认持有至到期投资的利息收益？
5. 如何理解长期股权投资在投资时形成股权投资差额？应如何进行会计处理？
6. 成本法和权益法分别在何种情况下采用？比较两种方法在核算方面的异同。

• 案例分析

资料：上海大江(集团)股份有限公司关于转让长期股权投资的公告

ST 大江(600695)属于农业行业。注册会计师对 ST 大江公司 2006 年报出具了标准无保留意见的审计报告。

本公司及董事会全体成员保证公告内容的真实、准确和完整，没有虚假记载、误导性陈述或者重大遗漏。

2007 年 4 月 26 日，公司与中国华源生命产业有限公司签订了《股权转让合同》，公司将所持有的上海华源生命科学研究开发有限公司(以下简称"华源生科")16.5％股权转让给中国华源生命产业有限公司，转让价格为 2000 万元。合同约定：

1. 在本合同签署后 2 个工作日内，公司完成将沪房地松字(2001)第 005725 号房地产权证(该房地产使用权为公司初始投资的一部分，但由于种种原因一直未过户给华源生科)过户到华源生科的相关手续并向登记机关提交过户申请。

2. 转让款支付方式：公司将沪房地松字(2001)第 005725 号房地产权证载明的房产和地产转入华源生科，上海昊海化工有限公司收到房地产登记机关出具的房地产变更登记信息资料后即将人民币 1500 万元作为第一期股权转让款汇入公司账户；在双方完成转让股权的工商变更登记手续，上海昊海化工有限公司收到工商登记机关出具的变更登记信息资料后将余下的人民币 500 万元转让款汇入公司账户。

3. 本次股权转让前后华源生科涉及的债权债务全部由股东变更后的华源生科继续承继。截至 2006 年 12 月 31 日华源生科的账面净资产为 98 097 020.87 元，2006 年度净利润为—868.52 万元。公司初始投资为 31 776 695.18 元，2006 年公司计提华源生科股权投资减值准备 15 590 686.74 元，计提后华源生科股权账面余额为 16 186 008.44 元。本次转让公司产生损益 3 813 991.56 元。

中国华源生命产业有限公司受让公司所持 16.5％股权股权后，继而转让给上海昊海化工有限公司，所以本次股权转让款由上海昊海化工有限公司支付给公司。中国华源生命产业有限公司为持有华源生科 81.32％股权的股东，公司与中国华源生命产业有限公司、上海昊海化工有限公司没有关联关系。

特此公告。

上海大江(集团)股份有限公司

2007 年 4 月 28 日

请以小组为单位讨论以下问题:

(1)了解大江集团的主营业务。分析 ST 大江为何对华源生科进行投资？又为何进行股权转让？

(2)长期股权投资的核算方法应如何选择？说明 ST 大江对华源生科的投资采用的核算方法。

(3)长期股权投资应如何计提减值准备？对 2006 年 ST 大江计提减值准备进行会计处理。

(4)长期股权投资与企业合并的关系？

(5)ST 大江对华源生科投资时、转让时如何进行会计处理？

项目训练

训练目的:通过本项目训练,使学生对对外投资项目有一个比较系统地认识,熟悉其账务处理程序,据以达到熟练地掌握对外投资的确认、计量、记录及报告等会计技能。

训练形式:以学生自主完成为主,教师适当指导。

训练课时:课外 2 课时。

训练资料与要求:

一、训练资料

(1)东升股份有限公司 2009 年 1 月 25 日,以每股 1.3 元购进某股票 200 万股,作为交易性金融资产核算;6 月 30 日,该股票市价为每股 1.1 元;11 月 2 日,以每股 1.4 元的价格全部出售该股票。

(2)东升股份有限公司有关购入、持有和出售乙公司发行的不可赎回债券的资料如下:

①2009 年 1 月 1 日,东升公司支付价款 1 100 万元(含交易费用),从活跃市场购入乙公司当日发行的面值为 1 000 万元、5 年期的不可赎回债券。该债券票面年利率为 10%,利息按单利计算,到期一次还本付息,实际年利率为 6.4%。当日,东升公司将其划分为持有至到期投资,按年确认投资收益。2009 年 12 月 31 日,该债券未发生减值迹象。

②2010 年 1 月 1 日,该债券市价总额为 1 200 万元。当日,为筹集生产线扩建所需资金,公司出售债券的 80%,将扣除手续费后的款项 955 万元存入银行;该债券剩余的 20%重分类为可供出售金融资产。

(3)东升股份有限公司有关购入、持有丙公司股份的资料如下:

①2009 年 1 月 1 日,以银行存款 320 万元,自非关联方 A 公司购入丙公司 30%有表决权的股份 100 万股,能够对丙公司施加重大影响。当日,丙公司可辨认资产、负债的公允价值与其账面价值相同,所有者权益总额为 1 000 万元。

②2009 年度,丙公司实现净利润 300 万元。

③2010 年 2 月 25 日,丙公司宣告分派 2009 年度股利,每股分派现金股利 0.30 元。

④2010 年 3 月 20 日,东升公司收到丙公司分派的 2009 年度的现金股利。

二、训练要求

(1)根据东升股份有限公司所发生的上述业务进行相关对外投资业务的确认、计量并据以编制会计分录。

(2)说明东升股份有限公司 2009 年 1 月 31 日资产负债表中"交易性金融资产"、"可供出售金融资"、"持有至到期投资"和"长期股权投资"项目的金额以及如何进行表外披露。

阅读平台

• 阅读书目

(1)《企业会计准则第 22 号——金融工具确认和计量》。

(2)《企业会计准则第 2 号——长期股权投资》。

(3)《中外会计与财务案例研究》,孙铮、戴欣苗、李莉、包洪信,上海财经大学出版社,2003 年版。

(4)《中级财务会计》,陈汉文,北京大学出版社,2008 年版。

• 阅读资料

权益类可供出售金融资产核算探讨

一、权益类可供出售金融资产确认与计量

可供出售金融资产主要是指企业没有划分为以公允价值计量且其变动计入当期损益的金融资产、持有至到期投资、贷款和应收款项等金融资产。企业购入的在活跃市场上有报价的股票,若没有划分为以公允价值计量且其变动计入当期损益的金融资产,可以归为此类。上市公司所持股改(含已解禁和限售)股份,以对被投资单位是否具有重大影响为界线,界线之下的即为权益类可供出售金融资产;上市公司所持 IPO 限售股,以对被投资单位是否具有重大影响为界线,重大影响以下的,在初次认定时作为长期股权投资(成本法),在股票挂牌上市之日转为权益类可供出售金融资产。相对于交易性金融资产而言,权益类可供出售金融资产的持有意图不明确,直观一些可以将其看作是介于交易性金融资产和长期股权投资之间的一类资产。

权益类可供出售金融资产在初始确认时,按其公允价值以及交易费用之和入账,持有期间获取的股利收益计入当期损益,公允价值变动先计入所有者权益,待最终出售时再转出计入当期损益。若公允价值发生非暂时性下跌,则必须进行减值计提,原计入所有者权益的公允价值下降形成的累计损失也一并转出计入当期损益。在确认减值损失后的会计期间若公允价值上升,应在原已计提的减值准备金额内,按恢复增加的金额,借记"可供出售金融资产——减值准备",贷记"资本公积——其他资本公积"。长期股权投资重分类为权益类可供出售金融资产的,重分类当日将长期股权投资账面价值与公允价值之间的差额计入所有者权益,后续发生的公允价值变动同样计入所有者权益,在资产出售转让时再转入当期损益。

权益类可供出售金融资产转为长期股权投资的,以可供出售金融资产公允价值计量的账面价值作为长期股权投资的初始投资成本。长期股权投资的初始投资成本大于投资时应享有被投资单位可辨认净资产公允价值份额的,不调整长期股权投资的初始投资成本;长期股权投资的初始投资成本小于投资时应享有被投资单位可辨认净资产公允价值份额的,其差额应当计入当期损益,同时调整长期股权投资的成本。

二、权益类可供出售金融资产核算

第一,直接从市场购入后指定为可供出售金融资产。

[例1]太保公司 2008 年 1 月 10 日购入中信公司股票 10 万股,价格 30 元,另支付税费 2 万元。太保公司将该股票指定为可供出售金融资产。3 月 12 日中信公司宣布发放现金股利每股 0.2 元,3 月 20 日,太保公司收到现金股利。3 月 31 日,中信公司股票价格为 25 元。5 月 31 日,由于股市持续下跌以及中信公司经营出现困难,中信公司股票价格跌至 15 元,太保公司认为投资发生减值。6 月 30 日,中信公司生产恢复正常,公司股价回升至 27 元。7 月 15 日,太保公司将该批股票全部出售,成交价格为每股 28 元,另支付手续费等 2.5 万元。1 月 10 日取得该项可供出售金融资产时,按其公允价值与交易费用之和确认投资成本。

　　借:可供出售金融资产——成本　　　　　　　　　　　　3 020 000
　　　　贷:银行存款　　　　　　　　　　　　　　　　　　　　　　3 020 000

3 月 12 日,中信公司宣布发放现金股利,太保公司应获得股利＝0.2×10＝2(万元)。

　　借:应收股利　　　　　　　　　　　　　　　　　　　　　　20 000
　　　　贷:投资收益　　　　　　　　　　　　　　　　　　　　　　　20 000

3 月 20 日,太保公司收到中信公司现金股利 2 万元。

　　借:银行存款　　　　　　　　　　　　　　　　　　　　　　20 000
　　　　贷:应收股利　　　　　　　　　　　　　　　　　　　　　　　20 000

3 月 31 日,按公允价值 250 万元(10×25)调整其账面价值 302 万元,差额部分计入所有者权益。

　　借:资金公积——其他资本公积　　　　　　　　　　　　520 000
　　　　贷:可供出售金融资产——公允价值变动　　　　　　　　　520 000

5 月 31 日,确认投资发生减值,按应减记金额 100 万元(250－10×15)计入当期损益。

　　借:资产减值损失　　　　　　　　　　　　　　　　　　1 000 000
　　　　贷:可供出售金融资产——减值准备　　　　　　　　　　1 000 000

原直接计入所有者权益的因公允价值下降形成的累计损失 52 万元,全部予以转出,计入当期损益。

　　借:资产减值损失　　　　　　　　　　　　　　　　　　520 000
　　　　贷:资本公积——其他资本公积　　　　　　　　　　　　520 000

6 月 30 日原已确认的减值损失中的 120 万元[(27－15)×10],可以转回,计入权益项目。

　　借:可供出售金融资产——减值准备　　　　　　　　　　1 200 000
　　　　贷:资本公积——其他资本公积　　　　　　　　　　　　1 200 000

7 月 5 日,太保公司将股票全部出售,获得价款 277.5 万元。

　　借:银行存款　　　　　　　　　　　　　　　　　　　　2 775 000
　　　　可供出售金融资产——公允价值变动　　　　　　　　520 000

资本公积——其他资本公积	1 200 000
贷：可供出售金融资产——成本	3 020 000
可供出售金融资产——减值准备	200 000
投资收益	1 275 000

第二，长期股权投资转化为权益类可供出售金融资产。

[例2]西水股份公司所持兴业银行3000万股股票原作长期股权投资处理，账面成本为6000万元。公司董事会决议从2007年12月31日起将该批即将解禁的股票认定为可供出售金融资产。假定兴业银行2007年12月31日的收盘价为40元。

借：可供出售金融资产——成本	1 200 000 000
贷：长期股权投资	60 000 000
资本公积——其他资本公积	1 140 000 000

2008年3月西水股份公司将该批股票全部出售，成交价为每股35元，交易费用为1万元。

借：其他货币资金——存出投资款	1 049 990 000
投资收益	150 010 000
贷：可供出售金融资产——成本	1 200 000 000
借：资本公积——其他资本公积	1 140 000 000
贷：投资收益	1 140 000 000

第三，权益类可供出售金融资产转化为长期股权投资。

[例3]平安公司原持有SAM银行3%股份计200万股，原作可供出售金融资产核算，账面值体现为：可供出售金融资产——成本1 200万元，可供出售金融资产——公允价值变动200万元（借方），SAM银行3%股份的可辨认净资产公允价值为1 500万元。此时平安公司通过增持该公司股份而将对该公司的投资转化为长期股权投资，账务处理为：

借：长期股权投资	15 000 000
贷：可供出售金融资产——成本	1 2000 000
可供出售金融资产——公允价值变动	2 000 000
营业外收入	1 000 000

三、权益类可供出售金融资产与交易性金融资产核算区别

权益类可供出售金融资产与交易性金融资产核算的区别主要表现在两个方面：

一是初始确认时，取得权益类可供出售金融资产所发生的交易费用计入成本，取得交易性金融资产所发生的交易费用则直接计入投资收益。

二是持有期间公允价值发生变动时，权益类可供出售金融资产变动部分先计入所有者权益，待最终出售时或计提减值损失时再转出计入当期损益；当公允价值持续下跌时，权益类可供出售金融资产需进行减值计提，且需将原计入所有者权益的公允价值下降形成的累计损失一并转出计入当期损益。交易性金融资产的公允价值变动直接计入当期损益，公允价值下跌时不需进行减值计提。

产生上述账务处理区别的关键原因在于交易性金融资产被看作是一项短期投资，而权益类可供出售金融资产则被看作是介于短期投资与长期投资之间的一项投资。既然交易性金融资产是短期投资，其公允价值的变动应该体现为当期损益；权益类可供出售金融资产是

一项相对长期的投资,其公允价值的变动先计入所有者权益再按规定转出计入当期损益更符合稳健性原则要求。

（资料来源:《财会通讯》综合（上）2009 年第 6 期　作者:莫世凤）

第五章

长期非货币性资产

学习目标

通过本章学习,你应能够:

1. 理解固定资产、无形资产和投资性房地产的概念、特征及确认条件;固定资产的计价标准;投资性房地产的范围;

2. 掌握固定资产的初始计量、折旧、后续支出及处置;

3. 掌握无形资产初始计量、摊销及处置;

4. 掌握投资性房地产的初始计量、后续计量、后续支出及转换和处置。

引入案例

格兰仕——固定资产虚拟扩张

资产规模和效益有时候并不同步,尤其是与规模相伴而行的固定资产投资往往成为很多工业企业难以摆脱的达摩克利斯之剑,一旦销售出现问题,这柄利剑就毫不迟疑地向企业砍去。广东格兰仕充分结合中国人力、土地廉价优势,采取给别人代工 OEM 的方式换取生产线,然后采取内部挖潜,压榨生产线的剩余生产能力为自己生产产品。这种使用权的虚拟扩张方式迅速构造了竞争力的成本动因,创造了微波炉制造、光波炉制造第一的世界奇迹。

"价格战"是企业竞争中最残酷也是最有效的手段,没有什么比价格战更能摧残企业资源的方式了,但是格兰仕却将这个手段发挥到了极致。1993 年格兰仕第一批 1 万台微波炉正式下线,虽然销售步履艰难,但是梁庆德的目光已经聚焦在 100 万台的数量级。到了 1996 年,格兰仕微波炉产量增至 60 万台,随即在全国掀起了大规模的降价风暴,当年降价 40%。降价的结果,是格兰仕产量增至近 200 万台,市场占有率已经达到 47.1%。此后,格兰仕前后进行了 9 次大规模降价,每次降价,最低降幅为 25%,一般都在 30%—40%,被业界喻为"价格杀手"。规模扩大带动的是成本下降,微波炉降价又直接扩大了市场容量,企业资金回流也相应增加,企业规模再次扩大,成本再次下降。至今,微波炉的年产销售量已达到 1 500 万台,国内市场占有率高达 70%,国际市场占有率高达 35%,演绎了一条优美的成长曲线。

格兰仕打"价格战"的基础就是从大规模中获取规模效益,但从另一方面看,与规模扩大相伴生的就是固定投资的增大。一个企业最大的投资是设备投资,制造企业的设备投资更是庞大。这不仅会影响企业现金流,同时固定资产折旧也会导致价格竞争力的下滑。与收购国外企业或者生产线相反,格兰仕走了一条虚拟联合规模扩张的路子,不仅没有动用自有资金投资固定资产,而是将别人的生产线搬到了内地,而且建这些厂用的还是别人的钱。规模的扩大不仅仅没有让格兰仕背上沉重的成本包袱,反而成为克敌制胜的不二法门,格兰仕通过固定资产的虚拟式扩张完美地为价格战做了一个经典注解。这种通过合理整合全球家电产品生产力和生产线的方式,不仅大大降低了成本,而且成功地甩掉了市场风险、固定资产投资风险等"三大风险",平衡地并购了全球多家家电企业,顺利地实现了资本、市场的同步扩张,从而使自己能够在一轮轮价格战中始终立于不败之地。

(资料来源:中国财税在线网)

第一节 固定资产

一、固定资产概述

(一)固定资产的定义及特征

固定资产,是指同时具有下列特征的有形资产:(1)为生产商品、提供劳务、出租或经营管理而持有的;(2)使用寿命超过一个会计年度。未作为固定资产管理的工具、器具,作为低值易耗品核算。从固定资产的定义看,固定资产具有以下三个特征:

1. 持有的目的是为了生产经营活动

即固定资产用于企业生产商品、提供服务、出租或企业行政管理方面,而不是为了转卖。即企业持有的固定资产是企业的劳动工具或手段,而不是用于出售的产品。其中"出租"的固定资产,是指企业以经营租赁方式出租的机器设备类固定资产,不包括以经营租赁方式出租的建筑物,后者属于企业的投资性房地产,不属于固定资产。

2. 使用期限超过 1 年,并保持原有物质形态基本不变

固定资产的使用寿命,是指企业使用固定资产的预计期间,或者该固定资产所能生产产品或提供劳务的数量。通常情况下,固定资产的使用寿命是指使用固定资产的预计期间,比如自用房屋建筑物的使用寿命表现为企业对该建筑物的预计使用年限。对于某些机器设备或运输设备等固定资产,其使用寿命表现为以该固定资产所能生产产品或提供劳务的数量,例如,汽车或飞机等,按其预计行驶或飞行里程估计使用寿命。

固定资产使用寿命超过一个会计年度,意味着固定资产属于非流动资产,随着使用和磨损,通过计提折旧方式逐渐减少账面价值。对固定资产计提折旧,是对固定资产进行后续计量的重要内容。

3. 固定资产为有形资产

固定资产具有实物特征,这一特征将固定资产与无形资产区别开来。有些无形资产可能同时符合固定资产的其他特征,如无形资产为生产商品、提供劳务而持有,使用寿命超过一个会计年度,但是,由于其没有实物形态,所以,不属于固定资产。

(二)固定资产的确认

固定资产应当在符合定义的前提下,同时满足以下两个确认条件时,才能予以确认。

1. 与该固定资产有关的经济利益很可能流入企业

资产最重要的特征是预期会给企业带来经济利益。企业在确认固定资产时,需要判断与该项固定资产有关的经济利益是否很可能流入企业。如果与该项固定资产有关的经济利益很可能流入企业,并同时满足固定资产确认的其他条件,那么,企业应将其确认为固定资产;否则,不应将其确认为固定资产。

在实务中,判断与固定资产有关的经济利益是否很可能流入企业,主要判断与该固定资产所有权相关的风险和报酬是否转移到了企业。与固定资产所有权相关的风险,是指由于经营情况变化造成的相关收益的变动,以及由于资产闲置、技术陈旧等原因造成的损失;与固定资产所有权相关的报酬,是指在固定资产使用寿命内使用该资产而获得的收入,以及处置该资产所实现的利得等。

2. 该固定资产的成本能够可靠计量

成本能够可靠地计量是资产确认的一项基本条件。企业在确定固定资产成本时必须取得确凿证据,但是,有时需要根据所获得的最新资料,对固定资产的成本进行合理的估计。比如,企业对于已达到预定可使用状态但尚未办理竣工决算的固定资产,需要根据工程预算、工程造价或者工程实际发生的成本等资料,按估计价值确定其成本,办理竣工决算后,再按照实际成本调整原来的暂估价值。

(三)固定资产的分类

企业的固定资产多种多样,规格不一,为了加强管理,便于组织固定资产核算,必须对其进行科学、合理的分类。固定资产可以按不同的标准进行分类。

1. 按经济用途分类

企业的固定资产按经济用途划分,可分为生产经营用固定资产和非生产经营用固定资产两大类。

(1)生产经营用固定资产是指直接使用或服务于企业生产、经营过程的各种固定资产。如生产经营用的机器设备、工具、器具、房屋及建筑物等。

(2)非生产经营用固定资产是指不直接服务于生产、经营过程的各种固定资产。如职工宿舍、食堂、浴室、托儿所、理发室等使用的房屋、设备及其他固定资产等。

这种分类,可以清楚地反映企业生产经营用固定资产和非生产经营用固定资产之间的组成变化情况,借以考核和分析企业固定资产管理和利用情况,从而促进固定资产的合理配置,充分发挥其效用。

2. 按使用情况分类

企业固定资产按使用情况划分,可分为在用的、未使用的、不需用的和出租的四大类。

(1)在用的固定资产是指正在使用中的经营用和非经营用固定资产。由于季节性或大修理等原因,暂时停止使用的固定资产、企业出租(指经营性租赁)给其他单位使用的固定资产以及内部替换使用的固定资产,也属于使用中的固定资产。

(2)未使用的固定资产是指已完工或已购建的尚未交付使用的新增固定资产,以及因进行改建、扩建等原因暂时停止使用的固定资产。如:虽已达到可使用状态但尚未交付使用的固定资产、企业购建的尚待安装的固定资产、经营任务变更停止使用的固定资产等。

(3)不需用的固定资产是指本企业多余或不使用而需要另行处置的各种固定资产。

(4)出租固定资产是指企业根据租赁合同的规定,以经营租赁方式出租给其他企业临时使用的固定资产。

按照固定资产使用情况进行分类,有利于反映企业固定资产的使用情况及其比例关系,便于分析固定资产的利用效率,也便于企业合理计提固定资产的折旧。

除上述基本分类外,固定资产还可按其他标准进行分类。如按固定资产的性能分类,可分为房屋和建筑物、动力设备、传导设备、工作机器及设备、工具、仪器及生产经营用具、运输设备、管理用具等;按固定资产的来源渠道分类,可分为外购的固定资产、自行建造的固定资产、投资者投入的固定资产、融资租入的固定资产、改建扩建新增的固定资产、接受抵债取得的固定资产、非货币性资产交换换入的固定资产、接受捐赠的固定资产、盘盈的固定资产等。

在会计实务中,企业为了更好地满足固定资产管理和核算的需要,是将几种分类标准结合起来,采用综合的标准对固定资产进行分类。如综合考虑固定资产的经济用途、使用情况及所有权等,可将固定资产分为经营用固定资产、非经营用固定资产、经营出租固定资产、未使用固定资产、不需用固定资产、融资租入固定资产等。

各企业性质不同,经营规模大小不一,对固定资产的分类不可能完全一致。企业可根据各自的具体情况,结合经营管理和会计核算的需要,对其进行必要的分类。

(四)固定资产的计量

对固定资产进行会计核算,首先需确定固定资产的计量标准。固定资产的计量主要有以下三种标准:

1. 原始价值

又称原始成本或历史成本,它是指企业购建某项固定资产达到预定可使用状态前所发生的一切合理、必要的支出。一般包括买价、进口关税、运输费、场地整理费、装卸费、安装费、专业人员服务费和其他税费等。值得注意的是,目前我国增值税进行了转型改革:其中很重要的一点是企业新购进的机器设备所含的进项税额采用规范的抵扣办法,企业购进的设备和原材料是一样的,按照正常的办法直接抵扣其进项税额。但购买的小汽车、摩托车、游艇等不可抵扣。固定资产的来源渠道不同,原始价值的具体内容就会有所不同。在确定固定资产的原始价值时,有一个很重要的问题需要注意,即企业购建固定资产而借入款项所发生的借款费用资本化的会计处理问题。另外,有些企业的部分固定资产在确定其原始价值时还应该考虑弃置费用问题。

企业购建固定资产一般采用这种方法计量。按这种方法确定的价值,均是实际发生并有支付凭据的支出,具有客观性和可验证性。正是由于这种计量方法具有客观性和可验证性的特点,因而成为固定资产的基本计量标准。

2. 重置完全价值

又称现时重置成本,是指在当前的生产技术条件下,重新购建同样的固定资产所需要的全部支出。重置完全价值所反映的是固定资产的现时价值,从理论上讲,比采用原始价值计量更为合理。但由于重置完全价值本身是经常变化的,如果将其作为基本计量标准,势必会引起一系列复杂的会计问题,在会计实务中不具有可操作性。因此,重置完全价值只能作为固定资产的一个辅助计量标准来使用。通常用于对会计报表进行必要的补充、附注说明,以弥补原始价值计量的不足。此外,在取得无法确定原始价值的固定资产时,如盘盈固定资产、接受捐赠固定资产等,应以重置完全价值为计量标准,对固定资产进行计量。

3. 固定资产净值

也称为折余价值,是指固定资产原始价值减去已提折旧后的净额。这种计量方法主要用于计算盘盈、盘亏、毁损固定资产的收益或损失。用净值与原始价值或重置完全价值相比较,还可以大致了解固定资产的新旧程度。

二、固定资产的初始计量

固定资产初始计量,指固定资产的取得成本。固定资产应当按照实际成本进行初始计量。固定资产取得的方式不同,其成本的具体构成内容及确定方法也不尽相同。

(一)外购的固定资产

企业外购固定资产的成本,包括购买价款和使固定资产达到预定可使用状态前所发生的可归属于该项资产的运输费、装卸费、安装费和专业人员服务费等。如果外购的属于机器设备,则相关的增值税可以予以抵扣。如果购入需安装的固定资产,只有安装调试后达到设计要求或合同规定的标准,该项固定资产才可发挥作用,才意味着达到预定可使用状态。按应计入固定资产成本的金额,依据不同的结算方式分别借记"固定资产"科目,贷记"银行存款"、"应付账款"、"应付票据"或"长期应付款"等科目。

【例5-1】 2009年3月14日甬江股份有限公司购入一台设备,买价9 000元,支付增值税1 530元,支付运输费,保险费等共计140元。该设备不需要安装直接交付使用,全部款项已用银行存款支付。

该固定资产的初始计量成本=9 000+140=9 140(元)

账务处理为:

借:固定资产	9 140
应交税费——应交增值税(进项税额)	1 530
贷:银行存款	10 670

企业外购的固定资产若需要安装之后才能使用时,按照外购价款、相关税费以及企业为使固定资产达到预定可使用状态前所支付的相关安装费,借记"在建工程"科目,待固定资产交付使用之后,将其转入"固定资产"科目。

【例5-2】 2009年4月10日甬江股份有限公司购入需要安装的全新设备一台,价款12 000元,支付增值税2 040元,包装及运输费计300元,以上款项均通过银行存款支付。设备安装过程中领用库存材料3 000元,负担本企业职工工资2 000元。安装完毕已交付使用。甬江公司的账务处理如下:

(1)企业购入需要安装的全新设备。

借:在建工程	12 300
应交税费——应交增值税(进项税额)	2 040
贷:银行存款	14 340

(2)发生安装费用。

借:在建工程	5 000
贷:原材料	3 000
应付职工薪酬	2 000

(3)安装完毕交付使用。

借:固定资产	17 300
贷:在建工程	17 300

在实际工作中,企业可能以一笔款项购入多项没有单独标价的资产。如果这些资产均符合固定资产的定义,并满足固定资产的确认条件,则应将各项资产单独确认为固定资产,并按各项固定资产公允价值的比例对总成本进行分配,分别确定各项固定资产的成本。如果以一笔款项购入的多项资产中还包括固定资产以外的其他资产,也应按类似的方法予以处理。

【例5-3】 2009年4月1日,为降低采购成本,甬江股份有限公司向乙公司一次购进了3套不同型号且具有不同生产能力的设备A、B和C。甬江股份有限公司为该批设备共支付货款7 800 000元,增值税税额1 326 000元,包装费42 000元,全部以银行存款支付。假定设备A、B和C均满足固定资产的定义及其确认条件,公允价值分别为2 926 000元、

3 594 800元、1 839 200 元；不考虑其他相关税费。

甫江公司的账务处理如下：

(1)确定计入固定资产成本的金额,包括买价、包装费等。

应计入固定资产成本的金额＝7 800 000＋42 000＝7 842 000(元)

(2)确定设备 A、B 和 C 的价值分配。

A 设备应分配的固定资产价值比例＝2 926 000÷(2 926 000＋3 594 800＋1 839 200)
＝35％

B 设备应分配的固定资产价值比例＝3 594 800÷(2 926 000＋3 594 800＋1 839 200)
＝43％

C 设备应分配的固定资产价值比例＝1 839 200÷(2 926 000＋3 594 800＋1 839 200)
＝22％

确定设备 A、B 和 C 各自的入账价值：

A 设备的入账价值＝7 842 000×35％＝2 744 700(元)

B 设备的入账价值＝7 842 000×43％＝3 372 060(元)

C 设备的入账价值＝7 842 000×22％＝1 725 240(元)

编制会计分录：

借:固定资产——A		2 744 700
——B		3 372 060
——C		1 725 240
应交税费——应交增值税(进项税额)		1 326 000
贷:银行存款		9 168 000

(二)自行建造的固定资产

1.自制产品用作固定资产

企业按照生产该产品的成本和应交纳的各项税金借记"固定资产"科目,同时按照产品成本贷记"库存商品"科目,按照应交纳的增值税贷记"应交税费——应交增值税(销项税额)"科目。

【例5-4】 甫江股份有限公司将本厂生产的一台机器转作固定资产投入使用。该机器的生产成本为50 000 元,市场标价为 52 000 元,适用 17％的增值税率。交付使用后应作以下账务处理：

借:固定资产	58 840
贷:库存商品	50 000
应交税费——应交增值税(销项税额)	8 840

2.自营工程建造固定资产

自营工程由于是利用自身的生产能力进行的固定资产建造工程,因此,固定资产的建造成本往往很难与产品的生产成本完全划分清楚。为了简化核算,企业通常只将固定资产建造工程中所发生的直接支出计入工程成本,按规定,其内容主要包括消耗的工程物资、原材料、库存商品、负担的职工薪酬,辅助生产部门为工程提供的水、电、设备安装、修理、运输等劳务支出,以及工程发生的待摊支出(包括工程管理费、征地费、可行性研究费、临时设施费、公证费、监理费及应负担的税费等)。

至于一些间接支出,如制造费用等并不分配计入固定资产建造工程成本。这种做法的理由主要是:第一,制造费用一般属于固定费用,不会因偶尔进行的固定资产建造工程而增加;第二,固定资产建造工程通常是在营业淡季进行的,如果将一部分制造费用计入工程成本,就会夸大当期正常营业的净收益;第三,固定资产建造工程通常是利用企业的闲置生产能力进行的,如果正常的营业活动并未因进行固定资产建造工程而受到影响,就没有理由使制造费用由固定资产建造工程成本负担。

企业核算自营工程建造固定资产时,需要专门设立"工程物资"和"在建工程"两个科目。"工程物资"科目,用来核算企业在自营工程建造固定资产过程中购置的各种物资的实际成本;"在建工程"科目用来核算企业在自营工程建造固定资产过程中发生的各种支出。企业在自营工程建造固定资产时,按照专门为自营工程建造固定资产所购置的各种物资实际成本,借记"工程物资"科目,贷记"银行存款"、"应付账款"、"应付票据"等科目。企业在自营工程建造固定资产过程中领用物资、分配工程人员工资时,按照领用物资的实际成本和应分配的工资金额,借记"在建工程"科目,贷记"工程物资"、"应付职工薪酬"科目。若该在建工程在达到预定可使用状态之前需要试运行,则企业在此过程中发生的相关生产成本计入在建工程成本,同时按照试运行过程中生产产品所获得收入冲减在建工程成本。

工程完工后,剩余的工程物资转为本企业存货的按其实际成本或计划成本进行结转。建设期间发生的工程物资盘亏、报废及毁损,减去残料价值以及保险公司、过失人等赔款后的净损失,计入所建工程项目的成本;盘盈的工程物资或处置净收益,冲减所建工程项目的成本。工程完工后发生的工程物资盘盈、盘亏、报废、毁损,计入营业外收支。待该固定资产达到预定可使用状态时,按照自营工程建造固定资产过程中所发生的全部成本借记"固定资产"科目,贷记"在建工程"科目。若固定资产在达到预定可使用状态时,尚未办理竣工决算,则按照暂估价由"在建工程"科目转入"固定资产"科目,待实际办理竣工决算后,再予以调整。

【例 5-5】 甬江股份有限公司自营建造一条生产流水线,用银行存款购入工程所需物资一批,增值税专用发票上注明买价 1 700 000 元,增值税 289 000 元;工程开工后陆续领用工程物资 1 700 000 元;领用企业为生产产品而储备的原材料 58 500 元;领用企业生产的产品成本价 15 000 元,该批产品按税务部门确定的计税价格为 20 000 元;用银行存款支付水电费 43 100 元;分配工程人员工资 180 000 元。工程完工达到预定可使用状态。

有关的财务处理如下:

(1)购入工程物资。

借:工程物资	1 700 000	
应交税费——应交增值税(进项税额)	289 000	
贷:银行存款		1 989 000

(2)工程领用工程物资。

借:在建工程——生产线	1 700 000	
贷:工程物资		1 700 000

(3)工程领用库存原材料。

借:在建工程——生产线	58 500	
贷:原材料		58 500

(4)工程领用企业库存商品。

15 000＋20 000×17％＝18 400（元）

借：在建工程——生产线　　　　　　　　　　　　　　　18 400

　　贷：库存商品　　　　　　　　　　　　　　　　　　　　15 000

　　　　应交税费——应交增值税（销项税额）　　　　　　　　3 400

（5）支付水电费。

借：在建工程——生产线　　　　　　　　　　　　　　　43 100

　　贷：银行存款　　　　　　　　　　　　　　　　　　　　43 100

（6）计提工程人员工资。

借：在建工程——生产线　　　　　　　　　　　　　　180 000

　　贷：应付职工薪酬　　　　　　　　　　　　　　　　　180 000

（7）工程达到预定可使用状态并交付使用。

借：固定资产　　　　　　　　　　　　　　　　　　2 000 000

　　贷：在建工程——生产线　　　　　　　　　　　　　2 000 000

应该说明的是，当固定资产达到预定可使用状态时，如果尚未办理竣工决算的，应先按暂估价入账，同时停止借款费用的资本化并开始计提折旧，待办理竣工决算手续后，再按实际成本调整账面暂估成本。

3. 出包工程建造的固定资产

企业采用出包方式建造固定资产，一般应在与承包单位签订合同的基础上预先支付一部分工程款，以后再在施工过程中按期清算，工程完工时与承包单位结清全部工程款。

企业以出包方式建造固定资产，其成本由建造该项固定资产达到预定可使用状态前所发生的必要支出构成，包括发生的建筑工程支出、安装工程支出，以及需分摊计入各固定资产价值的待摊支出。建筑工程、安装工程支出，如人工费、材料费、机械使用费等由建造承包商核算。对于发包企业而言，建筑工程支出、安装工程支出是构成在建工程成本的重要内容，发包企业按照合同规定的结算方式和工程进度定期与建造承包商办理工程价款结算，结算的工程价款计入在建工程成本。待摊支出是指在建设期间发生的，不能直接计入某项固定资产价值、而应由所建造固定资产共同负担的相关费用，包括为建造工程发生的管理费、征地费、可行性研究费、临时设施费、公证费、监理费、应负担的税费、符合资本化条件的借款费用、建设期间发生的工程物资盘亏、报废及毁损净损失以及负荷联合试车费等。

采用此种方式购建固定资产时，出包单位主要通过"在建工程"科目核算与承包单位进行工程价款的结算。企业与承包单位进行工程价款结算时，按照结算金额借记"在建工程"科目，贷记"银行存款"科目。该固定资产完工交付使用时，按照全部结算款项，结转工程成本，借记"固定资产"科目，贷记"在建工程"科目。

【例5-6】　甬江股份有限公司新建行政办公楼一栋，通过竞争招标，信新建筑公司中标。出包合同工程价款为8 000 000元。工程开工后按合理估计的工程进度与信新建筑公司结算进度款3 200 000元，其余工程款于工程验收时一次结算。有关业务及其账务处理如下：

（1）按工程进度结算进度款。

借：在建工程——出包工程　　　　　　　　　　　　3 200 000

　　贷：银行存款　　　　　　　　　　　　　　　　　3 200 000

（2）工程经验收合格，将工程余款4 800 000元付给建筑公司。

```
    借:在建工程——出包工程                              4 800 000
       贷:银行存款                                                4 800 000
```

（3）办公楼交付使用,计造价 8 000 000 元。

```
    借:固定资产                                          8 000 000
       贷:在建工程——出包工程                                    8 000 000
```

（三）投资者投入的固定资产

投资者投入的固定资产,按照投资合同或协议中约定的价值,借记"固定资产"科目,贷记"实收资本"或"股本"科目。

【例 5-7】　甬江股份有限公司接受普惠公司投入汽车一部,双方协商作价 15 万元。该汽车作为股权投资处理。账务处理为:

```
    借:固定资产                                          150 000
       贷:股本——普惠公司                                        150 000
```

（四）融资租入的固定资产

融资性租入的固定资产是指就租入单位而言采用融资性租赁的方式租入的固定资产。融资性租赁是为了满足企业生产经营的长期需要而租入资产的一种方式。当企业急需某种固定资产（一般为设备）,直接购买需支付大额资金,而企业资金又不是很充足,这时可采用融资租赁方式先租入固定资产,以期尽快投入使用,然后再以分期支付租赁费的方式支付固定资产价款及其他有关费用。采用这种租赁方式,既可以满足企业生产经营对固定资产的需要,又解决了购买固定资产所面临的资金问题,以融物的形式达到了融资的目的。

我国会计准则规定,融资租入的固定资产,在融资租赁期内,应作为企业自有固定资产进行管理与核算。融资租入固定资产的入账价值按租赁开始日租赁资产的公允价值与最低租赁付款额的现值两者中较低者来确定,而以最低租赁付款额作为长期应付款入账核算,二者的差额作为未确认融资费用。具体业务处理见《高级财务会计》。

☞ 相关资料

融资租赁前景看好

南京点润科技有限公司原是一家小型 SMT 贴片加工企业,由于无法获取银行贷款,只能依靠自身积累资金,发展缓慢。2007 年向江苏金融租赁有限公司（以下简称"江苏租赁"）租入 2 台松下贴片机,当年加工收入就达到了 2000 万元,超过了该公司自 2004 年成立以来的收入总和。

2008 年点润再次向江苏租赁租入 3 台设备,当年加工收入达到了 3500 万元,并成为夏普电子在南京的首选配套加工厂家。

自 2003 年以来,江苏租赁累计向近 600 家中小企业投放了 31.8 亿元融资租赁项目资金,占同期业务量 65%,平均合同金额 590 万元。受惠中小企业遍及工业、交通、医疗、教育等多个领域,很多中小企业在融资租赁的支持下发展壮大。

专家认为,在当前全球金融危机的大环境下,发展融资租赁业务,不仅可以促进设备制造商的产品销售,还可以扩大中小企业的设备投资。建议有关部门高度重视融资租赁服务小企业的作用,着力改善融资租赁业服务中小企业的外部环境。

资料来源:《江苏商报》2009 年 05 月 25 日

(五)固定资产盘盈

固定资产盘盈是指企业在进行财产清查盘点中发生的固定资产的实存数量超过账面数量而出现的盈余。根据《企业会计准则第 4 号——固定资产》,新准则将固定资产盘盈作为前期差错进行会计处理,是因为固定资产出现盘盈是由于企业无法控制的因素,而造成盘盈的可能性是极小甚至是不可能的,企业出现了固定资产的盘盈必定是企业以前会计期间少计、漏计而产生的,应当作为会计差错进行更正处理,这样也能在一定程度上控制人为的调节利润的可能性。

【例 5-9】　甬江股份有限公司于 2009 年 6 月 8 日对企业全部的固定资产进行盘查,盘盈一台 6 成新的机器设备,该设备同类产品市场价格为 100 000 元,所得税税率为 25%。按净利润的 10%提取法定盈余公积。

甬江公司的账务处理为:

(1)借:固定资产　　　　　　　　　　　　　　　　　　　　　　60 000
　　　　贷:以前年度损益调整　　　　　　　　　　　　　　　　　　　60 000
(2)借:以前年度损益调整　　　　　　　　　　　　　　　　　　15 000
　　　　贷:应交税费——应交所得税　　　　　　　　　　　　　　　15 000
(3)借:以前年度损益调整　　　　　　　　　　　　　　　　　　4 500
　　　　贷:盈余公积——法定盈余公积　　　　　　　　　　　　　　4 500
(4)借:以前年度损益调整　　　　　　　　　　　　　　　　　　40 500
　　　　贷:利润分配——未分配利润　　　　　　　　　　　　　　　40 500

(六)存在弃置义务的固定资产

对于特殊行业的特定固定资产,确定其初始入账成本时,还应考虑弃置费用。弃置费用通常是指根据国家法律和行政法规、国际公约等规定,企业承担的环境保护和生态恢复等义务所确定的支出,如核电站核设施等的弃置和恢复环境义务。弃置费用的金额与其现值比较,通常相差较大,需要考虑货币时间价值,对于这些特殊行业的特定固定资产,企业应当根据《企业会计准则第 13 号——或有事项》,按照现值计算确定应计入固定资产成本的金额和相应的预计负债。在固定资产的使用寿命内按照预计负债的摊余成本和实际利率计算确定的利息费用应计入财务费用。一般工商企业的固定资产发生的报废清理费用不属于弃置费用,应当在发生时作为固定资产处置费用处理。

【例 5-10】　经国家审批,甬江公司计划建造一个核电站,其主体设备核反应堆将会对当地的生态环境产生一定的影响。根据法律规定,企业应在该项设备使用期满后将其拆除,并对造成的污染进行整治。2009 年 1 月 1 日,该项设备建造完成并交付使用,建造成本共

80 000 000 元。预计使用寿命 10 年,预计弃置费用为 1 000 000 元。假定折现率(即为实际利率)为 10%。甬江公司的账务处理如下:

(1)已完工的固定资产的成本。

核反应堆属于特殊行业的特定固定资产,确定其成本时应考虑弃置费用。

2009 年 1 月 1 日,弃置费用的现值 = 1 000 000 × (P/F,10%,10)

= 1 000 000 × 0.3855 = 385 500(元)

固定资产入账价值 = 80 000 000 + 385 500 = 80 385 500(元)

借:固定资产　　　　　　　　　　　　　　　　　　　　　　80 385 500

　　贷:在建工程　　　　　　　　　　　　　　　　　　　　　80 000 000

　　　　预计负债　　　　　　　　　　　　　　　　　　　　　　385 500

(2)第 1 年应负担的利息。

借:财务费用　　　　　　　　　　　　　　　　　　　　　　　　38 550

　　贷:预计负债　　　　　　　　　　　　　　　　　　　　　　　38 550

(3)第 2 年应负担的利息(按实际利率法计算) = (385 500 + 38 550) × 10% = 42 405(元)

借:财务费用　　　　　　　　　　　　　　　　　　　　　　　　42 405

　　贷:预计负债　　　　　　　　　　　　　　　　　　　　　　　42 405

以后会计年度的会计处理略。

三、固定资产的折旧

(一)固定资产折旧的性质及范围

企业取得固定资产是由于固定资产能够在未来给企业带来一定的经济利益,这种经济利益是来自于企业对固定资产服务潜能的利用。但是,固定资产的服务潜力是有限的,随着固定资产在生产经营过程中的不断使用,这种服务潜力会逐渐衰减直至消逝。企业为了使成本和相应的收入相配比,就必须按消逝的服务能力的比例,将固定资产的取得成本转入营业成本或费用中,以正确确定企业的收益。从量上来说,准确地确定固定资产已消逝的服务能力几乎是不可能的,特别是某一期消逝的服务能力更是如此。但是,人们可以通过采用一定的方法来尽可能地客观反映这种已消逝的服务能力,它可以直接地体现为按照一定的方法按期计算转入营业成本或费用中的固定资产成本,并且这种方法一经确定,在固定资产整个的经济使用年限内一般不许变更,具有连续性和规律性,这在会计上被称为“合理而系统”的方法,这种方法称为计提折旧。

固定资产服务潜力的逐渐消逝,是因为固定资产在使用过程中会发生各种损耗。固定资产损耗可分为有形损耗和无形损耗。有形损耗是指固定资产在使用过程中由于磨损而发生的使用性损耗和由于受自然力影响而发生的自然损耗;无形损耗是指由于技术进步与消费偏好的变化、经营规模扩充等原因而引起的损耗,这种损耗的特点是固定资产在物质形态上仍具有一定的服务潜力,但已不再适用或继续使用已不经济。一般而言,有形损耗决定固定资产的最长使用年限,即物质使用年限;无形损耗决定固定资产的实际使用年限,即经济使用年限。

企业应对所有的固定资产进行计提折旧,只有已提足折旧仍继续使用的固定资产和单独计价入账的土地除外。也就是说,固定资产折旧范围是以企业对资产是否确认其为企业固定资产作为计提折旧的范围,而不再以固定资产是否处于不同的使用状态(正使用、未使用或不需要)作为计提折旧的范围。

在确定计提折旧的范围时应注意以下几点:

(1)固定资产应当按月计提折旧。当月增加的固定资产,当月不计提折旧,从下月起计提折旧;当月减少的固定资产,当月仍计提折旧,从下月起不计提折旧。

(2)固定资产提足折旧后,不论能否继续使用,均不再计提折旧,提前报废的固定资产也不再补提折旧。所谓提足折旧是指已经提足该项固定资产的应计折旧额。

(3)已达到预定可使用状态但尚未办理竣工决算的固定资产,应当按照估计价值确定其成本,并计提折旧;待办理竣工决算后再按实际成本调整原来的暂估价值,但不需要调整原已计提的折旧额。

(4)处于更新改造过程而停止使用的固定资产,符合固定资产准则规定的确认条件的,应当转入在建工程,停止计提折旧。已计提减值准备的固定资产,还应扣除已计提的固定资产减值准备累计金额。

(二)影响折旧的主要因素

折旧的主要依据是固定资产的磨损程度,但由于其磨损程度很难精确计量,因此,只能通过分析影响折旧的主要因素,采用一定的计算方法进行估计。影响折旧的主要因素有:

1. 折旧基数

计提固定资产折旧的基数一般是固定资产的取得成本,即原始价值,它是固定资产在有效使用期限内损耗价值的最高界限。有时,固定资产的重置成本也可替代其原始价值而成为计算折旧的基数。

2. 预计净残值

这是指企业预计固定资产报废时可收回的残余价值扣除预计清理费用后的余额。净残值估计的高低与企业固定资产的使用政策相关。如果是将固定资产用至不能继续使用,或不能产生经济效益时再退废,其残值必然估计较低。相反,如果企业注重的是固定资产的经济年限,当固定资产还有较高的经济价值时就加以处置,其估计的残值往往较高。不管怎样,净残值是对固定资产应提旧额的一种扣减,它的高低直接影响到企业计入各期产品生产成本或费用中的折旧费的高低。所以计提折旧时,应对净残值进行合理估计,避免人为地通过调整净残值的数额而调整折旧额。固定资产原价减去预计净残值的余额,称为应计折旧额。已计提减值准备的固定资产,应计折旧额中还应扣除已计提的减值准备累计金额。

3. 预计使用年限

固定资产预计使用年限的长短直接影响各期折旧额的高低,应当综合考虑有形损耗和无形损耗两方面的因素来确定。由于固定资产的有形损耗和无形损耗很难准确估计,所以其使用年限也是预计的。

固定资产的使用年限有两种,一是物质年限,二是经济年限。前者受物质因素的影响,是最大的使用年限。后者受功能因素的影响,通常小于物质年限。这是因为科学技术的进步,使固定资产尚未达到物质年限之前,继续使用从经济上看就不合算了。或者因消费者的偏爱,原有固定资产生产的产品滞销,该项固定资产自然失去经济价值而遭淘汰。所以,在预计使用年限时,应综合考虑固定资产的物质年限和经济年限。

（三）折旧的计提方法

企业在对固定资产计提折旧时,应当根据固定资产的性质和使用情况,合理确定固定资产的使用寿命和预计净残值。企业应当根据固定资产所包含的经济利益预期实现方式,合理选择固定资产折旧方法。可选用的折旧方法包括平均年限法、工作量法、双倍余额递减法和年数总和法等。

1. 平均年限法

这是将固定资产的应计折旧额在其预计使用年限内平均分摊的一种方法。采用这种方法,各期摊提的折旧额相等。

其计算公式如下:

固定资产年折旧额＝(固定资产原价－预计净残值)÷预计使用年限

固定资产月折旧额＝固定资产年折旧额÷12

实际工作中,企业各期的折旧额一般直接根据固定资产的原价及其折旧率计算确定。其中,固定资产折旧率是指一定时期内固定资产折旧额与其原值的比率。计算公式如下:

固定资产折旧额＝固定资产原价×折旧率

固定资产年折旧率＝固定资产年折旧额/原价×100%

　　　　　　　＝(1－预计净残值率)/预计使用年限

固定资产月折旧率＝固定资产年折旧率/12

【例5-11】 甬江股份有限公司一项设备的原值50 000元,预计净残值2 000元,预计使用年限为5年。则:

年折旧额＝(50 000－2 000)÷5＝9 600(元)

年折旧率＝9 600÷50 000×100%＝19.2%

上述折旧率的计算以单项固定资产为基础,称为个别折旧率。此外,还有分类折旧率和综合折旧率。

年限平均法的优点是计算简便、容易理解;但它只着重固定资产使用时间的长短,忽视了固定资产的使用强度及使用效率。据此计提的折旧额,有时难以达到收入与费用的正确配比。它适用于各个时期使用程度和使用效率大致相同的固定资产。

2. 工作量法

这是按照固定资产预计完成的工作总量(如行驶里程、工作时数等)计提折旧的一种方法。它假定固定资产的价值随着其使用程度而磨损,因此,固定资产的原始价值应平均分摊于所提供的各个工作量中。

工作量法适用于固定资产功效主要与使用程度有关、磨损主要受有形损耗影响的固定资产,如大型专用设备或专业车队的客货运汽车等。由于单位工作量计提的折旧额相等,实质上它也是一种平均法。计算公式如下:

单位工作量折旧额＝(固定资产原值－预计净残值)÷预计完成的工作总量

各期固定资产折旧额＝当期固定资产实际完成工作量×单位工作量折旧额

【例5-12】 甬江股份有限公司购置了专用机床一台,原价120 000元,预计可以使用56 000小时,预计净残值8 000元,则:

每小时折旧额＝(120 000－8 000)÷56 000＝2(元)

本年度该机床使用时间为 7 000 小时,则:

本年度折旧额＝7 000×2＝14 000(元)

3. 加速折旧法

加速折旧法又称递减折旧法,是根据固定资产的效能在使用期内随着使用而逐期递减、其维修费用逐期递增的特点,在固定资产使用初期多提折旧额、在后期少提折旧额,从而相对加快折旧速度的一种方法。采用加速折旧法主要基于以下考虑:(1)固定资产的使用效能是逐年递减的。通常固定资产在使用的前期使用效能高,维修次数少,促使企业创造的净收益也多。但在固定资产使用后期,随着固定资产的磨损或损耗,其效能会逐渐降低。因此,在固定资产使用前期效能高而维修等费用发生少的情况下多计提折旧费用,在固定资产使用后期效能低且维修费用发生多等情况下少计折旧费用,可以充分体现收入和费用配比的要求,使企业损益的确认更趋合理。(2)基于谨慎性的考虑。市场经济条件下盈利能力高的企业往往其经营风险也高,企业未来的净收入尤其是较长时期的净收入往往不易预计。因此,在固定资产使用前期多计折旧费,后期少计折旧费,有利于企业提前收回投资。(3)固定资产虽然能够在较长时期内保持原有实物形态,但一经投入生产经营过程被使用,其市场价值就会明显降低。通过快提折旧可保持固定资产账面价值与市场价值大致相符。(4)在政府许可的条件下,采用加速折旧法可延迟企业交纳所得税的时间,使企业在纳税方面得到一定的好处。

加速折旧法是美国首创的。第二次世界大战期间,美国政府为了鼓励向军火工业投资,规定凡接受军事采购合同的垄断企业,其厂房和设备的折旧年限可缩短为 5 年(当时一般民用工业厂房折旧年限为 50 年、机器设备为 20 年);在所得税法中政府也承认企业采用加速折旧法计算的应税所得额。此后,这种方法在西方乃至世界各国推广。所以,当时这种折旧政策是促进了处于物资供应短缺状况的美国经济的发展。这种加速折旧方法虽然与当今的并不通过缩短折旧年限而加速固定资产成本的计提的加速折旧法不完全一致,但就其目的而言则是相同的。

加速折旧的计算方法很多,如余额递减法、双倍余额递减法、年数总和法和递减折旧率法等。我国会计准则规定企业可以采用的加速折旧方法是双倍余额递减法、年数总和法两种。

(1)双倍余额递减法

这种方法是指在不考虑固定资产残值的情况下,用每期固定资产期初账面价值乘以双倍直线折旧率计算各期折旧额的方法。

有关计算公式如下:

每年折旧额＝年初固定资产账面价值×双倍直线折旧率

双倍直线折旧率 ＝2/ 预计使用寿命× 100%

月折旧额 ＝年折旧额 /12

【例 5-13】 甬江股份有限公司新增生产设备一台,其原值为 50 000 元,预计净残值 2 000 元,预计使用 5 年。采用双倍余额递减法计提折旧。则:

双倍直线折旧率为:2/5×100% ＝40%

折旧计算如表 5-1 所示:

表 5-1 折旧计算表（双倍余额递减法） 金额单位：元

年 次	年初净值	折旧率	折旧额	累计折旧	年末净值
1	50 000	40%	20 000	20 000	30 000
2	30 000	40%	12 000	32 000	18 000
3	18 000	40%	72 00	39 200	10 800
4	10 800		4 400	43 600	6 400
5	6 400		4 400	48 000	2 000

采用此法计提固定资产折旧，因每年的固定资产期初净值（折旧基数）逐年减少，据此计算的每年折旧额也呈现递减趋势。计算每期折旧额时，虽然不考虑残值因素，但折旧期满固定资产的账面价值也不应低于预计残值。作为一种折旧方法或固定资产成本分摊程序，它不会在预计使用寿命到期时自动预留残值，会计上可改变既定的折旧程序，确保折旧期满时固定资产的账面价值不低于预计残值。为了简化核算手续，可在固定资产使用寿命到期前两年内将固定资产净值扣除预计净残值后的净额在最后两年内平均摊销。

（2）年数总和法

这种方法是指以固定资产的应计折旧额（原值－预计净残值）为基础，按逐年递减的折旧率计算固定资产折旧的方法。采用此方法计提折旧，折旧率各年不同，公式如下：

年折旧率

＝（预计使用年限 －已使用年限）/ 预计使用年限×（1＋ 预计使用年限）÷2×100%

年折旧额 ＝ 应计折旧额×年折旧率

月折旧额 ＝年折旧额 /12

【例 5-14】 上例中如果采用年数总和法计提折旧，则编制的折旧计算表 5-2 所示：

表 5-2 折旧计算表（年数总和法） 金额单位：元

年 次	应计折旧额	折旧率	折旧额	累计折旧	年末净值
1	48 000	5/15	16 000	16 000	34 000
2	48 000	4/15	12 800	28 800	21 200
3	48 000	3/15	9 600	38 400	11 600
4	48 000	2/15	6 400	44 800	5 200
5	48 000	1/15	3 200	48 000	2 000

总之，企业在计提折旧时，要根据具体情况，综合考虑各种因素，选择恰当的方法，尽量使折旧成本的分摊情况与固定资产的实际情况相符。

（四）折旧的账务处理

企业计提固定资产折旧时，应以月初可提取折旧的固定资产账面原值为依据，遵循当月增加的固定资产当月不提折旧、当月减少或停用的固定资产当月照提折旧的原则，在上月计

提折旧的基础上,考虑上月固定资产的增减情况、并对折旧额进行调整后计算当月折旧额。计算公式如下:

当月应提折旧额＝上月固定资产计提的折旧额＋上月增加固定资产应计提的折旧额－上月减少固定资产应计提的折旧额

在会计实务中,固定资产折旧的账务处理应反映两个方面的内容:一个方面的内容是固定资产成本的摊销额;另一个方面是固定资产成本(原值)的消耗额。按照复式记账原理,会计上应同时反映这两个方面的内容。企业应将固定资产成本的摊销额按照固定资产的用途转为当期的成本或费用,一般来说,企业的管理部门使用的固定资产,折旧费应记入"管理费用"科目,生产车间使用的固定资产,折旧费应记入"制造费用"科目,销售部门使用的固定资产,折旧费应记入"销售费用"科目。若固定资产属于企业不需用和未使用固定资产,则应将计提的折旧费用记入"管理费用"科目。

固定资产的消耗额应当通过"累计折旧"账户贷方予以反映。从客观上讲,固定资产成本的已转移部分应当直接贷记"固定资产"账户以冲减固定资产成本,但这种处理方法存在诸多缺点:(1)不能在账面上保全固定资产原值,不便于反映企业的生产能力;(2)没有固定资产成本的转移记录,不便于了解固定资产的新旧程度;(3)账面无累计折旧数,不便于事后对折旧事项进行调整。基于此,会计上设置"累计折旧"账户,专门用于反映固定资产因使用而摊销的成本或者已经转移的价值。实务中,企业各期折旧的计提一般通过编制"固定资产折旧计算表"来完成。

【例5-15】 甬江股份有限公司2009年6月份的固定资产折旧计算如表5-3所示。

表5-3　　固定资产折旧计算表　　金额单位:元

使用部门	固定资产项目	上月折旧额	上月增加固定资产		上月减少固定资产		本月折旧额
			原价	折旧额	原价	折旧额	
车间	厂房	5 000					5 000
	机器设备	8 000	60 000	1 200			9 200
	小计	13 000	60 000	1 200			14 200
管理部门	房屋建筑	4 000			30 000	500	3 500
	小计	4 000			30 000	500	3 500
合计		17 000	60 000	1 200	30 000	500	17 700

甬江公司的账务处理为:

借:制造费用　　　　14 200
　　管理费用　　　　3 500
　　贷:累计折旧　　　　17 700

在固定资产使用过程中,其所处的经济环境、技术环境以及其他环境有可能与预计固定资产使用寿命时发生很大的变化。例如固定资产使用强度比正常情况大大加强,致使固定资产使用寿命大大缩短等。此时,如果不对固定资产预计使用寿命进行调整,原先确定的固定资产使用寿命必然不能反映出其为企业提供经济利益的期间,据此提供的会计信息就很可能是不真实的，进而影响会计信息使用者做出恰当的经济决策。

为了避免这种情况，企业应定期对固定资产预计使用寿命进行复核，如果固定资产使用寿命的预期数与原先的估计数有较大差异，则应当相应调整固定资产折旧年限，并按照会计估计变更的有关规定进行会计处理。企业对固定资产预计净残值所做的调整，也应作为会计估计变更处理。

☞相关资料

分析表明，中日钢铁企业之间存在着固定资产折旧方面的巨大差异。其中，日本同行由于长期采用加速折旧政策以至于目前有着令人羡慕的低折旧率。以新日铁为例，2004年度固定资产综合折旧率仅为 2.99%。相反，中国同行由于以往的折旧率被人为确定在较低的水平，随着技术进步的压力越来越大，加上不断扩大固定资产投资，不得不寻找机会提高折旧率，由此导致目前以至未来一段时期被迫保持较高的折旧率。数据显示，2004 年中国主要钢铁上市公司固定资产综合折旧率 8.34%。至此，上述问题的答案不言而喻——折旧差异决定了日本钢铁企业在消化变动成本上涨方面的能力远远领先于中国同行。

对固定资产折旧问题的关注是公司研究无法绕过的。这不仅是由于折旧是公司自筹资金的主要来源，也不完全是由于折旧率的高低决定着公司的固定成本，以及相应的损益平衡点，更重要的是，在市场竞争环境复杂多变的情况下，一家公司所采用的折旧政策足以影响到生存与发展这样的战略性问题，就像如今国内钢铁企业所陷入的上述烦恼那样。

（资料来源：摘自经济观察研究院研究报告"公允折旧：掌握公司真实固定成本"）

四、固定资产的后续支出

（一）固定资产后续支出的概念

固定资产后续支出是指固定资产在投入使用以后期间发生的与固定资产使用效能直接相关的各种支出，如固定资产的增置、改良与改善、换新、修理、重新安装等业务发生的支出。

从支出目的来看，固定资产后续支出有的是为了维护、恢复或改进固定资产的性能，使固定资产在质量上发生变化；有的是为了改建、扩建或增建固定资产，使固定资产在数量上发生变化。

从支出的情况来看，有的后续支出在取得固定资产时即可预见到它的发生，属于经常性的或正常性的支出；有的后续支出很难预见到它的发生，属于偶然性的或特殊性的支出。

从支出的性质来看，有的后续支出形成资本化支出，应计入固定资产的价值，按照会计准则的规定，这一类支出必须符合固定资产确认的条件；固定资产的后续支出如果不符合固定资产确认的条件，要进行费用化处理，在后续支出发生时计入当期损益。

固定资产后续支出主要内容包括：(1)改建、扩建或改良支出，其中改良是对固定资产质量或功能上的改进，如用自动装置替代非自动装置等；(2)维护保养与修理支出。

支出的目的			支出的性质	资本性支出	收益性支出
质量方面的支出	改进现有质量	改良	支出金额较大、固定资产质量有显著提高	√	
		改善	支出金额不大、固定资产质量没有显著提高		√
	恢复原有质量	换新	整个固定资产单元换新	√	
			部分换新		√
		修理	恢复已损坏部分的性能,常伴随部分换新		√
	发挥资产潜力	重新安装	对设备重新布局,以提高工作效率	√	
数量方面的支出	增置	新增	添置全新的固定资产项目	√	
		扩建	对原有固定资产项目进行扩建、添加装置、补充设备等	√	

国际视野

　　国际会计准则中的"后续支出"包括固定资产的改扩建与修理支出等内容。对于固定资产的后续支出资本化的标准,美国和德国都有三种:(1)延长了资产的使用年限;(2)使产品产量增加;(3)生产的产品质量提高。国际准则还包括使原定的生产成本明显下降。而我国的规定是"延长了固定资产的使用寿命,或者使产品质量实质性提高,或者使产品成本实质性降低",体现了我国准则国际化趋势和本国的国情相结合的特点。

　　国际会计准则规定:"某些不动产、厂房和设备项目的主要组成部分可能需要定期进行重置。例如,一个炉子在使用了特定的小时数以后可能要更换衬里,或者飞机的座位和门廊等内部设施在机体的寿命期内可能需要更换多次。这些组成部分应按单项资产予以核算,使它们具有与它们相关的不动产、厂房和设备的使用年限不同的使用年限。因此,只要确认标准被满足,在重置或更新该组成部分时发生的支出应作为一项单独的资产的购置来核算,并且被重置的资产应予以核销。"事实上,类似情况在我国也比较多见,但是我国的准则中没有进行规范,这是该准则的一个不足之处。

(资料来源:《上海会计》　作者:郝继陶)

(二)固定资产后续支出的账务处理

　　后续支出的会计处理原则是:如果支出增强了固定资产获取未来经济利益的能力,提高了固定资产的性能,如延长了使用寿命、提高了生产能力、使所生产的产品质量有实质性提高或使产品成本有实质性降低等。这些支出的结果可能使流入企业的经济利益超过了原先的估计,符合资产的确认条件,应将其"资本化",计入固定资产的账面价值。否则,固定资产的后续支出应予"费用化",计入发生当期的费用。

1. 资本化的后续支出

固定资产发生可资本化的后续支出时,企业一般应将该固定资产的原价、已计提的累计折旧和减值准备转销,将固定资产的账面价值转入在建工程,并停止计提折旧。发生的后续支出,通过"在建工程"科目核算。在固定资产发生的后续支出完工并达到预定可使用状态时,再从在建工程转为固定资产,并按重新确定的使用寿命、预计净残值和折旧方法计提折旧。

【例 5-16】 甬江股份有限公司 2004 年 12 月自行建成了一条生产线,建造成本为 568 000 元;采用年限平均法计提折旧;预计净残值率为固定资产原价的 3%,预计使用年限为 6 年。

(1)2007 年 1 月 1 日,由于生产的产品适销对路,现有生产线的生产能力已难以满足公司生产发展的需要,但若新建生产线成本过高,周期过长,于是公司决定对现有生产线进行改扩建,以提高其生产能力。假定该生产线未发生减值。

(2)2007 年 1 月 1 日至 3 月 31 日,经过三个月的改扩建,完成了对这条生产线的改扩建工程,共发生支出 268 900 元,全部以银行存款支付。

(3)该生产线改扩建工程达到预定可使用状态后,大大提高了生产能力,预计将其使用年限延长了 4 年,即预计使用年限为 10 年。假定改扩建后的生产线的预计净残值率为改扩建后固定资产账面价值的 3%;折旧方法仍为年限平均法。

(4)为简化计算过程,整个过程不考虑其他相关税费,公司按年度计提固定资产折旧。

本例中,生产线改扩建后生产能力将大大提高,能够为企业带来更多的经济利益,改扩建的支出金额也能可靠计量,因此该后续支出符合固定资产的确认条件,应计入固定资产的成本。有关的账务处理如下:

(1)2005 年 1 月 1 日至 2006 年 12 月 31 日两年间,即固定资产后续支出发生前。

该条生产线的应计折旧额 $= 568\,000 \times (1 - 3\%) = 550\,960$(元)

年折旧额 $= 550\,960 \div 6 = 91\,826.67$(元)

各年计提固定资产折旧的会计分录为:

借:制造费用	91 826.67
贷:累计折旧	91 826.67

(2)2007 年 1 月 1 日,固定资产的账面价值 $= 568\,000 - (91826.67 \times 2)$ $= 384\,346.66$(元)

固定资产转入改扩建:

借:在建工程	384 346.66
累计折旧	183 653.34
贷:固定资产	568 000

(3)2007 年 1 月 1 日至 3 月 31 日,发生改扩建工程支出。

借:在建工程	268 900
贷:银行存款	268 900

(4)2007 年 3 月 31 日,生产线改扩建工程达到预定可使用状态,固定资产的入账价值 $= 384\,346.66 + 268\,900 = 653246.66$(元)

借:固定资产	653 246.66

　　　　贷:在建工程　　　　　　　　　　　　　　　　　　　　　　653 246.66
　　(5)2007 年 3 月 31 日,转为固定资产后,按重新确定的使用寿命、预计净残值和折旧方法计提折旧。

　　　应计折旧额 ＝653 246.66 × (1－3‰)＝633 649.26(元)
　　　年折旧额 ＝633 649.26 ÷ 8＝79 206.16(元)
　　　2007 年应计提的折旧额 ＝79 206.6÷ 12× 9＝59 404.62(元)
　　会计分录为:
　　　　借:制造费用　　　　　　　　　　　　　　　　　　　　　　59 404.62
　　　　　贷:累计折旧　　　　　　　　　　　　　　　　　　　　　　　59 404.62

　　2. 费用化的后续支出

　　与固定资产有关的修理费用等后续支出,不符合固定资产确认条件的,应当根据不同情况分别在发生时计入当期管理费用或销售费用。

　　一般情况下,固定资产投入使用之后,由于固定资产磨损、各组成部分耐用程度不同,可能导致固定资产的局部损坏,为了维护固定资产的正常运转和使用,充分发挥其使用效能,企业将对固定资产进行必要的维护。固定资产的日常修理费用等支出只是确保固定资产的正常工作状况,一般不产生未来的经济利益。因此,通常不符合固定资产的确认条件,在发生时应直接计入当期损益。企业生产车间(部门)和行政管理部门等发生的固定资产修理费用等后续支出计入"管理费用";企业设置专设销售机构的,其发生的与专设销售机构相关的固定资产修理费用等后续支出,计入"销售费用"。对于处于修理、更新改造过程而停止使用的固定资产,如果其修理、更新改造支出不满足固定资产的确认条件,在发生时也应直接计入当期损益。

　　【例 5-17】 甬江股份有限公司现拥有一辆运输车,2007 年 5 月花费保养维修费用 5 000 元;7 月,企业为了增加其运载能力,使其载重能力由 4 吨增加到 6 吨,为此支出了 20 000 元的改造费用。

　　5 月的支出属于日常维修费用,它只是为了确保车辆的正常运输能力而进行的保养,属于费用性支出,因此,在发生时直接计入管理费用。其账务处理如下:
　　　　借:管理费用　　　　　　　　　　　　　　　　　　　　　　5 000
　　　　　贷:银行存款　　　　　　　　　　　　　　　　　　　　　　5 000

　　7 月的支出由于增强了车辆的载重能力,提高了该资产获取经济的能力,因此属于资本性支出,应将其资本化,增加企业固定资产的价值。其账务处理如下:
　　　　借:固定资产　　　　　　　　　　　　　　　　　　　　　　20 000
　　　　　贷:银行存款　　　　　　　　　　　　　　　　　　　　　　20 000

　　## 五、固定资产的处置

　　固定资产处置是指固定资产退出现有正常工作状态的各种情况,可分为主动性退出和非主动性退出两类。主动性退出是指根据企业的某种需要将固定资产主动转让给其他单位或个人,例如变卖固定资产、对外投资转出固定资产,对外捐赠转出固定资产以及因非货币性资产交换或债务重组而转出固定资产等。非主动性退出是指因自然灾害(如水灾、火灾等)、经济纠纷判决败诉等原因导致固定资产必须退出现有工作状态以及固定资产因预计使用寿命到期,也已提足折旧而退出现有工作状态。

(一)固定资产出售

企业购建固定资产的目的不是为了转手倒卖,但对于多余闲置的固定资产以及不适合企业需用的固定资产,可以通过变卖收回部分资金,并进行资源的优化配置。会计实务中,变卖固定资产的账务处理有三方面的内容:

(1)转销固定资产的账面价值。按照已计提处置固定资产的折旧额,借记"累计折旧"科目,按照固定资产的账面价值,借记"固定资产清理"科目,按照固定资产的初始账面价值,贷记"固定资产"科目。

(2)反映变卖过程中发生的变卖收入和相关税费。按照处置过程中支付的相关税费,借记"固定资产清理"科目,贷记"银行存款"科目或者"库存现金"科目,按照处置过程中获得的变卖收入,借记"银行存款"科目,贷记"固定资产清理"科目。

(3)结转变卖净收益或损失。若固定资产账面价值和支出的相关税费之和小于固定资产变卖收入,其差额即"固定资产清理"科目的贷方余额为固定资产变卖净收益,此时,结转"固定资产清理"科目余额,同时确认固定资产收益,贷记"营业外收入"科目,反之,若固定资产账面价值和支出的相关税费之和大于固定资产变卖收入,其差额即"固定资产清理"科目的借方余额为固定资产变卖净损失,此时,结转"固定资产清理"科目余额,同时确认固定资产处置损失,借记"营业外支出"科目。

【例 5-18】 甬江股份有限公司出售设备一台,该设备原值 260 000 元,已计提折旧 80 000 元,售价为 190 000 元,增值税 32 300 元,款项已收到存入银行。另外以现金支付中介交易费用 550 元。有关账务处理如下:

(1)转销固定资产价值。

借:累计折旧	80 000
固定资产清理	180 000
贷:固定资产	260 000

(2)收到变卖价款。

借:银行存款	222 300
贷:固定资产清理	190 000
应交税费——应交增值税(销项税额)	32 300

(3)支付中介交易费用。

借:固定资产清理	550
贷:库存现金	550

(4)结转处置利得或损失。

净损益 = 190 000 − 180 000 − 550 = 9 450(元)

借:固定资产清理	9 450
贷:营业外收入——处置非流动资产利得	9 450

(二)固定资产的报废与毁损

固定资产的报废和毁损按其原因可分为三种情况:(1)固定资产的预计使用寿命已满,其物质磨损程度已达极限,不宜再继续使用,应按预期报废;(2)由于科学技术水平的提高,导致企业原来拥有的固定资产再使用经济上已不合算,必须将其淘汰提前报废;(3)由于自然灾害(如水灾、火灾等)事故的发生或管理不善等原因造成的固定资产毁损。

固定资产按预计使用寿命报废时,其累计折旧额应等于应计提折旧总额,其账面价值应等于预计净残值,但企业处置固定资产时的实际变现价值不一定等于预计净残值,差额为固定资产处置损益,应转作企业的营业外收支。

固定资产提前报废时,其累计折旧额一般小于应计提折旧总额,其账面价值一般大于预计净残值,因固定资产提前报废而少提的折旧额按从简原则处理,即少提折旧不补提,而是作为处置损益一并处理。

固定资产发生毁损时,尚未提足的折旧额构成了固定资产的报废损失,在扣除保险公司赔偿款和有关责任人的赔偿款后的净额作为固定资产报废净损失,应转作营业外支出。

固定资产报废和毁损时,其账务处理与变卖固定资产相同,分三步:(1)结转固定资产账面价值;(2)反映处理该固定资产过程中所发生的相关费用和收到的补偿或者残值变卖收入;(3)结转处置报废和毁损固定资产过程中的净损益。

【例5-19】　甬江股份有限公司的一台设备报废,原值50 000元,预计使用6年,已使用6年,预计净残值2 000元;设备处置时实际变现1 200元,增值税204元,支付清理费用880元,均为现金结算。有关账务处理为:

(1)转销固定资产价值。

```
借:固定资产清理                          2 000
   累计折旧                            48 000
   贷:固定资产                                50 000
```

(2)取得变现收入。

```
借:库存现金                            1 404
   贷:固定资产清理                              1 200
      应交税费——应交增值税(销项税额)                204
```

(3)支付清理费用。

```
借:固定资产清理                          880
   贷:库存现金                                  880
```

(4)结转固定资产处置净损失1 680元(2 000+880-1 200)。

```
借:营业外支出——处置非流动资产损失            1 680
   贷:固定资产清理                              1 680
```

(三)固定资产盘亏

企业在固定资产清查中盘亏的固定资产,应在报批前按账面净值借记"待处理财产损溢"科目,按已提折旧额借记"累计折旧"科目,如该项固定资产已计提减值准备,还要借记"固定资产减值准备"科目,同时按账面原价贷记"固定资产"科目;待按管理权限和程序报经批准后,应由责任人赔偿的部分借记"其他应收款"科目,其余部分借记"营业外支出"科目,同时,贷记"待处理财产损溢"科目。

【例5-20】　甬江股份有限公司在年末对固定资产的清查中,发现短缺一台小型仓库运输设备,该设备账面原价为7 000元,已计提折旧3 000元,当即填写了"固定资产盘点盈亏报告表",并上报有关机构审批。经查明,该设备的丢失,仓库管理员李斌负有责任。公司管理机构批复由仓库管理员赔偿损失价值的10%,其余部分作营业外支出处理。有关账务处理如下:

(1)报批前转销盘亏固定资产账面价值。

借:待处理财产损溢   4 000

  累计折旧   3 000

   贷:固定资产   7 000

(2)按批复转销。

借:其他应收款——李斌   400

  营业外支出——盘亏损失   3 600

   贷:待处理财产损溢   4 000

国际视野

  国际会计准则中对于不动产、厂房和设备项目特别规范了一些内容:如对应从资产负债表中剔除的不动产、厂房和设备项目应满足一个条件,即在处置时,或者当该资产永久性不再使用并且预期从它的处置中不能得到未来经济利益时;再如对固定资产清理利得或损失的处理,对涉及交换、售后租赁固定资产清理的处理问题。

  而我国只是笼统地规定:"企业发生固定资产出售、转让、报废或毁损时,应当将处置收入扣除其账面价值和相关税费后的差额计入当期损益。"

  对于固定资产使用期满,发生重大安装成本的处理,我国没有明确规范,而国际会计准则在有关折旧条款中进行了规范。这也是我国固定资产准则的一个不足之处。

(资料来源:固定资产准则的国际比较 作者:刘继红)

六、固定资产综合实例

  甫江股份有限公司为一家上市公司,属于增值税一般纳税企业,适用的增值税税率为17%。甫江股份有限公司2009年至2011年与固定资产有关的业务资料如下:

  (1)2009年12月1日,甫江股份有限公司购入一条需要安装的生产线,取得的增值税专用发票上注明的生产线价款为1170万元,增值税额为198.9万元;发生保险费2.5万元,款项均以银行存款支付;没有发生其他相关税费。

  (2)2009年12月1日,甫江股份有限公司开始以自营方式安装该生产线。安装期间领用生产用原材料实际成本为11.7万元,发生安装工人工资5万元,没有发生其他相关税费。该原材料未计提存货跌价准备。

  (3)2009年12月31日,该生产线达到预定可使用状态,当日投入使用。该生产线预计使用年限为6年,预计净残值为13.2万元,采用直线法计提折旧。

  (4)2010年12月31日,甫江股份有限公司在对该生产线进行检查时发现其已经发生减值。甫江股份有限公司预计该生产线在未来5年内产生的未来现金流量的现值为

807.56 万元;该生产线的公允价值减去处置费用后的净额为 782 万元。

(5)2011 年 1 月 1 日,该生产线的预计尚可使用年限为 5 年,预计净残值为 12.56 万元,采用直线法计提折旧。

(6)2011 年 6 月 30 日,甬江股份有限公司采用出包方式对该生产线进行改良。当日,该生产线停止使用,开始进行改良。在改良过程中,甬江股份有限公司以银行存款支付工程总价款 122.14 万元。

(7)2011 年 8 月 20 日,改良工程完工验收合格并于当日投入使用,预计尚可使用年限为 8 年,预计净残值为 10.2 万元,采用直线法计提折旧。2011 年 12 月 31 日,该生产线未发生减值。

甬江股份有限公司有关账务处理及有关该生产线计提折旧额的计算如下:

(1)2009 年 12 月 1 日购入生产线。

借:在建工程　　　　　　　　　　　　　　　　　　　　　　　1 172.5

　　应交税费——应交增值税(进项税额)　　　　　　　　　　198.9

　　贷:银行存款　　　　　　　　　　　　　　　　　　　　　　1 371.4

(2)2009 年 12 月安装生产线。

借:在建工程　　　　　　　　　　　　　　　　　　　　　　　16.7

　　贷:原材料　　　　　　　　　　　　　　　　　　　　　　　11.7

　　　应付职工薪酬　　　　　　　　　　　　　　　　　　　　5

(3)2009 年 12 月 31 日生产线达到预定可使用状态。

借:固定资产　　　　　　　　　　　　　　　　　　　　　　　1 189.2

　　贷:在建工程　　　　　　　　　　　　　　　　　　　　　　1 189.2

(4)2010 年度生产线计提的折旧额。

2010 年折旧额=(1 189.2-13.2)/6=196(万元)

(5)2010 年 12 月 31 日生产线应计提的固定资产减值准备金额。

应计提减值准备金额=(1 189.2-196)-807.56=185.64(万元)

借:资产减值损失　　　　　　　　　　　　　　　　　　　　　185.64

　　贷:固定资产减值准备　　　　　　　　　　　　　　　　　　185.64

(6)2011 年度生产线改良前计提的折旧额。

2011 年改良前计提的折旧额=(807.56-12.56)/5×1/2=79.5(万元)

(7)2011 年 6 月 30 日生产线转入改良。

借:在建工程　　　　　　　　　　　　　　　　　　　　　　　728.06

　　累计折旧　　　　　　　　　　　　　　　　　　　　　　　275.5

　　固定资产减值准备　　　　　　　　　　　　　　　　　　　185.64

　　贷:固定资产　　　　　　　　　　　　　　　　　　　　　　1 189.2

借:在建工程　　　　　　　　　　　　　　　　　　　　　　　122.14

　　贷:银行存款　　　　　　　　　　　　　　　　　　　　　　122.14

(8)2011 年 8 月 20 日改良工程达到预定可使用状态。

生产线成本=728.06+122.14=850.2(万元)

借:固定资产　　　　　　　　　　　　　　　　　　　　　　　850.2

贷:在建工程   850.2

(9)2011年度生产线改良后计提的折旧额。

2011年改良后应计提折旧额＝(850.2－10.2)/8×4/12＝35(万元)

第二节　无形资产

一、无形资产概述

(一)无形资产的定义及特征

无形资产是指企业拥有或控制的没有实物形态的可辨认非货币性资产,通常包括专利权、非专利技术、商标权、著作权、特许权、土地使用权等。判断无形资产是否具有可辨认性,有两个标准。一是无形资产能够从企业中分离或者划分出来,并能单独或者与相关合同、资产或负债一起用于出售、转移、授予许可、租赁或交换;二是无形资产源自合同性权利或其他法定权利,不论这些权利是否可以从企业或其他权利和义务中转移或分离。无形资产的特征主要表现在以下几个方面:

1. 无形资产不具有实物形态

无形资产通常表现为某种权利、技术或获取超额利润的综合能力。比如,土地使用权、非专利技术等。它没有实物形态,却能够为企业带来经济利益,或使企业获取超额收益。不具有实物形态是无形资产区别于其他资产的特征之一。

2. 无形资产属于可辨认的非货币性资产

无形资产区别于货币性资产的特征,就在于它属于非货币性资产。但它是可辨认的非货币性资产,比如,企业拥有的专利,其表现为一种技术,但经专利局注册后,它可以与相关合同进行出售或者转让,属于非货币性资产。

3. 无形资产在创造经济利益方面存在较大不确定性

无形资产必须与企业的其他资产结合,才能为企业创造经济利益。这里,"其他资产"包括足够的人力资源、高素质的管理队伍、相关的硬件设备、相关的原材料等。此外,无形资产创造经济利益的能力还较多地受外界因素的影响,比如相关新技术更新换代的速度、利用无形资产所生产产品的市场接受程度等。无形资产在创造经济利益方面存在较大不确定性,因此在对无形资产进行核算时持更为谨慎的态度。例如,产品的专利,判断其是否为企业产生经济利益,首先看该专利是否为企业所拥有或控制,其次看是否有证据表明了该专利运用于产品生产之后提高了产品质量,或者促进了该产品销售量的增加等。

(二)无形资产的确认

无形资产应当在符合定义的前提下,同时满足以下两个确认条件时,才能予以确认。

1. 与该资产有关的经济利益很可能流入企业

在会计实务中,要确定无形资产创造的经济利益是否很可能流入企业,需要实施职业判断。在实施这种判断时,需要对无形资产在预计使用寿命内可能存在的各种经济因素作出合理估计,并且应当有明确的证据支持,比如,企业是否有足够的人力资源、高素质的管理队伍、相关的硬件设备、相关的原材料等来配合无形资产为企业创造经济利益。同时,更为重要的是关注一些外界因素的影响,比如是否存在相关的新技术、新产品冲击与无形资产相关的技术或据其生产的产品的市场等。在实施判断时,企业的管理当局应对无形资产的预计使用寿命内存在的各种因素作出最稳健的估计。

2. 该无形资产的成本能够可靠地计量

成本能够可靠地计量是资产确认的一项基本条件。对于无形资产来说,这个条件相对更为重要。比如,企业内部产生的品牌、报刊名等,因其成本无法可靠计量,不作为无形资产确认。又比如,一些高新科技企业的科技人才,假定其与企业签订了服务合同,且合同规定其在一定期限内不能为其他企业提供服务。在这种情况下,虽然这些科技人才的知识在规定的期限内预期能够为企业创造经济利益,但由于这些技术人才的知识难以辨认,且形成这些知识所发生的支出难以计量,因而不能作为企业的无形资产加以确认。

二、无形资产的初始计量

无形资产通常是按实际成本计量,即以取得无形资产并使之达到预定用途而发生的全部支出,作为无形资产的成本。对于不同来源取得的无形资产,其初始成本构成也不尽相同。

(一)外购的无形资产

外购的无形资产,其成本包括购买价格、相关税费以及直接归属于使该项资产达到预定用途所发生的其他支出。其中,直接归属于使该项资产达到预定用途所发生的其他支出包括无形资产达到预定用途所发生的专业服务费用、测试无形资产是否能够正常发挥作用的费用等。下列各项不包括在无形资产的初始成本中:

(1)为引入新产品进行宣传发生的广告费、管理费用及其他间接费用。

(2)无形资产已经达到预定用途以后所发生的费用。

外购的无形资产,应按其取得成本进行初始计量;如果购入的无形资产超过正常信用条件延期支付款项,实质上具有融资性质的,应该按所取得无形资产购买价款的现值计量其成本,现值与应付价款的差额作为未确认的融资费用,如果按照《企业会计准则第 17 号——借款费用》的规定应予以资本化的,则应进行资本化处理;不能资本化的,应当在信用期间计入当期损益。

【例 5-21】　甬江股份有限公司因生产需要购入一项专利权,按照协议规定以现金支付,实际支付价款 200 万元,并支付相关税费 1 万元和有关专业服务费用 3 万元,款项已通过银行转账支付。其账务处理如下:

借:无形资产——专利权　　　　　　　　　　　　　　　　　　2 040 000
　　贷:银行存款　　　　　　　　　　　　　　　　　　　　　　　　　　2 040 000

(二)自行研究开发的无形资产

从理论上来讲,自创无形资产的成本包括研究与开发的费用以及成功以后依法申请专利过程中所发生的费用。争论的焦点是研究与开发的费用是否应资本化、计入无形资产的价值。一般有三种处理方法:一是全部费用化。其理由是企业在从事某项无形资产研究与开发时,不一定保证成功,出于谨慎性考虑,应将研究与开发过程中的费用计入发生当期损益。这种处理方法比较简单,也便于会计人员实际操作,但是它不能真实地反映企业拥有资产的价值,因为对于成功的研发项目来说,后期的费用相对而言是很少的,较大数额的研究与开发费用不包含在内,会歪曲企业资产的实际价值。二是全部资本化。基本依据是,企业的研究与开发活动应看作是一个整体,因此研究与开发费用应从企业总体上的所有研究开发活动来决定其处理的方法。如果企业总体的研究开发计划的未来收益的可能性很高,则全部费用都应资本化,而不论单个项目未来收益的确定如何。这种处理方法不符合无形资产确认条件的要求。因为无形资产的确认是以单个项目是否会带来未来经济利益为前提的,而不是从整体上来考虑的。三是有选择的资本化。这种处理方法是首先指定研究与开发资本化的条件,符合条件的资本化,反之则应费用化。我国选用的是第三种方法。

1. 研究阶段和开发阶段的划分

对于企业自行进行的研究开发项目,应当区分研究阶段与开发阶段两个部分分别进行核算。

(1)研究阶段

研究阶段,是指为获取新的技术和知识等进行的有计划的调查。研究阶段基本上是探索性的,为进一步的开发活动进行资料及相关方面的准备,其研究是否会转入开发、开发后是否会形成无形资产均具有很大的不确定性。因此,研究阶段的有关支出在发生时,应当予以费用化计入当期损益。

(2)开发阶段

开发阶段是指在进行商业性生产或使用前,将研究成果或其他知识应用于某项计划或设计,以生产出新的或具有实质性改进的材料、装置、产品等。相对于研究阶段来讲,进入开发阶段,则很大程度上形成一项新产品或新技术的基本条件已经具备,此时如果企业能够证明满足无形资产的定义及相关确认条件,所发生的开发支出可资本化,确认为无形资产的成本。

2. 开发阶段有关支出资本化的条件

在开发阶段,判断可以将有关支出资本化计入无形资产成本的条件包括:

(1)完成该无形资产以使其能够使用或出售在技术上具有可行性。

(2)具有完成该无形资产并使用或出售的意图。

(3)无形资产产生经济利益的方式,包括能够证明运用该无形资产生产的产品存在市场或无形资产自身存在市场,无形资产将在内部使用的,应当证明其有用性。

(4)有足够的技术、财务资源和其他资源支持,以完成该无形资产的开发,并有能力使用或出售该无形资产。

(5)归属于该无形资产开发阶段的支出能够可靠地计量。

3. 研究开发费用的会计处理

企业内部研究和开发无形资产,其在研究阶段的支出全部费用化,计入当期损益(管理费用);开发阶段的支出符合条件的资本化,不符合资本化条件的计入当期损益(管理费用)。如果确实无法区分研究阶段的支出和开发阶段的支出,应将其所发生的研发支出全部费用化,计入当期损益。

为了正确计算企业的利润以及合理地对无形资产进行确认,需要设置"研发支出"会计科目,以反映企业内部在研发过程中发生的支出。"研发支出"科目应当按照研究开发项目,分别"费用化支出"与"资本化支出"进行明细核算。企业的研发支出包括直接发生的和分配计入的两部分。直接发生的,包括研发人员工资、材料费,以及相关设备折旧费等;分配计入的是指企业同时从事多项研究开发活动时,所发生的支出按照合理的标准在各项研究开发活动之间进行分配计入的部分。研发支出无法明确分配的,应当计入当期损益,不计入研发活动的成本。

　　企业自行开发无形资产发生的研发支出,对于不满足资本化条件的,应当借记"研发支出——费用化支出",满足资本化条件的,借记"研发支出——资本化支出",贷记"原材料"、"银行存款"、"应付职工薪酬"等科目;研究开发项目达到预定用途形成无形资产时,借记"无形资产"科目,贷记"研发支出——资本化支出"科目,期末,企业应将本科目归集的费用化支出金额转入"管理费用"科目,借记"管理费用"科目,贷记"研发支出——费用化支出"科目。本科目期末借方余额,反映企业正在进行中的研究开发项目中满足资本化条件的支出。

　　【例5-22】　2009年3月10日,甬江股份有限公司经批准研发某项新产品专利技术,该公司认为,一旦研发成功将有效降低公司生产产品的成本。该公司在研究开发过程中发生材料费500万元,人工费100万元,以及其他费用400万元,总计1 000万元,其中符合资本化条件的支出为600万元,2009年底,该项专利技术已经达到预定用途。有关账务处理如下:

　　(1)发生研发支出。

借:研发支出——费用化支出	4 000 000	
——资本化支出	6 000 000	
贷:原材料		5 000 000
应付职工薪酬		1 000 000
银行存款		4 000 000

　　(2)该项专利达到预定用途。

借:管理费用	4 000 000	
无形资产	6 000 000	
贷:研发支出——费用化支出		4 000 000
——资本化支出		6 000 000

相关案例

2007 年 6 月 7 日,在公布今年电子信息百强的同时,信产部公布了各企业的专利情况,其中,海尔、华为、联想列专利数前三,但在研发费用的排名上中兴通讯则超过联想,列第三。信产部的相关报告称,本届百强企业 2006 年研发经费投入 434 亿元,比上届增长 21.1%,研发投入强度(研发经费占营业收入比重)达到 3.9%,比全行业平均水平(2.1%)高出 1.8 个百分点。

其中,海尔集团公司、华为技术有限公司、中兴通讯股份有限公司、联想控股有限公司研发经费分别达到 67 亿元、59 亿元、28 亿元和 28 亿元,均比 2005 年有较大增长。

请讨论分析:上述企业的研发投入一定资本化吗? 你认为资本化应该具备哪些条件? 如果可以进行资本化处理,那么对企业会产生什么影响?

(三)投资者投入的无形资产

投资者投入的无形资产,应当按照投资合同或协议约定的价值确定成本。如果投资合同或者协议约定价值不公允的,应当按照无形资产的公允价值作为无形资产的初始成本入账。

【例 5-23】 甬江股份有限公司与甲公司协商,甲公司以其商标投资于甬江股份有限公司,双方协议价格 200 万元(等于公允价值),甬江股份有限公司另外支付印花税等相关税费 1 万元。款项通过银行转账。账务处理为:

借:无形资产——商标权　　　　　　　　　　　　　　　　　2 010 000
　　贷:实收资本(或股本)　　　　　　　　　　　　　　　　　　2 000 000
　　　　银行存款　　　　　　　　　　　　　　　　　　　　　　　10 000

(四)政府补助取得的无形资产

政府补助是企业取得无形资产的方式之一,如企业通过行政划拨取得的土地使用权等。政府补助是指企业从政府无偿取得货币性资产或非货币性资产,但不包括政府作为所有者投入的资本。政府向企业提供补助具有无偿性的特点。政府并不因此而享有企业的所有权,企业未来也不需要以提供服务、转让资产等方式偿还。企业通过政府补助方式取得的无形资产应当按照公允价值计量。具体要分别几种情况进行处理,如果企业取得的无形资产附带有关文件、协议、发票、报关单等凭证,在这些凭证注明的价值与公允价值相差不大时,应当以有关凭据中注明的价值作为公允价值;没有注明价值或注明价值与公允价值差异较大,但有活跃交易市场的,应当根据有确凿证据表明的同类或类似市场交易价格作为公允价值;如没有注明价值,且没有活跃交易市场、不能可靠取得公允价值的,应当按照名义金额计量,名义金额即为 1 元人民币。

企业收到政府补助的无形资产时,一方面增加企业的无形资产,记入"无形资产"科目借方,另一方面要作为递延收益,记入"递延收益"科目的贷方。"递延收益"科目主要核算企业确认的应在以后期间计入当期损益的政府补助。企业由于政府补助形成的无形资产而确认的递延收益应在无形资产的使用寿命内分配计入各期损益中。

三、无形资产的摊销

(一)无形资产的摊销方法

可供企业选择的无形资产的摊销方法有很多,如直线法、递减余额法和生产总量法等。目前,国际上普遍采用的主要是直线法。企业选择什么样的摊销方法,主要取决于企业预期消耗该项无形资产所产生的未来经济利益的方式。如果企业由于各种原因难以可靠确定这种消耗方式时,则应当采用直线法对无形资产的应摊销金额进行系统合理的摊销。

我国过去并不区分无形资产的用途,其每期的摊销额都计入管理费用,没有指明有其他的列支去向。现行会计准则借鉴了国际会计准则的做法,规定无形资产的摊销金额一般应确认为当期损益,计入管理费用。如果某项无形资产包含的经济利益是通过所生产的产品或其他资产实现的,无形资产的摊销金额可以计入产品或其他资产的成本中。

无形资产摊销除了应考虑入账价值这一基本因素之外,还应该考虑无形资产的残值和无形资产减值准备金额。在一般情况下,使用寿命有限的无形资产,其残值应视为零。但是如果有第三方承诺在无形资产使用寿命结束时购买该无形资产,或者可以根据活跃市场得到残值信息,并且该活跃市场在无形资产使用寿命结束时很可能存在的情况下,则该无形资产应有残值。无形资产的残值意味着,在其经济寿命结束之前,企业预计将会处置该无形资产,并从中获得利益。

残值确定以后,在持有无形资产的期间内,至少应于每年年末进行复核,预计其残值与原估计金额不同的,应按照会计估计变更进行处理。

如果无形资产的残值重新估计以后高于其账面价值的,则无形资产不再摊销,直至残值降至低于账面价值时再恢复摊销。

(二)无形资产摊销的会计处理

企业摊销无形资产时,单独设置"累计摊销"科目,反映应摊销而减少的无形资产价值。企业按月计提无形资产摊销额时,借记"管理费用"、"其他业务成本"等科目,贷记"累计摊销"科目。本科目期末贷方余额,反映企业无形资产的累计摊销额。

【例5-24】 2009年1月1日,甬江股份有限公司从外单位购得一项非专利技术,支付价款50万元,款项已支付,估计该项非专利技术的使用寿命为10年;同时,购入一项商标权,支付价款30万元,款项已支付,估计该商标权的使用寿命为15年。假定这两项无形资产的净残值均为零,并按直线法摊销。有关账务处理如下:

(1)购买非专利技术和商标权。

```
借:无形资产——非专利技术                          500 000
        ——商标权                                300 000
    贷:银行存款                                          800 000
```

(2)每年摊销。

```
借:管理费用——非专利技术                           50 000
        ——商标权                                 20 000
    贷:累计摊销                                           70 000
```

四、无形资产的处置

无形资产的处置，主要是指无形资产出售、对外捐赠或者是无法为企业带来未来经济利益时应予终止确认并转销。

(一)无形资产的出售

企业出售某项无形资产，表明企业放弃无形资产的所有权，应将所取得的价款与该无形资产账面价值的差额计入当期损益。但是，值得注意的是，企业出售无形资产确认其利得的时点，应按照收入确认中的有关原则进行确定。

出售无形资产时，应按实际收到的金额，借记"银行存款"等科目，按已计提的累计摊销，借记"累计摊销"科目，原已计提减值准备的，借记"无形资产减值准备"科目，按应支付的相关税费，贷记"应交税费"等科目，按其账面余额，贷记"无形资产"科目，按其差额，贷记"营业外收入——处置非流动资产利得"科目或借记"营业外支出——处置非流动资产损失"科目。

【例 5-25】 甬江股份有限公司出售持有的一项专利权的所有权，双方协商价格为150 000元，应交营业税 7 500 元，款项已收存银行。该专利权的原账面金额为 160 000 元，已提摊销 40 000 元，该项无形资产已计提减值准备 2 000 元。账务处理为：

借:银行存款		150 000
无形资产减值准备		2 000
累计摊销		40 000
贷:无形资产		160 000
应交税费——应交营业税		7 500
营业外收入——处置非流动资产利得		24 500

如果其他条件不变，双方协商的价格为 110 000 元。应交营业税为 5 500 元，则账务处理为：

借:银行存款		110 000
无形资产减值准备		2 000
累计摊销		40 000
营业外支出——处置非流动资产损失		13 500
贷:无形资产		1 60 000
应交税费——应交营业税		5 500

(二)无形资产的报废

如果无形资产预期不能为企业带来未来经济利益，例如，该无形资产已被其他新技术所替代或超过法律保护期，不能再为企业带来经济利益的，则不再符合无形资产的定义，应将其报废并予以转销，其账面价值转作当期损益。转销时，应按已计提的累计摊销，借记"累计摊销"科目;按其账面余额，贷记"无形资产"科目;按其差额，借记"营业外支出"科目。已计提减值准备的，还应同时结转减值准备。

【例 5-26】 甬江股份有限公司拥有某项专利技术，根据市场调查，用其生产的产品已没有市场，决定应予转销。转销时，该项专利技术的账面余额为 300 万元，摊销期限为 10

年,采用直线法进行摊销,已摊销了 8 年,累计摊销金额为 240 万元,假定该项专利权的残值为零,已累计计提的减值准备为 40 万元,假定不考虑其他相关因素。

甬江股份有限公司的账务处理如下:

借:累计摊销　　　　　　　　　　　　　　　　　　　　　　　　　2 400 000
　　无形资产减值准备　　　　　　　　　　　　　　　　　　　　　　 400 000
　　营业外支出——处置非流动资产损失　　　　　　　　　　　　　　 200 000
　　贷:无形资产——专利技术　　　　　　　　　　　　　　　　　　　3 000 000

第三节　投资性房地产

一、投资性房地产概述

(一)投资性房地产定义及其特征

投资性房地产是指为赚取租金或资本增值,或者两者兼有而持有的房地产,具有高风险高收益的特征。具体特征如下:

1. 投资性房地产业务是一种经营性活动

投资性房地产的主要形式是出租建筑物、出租土地使用权,这实质上属于一种让渡资产使用权行为。房地产租金就是让渡资产使用权取得的使用费收入,是企业为完成其经营目标所从事的经营性活动以及与之相关的其他活动形成的经济利益总流入。投资性房地产的另一种形式是持有并准备增值后转让的土地使用权,尽管其增值收益通常与市场供求、经济发展等因素有关,但目的是为了增值后转让以赚取增值收益,也是企业为完成其经营目标所从事的经营性活动以及与之相关的其他活动形成的经济利益总流入。

2. 投资性房地产区别于作为生产经营场所的房地产和用于销售的房地产

企业持有的房地产除了用作自身管理、生产经营活动场所和对外销售之外,出现了将房地产用于赚取租金或增值收益的活动,甚至是个别企业的主营业务。这就需要将投资性房地产单独作为一项资产核算和反映,与自用的厂房、办公楼等房地产和作为存货(已建完工商品房)的房地产加以区别,从而更加清晰地反映企业所持有房地产的构成情况和盈利能力。

3. 投资性房地产有两种后续计量模式

企业通常应当采用成本模式对投资性房地产进行后续计量,只有在满足特定条件的情况下,即有确凿证据表明其所有投资性房地产的公允价值能够持续可靠取得的,也可以采用公允价值模式进行后续计量。也就是说,投资性房地产准则适当引入公允价值模式,在满足特定条件的情况下,可以对投资性房地产采用公允价值模式进行后续计量,但是,同一企业只能采用一种模式对所有投资性房地产进行后续计量,不能同时采用两种计量模式。

(二)投资性房地产的范围

根据投资性房地产准则的规定,投资性房地产的范围限定为已出租的土地使用权、持有并准备增值后转让的土地使用权、已出租的建筑物。

1. 已出租的土地使用权

已出租的土地使用权,是指企业通过出让或转让方式取得的、以经营租赁方式出租的土地使用权。企业取得的土地使用权通常包括在一级市场上以交纳土地出让金的方式取得的土地使用权,也包括在二级市场上接受其他单位转让的土地使用权。例如,甲公司与乙公司签署了土地使用权租赁协议,甲公司以年租金720万元租赁使用乙公司拥有的40万平方米土地使用权。那么,自租赁协议约定的租赁期开始日起,这项土地使用权属于乙公司的投资性房地产。对于以经营租赁方式租入土地使用权再转租给其他单位的,不能确认为投资性房地产。

2. 持有并准备增值后转让的土地使用权

持有并准备增值后转让的土地使用权,是指企业取得的、准备增值后转让的土地使用权。这类土地使用权很可能给企业带来资本增值收益,符合投资性房地产的定义。例如,企业发生转产或厂址搬迁,部分土地使用权停止自用,管理层决定继续持有这部分土地使用权,待其增值后转让以赚取增值收益。按照国家有关规定认定的闲置土地,不属于持有并准备增值后转让的土地使用权,也就不属于投资性房地产。

☞ 相关资料

企业依法取得土地使用权后,应当按照国有土地有偿使用合同或建设用地批准书规定的期限动工开发建设。根据1999年4月26日国土资源部发布的《闲置土地处理办法》的规定,土地使用者依法取得土地使用权后,未经原批准用地的人民政府同意,超过规定的期限未动工开发建设的建设用地属于闲置土地。具有下列情形之一的,也可以认定为闲置土地:(1)国有土地有偿使用合同或者建设用地批准书未规定动工开发建设日期,自国有土地有偿使用合同生效或者土地行政主管部门建设用地批准书颁发之日起满1年未动工开发建设的;(2)已动工开发建设但开发建设的面积占应动工开发建设总面积不足三分之一或者已投资额占总投资额不足25%且未经批准中止开发建设连续满1年的;(3)法律、行政法规规定的其他情形。《闲置土地处理办法》还规定,经法定程序批准,对闲置土地可以选择延长开发建设时间(不超过1年)、改变土地用途、办理有关手续后继续开发建设等方案。

(资料来源:《闲置土地处置办法》)

3. 已出租的建筑物

已出租的建筑物是指企业拥有产权的、以经营租赁方式出租的建筑物,包括自行建造或开发活动完成后用于出租的建筑物。例如,甲公司将其拥有的某栋厂房整体出租给乙公司,租赁期2年。对于甲公司而言,自租赁期开始日起,该栋厂房属于投资性房地产。企业在判断和确认已出租的建筑物时,应当把握以下要点:

(1)用于出租的建筑物是指企业拥有产权的建筑物。企业以经营租赁方式租入再转租的建筑物不属于投资性房地产。例如,甲企业与乙企业签订了一项经营租赁合同,乙企业将其持有产权的一栋办公楼出租给甲企业,为期5年。甲企业一开始将该办公楼改装后用于自行经营餐馆。2年后,由于连续亏损,甲企业将餐馆转租给丙公司,以赚取租金差价。这种情况下,对于甲企业而言,该栋楼不属于其投资性房地产。对于乙企业而言,则属于其投资性房地产。

(2)已出租的建筑物是企业已经与其他方签订了租赁协议,约定以经营租赁方式出租的建筑物。自租赁协议规定的租赁期开始日起,经营租出的建筑物才属于已出租的建筑物。企业计划用于出租但尚未出租的建筑物,不属于已出租的建筑物。例如,甲企业在当地房地产交易中心通过竞拍取得一块土地的使用权。甲企业按照合同规定对这块土地进行了开发,并在这块土地上建造了一栋商场,拟用于整体出租,但尚未找到合适的承租人。本例中,这栋商场不属于投资性房地产。直到甲企业与承租人签订经营租赁合同,自租赁期开始日起,这栋商场才能转换为投资性房地产;同时,相应的土地使用权(无形资产)也应当转换为投资性房地产。

(3)企业将建筑物出租,按租赁协议向承租人提供的相关辅助服务在整个协议中不重大的,应当将该建筑物确认为投资性房地产。例如,企业将其办公楼出租,同时向承租人提供维护、保安等日常辅助服务,企业应当将其确认为投资性房地产。例如,甲企业在中关村购买了一栋写字楼,共12层。其中1层经营出租给某家大型超市,2—5层经营出租给乙公司,6—12层经营出租给丙公司。甲企业同时为该写字楼提供保安、维修等日常辅助服务。本例中,甲企业将写字楼出租,同时提供的辅助服务不重大。对于甲企业而言,这栋写字楼属于甲企业的投资性房地产。

(三)不属于投资性房地产的项目

1. 自用房地产

自用房地产是指为生产商品、提供劳务或者经营管理而持有的房地产,如企业生产经营用的厂房和办公楼属于固定资产,企业生产经营用的土地使用权属于无形资产。自用房地产的特征在于服务于企业自身的生产经营,其价值会随着房地产的使用而逐渐转移到企业的产品或服务中去,通过销售商品或提供服务为企业带来经济利益,在产生现金流量的过程中与企业持有的其他资产密切相关。

例如,企业出租给本企业职工居住的宿舍,虽然也收取租金,但间接为企业自身的生产经营服务,因此具有自用房地产的性质。又如,企业拥有并自行经营的旅馆饭店。旅馆饭店的经营者在向顾客提供住宿服务的同时,还提供餐饮、娱乐等其他服务,其经营目的主要是通过向客户提供服务取得服务收入,因此,企业自行经营的旅馆饭店是企业的经营场所,应当属于自用房地产。

2. 作为存货的房地产

作为存货的房地产通常是指房地产开发企业在正常经营过程中销售的或为销售而正在开发的商品房和土地。这部分房地产属于房地产开发企业的存货,其生产、销售构成企业的主营业务活动,产生的现金流量也与企业的其他资产密切相关。因此,具有存货性质的房地产不属于投资性房地产。

从事房地产经营开发的企业依法取得的、用于开发后出售的土地使用权,属于房地产开发企业的存货,即使房地产开发企业决定待增值后再转让其开发的土地,也不得将其确认为投资性房地产。

实务中,存在某项房地产部分自用或作为存货出售、部分用于赚取租金或资本增值的情形。如某项投资性房地产不同用途的部分能够单独计量和出售的,应当分别确认为固定资产(或无形资产、存货)和投资性房地产。例如,甲开发商建造了一栋商住两用楼盘,一层出租给一家大型超市,已签订经营租赁合同;其余楼层均为普通住宅,正在公开销售中。这种情况下,如果一层商铺能够单独计量和出售,应当确认为甲企业的投资性房地产,其余楼层为甲企业的存货,即开发产品。投资性房地产准则着重解决了投资性房地产的后续计量问题,即采用成本模式还是公允价值模式。

(四)投资性房地产的确认

按照《企业会计准则第3号——投资性房地产》的规定,投资性房地产,首先应当符合投资性房地产的定义,其次要同时满足投资性房地产的两个确认条件:其一,与该资产相关的经济利益很可能流入企业;其二,该投资性房地产的成本能够可靠地计量。

对于已出租的土地使用权、已出租的建筑物,其作为投资性房地产的确认时点为租赁期开始日,即土地使用权、建筑物进入出租状态、开始赚取租金的日期。对持有并准备增值后转让的土地使用权,其作为投资性房地产的确认时点为企业将自用土地使用权停止自用,准备增值后转让的日期。

☞ 相关资料

区分投资性"房产"与"地产"

我国《投资性房地产》准则对列入投资性房地产的建筑物有着更为严格的要求。要求持有该建筑物的企业在主观上是为了赚取租金,在客观上已在出租赚取租金,所以新准则规定建筑物必须是"已出租的"才算作投资性房地产。而土地使用权作为投资性房地产既可以是"已出租的",也可以是"持有并准备增值后转让的"。这是因为虽然房产和地产是不可分的,房屋建筑物会因为土地的升值而升值,而房屋建筑物的价值终究会因为寿命的终结而消失。所以,不能将房产作为增值物来投资,只能作为出租物进行投资,地产既可以作为增值物来投资,也可以作为出租物进行投资。

(资料来源:关于《投资性房地产》准则的思考　作者:胡燕)

二、投资性房地产的初始计量

投资性房地产应当按照取得成本进行初始计量。

(一)外购的投资性房地产

对于企业外购的房地产,只有在购入房地产的同时开始对外出租(自租赁期开始日起,下同)或用于资本增值,才能称之为外购的投资性房地产。外购投资性房地产的成本,包括购买价款、相关税费和可直接归属于该资产的其他支出。

企业购入房地产,自用一段时间之后再改为出租或用于资本增值的,应当先将外购的房地产确认为固定资产或无形资产,自租赁期开始日或用于资本增值之日开始,才能从固定资产或无形资产转换为投资性房地产。

在采用成本模式计量下,外购的土地使用权和建筑物,按照取得时的实际成本进行初始计量,借记"投资性房地产"科目,贷记"银行存款"等科目。

采用公允价值模式计量的投资性房地产,应当按照取得时的成本进行初始计量。其实际成本的确定与外购或自行建造的采用成本模式计量的投资性房地产一致。企业应当在"投资性房地产"科目下设置"成本"和"公允价值变动"两个明细科目,外购或自行建造时发生的实际成本,记入"投资性房地产(成本)"科目。

【例 5-27】 甬江股份有限公司于 2009 年 1 月 1 日支付 1 000 万元价款和 10 万元相关税费购入了 800 平方米商业用房,当日出租给乙公司。甬江股份有限公司购入投资性房地产的账务处理是:

借:投资性房地产	10 100 000
贷:银行存款	10 100 000

【例 5-28】 甬江股份有限公司于 2008 年 1 月 1 日支付 2 000 万元土地出让金取得一块土地使用权,使用年限 50 年,准备筹建办公楼。甬江股份有限公司购入土地使用权的账务处理是:

借:无形资产—— 土地使用权	20 000 000
贷:银行存款	20 000 000

2008 年末摊销土地使用权。

借:管理费用	400 000
贷:累计摊销(20 000 000÷50)	400 000

2009 年 1 月 1 日,该土地使用权出租,甬江股份有限公司将无形资产转入投资性房地产,采用成本模式计量。其账务处理为:

借:投资性房地产	20 000 000
累计摊销	400 000
贷:无形资产—— 土地使用权	20 000 000
投资性房地产累计摊销	400 000

⌨ 相关案例

> 甬江股份公司 2006 年 5 月 31 日购入一幢商务楼,用于对外出租,该商务楼的购置价为 1 680 万元,相关税费 10 万元,预计使用寿命 40 年,预计净残值 10 万元,采用直线法折旧。2006 年 7 月 1 日对外出租,年租金 180 万元,每月收取租金一次。
>
> 请你根据上述情况判断一下,甬江股份公司购入的商务楼是否符合投资性房地产的界定条件?该投资性房地产的入账成本应该为多少?

(二)自行建造的投资性房地产

企业自行建造(或开发,下同)的房地产,只有在自行建造或开发活动完成(即达到预定可使用状态)的同时开始对外出租或用于资本增值,才能将自行建造的房地产确认为投资性房地产。自行建造投资性房地产的成本,由建造该项房地产达到预定可使用状态前发生的必要支出构成,包括土地开发费、建筑安装成本、应予以资本化的借款费用、支付的其他费用和分摊的间接费用等。建造过程中发生的非正常性损失直接计入当期损益,不计入建造成本。

企业自行建造房地产达到预定可使用状态后一段时间才对外出租或用于资本增值的,应当先将自行建造的房地产确认为固定资产或无形资产,自租赁期开始日或用于资本增值之日开始,从固定资产或无形资产转换为投资性房地产。

【例 5-29】 甬江股份有限公司采用出包方式建造商用楼,用于出租,总投资 4 000 万元。2009 年 2 月 1 日支付工程款 1 000 万元,则甬江股份有限公司账务处理如下:

借:在建工程——商用楼　　　　　　　　　　　　　　　10 000 000
　　贷:银行存款　　　　　　　　　　　　　　　　　　　　10 000 000

2009 年其余付款略;2009 年 12 月 23 日,工程达到预定可使用状态,开始办理经营租赁手续,在建工程余额为 4 000 万元,则:

借:投资性房地产　　　　　　　　　　　　　　　　　　40 000 000
　　贷:在建工程　　　　　　　　　　　　　　　　　　　　40 000 000

三、投资性房地产的后续计量

一般情况下,投资性房地产在后续计量时,有两种计量模式可供选择:即成本计量模式、公允价值计量模式。但是,同一企业只能采用一种模式对所有投资性房地产进行后续计量,不得同时采用两种计量模式。

(一)采用成本模式进行后续计量的投资性房地产

在成本模式下,应当按照固定资产或无形资产的有关规定,对投资性房地产进行后续计量,计提折旧或摊销。企业按期(月)对投资性房地产计提折旧或进行摊销,借记"其他业务成本"科目,贷记"投资性房地产累计折旧(摊销)"科目。取得的租金收入,借记"银行存款"等科目,贷记"其他业务收入"等科目。

【例 5-30】 2009 年 1 月 8 日甬江股份有限公司将一栋办公楼出租给立达公司使用,已确认为投资性房地产,采用成本模式进行后续计量。假设该栋办公楼的成本为 1 800 万元,按照直线法计提折旧,使用寿命为 20 年,预计净残值为零。按照经营租赁合同约定,立达公司每月支付甬江公司租金 8 万元。

甬江股份有限公司的账务处理如下:

(1)计提折旧。

每月计提折旧 1 800÷20÷12＝7.5(万元)。

借:其他业务成本　　　　　　　　　　　　　　　　　　75 000
　　贷:投资性房地产累计折旧　　　　　　　　　　　　　　75 000

(2)确认租金。

借:银行存款(或其他应收款)　　　　　　　　　　　　80 000
　　贷:其他业务收入　　　　　　　　　　　　　　　　　　80 000

(二)采用公允价值模式进行后续计量的投资性房地产

1. 投资性房地产采用公允价值模式的前提条件

企业只有存在确凿证据表明其公允价值能够持续可靠取得的,才允许采用公允价值计量模式。企业一旦选择公允价值模式,就应当对其所有投资性房地产采用公允价值模式进行后续计量。采用公允价值模式计量投资性房地产,应当同时满足以下两个条件:(1)投资性房地产所在地有活跃的房地产交易市场。所在地,通常是指投资性房地产所在的城市。对于大中城市,应当为投资性房地产所在的城区;(2)企业能够从房地产交易市场上取得同类或类似房地产的市场价格及其他相关信息,从而对投资性房地产的公允价值做出科学合理的估计。这两个条件必须同时具备,缺一不可。

企业可以参照活跃市场上同类或类似房地产的现行市场价格(市场公开报价)来确定投资性房地产的公允价值;无法取得同类或类似房地产现行市场价格的,可以参照活跃市场上同类或类似房地产的最近交易价格,并考虑交易情况、交易日期、所在区域等因素予以确定。

同类或类似的房地产,对建筑物而言,是指所处地理位置和地理环境相同、性质相同、结构类型相同或相近、新旧程度相同或相近、可使用状况相同或相近的建筑物;对土地使用权而言,是指同一城区、同一位置区域、所处地理环境相同或相近、可使用状况相同或相近的土地。

2. 采用公允价值模式进行后续计量的会计处理

企业采用公允价值模式进行后续计量的,不对投资性房地产计提折旧或进行摊销,应当以资产负债表日投资性房地产的公允价值为基础调整其账面价值,公允价值与原账面价值之间的差额计入当期损益(公允价值变动损益)。即,资产负债表日投资性房地产的公允价值高于其账面余额的差额,借记"投资性房地产——公允价值变动"科目,贷记"公允价值变动损益"科目;公允价值低于其账面余额的差额做相反的会计分录。

【例 5-31】 2009 年 8 月,甬江股份有限公司与立达公司签订租赁协议,约定将甬江股份有限公司开发的一栋精装修的写字楼于开发完成的同时开始租赁给立达公司使用,租赁期为 10 年。当年 10 月 1 日,该写字楼开发完成并开始起租,写字楼的造价为 9 000 万元。2009 年 12 月 31 日,该写字楼的公允价值为 9 200 万元。假设甬江股份有限公司对投资性房地产采用公允价值模式计量。

甬江股份有限公司的账务处理如下:

(1)2009 年 10 月 1 日,甬江公司开发完成写字楼并出租。

借:投资性房地产——成本　　　　　　　　　　　　　90 000 000
　　贷:开发成本　　　　　　　　　　　　　　　　　　　　90 000 000

(2)2009 年 12 月 31 日,按照公允价值为基础调整其账面价值,公允价值与原账面价值之间的差额计入当期损益。

借:投资性房地产——公允价值变动　　　　　　　　　2 000 000
　　贷:公允价值变动损益　　　　　　　　　　　　　　　　2 000 000

⌨ **相关案例**

> 　　2007 年 1 月 1 日,田野公司与长城公司协商,由长城公司向田野公司投入房产,双方协商价为 3 000 万元。当日,田野公司即将该房产出租给 C 公司,年租金 300 万元,年终一次性付清。2007 年年底,该房产的公允价值为 2 800 万元,但 2008 年年底,该房产的公允价值升值至 3 200 万元。
>
> 　　请你帮助田野公司的会计人员分析一下,这笔经济业务的核算共涉及到哪几项会计准则? 在 2007 年底取得租金时,该企业是否应该同时考虑房产的减值? 在 2008 年底收取租金时,该企业又该作出什么样的会计处理?

四、与投资性房地产有关的后续支出

（一）资本化的后续支出

与投资性房地产有关的后续支出,满足投资性房地产确认条件的应当计入投资性房地产成本。例如,企业为了提高投资性房地产的使用效能,往往需要对投资性房地产进行改建、扩建而使其更加坚固耐用,或者通过装修而改善其室内装潢,改扩建或装修支出满足确认条件的,应当将其资本化。

【例 5-32】 2009 年 3 月,甬江股份有限公司与乙企业的一项厂房经营租赁合同即将到期,该厂房按照成本模式进行后续计量,原价为 2 000 万元,已计提折旧 600 万元。为了提高厂房的租金收入,甬江股份有限公司决定在租赁期满后对厂房进行改扩建,并与丙企业签订了经营租赁合同,约定自改扩建完工时将厂房出租给丙企业。3 月 15 日,与乙企业的租赁合同到期,厂房随即进入改扩建工程。12 月 15 日,厂房改扩建工程完工,共发生支出 150 万元,即日按照租赁合同出租给丙企业。

本例中,改扩建支出属于资本化的后续支出,应当记入投资性房地产的成本。

甬江股份有限公司的账务处理如下:

(1)2009 年 3 月 15 日,投资性房地产转入改扩建工程。

　　借:在建工程　　　　　　　　　　　　　　　　　　　 14 000 000
　　　　投资性房地产累计折旧　　　　　　　　　　　　　 6 000 000
　　　　贷:投资性房地产——厂房　　　　　　　　　　　　　　　　 20 000 000

(2)2009 年 3 月 15 日——12 月 15 日。

　　借:在建工程　　　　　　　　　　　　　　　　　　　 1 500 000
　　　　贷:银行存款等　　　　　　　　　　　　　　　　　　　 1 500 000

(3)2009 年 12 月 15 日,改扩建工程完工。

　　借:投资性房地产——厂房　　　　　　　　　　　　　 15 500 000
　　　　贷:在建工程　　　　　　　　　　　　　　　　　　　 15 500 000

【例 5-33】 2009 年 3 月,甬江股份有限公司与乙企业的一项厂房经营租赁合同即将到期。为了提高厂房的租金收入,甬江股份有限公司决定在租赁期满后对厂房进行改扩建,并

与丙企业签订了经营租赁合同,约定自改扩建完工时将厂房出租给丙企业。3 月 15 日,与乙企业的租赁合同到期,厂房随即进入改扩建工程。11 月 10 日,厂房改扩建工程完工,共发生支出 150 万元,即日按照租赁合同出租给丙企业。3 月 15 日厂房账面余额为 1 200 万元,其中成本 1 000 万元,累计公允价值变动 200 万元。假设甬江股份有限公司对投资性房地产采用公允价值模式计量。

本例中,改扩建支出属于资本化的后续支出,应当记入投资性房地产的成本。

甬江股份有限公司的账务处理如下:

(1)2009 年 3 月 15 日,投资性房地产转入改扩建工程。

借:在建工程　　　　　　　　　　　　　　　　　　　12 000 000
　　贷:投资性房地产——厂房(成本)　　　　　　　　　　　10 000 000
　　　　　　　　　　——厂房(公允价值变动)　　　　　　　　2 000 000

(2)2009 年 3 月 15 日——11 月 10 日。

借:在建工程　　　　　　　　　　　　　　　　　　　　1 500 000
　　贷:银行存款　　　　　　　　　　　　　　　　　　　　1 500 000

(3)2009 年 11 月 10 日,改扩建工程完工。

借:投资性房地产——厂房(成本)　　　　　　　　　　13 500 000
　　贷:在建工程　　　　　　　　　　　　　　　　　　　13 500 000

(二)费用化的后续支出

与投资性房地产有关的后续支出,不满足投资性房地产确认条件的应当在发生时计入当期损益。例如企业对投资性房地产进行日常维护所发生的支出。

【例 5-34】 甬江股份有限公司对其某项投资性房地产进行日常维修,发生维修支出1.5 万元。本例中,日常维修支出属于费用化的后续支出,应当计入当期损益。

甬江股份有限公司的账务处理如下:

借:其他业务成本　　　　　　　　　　　　　　　　　　15 000
　　贷:银行存款　　　　　　　　　　　　　　　　　　　　15 000

五、投资性房地产后续计量模式的变更

为保证会计信息的可比性,企业对投资性房地产的计量模式一经确定,不得随意变更。只有在房地产市场比较成熟、能够满足采用公允价值模式条件的情况下,才允许企业对投资性房地产从成本模式计量变更为公允价值模式计量。但是,同一企业只能采用一种模式对所有投资性房地产进行后续计量,不得同时采用两种计量模式。成本模式转为公允价值模式的,应当作为会计政策变更处理,并按计量模式变更时公允价值与账面价值的差额调整期初留存收益。已采用公允价值模式计量的投资性房地产,不得从公允价值模式转为成本模式。

企业变更投资性房地产计量模式时,应当按照计量模式变更日投资性房地产的公允价值,借记"投资性房地产(成本)"科目,按照已计提的折旧或摊销,借记"投资性房地产累计折旧(摊销)"科目,原已计提减值准备的,借记"投资性房地产减值准备"科目,按照投资性房地产的账面余额,贷记"投资性房地产"科目,按照差额,贷记"利润分配——未分配利润"、"盈余公积"等科目。

【例 5-35】 甬江股份有限公司将一栋写字楼租赁给乙公司使用,并一直采用成本模式

进行后续计量。2009年1月1日,甬江公司认为,出租给乙公司使用的写字楼,其所在地的房地产交易市场比较成熟,具备了采用公允价值模式计量的条件,决定对该项投资性房地产从成本模式转换为公允价值模式计量。该写字楼的原造价为9 000万元,已计提折旧270万元,账面价值为8 730万元。2009年1月1日,该写字楼的公允价值为9 500万元。

假设甬江股份有限公司按净利润的10%计提盈余公积。

甬江股份有限公司的账务处理如下:

借:投资性房地产——写字楼(成本)　　　　　　　　　　95 000 000

投资性房地产累计折旧　　　　　　　　　　　　2 700 000

贷:投资性房地产——写字楼　　　　　　　　　　　　　　90 000 000

利润分配——未分配利润　　　　　　　　　　　　　6 930 000

盈余公积　　　　　　　　　　　　　　　　　　　770 000

六、投资性房地产的转换和处置

(一)投资性房地产的转换

1. 投资性房地产转换为自用房地产

(1)采用成本模式进行后续计量的投资性房地产转换为自用房地产

企业将原本用于赚取租金或资本增值的房地产改用于生产商品、提供劳务或者经营管理,投资性房地产相应地转换为固定资产或无形资产。例如,企业将出租的厂房收回,并用于生产本企业的产品。在此种情况下,转换日为房地产达到自用状态,企业开始将房地产用于生产商品、提供劳务或者经营管理的日期。

企业将投资性房地产转换为自用房地产时,应当按该项投资性房地产在转换日的账面余额、累计折旧、减值准备等,分别转入"固定资产"、"累计折旧"、"固定资产减值准备"等科目;按投资性房地产的账面余额,借记"固定资产"或"无形资产"科目,贷记"投资性房地产"科目;按已计提的折旧或摊销,借记"投资性房地产累计折旧(摊销)"科目,贷记"累计折旧"或"累计摊销"科目;原已计提减值准备的,借记"投资性房地产减值准备"科目,贷记"固定资产减值准备"或"无形资产减值准备"科目。

【例5-36】 2009年8月1日,甬江股份有限公司将出租在外的厂房收回,开始用于本企业生产商品。该项房地产在转换前采用成本模式计量,其账面价值为2 800万元。其中,原价5 000万元,累计已提折旧2 200万元。

甬江股份有限公司的账务处理如下:

借:固定资产　　　　　　　　　　　　　　　　　　　　　50 000 000

投资性房地产累计折旧　　　　　　　　　　　　22 000 000

贷:投资性房地产——厂房　　　　　　　　　　　　　　50 000 000

累计折旧　　　　　　　　　　　　　　　　　22 000 000

(2)采用公允价值模式进行后续计量投资性房地产转换为自用房地产

企业将采用公允价值模式计量的投资性房地产转换为自用房地产时,应当以其转换当日的公允价值作为自用房地产的账面价值,公允价值与原账面价值的差额计入当期损益。

转换日,按该项投资性房地产的公允价值,借记"固定资产"或"无形资产"科目,按该项投资性房地产的成本,贷记"投资性房地产——成本"科目;按该项投资性房地产的累计公允价值变动,贷记或借记"投资性房地产——公允价值变动"科目;按其差额,贷记或借记"公允价值变动损益"科目。

【例 5-37】 2009 年 10 月 15 日,甬江股份有限公司因租赁期满,将出租的写字楼收回,准备作为办公楼用于本企业的行政管理。2009 年 12 月 1 日,该写字楼正式开始自用,相应由投资性房地产转换为自用房地产,当日的公允价值为 4 800 万元。该项房地产在转换前采用公允价值模式计量,原账面价值为 4 750 万元。其中,成本为 4 500 万元,公允价值变动为增值 250 万元。

甬江股份有限公司的账务处理如下:

借:固定资产　　　　　　　　　　　　　　　　　　　　　　48 000 000
　贷:投资性房地产 ——成本　　　　　　　　　　　　　　　　45 000 000
　　　　　　　　——公允价值变动　　　　　　　　　　　　　2 500 000
　　公允价值变动损益　　　　　　　　　　　　　　　　　　　500 000

2. 非投资性房地产转换为投资性房地产

(1)采用成本模式对非投资性房地产转换为投资性房地产

①自用房地产转换为投资性房地产

企业将原本用于生产商品、提供劳务或者经营管理的房地产改用于出租,应于租赁期开始日,将相应的固定资产或无形资产转换为投资性房地产。

企业将自用土地使用权或建筑物转换为以成本模式计量的投资性房地产时,应当按该项建筑物或土地使用权在转换日的原价、累计折旧、减值准备等,分别转入"投资性房地产"、"投资性房地产累计折旧(摊销)"、"投资性房地产减值准备"科目,按其账面余额,借记"投资性房地产"科目,贷记"固定资产"或"无形资产"科目,按已计提的折旧或摊销,借记"累计折旧"或"累计摊销"科目,贷记"投资性房地产累计折旧(摊销)"科目,原已计提减值准备的,借记"固定资产减值准备"或"无形资产减值准备"科目,贷记"投资性房地产减值准备"科目。

【例 5-38】 甬江股份有限公司拥有一栋办公楼,用于本企业总部办公。2009 年 3 月 10 日,甬江公司与乙企业签订了经营租赁协议,将这栋办公楼整体出租给乙企业使用,租赁期开始日为 2009 年 4 月 15 日,为期 5 年。2009 年 4 月 15 日,这栋办公楼的账面余额 55 000 万元,已计提折旧 300 万元。

甬江股份有限公司的账务处理如下:

借:投资性房地产 —— 写字楼　　　　　　　　　　　　　　550 000 000
　累计折旧　　　　　　　　　　　　　　　　　　　　　　　3 000 000
　贷:固定资产　　　　　　　　　　　　　　　　　　　　　550 000 000
　　投资性房地产累计折旧　　　　　　　　　　　　　　　　3 000 000

②作为存货的房地产转换为投资性房地产

作为存货的房地产转换为投资性房地产,通常指房地产开发企业将其持有的开发产品以经营租赁的方式出租,存货相应地转换为投资性房地产。这种情况下,转换日为房地产的租赁期开始日。租赁期开始日是指承租人有权行使其使用租赁资产权利的日期。

企业将作为存货的房地产转换为采用成本模式计量的投资性房地产时,应当按该项存货在转换日的账面价值,借记"投资性房地产"科目;原已计提跌价准备的,借记"存货跌价准备"科目,按其账面余额,贷记"开发产品"等科目。

【例5-39】 2009年3月10日,甬江股份有限公司与乙企业签订了租赁协议,将其开发的一栋写字楼整体出租给乙企业使用,租赁期开始日为2009年4月15日。2009年4月15日,该写字楼的账面余额6800万元,未计提存货跌价准备,转换后采用成本模式计量。

甬江股份有限公司2009年4月15日的账务处理如下:

借:投资性房地产——写字楼   6 8000 000

    贷:开发产品   6 8000 000

(2)采用公允价值模式对非投资性房地产转换为投资性房地产

①自用房地产转换为投资性房地产

企业将自用房地产转换为采用公允价值模式计量的投资性房地产时,应当按该项土地使用权或建筑物在转换日的公允价值,借记"投资性房地产(成本)"科目;按已计提的累计摊销或累计折旧,借记"累计摊销"或"累计折旧"科目;原已计提减值准备的,借记"无形资产减值准备"、"固定资产减值准备"科目;按其账面余额,贷记"固定资产"或"无形资产"科目。同时,转换日的公允价值小于账面价值的,按其差额,借记"公允价值变动损益"科目;转换日的公允价值大于账面价值的,按其差额,贷记"资本公积——其他资本公积"科目。待该项投资性房地产处置时,因转换计入资本公积的部分应转入当期的其他业务收入,借记"资本公积——其他资本公积"科目,贷记"其他业务收入"科目。

【例5-40】 2007年6月,甬江股份有限公司打算搬迁至新建办公楼,由于原办公楼处于商业繁华地段,甬江公司准备将其出租,以赚取租金收入。2007年10月,甬江股份有限公司完成了搬迁工作,原办公楼停止自用。2007年12月,甬江股份有限公司与乙企业签订了租赁协议,将其原办公楼租赁给乙企业使用,租赁期开始日为2008年1月1日,租赁期限为3年。2008年1月1日,该办公楼的公允价值为35 000万元,其原价为5亿元,已提折旧14 250万元;假设甬江公司对投资性房地产采用公允价值模式计量。

甬江股份有限公司的账务处理如下:

甬江股份有限公司应当于租赁期开始日(2008年1月1日)将自用房地产转换为投资性房地产。

借:投资性房地产——成本   350 000 000

    公允价值变动损益   7 500 000

    累计折旧   142 500 000

    贷:固定资产   500 000 000

②作为存货的房地产转换为投资性房地产

企业将作为存货的房地产转换为采用公允价值模式计量的投资性房地产时,应当按该项房地产在转换日的公允价值,借记"投资性房地产(成本)"科目;原已计提跌价准备的,借记"存货跌价准备"科目;按其账面余额,贷记"开发产品"等科目。同时,转换日的公允价值小于账面价值的,按其差额,借记"公允价值变动损益"科目;转换日的公允价值大于账面价值的,按其差额,贷记"资本公积——其他资本公积"科目。待该项投资性房地产处置时,因转换计入资本公积的部分应转入当期的其他业务收入,借记"资本公积——其他资本公积"科目,贷记"其他业务收入"科目。

【例5-41】 2009年3月10日,甫江股份有限公司与乙企业签订了租赁协议,将其开发的一栋写字楼整体出租给乙企业使用,租赁期开始日为2009年4月15日。2009年4月15日,该写字楼的账面余额6 800万元,公允价值6 900万元。2009年12月31日,该项投资性房地产的公允价值为7 000万元。

甫江股份有限公司的账务处理如下:

(1)2009年4月15日

借:投资性房地产——写字楼(成本)	69 000 000	
贷:开发产品		68 000 000
资本公积		1 000 000

(2)2009年12月31日

借:投资性房地产——写字楼(公允价值变动)	1 000 000	
贷:公允价值变动损益		1 000 000

(二)投资性房地产的处置

当投资性房地产被处置,或者永久退出使用却不能从其处置中取得经济利益时,应当终止确认该投资性房地产。

企业可以通过对外出售或转让的方式处置投资性房地产,取得投资收益。对于那些由于使用而不断磨损直到最终报废,或者由于遭受自然灾害等非正常损失发生毁损的投资性房地产应当及时进行清理。此外,企业因其他原因,如非货币性资产交换等而减少投资性房地产也属于投资性房地产的处置。企业出售、转让、报废投资性房地产或者发生投资性房地产毁损,应当将处置收入扣除其账面价值和相关税费后的金额计入当期损益。

1. 采用成本模式计量投资性房地产的处置

处置采用成本模式计量的投资性房地产时,应当按实际收到的金额,借记“银行存款”等科目,贷记“其他业务收入”等科目;按该项投资性房地产的账面价值,借记“其他业务成本”科目;按其账面余额,贷记“投资性房地产”科目;按照已计提的折旧或摊销,借记“投资性房地产累计折旧(摊销)”科目;原已计提减值准备的,借记“投资性房地产减值准备”科目。

【例5-42】 承前例甫江股份有限公司将其出租的一栋写字楼确认为投资性房地产,采用成本模式计量。租赁期届满后,甫江公司将该栋写字楼出售给乙公司,合同价款为3亿元,乙公司已用银行存款付清。出售时,该栋写字楼的成本为28 000万元,已计提折旧3 000万元。

甫江股份有限公司的账务处理如下:

借:银行存款	300 000 000	
贷:其他业务收入		300 000 000
借:其他业务成本	250 000 000	
投资性房地产累计折旧	30 000 000	
贷:投资性房地产——写字楼		280 000 000

【例5-43】 甫江股份有限公司为了满足市场需求,扩大再生产,将生产车间从市中心搬迁到郊区。2006年3月,管理层决定,将原厂区陈旧厂房拆除平整后,持有已备增值后转让。土地使用权的账面余额为3 000万元,已计提摊销900万元,剩余使用年限40年,按照

直线法摊销,不考虑残值。2009 年 3 月,甬江股份有限公司将原厂区出售,取得转让收入 4 000 万元。假设不考虑相关税费。

甬江股份有限公司的账务处理如下:

①转换日。

借:投资性房地产—— 土地使用权	30 000 000
累计摊销	9 000 000
贷:无形资产—— 土地使用权	30 000 000
投资性房地产累计摊销	9 000 000

②计提摊销(假设按年)。

借:其他业务成本	525 000
贷:投资性房地产累计摊销	525 000

③出售时。

借:银行存款	40 000 000
贷:其他业务收入	40 000 000
借:其他业务成本	19 425 000
投资性房地产累计摊销	10 575 000
贷:投资性房地产——土地使用权	30 000 000

2. 采用公允价值模式计量的投资性房地产的处置

处置采用公允价值模式计量的投资性房地产时,应当按实际收到的金额,借记"银行存款"等科目,贷记"其他业务收入"科目;按该项投资性房地产的账面余额,借记"其他业务成本"科目;按其成本,贷记"投资性房地产——成本"科目;按其累计公允价值变动,贷记或借记"投资性房地产——公允价值变动"科目。同时,将投资性房地产累计公允价值变动转入其他业务收入,借记或贷记"公允价值变动损益"科目,贷记或借记"其他业务收入"科目。若存在原转换日计入资本公积的金额,也一并转入其他业务收入,借记"资本公积——其他资本公积"科目,贷记"其他业务收入"科目。

【例 5-44】 2009 年 3 月 10 日,甬江股份有限公司与乙企业签订了租赁协议,将其开发的一栋写字楼出租给乙企业使用,租赁期开始日为 2009 年 4 月 15 日。2009 年 4 月 15 日,该写字楼的账面余额 45 000 万元,公允价值为 47 000 万元。2009 年 12 月 31 日,该项投资性房地产的公允价值为 48 000 万元。2010 年 6 月租赁期届满,企业收回该项投资性房地产,并以 55 000 万元出售,出售款项已收讫。假设甬江公司采用公允价值模式计量。

甬江股份有限公司的账务处理如下:

①2009 年 4 月 15 日,存货转换为投资性房地产。

借:投资性房地产——成本	470 000 000
贷:开发产品	450 000 000
资本公积——其他资本公积	20 000 000

②2009 年 12 月 31 日,公允价值变动。

借:投资性房地产——公允价值变动	10 000 000
贷:公允价值变动损益	10 000 000

③2010 年 6 月,收回并出售投资性房地产。

借:银行存款 550 000 000
  贷:其他业务收入 550 000 000
借:其他业务成本 480 000 000
  贷:投资性房地产——成本 470 000 000
      ——公允价值变动 10 000 000

同时,将投资性房地产累计公允价值变动损益转入其他业务收入。

借:公允价值变动损益 l0 000 000
  贷:其他业务收入 10 000 000

同时,将转换时原计入资本公积的部分转入其他业务收入。

借:资本公积—— 其他资本公积 20 000 000
  贷:其他业务收入 20 000 000

七、投资性房地产综合实例

甬江股份有限公司于 1995 年 12 月 31 日在自有土地上建成一座厂房,此在建工程账面成本为 180 万元(摊销期限 20 年,按平均年限法摊销,预计无残值),建成初衷是作为自用的车间。但由于产品销路不畅于 1997 年 1 月 1 日将此厂房出租,出租时公允价值为 200 万元,租期 10 年。2000 年按国家规定安装相关消防设备花费 8 万元。2007 年 1 月 1 日到期后将此厂房改建为第五车间,此时公允价值为 135 万元。

1. 如果该企业按成本计量模式进行账务处理。

(1)1995 年 12 月 31 日厂房交付使用。

借:固定资产—— 厂房 1 800 000
  贷:在建工程 1 800 000

(2)1996 年计提折旧。

借:制造费用 90 000
  贷:累计折旧 90 000

(3)1997 年出租。

借:投资性房地产 1 800 000
 累计折旧 90 000
  贷:固定资产 1 800 000
   投资性房地产累计折旧 90 000

(4)1997—2006 年每年计提折旧。

借:其他业务成本 90 000
  贷:投资性房地产累计折旧 90 000

(5)2000 年安装消防设备。

由于安装消防设备并不能使流入企业的未来经济利益超过原先的估计,因此此后需将支出计入当期损益。

借:管理费用 80 000
  贷:银行存款 80 000

(6)2007 年收回厂房。

此时投资性房地产账面价值＝180－9×11＝81(万元)

借:固定资产	1 800 000	
投资性房地产累计折旧	990 000	
贷:投资性房地产		1 800 000
累计折旧		990 000

(7)2007 年—2015 年每年计提折旧。

借:制造费用	90 000	
贷:累计折旧		90 000

2.如果该企业按公允价值计量模式进行账务处理。

(1)1995 年 12 月 31 日厂房交付使用。

借:固定资产——厂房	1 800 000	
贷:在建工程		1 800 000

(2)1996 年计提折旧。

借:制造费用	90 000	
贷:累计折旧		90 000

(3)1997 年出租。

借:投资性房地产——成本	2 000 000	
累计折旧	90 000	
贷:固定资产		1 800 000
资本公积		290 000

(4)1997—2006 年不计提折旧。

(5)2000 年安装消防设备

由于安装消防设备并不能使流入企业的未来经济利益超过原先的估计,因此此后需支出计入当期损益。

借:管理费用	80 000	
贷:银行存款		80 000

(6)2007 年收回厂房。

此时投资性房地产账面价值＝200 万元,公允价值 135 万元

借:固定资产	1 350 000	
公允价值变动损益	650 000	
贷:投资性房地产——成本		2 000 000

(7)假设新车间仍按平均年限法摊销,摊销年限 9 年,预计无残值。

每年摊销折旧额＝135÷9＝15(万元)

借:制造费用	150 000	
贷:累计折旧		150 000

第四节　长期待摊费用

其他长期资产是指除流动资产、长期股权投资、固定资产、无形资产、投资性房地产等以

外的资产,如长期待摊费用、递延所得税资产、其他非流动资产等。

长期待摊费用,是指企业已经发生但应由本期和以后各期负担的分摊期限在 1 年以上的各项费用,如经营租入固定资产的改良支出等。

长期待摊费用应当单独核算,在费用项目的受益期限内分期平均摊销。租入固定资产改良支出应当在租赁期限与预计可使用年限两者孰短的期限内平均摊销。其他长期待摊费用应当在受益期内平均摊销。

企业应设置"长期待摊费用"科目核算企业已经发生但应由本期和以后各期负担的分摊期限在 1 年以上的各项费用。该科目应按费用项目进行明细核算。

企业发生长期待摊费用时,借记"长期待摊费用"科目,贷记有关科目。摊销长期待摊费用时,借记"管理费用"、"销售费用"等科目,贷记"长期待摊费用"科目。该科目期末借方余额反映企业尚未摊销完毕的长期待摊费用的摊余价值。

如果长期待摊的费用项目不能使以后会计期间受益,应当将尚未摊销的该项目的摊余价值全部转入当期损益。

【例 5-45】　甬江股份有限公司采用经营租赁方式临时租入一栋办公用房,预计可使用 5 年,租期暂定为 4 年,租入后对房屋进行了局部改造,发生改良支出 120 000 元,以银行存款支付,改良工程完工投入使用。账务处理如下:

借:长期待摊费用——租入固定资产改良支出　　　　　　　　　　120 000

　　贷:银行存款　　　　　　　　　　　　　　　　　　　　　　　　　120 000

租入固定资产的改良支出要在使用寿命和租期两者中选择较短的期限摊销,摊销时,借记"制造费用"、"管理费用"等科目,贷记"长期待摊费用——租入固定资产改良支出"科目。

【例 5-46】　上例租入固定资产改良支出应按 4 年的期限摊销,则每月摊销 2 500(120 000÷4÷12)元。账务处理如下:

借:管理费用　　　　　　　　　　　　　　　　　　　　　　　　2 500

　　贷:长期待摊费用——租入固定资产改良支出　　　　　　　　　　2 500

除了长期待摊费用以外企业还拥有一些特殊资产,如国家特种储备物资、银行冻结存款及临时设施和诉讼中的财产,这些资产一般不参加企业正常的生产经营活动,其价值也不需要摊销,且并非所有的企业都拥有这样的资产,在生产经营中处于次要地位,所以都统称为其他长期资产。企业可根据资产的性质及特点单独设置相关会计科目核算。

要点回顾

•学习目标总结

学习目标 1　固定资产,是指同时具有下列特征的有形资产:(1)为生产商品、提供劳务、出租或经营管理而持有的;(2)使用寿命超过一个会计年度。

无形资产是指企业拥有或控制的没有实物形态的可辨认非货币性资产。无形资产的特征主要表现在:(1)无形资产不具有实物形态。(2)无形资产属于可辨认的非货币性资产。(3)无形资产在创造经济利益方面存在较大不确定性。

投资性房地产是指为赚取租金或资本增值,或者两者兼有而持有的房地产。投资性房地产的特征主要表现在:(1)投资性房地产业务是一种经营性活动。(2)投资性房地产区别于作为生产经营场所的房地产和用于销售的房地产。(3)投资性房地产有两种后续计量模式。

上述资产应当在符合定义的前提下,同时满足两个确认条件时,才能予以确认:(1)与该资产有关的经济利益很可能流入企业。(2)该无形资产的成本能够可靠地计量。

固定资产的计价主要有三种标准:原始价值、重置完全价值和净值。

投资性房地产主要包括已出租的土地使用权、持有并准备增值后转让的土地使用权、已出租的建筑物。

学习目标2　固定资产应当按实际成本进行初始计量。企业应对所有的固定资产计提折旧,可选用的折旧方法包括平均年限法、工作量法、双倍余额递减法和年数总和法等。固定资产的后续支出符合固定资产确认条件,形成资本化支出,应计入固定资产的价值;不符合固定资产确认条件,要进行费用化处理,在后续支出发生时计入当期损益。固定资产处置属于非经营性活动,处置的净损益转作营业外收入或营业外支出。

学习目标3　无形资产通常是按实际成本进行初始计量,即以取得无形资产并使之达到预定用途而发生的全部支出,作为无形资产的成本。需要注意的是:对于企业自行进行的研究开发项目,应当区分研究阶段与开发阶段两个部分分别进行核算。其中研发支出符合条件的可以予以资本化。无形资产的摊销方法主要采用直线法。无形资产处置属于非经营性活动,处置的净损益转作营业外收入或营业外支出。

学习目标4　投资性房地产的初始计量,与固定资产、无形资产一致。企业通常应当采用成本模式对投资性房地产进行后续计量,在满足特定条件时可以采用公允价值模式计量;但是,企业只能选择一种计量模式对其所有投资性房地产进行后续计量,不得同时采用两种计量模式。投资性房地产的后续支出同固定资产。投资性房地产与非投资性房地产的转换也包括成本模式和公允价值模式。投资性房地产的处置属于经营性活动。

• 关键术语

固定资产;有形资产;年限平均法;工作量法;余额递减法;双倍余额递减法;年数总和法;无形资产;累计摊销;投资性房地产;成本模式;公允价值模式;长期待摊费用

• 重点与难点

重点:长期非货币性资产的确认标准与范围;长期非货币性资产的初始计量;固定资产折旧的计算方法;长期非货币性资产间的转换。

难点:长期非货币性资产的初始计量;长期非货币性资产的后续计量;投资性房地产成本模式转换为公允价值模式的会计处理。

小组讨论

• 思考题

1. 固定资产计价标准有哪些?各自有什么特点?企业实务中固定资产是如何分类的?

2. 我国对固定资产折旧的范围是如何划分的？分析固定资产折旧的意义及影响固定资产折旧的基本因素。请阐述加速折旧方法的理论依据和财务意义。

3. 分析无形资产的确认和计量有何特殊性。我国无形资产摊销的期限是如何规定的？一般可以采用哪些摊销方法？我国采用的是什么摊销方法？

4. 投资性房地产在不同计量模式下的会计处理有何区别？投资性房地产采用公允价值计量模式的条件是什么？

5. 企业购置的房屋自用和以经营租赁方式出租，分别属于哪类资产？核算上有何异同？

6. 企业的土地使用权如果以经营租赁方式出租如何计量与记录？

● 案例分析

1. 资料：上海航空董事会日前通过决议，决定将飞机发动机折旧年限从18年调整至20年。在上半年亏损1.6亿元的情况下，上海航空此举将大大改善其2006年业绩，经估算因此增加的全年净利润在6 800万元左右。

上海航空今日公告称，公司董事会在今年年初已注意到公司部分固定资产折旧年限与行业普遍采用的折旧政策不相一致，经分析评估后认为，调整公司部分固定资产折旧年限是完全符合公司实际情况的。因此，董事会一致同意将飞机发动机折旧年限从18年调整至20年，房屋、停机坪等各类生产用房折旧年限从30年调整至40年，非生产性用房的折旧年限从35年调整至45年。公司从2006年1月1日起执行新的会计估计，不改变以前期间的会计估计，也不调整以前期间的报告结果。

航空公司的主要资产就是飞机。对民航企业会计报表颇有研究的注册会计师朱德峰表示，根据原行业会计制度，境内航空公司是按《民航运输企业财务管理办法》规定的飞机及发动机的折旧年限计提飞机及发动机折旧的，即100吨载运能力以下的飞机折旧年限为10年，100吨载运能力以上的飞机折旧年限为15年。但根据飞机的技术资料和实际使用情况，一般飞机的使用年限可达到20年至30年。境外大型航空公司在计提飞机折旧时，一般折旧年限为15年至25年，例如国泰航空客机是按20年折旧、货机按20年至27年折旧。

实际上，早在4、5年前，境内几家大型航空公司关于飞机及发动机折旧年限的会计估计已开始与境外同行趋于一致，实现了与国际接轨。如与上海航空同处一城的东航就曾于2002年1月16日作出决议，从2001年7月1日起将公司飞机及发动机的折旧年限由原来的10年至15年调整为20年，残值率由原来的飞机原值的3%调整为5%，备用发动机折旧年限随同飞机折旧年限确定。因该项会计估计变更，东航2002年利润增加了41 570万元。

（资料来源：上海证券报）

请根据上述案例，以小组为单位讨论以下问题：

(1) 上航运用调整折旧方法调整年度利润是否可行，其依据是什么？

(2) 从会计的角度分析，6 800万利润是如何产生的。

2. 资料：东安黑豹(600760)：2009年半年度报告报告期，管理费用比上年同期增加694万元，增长44.31%，主要系本期投资性房地产转换为固定资产和无形资产，对应的折旧费和摊销费用在管理费用中核算。

请收集案例的原文,以小组为单位讨论以下问题:

(1)东安黑豹(600760):2009年半年度报告中披露的本期投资性房地产转换为固定资产和无形资产,是基于什么原因?请作出初步推测与分析。

(2)东安黑豹此前的投资性房地产、固定资产、无形资产分别有哪些项目构成,请对他们的会计政策和会计估计作出说明与分析。对三类资产的企业持有意图作出说明。

(3)请对东安黑豹上述资产的转换作出相关的会计处理。

(4)固定资产折旧对企业意味什么?

3. 资料:2007年2月14日,大江公司与上海天邦饲料有限公司签订了《资产转让协议》,公司将拥有的上海市松江区松江工业区洞泾路58号的原料仓库(3 082平方米)、成品仓库(940平方米)、畜禽料车间(644平方米)、存放在畜禽料车间内的畜禽饲料流水线设备以及3个1000吨的圆筒仓转让给上海天邦饲料有限公司,转让价格为650万元。截至2006年12月31日,上述固定资产的账面净值为1 275.04万元,公司已于2006年度计提了减值准备,计提后的净额为134.18万元。

请收集案例的原文,以小组为单位讨论以下问题:

(1)大江股份(600695)于2007年2月14日作出关于出售闲置固定资产公告。请问大江股份为什么要出售固定资产?出售固定资产为其带来怎样的影响?

(2)请对大江股份的固定资产折旧政策作出说明?企业为什么要计提固定资产折旧?不同的折旧方法对企业财务状况和经营业绩会产生怎样的影响?

(3)请对大江股份出售固定资产的业务作出会计处理?并说明在本期期末该公司固定资产在资产负债表中的列示情况,并作出相应的披露?

(4)请对大江股份的无形资产构成情况以及会计政策作出说明?无形资产给大江股份带来预期的价值了吗?

项目训练

训练目的:通过本项目训练,使学生对长期非货币性资产项目有一个比较系统地认识,熟悉其账务处理程序,据以达到熟练地掌握长期非货币性资产的确认、计量、记录与报告等会计技能。

训练形式:以学生自主完成为主,教师适当指导。

训练课时:课外2课时。

训练资料与要求:

一、训练资料

东升股份有限公司于2007年7月1日开始对一生产用厂房进行改扩建,改扩建前该厂房的原价为2000万元,已提折旧200万元,已提减值准备100万元。在改扩建过程中领用工程物资400万元,领用生产用原材料200万元,原材料的进项税额为34万元。发生改扩建人员薪酬50万元,用银行存款支付其他费用66万元。该厂房于2007年12月20日达到预定可使用状态。该企业对改扩建后的厂房采用年限平均法计提折旧,预计尚可使用年限为20年,预计净残值为50万元。2009年12月10日,由于所生产的产品停产,甬江股份有限公司决定将上述厂房以经营租赁方式对外出租,租期为 2 年,每年末收取租金,每年租金为 180 万元,起租日为 2009 年 12 月 31 日,到期日为 2011 年 12 月 31 日,对租出的投资性房地产采用成本模式计量,租出后,该厂房仍按原折旧方法、折旧年限和预计净残值计提折旧。

二、训练要求

根据东升股份有限公司所发生的上述业务按以下要求进行确认、计量、记录和报告。

(1)计算厂房改扩建后的入账价值并编制会计分录;

(2)计算 2008 年厂房计提的折旧额并编制会计分录;

(3)编制 2009 年 12 月 31 日租出厂房业务的会计分录;

(4)编制 2010 年 12 月 31 日收到租金、计提折旧的会计分录;

(5)说明东升股份有限公司对于此项经济业务如何在财务报告中披露"固定资产"和"投资性房地产"项目。

阅读平台

• 阅读书目

(1)《企业会计准则第 3 号——投资性房地产》、《企业会计准则第 4 号——固定资产》、《企业会计准则第 6 号——无形资产》。

(2)《会计》,中国注册会计师协会,中国财政经济出版社,2010 年版。

(3)《中外会计与财务案例研究》,孙铮、戴欣苗、李莉、包洪信,上海财经大学出版社,2003 年版。

• 阅读资料

固定资产折旧与企业发展的关系

折旧是一种无须付现的费用,折旧对企业净利的影响会间接影响到企业偿还固定资产贷款的资金筹措、长期投资、设备更新、资产重新评估、财务报表账面盈余及企业税务等问题。

本文拟结合财、会"两则"对折旧及其方法差异所引起的一些财务问题以及与企业发展的关系作几点小议。

一、折旧与固定资产重置的关系

一般观点认为,企业提取折旧的主要目的,除了使成本与收益相配合以正确计算当期损益外,更重要的是为了对逐渐消耗的固定资产在未来某个时期进行补偿。但企业通过计提折旧来更新固定资产,在理论上和实务上都存在下列缺陷和弊端:

(1)在固定资产使用期内,如果物价上升,固定资产未来的重置成本将升高,由于折旧是以历史成本为基础,因此,折旧额不足以重置固定资产。另外,即使在使用期内物价没有显著上升,由于技术变化,折旧额也不足以在未来购建技术性能更加先进的设备。

(2)由于企业生产经营活动是连续不断进行的,企业在某项固定资产使用期内,其累计折旧额可以被其他固定资产、存货和应收账款所占用,企业账面上的累计折旧实际上并不与企业固定资产重置所需现金相匹配。可见,企业固定资产重置是资金运筹和投资问题,企业折旧问题的重点应从固定资产重置转向为保证企业资产的保值和增值,要使每期计提的折旧基金不被分配掉。

二、折旧与企业自我发展能力的关系

新准则规定,企业产品成本计算由完全成本法改为制造成本法。企业折旧根据固定资产的性质与用途不同,生产性固定资产(包括企业厂房、生产设备、运输工具等)的折旧,作为制造费用计入制造成本;非生产性固定资产(如职工宿舍、学校等)的折旧,作为管理费用计入期间成本,直接计入当期损益。由于期间成本不必在完工产品和在产品之间进行分配,这部分折旧所形成的期间成本完全由本会计期间销售出去的产品负担。若企业产销不平衡,同制造成本法所计算出的税后盈利以及由此所形成的税后利润分配和保留盈余就会因企业折旧问题而波动更加剧烈,增加了企业调度资金的难度,削弱了自我发展能力。因此,要增强国有企业的自我发展能力,就应减少国有企业非生产性固定资产,让企业承担的社会义务还于社会,使各种组织形式的企业不仅在税收、金融、法制等方面平衡,在社会责任承担问题上做到公平合理,以利于真正的公平竞争。

三、折旧与加速折旧的关系

新准则缩短了固定资产折旧年限,又制定了折旧年限的弹性区间,允许企业根据实际情况,选择加速折旧的幅度。此外,在体现国家产业政策方面,对在国民经济中具有重要地位、技术先进的某些特殊行业,还允许采用加速折旧法。企业采用加速折旧法后,虽然从整个固定资产使用期限看,折旧总额不变,但却使前期折旧额大于后期,减轻了企业前期的所得税负担,实质上等于从国家取得一笔无息贷款。

四、折旧与通货膨胀的关系

折旧费用的相对提高可减轻企业所得税负担,减少资金支出,但在通货膨胀阶段,由于折旧性资产账面价值相对降低,而使企业成本计算失真,虚盈实亏,造成企业国有资产被侵蚀。因此,承认并解决通货膨胀带来的问题,日益迫切和重要。对已进行资产重估的企业,在一定年限后,若仍存在通货膨胀并且再次进行资产重估工作量大,成本高,也需采用提取固定资产减值准备方式。固定资产减值准备应通过估计资产可收回金额、预计资产未来现金流量、折现率的方法确定。在高通货膨胀阶段,企业进行固定资产重估或提取固定资产减值准备,至少有以下三方面好处:(1)避免虚盈或虚盈实亏。(2)健全企业的财务结构。(3)增强企业债信。

五、折旧与企业资金来源的关系

企业折旧加税后净利代表着企业现金流入量。有人认为折旧是一种资金来源。经过定量分析,表明折旧只可部分视为资金来源,其实质是企业在税收支出和税后利润再分配支出方面的资金节省。其幅度主要取决于四个方面的因素:企业盈亏状况;亏损额度;所得税高低;利润分配政策。

(资料来源:《财经界》 2007年3月 作者:崔雅杰)

第六章

资产减值

学习目标

通过本章学习,你应能够:

1. 掌握资产减值的含义、资产可收回金额估计的基本方法;

2. 掌握单项资产和资产组减值的账务处理;

3. 了解总部资产和商誉减值的账务处理。

引入案例

从资产减值转回规定演变看其对上市公司利润的影响

近几年,某些上市公司趋于自身利益的驱动,大玩"减值冲回"游戏,利用资产减值准备的计提和冲回"熨平"企业业绩,从而达到保牌、摘帽、增发、配股目的的现象更是层出不穷。如:ST科龙2000年净利润为负6.78亿元;2001年的净利润为负15.56亿元,其中计提了资产减值准备6.35亿元;在面临3年连续亏损必须退市的压力下,2002年ST科龙的净利润为1.01亿元,其中资产减值准备转回了3.5亿元。

据媒体对2004年度减值损失转回金额最大的前20家上市公司年报的分析结果表明,通过转回前期资产减值损失不同程度人为调整损益,2家ST公司成功地摘除了ST;4家上市公司避免了当年出现亏损;6家上市公司维持或提升了公司业绩。

为了进一步了解旧准则中资产减值规范执行的效果,笔者对申银万国证券研究所"股票池"中的300家被重点关注的上市公司2005年中报进行了调查分析。据统计,固定资产减值准备、无形资产减值准备和长期股权投资减值准备三项合计数占公司2005年中报税前利润的比例达到20%以上的公司共有34家,比例达到100%以上的主要包括G华新、爱国股份、陕国投A、华北制药等7家上市公司,其中G华新高达570.97%,爱国股份高达554.64%。通过调查表明,许多公司2005年前半年度资产减值准备的计提差异悬殊,进一步分析其会计报告,可以发现企业在计提资产减值准备上随意性很大。以G华新为例,该公司2001年至2003年计提减值准备余额变化幅度平缓,没有出现较大的波动,然后2004年时却出现了突变,相比2003年减值准备余额竟翻了将近四番。之所以出现这样的情况,虽然不能排除资产确实减值的可能性,但更有可能是公司以此作为利润调节的手段。G华新(专门从事水泥的生产和销售)所从事的行业因投资需求的拉动呈现出近年来的景气高点,但它却仍在当年高额计提减值准备,则很有可能在此后行业景气下滑的年份里大幅度转回以往年份计提的减值准备,以资产减值准备为手段进行利润平滑化处理。

新准则中禁止资产减值准备在以后会计期间转回的政策在一定程度上可以遏制以上情况的发生,上市公司想利用计提资产减值来调增或调减当期或以后各期业绩的这种手段将大打折扣。

(资料来源:中国证券网)

第一节　资产可收回金额的计量

资产是企业过去的交易或者事项形成的、由企业拥有或者控制的、预期会给企业带来经济利益的资源。资产的主要特征之一是它必须能够为企业带来经济利益的流入,如果资产不能够为企业带来经济利益或者带来的经济利益低于其账面价值,那么,该资产就不能再予以确认,或者不能再以原账面价值予以确认,否则不符合资产的定义,也无法反映资产的实际价值,其结果会导致企业资产虚增和利润虚增。因此,当企业资产的可收回金额低于其账面价值时,即表明资产发生了减值,企业应当确认资产减值损失,并把资产的账面价值减记至可收回金额。

一、资产减值的含义

资产减值,是指资产的可收回金额低于其账面价值。资产减值是对资产计价的一种调整。企业所有的资产在发生减值时,原则上都应当及时加以确认和计量。但是由于有关资产特性不同,其减值会计处理也有所差别,因而所使用的具体准则不尽相同。本章依据《企业会计准则第8号——资产减值》,资产主要包括下列非流动资产:对子公司、联营企业和合营企业的长期股权投资;采用成本模式进行后续计量的投资性房地产;固定资产;无形资产;商誉等。

二、资产减值的认定

企业应当在资产负债表日判断资产是否存在可能发生减值的迹象。因企业合并所形成的商誉和使用寿命不确定的无形资产,无论是否存在减值迹象,每年都应当进行减值测试。存在下列迹象的,表明资产可能发生了减值:

(1)资产的市价当期大幅度下跌,其跌幅明显高于因时间的推移或者正常使用而预计的下跌。

(2)企业经营所处的经济、技术或者法律等环境以及资产所处的市场在当期或者将在近期发生重大变化,从而对企业产生不利影响。

(3)市场利率或者其他市场投资报酬率在当期已经提高,从而影响企业计算资产预计未来现金流量现值的折现率,导致资产可收回金额大幅度降低。

(4)有证据表明资产已经陈旧过时或者其实体已经损坏。

(5)资产已经或者将被闲置、终止使用或者计划提前处置。

(6)企业内部报告的证据表明资产的经济绩效已经低于或者将低于预期,如资产所创造的净现金流量或者实现的营业利润(或者损失)远远低于预计金额等。

(7)其他表明资产可能已经发生减值的迹象。

在实际工作中,出现上述迹象并不必然表明该资产发生减值,企业应在综合考虑各方面因素的基础上做出职业判断。

三、估计资产可收回金额的基本方法

根据资产减值准则的规定,资产存在减值迹象的,应当估计其可收回金额,然后将所估计的资产可收回金额与其账面价值相比较,以确定资产是否发生了减值,以及是否需要计提资产减值准备并确认相应的减值损失。资产可收回金额的估计,应当根据其公允价值减去处置费用后的净额与资产预计未来现金流量的现值两者之间较高者确定。

资产的公允价值减去处置费用后的净额,通常反映的是资产如果被出售或者处置时可以收回的净现金收入。其中,资产的公允价值是指在公平交易中,熟悉情况的交易双方自愿进行资产交换的金额;处置费用是指可以直接归属于资产处置的增量成本,包括与资产处置有关的法律费用、相关税费、搬运费以及为使资产达到可销售状态所发生的直接费用等。

资产未来现金流量的现值,应当按照资产在持续使用过程中和最终处置时所产生的预计未来现金流量,选择恰当的折现率对其进行折现后的金额加以确定。

因此,要估计资产的可收回金额,通常需要同时估计该资产的公允价值减去处置费用后的净额和资产预计未来现金流量的现值,但是在下列情况下,可以有例外或者做特殊考虑:

(1)资产的公允价值减去处置费用后的净额与资产预计未来现金流量的现值,只要有一项超过了资产的账面价值,就表明资产没有发生减值,不需再估计另一项金额。

(2)没有确凿证据或者理由表明,资产预计未来现金流量现值显著高于其公允价值减去处置费用后的净额的,可以将资产的公允价值减去处置费用后的净额视为资产的可收回金额。企业持有待售的资产往往属于这种情况,即该资产在持有期间(处置之前)所产生的现金流量可能很少,其最终取得的未来现金流量往往就是资产的处置净收入,在这种情况下,以资产公允价值减去处置费用后的净额作为其可收回金额是适宜的,因为资产的未来现金流量现值不大会显著高于其公允价值减去处置费用后的净额。

(3)资产的公允价值减去处置费用后的净额如果无法可靠估计的,应当以该资产预计未来现金流量的现值作为其可收回金额。

☞相关资料

企业在估计资产的公允价值减去处置费用后的净额时,应当按照下列顺序进行:

首先,应当根据公平交易中资产的销售协议价格减去可直接归属于该资产处置费用的金额确定资产的公允价值减去处置费用后的净额。这是估计资产的公允价值减去处置费用后的净额的最佳方法,企业应当优先采用这一方法。

其次,在资产不存在销售协议但存在活跃市场的情况下,应当根据该资产的市场价格减去处置费用后的金额确定。资产的市场价格通常应当按照资产的买方出价确定。

再次,在既不存在资产销售协议又不存在资产活跃市场的情况下,企业应当以可获取的最佳信息为基础,估计资产的公允价值减去处置费用后的净额。在实务中,该金额可以参考同行业类似资产的最近交易价格或者结果进行估计。

如果企业按照上述要求仍然无法可靠估计资产的公允价值减去处置费用后的净额的,应当以该资产预计未来现金流量的现值作为其可收回金额。

预计的资产未来现金流量应当包括下列各项:

第一,资产持续使用过程中预计产生的现金流入。

第二,为实现资产持续使用过程中产生的现金流入所必需的预计的现金流出,包括为使资产达到预定可使用状态所发生的现金流出。

第三,资产使用寿命结束时,处置资产所收到或者支付的净现金流量。该现金流量应当是在公平交易中,熟悉情况的交易双方自愿进行交易时,企业预期可从资产的处置中获取或者支付的金额减去预计处置费用后的净额。

折现率是反映当前市场货币时间价值和资产特定风险的税前利率。折现率的确定通常应当以该资产的市场利率为依据。

第二节　资产减值的确认和计量

一、资产减值确认与计量的一般原则

企业在对资产进行减值测试并计算了资产可收回金额后,如果资产的可收回金额低于其账面价值的,应当将资产的账面价值减记至可收回金额,减记的金额确认为资产减值损失,计入当期损益,同时计提相应的资产减值准备。企业当期确认的减值损失应当反映在其利润表中,而计提的资产减值准备应当作为相关资产的备抵项目,反映于资产负债表中,从而夯实企业资产价值,避免利润虚增,如实反映企业的财务状况和经营成果。

资产减值损失确认后,减值资产的折旧或者摊销费用应当在未来期间作相应调整,以使该资产在剩余使用寿命内,系统地分摊调整后的资产账面价值(扣除预计净残值)。比如,固定资产计提了减值准备后,固定资产账面价值将根据计提的减值准备相应抵减,固定资产在未来计提折旧时,应当按照新的固定资产账面价值为基础计提每期折旧。

考虑到固定资产、无形资产、商誉等资产发生减值后,一方面价值回升的可能性比较小,通常属于永久性减值;另一方面从会计信息谨慎性要求考虑,为了避免确认资产重估增值和操纵利润,资产减值准则规定,资产减值损失一经确认,在以后会计期间不得转回。以前期间计提的资产减值准备,在资产处置、出售、对外投资、以非货币性资产交换方式换出、在债务重组中抵偿债务等时,才可予以转出。

⌨ 相关案例

上市公司一次亏足将成历史

2007年1月1日起,上市公司不得利用计提资产减值准备人为调节各期利润。不得利用计提资产减值准备的机会"一次亏足",或在前期巨额计提后大额转回,随意调节利润;也不得随意变更计提方法和计提比例。如果公司滥用各项损失准备的计提、转回调节利润,有关责任人应承担相应的责任。

在过去很多年里,减值冲回一直是某些上市公司热衷的秘密游戏。常见操作手法有两种:其一,在今年大额计提资产减值准备(使得今年大幅亏损),明年冲回,从而做出明年扭亏为盈的财务报表,避免退市;其二,选择某一年超大额计提,其后几年缓慢冲回,制造业绩小幅稳定攀升的财报,操纵利润。

二、资产减值的账务处理

企业计提各项资产减值准备所形成的损失均通过"资产减值损失"科目核算。"资产减值损失"科目可按资产减值损失的项目进行明细核算。企业的长期股权投资、固定资产、无形资产等资产发生减值的,按应减记的金额,借记"资产减值损失"科目,贷记"长期股权投资减值准备"、"固定资产减值准备"、"无形资产减值准备"等科目。

在建工程、工程物资、商誉、采用成本模式计量的投资性房地产等资产发生减值的,应当设置相应的减值准备科目,比照上述进行处理。

期末,应将"资产减值损失"科目余额转入"本年利润"科目,结转后"资产减值损失"科目无余额。

(一)单项资产减值的账务处理

1. 固定资产发生减值

【例6-1】 2009年12月31日,甬江公司在对资产进行减值测试时,发现一条账面价值为620 000元的生产线可能发生减值。假设经计算该生产线的公允价值总额为585 000元,可归属于该生产线的处置费用为5 000元;甬江公司预计资产未来现金流量的现值为606 000元,大于其公允价值减去处置费用后的净额580 000元(585 000−5 000),所以,该生产线的可收回金额为606 000元。同时,假设该生产线以前年度没有计提资产减值准备。甬江公司的账务处理如下:

借:资产减值损失——固定资产减值损失　　　　　　　　　　14 000
　　贷:固定资产减值准备　　　　　　　　　　　　　　　　　　14 000

2. 无形资产发生减值

【例6-2】 2009年12月31日,甬江公司在对资产进行减值测试时,发现一项账面价值160 000元的专利权可能发生减值。因市场上已存在类似专利技术所生产的产品,从而对甬江公司产品的销售造成重大不利影响。如果甬江公司将该专利权予以出售,则在扣除发生的律师费和其他相关税费后,可以获得100 000元;如果甬江公司继续使用该专利权进行产品生产,则预计可以获得的未来现金流量的现值为90 000元。假设该专利权以前年度没有计提资产减值准备。

甬江公司该专利权的公允价值减去处置费用后的净额大于预计未来现金流量现值,因此,甬江公司该专利权的可收回金额为100 000元。甬江公司的账务处理如下:

借:资产减值损失——无形资产减值损失　　　　　　　　　　60 000
　　贷:无形资产减值准备　　　　　　　　　　　　　　　　　　60 000

3. 长期股权投资发生减值

【例6-3】 甬江公司持有A股份有限公司账面价值980 000元的普通股股票作为长期股权投资核算。2009年12月31日,A股份有限公司股票市价下跌至756 000元,短期内难以恢复。假设甬江公司本年度首次对其计提长期股权投资减值准备。甬江公司计提长期投资减值准备的账务处理如下:

借:资产减值损失——长期股权投资减值损失　　　　　　　　224 000
　　贷:长期股权投资减值准备——A公司　　　　　　　　　　　224 000

（二）资产组减值的账务处理

在企业难以对单项资产的可收回金额进行估计的情况下，应当以该资产所属的资产组为基础确定资产组的可收回金额。

1. 资产组的定义

资产组是企业可以认定的最小资产组合，其产生的现金流入应当基本上独立于其他资产或者资产组。资产组应当由创造现金流入相关的资产组成。

2. 认定资产组应当考虑的因素

（1）认定资产组最关键因素是该资产组能否独立产生现金流入。比如，某矿业公司拥有一个煤矿，与煤矿的生产和运输相配套，建有一条专用铁路。该铁路除非报废出售，其在持续使用中，难以脱离煤矿相关的其他资产而产生单独的现金流入，因此，企业难以对专用铁路的可收回金额进行单独估计，专用铁路和煤矿其他相关资产必须结合在一起，成为一个资产组，以估计该资产组的可收回金额。

（2）企业对生产经营活动的管理或者监控方式，以及对资产使用或者处置的决策方式等，也是认定资产组应考虑的重要因素。比如，某服装企业有童装、西装、衬衫三个工厂，每个工厂在核算、考核和管理等方面都相对独立，在这种情况下，每个工厂通常为一个资产组；再如，某家具制造商有 A 车间和 B 车间，A 车间专门生产家具部件，生产完后由 B 车间负责组装，该企业对 A 车间和 B 车间资产的使用和处置等决策是一体的，在这种情况下，A 和 B 车间通常应当认定为一个资产组。

3. 资产组账面价值和可收回金额的确定

资产组的可收回金额应当按照该资产组的公允价值减去处置费用后的净额与其预计未来现金流量的现值两者之间的较高者确定。资产组账面价值的确定基础应当与其可收回金额的确定方式相一致。资产组的账面价值包括可直接归属于资产组与可以合理和一致地分摊至资产组的资产账面价值，通常不应当包括已确认负债的账面价值，但如不考虑该负债金额就无法确定资产组可收回金额的除外。这主要是因为在确定资产组的公允价值减去处置费用后的净额和预计未来现金流量现值时，并不包括与不属于该资产组有关的现金流量，也不包括与已在财务报表上确认的负债有关的现金流量。

【例 6-4】 甬江公司在浙西山区经营一座某有色金属矿山，根据规定公司在矿山完成开采后应当将该地区恢复原貌。恢复费用主要为山体表层复原费用（比如恢复植被等），因为山体表层必须在矿山开发前挖走。因此，企业在山体表层挖走后，确认了一项预计负债，并计入矿山成本，假定其金额为 500 万元。

2009 年 12 月 31 日，随着开采进展，公司发现矿山中的有色金属储量远低于预期，因此，公司对该矿山进行了减值测试。考虑到矿山的现金流量状况，整座矿山被认定为一个资产组。该资产组在 2009 年末的账面价值为 1 400 万元（包括确认的恢复山体原貌的预计负债）。

矿山（资产组）于 2009 年 12 月 31 对外出售，买方愿意出价 820 万元（包括恢复山体原貌成本，即已经扣减这一成本因素），预计处置费用为 20 万元，因此该矿山的公允价值减去处置费用后的净额为 800 万元。

矿山的预计未来现金流量的现值为 1200 万元，不包括恢复费用。

根据资产减值准则的要求，为了比较资产组的账面价值和可收回金额，在确定资产组的账面价值及其预计未来现金流量的现值时,应当将已确认的负债金额从中扣除。

在本例中,资产组的公允价值减去处置费用后的净额为 800 万元,该金额已经考虑了恢复费用。该资产组预计未来现金流量的现值在考虑了恢复费用后为 700 万元(1200−500)。因此,该资产组的可收回金额为 800 万元。资产组的账面价值在扣除了已确认的恢复原貌预计负债后的金额为 900 万元(1 400−500)。这样,资产组的可收回金额小于其账面价值,所以,资产组发生减值,必须确认减值损失。

4. 资产组减值的会计处理

根据企业会计准则的规定,资产组或者资产组组合的可收回金额低于其账面价值的(总部资产和商誉分摊至某资产组或者资产组组合的,该资产组或者资产组组合的账面价值应当包括相关总部资产和商誉的分摊额),应当确认相应的减值损失。减值损失金额应当先抵减分摊至资产组或者资产组组合中商誉的账面价值,再根据资产组或者资产组组合中除商誉之外的其他各项资产的账面价值所占比重,按比例抵减其他各项资产的账面价值。

以上资产账面价值的抵减,应当作为各单项资产(包括商誉)的减值损失处理,计入当期损益。抵减后的各资产的账面价值不得低于以下三者之中最高者:该资产的公允价值减去处置费用后的净额(如可确定)、该资产预计未来现金流量的现值(如可确定)、零。因此而导致的未能分摊的减值损失金额,应当按照相关资产组或者资产组组合中其他各项资产的账面价值所占比重进行分摊。

【例 6-5】 甬江公司有一条生产线,该生产线生产某精密仪器,由 A 、B 、C 三部机器构成,成本分别为 400 000 、600 000 和 1 000 000 元。使用年限为 10 年,净残值为零,以年限平均法计提折旧。各机器均无法单独产生现金流量,但整条生产线构成完整的产销单位,属于一个资产组。2009 年甬江生产线所生产的精密仪器有替代产品上市,到年底,导致公司精密仪器的销路锐减 40% ,因此,对甬江生产线进行减值测试。

2009 年 12 月 31 日,A 、B 、C 三部机器的账面价值分别为 200 000 、300 000 、500 000 元。估计 A 机器的公允价值减去处置费用后的净额为 150 000 元,B 、C 机器都无法合理估计其公允价值减去处置费用后的净额以及未来现金流量的现值。整条生产线预计尚可使用 5 年。经估计其未来 5 年的现金流量及其恰当的折现率后,得到该生产线预计未来现金流量的现值为 600 000 元。由于公司无法合理估计生产线的公允价值减去处置费用后的净额,公司以该生产线预计未来现金流量的现值为其可收回金额。

鉴于在 2009 年 12 月 31 日,该生产线的账面价值为 1 000 000 元,而其可收回金额为 600 000 元,生产线的账面价值高于其可收回金额,因此该生产线已经发生了减值,公司应当确认减值损失 400 000 元,并将该减值损失分摊到构成生产线的 3 部机器中。由于 A 机器的公允价值减去处置费用后的净额为 150 000 元,因此,A 机器分摊了减值损失后的账面价值不应低于 150 000 元。具体分摊过程如表 6-1 所示。

表 6-1   **资产减值损失分摊表**   金额单位:元

项　目	机器 A	机器 B	机器 C	整个生产线(资产组)
账面价值	200 000	300 000	500 000	1 000 000
可收回金额				600 000

续表

项　目	机器A	机器B	机器C	整个生产线（资产组）
减值损失				400 000
减值损失分摊比例	20%	30%	50%	
分摊减值损失	50 000	120 000	200 000	370 000
分摊后账面价值	150 000	180 000	300 000	
尚未分摊的减值损失				30 000
二次分摊比例		37.50%	62.50%	
二次分摊减值损失		11 250	18 750	30 000
二次分摊后应确认减值损失总额	50 000	131 250	218 750	
二次分摊后账面价值	150 000	168 750	281 250	600 000

* **注：**按照分摊比例，机器A应当分摊减值损失80 000元（4 00 000×20%），但由于机器A的公允价值减去处置费用后的净额为150 000元，因此机器A最多只能确认减值损失50 000（200 000－150 000）元，未能分摊的减值损失30 000（80 000－50 000）元，应当在机器B和机器C之间进行再分摊。

根据上述计算和分摊结果，构成生产线的机器A、机器B和机器C应当分别确认减值损失50 000元、131 250元和218 750元，账务处理如下：

借：资产减值损失——机器A　　　　　　　　　　　　　　50 000
　　　　　　　　——机器B　　　　　　　　　　　　　　131 250
　　　　　　　　——机器C　　　　　　　　　　　　　　218 750
　　贷：固定资产减值准备——机器A　　　　　　　　　　　　50 000
　　　　　　　　　　　　——机器B　　　　　　　　　　　　131 250
　　　　　　　　　　　　——机器C　　　　　　　　　　　　218 750

（三）总部资产减值的会计处理

企业总部资产包括企业集团或其事业部的办公楼、电子数据处理设备、研发中心等资产。总部资产的显著特征是难以脱离其他资产或者资产组产生独立的现金流入，而且其账面价值难以完全归属于某一资产组。因此，总部资产通常难以单独进行减值测试，需要结合其他相关资产组或者资产组组合进行。

在资产负债表日，如果有迹象表明某项总部资产可能发生减值的，企业应当计算确定该总部资产所归属的资产组或者资产组组合的可收回金额，然后将其与相应的账面价值相比较，据以判断是否需要确认减值损失。

【例6-6】 甬江公司资产组甲、乙、丙的账面价值分别为400万元、600万元和1 000万元。总部资产的账面价值为400万元。将总部资产账面价值分配至各资产组的比例分别为20%、30%、50%。

第一步，将总部资产向各资产组分配。分配后的资产组甲、乙、丙的账面价值分别为480万元、720万元、1 200万元。

假定，包含总部资产账面价值分配额的资产组乙、丙存在着减值迹象，其总部资产账面价值分配后的资产组乙、丙的可收回金额分别为 400 万元和 640 万元。

第二步,分别各资产组进行减值损失的确认判断和计量。由于包含总部资产账面价值分配额的资产组乙、丙的可收回金额分别为 400 万元和 640 万元,对于该资产组乙、丙则应确认减值损失,将其账面价值分别减少至其各自的可收回金额。计算过程见表 6-2。

表 6-2 　　　　　　　　　　　　　　　资产减值计算表 　　　　　　　　　　金额单位:万元

项　　目	甲	乙	丙	小　计	总部资产	合　计
账面价值	400	600	1 000	2 000	400	2 400
分配总部资产账面价值	80	120	200	400	−400	0
分配后的账面价值	480	720	1 200	2 400		2 400
可收回金额		400	640			
减值损失		320	560	880		
各资产组减值处理后的账面价值	480	400	640	1 520		

第三步,按照确认减值损失前的账面价值,将包含总部资产账面价值分配额的资产组乙、丙应确认的减值损失分配到资产组和总部资产。计算过程见表 6-3。

表 6-3 　　　　　　　　　　　　　　　资产减值计算表 　　　　　　　　　　金额单位:万元

	减值损失	向资产组的分配	向总部资产的分配
总部资产价值分配后资产组乙	320	267 (320×600÷720)	53 (320×120÷720)
总部资产价值分配后资产组丙	560	467 (560×1 000÷1 200)	93 (560×200÷1 200)
合计	880	734	146

综上结果,确认资产组甲减值损失 0,确认资产组乙减值损失 267 万元,确认资产组丙减值损失 467 万元,总部资产确认减值损失 146 万元。

(四)商誉减值的会计处理

1. 商誉账面价值的分摊

企业合并所形成的商誉,至少应当在每年年度终了进行减值测试。由于商誉难以独立产生现金流量,因此,商誉应当结合与其相关的资产组或者资产组组合进行减值测试。为了进行资产减值测试,因企业合并形成的商誉的账面价值,应当自购买日起按照合理的方法分摊至相关的资产组;难以分摊至相关的资产组的,应当将其分摊至相关的资产组组合。

在将商誉的账面价值分摊至相关的资产组或者资产组组合时,应当按照各资产组或者资产组组合的公允价值占相关资产组或者资产组组合公允价值总额的比例进行分摊。公允价值难以可靠计量的,按照各资产组或者资产组组合的账面价值占相关资产组或者资产组组合账面价值总额的比例进行分摊。由于进行重组等原因而改变了其报告结构,从而影响到已分摊商誉的一个或者多个资产组或者资产组组合构成的,企业应当重新按照各资产组或者资产组组合的公允价值占相关资产组或者资产组组合公允价值总额的比例进行分摊。

公允价值难以可靠计量的,按照各资产组或者资产组组合的账面价值占相关资产组或者资产组组合账面价值总额的比例进行分摊。

2. 商誉减值的会计处理

根据企业会计准则的规定,在对包含商誉的相关资产组或者资产组组合进行减值测试时,如与商誉相关的资产组或者资产组组合存在减值迹象的,应当先对不包含商誉的资产组或者资产组组合进行减值测试,计算可收回金额,并与相关账面价值相比较,确认相应的减值损失,再对包含商誉的资产组或者资产组组合进行减值测试,比较这些相关资产组或者资产组组合的账面价值(包括所分摊的商誉的账面价值部分)与其可收回金额,如相关资产组或者资产组组合的可收回金额低于其账面价值的,应当确认商誉的减值损失。减值损失金额应当先抵减分摊至资产组或者资产组组合中商誉的账面价值,再根据资产组或者资产组组合中除商誉之外的其他各项资产的账面价值所占比重,按比例抵减其他各项资产的账面价值。

以上资产账面价值的抵减,应当作为各单项资产(包括商誉)的减值损失处理,计入当期损益。抵减后的各资产的账面价值不得低于以下三者之中最高者:该资产的公允价值减去处置费用后的净额(如可确定)、该资产预计未来现金流量的现值(如可确定)、零。企业确认的商誉减值损失,应当借记"资产减值损失"科目,贷记"商誉减值准备"科目。

【例 6-7】　甬江股份有限公司于 2009 年 1 月 1 日以 500 万元的价格收购了 B 企业 100%的股权。在购买日,B 企业可辨认净资产的公允价值为 400 万元。2009 年 12 月 31 日甬江股份有限公司在其合并财务报表中确认:

企业合并财务报表确认商誉 100 万元(500−400 ×100%);

B 企业可辨认净资产的账面价值(不含商誉)为 600 万元。

假定 B 企业所有资产被认定为一个资产组,减值测试过程如下:

(1)确定资产组(B 企业)在 2009 年年末的账面价值。

由于合并商誉是在购买 B 企业时发生的,可将其全部分配给 B 企业这一资产组。故 B 企业这一资产组的账面价值(含商誉)为 700 万元(600＋100)。

(2)计算确定资产组(B 企业)在 2009 年年末的可收回金额为 400 万元。

(3)比较资产组(B 企业)的账面价值与可收回金额,由于 B 企业这一资产组的可收回金额为 400 万元,账面价值(含商誉)为 700 万元,确认减值损失 300 万元。

(4)减值损失冲减商誉 100 万元,剩余的 200 万元分配给 B 企业可辨认净资产。

商誉减值的账务处理为:

借:资产减值损失——商誉减值损失　　　　　　　　　　　　　　　1 000 000

　　贷:商誉减值准备　　　　　　　　　　　　　　　　　　　　　　　　1 000 000

要点回顾

• 学习目标总结

学习目标1　资产减值的含义、资产可收回金额估计的基本方法。资产减值,是指资产的可收回金额低于其账面价值,是资产的未来可收回金额低于账面价值时,减计资产的会计处理。资产可收回金额的估计,应当根据其公允价值减去处置费用后的净额与资产预计未来现金流量的现值两者之间较高者确定。

学习目标2　单项资产和资产组减值的会计处理。资产减值金额的计提基础是单项资产或资产组。企业计提各项资产减值准备所形成的损失均通过"资产减值损失"科目核算。

学习目标3　总部资产和商誉减值的会计处理。由于总部资产和商誉的特点,进行减值处理时,存在着特殊性。

• 关键术语

资产减值;资产可收回金额;资产组;资产的公允价值与处置费用的净额;资产的预计未来现金流量现值

• 重点与难点

重点:单项资产减值的会计处理;资产组减值的账务处理。

难点:资产可收回金额估计的方法;总部资产减值的会计处理;商誉减值的账务处理。

小组讨论

• 思考题

1. 资产可能发生减值的迹象主要包括哪些? 企业应当如何进行判断?

2. 企业应当如何估计资产的公允价值减去处置费用后的净额? 为了达到减值测试的目的,资产公允价值的估计有何特点? 资产的预计未来现金流量现值如何确定?

3. 企业以资产组为基础进行减值测试时,应当如何确认相关资产的减值损失?

4. 总部资产应当如何认定? 总部资产的减值测试有何特殊之处? 对于总部资产应当如何进行减值测试?

5. 商誉的减值测试有何特殊之处? 对于商誉应当如何进行减值测试?

• 案例分析

资料:海利公司在2003年12月31日编制会计报表前,对固定资产进行核查时发现如下事项。

(1)海利公司有一台不需用的生产设备,该设备是1995年12月购入,原价为2050万元,折旧年限10年,预计净残值50万元,按直线法计提折旧。2000年末,海利公司考虑到该设备生产的产品已无市场需求,决定转产,于是将该设备转入不需用固定资产,准备随时处置,并对该设备的可收回金额、预计使用年限和净残值进行了估计,估计的可收回金额为850万元,预计使用年限和净残值不变。2002年初,海利公司执行《固定资产准则》,并根据准则的要求对未使用和不需用的设备计提折旧,海利公司对该设备计提的折旧进行了追溯调整,本年末,海利公司根据可靠资料分析认为,该设备所生产的产品已无市场需求,也无任何转让价值。

(2)海利公司有一台数控机床,是2001年12月购入,原价201万元,折旧年限5年,预计净残值1万元,按直线法计提折旧。2002年末,海利公司发现该机床生产的产品营销市场发生重大变化,并对企业产生负面影响,于是根据当时的有关资料对该机床计提了80万元的减值准备。2003年末海利公司发现对企业产生负面影响的不利因素已消除,对该机床的可收回金额进行了重新估计,预计该机床的销售净价为110万元,继续使用到处置该机床期间预计现金流量的现值为130万元。

(3)海利公司一栋修理车间的房屋原价为600万元,已计提折旧200万元,未计提过减值准备。本年12月该房屋因年久失修,房顶部分坍塌,于是企业对该房屋的可收回金额进行估计,预计该房屋的修理费为20万元,修理复原后的销售价格为400万元,销售费用为5万元;修理复原后继续使用到处置房屋预计现金流量的现值为500万元。

请以小组为单位讨论以下问题:

(1)说明固定资产可能发生减值的迹象。

(2)判断海利公司以上固定资产是否发生减值,如果减值请计算应计提的减值准备。

项目训练

训练目的:通过本项目训练,使学生对资产减值项目有一个比较系统地认识,熟悉其账务处理程序,据以达到熟练地掌握资产减值的确认、计量、记录与报告等会计技能。

训练形式:以学生自主完成为主,教师适当指导。

训练课时:课外2课时。

训练资料与要求:

一、训练资料

(1)2009年12月31日,东升公司甲生产线发生永久性损害但尚未处置。甲生产线账面原价为6 000万元,累计折旧为4 600万元,此前未计提减值准备,可收回金额为零。

(2)2009年12月31日,东升公司无形资产账面价值中包括用于生产丙产品的专利技术。该专利技术系东升公司于2009年7月15日购入,入账价值为2 400万元,预计使用寿命为5年,预计净残值为零,采用年限平均法按月摊销。2009年第四季度以来,市场上出现更先进的生产丙产品的专利技术,东升公司预计丙产品市场占有率将大幅下滑。东升公司估计该专利技术的可收回金额为1 200万元。

(3)2009年1月1日"长期股权投资——丁公司"账户余额为550万元。东升公司采用权益法核算对丁公司的长期股权投资,其投资占丁公司有表决权股份的20%。丁公司2009年度实现净利润1 500万元,东升公司确认实现的投资收益。2009年末,东升公司经减值测试,确认对丁公司的长期股权投资可收回金额为560万元。

二、训练要求

(1)根据东升股份有限公司所发生的上述业务进行相关资产减值业务的确认、计量并据以编制会计分录。

(2)说明东升股份有限公司 2009 年财务报告中如何列示"固定资产"、"无形资产"和"长期股权投资"业务。

阅读平台

• 阅读书目

(1)《企业会计准则第 8 号——资产减值》。

(2)《中外会计与财务案例研究》,孙铮、戴欣苗、李莉、包洪信,上海财经大学出版社,2003 年版。

(3)《中级财务会计》,陈汉文,北京大学出版社,2008 年版。

• 阅读资料

资产减值准则及其实施环境

一、资产减值准则的制定背景

随着我国会计制度的渐进改革,资产减值的会计处理,也在不断地改进。1998 年之前执行的《股份制试点企业会计制度》,对上市公司资产损失准备金的计提进行了简单规定,缺乏强制性要求。1998 年,财政部颁布了《股份有限公司会计制度》,要求境外上市公司、香港上市公司、在境外发行外资股的公司计提"四项准备",即坏账准备、短期投资跌价准备、存货跌价准备、长期投资减值准备,其他上市公司可按此规定执行;而对非上市公司仅要求计提坏账准备。1999 年发布的《股份有限公司会计制度有关会计处理问题补充规定》将四项减值准备的使用范围扩大到所有股份有限公司。2000 年 12 月财政部颁布的《企业会计制度》中,计提的减值准备从四项扩大到了八项。新增的四项准备包括委托贷款减值准备、固定资产减值准备、在建工程减值准备和无形资产减值准备。由于相关会计准则和制度对企业资产减值会计核算只作了几项特殊规定,并未做出全面系统的规范,未形成独立的资产减值准则。特别突出的是对资产减值确认与计量范围及基础尚未形成明确一致的共识,导致在会计实务中可操作性不强,留给企业较大的选择空间。不少上市公司利用八项准备进行盈余操纵,特别是面临被"ST"或"终止上市"的公司,滥用资产减值准备的现象非常严重。为了进一步规范上市公司的行为,加快与国际会计准则的趋同,财政部于 2006 年 2 月 15 日颁布了《企业会计准则第 8 号——资产减值》(以下简称新准则)。

二、资产减值新准则的几个特点

(一)资产组的认定

新准则规定,资产组是企业可以认定的最小资产组合。资产组的概念相当于国际会计准则的现金产出单元,资产组的认定应当以资产组产生的主要现金流入是否独立于其他资产或资产组的现金流入为依据。并规定资产组一经确定,各个会计期间应当保持一致,不得随意变更,如需变更,应当在财务报表附注中予以说明;在单项资产减值准备难以确定时,应当按照相关资产组合确定资产减值,即根据可收回金额是否低于账面价值来判定。规定了计提商誉减值准备的方法。准则规定,对于企业合并所形成的商誉,企业应每年必须至少进行一次减值测试,而且商誉必须分摊到相关资产组或者资产组组合后才能据以确定是否应当确认减值损失。

(二)资产的公允价值

在对待公允价值的态度上是比较谨慎的。新准则规定,已计提的减值准备不允许转回。公允价值很大程度要靠人为地主观判断,我国目前还没有广泛使用公允价值的环境基础,所以这次新准则对公允价值采取限制使用的态度。对于资产的公允价值,新制定的《企业会计准则第 8 号—资产减值》规定可以按以下三种情况分别确定:

1. 如果能够合理确定(证明)资产交易的协议价格是公平的,应当根据公平交易中销售协议价格减去可直接归属于该资产处置费用的金额确定。

2. 如果不存在销售协议但存在资产活跃市场的,应当按照该资产的市场价格减去处置费用后的金额确定。资产的市场价格通常应当根据资产的买方出价确定。

3. 如果在不存在销售协议和资产活跃市场的情况下,应当以可获取的最佳信息为基础,估计资产的公允价值减去处置费用后净额的,该净额可以参考同行业类似资产的最近交易价格或者结果进行估计。

4. 如果企业按上述规定仍然无法可靠估计资产的公允价值减去处置费用净额的,应当以资产的预计未来现金流现值作为其可收回金额。

(三)处置费用的确定

新制定的《企业会计准则第 8 号—资产减值》对处置费用表述为"与资产处置有关的法律费用、相关税费、搬运费以及为使资产达到可销售状态所发生的直接费用等"。

(四)资产减值迹象及计量

新准则规定企业只有在资产负债表日判断资产是否有减值迹象。若资产存在减值迹象的,应当估计其可收回金额。可收回金额应当根据资产的公允价值减去处置费用后的净额与资产预计未来现金流量的现值两者之间较高者确定。然后再比较可收回金额与账面价值。当账面价值低于可收回金额时资产就发生了减值;如不存在减值迹象,就不需要估计资产的可收回金额。新准则规定得比较具体,比如企业如何预计资产或资产组的未来现金流量,如何选择折现率等等,都作了比较详细的规定。

三、实施中或将存在的问题

新准则的颁布,充分考虑了我国国情及与国际会计准则的协调。在资产减值迹象判断、可收回金额的计价原则、已计提减值准备的转回等方面都有较大突破,使得会计实务更具有可操作性。但由于会计环境的复杂性,资产减值准则在实施中可能存在以下几个问题:

(一)可收回金额的确定

可收回金额应当根据资产的公允价值减去处置费用后的净额与资产预计未来现金流量的现值两者之间较高者确定。公允价值的确定,有赖于活跃市场上的报价或最近市场上的交易价格,目前我国的要素市场还不完善,这给公允价值的确定带来了很大的困难。未来现金流量的现值在计算上也是有一定难度的,例如折现率的确定,折现率反映了当前市场货币时间价值和资产特定的风险,而风险是一个概率范围内的不确定性概念,如何反映这种特定的风险,带有很大的主观性。没有一个熟悉过程和实践过程,可能很难在实务中操作和推行。

（二）资产组或资产组组合的确定

对于一些以单项资产为基础计提减值准备在操作上有困难的情况,新准则引入了"资产组"与"资产组组合"等概念。由于企业的生产经营活动方式灵活多变,在确定资产组或资产组组合时,划分方法不同,将直接影响到资产减值准备应否计提以及计提多少等问题,这就增加了执行该准则的难度。

（三）减值的判断标准

准则给出的减值迹象,既有外部信息来源,又有内部信息来源,但也有没有完全列出的迹象。会计从业人员如何正确、合理地判断,应从理论与实际的结合上进行必要的引导,并进行职业技能的培训。

（四）资产减值的转回

新准则规定资产减值损失一旦确认,以后不允许转回。计提资产减值准备的目的是为了满足会计信息相关性要求,使调整后的资产价值更符合客观实际,但如果减值恢复时不转回已计提的减值准备,也就无法反映资产的真实状况。此时的账面价值既不等于该资产的可收回金额,也不等于历史成本,显然违背了真实性原则。有学者认为,减值转回与减值判断是相对应的,资产减值的转回反映一项资产在使用或出售中估计的潜在服务能力比确认资产减值时有所提高,它的存在能够客观反映环境变化对企业资产价值的影响,包括正面和负面影响。

（五）商誉的减值测试

商誉要结合其所属的资产组或资产组组合进行减值测试,由于这里包含了太多的主观判断因素,财务和审计人员也缺乏客观的标准,操作起来问题会比较多。

四、优化实施环境

为了保证新准则的顺利实施,至少应从以下方面加以完善与优化。

（一）建立和完善证券监管体系

资产减值准备的计提需要相应的职业判断,发生错报的风险较大 因此必须建立和完善证券监管和组织结构体系,建立一套包括国家证券监管部门、中介机构和投资者利益保护组织在内的证券监管组织框架体系。从组织体系上确保准则的顺利实施,改进上市公司的监管机制。任何经济政策都具有经济后果,尤其在我国,这种经济后果得到了放大,监管政策也一样。我国在上市公司增股和配股的资格条件中就对利润率和净资产收益率进行了严格规定,并且规定如果上市公司连续两年亏损就要被 ST,连续三年亏损就要被退市,这种严重的经济后果必然导致经营者采取各种办法来操纵利润。证监会对上市公司的监管在某种程度上导致了上市公司的"监管诱导性盈余管理",而现行的法律法规中控制参数单一,且多以会计指标特别是利润指标为标准,由于过于强调利润指标,这就促使一些上市公司出于自身利益的需要而操纵利润。因此,有必要进一步完善相关法律法规,建立一套综合的指标体系,改进对上市公司的考核评价指标 如以营业利润作为考核公司盈利能力和经营成果的主要指标,建立企业的资产状况指标、持续经营能力指标、经营现金流指标等,以减少企业进行会计选择、操纵利润的外在制度动机。这样不仅可以防止上市公司利用资产减值准备的计提操纵利润,还可以防止上市公司利用资产重组、地方政府越权减免所得税及给予财政补贴等方式操纵利润。

（二）培育和完善信息、价格市场

我国目前要素市场不成熟，缺乏活跃的市场，公允价值往往难以取得。为了增强资产减值会计的可操作性 必须进一步完善和培育市场价格体系，使企业各项资产的市价得到公正合理地确定和公开。

（三）完善公司治理结构

会计准则虽然具有规范会计工作，提高会计信息质量，满足投资者、债权人、政府等利益相关者对会计信息的需求，维护社会公众的利益等作用，但这只能从技术层面上对企业行为进行规范，无法解决更深层次的问题。在我国，按照现行体制，会计人员只能按照经营者的授权来处理经济业务，是相关政策的执行者，经营者才是决策层。会计准则对企业、投资者产生的保护效应只能在治理结构比较完善的现代企业中得以体现，企业完善的治理结构是提供真实会计信息的主要保障。就资产减值会计本身而言，它只能解决资产减值技术上的问题，无法解决公司治理和管理者诚信问题。也就是说，如果企业不诚信，就会导致资产减值损失的转回沦为管理层盈余管理的工具，从而引起公司股东与管理层之间的利益之争，这将直接影响资产减值准则的实施效果。要企业真实地计提资产减值准备，一方面有赖于会计制度和会计准则的完善，另一方面即更重要的是有赖于企业内部公司治理结构的完善。完善公司治理结构的关键是解决"一股独大"问题，使股权多元化，同时充分发挥股东大会与监事会的监督职能，从根本上消除内部人为控制现象。

（四）加强会计人员继续教育，不断提高职业判断能力

资产减值准则是项新准则中较复杂的准则之一，包含的内容比较多，而且比较抽象。无论是折现率的确定，还是资产组的划分，抑或是商誉的减值测试，都需要会计人员较高的职业判断能力。目前我国的会计人员业务素质参差不齐，为了保证准则的顺利实施，必须强化会计人员的继续教育，使其具备良好的职业道德和熟练的专业技能。

（资料来源：《中国农业会计》2007年第8期　作者：陈旭东 张延杰）

第七章

负　债

学习目标

通过本章学习,你应能够:

1. 理解负债的含义及内容;

2. 掌握流动负债的核算;

3. 掌握长期负债的核算;

4. 掌握借款费用的范围、借款费用资本化期间的确定及借款费用资本化金额的确定,借款费用的账务处理。

引入案例

部分中小市值上市公司负债意愿下降

金融危机的爆发令全球央行采取了史无前例的宽松政策,中国信贷规模更是高达近 10 万亿元。截至昨日收盘,《第一财经日报》统计的 54 家已公布去年年报的上市公司中,只有 24 家负债率同比增长。其中鸿博股份借贷意愿较强,其负债率由 2008 年年底的 6.3% 提高至 2009 年年底的 25.4%,增长近 20 个百分点。东方雨虹和空港股份负债率增幅也超过 10 个百分点。

相反,禾盛新材、焦点科技、同花顺、富龙热电等公司却降低了负债率。其中禾盛新材负债率从 2008 年年底的 46% 降至 2009 年年底的 16%,降幅高达 30%。不过同花顺负债率降低的原因则更多是因为公司在 2009 年完成了 IPO,负债率因此降低。

尽管去年中国信贷量猛增,但资金多流向央企或地方大型企业,很多中小公司其实无钱可贷。另外,2009 年年报显示上市公司负债率依然很高,超过 50% 的公司比比皆是,这为未来留下隐患。一旦央行加息,这些高负债的上市公司业绩必然大受影响。

从财务学的角度来说,一般认为我国理想化的资产负债率是 40% 左右,上市公司略微偏高些,但上市公司资产负债率一般也不宜超过 50%。其实,不同的人应该有不同的标准。企业的经营者对资产负债率强调的是负债要适度,因为负债率太高,风险就很大;负债率低,又显得太保守。债权人强调资产负债率要低,债权人总希望把钱借给那些负债率比较低的企业,因为如果某一个企业负债率比较低,钱收回的可能性就会大一些。投资人通常不会轻易表态,通过计算,如果投资收益率大于借款利息率,那么投资人就不怕负债率高,因为负债率越高赚钱就越多;如果投资收益率比借款利息率还低,等于说投资人赚的钱被更多的利息吃掉,在这种情况下就不应要求企业的经营者保持比较高的资产负债率,而应保持一个比较低的资产负债率。

其实,不同的国家,资产负债率也有不同的标准。欧美国家认为理想化的资产负债率是 60% 左右,东南亚认为可以达到 80%。

（资料来源:《第一财经日报》 2010 年 2 月 5 日）

负债是指企业过去的交易或者事项形成的预期会导致经济利益流出企业的现时义务。负债按偿还期长短可分为流动负债和长期负债两种。

第一节　流动负债

流动负债是指将在一年或者超过一年的一个营业周期内偿还的债务。按产生的原因，流动负债又可分为四类：①借贷形成的流动负债。如从银行或其他金融机构借入的短期借款；②结算过程中产生的流动负债。如企业购入商品已到货，在货款尚未支付前形成一笔待结算的应付款；③权责发生制下调整费用形成的负债。如应付利息；④利润分配产生的流动负债。如宣告股利时形成的应付股利等。具体包括短期借款、应付账款、应付票据、预收账款、应交税费、应付职工薪酬、预计负债、应付利息、应付股利、其他应付款等。

一、短期借款

短期借款是指企业从银行或其他金融机构借入的偿还期在一年以内或者在超过一年的一个营业周期以内的款项。

当企业由于季节性生产、到期偿还债务或经营资金出现暂时周转困难等原因导致企业资金不足时，为了满足正常经营需要而向银行或其他金融机构申请贷款。企业借入款项时，应签订借款合同，注明借款金额、借款利率和还款时间。因此，短期借款的核算内容包括本金和利息两部分；而按借款程序，短期借款的核算则可分为短期借款的取得、短期借款的利息费用、短期借款的偿还三部分。

取得短期借款时，应按借款本金数额，借记"银行存款"科目，贷记"短期借款"科目。"短期借款"科目应按债权人及借款种类等设置明细账。

企业取得短期借款而发生的利息应确认为费用，作为财务费用处理，计入当期损益。银行或其他金融机构一般按季度在季末结算借款利息，每季度的前两个月不支付利息。当企业按月核算利息时，借记"财务费用"科目，贷记"应付利息"科目；支付利息时，按已计息部分，借记"应付利息"科目，按尚未计息部分，借记"财务费用"科目，贷记"银行存款"科目。当企业不需按月核算利息时，若短期借款的借款期跨会计年度，则在资产负债表日，按借款日到资产负债表日尚未支付利息金额，借记"财务费用"科目，贷记"应付利息"科目；待支付利息时，按资产负债表日已计息部分，借记"应付利息"科目，按资产负债表日至到期日的利息金额，借记"财务费用"科目，贷记"银行存款"科目。

【例 7-1】　甬江股份有限公司 2009 年 9 月 1 日从银行取得 80 000 元借款，期限为 6 个月，年利率为 6%，到期一次还本付息。账务处理如下：

(1)借款发生时。

借：银行存款　　　　　　　　　　　　　　　　　　　　　　80 000

　　贷：短期借款　　　　　　　　　　　　　　　　　　　　　　　　80 000

(2)当年 12 月 31 日时，计算尚未支付利息。

尚未支付利息＝80 000×6%×4/12＝1 600

借：财务费用　　　　　　　　　　　　　　　　　　　　　　1 600

　　贷：应付利息　　　　　　　　　　　　　　　　　　　　　　　　1 600

（3）到期还本付息。

借：短期借款	80 000	
应付利息	1 600	
财务费用	800	
贷：银行存款		82 400

二、应付账款、应付票据和预收账款

（一）应付账款

应付账款是企业在正常经营过程中因购买材料、商品或接受劳务时，未及时付款而产生的债务，一般需要在一年以内偿付，属于流动负债。

应付账款是由于购货时间与支付货款时间的不同而形成的负债。应付账款登记入账的时间，原则上应为所购物品产权转移之日，但实务中，应付账款应在结算凭证（发票）取得时入账，入账金额按发票价格确定。企业确认应付账款时，应借记有关科目，贷记"应付账款"科目；偿付应付账款时，借记"应付账款"科目，贷记"银行存款"等科目。

如果购货时企业有可能利用现金折扣条件得到价格上的优惠，则计量应付账款的入账金额一般有总价法和净价法两种会计处理方法。

由于我国采用总价法处理，故本教材只介绍总价法。总价法特点是购进的货物和应付账款均按结算凭证中的价格入账。需注意的要是计算现金折扣时一般以商品销售价款作为依据。

【例7-2】 甬江股份有限公司向乙企业赊购材料一批，专用发票上注明材料买价为10 000元，增值税为1 700元，共计11 700元，材料已验收入库，现金折扣条件为：2/10，n/30。则其有关账务处理如下：

（1）材料验收入库时。

借：原材料	10 000	
应交税费——应交增值税（进项税额）	1 700	
贷：应付账款——乙企业		11 700

（2）如果10天内付款，获得现金折扣。

借：应付账款——乙企业	11 700	
贷：银行存款		11 500
财务费用		200

（3）如果10天以后付款，丧失现金折扣。

借：应付账款——乙企业	11 700	
贷：银行存款		11 700

总价法的长处在于符合稳健性要求，这是因为它使资产负债表上反映的负债金额较高，而且如果购货企业在折扣期内付款，则获得的现金折扣可冲减财务费用，结果使企业得到一定的理财收益。

（二）应付票据

应付票据是由出票人出票、委托付款人在指定日期无条件支付特定的金额给收款人或者持票人的票据。应付票据通常是由于赊购商品、材料而形成的,设置"应付票据"科目专门核算。

企业开出商业汇票或以承兑商业汇票抵付货款、应付账款时,借记"材料采购"、"库存商品"、"应付账款"、"应交税费——应交增值税(进项税额)"等科目,贷记"应付票据"科目。企业向银行申请承兑汇票支付的手续费,应计入财务费用。

当商业汇票到期时,可能会出现有能力支付票据款和无力支付票据款两种情况。

(1)有能力支付票据款。企业支付票据款时,借记"应付票据"科目,贷记"银行存款"科目。(2)无力支付票据款。按应付票据票面价值,借记"应付票据"科目,贷记"应付账款"(商业承兑汇票)或"短期借款"(银行承兑汇票)科目。

【例7-3】 甬江股份有限公司 2009 年 11 月 1 日购入价值为 60 000 元的商品,增值税为 10 200 元,同时出具一张期限为三个月的银行承兑汇票一张。企业应作如下账务处理:

(1)2009 年 11 月 1 日购入商品时。

借:库存商品	60 000
应交税费——应交增值税(进项税)	10 200
贷:应付票据	70 200

(2)2010 年 2 月 1 日到期付款时。

借:应付票据	70 200
贷:银行存款	70 200

(3)2010 年 2 月 1 日票据到期无力付款时。

借:应付票据	70 200
贷:短期借款	70 200

(三)预收账款

预收账款是企业按照合同规定向购货(或接受劳务)单位预先收取的款项。预收账款是企业的一项负债。企业应根据合同规定,在收款后的一年内向购货单位交付商品或提供劳务后,才能实现收入和解除债务。

对于预收账款,应设置"预收账款"科目进行核算。收到预收账款时,应借记"银行存款"科目,贷记"预收账款"科目;销售货物或提供劳务时,应借记"预收账款"科目,贷记"主营业务收入"科目、"应交税费——应交增值税"科目;退还多收货款时,应借记"预收账款"科目,贷记"银行存款"科目;收到对方补付款时,借记"银行存款"科目,贷记"预收账款"科目。本科目贷方余额表示企业预收款项;当销货的全部价款大于预收账款而尚未收到购买方补付的账款时,本科目的所属明细科目会有借方余额。

在企业预收账款业务不多的情况下,也可不设置"预收账款"科目,将预收账款在"应收账款"科目核算。

【例7-4】 甬江股份有限公司根据购销合同,于 2009 年 6 月 15 日预收 24 000 元购货款。6 月 30 日该公司按期交货,货款连同增值税共计 23 400 元。7 月 9 日该公司退还余款。其有关账务处理如下:

(1)预收货款时。

借:银行存款	24 000
贷:预收账款	24 000

（2）交货时。

借：预收账款   23 400

    贷：主营业务收入   20 000

        应交税费——应交增值税（销项税额）   3 400

（3）退还余款时。

借：预收账款   600

    贷：银行存款   600

三、应交税费

企业在一定时期内取得的营业收入和实现的利润，要按照规定向国家税务机关交纳各种税金，主要包括增值税、消费税、营业税、城市维护建设税、土地增值税、房产税、车船使用税、资源税、印花税等。其中绝大多数税金需要预先估计或经税务部门核定应纳数额，这些应交的税金在尚未交纳之前构成了企业的一种流动负债。在会计实务中设置"应交税费"科目来核算应交而未交的各种税金，并按税种分设相应的明细科目。

（一）应交增值税

增值税是就货物或应税劳务的增值部分征收的一种税。按照增值税暂行条例规定，企业购入货物或接受应税劳务支付的增值税（即进项税额），可以从销售货物或提供应税劳务按规定应交纳的增值税（即销项税额）中抵扣。

企业应交的增值税，在"应交税费"科目下设置"应交增值税"二级科目进行核算。

增值税的纳税人分为一般纳税人和小规模纳税人，下面分别说明一般纳税人和小规模纳税人的增值税核算。

1. 一般纳税人应纳增值税

（1）应纳增值税的计算

增值税税率有基本税率17%、低税率13%和零税率三档。

本期销项税额的计算公式为：

本期销项税额＝本期销售额×增值税税率

注意，公式中的本期销售额为不含增值税的销售额。若销售额为含税销售额，应在计算本期销项税额时，将含税销售额换成不含税的销售额。计算公式为：

不含税销售额＝含税销售额÷（1＋增值税税率）

按规定，企业购入货物或接受劳务，必须具备增值税专用发票、完税凭证、购入免税农产品或收购废旧物资时的收购凭证以及外购货物所支付的运杂费的运费单据等，其进项税才能予以扣除。

满足进项税抵扣条件时，企业应纳增值税的计算公式为：

应纳增值税＝本期销项税额－本期进项税额

（2）主要账务处理

企业应交的增值税，在"应交税费"科目下设置"应交增值税"明细账户。

"应交增值税"明细账户采用多栏式，在借贷方分设以下几个专栏：

"进项税额"，记录企业购入货物或提供应税劳务已支付的增值税额。

"已交税金"，记录企业已经向税务局交纳的增值税。

"销项税额",记录企业销售货物或提供应税劳务应支付的增值税税额。

"进项税额转出",记录企业因购进货物、在产品、产成品等发生非正常损失以及其他不能从销项税额中抵扣的原因,而按规定应转出的进项税额。

采购业务发生时,按采购成本,借记"材料采购"、"在途物资"或"原材料"、"库存商品"等科目;按可抵扣的增值税额,借记"应交税费——应交增值税(进项税额)科目;按应付或实付金额,贷记"应付账款"、"应付票据"、"银行存款"等科目。

销售业务发生时,按营业收入和应收取的增值税额,借记"应收账款"、"应收票据"、"银行存款"等科目;按专用发票注明的增值税额,贷记"应交税费——应交增值税(销项税额)"科目;按实现的营业收入,贷记"主营业务收入"、"其他业务收入"等科目。

☞ 相关资料

实行"免、抵、退"税管理办法的"免"税,是指对生产企业出口的自产货物,免征本企业生产销售环节的增值税;"抵"税,是指生产企业出口的自产货物所耗用原材料、零部件等应予退还的进项税额,抵顶内销货物的应纳税款;"退"税,是指生产企业出口的自产货物在当期内因应抵顶的进项税额大于应纳税额而未抵顶完的税额,经主管退税机关批准后,予以退税。

企业交纳的增值税,借记"应交税费——应交增值税(已交税金)"科目,贷记"银行存款"科目。

【例7-5】甬江股份有限公司购入一批原材料,增值税专用发票上注明的原材料价款为5 000 000元,增值税额为850 000元。货款已经支付,材料已经到达并验收入库,则企业应作如下账务处理:

借:原材料 　　　　　　　　　　　　　　　　　　　　　　　5 000 000
　　应交税费——应交增值税(进项税额) 　　　　　　　　　　850 000
　　　贷:银行存款 　　　　　　　　　　　　　　　　　　　　　　　5 850 000

【例7-6】甬江股份有限公司销售产品一批,价款400 000元,应收取的增值税额为68 000元,款项尚未收到,则账务处理为:

借:应收账款 　　　　　　　　　　　　　　　　　　　　　　　468 000
　　贷:主营业务收入 　　　　　　　　　　　　　　　　　　　　　400 000
　　　　应交税费——应交增值税(销项税额) 　　　　　　　　　　68 000

2. 小规模纳税人应纳增值税

小规模纳税人具有以下特点:

(1)小规模纳税人企业销售货物或者提供应税劳务,一般情况下,只能开具普通发票,不能开具增值税专用发票,进项税额不得抵扣;

(2)小规模纳税人企业销售货物或提供应税劳务,实行简易办法计算应纳税额,按照销售额的一定比例计算;

(3)小规模纳税人企业的销售额不包括其应纳税额。

小规模纳税人确定销售额与一般纳税人是一致的,所不同的是小规模纳税人销售货物

或提供应税劳务,按照销售额的3%计算应纳增值税额,其计算公式如下:

应纳税额＝不含税销售额×征收率3%

不含税销售额＝含税销售额÷(1＋征收率3%)

【例7-7】　假定甬江公司核定为小规模纳税企业。本期购入原材料,按照增值税专用发票上记载的原材料成本为500 000元,支付的增值税额为85 000元,企业开出、承兑商业汇票,材料尚未收到。该企业本期销售产品,含税价格为800 000元,货款尚未收到,根据上述经济业务,企业应作如下账务处理:

(1)购进材料时。

借:在途物资　　　　　　　　　　　　　　　　　　　585 000

　　贷:应付票据　　　　　　　　　　　　　　　　　　　　585 000

(2)销售产品时。

不含税价格＝800 000÷(1＋3%)＝776 699(元)

应交增值税＝776 699×3%＝23 301(元)

借:应收账款　　　　　　　　　　　　　　　　　　　800 000

　　贷:主营业务收入　　　　　　　　　　　　　　　　　　776 699

　　　　应交税费——应交增值税　　　　　　　　　　　　　23 301

(二)应交消费税

国家在普遍征收增值税的基础上,选择部分消费品(如烟酒、化妆品、贵重首饰及珠宝玉石、小汽车等),再征一道消费税,以正确引导消费方向。消费税属于价内税,征收方法采取从价定率和从量定额两种方法。

实行从价定率办法计征的应纳税额的税基为不含增值税的销售额,计算公式如下:

应纳税额＝销售额×税率

实行从量定额办法计征的应纳税额的销售数量是指应税消费品的数量,计算公式如下:

应纳税额＝销售数量×单位税额

企业按规定应交的消费税,在“应交税费”科目下设置“应交消费税”明细科目进行核算。“应交消费税”明细科目的借方发生额,反映实际交纳的消费税和待扣的消费税;贷方发生额,反映按规定应交纳的消费税;期末贷方余额,反映尚未交纳的消费税;期末借方余额,反映多交或待扣的消费税。

【例7-8】　甬江股份有限公司本期销售化妆品一批,含增值税销售收入351 000元,该产品的增值税税率为17%,消费税税率为30%。产品已经发出,款项尚未收到。该企业的账务处理如下:

应税消费品销售额＝351 000÷(1＋17%)＝300 000(元)

应纳消费税税额＝300 000×30%＝90 000(元)

借:应收账款　　　　　　　　　　　　　　　　　　　351 000

　　贷:主营业务收入　　　　　　　　　　　　　　　　　　300 000

　　　　应交税费——应交增值税(销项税额)　　　　　　　　51 000

借:营业税金及附加　　　　　　　　　　　　　　　　　90 000

　　贷:应交税费——应交消费税　　　　　　　　　　　　　　90 000

（三）应交营业税

营业税是对在我国境内提供应税劳务、转让无形资产或者销售不动产的单位和个人征收的一种税。

营业税按照营业额和规定的税率计算应纳税额，其计算公式如下：

应纳税额＝营业额×税率

这里的营业额是指企业提供应税劳务、转让无形资产或者销售不动产向对方收取的全部价款和价外费用。价外费用包括向对方收取的手续费、基金、集资费、代收款项、代垫款项及其他各种性质的价外收费。

企业按规定应交的营业税，在"应交税费"科目下设置"应交营业税"明细科目进行核算。"应交营业税"明细科目的借方发生额，反映企业已交纳的营业税；其贷方发生额，反映应交的营业税；期末借方余额，反映多交的营业税；期末贷方余额，反映尚未交纳的营业税。

（四）应交企业所得税

企业的生产、经营所得和其他所得，依照所得税法的规定需要交纳所得税。企业应设置"应交税费——应交所得税"科目进行相应的核算。企业按照一定税率计算的所得税，借记"所得税费用"科目，贷记"应交税费——应交所得税"科目。

（五）应交房产税、土地增值税、城市维护建设税等

1. 房产税、土地使用税、车船税

房产税是指以我国境内的房产为征税对象，按照房产的评估值或房产租金收入向产权所有人征收的一种税。土地使用税是对城市、县城、建制镇和工矿区范围内使用土地的单位和个人开征的一种税，以纳税人实际占用的土地面积为计税依据，依照规定税额计算征收，其目的是为了调节土地级差收入，提高土地使用效益，加强土地管理。车船税由拥有车船的单位和个人交纳，车船税按照适用税额计算交纳。

企业按规定计算应交的房产税、土地使用税、车船税时，借记"管理费用"科目，贷记"应交税费——应交房产税（或土地使用税、车船税）"科目；上交时，借记"应交税费——应交房产税（或土地使用税、车船税）"科目，贷记"银行存款"科目。

2. 土地增值税

土地增值税是对有偿转让国有土地使用权、地上建筑物及其附着物的单位、个人，就其转让房地产所取得的增值额而征收的一种税。

企业转让的土地使用权连同地上建筑物及其附着物一并在"固定资产"科目核算的，转让时应交的土地增值税，借记"固定资产清理"科目，贷记"应交税费——应交土地增值税"科目；兼营房地产业务的企业，应由当期收入负担的土地增值税，借记"营业税金及附加"科目，贷记"应交税费——应交土地增值"科目。

3. 城市维护建设税和教育费附加

城市维护建设税和教育费附加都是附加税，按流转税（增值税、消费税、营业税）的一定比例计算交纳。

企业计算应交的城市维护建设税、教育费附加时，借记"营业税金及附加"科目，贷记"应交税费"科目。

四、应付职工薪酬

（一）职工薪酬的内容

职工薪酬,是指企业为获得职工提供的服务或解除劳动关系而给予的各种形式的报酬或补偿。职工薪酬包括短期薪酬、离职后福利、辞退福利和其他长期职工福利。

1.短期薪酬

短期薪酬,是指企业在职工提供相关服务的年度报告期间结束后十二个月内需要全部予以支付的职工薪酬,因解除与职工的劳动关系给予的补偿除外。短期薪酬具体包括:职工工资、奖金、津贴和补贴,职工福利费,医疗保险费、工伤保险费和生育保险费等社会保险费,住房公积金,工会经费和职工教育经费,短期带薪缺勤,短期利润分享计划,非货币性福利以及其他短期薪酬。

(1)职工工资、奖金、津贴和补贴,是指构成工资总额的计时工资、计件工资、支付给职工的超额劳动报酬和增收节支的劳动报酬、为了补偿职工特殊或额外的劳动消耗和因其他特殊原因支付给职工的津贴,以及为了保证职工工资水平不受物价影响支付给职工的物价补贴等。

(2)职工福利费,主要是尚未实行医疗统筹企业职工的医疗费用、职工因公负伤赴外地就医路费、职工生活困难补助,以及按照国家规定开支的其他职工福利支出。

(3)医疗保险费、工伤保险费和生育保险费等社会保险费,是指企业按照国务院、各地方政府规定的基准和比例计算,向社会保险经办机构缴纳的医疗保险费、工伤保险费和生育保险费。

(4)住房公积金,是指企业按照国家规定的基准和比例计算,向住房公积金管理机构缴存的住房公积金。

(5)工会经费和职工教育经费,是指企业为了改善职工文化生活、为职工学习先进技术和提高文化水平和业务素质,用于开展工会活动和职工教育及职业技能培训等相关支出。

(6)短期带薪缺勤,是指企业支付工资或提供补偿的职工缺勤,包括年休假、病假、短期伤残、婚假、产假、丧假、探亲假等。

(7)利润分享计划,是指因职工提供服务而与职工达成的基于利润或其他经营成果提供薪酬的协议。

(8)非货币性福利,是指企业以自己的产品或外购商品发放给职工作为福利,企业提供给职工无偿使用自己拥有的资产或租赁资产供职工无偿使用,比如提供给企业高级管理人员使用的住房等,免费为职工提供诸如医疗保健的服务或向职工提供企业支付了一定补贴的商品或服务等,比如以低于成本的价格向职工出售住房等。

2.离职后福利

离职后福利,是指企业为获得职工提供的服务而在职工退休或与企业解除劳动关系后,提供的各种形式的报酬和福利,短期薪酬和辞退福利除外。

3.辞退福利

辞退福利,是指企业在职工劳动合同到期之前解除与职工的劳动关系,或者为鼓励职工自愿接受裁减而给予职工的补偿。

4.其他长期职工福利

其他长期职工福利,是指除短期薪酬、离职后福利、辞退福利之外所有的职工薪酬,包括长期带薪缺勤、长期残疾福利、长期利润分享计划等。

(二)职工薪酬的确认和计量

1.职工薪酬的确认原则

企业应当在职工为其提供服务的会计期间,将实际发生的短期薪酬确认为负债,并根据职工提供服务的受益对象,分别下列情况处理:

(1)应由生产产品、提供劳务负担的职工薪酬,计入产品成本或劳务成本。生产产品、提供劳务中的直接生产人员和直接提供劳务人员发生的职工薪酬,计入存货成本,但非正常消耗的直接生产人员和直接提供劳务人员的职工薪酬,应当在发生时确认为当期损益。

(2)应由在建工程、无形资产负担的职工薪酬,计入建造固定资产或无形资产成本。自行建造固定资产和自行研究开发无形资产过程中发生的职工薪酬,能否计入固定资产或无形资产成本,取决于相关资产的成本确定原则。比如企业在研究阶段发生的职工薪酬不能计入自行开发无形资产的成本,在开发阶段发生的职工薪酬,符合无形资产资本化条件的,应当计入自行开发无形资产的成本。

(3)上述两项之外的其他职工薪酬,计入当期损益。除直接生产人员、直接提供劳务人员、符合准则规定条件的建造固定资产人员、开发无形资产人员以外的职工,包括公司总部管理人员、董事会成员、监事会成员等人员相关的职工薪酬,因难以确定直接对应的受益对象,均应当在发生时计入当期损益。

2.职工薪酬的计量标准

企业发生的职工福利费,应当在实际发生时根据实际发生额计入当期损益或相关资产成本。职工福利费为非货币性福利的,应当按照公允价值计量。

企业为职工缴纳的医疗保险费、工伤保险费、生育保险费等社会保险费和住房公积金,以及按规定提取的工会经费和职工教育经费,应当在职工为其提供服务的会计期间,根据规定的计提基础和计提比例计算确定相应的职工薪酬金额,并确认相应负债,计入当期损益或相关资产成本。

带薪缺勤分为累积带薪缺勤和非累积带薪缺勤。企业应当在职工提供服务从而增加了其未来享有的带薪缺勤权利时,确认与累积带薪缺勤相关的职工薪酬,并以累积未行使权利而增加的预期支付金额计量。企业应当在职工实际发生缺勤的会计期间确认与非累积带薪缺勤相关的职工薪酬。累积带薪缺勤,是指带薪缺勤权利可以结转下期的带薪缺勤,本期尚未用完的带薪缺勤权利可以在未来期间使用。非累积带薪缺勤,是指带薪缺勤权利不能结转下期的带薪缺勤,本期尚未用完的带薪缺勤权利将予以取消,并且职工离开企业时也无权获得现金支付。

(三)应付职工薪酬的账务处理

1.发生职工薪酬

(1)货币性职工薪酬

企业应设置"应付职工薪酬"科目,核算职工薪酬的发生和结算情况。本科目可按"工资"、"职工福利"、"社会保险费"、"住房公积金"、"工会经费"、"职工教育经费"和"非货币性福利"等进行明细核算。

对于货币性薪酬,企业一般应当根据职工提供服务情况和职工货币薪酬的标准,计算应计入职工薪酬的金额,按照受益对象计入相关成本或当期费用,借记"生产成本"、"管理费用"等科目,贷记"应付职工薪酬"科目。

【例7-9】 甬江股份有限公司 2013 年 6 月应付工资 2 000 万元,其中:生产部门直接生产人员工资 1 000 万元;生产部门管理人员工资 200 万元;公司管理部门人员工资 360 万元;公司专设产品销售机构人员工资 100 万元;建造厂房人员工资 220 万元;内部开发存货管理系统人员工资 120 万元。

根据所在地政府规定,公司分别按照职工工资总额的 10%和 10.5%计提医疗保险费和住房公积金,缴纳给当地社会保险经办机构和住房公积金管理机构。公司内设医务室,根据 2012 年实际发生的职工福利费情况,公司预计 2013 年应承担的职工福利费义务金额为职工工资总额的 2%,职工福利的受益对象为上述所有人员。公司分别按照职工工资总额的 2%和 1.5%计提工会经费和职工教育经费。假定公司存货管理系统已处于开发阶段、并符合《企业会计准则第 6 号——无形资产》资本化为无形资产的条件。甬江公司的账务处理如下:

应计入生产成本的职工薪酬金额

$=1\,000+1\,000\times(10\%+10.5\%+2\%+2\%+1.5\%)=1\,260(万元)$

应计入制造费用的职工薪酬金额

$=200+200\times(10\%+10.5\%+2\%+2\%+1.5\%)=252(万元)$

应计入管理费用的职工薪酬金额

$=360+360\times(10\%+10.5\%+2\%+2\%+1.5\%)=453.60(万元)$。

应计入销售费用的职工薪酬金额

$=100+100\times(10\%+10.5\%+2\%+2\%+1.5\%)=126(万元)$

应计入在建工程成本的职工薪酬金额

$=220+220\times(10\%+10.5\%+2\%+2\%+1.5\%)=277.20(万元)$

应计入无形资产成本的职工薪酬金额

$=120+120\times(10\%+1.5\%+2\%+2\%+1.5\%)=151.20(万元)$

公司在分配工资、职工福利费、医疗保险费、住房公积金、工会经费和职工教育经费等职工薪酬时:

借:生产成本	12 600 000	
制造费用	2 520 000	
管理费用	4 536 000	
销售费用	1 260 000	
在建工程	2 772 000	
研发支出——资本化支出	1 512 000	
贷:应付职工薪酬——工资		20 000 000
——职工福利		400 000
——医疗保险费		2 000 000
——住房公积金		2 100 000

　　　　　　——工会经费　　　　　　　　　　　　　　　　　400 000

　　　　　　——职工教育经费　　　　　　　　　　　　　　　300 000

　　(2)非货币性职工薪酬

　　企业向职工提供的非货币性职工薪酬,应当分别情况处理:

　　①以自产产品或外购商品发放给职工作为福利。企业以其生产的产品作为非货币性福利提供给职工的,应按该产品的公允价值和相关税费,计量应计入成本费用的职工薪酬金额。相关收入及其成本的确认计量和相关税费的处理,与正常商品销售相同。以外购商品作为非货币性福利的,应按商品的公允价值和相关税费,计量应计入成本费用的职工薪酬金额。

　　【例7-10】 甬江股份有限公司是一家空调生产企业,生产工人900人,厂部管理人员100人。公司以其生产成本为1 500元的空调和外购高压锅作为福利发放给职工。该型号空调的售价为每台2 500元,高压锅增值税专用发票注明每个不含税价为300元,增值税税率为17%。甬江公司的账务处理如下:

　　A.公司决定发放空调时。

　　空调售价总额=2 500×900+2 500×100=2 250 000+250 000=2 500 000(元)

　　空调销项税额=2 500×900×17%+2 500×100×17%=382 500+42 500=425 000 (元)

　　借:生产成本　　　　　　　　　　　　　　　　　　　　2 632 500

　　　　管理费用　　　　　　　　　　　　　　　　　　　　　292 500

　　　　贷:应付职工薪酬——非货币性福利　　　　　　　　　　　　2 925 000

　　B.公司决定发放高压锅时。

　　高压锅售价总额=300×900+300×100=270 000+30 000=300 000(元)

　　高压锅进项税额=300×900×17%+300×100×17%=45 900+5 100=51 000(元)

　　借:生产成本　　　　　　　　　　　　　　　　　　　　　315 900

　　　　管理费用　　　　　　　　　　　　　　　　　　　　　 35 100

　　　　贷:应付职工薪酬——非货币性福利　　　　　　　　　　　　 351 000

　　②将拥有的房屋等资产无偿提供给职工使用,或租赁住房等资产供职工无偿使用。企业将拥有的房屋等资产无偿提供给职工使用的,应当根据受益对象,将住房每期应计提的折旧计入相关资产成本或费用,同时确认应付职工薪酬。租赁住房等资产供职工无偿使用的,应当根据受益对象,将每期应付的租金计入相关资产成本或费用,并确认应付职工薪酬。难以认定受益对象的,直接计入当期损益,并确认应付职工薪酬。

　　【例7-11】 甬江股份有限公司为总部各部门经理级别以上职工提供汽车免费使用,同时为副总裁以上高级管理人员每人租赁一套住房。该公司总部共有部门经理以上职工25名,每人提供一辆桑塔纳汽车免费使用,假定每辆桑塔纳汽车每月计提折旧500元;该公司共有副总裁以上高级管理人员5名,公司为其每人租赁一套面积为100平方米带有家具和电器的公寓,月租金为每套4 000元。甬江公司每月账务处理如下:

　　借:管理费用　　　　　　　　　　　　　　　　　　　　　 32 500

　　　　贷:应付职工薪酬——非货币性福利　　　　　　　　　　　　 32 500

2. 发放职工薪酬

(1)货币性职工薪酬

发放货币性职工薪酬时,借记"应付职工薪酬"科目,分别按实发的工资等金额,贷记"银行存款"或"库存现金"科目;按规定缴纳的社会保险费等,贷记"银行存款"科目;按从应付职工薪酬中扣还的代垫款,贷记"其他应收款"科目;按代扣的个人所得税,贷记"应交税费——应交个人所得税"科目。

【例7-12】 接【例7-9】资料,甬江股份有限公司发放2013年6月工资。代扣职工房租40万元,代扣个人所得税100万元,实付工资1 860万元。甬江公司的账务处理如下:

借:应付职工薪酬——工资 20 000 000
　贷:银行存款 18 600 000
　　其他应收款——职工房租 400 000
　　应交税费——应交个人所得税 1 000 000

【例7-13】 接【例7-9】资料,甬江股份有限公司以银行存款缴纳医疗保险费200万元,住房公积金210万元,支付工会经费40万元,职工教育经费30万元。甬江公司的账务处理如下:

借:应付职工薪酬——医疗保险费 2 000 000
　　　　　　　　——住房公积金 2 100 000
　　　　　　　　——工会经费 400 000
　　　　　　　　——职工教育经费 300 000
　　贷:银行存款 4 800 000

(2)非货币性职工薪酬

①企业以自产产品作为职工薪酬发放给职工时,应确认主营业务收入,借记"应付职工薪酬——非货币性福利"科目,贷记"主营业务收入"和"应交税费——应交增值税(销项税额)"科目,同时结转相关成本;企业以外购商品作为职工薪酬发放给职工时,借记"应付职工薪酬——非货币性福利"科目,贷记"银行存款"科目。

【例7-14】 接【例7-10】资料,甬江股份有限公司以其生产成本为1 500元的空调和外购高压锅作为福利发放给职工。甬江公司的账务处理如下:

A. 实际发放空调时。

借:应付职工薪酬——非货币性福利 2 925 000
　贷:主营业务收入 2 500 000
　　应交税费——应缴增值税(销项税额) 425 000
借:主营业务成本 1 500 000
　贷:库存商品 1 500 000

B.购买并发放高压锅时。

借:应付职工薪酬——非货币性福利 351 000
　贷:银行存款 351 000

②企业将拥有的房屋等资产无偿提供给职工使用时,按计提的折旧,借记"应付职工薪酬——非货币性福利"科目,贷记"累计折旧"科目;或租赁住房等资产供职工无偿使用,按支付的租金,借记"应付职工薪酬——非货币性福利"科目,贷记"银行存款"科目。

【例 7-15】 接【例 7-11】资料,甬江股份有限公司无偿提供给高级管理人员使用的汽车每月计提折旧,支付为高级管理人员每人租赁一套住房的租金时,账务处理如下:

借:应付职工薪酬——非货币性福利　　　　　　　　　　　　　　　32 500
　贷:累计折旧　　　　　　　　　　　　　　　　　　　　　　　　　12 500
　　银行存款　　　　　　　　　　　　　　　　　　　　　　　　　20 000

五、其他应付款

其他应付款是指除应付账款、应付票据、预收账款、应付职工薪酬以外的应付或暂收款项,主要包括存入保证金、租入固定资产的租金、租入包装物的租金等。企业通常设置"其他应付款"科目核算企业应付、暂收其他单位或个人的款项。

六、应付股利

股利是公司对利润的一种分配结果。应付股利是股份公司经董事会通过宣告分配给股东但尚未支付的股利。自股利宣告日起,应付股利就成为公司对股东的一种负债,企业应设置"应付股利"科目来反映应付股利的形成和偿付。

【例 7-16】 甬江股份有限公司于 2009 年 3 月 10 日宣告发放普通股现金股利3 000 000元,5 月 10 日发放现金股利。则账务处理如下:

(1)3 月 10 日,宣告发放时。

借:利润分配——应付普通股股利　　　　　　　　　　　　　3 000 000
　贷:应付股利　　　　　　　　　　　　　　　　　　　　　　3 000 000

(2)5 月 10 日,发放时。

借:应付股利　　　　　　　　　　　　　　　　　　　　　　3 000 000
　贷:银行存款　　　　　　　　　　　　　　　　　　　　　　3 000 000

第二节　长期负债

长期负债指偿还期在一年或者超过一年的一个营业周期以上的债务,具有偿还期长、金额大的特点。举借长期负债的主要目的是为了购置固定资产、扩建厂房或购入土地使用权等,以扩大生产经营规模,满足其长期占用大量资金的需要。长期负债主要分为长期借款、应付债券、长期应付款三种。

一、长期借款

长期借款是指企业从银行或其他金融机构借入的,偿还期在一年以上的各种款项。它一般用于固定资产购置、固定资产建造工程以及流动资金的正常需要等方面。

企业应设置"长期借款"科目核算长期借款,并下设"本金"、"利息调整"等进行明细核算。企业取得长期借款时,应借记"银行存款"、"在建工程"等科目,贷记本科目;归还长期借款时,借记本科目,贷记"银行存款"科目。

对于长期借款的利息费用,应按照权责发生制,予以资本化或费用化,分别借记"在建工程"或"财务费用"科目。

【例 7-17】 甬江股份有限公司为建造一栋厂房,2009 年 1 月 1 日借入期限为两年的专门借款 200 万元,已存入银行,利率为 9%,每年付息一次,期满一次还清本金。2009 年初,以银行存款支付工程价款 120 万元,2010 年又支付工程费用 80 万元。该厂房于 2010 年 8 月末完工达到可使用状态。其账务处理如下:

(1)借入资金。

借:银行存款 2 000 000

　　贷:长期借款 2 000 000

(2)2009 年初支付工程款时。

借:在建工程 1 200 000

　　贷:银行存款 1 200 000

(3)2009 年末计算利息。

利息=2 000 000×9%=180 000(元)

借:在建工程 180 000

　　贷:应付利息 180 000

(4)2009 年末支付借款利息。

借:应付利息 180 000

　　贷:银行存款 180 000

(5)2010 年初支付工程款时。

借:在建工程 800 000

　　贷:银行存款 800 000

(6)厂房交付使用时。

借:在建工程(2010 年 1—8 月利息) 120 000

　　贷:应付利息 120 000

借:固定资产 2 300 000

　　贷:在建工程 2 300 000

(7)2010 年末,计算 9—12 月应计入财务费用的利息。

借:财务费用 60 000

　　贷:应付利息 60 000

(8)2010 年末支付利息。

借:应付利息 180 000

　　贷:银行存款 180 000

(9)到期还本时。

借:长期借款 2 000 000

　　贷:银行存款 2 000 000

二、应付债券

(一)应付债券的定义和分类

1. 应付债券的定义

企业应付债券是企业为筹措长期资金而按照法定程序发行的、承诺在规定期限内还本付息的一种有价证券。债券上载明着面值、利率、付息日、期限等内容。因债券的期限超过了一年,所以属于长期负债。

2. 应付债券的分类

企业发行的债券,可以按下列方式分类。

(1)按还本方式分类,可分为一次还本债券和分期还本债券。

一次还本债券,即同期发行的全部债券的本金于到期日一次偿还的债券。分期还本债券,即同期发行的债券的本金分在不同的到期日分次偿还的债券。

(2)按是否可转为股票分类,分为可转换债券和不可转换债券。

可转换债券,也称可调换债券。是指在债券发行时就规定债权人在某时间,按规定的价格和条件,可将该债券转换成发行企业的普通股股票。

(二)应付债券的账务处理

对企业发行的债券需要设置"应付债券"科目进行核算,核算内容包括债券本金和利息。"应付债券"科目按"面值"、"利息调整"、"应计利息"进行明细核算。

债券发行有三种方式,即面值发行、溢价发行、折价发行。其他条件不变的情况下,债券的票面利率高于同期银行存款利率时,可按超过债券票面价值的价格发行(溢价发行),溢价是企业以后各期多付利息而事先得到的补偿;若债券的票面利率低于同期银行存款利率,可按低于债券面值的价格发行(折价发行),折价是企业以后各期少付利息而预先给投资者的补偿;若债券票面利率与同期银行存款利率相同,可按票面价格发行(面值发行)。溢价或折价是发行债券企业在债券存续期间内对利息费用的一种调整。

无论按哪种方式发行,按实际收到的金额借记"银行存款"等,按债券票面价值贷记"应付债券——面值"科目,按实际收到的金额与票面价值间的差额,贷记或借记"应付债券——利息调整"科目。

债券的票面利息是债券发行人按面值和票面利率计算的,定期支付给债券持有人的利息。利息费用的计算采用实际利率法。当债券发行时实际利率与票面利率相差较大时,利息费用按摊余成本和实际利率计算确定;当发行时实际利率与票面利率相差不大时,利息费用按票面利率计算确定。

用实际利率法来计算利息费用的计算公式如下:

票面利息=面值×票面利率

当期利息费用=摊余成本(债券每期初账面价值)×实际利率(市场利率)

折价发行时:利息调整=当期利息费用-票面利息

债券该期期初账面价值=上期期初账面价值 +利息调整

溢价发行时:利息调整=票面利息-当期利息费用

债券该期期初账面价值=上期期初账面价值-利息调整

资产负债表日,对于分期付息、一次还本的债券,企业应按应付债券的摊余成本和实际利率计算确定的债券利息费用,借记"财务费用"、"在建工程"、"制造费用"等科目,按票面利率计算确定的应付未付利息,贷记"应付利息"科目,按其差额借记或贷记"应付债券——利息调整"科目;对于一次还本付息的债券,按摊余成本和实际利率计算确定的债券利息费用,借记"财务费用"、"在建工程"、"制造费用"等科目,按票面利率计算确定的应付未付利息,贷记"应付债券——应计利息"科目,按其差额借记或贷记"应付债券——利息调整"科目。

【例7-18】 甬江股份有限公司2009年1月1日,发行3年期、面值1 000万元、票面利率15%、每年年末付息一次到期还本债券,市场利率10%(3年期复利现值系数0.751,年金现值系数为2.487)。债券已全部售出,不考虑发行费用,采用实际利率法确认利息费用。

债券发行价格的计算及账务处理如下:

(1)计算债券发行价格(理论价格)。

债券发行价格=10 000 000×0.751+10 000 000×15%×2.487=11 240 500(元)

债券溢价=11 240 500-10 000 000=1 240 500(元)

(2)计算确认的利息费用。

付息日期	应计利息	利息费用	利息调整	摊余成本
(1)	(2)	(3)	(4)	(5)
2009年1月1日				11 240 500
2009年12月31日	1 500 000	1 124 050	375 950	10 864 550
2010年12月31日	1 500 000	1 086 455	413 545	10 451 005
2011年12月31日	1 500 000	1 048 995	451 005	10 000 000
合计	4 500 000	3 259 500	1 240 500	—

注:2011年度属于最后一年,利息调整摊销额应采用倒挤的方法计算,所以应是=1 240 500-375 950-413 545=451 005(元)

账务处理如下:

①2009年1月1日发行债券时。

借:银行存款	11 240 500	
贷:应付债券——面值		10 000 000
——利息调整		1 240 500

②2009年12月30日计算利息费用并支付利息。

借:财务费用等	1 124 050	
应付债券——利息调整	375 950	
贷:应付利息		1 500 000
借:应付利息	1 500 000	
贷:银行存款		1 500 000

③2010年12月30日计算利息费用并支付利息。

借:财务费用等	1 086 455	
应付债券——利息调整	413 545	
贷:应付利息		1 500 000
借:应付利息	1 500 000	
贷:银行存款		1 500 000

④2011年12月30日计算利息费用并支付利息。

借:财务费用等	1 048 995	
应付债券——利息调整	451 005	
贷:应付利息		1 500 000
借:应付利息	1 500 000	
贷:银行存款		1 500 000

⑤2011 年 12 月 31 日归还债券本金。

借:应付债券——面值   10 000 000

    贷:银行存款   10 000 000

(三)可转换公司债券

为了吸引投资者,发行企业允许公司债券持有者在将来一定日期后将其转换为普通股票,这种债券称为可转换债券。我国发行可转换公司债券采取记名式无纸化发行方式,债券最短期限为 3 年,最长期限为 5 年。企业发行的可转换公司债券在"应付债券"科目下设置"可转换公司债券"明细科目核算。

企业发行的可转换公司债券,应当在初始确认时将其包含的负债成分和权益成分进行分拆,将负债成分确认为应付债券,将权益成分确认为资本公积。在进行分拆时,应当先对负债成分的未来现金流量进行折现确定负债成分的初始确认金额,再按发行价格总额扣除负债成分初始确认金额后的金额确定权益成分的初始确认金额。发行可转换公司债券发生的交易费用,应当在负债成分和权益成分之间按照各自的相对公允价值进行分摊。企业应按实际收到的款项,借记"银行存款"等科目,按可转换公司债券包含的负债成分面值,贷记"应付债券——可转换公司债券(面值)"科目,按权益成分的公允价值,贷记"资本公积——其他资本公积"科目,按借贷双方之间的差额,借记或贷记"应付债券——可转换公司债券(利息调整)"科目。

【例 7-19】 甬江股份有限公司经批准于 2009 年 1 月 1 日按面值发行 5 年期一次还本付息的可转换公司债券 200 000 000 元,款项已收存银行,债券票面年利率为 6%。债券发行 1 年后可转换为普通股股票,初始转股价为每股 10 元,股票面值为每股 1 元。债券持有人若在当期付息前转换股票的,应按债券面值和应计利息之和除以转股价,计算转换的股份数。假定 2010 年 1 月 1 日债券持有人将持有的可转换公司债券全部转换为普通股股票,甬江公司发行可转换公司债券时二级市场上与之类似的没有附带转换权的债券市场利率为9%。甬江公司的账务处理如下:

(1)2009 年 1 月 1 日发行可转换公司债券时。

借:银行存款   200 000 000

    应付债券——可转换公司债券(利息调整)   23 343 600

    贷:应付债券——可转换公司债券(面值)   200 000 000

        资本公积——其他资本公积   23 343 600

可转换公司债券负债成分的公允价值为:

200 000 000×0.6499＋200 000 000×6%×3.8897＝176 656 400(元)

注:0.6499 和 3.8897 分别是复利现值系数和年金现值系数,可查表也可用公式直接计算得出,在此略。

可转换公司债券权益成分的公允价值为:

200 000 000－176 656 400＝23 343 600(元)

(2)2009 年 12 月 31 日确认利息费用时。

借:财务费用等   15 899 076

    贷:应付债券——可转换公司债券(应计利息)   12 000 000

          ——可转换公司债券(利息调整)   3 899 076

(3)2010 年 1 月 1 日债券持有人行使转换权时。

转换的股份数为：

(200 000 000＋12 000 000)/10＝21 200 000(股)

借：应付债券——可转换公司债券(面值)		200 000 000
——可转换公司债券(应计利息)		12 000 000
资本公积——其他资本公积		23 343 600
贷：股本		21 200 000
应付债券——可转换公司债券(利息调整)		19 444 524
资本公积——股本溢价		194 699 076

三、长期应付款

长期应付款是指除长期借款、应付债券以外,企业发生的长期负债,包括应付引进设备款、应付融资租赁款等。对此,企业应设置"长期应付款"科目进行核算。

1. 应付融资租赁款

在一项租赁中,当与资产所有权有关的全部风险和报酬实质上已转移时,这种租赁就应归类为融资租赁。融资租赁一般具有以下一个或几个特征：

(1)租赁期满时,租赁资产的所有权转移给承租人。即,如果在租赁协议中已经约定,或者根据其他条件在租赁开始日就可以合理地判断。

(2)租赁期满时,承租人有权以名义价格购买租赁的资产或续租该资产。

(3)租赁期为资产使用年限的大部分,如75%。

(4)租金占资产价值的绝大部分,如90%。

对以融资租赁方式租入资产而发生的应付融资租赁款,形成企业的一项长期负债。企业应设置"长期应付款——应付融资租赁款"科目进行核算。有关的会计处理,详见《高级财务会计》。

2. 应付引进设备款

应付引进设备款是指企业以补偿贸易形式引进国外设备而应付的款项。补偿贸易是从国外引进设备,再用该设备生产或加工的产品偿还设备价款。因此,通常情况下,设备的引进和设备价款的归还是没有现金流入和流出的。在引进设备时,一方面,形成了企业的一项固定资产,另一方面,形成了相等金额的长期应付款。当用生产或加工的产品偿还设备款时,视同产品销售处理。

引进设备以人民币支付的进口关税、运杂费、安装费等费用,不包括在引进设备款中。从2009年1月1日起,我国对补偿贸易引进的国外设备征收增值税,并准予抵扣。

【例7-20】 甬江股份有限公司开展补偿贸易业务,从国外进口一台设备价款12万美元;用人民币支付进口关税60 000元、增值税146 880元;设备已交付安装,支付安装费10 000元;设备安装完毕投入使用。

设备投产后,第一批完工产品500件全部出口,每价售价100美元,全部用于还款。假定该公司采用业务发生当日的市场汇率核算外币业务,进口和出口时的市场汇率均为1:7.20。

有关的账务处理如下：

(1)进口设备时。

　　　　借:在建工程　　　　　　　　　　　　　　　　　　　864 000
　　　　　　贷:长期应付款　　　　　　　　　　　　　　　　　　　864 000
　　(2)支付进口关税,增值税时。
　　　　借:在建工程　　　　　　　　　　　　　　　　　　　60 000
　　　　　应交税费——应交增值税(进项税额)　　　　　146 880
　　　　　　贷:银行存款　　　　　　　　　　　　　　　　　　　206 880
　　(3)支付安装费时。
　　　　借:在建工程　　　　　　　　　　　　　　　　　　　10 000
　　　　　　贷:银行存款　　　　　　　　　　　　　　　　　　　10 000
　　(4)设备安装完毕投入使用。
　　　　借:固定资产　　　　　　　　　　　　　　　　　　　934 000
　　　　　　贷:在建工程　　　　　　　　　　　　　　　　　　　934 000
　　(5)用产品偿还设备款时。
　　　　借:长期应付款　　　　　　　　　　　　　　　　　　360 000
　　　　　　贷:主营业务收入　　　　　　　　　　　　　　　　　360 000

第三节　借款费用

一、借款费用概述

　　借款费用是企业因借入资金所付出的代价,它包括借款利息、折价或者溢价的摊销、辅助费用以及因外币借款而发生的汇兑差额等。对于企业发生的权益性融资费用,不应包括在借款费用中。例如企业发行公司股票的佣金,由于发行公司股票属于公司权益性融资性质,则所发生的佣金不属于借款费用范畴而应当冲减溢价。

　　(一)借款费用的范围

1. 因借款而发生的利息

　　因借款而发生的利息,包括企业向银行或者其他金融机构等借入资金发生的利息、发行公司债券发生的利息,以及为购建或者生产符合资本化条件的资产而发生的带息债务所承担的利息等。

2. 因借款而发生的折价或溢价的摊销

　　因借款而发生的折价或溢价主要指发行债券等发生的折价或者溢价。其实质是对债券票面利息的调整,即将债券票面利率调整为实际利率,属于借款费用的范畴。

3. 因外币借款而发生的汇兑差额

　　因外币借款而发生的汇兑差额,是指由于汇率变动导致市场汇率与账面汇率出现差异,从而对外币借款本金及其利息的记账本位币金额所产生的影响金额。由于汇率的变化往往和利率的变化相联动,它是企业外币借款所需承担的风险,因此,因外币借款相关汇率变化所导致的汇兑差额属于借款费用的有机组成部分。

4. 因借款而发生的辅助费用

　　因借款而发生的辅助费用,是指企业在借款过程中发生的诸如手续费、佣金、印刷费等费用,由于这些费用是因安排借款而发生的,也属于借入资金所付出的代价,是借款费用的构成部分。

（二）借款费用资本化的资产范围

根据《企业会计准则第 17 号——借款费用》规定,符合资本化条件的资产,是指需要经过相当长时间的购建或生产活动才能达到预定可使用或者可销售状态的固定资产、投资性房地产、存货等资产。建造合同成本、确认为无形资产的开发支出等在符合条件的情况下,也可以认定为符合资本化条件的资产。

符合资本化条件的存货,主要包括房地产开发企业开发的用于对外出售的房地产开发产品、企业制造的用于对外出售的大型机械设备等,这类存货通常需要经过相当长时间的建造或者生产过程,才能达到预定可销售状态。其中,"相当长时间"应当是指为资产的购建或者生产所必要的时间,通常为 1 年以上（含 1 年）。如某公司借款用于建造期为两个月的简易厂房的建造,虽然该借款用于固定资产的建造,但由于该资产建造时间较短,不属于需要经过相当长时间的购建才能达到预定可使用状态的资产,因此所发生的相关借款费用不应以资本化计入在建工程成本,而应计入当期财务费用。

二、借款费用的确认

借款费用的确认主要解决的是将每期发生的借款费用资本化、计入相关资产的成本,还是将有关借款费用费用化、计入当期损益的问题。

（一）借款费用的确认原则

借款可以分为专门借款和一般借款两类。专门借款是指为购建或生产符合资本化条件的资产而专门借入的款项;一般借款指除专门借款外的其他借款。根据《企业会计准则第 17 号——借款费用》规定,企业发生的借款费用,可直接归属与符合资本化条件的资产的购建或生产的,应予以资本化,计入相关资产成本;其他借款费用,应当在发生时根据其发生额确认为费用,计入当期损益。

企业只有发生在资本化期间内的有关借款费用,才允许资本化,资本化期间的确定是借款费用确认和计量的重要前提。借款费用资本化期间,是指从借款费用开始资本化时点到停止资本化时点的期间,但不包括借款费用暂停资本化的期间。

（二）借款费用开始资本化的时点

根据《企业会计准则第 17 号——借款费用》规定,借款费用同时满足下列条件的,才能开始资本化:

1. 资产支出已经发生

资产支出包括为购建或者生产符合资本化条件的资产而以支付现金、转移非现金资产或者承担带息债务形式发生的支出。在为购建固定资产或生产需要相当长时间才能达到预定可使用或者可销售状态的存货以及投资性房地产时,以支付现金、转移非现金资产或者承担带息债务形式发生的支出,都会导致公司资源的流出,即占用了借款资金,因此它们应当承担相应的借款费用。

支付现金,是指用货币资金支付符合资本化条件的资产的购建或者生产支出,如某企业用现金或者银行存款购买为建造或者生产符合资本化条件的资产所需用材料,支付有关职工薪酬,向工程承包商支付工程进度款等。

转移非现金资产,是指企业将自己的非现金资产直接用于符合资本化条件的资产的购建或者生产,如某企业将自己生产的产品,包括自己生产的水泥、钢材等,用于符合资本化条件的资产的建造或者生产,企业同时还将自己生产的产品向其他企业换取用于符合资本化条件的资产的建造或者生产所需用工程物资的,这些产品成本均属于资产支出。

承担带息债务,是指企业为了购建或者生产符合资本化条件的资产所需用物资等而承担的带息应付款项(如带息应付票据)。企业以赊购方式购买这些物资所产生的债务可能带息,也可能不带息。如果企业赊购这些物资承担的是不带息债务,就不应当将购买价款计入资产支出,因为该债务在偿付前不需要承担利息,也没有占用借款资金。企业只有等到实际偿付债务,发生了资源流出时,才能将其作为资产支出。如果企业赊购物资承担的是带息债务,则企业要为这笔债务付出代价,支付利息,与企业向银行借入款项用以支付资产支出在性质上是一致的。所以,企业为购建或者生产符合资本化条件的资产而承担的带息债务应当作为资产支出,当该带息债务发生时,视同资产支出已经发生。

2. 借款费用已经发生

是指企业已经发生了因购建或者生产符合资本化条件的资产而专门借入款项的借款费用或者所占用的一般借款的借款费用。

3. 为使资产达到预定可使用或者可销售状态所必要的购建或者生产活动已经开始

所谓"为使资产达到预定可使用或者可销售状态所必要的购建或者生产活动"主要指固定资产的实体建造活动或存货的生产活动,如主体设备的安装等。这些活动是使这些资产达到预定可使用状态所必需的,企业往往因此而发生与这些活动有关的、无法避免的借款费用。但它不包括仅仅持有资产但没有发生为改变资产形态而进行的实质上的建造或者生产活动,如购置了建设写字楼的建筑用地,但尚未开始任何与实体建造相关的活动,则不认为为使资产达到预定可使用或者可销售状态所必要的购建或者生产活动已经开始。

以上三个条件缺一不可,即三个条件必须同时满足,借款费用才允许开始资本化。

(三)借款费用暂停资本化的时间

符合资本化条件的资产在购建或者生产过程中发生非正常中断、且中断时间连续超过3个月的,应当暂停借款费用的资本化。中断期间发生的借款费用应当确认为费用,计入当期损益,直至资产的购建或生产活动重新开始。中断的原因必须是非正常中断,属于正常中断的,相关借款费用仍可资本化。

非正常中断,通常是由于企业管理决策上的原因或者其他不可预见的原因等所导致的中断,如企业因与施工方发生了质量纠纷,或者工程、生产用料没有及时供应,或者资金周转发生了困难,或者施工、生产发生了安全事故,或者发生了与资产购建、生产有关的劳动纠纷等原因,导致资产购建或者生产活动发生的中断。某些地区的工程在建造过程中,由于可预见的不可抗力因素(如雨季或冰冻季节等原因)导致施工出现停顿,则属于正常中断。

(四)借款费用停止资本化的时点

所购建或者生产的符合资本化条件的资产达到预定可使用或者可销售状态时,借款费用应当停止资本化。在其之后发生的借款费用,应当在发生时根据其发生额确认为费用,计入当期损益。购建或者生产符合资本化条件的资产达到预定可使用或者可销售状态,可从

下列几个方面进行判断:

(1)符合资本化条件的资产的实体建造(包括安装)或者生产工作已经全部完成或者实质上已经完成。

(2)所购建或者生产的符合资本化条件的资产与设计要求、合同规定或者生产要求相符或者基本相符,即使有极个别与设计、合同或者生产要求不相符的地方,也不影响其正常使用或者销售。

(3)继续发生在所购建或生产的符合资本化条件的资产上的支出金额很少或者几乎不再发生。

所购建或者生产的资产如果分别建造、分别完工的,企业应当区别情况界定借款费用停止资本化的时点。

所购建或者生产的符合资本化条件的资产的各部分分别完工,且每部分在其他部分继续建造或者生产过程中可供使用或者可对外销售,且为使该部分资产达到预定可使用或可销售状态所必要的购建或者生产活动实质上已经完成的,应当停止与该部分资产相关的借款费用的资本化,因为该部分资产已经达到了预定可使用或者可销售状态。

三、借款费用的计量

(一)借款利息费用资本化金额的计算

在借款费用资本化期间内,每一会计期间的利息(包括折价或溢价的摊销和辅助费用,下同)资本化金额,应当按照下列规定:

(1)为购建或者生产符合资本化条件的资产而借入专门借款的,应当以专门借款当期实际发生的利息费用,减去尚未动用的借款资金存入银行取得的利息收入或进行暂时性投资取得的投资收益后的金额确定。

企业在确定每期利息(包括折价或溢价的摊销)资本化金额时,应当首先判断符合资本化条件的资产在购建或者生产过程所占用的资金来源,如果所占用的资金是专门借款资金,则应当在资本化期间内,根据每期实际发生的专门借款利息费用,确定应予资本化的金额。在企业将闲置的专门借款资金存入银行取得利息收入或者进行暂时性投资获取投资收益的情况下,企业还应当将这些相关的利息收入或者投资收益从资本化金额中扣除,以如实反映符合资本化条件的资产的实际成本。

(2)为购建或者生产符合资本化条件的资产而占用了一般借款的,企业应当根据累计资产支出超过专门借款部分的资产支出加权平均数乘以所占用一般借款的资本化率,计算确定一般借款应予资本化的利息金额。资本化率应当根据一般借款加权平均利率计算确定。

(3)每一会计期间的利息资本化金额,不应当超过当期相关借款实际发生的利息金额。

【例7-21】 甬江股份有限公司于2009年1月1日正式动工兴建一幢厂房,工期预计为1年零6个月,工程采用出包方式,分别于2009年1月1日支付1500万元、2009年7月1日支付2500万元和2010年1月1日支付1500万元的工程进度款。

为建造厂房于2009年1月1日专门借款1500万元,借款期限为2年,年利率为6%。除此之外,没有其他专门借款。

在厂房建造过程中占用了两笔一般借款,具体资料如下:

(1)期限为2008年12月1日至2011年12月1日的长期借款1000万元,年利率为

6%,按年支付利息。

(2)发行公司债券1亿元,于2008年1月1日发行,期限为5年,年利率为8%,按年支付利息。

本例中全年按360天计算。公司为建造该厂房支出金额计算具体如下:

日　期	每期资产支出金额	累计资产支出金额
2009年1月1日	1 500	1 500
2009年7月1日	2 500	4 000
2010年1月1日	1 500	5 500
总计	5 500	——

(1)计算专门借款利息资本化金额。

确定借款费用资本化期间为2009年1月1日至2010年6月30日。

2009年专门借款利息资本化金额=1 500×6%=90(万元)

2010年专门借款利息资本化金额=1 500×6%×180/360=45(万元)

(2)计算一般借款资本化金额。

在建造厂房过程中,自2009年7月1日起已经有2 500万元占用了一般借款,另外,2010年1月1日支出的1 500万元也占用了一般借款。计算这两笔资产支出的加权平均数如下:

2009年占用了一般借款的资产支出加权平均数=2 500×180/360=1 250(万元)

一般借款利息资本化率(年)=(1 000×6%+10 000×8%)/(1 000+10 000)=7.82%

2009年应予资本化的一般借款利息金额=1 250×7.82%=97.75(万元)

2010年占用了一般借款的资产支出加权平均数=(2 500+1 500)×180/360=2 000(万元)

则2010年应予资本化的一般借款利息金额=2 000×7.82%=156.4(万元)

(3)根据上述计算结果,公司建造厂房应予资本化的利息金额。

2009年利息资本化金额=90+97.75=187.75(万元)

2010年利息资本化金额=45+156.4=201.4(万元)

(4)实际发生利息。

2009年实际发生利息=(1 500+1 000)×6%+10 000×8%=950(万元)

2010年1月日至6月30日实际发生利息=(1 500×6%+1 000×6%+10 000×8%)×180/360=475(万元)

(5)有关账务处理如下:

①2009年12月31日

借:在建工程　　　　　　　1 877 500
　　财务费用　　　　　　　7 622 500
　　贷:应付利息　　　　　　　　　　　9 500 000

②2010年6月30日

借:在建工程　　　　　　　2 014 000
　　财务费用　　　　　　　2 736 000
　　贷:应付利息　　　　　　　　　　　4 750 000

（二）外币专门借款汇兑差额资本化金额的确定

当企业为购建或者生产符合资本化条件的资产所借入的专门借款为外币借款时，由于企业取得外币借款日、使用外币借款日和会计结算日往往并不一致，而外汇汇率又在随时发生变化，因此，外币借款会产生汇兑差额。相应地，在借款费用资本化期间内，为购建固定资产而专门借入的外币借款所产生的汇兑差额，是购建固定资产的一项代价，应当予以资本化，计入固定资产成本。出于简化核算的考虑，借款费用准则规定，在资本化期间内，外币专门借款本金及其利息的汇兑差额，应当予以资本化，计入符合资本化条件的资产的成本。而除外币专门借款之外的其他外币借款本金及其利息所产生的汇兑差额应当作为财务费用，计入当期损益。

要点回顾

• 学习目标总结

学习目标1　负债是指企业过去的交易或者事项形成的预期会导致经济利益流出企业的现时义务。负债按偿还期限的不同可分为流动负债和长期负债。

学习目标2　流动负债指将在一年或者超过一年的一个营业周期内偿还的债务。具体包括短期借款、应付账款、应付票据、预收账款、应交税费、应付职工薪酬、预计负债、应付利息、应付股利、其他应付款等。

学习目标3　长期负债指偿还期在一年或者超过一年的一个营业周期以上的债务。长期负债主要分为长期借款、应付债券、长期应付款三种。

学习目标4　借款费用是企业因借入资金所付出的代价，它包括借款利息、折价或者溢价的摊销、辅助费用以及因外币借款而发生的汇兑差额等。符合资本化条件的借款费用应予以资本化。借款费用同时满足下列条件的，才能开始资本化：资产支出已经发生；借款费用已经发生；为使资产达到预定可使用或者可销售状态所必要的购建或者生产活动已经开始。符合资本化条件的资产在购建或者生产过程中发生非正常中断、且中断时间连续超过3个月的，应当暂停借款费用的资本化。所购建或者生产的符合资本化条件的资产达到预定可使用或者可销售状态时，借款费用应当停止资本化。借款利息费用资本化金额的计算分别专门借款和一般借款有所不同。

• 关键术语

负债；流动负债；应付账款；应付票据；应付职工薪酬；应交税费；短期借款；应付股利；应付利息；长期负债；应付债券；长期借款；长期应付款；借款费用

• 重点与难点

重点：流转税的基本理论和会计核算；职工薪酬、长期借款、应付债券的核算。

难点：企业应交增值税的核算；可转换公司债券的核算以及借款费用资本化的确定。

小组讨论

• 思考题

　　1. 分析各种流动负债形成的原因。

　　2. 企业以生产的产品和外购商品作为非货币性福利时,应付职工薪酬分别如何核算?

　　3. 长期债务方式筹集资金的渠道有哪些? 举借长期负债的优缺点是什么?

　　4. 应付债券的溢价和折价是什么情况下产生的? 如何进行核算?

　　5. 分析借款费用是资本化,还是费用化,对企业有何影响?

• 案例分析

浦发银行否认 62.9 亿应付职工薪酬暗藏利润

　　据媒体报道,浦发银行 2007 年度财务报告显示,年末应付职工薪酬余额 62.9 亿元,根据浦发银行 2007 年末公司员工 1.4 万人计算,人均工资结余高达 44.93 万元! 而该行应付职工薪酬年初余额 40.3 亿元,因此,年末余额较期初增加 22.6 亿元。由此可见,在 62.9 亿元的应付薪酬中,22.6 亿元是由当年计提产生,40.3 亿元则是历年累积形成的。质疑其有隐藏利润之嫌。针对这一说法,浦发表示,该行认为职工薪酬的计提有明确法律和政策依据,并且解释了应付职工薪酬余额较高的原因。浦发认为,应付职工薪酬余额较高主要是以下两点原因,一是 2007 年当年计提的员工奖励福利基金一般要在 2008 年初发放,这构成了 2007 年末应付职工薪酬余额的一部分。二是由于银行经营有其特殊性,考虑到银行业风险的滞后性,为了克服员工的短期经营行为,部分奖金将采用延期发放的形式。

　　因此,2007 年底的 62.9 亿元应付薪酬,一部分是 2007 年当年计提并根据 2007 年的工作业绩应在 2008 年初支付给员工的薪酬,另一部分是前几年因延后支付而形成的节余。

　　请以小组为单位讨论以下问题:

　　(1)应付职工薪酬包括哪些内容,如何计算?

　　(2)企业计提的五险一金以及各种代扣款应该如何核算?

　　(3)案例中关于浦发银行 62.9 亿元的应付职工薪酬你是如何理解的?

　　(4)假如浦发银行有隐藏利润之嫌,请分析他们在会计上是如何操作的?

　　(5)随着社会的发展与进步,带薪休假已经成为社会福利的一种体现,你认为带薪休假在会计上应该如何处理?

项目训练

　　训练目的:通过本项目训练,使学生对负债项目有一个比较系统地认识,熟悉其账务处理程序,据以达到熟练地掌握负债的确认、计量、记录与报告等会计技能。

　　训练形式:以学生自主完成为主,教师适当指导。

　　训练课时:课外 4 课时。

训练资料与要求:

一、训练资料

东升公司是生产音乐产品的企业,为增值税一般纳税人,增值税税率为17%,所得税税率为25%。在本年度发生以下交易事项:

(1)2010年1月1日向银行借入资金50万元用于购建一条生产线,年利率为10%,期限为2年,每年年末付息到期一次还本,该生产线预计2011年6月30日完工交付使用。

(2)3月18日向长城公司购进材料一批,材料价款2000元,增值税税率为17%,东升公司开出一张期限为3个月的不带息银行承兑汇票一张,票面金额2000元,余款未支付,材料已验收入库。

(3)5月5日黄河公司预定A产品100件,价值50 000元,已预付定金1 000元。

(4)5月20日向黄河公司交货,增值税税率17%,消费税税率为10%。

(5)7月1日由于资金周转困难,向银行借入期限6个月的借款20 000元,年利率为6%,到期一次还本付息。

(6)7月31日结算本月应付职工工资共123 670元,其中生产MP5的工人工资为80 000元,生产音乐八音盒的工人工资为20 000元,车间管理人员工资为4 500元,车间技术人员工资为3 500元,厂部管理人员工资为15 670元,并按工资总额的14%提取职工福利费,根据所在地政府规定,分别按工资总额的10%、12%、2%、10.5%、2%、1.5%计提医疗保险费、养老保险费、失业保险费、住房公积金以及工会经费和职工教育经费。

(7)10月1日,东升公司以自己生产的产品MP5作为福利发放给职工,其中生产工人50件,车间管理人员与技术人员共3件,厂部管理人员5件。MP5的市场售价为200元每件,增值税率为17%。

(8)11月15日,东升公司对外提供运输劳务,取得运输收入5 000元,存入银行,营业税率为3%。

(9)12月31日根据本年各项收入形成的增值税30 000元、消费税15 000元,营业税1 500元,结算本年度应交城市维护建设税及教育费附加。

二、训练要求

(1)根据东升股份有限公司所发生的上述业务进行相关负债业务的确认、计量并据以编制会计分录。

(2)说明东升股份有限公司对于上述经济业务中的"负债"如何在本年度的财务报告中进行报告。

阅读平台

• 阅读书目

(1)《企业会计准则第9号——职工薪酬》、《企业会计准则第17号——借款费用》。

(2)《会计》,中国注册会计师协会,中国财政经济出版社,2010年版。

(3)《税法》,中国注册会计师协会,中国财政经济出版社,2010年版。

• **阅读资料**

负债融资的财务效应

负债融资是市场经济条件下企业筹集资金的必然选择。但是这种筹资方式,在给企业带来巨大效用的同时,也会带来一些潜在的风险。一般认为,企业只有在最佳的资本结构下,才会实现其价值的最大化。本文从财务的角度出发,对负债中小企业融资的正负效应进行分析,以期对企业最佳资本结构的确定有所启示。

一、负债融资的正面效应分析

1. 利息抵税效用。负债相对于股权最主要的优点是它可以给企业带来税收的优惠,即负债利息可以从税前利润中扣除,从而减少应纳税所得额而给企业带来价值增加的效用。世界上大多数国家都规定负债免征所得税。我国《企业所得税暂行条例》中也明确规定:"在生产经营期间,向金融机构借款的利息支出,可按照实际发生数扣除。"负债的利息抵税效用可以量化,用公式表示为:利息抵税效用＝负债额×负债利率×所得税税率。所以在既定负债利率和所得税税率的情况下,企业的负债额越多,那么利息抵税效用也就越大。

2. 财务杠杆效用。债券的持有者对企业的现金流量拥有固定索取权。当企业经营状况很好时,作为债权人只能获得固定的利息收入,而剩余的高额收益全部归股东所有,提高了每股收益,这就是负债的财务杠杆效用。需要注意的是,财务杠杆是一种税后效用,因为无论是债务资本产生的收益还是权益资本产生的收益都要征收企业所得税。财务杠杆效用也可以用公式来表示:财务杠杆效用＝负债额×(债务资本利润率－负债利率)×(1－所得税税率)。在负债利率、所得税税率既定的情况下,即在一定的负债规模和税率水平下,负债资本利润率越高,财务杠杆效用就越大;该利润率等于负债利率时,财务杠杆效用为零;小于负债利率时,财务杠杆效用为负。所以,财务杠杆也可能给企业带来负效用,企业能否获益于财务杠杆效用、效益程度如何,取决于债务资本利润率与负债利率的对比关系。

3. 负债是减少管理者和股东之间代理冲突的工具。随着外部股东的介入,拥有股权的管理者或称为内部股东会发现,当他们努力工作时,却得不到全部的报酬;而当他们增加自身消费或出现损失时,也并不是全部由其个人承担。此时,管理者的经营活动并不都是以提高股东收益为目的。有时他们也会作出对他们自身有利而对企业价值提升不利的决策,例如,修建豪华的办公场所、增加商务旅行的机会等,此时,就会产生管理者和股东之间的代理冲突。而负债中小企业融资可以成为减少代理冲突的工具之一。

当企业举债并用借款回购股票时,将在两个方面减少代理冲突。其一,因为企业外部股东的数量减少了,所以企业现金流量中属于股东的那部分就减少了,又因为管理者必须用大量的现金流量偿还债务,属于债权人的现金流量的增加,就会减少管理者奢侈浪费的机会。其二,如果管理者拥有部分权益资产,当企业负债增加后,管理者资产所占的份额相应增加,即管理者的控制权增加了。这两点就像萝卜和大棒一样,都会激励管理者为股东利益而工作。因为负债中小企业融资将管理者和股东的利益紧密地联系在一起,从而有效地减少了两者之间的代理冲突。

二、负债融资的负面效应分析

1. 持续增长的负债最终会导致财务危机成本。负债给企业增加了压力,因为本金和利息的支付是企业必须承担的合同义务。如果企业无法偿还,则会面临财务危机,而财务危机会增加企业的费用,减少企业所创造的现金流量。财务危机成本可以分为直接成本和间接成本。直接成本是企业依法破产时所支付的费用,企业破产后,其资产所有权将让渡给债权人,在此过程中所发生的诉讼费、管理费、律师费和顾问费等都属于直接成本。直接成本是显而易见的,但是在宣布破产之前企业可能已经承担了巨大的间接财务危机成本。例如,由于企业负债过多,不得不放弃有价值的投资机会,减少研发费用;消费者可能因此会对企业的生产能力和服务质量提出质疑,最终放弃使用该企业的产品或服务;供应商可能会拒绝向企业提供商业信用;企业可能会流失大量优秀的员工。所有这些间接成本都不表现为企业直接的现金支出,但给企业带来的负面影响是巨大的。并且随着企业负债额的增加,这种影响会越来越显著。

2. 过度负债有可能会引起股东和债权人之间的代理冲突。债权人利益不受损害的一个前提条件是企业的风险程度要处于预测所允许的范围之内。而在现实的经济生活中,股东往往喜欢投资于高风险的项目。因为如果项目成功,债权人只能获得固定的利息和本金,剩余的高额收益均归股东所有,于是就实现了财富由债权人向股东的转移;如果高风险项目失败,则损失由股东和债权人共同承担,有的债权人的损失要远远大于股东的损失,这就是所谓的"赌输债权人的钱"。另外,当企业发行新的债券,也会损害原债权人的利益。因为股东为了获得新的资金,往往会给新债权人更优先的索偿权,这样可以降低新债务实际负担的利率水平。但同时也会使原债权人承担的风险加大,导致原债券真实价值的下降。

债权人为保护自己的利益,把风险限制在一定的程度内,往往会要求在借款协议中写入保证条款来限制企业增加高风险的投资机会;为了防止发行新债,债权人也会在契约中加入回售条款,即如果发行新债,允许原债券持有者按面值将证券售还给公司。这样就限制了企业的正常投资和中小企业融资,给企业带来一种无形的损失。尽管负债是解决管理者和股东之间代理冲突的有力工具之一,但它同时也加深了股东和债权人之间的代理冲突。这是两种类型的代理冲突,但毫无疑问,企业这两种代理冲突而产生的代理成本的净值总是存在的,由此使企业价值减少。

三、对确定最佳资本结构的启示

1. 一般而言,所得税税率越高,利息的抵税效果就越明显,因而企业的举债愿望就越强烈。但是企业要同时考虑折旧费用抵税效果的好坏,如果折旧抵税效果明显,企业就没有必要过多的负债,以避免承受较大的财务风险。企业必须详细了解、分析国家税收政策及有关规定,以保证企业真正从中受益。

2. 对负债可能引发的风险危机要有清醒的认识。企业要建立监测风险机制和应对、化解风险的措施。财务危机风险较高的企业,其负债比率应该小于财务危机风险较低的企业。正常情况下,企业在举债之前应对其自身的未来收益能力和偿债能力进行科学的分析,以判断自身财务风险的大小。唯有如此,负债经营的企业才能在激烈的市场竞争中立于不败之地。

3. 企业所拥有的全部资产中,假若无形资产比重较大,其破产成本较高。因为企业的无形资产价值具有极大的不稳定性,是难以变现并用以偿债的。所以,该类企业资本结构中的负债比率应相对降低,以保持较强的偿债能力。而对资产总额中无形资产比重较低的企业,由于其破产成本较低,企业可在其资本结构中保持较高的负债比率,充分运用财务杠杆,以获取良好的预期效益。

4. 企业应采用财务宽松政策,以保持适当的财务弹性。一方面,企业在经营状况良好时,要积累一些现金储备,当企业出现意想不到的好的投资机会时,可立即进行投资;另一方面,也是最关键的一点就是作为债务人往往会限定企业最大的借款额度,企业在日常中小企业融资时要尽量保持一定的筹资储备能力,这样在企业未来出现意外的较大的资金需求时,可以迅速筹集债务,以帮助企业渡过难关。而负债过多的企业就不会存在这种弹性。

5. 当企业资金出现"瓶颈"需要从外部中小企业融资时,若采用发行新股的方式,则新股东提供的新权益会降低老股东所有的资产在企业资产中所占有的比重。相应地,现有股东的控制权就有所削弱。而采用负债中小企业融资就不会出现这种稀释作用。所以,如果发行新股使股东自身缺乏安全感,在制定资本结构决策时,必须将资本结构控制权的影响考虑在内,而采用负债中小企业融资。

(文章来源:融资网 http://www.pbcrz.com 2008-2-29)

第八章

所有者权益

学习目标

通过本章学习,你应能够:

1. 理解所有者权益的含义及内容;
2. 掌握不同组织形式下实收资本的核算;
3. 掌握资本公积的核算;
4. 掌握盈余公积和未分配利润的核算。

引入案例

南方乳制品公司建于 2002 年,是一家中外合资经营企业。企业建立时,中外双方的持股比例为 45:55,注册资本为 8000 万元。双方均按照有关协议出资到位,企业运转正常。南方乳制品公司的产品在投放市场后,很快以其优良的质量以及较高的价格形成了自己"高品位"的形象。

2004 年 7 月,外方提议中外双方按各自的持股比例,继续为企业追加投资。但是,中方经过考虑,不准备追加投资。

外方在得知中方不准备继续追加投资后,提出由外方单独继续投资,并要求中方将自己持有的股份转让 30 个百分点给外方,转让后中外双方的持股比例为 15:85。

中方同意了外方要求其转让股份的要求。但是,在股权转让金问题上,双方产生了分歧:

外方认为,企业尽管在市场中的形象不错,但几年来是在亏损状态下运转的。现在,企业已经累计亏损 3 000 万元。从设备的利用率来看,利用现有设施实现规模效益的可能性很小。如按现在的状况运行下去,企业将继续亏损。因此外方准备按照现在账面上的所有者权益净值(5 000 万元)的 30% 向中方支付。

中方认为,当时投入企业的是注册资本的 45%。几年来,由于亏损,中方并未从企业得到任何利润分配。如果同意外方的方案,中方只能得到账面上的所有者权益净值(5 000 万元)的 30%,损失太大,不能接受。认为企业的亏损原因是:(1)为保证产成品的高质量,购入了价格较高的原材料;(2)前期的高额广告投入。其中,在 2003 年底以前,广告是为整个外方的品牌做的,2004 年后,广告支付为本企业品牌;(3)在前期投入了高额促销费用:为主要商场赠送了写有本公司产品标识的设施;(4)企业设备的折旧年限仅为使用寿命的 50%;(5)企业前期贷款利息偏高。

另外,(1)企业在市场中高品位的形象已经形成;(2)企业已经形成了运转正常、高效的内部管理体系;(3)企业已经形成了完备的销售体系;(4)企业已经形成了稳定的原材料供应基地。这一切都是在 45:55 的股份结构下形成的,因此,股权转让价格不能以所有者权益账面金额为基础。

(资料来源:http://www.chinaacc.com《财会学习》作者:张新民)

　　所有者权益是指企业资产扣除负债后由所有者享有的剩余权益,即企业所有者对企业净资产的要求权。所有者权益根据其核算的内容和要求,可分为实收资本(或股本)、资本公积、盈余公积和未分配利润等部分。其中,盈余公积和未分配利润统称为留存收益。

第一节　实收资本与资本公积

一、实收资本

　　按照我国有关法律规定,投资者设立企业首先必须投入资本。实收资本是投资者投入资本形成法定资本的价值,所有者向企业投入的资本,在一般情况下无需偿还,可以长期使用。实收资本的构成比例,即投资者的出资比例或股东的股份比例,通常是确定所有者在企业所有者权益中所占的份额和参与企业财务经营决策的基础,也是企业进行利润分配或股利分配的依据,同时还是企业清算时确定所有者对净资产的要求权的依据。

☞相关资料

　　注册资本是公司制企业章程规定的全体股东或发起人认缴的出资额或认购的股本总额,并在公司登记机关依法登记。公司法对于不同类型的公司规定了最低注册资本限额。

　　2006年的新公司法允许有限责任公司和股份有限公司两种公司的资本都可以分期缴纳,而不必一次性缴足,只是要求全体股东的首次出资额不得低于注册资本的20%,而其余部分必须在两年内缴足,其中投资公司可以在5年内缴足。

　　出资比例结构方面,一是将工业产权扩大到整个知识产权,二是取消了无形财产出资比例的限制,而只是规定货币出资的金额不得低于注册资本的30%,更为重要的修改是根本改变了对股东出资的立法方式,以一个富有弹性的抽象标准"可以用货币估价并可以依法转让的非货币财产"取代了原来机械、固化的全面列举式的规定,不仅实质性地扩大了股东出资的范围,而且充分地利用各种投资资源和社会财富,最大限度地满足股东和公司的投资需求。

(一)不同组织形式实收资本的核算

　　企业应当设置"实收资本"科目,核算企业接受投资者投入的实收资本,股份有限公司应将该科目改为"股本"科目。投资者可以用现金投资,也可以用现金以外的其他资产投资。企业收到投资时,一般应作如下账务处理:收到投资人投入的现金,应在实际收到或者存入企业开户银行时,按实际收到的金额,借记"银行存款"科目,以实物资产投资的,应在办理实物产权转移手续时,借记有关资产科目,以无形资产投资的,应按照合同、协议或公司章程规定移交有关凭证时,借记"无形资产"科目,按投入资本在注册资本或股本中所占份额,贷记"实收资本"或"股本"科目,按其差额,贷记"资本公积——资本溢价"或"资本公积——股本溢价"等科目。

　　由于企业的组织形式不同,所有者实收资本的会计核算方法也有所不同。下面分别介绍不同组织形式的企业实收的资本核算。

1. 股份有限公司股本的核算

股份公司与其他企业比较,最显著的特点就是将企业的全部资本划分为等额股份,并通过发行股票的方式来筹集资本。股份公司设置"股本"账户进行股票发行的会计核算,为了提供企业股份的构成情况,企业应该在"股本"账户下,按普通股、优先股及股东单位或姓名设置明细分类账。此外,还可设置股本备查簿,详细记录企业核定的股本总额、股份总数及每股面值等情况。

企业的股本应该在核定的股本范围内通过发行股票取得。企业发行股票取得的收入与股本总额往往不一致。但需要强调的是,在发行有面值的股票时,无论发行价格与面值是否一致,记入"股本"总分类账户的金额总是按股票面值计算的股本,即股票的面值与股份总数的乘积。公司发行股票取得的收入大于股本总额,称为溢价发行;小于股本总额,称为折价发行;等于股本总额,称为面值发行。按照有关规定,我国不允许企业折价发行股票。因此,在采用溢价发行股票的情况下,企业应将按股票面值计算的部分记入"股本"科目,其余部分在扣除发行手续费、佣金等发行费用后记入"资本公积"科目。

设立股份公司有两种方式:发起式和募集式。发起式设立的特点是公司的股份全部由发起人认购,不向发起人以外的任何人募集股份。因股东是固定的,所以无需聘请证券商如证券公司向社会广泛募集,一般情况下,其筹集费用很低。募集式设立的特点是公司股份除发起人认购外,还可以采用向其他法人或自然人发行股票的方式进行募集。采用募集式募集资本的,需由发起人聘请证券发行商发行股票,由于发行的股票数量大,从广大投资者认购到实际出缴资金,需要进行大量的工作,所以支付给证券商的发行费用一般较高,在会计上应进行特别处理:采用溢价发行股票的,其应付给证券商的费用应从溢价收入中扣除,并按扣除手续费后的数额计入"资本公积"。溢价收入不够冲减的,冲减盈余公积和未分配利润。

【例 8-1】 甬江股份有限公司 2009 年 1 月 1 日按每股价格 1.5 元溢价发行普通股 500 000 股,该股票每股面值为 1 元。手续费按发行收入的 1% 支付。甬江公司的账务处理如下:

实收价款=1.5×500 000−(1.5×500 000×1%)=750 000−7 500=742 500(元)

普通股本=1×500 000=500 000(元)

股本溢价=742 500−500 000=242 500(元)

借:银行存款　　　　　　　　　　　　　　742 500

　　贷:股本——普通股　　　　　　　　　　　　500 000

　　　　资本公积——股本溢价　　　　　　　　242 500

☞ **相关资料**

　　股份有限公司是指全部资本由等额股份构成并通过发行股票筹集资本、股东以其认购的股份为限对公司承担责任、公司以其全部财产对公司债务承担责任的企业法人。股份有限公司设立有两种方式,即发起式和募集式。公司设立方式不同,筹集资本的风险也不同。发起式设立公司,其所需资本由发起人一次认足,一般不会发生设立公司失败的情况,因此,其筹资风险小。社会募集股份,其筹资对象广泛,在资本市场不景气或股票的发行价格不恰当的情况下,有发行失败(即股票未被全部认购)的可能,因此,其筹资风险大。按照有关规定,发行失败损失由发起人负担,包括承担筹建费用、公司筹建过程中的债务和对认股人已缴纳的股款支付银行同期存款利息等责任。

　　股份有限公司与其他企业相比较,最显著的特点就是将企业的全部资本划分为等额股份,并通过发行股票的方式来筹集资本。股东以其所认购股份对公司承担有限责任。股份是很重要的指标。股票的面值与股份总数的乘积为股本,股本应等于企业的注册资本,所以,股本也是很重要的指标。为了直观地反映这一指标,在会计处理上,股份有限公司应设置"股本"科目。

2. 一般企业实收资本的核算

　　一般企业是指除股份有限公司以外的企业,如国有企业、有限责任公司等。

　　在会计核算上,单独把国有独资有限责任公司作为一种类型,因为这类企业组建时所有者投入的资本全部作为实收资本入账,不发行股票,不会产生股票溢价发行收入,也不会在追加投资时,为维持一定的投资比例而产生资本公积。而其他类型的企业,所有者投入的资本不一定全部作为实收资本。

　　有限责任公司创立时,各投资者按照合同、协议或公司章程投入企业的资本,应全部记入"实收资本"科目,企业的实收资本应等于企业的注册资本。企业增资扩股时,如有新投资者加入,为了维护原有投资者的权益,新投资者的投资额,并不一定全部作为实收资本处理。新投资者缴纳的出资额按约定比例计算的在注册资本中所占份额部分,应记入"实收资本"科目,大于部分应记入"资本公积"科目。

　　【例8-2】　甬江有限责任公司由甲、乙、丙三位股东出资设立,设立时甲投入银行存款200 000元,乙投入厂房一幢原价为500 000元,经评估确认价值为200 000元,丙投入商标权一项,公允价值为200 000元。设立当时公司注册资本为600 000元,甲乙丙各占1/3。三年后,该企业留存收益为200 000元。这时,又有投资者丁愿出200 000元,而取得该公司20%的股份。

　　(1)公司设立时的账务处理如下:

　　　　借:银行存款　　　　　　　　　　　　　　　　　　　　　　　200 000

　　　　　　固定资产——厂房　　　　　　　　　　　　　　　　　　　200 000

　　　　　　无形资产——商标权　　　　　　　　　　　　　　　　　　200 000

　　　　　　贷:实收资本——甲投资者　　　　　　　　　　　　　　　　　　200 000

| | ——乙投资者 | 200 000 |
| | ——丙投资者 | 200 000 |

（2）公司收到投资者丁投入资金时的账务处理如下：

设投资者丁投入资金中记入实收资本的金额为 x 元，则：

$x/(600\,000+x)\times100\%=20\%$

得到：x＝150 000（元）。

同时得到公司增加的资本公积金额为：200 000－150 000＝50 000（元）

作分录如下：

　　借：银行存款   200 000

　　　　贷：实收资本——丁投资者   150 000

　　　　　　资本公积——资本溢价   50 000

（二）实收资本的增减变动

一般情况下，企业的实收资本应相对固定不变，但在某些特定情况下，实收资本也可能发生增减变化。我国《企业法人登记管理条例》中规定，除国家另有规定外，企业的注册资本应当与实有资本相一致。该条例还规定，企业法人实有资本比原注册资本数额增加或减少超过 20％时，应持资金证明或者验资证明，向原登记机关申请变更登记。这表明，企业的实收资本，一般情况下，不得随意增减，如要增减，应具备一定的条件。

1. 实收资本增加的核算

（1）企业增加资本的一般途径

企业增加资本的途径一般有三条：一是将资本公积转为实收资本或者股本。会计上应借记"资本公积——资本溢价"或"资本公积—股本溢价"科目，贷记"实收资本"或"股本"科目。二是将盈余公积转为实收资本或股本。会计上应借记"盈余公积"科目，贷记"实收资本"或"股本"科目。这里要注意的是，资本公积和盈余公积均属所有者权益，转为实收资本或者股本时，企业如为独资企业的，核算比较简单，直接结转即可；如为股份有限公司或有限责任公司的，应按原投资者所持股份同比例增加各股东的股权。三是所有者（包括原企业所有者和新投资者）投入。企业接受投资者投入的资本，借记"银行存款"、"固定资产"、"无形资产"、"长期股权投资"等科目，贷记"实收资本"或"股本"等科目。

（2）股份有限公司发放股票股利

股份公司以发放股票股利的方法实现增资。采用发放股票股利形式实现增资的，在发放股票股利时，股份公司应当按照实际发放的股票股利金额，借记"利润分配"科目，按实际发放股票的面值，贷记"股本"科目，其差额贷记"资本公积"科目。股份公司是按照股东原来持有的股数分配股票股利的，如股东所持股份按比例分配的股利不足一股时，应采用恰当的方法处理。例如，股东会决议按股票面值的 10％发放股票股利时（假如新股发行价格及面额与原股相同），对于所持股票不足 10 股的股东，将会发生不能领取一股的情况。在这种情况下，有两种方法可供选择：一是将不足一股的股票股利改为现金股利，用现金支付；二是由股东相互转让，凑为整股。无论采用哪种方法，都将改变企业的股权结构。

2. 实收资本减少的核算

一般企业按法定程序报经批准减少注册资本的，借记"实收资本"科目，贷记"银行存款"等科目。

股份有限公司因减少注册资本而回购本公司股份的,应按实际支付的金额,借记"库存股"科目,贷记"银行存款"等科目。注销库存股时,应按股票面值和注销股数计算的股票面值总额,借记"股本"科目,按注销库存股的账面余额,贷记"库存股"科目,按其差额,冲减股票发行时原记入资本公积的溢价部分,借记"资本公积——股本溢价"科目,回购价格超过上述冲减"股本"及"资本公积——股本溢价"科目的部分,应依次借记"盈余公积"、"利润分配——未分配利润"等科目;如回购价格低于回购股份所对应的股本,所注销库存股的账面余额与所冲减股本的差额作为增加股本溢价处理,按回购股份所对应的股本面值,借记"股本"科目,按注销库存股的账面余额,贷记"库存股"科目,按其差额,贷记"资本公积——股本溢价"科目。

【例 8-3】 甬江股份有限公司 2009 年 12 月 31 日的股本为 80 000 000 股,面值为 1 元,资本公积(股本溢价)20 000 000 元,盈余公积 30 000 000 元。经股东大会批准,甬江公司以现金回购本公司股票 10 000 000 股并注销。假定甬江公司按每股 2 元回购股票,不考虑其他因素,甬江公司的账务处理如下:

(1)回购本公司股票时。

借:库存股	20 000 000
贷:银行存款	20 000 000

库存股成本＝10 000 000×2＝20 000 000(元)

(2)注销本公司股票时。

借:股本	10 000 000
资本公积——股本溢价	10 000 000
贷:库存股	20 000 000

应冲减的资本公积＝10 000 000×2－10 000 000×1＝10 000 000(元)

假定甬江公司按每股 4 元回购股票,其他条件不变。请讨论甬江公司的会计处理如何进行?

二、资本公积

资本公积是企业收到投资者的超出其在企业注册资本(或股本)中所占份额的投资,以及直接计入所有者权益的利得和损失等。资本公积包括资本溢价(或股本溢价)和直接计入所有者权益的利得和损失等。

资本溢价(或股本溢价)是企业收到投资者的超出其在企业注册资本(或股本)中所占份额的投资。形成资本溢价(或股本溢价)的原因有溢价发行股票、投资者超额缴入资本等。

直接计入所有者权益的利得和损失是指不应计入当期损益、会导致所有者权益发生增减变动的、与所有者投入资本或者向所有者分配利润无关的利得或者损失。

"资本公积"科目一般应当设置"资本(或股本)溢价"、"其他资本公积"明细科目核算。

(一)资本溢价(或股本溢价)

在公司创立时,出资者认缴的出资额全部记入"实收资本"科目。在企业重组并有新的投资者加入,为了维护原有投资者的权益,新加入的投资者的出资额,并不一定全部作为实收资本处理。这是因为,在企业正常经营过程中投入的资金即使与企业创立时投入的资金在数量上一致,但其获利能力不一致。企业创立时,从投入资金、到取得投资回报,需要的时间长、风险大,在这个过程中资本利润率很低。而企业进行正常生产经营后,在正常情况下,资本利润率要高于企业初创阶段。因此,相同数量的投资,由于出资时间不同,其对企业的影响程度不同,由此而带给投资者的权力也不同,往往前者大于后者。所以,新加入的投资者要付出大于原有投资者的出资额,才能取得与原有投资者相同的投资比例。另外,不仅原投资者原有投资从质量上发生了变化,就是从数量上也可能发生变化,这是因为企业经营过程中实现利润的另一部分,留在企业,形成留存收益,而留存收益也属于投资者权益,但其未转入实收资本。新加入的投资者如与原投资者共享这部分留存收益,也要求其付出大于原有投资者的出资额,才能取得与原投资者相同的投资比例。投资者投入的资本中按其投资比例计算的出资额部分,应记入"实收资本"科目,超过部分应记入"资本公积"科目。

股份有限公司是以发行股票的方式筹集股本,股票是企业签发的证明股东按其所持股份享有权利和承担义务的书面证明。国家规定,实收股本总额应与注册资本相等。因此,为提供企业股本总额及其构成及注册资本等信息,在采用与股票面值相同的价格发行股票的情况下,企业发行股票取得的收入,应全部记入"股本"科目;在采用溢价发行股票的情况下,企业发行股票取得的收入,相当于股票面值部分记入"股本"科目,超出股票面值的溢价收入记入"资本公积"科目。这里要注意,委托证券商代理发行股票而支付的手续费、佣金等,应从溢价发行收入中扣除,企业应按扣除手续费、佣金后的数额记入"资本公积"科目。

(二)其他资本公积

其他资本公积,指除资本溢价(或股本溢价)项目以外所形成的资本公积,其中主要包括直接计入所有者权益的利得和损失。直接计入所有者权益的利得和损失主要由以下交易或事项引起:

1. 采用权益法核算的长期股权投资

长期股权投资采用权益法核算的,在持股比例不变的情况下,被投资单位除净损益以外所有者权益的其他变动,企业按持股比例计算应享有的份额,如果是利得,应当增加长期股权投资的账面价值,同时增加资本公积(其他资本公积);如果是损失应当作相反的会计分录。当处置采用权益法核算的长期股权投资时,应当将原记入资本公积的相关金额转入投资收益。

2. 以权益结算的股份支付

以权益结算的股份支付换取职工或其他方提供服务的,应按照确定的金额,记入"管理费用"等科目,同时增加资本公积(其他资本公积)。在行权日,应按实际行权的权益工具数量计算确定的金额,借记"资本公积——其他资本公积"科目,按记入实收资本或股本的金额,贷记"实收资本"或"股本"科目,并将其差额记入"资本公积——资本溢价"或"资本公积——股本溢价"科目。

3. 存货或自用房地产转换为投资性房地产

企业将作为存货的房地产转换为采用公允价值模式计量的投资性房地产时,应当按该项房地产在转换日的公允价值,借记"投资性房地产——成本"科目,原已计提跌价准备的,借记"存货跌价准备"科目,按其账面余额,贷记"开发产品"等科目;同时,转换日的公允价值小于账面价值的,按其差额,借记"公允价值变动损益"科目,转换日的公允价值大于账面价值的,按其差额,贷记"资本公积——其他资本公积"科目。

企业将自用的建筑物等转换为采用公允价值模式计量的投资性房地产时,应当按该项房地产在转换日的公允价值,借记"投资性房地产——成本"科目,原已计提减值准备的,借记"固定资产减值准备"等科目,按已计提的累计折旧等,借记"累计折旧"等科目,按其账面余额,贷记"固定资产"等科目;同时,转换日的公允价值大于账面价值的,按其差额,贷记"资本公积——其他资本公积"科目。

待该项投资性房地产处置时,因转换计入资本公积的部分应转入当期的其他业务收入,借记"资本公积——其他资本公积"科目,贷记"其他业务收入"科目。

4. 可供出售金融资产公允价值的变动

可供出售金融资产公允价值变动形成的利得,借记"可供出售金融资产——公允价值变动"科目,贷记"资本公积——其他资本公积"科目,公允价值变动形成的损失,做相反的会计分录。

5. 金融资产的重分类

将持有至到期投资重分类为可供出售金融资产,并以公允价值进行后续计量,重分类日,该投资的账面价值与其公允价值之间的差额计入"资本公积——其他资本公积"科目,在该可供出售金融资产发生减值或终止确认时转出,计入当期损益。

按照金融工具确认和计量的规定应当以公允价值计量,但以前公允价值不能可靠计量的可供出售金融资产,企业应当在其公允价值能够可靠计量时改按公允价值计量,将相关账面价值与公允价值之间的差额计入"资本公积——其他资本公积"科目,在其发生减值或终止确认时将上述差额转出,计入当期损益。

(三)资本公积转增资本

按照《公司法》的规定,法定公积金(资本公积和盈余公积)转为资本时,所留存的该项公积金不得少于转增前公司注册资本的25%。经股东大会或类似机构决议,用资本公积转增资本时,应冲减资本公积,同时按照转增前的实收资本(或股本)的结构或比例,将转增的金额记入"实收资本"(或"股本")科目下各所有者的明细分类账。

第二节　留存收益

留存收益是指企业从历年实现的利润中提取或形成的留存于企业内部的积累,它来源于企业的生产经营活动所实现的利润,包括盈余公积和未分配利润。

一、盈余公积

(一)盈余公积的来源

盈余公积是指企业按照规定从净利润中提取的各种积累资金。公司制企业的盈余公积分为法定盈余公积和任意盈余公积。两者的区别就在于其各自计提的依据不同。前者以国家的法律或行政规章为依据提取,后者则由企业自行决定提取。

1. 提取法定盈余公积

公司制企业的法定公积金按照税后利润的10%比例提取(非公司制企业也可按照超过10%的比例提取),在计算提取法定盈余公积的基数时,不应包括企业年初未分配利润。公司法定盈余公积累计额为公司注册资本的 50％ 以上时，可以不再提取法定盈余公积。公司的法定盈余公积不足以弥补以前年度亏损的，在提取法定盈余公积之前，应当先用当年利润弥补亏损。

2. 提取任意盈余公积

公司从税后利润中提取法定盈余公积后，经股东会或者股东大会决议，还可以从税后利润中提取任意盈余公积。非公司制企业经类似权力机构批准也可提取任意盈余公积。

（二）盈余公积的用途

企业提取盈余公积主要可以用于以下几个方面：

1. 弥补亏损

企业发生亏损时，应由企业自行弥补。弥补亏损的渠道主要有三条：一是用以后年度税前利润弥补。按照现行制度规定，企业发生亏损时，可以用以后五年内实现的税前利润弥补，即税前利润弥补亏损的期间为五年。二是用以后年度税后利润弥补。企业发生的亏损经过五年期间未弥补足额的，尚未弥补的亏损应用所得税后的利润弥补。三是以盈余公积弥补亏损。企业以提取的盈余公积弥补亏损时，应当由公司董事会提议，并经股东大会批准。

2. 转增资本

企业将盈余公积转增资本时，必须经股东大会决议批准。在实际将盈余公积转增资本时，要按股东原有持股比例结转。

企业提取的盈余公积，无论是用于弥补亏损，还是用于转增资本，只不过是在企业所有者权益内部作结构上的调整，比如企业以盈余公积弥补亏损时，实际是减少盈余公积留存的数额，以此抵补未弥补亏损的数额，并不引起企业所有者权益总额的变动；企业以盈余公积转增资本时，也只是减少盈余公积结存的数额，但同时增加企业实收资本或股本的数额，也并不引起所有者权益总额的变动。

3. 扩大企业生产经营

盈余公积的用途，并不是指其实际占用形态，提取盈余公积也并不是单独将这部分资金从企业资金周转过程中抽出。企业盈余公积的结存数，实际只表现为企业所有者权益的组成部分，表明企业生产经营资金的一个来源而已。其形成的资金可能表现为一定的货币资金，也可能表现为一定的实物资产，如存货和固定资产等，随同企业的其他来源所形成的资金进行循环周转，用于企业的生产经营。

（三）盈余公积的核算

为了反映盈余公积的形成及使用情况，企业应设置"盈余公积"科目。企业应当分别"法定盈余公积"、"任意盈余公积"进行明细核算。

企业提取盈余公积时，借记"利润分配——提取法定盈余公积"、"利润分配——提取任意盈余公积"科目，贷记"盈余公积——法定盈余公积"、"盈余公积——任意盈余公积"科目。

企业用盈余公积弥补亏损或转增资本时，借记"盈余公积"，贷记"利润分配——盈余公积补亏"、"实收资本"或"股本"科目。经股东大会决议，用盈余公积派送新股，按派送新股计算的金额，借记"盈余公积"科目，按股票面值和派送新股总数计算的股票面值总额，贷记"股本"科目。

二、未分配利润

从数量上来讲,未分配利润是期初未分配利润,加上本期实现的净利润,减去提取的各种盈余公积和分出利润后的余额。未分配利润有两层含义:一是没有分给企业投资者,留待以后年度处理;二是未指定特定用途,可用于满足企业扩大生产经营活动的资金需要,也可用于弥补以后年度的亏损,还可以留待以后年度向投资者分配利润或股利。

年度终了,企业将全部实现的净利润,自"本年利润"科目转入"利润分配——未分配利润"科目,如为盈利,应借记"本年利润"科目,贷记"利润分配——未分配利润"科目;如为亏损,作相反分录。

在进行未分配利润的会计核算时,应注意"未分配利润"明细科目的余额,反映企业累积未分配利润或累积未弥补亏损。

由于各种原因,一些企业的利润不能在年度终了时全部分配完毕。比如有的需经董事会审议经股东会批准;有的需经董事会批准;有的需经有关部门批准等等,需要将上年度的部分利润留待以后年度进行分配。另外,出于平衡各会计年度的投资回报水平,以丰补歉,留有余地等原因,企业可能留有一部分利润不予分配,上年的未分配利润与第二年实现的净利润一并分配,而第二年实现的净利润也可能又有一部分留下不予分配,一年年的存下来,因此,"未分配利润"明细科目的贷方余额,反映的是历年积累的未分配利润。同样道理,上一年度未弥补亏损,留待以后年度弥补,第二年若有利润可以弥补,若无利润,或又发生亏损,第一年亏损加上第二年亏损并继续滚存下去,所以,"未分配利润"明细科目的借方余额反映的是历年累计的亏损。

【例8-4】 甬江股份有限公司于2009年发生下列经济业务:

(1)委托银河证券公司代理发行普通股股票400万股,每股面值1元,每股按1.2元的价格发行。公司与受托单位约定,按发行收入的3%收取手续费,并从发行收入中扣除。

(2)2008年实现净利润1 500万元,2009年4月10日该公司董事会提出如下议案:提取法定盈余公积150万元,提取任意盈余公积150万元,分配现金股利1 000万元。

(3)公司董事会决议并通过股东大会批准,以盈余公积85万元弥补以前年度未弥补亏损。

(4)公司经批准用盈余公积50万元转增股本。

有关账务处理如下:

(1)发行普通股股票。

借:银行存款	4 656 000
贷:股本——普通股	4 000 000
资本公积——股本溢价	656 000

(2)提取盈余公积,分配现金股利。

借:利润分配——提取法定盈余公积	1 500 000
——提取任意盈余公积	1 500 000
——应付利润	10 000 000
贷:盈余公积——法定盈余公积	1 500 000
——任意盈余公积	1 500 000
应付股利	10 000 000

（3）以盈余公积弥补以前年度未弥补亏损。

借：盈余公积　　　　　　　　　　　　　　　　　　　　　　　850 000

　　贷：利润分配——盈余公积补亏　　　　　　　　　　　　　　　　850 000

（4）用盈余公积转增股本。

借：盈余公积　　　　　　　　　　　　　　　　　　　　　　　500 000

　　贷：股本　　　　　　　　　　　　　　　　　　　　　　　　　500 000

要点回顾

• 学习目标总结

学习目标1　理解所有者权益的含义及内容。所有者权益又称净权益，是指企业所有者对企业净资产的要求权，是企业全部资产减去负债后的余额。所有者权益按形成来源，可分为投入资本和留存利润。投入资本可以进一步划分为实收资本和资本公积。留存利润可以进一步划分为盈余公积和未分配利润。

学习目标2　掌握不同组织形式下实收资本的核算。投资者可以用现金投资、用实物资产投资、用无形资产投资等形式投入资本。对于除股份有限公司以外的企业，投入资本通过"实收资本"账户核算；股份有限公司将企业资本划分为等额股份，并通过发行股票的方式来筹集资本，其发行股票的会计核算主要通过"股本"账户进行，该账户核算公司发行股票的面值部分。

学习目标3　掌握资本公积的核算。投入资本中包括的资本或股本产生的溢价，通过"资本公积"账户核算。除资本溢价（或股本溢价）项目以外所形成的资本公积，主要包括直接计入所有者权益的利得和损失。

学习目标4　掌握盈余公积和未分配利润的核算。盈余公积的会计核算包括来源和用途两部分。未分配利润的核算，是通过"利润分配"账户下的"未分配利润"明细账户进行核算的。

• 关键术语

实收资本或股本；注册资本；资本公积；盈余公积；库存股；留存收益；未分配利润

• 重点与难点

重点：实收资本、资本公积、盈余公积、未分配利润的账务处理。

难点：回购股票、资本公积以及盈余公积弥补亏损的核算。

小组讨论

• 思考题

1. 简述企业有哪些组织形式。不同组织形式下实收资本的核算有何不同？

2. 简述实收资本(股本)减少的原因及如何核算？

3. 分析直接计入所有者权益的利得和损失作为资本公积的业务类型。

4. 分别叙述留存收益的组成部分及其各自的特点。

• 案例分析

1. 唐华实业有限公司资本金案例

唐华实业有限公司是一家国有控股公司,注册资金为 20 000 000 元,其中国家资本金为 16 000 000 元(包括国家以土地使用权出资 5 000 000 元)。2003 年 12 月 20 日,该公司会计主管来到省财政厅会计处,专门咨询一笔会计事项的处理方法。原来,该公司的上级主管部门在 2003 年 10 月 2 日,将占该公司 40% 的一块土地划转给了帝豪公司,又于 2003 年 10 月 26 日将其下属的另一家国有独资企业的一台进口设备,拨付给唐华公司,以顶替其土地出资额

请以小组为单位完成以下问题：

(1)唐华实业有限公司主管部门的做法是否合适,为什么？

(2)作为准会计从业人员,对已经发生的这笔事项,应该如何处理。

2. 鑫茂科技(000836)2008 年度利润分配及资本公积转增股本方案实施公告

鑫茂科技 2008 年度利润分配及资本公积转增股本方案为：每 10 股派 0.6 元人民币现金(含税,扣税后,每 10 股派 0.54 元),每 10 股转增 6 股。

股权登记日为 2009 年 5 月 25 日,除权除息日为 2009 年 5 月 26 日。

本次委托中国结算深圳分公司代派的股息将于 2009 年 5 月 26 日通过股东托管证券公司(或其他托管机构)直接划入其资金账户。

本次转增的无限售条件流通股的起始交易日为 2009 年 5 月 26 日。

请以小组为单位完成以下问题：

(1)为鑫茂科技本次利润分配及资本公积转增股本做出会计处理。

(2)鑫茂科技实施资本公积转增股本的意义何在？实施后,对其有何影响？

项目训练

训练目的：通过本项目训练,使学生对所有者权益项目有一个比较系统地认识,熟悉其账务处理程序,据以达到熟练地掌握所有者权益的确认、计量、记录等会计技能。

训练形式：以学生自主完成为主,教师适当指导。

训练课时：课外 2 课时。

训练资料与要求：

一、训练资料

东升股份有限公司委托银河证券公司代理发行普通股股票 1 000 万股,每股面值 1 元,每股按 15 元的价格发行。公司与受托单位约定,按发行收入的 3% 收取手续费,并从发行收入中扣除。2009 年度实现净利润 2 000 万元,根据相关法律规定,提取 10% 的法定盈余公积,按股东大会决议提取 20% 的任意盈余公积,1 000 万元用于派发现金股利。公司董事会决议并通过股东大会批准,以盈余公积 100 万元弥补以前年度未弥补亏损。公司经批准

用盈余公积50万元转增股本。2010年4月5日东升股份有限公司宣告派发现金股利1 000万元,股权登记日为4月12日,除息日为4月15日,派息日为4月15日至4月25日。

二、训练要求

(1)根据东升股份有限公司所发生的上述业务进行相关所有者权益业务的确认、计量并据以编制会计分录。

(2)说明东升股份有限公司如何在2009年财务报告中披露"所有者权益"项目。

阅读平台

• 阅读书目

(1)《企业会计准则第37号——金融工具列报》。

(2)《会计》,中国注册会计师协会,中国财政经济出版社,2010年版。

(3)《经济法》,中国注册会计师协会,中国财政经济出版社,2010年版。

• 阅读资料

我国上市公司股权结构对公司业绩的影响

股权结构是公司治理结构的重要组成部分,合理的股权结构是上市公司提高治理效率并取得优良业绩的重要保证。通常来说,股份公司总股本中不同性质的股份所占的比例及其相互关系就是股权结构。它主要包括:股权属性,即按照股票的分类划分是属于国家股、法人股、社会公众股还是外资股等;股权流通性,主要指上市公司所发行的股票中可以公开上市流通的数量与不可以公开上市流通的数量之间的比例;股权集中度,即全部股东因其持股比例的不同所表现出来的股权集中还是分散化的数量指标。鉴于我国股票市场正在实行大小非解禁,各种性质的股票将实现全流通,所以本文主要从股权属性和股权集中度两个角度分析其对公司业绩的影响。

一、股权属性对公司业绩的影响

股权属性就是股权构成的不同性质,即各个不同性质的股东集团分别持有股份的多少。我国上市公司股权属性复杂,有国家股、法人股、流通股等等,还有A股、B股、H股等不同金融市场的区分。本文主要分析A股市场不同性质的股权属性对公司业绩的影响。

(一)国家股

国家股作为全体人民共同所有,由全国人民委托政府进行管理,而各级政府又委托专门的资产管理公司或者国有企业进行管理,最后才是国有资产的实际控制者将国有资产的经营权委托给直接的经营者,各级委托者意志的表达,并不能对直接的代理经营者产生影响。由此可见,国家股存在所有者"缺位"的问题,冗长的委托代理链使监督成本大大上升。在国有股占主导地位的公司治理结构中,一方面,公司没有真正的所有者,形成产权上的超弱控制;另一方面,国家通过行政手段任免经营者,公司的管理机构设置带有强烈的行政色彩,通常难以形成以市场为主体的相互制衡的内部治理结构,政企不分家,有些上市公司的董事长本身就兼任总经理。高层管理人员利用政府在产权上的超弱控制,形成对公司的实际掌管,造成事实上的"内部人控制"。我国上市公司的国有股比例很大,股权集中程度较高,但是国家股这个大股东的监控力度和效率却比较弱,而我国政策又规定国有股不能上市流通,国有股实际操纵者利用自身优势,侵害中小股东利益,追求自身利益最大化。利用关联交易等手段,侵吞国有资产,最终损害公司利益,导致公司治理业绩低下。因此,国有股对公司业绩的影响应该是负面的。

（二）法人股

法人股虽然跟国有股一样不能上市流通,但其有真正的持有者,不像国有股那样存在"所有者缺位"问题。正因为法人股不能像流通股那样随意买卖,当公司经营效益不佳时,法人股股东不能采用"用脚投票"机制来对公司经营者进行约束。所以,法人股股东必定对公司的经营管理十分关注。另外,法人股股东主要通过公司分红而不是通过买卖股票的差价来获得投资收益,这也决定了法人股具备投资性而不是投机性。因此,法人股股东更注重公司的长远经济利益。为了获得投资收益,他们更有动力监督大股东和经营者,在股东会上行使投票权,在董事会上占有一席之地,参与公司的经营管理。法人股比国家股更具备"经济人"特性。而且,法人股股东自身就是以追求利润为目的的公司、企业或投资公司,他们比其他股东更具有参与公司治理、监督企业经营者和进行经营决策的知识和能力,能够将信息不对称产生道德风险的概率降到最低。可见,法人股在我国上市公司所有者中,积极地扮演着"监督者"的角色,对公司的经营管理起着良好的推进作用,有利于公司经营业绩的提高。

（三）流通股

流通股是我国目前唯一能在证券市场自由买卖的股票。在一个健全的资本市场上,流通股对公司的治理起着至关重要的作用。股价的波动直接影响公司的市场价值。但我国的证券市场还不健全,我国上市公司股权比例中,流通股所占比例很小,流通股股东是中小投资者,也就是我们俗称的"散户"。其在股东大会上股小言微,或者根本进不了股东大会这种公司实质性的机构。其对公司管理层的监督作用微乎其微。因此,大多数的流通股股东都带有投机性,他们并不真正关心公司经营业绩,只是追求股票差价来获得暂时性的收益,存在严重的"搭便车"行为。流通股股东对公司采用的是"用脚投票"机制,一旦公司出现问题,立即出售手中的股票。有关研究表明,我国股票换手率在全球处于高位,我国沪深股市的年平均换手率达到504.7%,相当于一年换手5次,而在同一时期,美国纽约的平均换手率是67.1%,东京是40%,香港是57.9%,新加坡是32.8%,就是台湾也只有252.3%。频繁的换手率使得流通股股东根本不关心公司的经营业绩,只在乎股票价格的涨跌。而在我国的证券市场,股票的市场价格并不能代表公司的实际经营情况。因此,流通股对上市公司经营业绩的影响不大。

二、股权集中度对公司经营业绩的影响

股权集中度包括三种类型:股权高度集中、股权高度分散和股权适度集中。一般以公司前五大股东持股比例之和作为标准进行判断,前五大股东持股比例之和超过50%为股权高度集中,介于20%—50%为股权适度集中,低于20%为股权高度分散。

（一）股权高度集中的影响

当公司股权高度集中时,控股股东有权派出自己的直接代表或本人亲自担任公司董事长或总经理,经营权和所有权统一起来,以有效地避免经营者的"逆向选择"和"道德风险",

最大股东拥有绝对控制权时有利于公司的经营激励。当公司股权高度集中时,公司拥有一个绝对控股股东,收购者的收购成本很大,并购难以发生。但在当前法律对中小股东保护不力的情况下,当公司的股权被少数股东绝对控制时,控股股东有可能以牺牲其他股东的利益为代价来追求自身利益而不是通过公司价值最大化来实现自身利益。由于控股股东拥有绝对控制权,股东大会和董事会容易被架空,代理权竞争通常难以发挥作用。控股股东通过不正当的关联交易、强制上市公司为自己出具担保、占用上市公司资金、私分上市公司资产等手段掏空上市公司,侵害中小股东利益的情况,在国内外上市公司中十分普遍。

(二)股权高度分散的影响

当股权高度分散时,任何一个个别股东都没有能力对公司拥有控制权,也会带来负面影响。此时对经理的监督便成为一个非常严重的问题。监督是要付出成本的,由于存在"搭便车"问题,分散的小股东缺乏动力和能力去有效地监督经理人员,他们通常更多地关注股价的涨落,而对公司的长远发展和管理不是很感兴趣,缺乏足够的动力参与企业的管理和约束经营者的行为。股权过于分散,中小投资者是相对的弱者,由于信息不对称,极容易造成经营管理者的"内部人控制"、"在职消费"等问题。公司的实际控制权很容易被经理层拥有。总之,高度分散的股权结构使得持股人对公司的直接控制和管理的能力非常有限,使得任何一个股票持有者都不可能对公司实施控制权。收益与成本的博弈使得分散的股东更多地采用"搭便车"的策略,不利于公司经营业绩的提高。

(三)股权适度集中的影响

当股权适度集中时,公司中若干个大股东能形成相互制衡的局面,这时公司治理会变得相对复杂。公司经理人是相对控股股东所选任的,对公司具有一定的激励作用,但由于其他几个大股东持股份额也比较大,他们会有动力和能力去对公司经营实施监督,对他们而言监督成本一般会小于监督收益,他们不会像小股东那样产生搭便车的动机。另外,当公司经营状况不佳时,第二集团的股东有动力,也有能力发现经理在经营中存在的问题或公司业绩不佳的情况及症结所在,并通过提出对经理的更换或董事会改组等方法来改善公司的经营面貌。这种股权结构也有利于保障中小股东的权益,第二集团的股东会比较看重中小股东的支持,以形成股东之间的制约平衡关系。这种平衡关系有利于公司朝全体股东所期望的方向即实现公司价值最大化发展。

(资料来源:http://www.chinaacc.com/new 2009-8-27 作者:李盛林)

第九章

收入、费用和利润

学习目标

通过本章学习,你应能够:

1. 掌握收入、费用和利润的概念及分类;

2. 理解各种收入的确认条件;

3. 掌握期间费用的内容,利润的构成和分配顺序;

4. 掌握收入、费用和利润的账务处理。

引入案例

雅戈尔股权投资亏损 布局服装主业

雅戈尔发布年报显示,2008年公司实现主营业务收入107.8亿元,同比增长53.26%。服装和房地产净利润分别同比增长28.14%和181.86%,但由于投资亏损,公司净利润较2007年下降36.05%,为15.83亿元。

雅戈尔服装、地产、股权投资并驾齐驱的模式令很多追随者羡慕不已。作为国内服装企业的翘楚,雅戈尔曾是A股公司持股市值排名第二的企业、宁波最大的地产商,公司总资产近400亿,曾握有中国人寿、宁波银行、海通证券、中信证券等十几家上市公司的股票。在2006年到2007年股市繁荣的时候,雅戈尔收益颇丰,但随着2008年股市转入低迷,雅戈尔的股权投资收益开始下滑。

然而在服装领域方面上,雅戈尔一直没有大起大落。数据显示,2008年公司服装业务销售量增长接近翻番,高端服装产品使公司内销毛利率达65.58%。

雅戈尔集团董事长李如成在接受本报记者采访时介绍:"在金融危机的情况下,雅戈尔发展还比较健康。今年一季度内销和外贸更是有良好的表现,销售额同比增长约30%。"子公司雅戈尔服饰董事长李如刚也曾表示,2009年公司服装的销售目标是同比增长20%。尽管服装被业内人士认为"赚的是一针一线的辛苦钱",但传统制造业的稳定性为雅戈尔所倚重,近年来在服装领域的投入也被视为回归主业的举措。

2008年初,雅戈尔收购美国Kellwood公司持有的Smart100%股权和新马服饰100%股权,斥资1.2亿美元。该年第三季度,新马服饰贡献收入约9千万美元。2008年下半年,雅戈尔与美国最大的西装制造商HSM签订了20年的长期代理合同,将其主打品牌引入中国市场。2009年3月27日,雅戈尔又宣布投资近3亿元,与解放军总后勤部合作开发的"汉麻"系列产品,先期产品供应部队,今后将开发高端产品主打欧美市场。

对此,上述雅戈尔高层表示,公司目前将主攻汉麻种植和纤维生产领域,在上游业务形成优势的前提下,开发国内市场,借此拓展雅戈尔的服装业务。

(资料来源:南方网 2009年04月02日 作者:王卓铭)

第一节　收入

一、收入及其分类

（一）收入的概念与特征

收入，是指企业在日常活动中形成的、会导致所有者权益增加的、与所有者投入资本无关的经济利益的总流入。

日常活动，是指企业为完成其经营目标所从事的经常性活动以及与之相关的活动。企业的有些活动属于为完成其经营目标所从事的经常性活动，如工业企业制造并销售产品，商业企业购进和销售商品、租赁企业出租资产，商业银行对外贷款，保险公司签发保单、咨询公司提供咨询服务、软件企业为客户开发软件、安装公司提供安装服务、广告商提供广告策划服务等，由此产生的经济利益的总流入构成收入；企业还有一些活动属于与经常性活动相关的活动，如工业企业转让无形资产使用权、出售不需用的原材料等，由此产生的经济利益的总流入也构成收入。

除了日常活动以外，企业的有些活动不是为完成其经营目标所从事的经常性活动，也不属于与经常性活动相关的活动，如企业处置固定资产、无形资产等活动，由此产生的经济利益的总流入不构成收入，应当确认为营业外收入。

收入具有四项特征：收入是企业日常活动形成的经济利益流入；收入可能表现为资产的增加或负债的减少，或者二者兼而有之；收入必然导致所有者权益的增加；收入不包括所有者向企业投入资本导致的经济利益流入。

（二）收入的分类

1. 按交易性质分类

收入按交易的性质，可分为销售商品收入、提供劳务收入和让渡资产使用权收入。

（1）销售商品收入，是指企业通过销售产品或商品而取得的收入。如制造企业销售产成品、半成品取得的收入，商品流通企业销售商品取得的收入，房地产经营商销售自行开发的房地产取得的收入等。

（2）提供劳务收入，是指企业通过提供劳务作业而取得的收入。如制造企业提供工业性劳务作业取得的收入，商品流通企业提供代购代销劳务取得的收入，交通运输企业提供运输劳务取得的收入，建筑安装企业提供建筑安装劳务取得的收入，服务性企业提供各类服务取得的收入等。

（3）让渡资产使用权收入，是指企业通过让渡资产使用权而取得的收入。如商业银行发放贷款取得的利息收入，企业对外出租无形资产取得的使用费收入等。

2. 按在经营业务中所占比重分类

收入按其在经营业务中所占的比重，可分为主营业务收入和其他业务收入。

（1）主营业务收入，或称基本业务收入，是指企业为完成其经营目标所从事的主要经营活动取得的收入。不同行业的企业，具有不同的主营业务。例如，工业企业以销售产成品、半成品和提供工业性劳务作业为主，商品流通企业以销售商品为主，银行以存贷款和办理结算为主，旅游服务企业以门票收入、客房收入、餐饮收入为主等。主营业务收入经常发生，并在收入中占有较大的比重。

(2)其他业务收入，或称附营业务收入，是指企业除主要经营业务以外的其他经营活动实现的收入。如工业企业出租固定资产、出租无形资产、出租周转材料、销售材料、用材料进行非货币性资产交换(在非货币性资产交换具有商业实质且公允价值能够可靠计量的情况下)或债务重组、用材料作为非同一控制下企业合并支付的对价等实现的收入。其他业务收入不经常发生，金额一般较小，在收入中所占比重较低。

二、销售商品收入的确认和计量

(一)销售商品收入的确认条件

销售商品取得的收入通常应在销售成立时予以确认，并按实际交易金额计价入账。但在会计实务中，商品交易的方式是多种多样的，交易过程有时也纷繁复杂，判断一项销售商品的收入是否可以确认入账或应于何时确认入账，需要考虑多种因素。企业会计准则规定，销售商品收入同时满足下列条件的，才能予以确认：

1. 企业已将商品所有权上的主要风险和报酬转移给购货方

企业已将商品所有权上的主要风险和报酬转移给购货方，是指与商品所有权有关的主要风险和报酬同时转移。与商品所有权有关的风险，是指商品可能发生减值或毁损等形成的损失；与商品所有权有关的报酬，是指商品价值增值或通过使用商品等形成的经济利益。如果一项商品发生的任何损失均不需要本企业承担，带来的经济利益也不由本企业所享有，则意味着该商品所有权上的风险和报酬已经发生了转移。

判断企业是否已将商品所有权上的主要风险和报酬转移给购货方，应当关注交易的实质，并结合所有权凭证的转移进行判断。

(1)通常情况下，转移商品所有权凭证并交付实物后，商品所有权上的主要风险和报酬也随之转移，如大多数零售商品。

(2)某些情况下，转移商品所有权凭证但未交付实物，商品所有权上的主要风险和报酬随之转移，企业只保留商品所有权上的次要风险和报酬，如交款提货方式销售商品。

例如，在交款提货销售方式下，销货方收取货款并将提货单交付购货方时，就表明商品所有权上的主要风险和报酬已经转移给购货方，此时销货方就应确认收入，而无论购货方何时提货。

(3)某些情况下，企业已将实物交付给购货方但未转移商品所有权凭证，如果商品所有权上的主要风险和报酬已经随之转移，且符合收入确认的其他条件，则企业应当确认相应的收入，如分期收款销售方式。

例如，在分期收款销售方式下，销货方为了保证如期收回货款，通常都会保留所售商品的法定所有权。购货方为了取得商品的法定所有权，一般都会如期支付货款。这表明销售中其他重大不确定因素已不存在，商品所有权上的主要风险和报酬已经转移给购货方，销货方可以于交付商品时确认销售收入。

(4)某些情况下，企业已将商品所有权凭证或实物交付给购货方，但商品所有权上的主要风险和报酬并未随之转移。如果企业仍然保留着商品所有权上的主要风险和报酬，则该项交易就不是一项销售，也不能确认销售收入。企业可能在以下几种情况下仍保留商品所有权上的主要风险和报酬：

①企业销售的商品在质量、品种、规格等方面不符合合同规定的要求，又未根据正常的保证条款予以弥补，因而仍负有责任。

例如，销货方向购货方发出一批商品，有关发票账单也一并交付。购货方在收到商品进行验收时，发现商品质量与合同规定不符，便根据合同条款与销货方进行交涉，要求在价格上给予一定的折让，否则将退回商品，但双方没有达成一致意见，销货方也未采取任何弥补措施。在这种情况下，尽管商品已经发出，发票账单也已交付购货方，但由于双方并未就商品质量存在的问题如何弥补达成一致意见，购货方尚未正式接受商品，商品随时可能会被退回，因此，商品所有权上的主要风险和报酬仍保留在销货方，销货方此时不能确认相关的收入。该项商品的销售收入应待双方就商品质量的弥补达成一致意见并且购货方承诺付款时再予以确认。

②企业销售商品的收入是否能够取得，取决于代销方或受托方销售该商品的收入是否能够取得。即购买方是否已将商品销售出去。如采用支付手续费方式委托代销商品等。

例如，企业采用收取手续费方式委托其他单位代销商品，在将商品交给受托方时，商品的所有权凭证以及所有权上的主要风险和报酬并未随之转移，销售商品的收入是否能够取得，完全取决于受托方是否能够将受托商品售出。因此，委托方在向受托方交付商品时，不能确认收入。只有当受托方将商品售出并给委托方开列了代销清单，委托方才能据以确认收入。

③企业尚未完成售出商品的安装或检验工作，而此项安装或检验任务又是销售合同的重要组成部分。

例如，制造企业在销售大型设备时，通常要负责设备的安装和调试。购货方一般只支付部分货款，其余货款要待设备安装调试完毕并经检验合格后才会支付。在这种情况下，设备的发出并不能表明商品所有权上的主要风险和报酬已转移给购货方，销货方仍需对所售设备进行安装，安装过程中可能会发生一些不确定因素，妨碍该项销售的实现。因此，只有在设备安装完毕并检验合格后才能确认收入。

需要说明的是，在需要安装或检验的销售中，如果安装程序比较简单或检验是为了最终确定合同或协议价格而必须进行的程序，企业可以在发出商品时确认收入。

④销售合同中规定了购货方在特定情况下有权退货的条款，而企业又不能确定退货的可能性。

例如，企业为了推销一项新产品，为该产品规定了一个月的试用期，凡对产品不满意的购买者，均可在试用期内退货。在这种情况下，尽管商品已经售出，货款也已收到，但由于是新产品，企业无法估计退货的可能性。因此，企业在售出商品时不能确认收入，只有当购货方正式接受商品或退货期满后才能确认收入。

将上述风险和报酬是否转移的情况归纳如表9-1。

表 9-1 销售商品收入的确认

销售种类或情况	所有权凭证转移	实物交付	风险和报酬转移
零售商品	√	√	√
交款提货	√	×	√
分期收款	×	×	√
商品不符合合同要求,与购货方未达成一致意见	√	√	×
委托代销(收取手续费方式)	×	×	×
商品需安装且是销售的重要组成部分	×	√	×
合同中有退货条款,而退货的可能性不确定	√	√	×

2. 企业既没有保留通常与所有权相联系的继续管理权,也没有对已售出的商品实施有效控制

通常情况下,企业售出商品后不再保留与商品所有权相联系的继续管理权,也不再对售出商品实施有效控制,商品所有权上的主要风险和报酬已经转移给购货方,通常应在发出商品时确认收入。

例如,甲公司属于房地产开发商。甲公司将住宅小区销售给客户后,接受客户委托管理住宅小区物业。甲公司接受客户委托管理住宅小区物业是与住宅小区销售无关的另一项提供劳务的交易。甲公司虽然仍对住宅小区进行管理,但这种管理与住宅小区的所有权无关,因为住宅小区的所有权属于客户。

对已售出的商品实施继续管理或有效控制,可能源于仍拥有商品的所有权,也可能与商品的所有权无关。如果企业将商品售出后,仍然保留了与该商品所有权相联系的继续管理权,或仍然可以对该商品实施有效控制,则说明此项销售没有完成,不能确认相应的收入。

例如,制造商将商品销售给中间商后,如果仍能要求中间商转移或退回商品,一般表明制造商对售出的商品仍在实施控制,此项销售并没有完成,也就不能确认收入。

3. 收入的金额能够可靠地计量

收入的金额能够可靠地计量,是收入确认的基本前提。企业应按照从购货方已收或应收的合同或协议价款的公允价值确定销售商品收入的金额。

从购货方已收或应收的合同或协议价款,通常为公允价值。某些情况下,合同或协议明确规定销售商品需要延期收取价款,实质上具有融资性质的,应当按照应收的合同或协议价款的现值确定其公允价值。应收的合同或协议价款与其公允价值之间的差额,应当在合同或协议期间内,采用实际利率法进行摊销,计入当期损益。在判断已收或应收的合同或协议价款是否公允时,应当关注企业与购货方的关系。通常情况下,关联方关系的存在可能导致已收或应收的合同或协议价款不公允。

4. 相关的经济利益很可能流入企业

经济利益,是指直接或间接流入企业的现金或现金等价物。就销售商品而言,指销售商品的价款。销售商品的价款是否有把握收回,是收入确认的一个重要条件。企业在销售商品时,如果估计价款收回的可能性不大,即使收入确认的其他条件均已满足,也不应当确认收入。

销售商品的价款能否收回,主要根据企业以往与买方交易的直接经验、从其他方面取得的信息或政府的有关政策等进行判断。例如,企业根据以往与买方交易的直接经验判断买方信誉较差,或在销售时得知买方在另一项交易中发生了巨额亏损,资金周转十分困难,或在出口商品时不能肯定进口企业所在国是否允许将款项汇出等等,在这些情况下,企业应推迟确认收入,直至这些不确定因素被消除。

在判断价款收回的可能性时,应进行定性分析,当确定价款收回的可能性大于不能收回的可能性时,应认为价款能够收回。一般情况下,企业售出的商品符合合同或协议规定的要求,并已将发票账单交付买方,买方也承诺付款,即表明销售商品的价款能够收回。如果企业判断价款不能收回,应提供可靠的证据。

5. 相关的已发生或将发生的成本能够可靠地计量

与同一销售相关的收入和成本应在同一会计期间予以确认。因此,如果成本不能可靠地计量,相关的收入也不能予以确认。通常情况下,销售商品相关的已发生或将发生的成本能够合理地估计,如库存商品的成本、商品运输费用等。如果库存商品是本企业生产的,其生产成本能够可靠计量;如果是外购的,购买成本能够可靠计量。有时,销售商品相关的已发生或将发生的成本不能够合理地估计,此时企业不应确认收入,已收到的价款应确认为负债。

例如,在预收货款销售方式下,企业尽管已收到全部或部分货款,但商品要在制造完成或通过第三方才能交付,相关的成本不能可靠地计量,因此,预收的货款只能作为负债处理,而不能确认为收入。

销售商品收入的确认要求同时满足上述 5 个条件,任何一个条件没有满足,都不能确认相关的收入。

相关案例

提前确认收入　银基发展被要求整改

财政部驻辽宁省财政监察专员办事处对银基发展(000511)2004 年度会计信息质量进行了检查。检查发现,银基发展将应在 2004 年度确认的部分主营业务收入提前至 2003 年度确认,需调减 2003 年度主营业务收入 7 621 万元。银基发展于 10 月 20 日收到关于检查结论的《通知》,公司被要求整改。《通知》指出,银基发展沈河分公司将 2004 年主营业务收入提前确认为 2003 年收入,金额 76 213 777.88 元,同时结转主营业务成本 54 209 977.59 元。

(二)销售商品收入的账务处理

1. 通常情况下销售商品收入的账务处理

确认销售商品收入时,企业应按已收或应收的合同或协议价款,加上应收取的增值税额,借记"银行存款"、"应收账款"、"应收票据"等科目,按确定的收入金额,贷记"主营业务收入"、"其他业务收入"等科目,按应收取的增值税额,贷记"应交税费——应交增值税(销项税额)"科目;同时或在资产负债表日,按应交纳的消费税、资源税、城市维护建设税、教育费附加等税费金额,借记"营业税金及附加"科目,贷记"应交税费——应交消费税(应交资源税、应交城市维护建设税等)"科目。

企业应设置"发出商品"、"委托代销商品"等科目,核算已经发出但尚未确认销售收入的商品。期末,"发出商品"、"委托代销商品"等科目的余额,应列入资产负债表的"存货"项目。

【例9-1】 2009年1月16日,甬江股份有限公司向甲公司销售一批A产品。销售价格为50 000元,增值税税额为8 500元。甬江公司开出发票并按合同约定的品种和质量发出A产品,甲公司收到A产品并验收入库。A产品的生产成本为40 000元,根据合同约定,甲公司须于60天内付款。

在这项交易中,甬江公司已按照合同约定的品种和质量发出产品,甲公司也已将该批产品验收入库,表明产品所有权上的风险和报酬已经转移给了甲公司,甬江公司既没有保留与所有权相联系的继续管理权,也不再对该批售出的商品实施控制;虽然此时甲公司尚未付款,但并无证据表明甲公司会不按合同约定支付货款;收入可以按照合同约定的销售价格计量,产品的实际成本也已确定。因此,按照收入确认的条件,该项销售商品的收入已经实现,甬江公司应确认销售收入,并结转销售成本。甬江公司的账务处理如下:

借:应收账款——甲公司　　　　　　　　　　　　　　　58 500
　　贷:主营业务收入　　　　　　　　　　　　　　　　　　　50 000
　　　　应交税费——应交增值税(销项税额)　　　　　　　　 8 500
借:主营业务成本　　　　　　　　　　　　　　　　　　40 000
　　贷:库存商品　　　　　　　　　　　　　　　　　　　　　40 000

【例9-2】 2009年1月21日,甬江股份有限公司向乙公司销售一批B产品。B产品的生产成本为50 000元,销售价格为70 000元,增值税额为11 900元。甬江公司在销售时已知悉乙公司资金周转发生困难,近期内难以收回货款,但为了减少存货积压以及考虑到与乙公司长期的业务往来关系,仍将B产品发运给乙公司并开出发票账单。2009年11月5日,乙公司给甬江公司开出一张面值81 900元、为期6个月的银行承兑汇票。2010年5月5日,甬江公司收回票款。

在这项交易中,甬江公司开出发票账单并将产品发运给乙公司后,产品所有权上的风险和报酬已经转移给了乙公司,甬江公司既没有保留与所有权相联系的继续管理权,也不再对该批售出的商品实施控制;收入可以按照合同约定的销售价格计量,产品的实际成本也已确定。但由于乙公司资金周转发生困难,近期内几乎不可能收回货款,而能否收回货款以及何时收回货款,尚存在重大不确定因素。因此,甬江公司在发出产品时还不能确认收入,而应待乙公司承诺付款时再确认收入。甬江公司有关的账务处理如下:

(1)2009年1月21日,发出产品。

借:发出商品　　　　　　　　　　　　　　　　　　　　50 000
　　贷:库存商品　　　　　　　　　　　　　　　　　　　　　50 000
借:应收账款——乙公司　　　　　　　　　　　　　　　11 900
　　贷:应交税费——应交增值税(销项税额)　　　　　　　　11 900

(2)2009年11月5日,收到乙公司开来的不带息银行承兑汇票,甬江公司据以确认B产品的销售收入。

```
借:应收票据——乙公司                                           81 900
    贷:主营业务收入                                                        70 000
        应收账款——乙公司                                                   11 900
借:主营业务成本                                               50 000
    贷:发出商品                                                            50 000
```

（3）2010 年 5 月 5 日，收回票款。

```
借:银行存款                                                   81 900
    贷:应收票据——乙公司                                                   81 900
```

2. 销售商品涉及现金折扣、商业折扣、销售折让的处理

企业销售商品有时会遇到现金折扣、商业折扣、销售折让等问题，应当分别不同情况进行处理：

（1）现金折扣

现金折扣，是指债权人为鼓励债务人在规定的期限内付款而向债务人提供的债务扣除。

我国企业会计准则规定，销售商品涉及现金折扣的，应当按照扣除现金折扣前的金额确定销售商品收入金额，现金折扣在实际发生时计入当期损益，即涉及现金折扣的商品销售，应采用总价法进行账务处理。

【例 9-3】 甬江股份有限公司向丙公司赊销一批产品，开出的增值税专用发票上注明的销售价款为 20 000 元，增值税税额为 3 400 元。为及早收回货款，甬江公司和丙公司约定的现金折扣条件为：2/10,1/20,n/30。假定计算现金折扣时不考虑增值税额。

甬江公司账务处理如下：

① 赊销产品。

```
借:应收账款——丙公司                                           23 400
    贷:主营业务收入                                                        20 000
        应交税费——应交增值税(销项税款)                                      3 400
```

② 假定丙公司在 10 天内付款，可按 2% 得到现金折扣。

丙公司取得的现金折扣 = 20 000 × 2% = 400(元)

```
借:银行存款                                                   23 000
    财务费用                                                    400
    贷:应收账款——丙公司                                                   23 400
```

③ 假定丙公司超过 10 天但在 20 天内付款，可按 1% 得到现金折扣。

丙公司取得的现金折扣 = 20 000 × 1% = 200(元)

```
借:银行存款                                                   23 200
    财务费用                                                    200
    贷:应收账款——丙公司                                                   23 400
```

④ 假定丙公司超过 20 天付款，不能得到现金折扣。

```
借:银行存款                                                   23 400
    贷:应收账款——丙公司                                                   23 400
```

（2）商业折扣

商业折扣，是指企业为促进商品销售而在商品标价上给予的价格扣除。商业折扣的目的是鼓励购货方多购商品,通常根据购货方不同的购货数量而给予不同的折扣比率。商品标价扣除商业折扣后的金额,为双方的实际交易价格,即发票价格。由于会计记录是以实际交易价格为基础的,且商业折扣是在交易成立之前予以扣除的折扣,它只是购销双方确定交易价格的一种方式,因此,并不影响销售的会计处理。企业销售商品涉及商业折扣的,应当按照扣除商业折扣后的金额确定销售商品收入金额。

【例9-4】　甬江股份有限公司 A 商品的标价为每件 500 元。丁公司一次购买 A 商品 1 000 件,根据规定的折扣条件,可得到 10% 的商业折扣,增值税税率 17%。

发票价格＝1 000×500 ×(1 － 10%)＝450 000(元)

销项税额＝450 000×17% ＝ 76 500(元)

甬江公司的账务处理:

借:应收账款——丁公司　　　　　　　　　　　　　　　　526 500

　　贷:主营业务收入　　　　　　　　　　　　　　　　　　　　　450 000

　　　　应交税费——应交增值税(销项税额)　　　　　　　　　　76 500

(3)销售折让

销售折让,是指企业因售出商品的质量不合格等原因而在售价上给予的减让。销售折让可能发生在销货方确认收入之前,也可能发生在销货方确认收入之后。如果发生在销货方确认收入之前,销货方应直接从原定的销售价格中扣除给予购货方的销售折让作为实际销售价格,确认收入;如果发生在销货方确认收入之后,销货方应按实际给予购货方的销售折让,冲减销售收入。销售折让属于资产负债表日后事项的,应当按照有关资产负债表日后事项的相关规定进行处理。

【例9-5】　2009 年 2 月 17 日,甬江股份有限公司向戊公司销售一批产品。产品生产成本为 40 000 元,增值税专用发票上注明的销售价款为 50 000 元,增值税税额为 8 500 元。戊公司在验收产品时发现产品质量存在问题,要求甬江公司给予 10% 的价格折让,甬江公司同意给予折让。

(1)假定合同约定验货付款,甬江公司于戊公司付款时向其开具发票账单。2009 年 2 月 25 日,戊公司按折让后的金额支付货款。

在这种情况下,甬江公司发出产品时尚不能满足收入确认的全部条件,因此,不能确认销售收入,发出的产品应从"库存商品"科目转入"发出商品"科目核算。待戊公司付款后,甬江公司按扣除销售折让后的实际交易价格给戊公司开具发票账单,并据以确认销售收入。甬江公司的有关账务处理如下:

①2009 年 2 月 17 日,甬江公司发出产品。

借:发出商品　　　　　　　　　　　　　　　　　　　　　40 000

　　贷:库存商品　　　　　　　　　　　　　　　　　　　　　　　40 000

②2009 年 2 月 25 日,戊公司按折让后的价款付款,甬江公司开具发票账单。

实际销售价格 ＝50 000×(1 － 10%)＝45 000(元)

实际增值税税额＝8 500×(1 － 10%)＝7 650(元)

借:银行存款　　　　　　　　　　　　　　　　　　　　　52 650

　　贷:主营业务收入　　　　　　　　　　　　　　　　　　　　　45 000

　　　　应交税费——应交增值税(销项税额)　　　　　　　　　　7 650

```
借:主营业务成本                                          40 000
    贷:发出商品                                               40 000
```

(2)假定合同约定交款提货,甫江公司于戊公司付款后向其开具发票及提货单。戊公司于2009年2月20日提出折让货款。

在这种情况下,甫江公司在向戊公司收取货款并开具发票、交付提货单时,已符合收入确认的条件,可以确认销售收入。待戊公司提出给予价格折让时,甫江公司按给予戊公司的销售折让冲减销售收入。甫江公司的有关账务处理如下:

① 2009年2月17日,甫江公司收款后向戊公司开具发票并交付提货单。

```
借:银行存款                                              58 500
    贷:主营业务收入                                           50 000
        应交税费——应交增值税(销项税额)                       8 500
借:主营业务成本                                          40 000
    贷:库存商品                                               40 000
```

② 2009年2月20日,戊公司验货后要求给予价格折让,甫江公司同意给予折让,并退回多收货款。

销售价格折让=50 000×10%＝5 000(元)

增值税额折让＝8 500×10%＝850(元)

```
借:主营业务收入                                           5 000
    应交税费——应交增值税(销项税额)                          850
    贷:银行存款                                                5 850
```

3. 销售退回的处理

销售退回,是指企业售出的商品由于质量、品种不符合要求等原因而发生的退货。对于销售退回,企业应分别不同情况进行会计处理:

(1)发生销售退回时,企业尚未确认销售收入。对于未确认收入的售出商品发生销售退回的,应将已记入"发出商品"等科目的商品成本转回"库存商品"科目。借记"库存商品"科目,贷记"发出商品"科目。采用计划成本或售价核算的,应按计划成本或售价记入"库存商品"科目,同时计算产品成本差异或商品进销差价。

【例9-6】 2009年3月5日,甫江股份有限公司向乙公司销售一批产品,产品生产成本为28 000元,销售价格为32 000元,增值税税额为5 440元。根据合同约定,乙公司对产品验收无误后再付款,甫江公司于乙公司付款时开具增值税专用发票。乙公司在验收产品时,发现产品质量存在问题,要求退货,甫江公司同意退货。

甫江公司的账务处理如下:

① 发出产品。

```
借:发出商品                                              28 000
    贷:库存商品                                               28 000
```

② 乙公司要求退货,甫江公司同意退货。

```
借:库存商品                                              28 000
    贷:发出商品                                               28 000
```

(2)发生销售退回时,企业已经确认销售收入。销售退回如果发生在企业确认收入之后,则不论是本年销售本年退回,还是以前年度销售本年退回,除属于资产负债表日后事项的销售退回外,均应冲减退回当月的销售收入;如果已经结转了销售成本,还应同时冲减退回当月的销售成本;如该项销售退回已发生现金折扣的,应同时调整相关财务费用的金额;如该项销售退回允许扣减增值税额的,应同时调整"应交税费—— 应交增值税(销项税额)"科目的相应金额。

【例9-7】 甬江股份有限公司在2009年3月18日向乙公司销售一批商品,开出的增值税专用发票上注明的销售价格为30 000元,增值税额为5 100元,该批商品成本为26 000元。为及早收回货款,甬江公司和乙公司约定的现金折扣条件为:2/ 10 ,1/20 ,n/30。乙公司在2009年3月27日支付货款,2009年4月5日,该批商品因质量问题被乙公司退回,甬江公司当日支付有关款项。假定计算现金折扣时不考虑增值税,销售退回不属于资产负债表日后事项。甬江公司的账务处理如下:

①2009年3月18日销售实现时,按销售总价确认收入。

借:应收账款　　　　　　　　　　　　　　　　　35 100
　　贷:主营业务收入　　　　　　　　　　　　　　　　30 000
　　　　应交税费——应交增值税(销项税额)　　　　　 5 100
借:主营业务成本　　　　　　　　　　　　　　　　26 000
　　贷:库存商品　　　　　　　　　　　　　　　　　26 000

②在2009年3月27日收到货款时,按销售总价30 000元的2%享受现金折扣600 (30 000×2%)元,实际收款34 500 (35 100 — 600)元。

借:银行存款　　　　　　　　　　　　　　　　　34 500
　　财务费用　　　　　　　　　　　　　　　　　　 600
　　贷:应收账款　　　　　　　　　　　　　　　　　35 100

③2009年4月5日发生销售退回时。

借:主营业务收入　　　　　　　　　　　　　　　　30 000
　　应交税费——应交增值税(销项税额)　　　　　 5 100
　　贷:银行存款　　　　　　　　　　　　　　　　　34 500
　　　　财务费用　　　　　　　　　　　　　　　　　 600
借:库存商品　　　　　　　　　　　　　　　　　26 000
　　贷:主营业务成本　　　　　　　　　　　　　　　26 000

已确认收入的售出商品发生的销售退回属于资产负债表日后事项的,应当按照有关资产负债表日后事项的相关规定进行会计处理。

4. 特殊销售商品业务的账务处理

企业会计实务中,可能遇到一些特殊的销售商品业务。在将销售商品收入确认条件运用于特殊销售商品收入的账务处理时,应结合这些特殊销售商品交易的形式,并注重交易的实质。

(1)代销商品

代销商品分别以下情况处理:

①视同买断方式。视同买断方式代销商品,是指委托方和受托方签订合同或协议,委托方按合同或协议收取代销的货款,实际售价由受托方自定,实际售价与合同或协议价之间的

差额归受托方所有。

如果委托方和受托方之间的协议明确标明，受托方在取得代销商品后，无论是否能够卖出、是否获利，均与委托方无关，那么，委托方和受托方之间的代销商品交易，与委托方直接销售商品给受托方没有实质区别，在符合销售商品收入确认条件时，委托方应确认相关销售商品收入。

如果委托方和受托方之间的协议明确标明，将来受托方没有将商品售出时可以将商品退回给委托方，或受托方因代销商品出现亏损时可以要求委托方补偿，那么，委托方在交付商品时通常不确认收入，受托方也不作购进商品处理。受托方将商品销售后，按实际售价确认销售收入，并向委托方开具代销清单，委托方收到代销清单时，再确认本企业的销售收入。

【例9-8】　甬江股份有限公司采用视同买断方式委托B公司代销一批商品，商品协议价为20 000元，增值税税额为3 400元，成本为16 000元。B公司将该批商品按23 000元的价格售出，收取增值税3 910元，并给甬江公司开来代销清单、结清协议价款。

(1)甬江公司(委托方)的账务处理。

① 发出委托代销商品。

借：应收账款——B公司　　　　　　　　　　　　　　　　　　　　23 400
　　贷：主营业务收入　　　　　　　　　　　　　　　　　　　　　　　　20 000
　　　　应交税费——应交增值税(销项税额)　　　　　　　　　　　　　　3 400
借：主营业务成本　　　　　　　　　　　　　　　　　　　　　　　16 000
　　贷：库存商品　　　　　　　　　　　　　　　　　　　　　　　　　　16 000

② 收到B公司开来的代销清单及汇入的货款。

借：银行存款　　　　　　　　　　　　　　　　　　　　　　　　　23 400
　　贷：应收账款——B公司　　　　　　　　　　　　　　　　　　　　　23 400

(2)B公司(受托方)的账务处理。

① 收到受托代销的商品。

借：库存商品　　　　　　　　　　　　　　　　　　　　　　　　　20 000
　　应交税费——应交增值税(进项税额)　　　　　　　　　　　　　　3 400
　　贷：应付账款——甬江公司　　　　　　　　　　　　　　　　　　　　23 400

② 售出代销商品。

借：银行存款　　　　　　　　　　　　　　　　　　　　　　　　　26 910
　　贷：主营业务收入　　　　　　　　　　　　　　　　　　　　　　　　23 000
　　　　应交税费——应交增值税(销项税额)　　　　　　　　　　　　　　3 910
借：主营业务成本　　　　　　　　　　　　　　　　　　　　　　　20 000
　　贷：库存商品　　　　　　　　　　　　　　　　　　　　　　　　　　20 000

③ 按协议价将货款汇给甬江公司。

借：应付账款——甬江公司　　　　　　　　　　　　　　　　　　　23 400
　　贷：银行存款　　　　　　　　　　　　　　　　　　　　　　　　　　23 400

②收取手续费方式。收取手续费方式代销商品，是指受托方根据所代销商品的数量向委托方收取手续费的一种代销方式。与视同买断方式相比，收取手续费方式的主要特点是受托方一般应按照委托方规定的价格销售商品，不得自行改变售价。

在收取手续费方式下,委托方向受托方交付代销商品时,一般不能同时满足销售商品收入的确认条件,因此,应将发出的代销商品转入"委托代销商品"科目核算;委托方收到受托方开来的代销清单时,根据代销清单所列的已售商品金额确认收入,应付的代销手续费计入当期销售费用。

受托方对收到的代销商品不能作为商品购进处理,应设置"受托代销商品"科目单独核算。受托方将受托代销商品售出后,应根据代销商品的数量和合同约定的收费方式,计算应向委托方收取的手续费,作为劳务收入确认入账,不确认销售商品收入。

【例9-9】 甬江股份有限公司采用收取手续费方式委托C公司代销一批商品,商品成本60 000元。根据代销协议,商品售价为100 000元,增值税额为17 000元,C公司按售价的10%收取手续费。C公司将该批商品售出后,给甬江公司开来代销清单。

(1)甬江公司(委托方)的账务处理。

① 发出委托代销商品。

借:委托代销商品	60 000	
贷:库存商品		60 000

② 收到C公司开来的代销清单。

借:应收账款——C公司	117 000	
贷:主营业务收入		100 000
应交税费——应交增值税(销项税额)		17 000
借:主营业务成本	60 000	
贷:委托代销商品		60 000

③ 确认应付的代销手续费。

代销手续费＝100 000×10％ ＝ 10 000(元)

借:销售费用	10 000	
贷:应收账款——C公司		10 000

④ 收到C公司汇来的货款。

借:银行存款	107 000	
贷:应收账款——C公司		107 000

(2)C公司(受托方)的会计处理。

① 收到受托代销商品。

借:受托代销商品	100 000	
贷:受托代销商品款		100 000

② 售出受托代销商品。

借:银行存款	117 000	
贷:应付账款——甬江公司		100 000
应交税费——应交增值税(销项税额)		17 000

③ 收到增值税专用发票。

借:应交税费——应交增值税(进项税额)	17 000	
贷:应付账款——甬江公司		17 000
借:受托代销商品款	100 000	

  贷:受托代销商品   100 000

 ④支付货款并计算代销手续费。

  借:应付账款——甬江公司   117 000

   贷:银行存款   107 000

    其他业务收入   10 000

 （2）预收款销售

  预收款销售，是指购买方在商品尚未收到前按合同约定分期付款，销售方在收到最后一笔款项时才交货的销售方式。在这种销售方式下，预收的货款作为一项负债，记入"预收账款"科目或"应收账款"科目，不能确认收入，待交付商品时再确认销售收入。

 【例 9-10】 甬江股份有限公司与 D 公司签订协议，采用预收款方式向 D 公司销售一批商品。该批商品实际成本为 70 000 元。协议约定，该批商品销售价格为 100 000 元，增值税额为 17 000 元；D 公司应在协议签订时预付 60% 的货款（按销售价格计算），剩余货款于两个月后支付。甬江公司的账务处理如下：

 ①收到 60% 的货款。

  借:银行存款   60 000

   贷:预收账款   60 000

 ②收到剩余货款及增值税额并确认收入。

  借:预收账款   60 000

   银行存款   57 000

   贷:主营业务收入   100 000

    应交税费——应交增值税（销项税额）   17 000

  借:主营业务成本   70 000

   贷:库存商品   70 000

 （3）分期收款销售

  分期收款销售，是指商品已经交付，但货款分期收回（通常为超过 3 年）的一种销售方式。如果延期收取的货款具有融资性质，企业应当按照应收的合同或协议价款的公允价值确定收入金额。应收的合同或协议价款的公允价值，通常应当按照其未来现金流量现值或商品现销价格计算确定。

  应收的合同或协议价款与其公允价值之间的差额，作为未实现融资收益，应当在合同或协议期间内，按照应收款项的摊余成本和实际利率计算确定的金额进行摊销，作为财务费用的抵减处理。其中，实际利率是指具有类似信用等级的企业发行类似工具的现时利率，或者将应收的合同或协议价款折现为商品现销价格时的折现率等。

  应收的合同或协议价款与其公允价值之间的差额，按照实际利率法摊销与直线法摊销结果相差不大的，也可以采用直线法进行摊销。

 【例 9-11】 2009 年 1 月 1 日，甬江股份有限公司采用分期收款方式向 E 公司销售一套大型设备，设备的生产成本为 200 万元。根据合同约定，设备销售价格为 300 万元，全部价款分 5 年于每年年末等额收取。假定甬江公司发出商品时开出增值税专用发票，注明的增值税额为 51 万元，并于当天收到增值税额 51 万元。

  在该项交易中，甬江公司应收账款的收取期间较长，相当于向客户提供长期信贷，具有融资的性质。因此,甬江公司不能按照应收的合同价款确认收入,而应当按照应收合同价款的现值作为公允价值,确认收入。假定甬江公司确定的折现率为7%,有关账务处理如下:

①计算应收合同价款的现值及未实现融资收益。

查年金现值系数表可知,5期、7%的年金现值系数为4.1002。应收合同价款现值及未实现融资收益的计算如下:

每期应收账款=3 000 000/5=600 000(元)

应收合同价款的现值=600 000×4.1002=2 460 120(元)

未实现融资收益=3 000 000−2 460 120=539 880(元)

②采用实际利率法分配未实现融资收益。

甬江公司采用实际利率法编制的未实现融资收益分配表,见表9-2。

表9-2　　　　　　　　未实现融资收益分配表(实际利率法)　　　　　金额单位:元

日　期	分期应收款	确认的融资收益	应收款成本减少额	应收款摊余成本
①	②	③＝期初⑤×7%	④＝②−③	期末⑤＝期初⑤−④
销售时				2 460 120
第1年年末	600 000	172 208	427 792	2 032 328
第2年年末	600 000	142 263	457 737	1 574 591
第3年年末	600 000	110 221	489 779	1 084 812
第4年年末	600 000	75 937	524 063	560 749
第5年年末	600 000	39 251	560 749	0
合计	3 000 000	539 880	2 460 120	—

注:最后一年确认的融资收益计算考虑了尾差。

③2009年1月1日,确认销售商品收入。

借:长期应收款——E公司　　　　　　　　　　　　　　3 000 000
　　银行存款　　　　　　　　　　　　　　　　　　　　510 000
　　贷:主营业务收入　　　　　　　　　　　　　　　　　　2 460 120
　　　　应交税费——应交增值税(销项税额)　　　　　　510 000
　　　　未实现融资收益　　　　　　　　　　　　　　　　539 880
借:主营业务成本　　　　　　　　　　　　　　　　　　2 000 000
　　贷:库存商品　　　　　　　　　　　　　　　　　　　2 000 000

④2009年12月31日,收取第一笔分期应收账款。

借:银行存款　　　　　　　　　　　　　　　　　　　　600 000
　　贷:长期应收款——E公司　　　　　　　　　　　　　600 000

以后各期收取分期账款的账务处理同上,此略。

⑤2009年12月31日,分配未实现融资收益。

借:未实现融资收益　　　　　　　　　　　　　　　　172 208
　　贷:财务费用　　　　　　　　　　　　　　　　　　　172 208

⑥2010年12月31日,分配未实现融资收益。

借:未实现融资收益   142 263

    贷:财务费用   142 263

以后各年分配未实现融资收益的会计分录可依次类推,此略。

(4)附有销售退回条件的商品销售

附有销售退回条件的商品销售,是指购买方依照有关协议有权退货的销售方式。在这种销售方式下,如果企业能够按照以往的经验对退货的可能性做出合理估计,应在发出商品时,确认收入;如果企业不能合理地确定退货的可能性,则在售出商品的退货期满时确认收入。

【例 9-12】 2009 年 1 月 1 日,甬江股份有限公司向 D 公司赊销商品 1 000 件,单位售价 300 元,单位生产成本 200 元。甬江公司发出商品并开出增值税专用发票,专用发票上列明的增值税额为 51 000 元,增值税税率为 17%。根据协议约定,商品赊销期为 1 个月,6 月 30 日之前,D 公司有权将未售出的商品退回甬江公司,甬江公司根据以往的经验,可以合理地估计退货率为 20%。商品发出时纳税义务已经发生;实际发生销售退回时有关的增值税额允许冲减。

甬江公司的财务处理如下:

①2009 年 1 月 1 日,甬江公司发出商品并开出增值税专用发票。

销售商品收入 $= 1\,000 \times 300 = 300\,000$(元)

销售商品成本 $= 1\,000 \times 200 = 200\,000$(元)

借:应收账款——D 公司   351 000

    贷:主营业务收入   300 000

       应交税费——应交增值税(销项税额)   51 000

借:主营业务成本   200 000

    贷:库存商品   200 000

②2009 年 1 月 31 日,确认估计 D 公司将退回 20% 的商品。

估计退回商品的数量 $= 1\,000 \times 20\% = 200$(件)

估计退回商品的收入 $= 200 \times 300 = 60\,000$(元)

估计退回商品的成本 $= 200 \times 200 = 40\,000$(元)

借:主营业务收入   60 000

    贷:主营业务成本   40 000

       预计负债   20 000

③2009 年 2 月 1 日,赊销期满,收到 D 公司支付的货款。

借:银行存款   351 000

    贷:应收账款——D 公司   351 000

④2009 年 6 月 30 日,退货期届满。

假定 D 公司实际退回商品 200 件。

退回商品的收入 $= 200 \times 300 = 60\,000$(元)

退回商品的成本 $= 200 \times 200 = 40\,000$(元)

退回商品的销项税额 $= 60\,000 \times 17\% = 10\,200$(元)

应退还的货款 $= 60\,000 + 10\,200 = 70\,200$(元)

```
借:库存商品                                           40 000
    应交税费——应交增值税(销项税额)                  10 200
    预计负债                                          20 000
    贷:银行存款                                                70 200
```

假定 D 公司实际退回商品 300 件。

退回商品的收入=300×300=90 000(元)

退回商品的成本=300×200=60 000(元)

退回商品的销项税额=90 000×17%=15 300(元)

应退还的货款=90 000+15 300 = 105 300(元)

```
借:库存商品                                           60 000
    应交税费——应交增值税(销项税额)                  15 300
    主营业务收入                                      30 000
    预计负债                                          20 000
    贷:主营业务成本                                            20 000
        银行存款                                              105 300
```

假定 D 公司实际退回商品 100 件。

退回商品的收入=100×300=30 000(元)

退回商品的成本=100×200=20 000(元)

退回商品的销项税额=30 000×17%=5 100(元)

应退还的货款=30 000+5 100=35 100(元)

```
借:库存商品                                           20 000
    应交税费——应交增值税(销项税额)                   5 100
    主营业务成本                                      20 000
    预计负债                                          20 000
    贷:银行存款                                                35 100
        主营业务收入                                           30 000
```

在上例中,如果甬江公司无法合理估计退货的可能性,则发出商品时不能确认销售收入。待商品退货期满,再根据 D 公司的实际退货数量,按没有发生退货的发出商品确认销售收入。在这种情况下,甬江公司应作如下账务处理:

①2009 年 1 月 1 日,甬江公司发出商品并开出增值税专用发票。

```
借:应收账款——D 公司                                 51 000
    贷:应交税费——应交增值税(销项税额)                       51 000
借:发出商品                                         200 000
    贷:库存商品                                               200 000
```

②2009 年 2 月 1 日,收到货款。

```
借:银行存款                                         351 000
    贷:应收账款——D 公司                                      51 000
        预收账款——D 公司                                     300 000
```

③2009 年 6 月 30 日,退货期届满。

假定 D 公司没有退货。

借:预收账款——D 公司　　　　　　　　　　　　　　　　　300 000
　　贷:主营业务收入　　　　　　　　　　　　　　　　　　　　　300 000
借:主营业务成本　　　　　　　　　　　　　　　　　　　　200 000
　　贷:发出商品　　　　　　　　　　　　　　　　　　　　　　　200 000

假定 D 公司退货 300 件,甬江公司退回相应的价款。

销售商品数量＝1 000－300＝700(件)

销售商品的收入＝700×300 ＝210 000(元)

销售商品的成本＝700×200 ＝140 000(元)

退回商品的收入＝300×300＝90 000(元)

退回商品的成本＝300×200＝60 000(元)

退回商品的销项税额＝90 000×17％＝15 300(元)

应退还的货款＝90 000＋15 300 ＝105 300(元)

借:预收账款——D 公司　　　　　　　　　　　　　　　　　300 000
　　应交税费——应交增值税(销项税额)　　　　　　　　　　　15 300
　　贷:主营业务收入　　　　　　　　　　　　　　　　　　　　　210 000
　　　　银行存款　　　　　　　　　　　　　　　　　　　　　　　105 300
借:主营业务成本　　　　　　　　　　　　　　　　　　　　140 000
　　库存商品　　　　　　　　　　　　　　　　　　　　　　　60 000
　　贷:发出商品　　　　　　　　　　　　　　　　　　　　　　　200 000

(5)售后回购

售后回购,是指在销售商品的同时,销售方同意日后重新买回该批商品的交易。在售后回购方式下,所售商品所有权上的主要风险和报酬实质上并没有从销售方转移到购货方,因而销售方通常不应当确认收入,收到的款项应确认为负债;回购价格大于原销售价格的,二者之间的差额应在售后回购期间内按期计提利息费用,计入财务费用。

企业在发出商品后,按实际收到的价款,借记"银行存款"科目,按增值税专用发票上注明的增值税额,贷记"应交税费——应交增值税(销项税额)"科目,按其差额,贷记"其他应付款"科目,同时将发出的商品成本从"库存商品"种目转入"发出商品"种目;计提利息费用时,借记"财务费用"科目,贷记"其他应付款"科目;按照合同约定日后重新购回该项商品时,按约定的商品回购价格,借记"其他应付款"科目,按增值税专用发票上注明的增值税额,借记"应交税费——应交增值税(进项税额)"科目,按实际支付的金额,贷记"银行存款"等科目,同时将商品成本从"发出商品"种目转回"库存商品"种目。

【例 9-13】 2009 年 3 月 1 日,甬江股份有限公司与 B 公司签订一项售后回购协议,甬江公司向 B 公司销售一批商品,售价为 1 000 000 元,增值税专用发票上注明的增值税税额为 170 000 元;该批商品成本 800 000 元。商品已经发出,款项已经收到。协议约定,甬江公司 2009 年 12 月 31 日将所售商品购回,回购价格为 1 100 000 元,增值税额 187 000 元。

甬江公司的账务处理如下:

① 2009 年 3 月 1 日,甬江公司收到销售价款。

借:银行存款　　　　　　　　　　　　　　　　　　　　　1 170 000

　　　　　贷：其他应付款——B公司　　　　　　　　　　　　　　　　　　　1 000 000

　　　　　　　应交税费——应交增值税（销项税额）　　　　　　　　　　　170 000

　　　　借：发出商品　　　　　　　　　　　　　　　　　　　　　　　　800 000

　　　　　贷：库存商品　　　　　　　　　　　　　　　　　　　　　　　　800 000

　　② 2009年3月31日，甬江公司计提利息。

　　每月计提的利息费用＝100 000/10＝10 000（元）

　　　　借：财务费用　　　　　　　　　　　　　　　　　　　　　　　　　10 000

　　　　　贷：其他应付款——B公司　　　　　　　　　　　　　　　　　　　10 000

　　以后各月计提利息费用的账务处理同上，此略。

　　③ 2009年12月31日，甬江公司按约定的价格购回该批商品。

　　　　借：其他应付款——B公司　　　　　　　　　　　　　　　　　1 100 000

　　　　　　应交税费——应交增值税（进项税额）　　　　　　　　　　　187 000

　　　　　贷：银行存款　　　　　　　　　　　　　　　　　　　　　　1 287 000

　　　　借：库存商品　　　　　　　　　　　　　　　　　　　　　　　800 000

　　　　　贷：发出商品　　　　　　　　　　　　　　　　　　　　　　　800 000

　　有确凿证据表明售后回购交易满足销售商品收入确认条件的，销售的商品按售价确认收入，回购的商品作为购进商品处理。

　　（6）售后租回

　　售后租回，是指在销售商品的同时，销售方同意日后再租回所售商品。采用售后租回方式销售商品，通常情况下，属于融资交易，企业保留了与所有权相联系的继续管理权，或能够对其实施有效控制，企业不应确认收入，收到的款项应确认为负债；售价与资产账面价值之间的差额应当予以递延，并区分融资性租赁或经营性租赁分别进行会计处理：

　　①销售方（承租人）将售后租回交易认定为融资性租赁的，售价与资产账面价值之间的差额应当按照该项租赁资产的折旧进度进行分摊，作为折旧费用的调整。

　　②销售方（承租人）将售后租回交易认定为经营性租赁的，售价与资产账面价值之间的差额应当在租赁期内按照与确认租金费用相一致的方法进行分摊，作为租金费用的调整。但是，有确凿证据表明认定为经营性租赁的售后租回交易是按照公允价值达成的，销售的商品按售价确认收入，并按账面价值结转成本。

　　企业租回所售资产以及租赁期间有关租赁的会计处理与正常情况下的租赁相同。

　　（7）以旧换新销售

　　以旧换新销售，是指销售方在销售商品的同时回收与所售商品相同的旧商品。在这种销售方式下，销售的商品应当按照销售商品收入确认条件确认收入，回收的商品作为购进商品处理。

三、提供劳务收入的确认和计量

　　劳务通常指其结果不形成有形资产的服务，如旅游服务、运输服务、饮食服务、广告策划与制作、管理咨询、代理业务、培训业务、建筑安装、软件设计、提供特许权等。企业通过提供劳务而取得的收入，即为劳务收入。

（一）持续时间不超过一个会计期间的劳务

对于一次就能完成的劳务和持续一段时间但在同一会计期间开始并完成的劳务，企业应在提供劳务完成时确认收入并结转相关成本。

（二）持续时间超过一个会计期间的劳务

持续时间超过一个会计期间的劳务，劳务收入应当根据在资产负债表日提供劳务交易的结果是否能够可靠地估计，分别采用不同的方法予以确认和计量。

1.提供劳务交易的结果能够可靠地估计

在资产负债表日，企业提供劳务交易的结果如果能够可靠地估计，应当采用完工百分比法确认提供劳务收入。

提供劳务交易的结果能够可靠地估计，是指同时满足下列条件：

（1）收入的金额能够可靠地计量。企业应当按照从接受劳务方已收或应收的合同或协议价款确定提供劳务收入总额，但已收或应收的合同或协议价款不公允的除外。随着劳务的提供，可能会出现增加或减少劳务交易总金额的情况，此时应及时调整合同或协议金额。

（2）相关的经济利益很可能流入企业。相关的经济利益是否能够流入企业，可以根据接受劳务方的信誉状况、以往的营业经验以及双方就结算方式和期限达成的协议等进行判断。只有当与交易相关的经济利益很可能流入企业时，才能确认收入。

（3）交易的完工进度能够可靠地确定。提供劳务交易的完工进度，可以选择下列方法确定：

①已完工作的测量。这是一种比较专业的测量方法，由专业测量师对已经提供的劳务进行测量，并按一定方法计算确定提供劳务交易的完工程度。

②已经提供的劳务占应提供劳务总量的比例。这种方法主要以劳务量为标准确定提供劳务交易的完工程度。

③已经发生的成本占估计总成本的比例。这种方法主要以成本为标准确定提供劳务交易的完工程度。只有已提供劳务的成本才能包括在已经发生的成本中，只有已提供或将提供劳务的成本才能包括在估计总成本中。

（4）交易中已发生和将发生的成本能够可靠地计量。劳务总成本包括至资产负债表日止已经发生的成本和完成劳务将要发生的成本。企业应正确核算各期实际发生的劳务成本，并对完成剩余劳务将要发生的成本进行合理估计。随着劳务的提供和外部情况的变化，企业应当随时对估计的劳务成本进行修订。

完工百分比法，是指按照提供劳务交易的完工进度确认收入与费用的方法。企业应当在资产负债表日，按照提供劳务收入总额乘以完工进度再扣除以前会计期间累计已确认提供劳务收入后的金额，确认当期提供劳务收入。同时，按照提供劳务估计总成本乘以完工进度再扣除以前会计期间累计已确认劳务成本后的金额，结转当期劳务成本。即：

本期确认的收入＝劳务总收入×本期末止劳务的完工进度－以前期间已确认的收入

本期确认的成本＝劳务总成本×本期末止劳务的完工进度－以前期间已确认的成本

【例 9-14】 2009 年 11 月 16 日，甫江股份有限公司签订了一项设备安装劳务合同。根据合同约定，设备安装费总额为 400 000 元，接受劳务方预付 50%，其余 50%待设备安装完成、验收合格后支付。2009 年 12 月 1 日，甫江公司开始进行设备安装，并收到接受劳务方预付的安装费。至 2009 年 12 月 31 日,实际发生安装成本 100 000 元,其中,支付安装人员工资 50 000 元,领用库存原材料 8 000 元,其余均以银行存款支付。甬江公司按已发生的劳务成本占估计劳务总成本的比例确定劳务的完成程度。据估计,至设备安装完成,还会发生安装成本 150 000 元。2010 年 1 月 20 日,设备安装完成,本年实际发生安装成本 162 000 元,其中,支付安装人员工资 95 000 元,领用库存原材料 5 000 元,其余均以银行存款支付。设备经检验合格后,接受劳务方如约支付剩余安装费。

甬江公司账务处理如下:

(1)2009 年 12 月 1 日,预收 50%的劳务价款。

借:银行存款	200 000
贷:预收账款	200 000

(2)支付 2009 年实际发生的安装成本。

借:劳务成本	100 000
贷:应付职工薪酬	50 000
原材料	8 000
银行存款	42 000

(3)2009 年 12 月 31 日,根据劳务完成程度确认劳务收入并结转劳务成本。

劳务完成程度＝100 000/(100 000＋150 000)×100%＝40%

应确认收入＝400 000×40%＝160 000(元)

应结转成本＝250 000×40%＝100 000(元)

借:预收账款	160 000
贷:主营业务收入	160 000
借:主营业务成本	100 000
贷:劳务成本	100 000

(4)支付 2010 年发生的安装成本。

借:劳务成本	162 000
贷:应付职工薪酬	95 000
原材料	5 000
银行存款	62 000

(5)2010 年 1 月 20 日,确认其余的劳务收入并结转劳务成本。

本年确认的收入＝400 000－160 000＝240 000(元)

本年确认的成本＝162 000(元)

借:预收账款	240 000
贷:主营业务收入	240 000
借:主营业务成本	162 000
贷:劳务成本	162 000

(6)收到接受劳务方支付的剩余劳务价款。

借:银行存款	200 000
贷:预收账款	200 000

2.提供劳务交易的结果不能可靠地估计

在资产负债表日,如果提供劳务交易的结果不能可靠地估计,即不能同时满足提供劳务交易的结果能够可靠估计的 4 个条件,企业不能采用完工百分比法确认提供劳务收入。此时,企业应当正确预计已经发生的劳务成本能够得到补偿和不能得到补偿,分别以下情况进行会计处理:

(1)如果已经发生的劳务成本预计能够得到补偿,应当按照已经发生的能够得到补偿的劳务成本金额确认提供劳务收入,并结转已经发生的劳务成本。

(2)如果已经发生的劳务成本预计全部不能得到补偿,应当将已经发生的劳务成本计入当期损益,不确认提供劳务收入。

【例 9-15】　甬江公司于 2009 年 12 月 25 日接受乙公司委托,为其培训一批学员,培训期为 6 个月,2010 年 1 月 1 日开学。协议约定,乙公司应向甬江公司支付的培训费总额为60 000元,分三次等额支付,第一次在开学时预付,第二次在 2010 年 3 月 1 日支付,第三次在培训结束时支付。

2010 年 1 月 1 日,乙公司预付第一次培训费。至 2010 年 2 月 28 日,甬江公司发生培训成本 30 000 元(假定均为培训人员薪酬)。2010 年 3 月 1 日,甬江公司得知乙公司经营发生困难,后两次培训费能否收回难以确定。

甬江公司的账务处理如下:

(1)2010 年 1 月 1 日收到乙公司预付的培训费。

借:银行存款　　　　　　　　　　　　　　　　　　　　　　20 000
　　贷:预收账款　　　　　　　　　　　　　　　　　　　　　　　　20 000

(2)实际发生培训支出 30 000 元。

借:劳务成本　　　　　　　　　　　　　　　　　　　　　　30 000
　　贷:应付职工薪酬　　　　　　　　　　　　　　　　　　　　　　30 000

(3)2010 年 2 月 28 日确认劳务收入并结转劳务成本。

借:预收账款　　　　　　　　　　　　　　　　　　　　　　20 000
　　贷:主营业务收入　　　　　　　　　　　　　　　　　　　　　　20 000
借:主营业务成本　　　　　　　　　　　　　　　　　　　　30 000
　　贷:劳务成本　　　　　　　　　　　　　　　　　　　　　　　　30 000

3.同时销售商品和提供劳务的交易

企业与其他企业签订的合同或协议,有时既包括销售商品又包括提供劳务,如销售电梯的同时负责安装工作、销售软件后继续提供技术支持、设计产品同时负责生产等。企业与其他企业签订的合同或协议如果既包括销售商品,也包括提供劳务,应当分别不同的情况进行会计处理:

(1)销售商品部分和提供劳务部分能够区分且能够单独计量的,应当将销售商品的部分作为销售商品处理,将提供劳务的部分作为提供劳务处理。

(2)销售商品部分和提供劳务部分不能够区分,或虽能区分但不能够单独计量的,应当将销售商品部分和提供劳务部分全部作为销售商品处理。

【例 9-16】　甬江公司与丙公司签订合同,向丙公司销售一部电梯并负责安装。甬江公司开出的增值税专用发票上注明的价款合计为 1 000 000 元,其中电梯销售价格为 980 000

元,安装费为 20 000 元,增值税额为 170 000 元。电梯的成本为 560 000 元;电梯安装过程中发生安装费 12 000 元,均为安装人员薪酬。假定电梯已经安装完成并经验收合格,款项尚未收到;安装工作是销售合同的重要组成部分。

甬江公司的账务处理如下:

(1)电梯发出结转成本。

借:发出商品	560 000	
贷:库存商品		560 000

(2)实际发生安装费用。

借:劳务成本	12 000	
贷:应付职工薪酬		12 000

(3)电梯销售实现,确认收入。

借:应收账款	1 150 000	
贷:主营业务收入		980 000
应交税费——应交增值税(销项税额)		170 000
借:主营业务成本	560 000	
贷:发出商品		560 000

(4)确认安装费收入并结转安装成本。

借:应收账款	20 000	
贷:主营业务收入		20 000
借:主营业务成本	12 000	
贷:劳务成本		12 000

【例 9-17】 沿用【例 9-16】,同时假定电梯销售价格和安装费用无法区分。

甬江公司的账务处理如下:

(1)电梯发出结转成本。

借:发出商品	560 000	
贷:库存商品		560 000

(2)发生安装费用。

借:劳务成本	12 000	
贷:应付职工薪酬		12 000

(3)销售实现,确认收入并结转成本。

借:应收账款	1 170 000	
贷:主营业务收入		1 000 000
应交税费——应交增值税(销项税额)		170 000
借:主营业务成本	572 000	
贷:发出商品		560 000
劳务成本		12 000

4.特殊劳务收入

企业提供的劳务种类繁多,而不同的劳务,其提供方式以及收费方式各具特点。企业提供的下列劳务,满足收入确认条件的,应按规定的时点确认有关劳务收入:

（1）安装费，在资产负债表日根据安装的完工进度确认收入。如果安装工作是商品销售的附带条件，安装费在确认商品销售实现时确认收入。

（2）宣传媒介的收费，在相关的广告或商业行为开始出现于公众面前时确认收入。广告的制作费，在资产负债表日根据制作广告的完工进度确认收入。

（3）为特定客户开发软件的收费，在资产负债表日根据开发的完工进度确认收入。

（4）包括在商品售价内可区分的服务费，在提供服务的期间内分期确认收入。

（5）艺术表演、招待宴会和其他特殊活动的收费，在相关活动发生时确认收入。收费涉及几项活动的，预收的款项应合理分配给每项活动，分别确认收入。

（6）申请入会费和会员费只允许取得会籍，所有其他服务或商品都要另行收费的，在款项收回不存在重大不确定性时确认为收入。申请入会费和会员费能使会员在会员期内得到各种服务或商品，或者以低于非会员的价格购买商品或接受劳务的，在整个受益期内分期确认收入。

（7）属于提供设备和其他有形资产的特许权费，在交付资产或转移资产所有权时确认收入；属于提供初始及后续服务的特许权费，在提供服务时确认收入。

（8）长期为客户提供重复的劳务收取的劳务费，在相关劳务活动发生时确认收入。

四、让渡资产使用权收入的确认和计量

企业的有些交易活动，并不转移资产的所有权，而只让渡资产的使用权，由此取得的收入，即为让渡资产使用权收入，主要包括利息收入和使用费收入。

利息收入，是指金融企业存、贷款形成的利息收入以及同业之间发生往来形成的利息收入；使用费收入，是指他人使用本企业无形资产（如商标权、专利权、专营权、软件、版权等）而形成的使用费收入。企业对外出租资产收取的租金、进行债权投资收取的利息、进行股权投资取得的现金股利，也构成让渡资产使用权收入。利息收入和使用费收入，应当在以下条件均能满足时予以确认：

（1）相关的经济利益很可能流入企业。相关的经济利益是否很可能流入企业，应根据交易对方的信用状况、支付能力等情况以及双方就结算方式、付款期限等达成的协议等进行判断。如果企业估计款项收回的可能性不大，就不应确认收入。

（2）收入的金额能够可靠地计量。企业应当分别下列情况确定让渡资产使用权收入金额：

①利息收入金额，按照他人使用本企业货币资金的时间和实际利率计算确定。利息的支付方式包括分期付息和到期一次付息。无论利息如何支付，企业均应分期计算并确认利息收入。

②使用费收入金额，按照有关合同或协议约定的收费时间和方法计算确定。使用费的收费时间和收费方法是多种多样的，有的使用费是一次收回一笔固定的金额，如一次收取10年的场地使用费；有的使用费是在协议规定的有效期内等额收回，如合同规定在使用期内每期收取一笔固定的金额；还有的使用费是分期不等额收回，如合同规定按资产使用方每期销售额的百分比收取使用费等。如果合同、协议规定使用费一次支付，且不提供后期服务的，应视同该项资产的销售一次确认收入；如提供后续服务，应在合同、协议规定的有效期内分期确认收入。如果合同规定分期支付使用费，应按合同规定的收款时间和金额或合同规定的收费方法计算的金额分期确认收入。

【例 9-18】　甬江公司向丁公司转让其商品的商标使用权,约定丁公司每年年末按年销售收入的 10% 支付使用费,使用期 10 年。第一年,丁公司实现销售收入 1 000 000 元;第二年,丁公司实现销售收入 1 500 000 元。假定甬江公司均于每年年末收到使用费,不考虑其他因素。甬江公司的账务处理如下:

(1)第一年年末确认使用费收入。

使用费收入金额 = 1 000 000×10% = 100 000(元)

借:银行存款　　　　　　　　　　　　　　　　　　　　　　　100 000

　　贷:其他业务收入　　　　　　　　　　　　　　　　　　　　　　　100 000

(2)第二年年末确认使用费收入。

使用费收入金额 = 1 500 000×10% = 150 000(元)

借:银行存款　　　　　　　　　　　　　　　　　　　　　　　150 000

　　贷:其他业务收入　　　　　　　　　　　　　　　　　　　　　　　150 000

五、建造合同收入的确认和计量

在某些生产周期较长的行业,如建筑业、造船业、飞机制造业等,通常是根据客户的要求,通过与客户签订建造合同来组织生产的,从产品投入生产到全部完工,往往要跨越会计年度。这类行业的企业,由于产品的生产和销售有其特殊性,收入的确认也不同于一般的商品销售。

(一)建造合同的特征及类型

1. 建造合同的概念及特征

建造合同,是指为建造一项或数项在设计、技术、功能、最终用途等方面密切相关的资产而订立的合同。这里所讲的资产,是指房屋、道路、桥梁、水坝等建筑物以及船舶、飞机、大型机械设备等。

建造合同虽然也是一种经济合同,但却具有明显不同于一般商品购销合同和劳务合同的特征,主要表现在:

(1)先有买主(即客户),后有标的(即资产),建造资产的造价在合同签订时就已经确定。

(2)资产的建造周期长,一般要跨越一个会计年度,有的长达数年。

(3)所建造的资产体积大、造价高。

(4)建造合同一般为不可撤销合同。

2. 建造合同的类型

建造合同分为固定造价合同和成本加成合同两类。

固定造价合同,是指按照固定的合同价或固定单价确定工程价款的建造合同。例如,建筑承包商与客户签订一项建造办公大楼的合同,合同规定办公大楼的总造价为 5 000 万元。

成本加成合同,是指以合同允许或其他方式议定的成本为基础,加上该成本的一定比例或定额费用确定工程价款的建造合同。例如,造船厂与客户签订一项建造船舶的合同,合同规定以建造该船舶的实际成本为基础,加价 10% 作为合同总价款。

(二)合同收入和合同成本的基本内容

1. 合同收入

合同收入包括合同中规定的初始收入和因合同变更、索赔、奖励等形成的收入。

（1）合同的初始收入，是指企业与客户在签订的合同中最初商定的合同总金额，它构成建造工程合同收入的主要部分。

（2）合同变更、索赔、奖励等形成的收入，是指在执行合同过程中由于合同变更、索赔、奖励等原因而形成的收入。其中：① 合同变更，是指客户为改变合同规定的作业内容而提出的调整。因合同变更而形成的收入，应当在客户能够认可因变更而增加的收入，并且收入能够可靠地计量时予以确认。② 索赔款，是指因客户或第三方的原因造成的、由建造承包商向客户或第三方收取的、用以补偿不包括在合同造价中的成本的款项。因索赔而形成的收入，应当根据谈判情况，在预计对方能够同意这项索赔，并且对方同意接受的金额能够可靠计量的情况下予以确认。③ 奖励款，是指工程达到或超过规定的标准时，客户同意支付给建造承包商的额外款项。因奖励而形成的收入，应当根据目前合同完成情况，在足以判断工程进度和工程质量能够达到或超过规定的标准，并且奖励金额能够可靠地计量时，予以确认。

2. 合同成本

合同成本包括从合同签订开始至合同完成止所发生的、与执行合同有关的直接费用和间接费用。

（1）直接费用，是指为完成合同所发生的、可以直接计入合同成本核算对象的各项费用支出，包括耗用的材料费用、人工费用、机械使用费以及其他直接费用。

（2）间接费用，是指企业下属的施工单位或生产单位为组织和管理施工生产活动所发生的费用，主要包括临时设施摊销费用和施工、生产单位发生的管理人员工资、奖金、福利费、劳动保护费、固定资产折旧费及修理费、物料消耗、低值易耗品摊销、取暖费、水电费、办公费、差旅费、财产保险费、工程保修费、排污费等。其中，施工单位是指建筑安装企业的工区、施工队、项目经理部等；生产单位是指船舶企业的现场管理机构，飞机、大型机械设备制造企业的生产车间等。

直接费用在发生时应当直接计入合同成本，间接费用应当在资产负债表日按照系统、合理的方法分摊计入合同成本。与合同有关的零星收益，如合同完成后处置残余物资取得的收益，应当冲减合同成本。

企业行政管理部门为组织和管理生产经营活动所发生的管理费用、船舶等制造企业的销售费用、企业筹集生产经营所需资金而发生的财务费用和因订立合同而发生的有关费用，应当直接计入当期费用，不包括在合同成本之中。

（三）合同收入与合同费用的确认与计量

建造合同收入与合同费用的确认与计量，应当在资产负债表日根据建造合同的结果能否可靠估计，分别采用不同的方法进行会计处理。

1. 建造合同的结果能够可靠地估计

在资产负债表日，建造合同的结果能够可靠估计的，应当根据完工百分比法确认合同收入和合同费用。

固定造价合同的结果能够可靠地估计，是指同时满足下列条件：

（1）合同总收入能够可靠地计量。

（2）与合同相关的经济利益很可能流入企业。

（3）实际发生的合同成本能够清楚地区分和可靠地计量。

（4）合同完工进度和为完成合同尚需发生的成本能够可靠地确定。

成本加成合同的结果能够可靠地估计,是指同时满足下列条件:

(1)与合同相关的经济利益很可能流入企业。

(2)实际发生的合同成本能够清楚地区分和可靠地计量。

合同完工进度可以按累计实际发生的合同成本占合同预计总成本的比例、已经完成的合同工作量占合同预计总工作量的比例、实际测定的完工进度等方法确定。其中,在采用累计实际发生的合同成本占合同预计总成本的比例确定合同完工进度时,累计实际发生的合同成本不包括:① 施工中尚未安装或使用的材料成本等与合同未来活动相关的合同成本;② 在分包工程的工作量完成之前预付给分包单位的款项。

在资产负债表日,建造合同在当期并没有完成时,企业应当按照合同总收入乘以完工进度再扣除以前会计期间累计已确认收入后的金额,确认为当期合同收入;同时,按照合同预计总成本乘以完工进度再扣除以前会计期间累计已确认费用后的金额,确认为当期合同费用。

在资产负债表日,当期完成的建造合同,应当按照实际合同总收入扣除以前会计期间累计已确认的收入后的金额,确认为当期合同收入;同时,按照累计实际发生的合同成本扣除以前会计期间累计已确认费用后的金额,确认为当期合同费用。

2. 建造合同的结果不能可靠地估计

在资产负债表日,建造合同的结果不能可靠估计的,应当分别下列情况处理:

(1)合同成本能够收回,合同收入根据能够收回的实际合同成本予以确认,合同成本在其发生的当期确认为合同费用。

(2)合同成本不可能收回的,在发生时立即确认为合同费用,不确认合同收入。

使建造合同的结果不能可靠估计的不确定因素不复存在时,应当按照完工百分比法确认合同收入和合同费用。合同预计总成本超过合同预计总收入的,应当将预计损失确认为当期费用。

(四)合同收入与合同费用的会计处理

由于产品生产和销售的特殊性,合同收入与合同费用的核算增设了相应的会计科目,主要包括"工程施工"、"工程结算"和"机械作业"等。

"工程施工"科目核算企业实际发生的合同成本和合同毛利。可按建造合同,分别"合同成本"、"间接费用"、"合同毛利"进行明细核算。企业进行合同建造时发生的人工费、材料费、机械使用费等直接费用,借记"工程施工——合同成本",贷记"应付职工薪酬"、"原材料"等科目;发生的施工、生产单位管理人员职工薪酬、固定资产折旧费等间接费用,借记"工程施工——间接费用",贷记"累计折旧"、"银行存款"等科目;期(月)末,将间接费用分配计入有关合同成本,借记"工程施工——合同成本",贷记"工程施工——间接费用";确认合同收入、合同费用时,借记"主营业务成本"科目,贷记"主营业务收入"科目,按其差额,借记或贷记"工程施工——合同毛利";合同完工时,应将"工程施工"科目余额与相关工程施工合同的"工程结算"科目对冲,借记"工程结算"科目,贷记"工程施工"科目。"工程施工"科目期末借方余额,反映企业尚未完工的建造合同成本和合同毛利。

"工程结算"科目核算企业根据建造合同约定向业主办理结算的累计金额。可按建造合同进行明细核算。企业向业主办理工程价款结算,按应结算的金额,借记"应收账款"等科目,贷记"工程结算"科目;合同完工时,应将本科目余额与相关工程施工合同的"工程施工"科目对冲,借记本科目,贷记"工程施工"科目。"工程结算"科目期末贷方余额,反映企业尚未完工建造合同已办理结算的累计金额。

"机械作业"科目核算企业及其内部独立核算的施工单位、机械站和运输队使用自有施工机械和运输设备进行机械作业（包括机械化施工和运输作业等）所发生的各项费用。可按施工机械或运输设备的种类等进行明细核算。施工企业内部独立核算的机械施工、运输单位使用自有施工机械或运输设备进行机械作业所发生的各项费用，可按成本核算对象和成本项目进行归集。企业发生的机械作业支出，借记"机械作业"科目，贷记"原材料"、"应付职工薪酬"、"累计折旧"等科目；期（月）末，企业及其内部独立核算的施工单位、机械站和运输队为本单位承包的工程进行机械化施工和运输作业的成本，应转入承包工程的成本，借记"工程施工"科目，贷记"机械作业"科目。"机械作业"科目期末应无余额。

【例9-19】 某建筑企业签订了一项总金额为2 700 000元的固定造价合同，合同完工进度按照累计实际发生的合同成本占合同预计总成本的比例确定。工程已于2007年2月开工，预计2009年9月完工。最初预计的工程总成本为2 500 000元，到2008年底，由于材料价格上涨等因素调整了预计总成本，预计工程总成本已为3 000 000元。该建筑企业于2009年7月提前两个月完成了建造合同，工程质量优良，客户同意支付奖励款300 000元。建造该工程的其他有关资料如表9-3所示。

表9-3 建造工程相关资料 金额单位：元

项 目	2007 年	2008 年	2009 年
累计实际发生成本	800 000	2 100 000	2 950 000
预计完成合同尚需发生成本	1 700 000	900 000	——
结算合同价款	1 000 000	1 100 000	900 000
实际收到价款	800 000	900 000	1 300 000

该建筑企业对本项建造合同的有关账务处理如下（为简化起见，会计分录以汇总数反映，有关纳税业务的会计分录略）：

（1）2007年账务处理如下：

①登记实际发生的合同成本。

借：工程施工——合同成本　　　　　　　　　　　　　　　　800 000
　　贷：原材料、应付职工薪酬、机械作业等　　　　　　　　　　　　800 000

②登记已结算的合同价款。

借：应收账款　　　　　　　　　　　　　　　　　　　　　1 000 000
　　贷：工程结算　　　　　　　　　　　　　　　　　　　　　　1 000 000

③登记实际收到的合同价款。

借：银行存款　　　　　　　　　　　　　　　　　　　　　　800 000
　　贷：应收账款　　　　　　　　　　　　　　　　　　　　　　800 000

④确认计量当年的合同收入和费用，并登记入账。

2007年的完工进度＝800 000÷（800 000＋1 700 000）×100％＝32％

2007年确认的合同收入＝2 700 000×32％＝864 000（元）

2007年确认的合同费用＝（800 000＋1 700 000）×32％＝800 000（元）

2007 年确认的合同毛利＝864 000−800 000＝64 000(元)

借:主营业务成本	800 000	
工程施工——合同毛利	64 000	
贷:主营业务收入		864 000

(2)2008 年的账务处理如下:

①登记实际发生的合同成本。

借:工程施工——合同成本	1 300 000	
贷:原材料、应付职工薪副、机械作业等		1 300 000

②登记结算的合同价款。

借:应收账款	1 100 000	
贷:工程结算		1 100 000

③登记实际收到的合同价款。

借:银行存款	900 000	
贷:应收账款		900 000

④确认计量当年的合同收入和费用,并登记入账。

2008 年的完工进度＝2 100 000÷(2 100 000＋900 000)×100％＝70％

2008 年确认的合同收入＝2 700 000×70％−864 000＝1 026 000(元)

2008 年确认的合同费用＝(2 100 000＋900 000)×70％−800 000＝1 300 000(元)

2008 年确认的合同毛利＝1 026 000−1 300 000＝−274 000(元)

2008 年确认的合同预计损失＝(2 100 000＋900 000−2 700 000)×(1−70％)＝90 000(元)

注:在 2008 年底,由于该合同预计总成本(3 000 000 元)大于合同总收入(2 700 000 元),预计发生损失总额为 300 000 元,由于已在"工程施工——合同毛利"中反映了−210 000(64 000−274 000)元的亏损,因此应将剩余的、为完成工程将发生的预计损失 90 000 元确认为当期费用。

借:主营业务成本	1 300 000	
贷:主营业务收入		1 026 000
工程施工——合同毛利		274 000
借:资产减值损失	90 000	
贷:存货跌价准备		90 000

(3)2009 年的账务处理如下:

①登记实际发生的合同成本。

借:工程施工——合同成本	850 000	
贷:原材料、应付职工薪酬、机械作业等		850 000

②登记结算的合同价款。

借:应收账款	900 000	
贷:工程结算		900 000

③登记实际收到的合同价款。

借:银行存款	1 300 000	

贷：应收账款	1 300 000

④确认计量当年的合同收入和费用，并登记入账。

2009 年确认的合同收入

＝(2 700 000＋300 000)－(864 000＋1 026 000)＝1 110 000(元)

2009 年确认的合同费用＝2 950 000－800 000－1 300 000＝850 000(元)

2009 年确认的合同毛利＝1 110 000－850 000＝260 000(元)

借：主营业务成本	850 000
工程施工——合同毛利	260 000
贷：主营业务收入	1 110 000

⑤2009 年工程全部完工，应将"存货跌价准备"科目相关余额冲减"主营业务成本"，将"工程施工"科目的余额与"工程结算"科目的余额相对冲。

借：存货跌价准备	90 000
贷：主营业务成本	90 000
借：工程结算	3 000 000
贷：工程施工——合同成本	2 950 000
——合同毛利	50 000

第二节　费用

一、费用及其分类

(一)费用的概念与特征

费用是指企业在日常活动中发生的、会导致所有者权益减少的、与向所有者分配利润无关的经济利益的总流出。

费用具有两项特征：费用最终将导致企业经济资源的减少；费用最终会减少企业的所有者权益。

(二)费用的分类

企业发生的各项费用根据其性质，可以按照不同的标准进行分类。其中最基本的是按照费用的经济内容分类和按照费用的经济用途分类。此外，还有一些其他的分类方法。

1. 费用按其经济内容分类

费用按照经济内容(或性质)进行分类，不外乎劳动对象方面的费用、劳动手段方面的费用和劳动力方面的费用三大类，一般可细分为以下九类：

(1)外购材料，指企业为进行生产而耗用的一切从外部购入的原材料及主要材料、半成品、辅助材料、包装物、修理用备件和低值易耗品等。

(2)外购燃料，指企业为进行生产而耗用的从外部购进的各种燃料。

(3)外购动力，指企业为进行生产而耗用的从外部购进的各种动力。

(4)工资，指企业应计入成本费用的职工工资。

(5)提取的职工福利费用，指按照一定比例从成本费用中提取的职工福利费用。

(6)折旧费,指企业按照核定的固定资产折旧率计算提取的折旧基金。

(7)利息支出,指企业应计入成本费用的利息支出减去利息收入后的净额。

(8)税金,指企业应计入成本费用的各种税金。

(9)其他支出,指不属于以上各要素的费用支出。

2. 费用按其经济用途分类

费用按照经济用途分类,可分为直接材料、直接人工、制造费用和期间费用。

(1)直接材料,指构成产品实体,或有助于产品形成的各项原料及主要材料、辅助材料、燃料、备品备件、外购半成品和其他直接材料。

(2)直接人工,指直接从事产品生产人员的工资、奖金、津贴、补贴和福利费。

(3)制造费用,指企业各生产单位为组织和管理生产所发生的各项费用。

(4)期间费用,指企业在生产经营过程中发生的销售费用、管理费用和财务费用。

3. 费用按其同产量之间的关系分类

按照费用同产量之间的关系,可以把费用分为固定费用和变动费用。

所谓固定费用,是指产量在一定范围内,费用总额不随着产品产量的变动而变动的费用,如固定资产折旧费、管理人员工资、办公费等。所谓变动费用,是指费用总额随着产品产量的变动而变动的费用,如原材料费用和生产工人计件工资等。

二、费用的确认与计量

企业发生的费用如何进行确认,关系到企业损益的正确计算。国际会计准则提出了费用确认标准,即,"如果资产的减少或负债的增加,关系到未来经济利益的减少,并且能够可靠地加以计量,就应当在利润表中确认费用。"我国企业会计准则——基本准则规定:费用只有在经济利益很可能流出从而导致企业资产减少或者负债增加、且经济利益的流出额能够可靠计量时才能予以确认。也就是说,确认费用的标准主要有两点:

一是某项资产的减少或负债的增加,如果不会减少企业的经济利益,就不能作为费用。生产产品领用的材料、支付的工资和其他的支出,虽然已经减少了存货和货币资金,即某种资金已经减少,但是,它又转化为另一种资产形式,企业的经济利益并没有因此而减少。因此,它只是成本而不是费用。只有产品已完工并销售时,才确认为费用。

二是某项资产的减少或负债的增加必须能够准确地加以计量。如果某项资产的耗费不能够加以计量,也无法做出合理的估计,那么就不能在利润表中确认为费用。

由于费用一般被视为资产价值的减少,而理论上,已耗用的资产又可以从不同的角度来计量,所以,与之相适应的费用也可采用不同的计量属性。不过,通常的费用计量标准是实际成本。费用采用实际成本计量属性来计量,是由于实际成本代表的企业获得商品或劳务时的交换价值由交易双方认可,具有客观性和可验证性,从而能够使会计信息具有足够的可靠性。

在确认费用时,应当分清生产费用与期间费用的界限,生产费用应当计入产品成本,期间费用应当计入当期损益。生产费用的核算在《成本会计》课程中阐述,本节只对期间费用进行阐述。

三、期间费用

期间费用是指企业当期发生的,但不能直接归属于某个特定产品成本的费用。由于难以判定其所归属的产品,因而不能列入产品制造成本,而在发生的当期直接计入当期损益。期间费用主要包括销售费用、管理费用、财务费用。

（一）销售费用

1. 销售费用的内容

销售费用是指企业在销售商品过程中发生的各项费用以及为销售本企业商品而专设的销售机构(含销售网点、售后服务网点等)的经营费用。其具体项目包括:

(1)产品自销费用,包括应由本企业负担的包装费、运输费、装卸费、保险费。

(2)产品促销费用,包括展览费、广告费、经营租赁费、销售服务费。

(3)销售部门的费用,一般是指专设销售机构的职工工资及福利费、类似工资性质的费用、业务费等经营费用。但企业内部销售部门所发生的费用,不包括在销售费用中,而应列入管理费用中。

(4)委托代销费用,主要是指企业委托其他单位代销,按代销合同规定支付的委托代销手续费。

2. 销售费用的核算

企业应设置"销售费用"账户,发生的销售费用在"销售费用"账户中核算,并按费用项目设置明细账进行明细核算。企业发生的各项销售费用借记"销售费用"科目,贷记"库存现金"、"银行存款"、"应付职工薪酬"等科目;月终,将借方归集的销售费用全部由本科目的贷方转入"本年利润"科目的借方,计入当期损益。结转销售费用后,"销售费用"账户期末无余额。

【例9-20】　甬江公司2009年2月份发生的销售费用包括:以银行存款支付广告费10 000元;以现金支付应由公司负担的销售A产品的运输费600元;本月分配给专设销售机构的职工工资4 000元,提取的职工福利费是560元。月末将全部销售费用予以结转。

根据上述资料,甬江公司账务处理如下:

(1)支付广告费。

借:销售费用——广告费　　　　　　　　　　　　　　10 000

　　贷:银行存款　　　　　　　　　　　　　　　　　　　　　10 000

(2)支付运输费。

借:销售费用——运输费　　　　　　　　　　　　　　　600

　　贷:库存现金　　　　　　　　　　　　　　　　　　　　　　600

(3)分配职工工资及提取福利费。

借:销售费用——工资及福利费　　　　　　　　　　　4 560

　　贷:应付职工薪酬——工资　　　　　　　　　　　　　　4 000

　　　　　　　　　　——福利费　　　　　　　　　　　　　　560

(4)月末结转销售费用。

借:本年利润　　　　　　　　　　　　　　　　　　15 160

　　贷:销售费用　　　　　　　　　　　　　　　　　　　15 160

（二）管理费用

1. 管理费用的内容

管理费用是指企业行政管理部门为组织和管理生产经营活动而发生的各项费用。管理费用主要包括：

(1)企业管理部门发生的直接管理费用，如公司经费等。公司经费包括总部管理人员工资、职工福利费、差旅费、办公费、折旧费、修理费、物料消耗、低值易耗品摊销及其他公司经费。

(2)用于企业直接管理之外的费用，主要包括：董事会费、咨询费、聘请中介机构费、诉讼费、相关税金、业务招待费、排污费、矿产资源补偿费。

(3)提供生产技术条件的费用，主要包括：研究费用、无形资产摊销、长期待摊费用摊销。

(4)其他费用，是指不包括在以上各项之内又应列入管理费用的费用。

2. 管理费用的核算

企业应设置"管理费用"账户，发生的管理费用在"管理费用"账户中核算，并按费用项目设置明细账进行明细核算。企业发生的各项管理费用借记该科目，贷记"库存现金"、"银行存款"、"原材料"、"应付职工薪酬"、"累计折旧"、"累计摊销"、"研发支出"、"应交税费"等科目；期末，将本科目借方归集的管理费用全部由本科目的贷方转入"本年利润"科目的借方，计入当期损益。结转管理费用后，"管理费用"账户期末无余额。

【例9-21】　甬江公司2009年2月份发生以下管理费用：以银行存款支付业务招待费9 000元；计提管理部门使用的固定资产折旧费7 000元；分配管理人员工资12 000元，提取职工福利费1 680元；计算应交土地使用税4 000元；摊销无形资产2 000元。月末结转管理费用。

根据上述资料，甬江公司账务处理如下：

(1)支付业务招待费。

借：管理费用——业务招待费　　　　　　　　　　　9 000
　　贷：银行存款　　　　　　　　　　　　　　　　　　　　9 000

(2)计提折旧费。

借：管理费用——折旧费　　　　　　　　　　　　　7 000
　　贷：累计折旧　　　　　　　　　　　　　　　　　　　　7 000

(3)分配工资及计提福利费。

借：管理费用——工资及福利费　　　　　　　　　　13 680
　　贷：应付职工薪酬——工资　　　　　　　　　　　　　12 000
　　　　　　　　　　　——福利费　　　　　　　　　　　　1 680

(4)计算应交土地使用税。

借：管理费用——土地使用税　　　　　　　　　　　4 000
　　贷：应交税费——应交土地使用税　　　　　　　　　　4 000

(5)摊销无形资产。

借：管理费用——无形资产摊销　　　　　　　　　　2 000
　　贷：累计摊销　　　　　　　　　　　　　　　　　　　　2 000

(6)结转管理费用。

借：本年利润　　　　　　　　　　　　　　　　　　35 680
　　贷：管理费用　　　　　　　　　　　　　　　　　　　　35 680

(三)财务费用

1. 财务费用的内容

财务费用是指企业为筹集生产经营所需资金而发生的各项费用。具体包括的项目有：利息净支出（减利息收入后的支出）、汇兑净损失（减汇兑收益后的损失）、金融机构手续费、企业发生的现金折扣或收到的现金折扣，以及筹集生产经营资金发生的其他费用等。即：

（1）利息净支出，指企业短期借款利息、长期借款利息、票据贴现利息、应付债券利息、长期应付引进外国设备款利息等利息支出减去银行存款等利息收入后的净额。

（2）汇兑净损失，是企业因向银行结售或购入外汇而产生的银行买入、卖出价与记账所采用的汇率之间的差额，以及月度终了，各种外币账户的外币期末余额，按照期末汇率折合的记账本位币金额与账面记账本位币金额之间的差额等。

（3）相关手续费，是指开出汇票的银行手续费、调剂外汇手续费等。

（4）企业发生的现金折扣或收到的现金折扣。

（5）其他财务费用，如融资租入固定资产发生的融资租赁费用，以及筹集生产经营资金发生的其他费用等。

2. 财务费用的核算

企业应设置"财务费用"账户，发生的财务费用在"财务费用"账户中核算，并按费用项目设置明细账进行明细核算。企业发生的各项财务费用借记"财务费用"科目，贷记"银行存款"等科目；企业发生利息收入、汇兑收益时，借记"银行存款"等科目，贷记"财务费用"科目。月终，将借方归集的财务费用全部由该科目的贷方转入"本年利润"科目的借方，计入当期损益。结转当期财务费用后，"财务费用"账户期末无余额。

【例 9-22】　甬江公司 2009 年 2 月份发生如下事项：接到银行通知，已划拨本月银行借款利息 10 000 元；银行转来存款利息 3 000 元。月末结转财务费用。

根据上述资料，甬江公司账务处理如下：

```
借：财务费用——利息支出                    10 000
    贷：银行存款                                  10 000
借：银行存款                              3 000
    贷：财务费用——利息收入                        3 000
借：本年利润                              7 000
    贷：财务费用                                  7 000
```

第三节　利润

一、利润的构成

利润是指企业在一定会计期间的经营成果，包括收入减去费用后的净额、直接计入当期利润的利得和损失等。其中，直接计入当期利润的利得和损失，是指应当计入当期损益、会导致所有者权益发生增减变动的、与所有者投入资本或者向所有者分配利润无关的利得或者损失。利润金额取决于收入和费用、直接计入当期利润的利得和损失金额的计量。在利润表中，利润分为营业利润、利润总额和净利润三个层次。

（一）营业利润

营业利润，是指企业一定期间的日常活动取得的利润。营业利润的具体构成，可用公式表示如下：

营业利润＝营业收入－营业成本－营业税金及附加－销售费用－管理费用－财务费用
　　　　　－资产减值损失＋公允价值变动净损益＋投资净损益

其中，营业收入包括主营业务收入和其他业务收入；营业成本包括主营业务成本和其他业务成本；营业税金及附加包括主营业务和其他业务应负担的营业税、消费税、城市维护建设税、资源税、土地增值税和教育费附加等。

（二）利润总额

利润总额，是指企业一定期间的营业利润，加上营业外收入减去营业外支出后的所得税前利润总额，即：

利润总额＝营业利润＋营业外收入－营业外支出

其中，营业外收入和营业外支出是指企业发生的与其经营活动无直接关系的收支项目。

营业外收入与营业外支出虽然与企业正常的生产经营活动无直接关系，但站在企业主体的角度来看，同样是其经济利益的流入或流出，从而构成利润的一部分，对企业的盈亏状况具有不可忽视的影响。

1. 营业外收入

营业外收入，是指企业取得的与生产经营活动没有直接关系的各种收入。主要包括处置非流动资产利得、非货币性资产交换利得、债务重组利得、罚没利得、政府补助利得、确实无法支付而按规定程序经批准后转作营业外收入的应付款项、捐赠利得、盘盈利得等。

（1）处置非流动资产利得，主要包括处置固定资产和无形资产利得。其中，处置固定资产利得，是指企业处置固定资产所取得的收入，扣除固定资产账面价值以及处置费用后的净收益；处置无形资产利得，是指企业处置无形资产所取得的收入，扣除无形资产账面价值以及相关税费后的净收益。

（2）非货币性资产交换利得，是指在非货币性资产交换具有商业实质且公允价值能够可靠计量的情况下，因换出固定资产或无形资产的公允价值高于其账面价值而获得的资产增值收益。

（3）债务重组利得，是指企业在进行债务重组时，债务人因重组债务的账面价值高于用于偿债的现金及非现金资产公允价值、债权人放弃债权而享有股份的公允价值、重组后债务的入账价值等，而应当计入当期损益的利得。

（4）罚没利得，是指企业收取的滞纳金、违约金以及其他形式的罚款，在弥补了由于对方违约而造成的经济损失后的净收益。

（5）政府补助利得，是指企业从政府无偿取得货币性资产或非货币性资产，但不包括政府作为企业所有者投入的资本。政府补助通常为货币性资产形式的，如财政拨款、财政贴息和税收返还，但也存在非货币性资产的情况。政府补助划分为与资产相关的政府补助和与收益相关的政府补助。企业取得的与资产相关的政府补助，在相关资产使用寿命内平均分配而计入当期损益；企业取得的与收益相关的政府补助，用于补偿以后期间的相关费用或损失而于确认相关费用期间计入当期损益；企业取得的与收益相关的政府补助，用于补偿已发生的相关费用或损失而直接计入当期损益。

【**例 9-23**】 甬江公司 2008 年 12 月申请某国家级研发补贴。申请报告书中的有关内容如下:本公司于 2008 年 1 月启动某技术开发项目,预计总投资 400 万元,为期 3 年,已投入资金 160 万元。项目还需新增投资 240 万元(其中,购置固定资产 100 万元、人员费用 100 万元、市场营销 40 万元),计划自筹 120 万元,申请财政拨款 120 万元。

2009 年 1 月,主管部门批准了甬江公司的申请,签订的补贴协议规定:批准甬江公司补贴申请,共补贴款项 120 万元,分两次拨付,合同签订日拨付 60 万元,结项验收时支付 60 万元(如果不能通过验收,则不支付第二笔款项)。

根据上述资料,甬江公司账务处理如下:

①2009 年 1 月,实际收到拨款 60 万元。

借:银行存款 600 000
  贷:递延收益 600 000

②2009 年 12 月 31 日和 2010 年 12 月 31 日分配递延收益。

借:递延收益 300 000
  贷:营业外收入——政府补助利得 300 000

③2011 年 5 月,项目完工,假设通过验收,实际收到拨付 60 万元。

借:银行存款 600 000
  贷:营业外收入——政府补助利得 600 000

(6)无法支付的应付款项,是指由于债权单位撤销或其他原因而无法支付,或者将应付款项划转给关联方等其他企业而无法支付或无需支付,按规定程序报经批准后转入当期损益的应付款项。

(7)捐赠利得,是指企业接受外部现金和非现金资产捐赠而获得的利得。

(8)盘盈利得,是指企业在财产清查中发现的现金盘盈等,无法查明原因的经批准作为利得。

2. 营业外支出

营业外支出,是指企业发生的与生产经营活动没有直接关系的各种支出。主要包括处置非流动资产损失、非货币性资产交换损失、债务重组损失、罚款支出、捐赠支出、非常损失、盘亏损失等。

(1)处置非流动资产损失,主要包括处置固定资产和无形资产的损失。其中,处置固定资产损失,是指企业处置固定资产所取得的收入,不足以抵补固定资产账面价值以及处置费用而发生的净损失;处置无形资产损失,是指企业处置无形资产所取得的收入,不足以抵补无形资产账面价值以及相关税费而发生的净损失。

(2)非货币性资产交换损失,是指在非货币性资产交换具有商业实质且公允价值能够可靠计量的情况下,因换出固定资产或无形资产的公允价值低于其账面价值而发生的资产减值损失。

(3)债务重组损失,是指企业在进行债务重组时,债权人因重组债权的账面价值高于债务人用于偿债的现金及非现金资产公允价值、放弃债权而享有股权的公允价值、重组后债权的公允价值等,而应当计入当期损益的损失。

(4)罚款支出,是指企业由于违反合同、违法经营、偷税漏税、拖欠税款等而支付的违约金、罚款、滞纳金等支出。

（5）捐赠支出，是指企业对外进行公益性和非公益性捐赠而付出资产的公允价值。

【例9-24】 甫江公司通过红十字会向灾区捐赠自产产品，产品成本500万元，当期该产品的市价为600万元，增值税率为17%。

甫江公司账务处理为：

借：营业外支出——公益性捐赠支出		6 020 000
贷：库存商品		5 000 000
应交税费——应交增值税（销项税额）		1 020 000

（6）非常损失，是指企业由于自然灾害等客观原因造成的财产损失，在扣除保险公司赔款和残料价值后，应计入当期损益的净损失。

（7）盘亏损失，是指企业在财产清查中发现的固定资产实存数量少于账面数量而发生的资产短缺损失。

营业外收入和营业外支出所包括的收支项目互不相关，不存在配比关系，因此，通常不能以营业外支出直接冲减营业外收入，也不得以营业外收入抵补营业外支出，二者的发生金额应当分别核算。会计期末，应将营业外收入和营业外支出的发生金额转入"本年利润"科目。

⌨ 相关案例

> 东方航空2000年度业绩下滑，每股收益仅0.004元而濒临亏损。2000年实现净利润2 008.19万元，扣除非经常性损益后的净利润为－22 663.32万元，即经常项目亏损22 663.32万元。如果没有非经常性收益的支持，公司2000年将出现净亏损。公司2000年非经常性收益高达24 671.51万元，占净利润的比例高达1 228.5%。其中处置固定资产收益高达26 281.04万元。

（三）净利润

净利润，是指企业一定期间的利润总额减去所得税费用后的净额，即：

净利润＝利润总额－所得税费用

其中所得税费用，是指根据企业会计准则的要求确认的应从当期利润总额中扣除的所得税费用，包括当期所得税和递延所得税费用（或收益）。

所得税法和企业会计准则是基于不同目的、遵循不同原则分别制定的，二者在资产与负债的计量标准、收入与费用的确认原则等诸多方面存在着一定的分歧，导致企业一定期间按税法规定计算的当期所得税往往不等于按企业会计准则的要求确认的所得税费用。

当期所得税，是指根据所得税法的要求，按一定期间的应纳税所得额和适用税率计算的当期应交所得税，用公式表示如下：

当期所得税＝当期应纳税所得额×适用税率

所得税费用的确认包括当期所得税的确认和递延所得税费用（或收益）的确认。当期所得税可以根据企业所得税申报表计算确定的当期应交所得税予以确认，递延所得税费用（或收益)则要根据当期确认的递延所得税负债和递延所得税资产的差额予以确认。递延所得税负债和递延所得税资产,取决于当期存在的应纳税暂时性差异和可抵扣暂时性差异的金额。递延所得税费用(或收益)的确认见《高级财务会计》,此略。

企业在计算确定当期所得税(即当期应交所得税)以及递延所得税费用(或收益)的基础上,应将两者之和确认为利润表中的所得税费用。

二、利润的结转

会计期末,企业应将损益类科目的发生额转入"本年利润"科目。"本年利润"科目用于核算企业当年实现的净利润或发生的净亏损。期末,企业应将收入类科目的贷方发生额转入"本年利润"科目的贷方,借记"主营业务收入"、"其他业务收入"、"营业外收入"等科目,贷记"本年利润"科目;将支出类科目的借方发生额转入"本年利润"科目的借方,借记"本年利润"科目,贷记"主营业务成本"、"其他业务成本""营业税金及附加"、"销售费用"、"管理费用"、"财务费用"、"资产减值损失"、"营业外支出"、"所得税费用"等科目。"公允价值变动损益"、"投资收益"科目如为净收益,借记"公允价值变动损益"、"投资收益"科目,贷记"本年利润"科目;如为净损失,借记"本年利润"科目,贷记"公允价值变动损益"、"投资收益"科目。期末结转后,"本年利润"科目如为贷方余额,反映年初至本期末累计实现的净利润;如为借方余额,反映年初至本期末累计发生的净亏损。

年度终了,企业应将收入和支出相抵后结出的本年实现的净利润,转入"利润分配——未分配利润"科目,借记"本年利润"科目,贷记"利润分配——未分配利润"科目;如果为净亏损,借记"利润分配——未分配利润"科目,贷记"本年利润"科目。结转后,"本年利润"科目应无余额。

为了简化核算,企业在中期期末可以不进行上述利润结转,年内各期实现的利润直接通过利润表计算;年度终了时,再将各损益类科目全年累计余额一次转入"本年利润"科目。

【例 9-25】 甬江公司 2009 年度取得主营业务收入 6 000 万元,其他业务收入 1 500 万元,投资净收益 600 万元,营业外收入 120 万元;发生主营业务成本 3 800 万元,其他业务成本 1 300 万元,营业税金及附加 80 万元,销售费用 260 万元,管理费用 370 万元,财务费用 150 万元,资产减值损失 350 万元,公允价值变动净损失 100 万元,营业外支出 220 万元;本年度确认的所得税费用为 670 万元。甬江公司中期期末不进行利润结转,年末一次结转利润。

甬江公司账务处理如下:

(1)2009 年 12 月 31 日,结转本年损益类科目余额。

```
借:主营业务收入                           60 000 000
   其他业务收入                           15 000 000
   投资收益                               6 000 000
   营业外收入                             1 200 000
   贷:本年利润                                        82 200 000
借:本年利润                               73 000 000
   贷:主营业务成本                                     38 000 000
      其他业务成本                                     13 000 000
```

营业税金及附加	800 000
销售费用	2 600 000
管理费用	3 700 000
财务费用	1 500 000
资产减值损失	3 500 000
公允价值变动损益	1 000 000
营业外支出	2 200 000
所得税费用	6 700 000

（2）2009 年 12 月 31 日，结转本年净利润。

　　借：本年利润　　　　　　　　　　　　　　　9 200 000

　　　　贷：利润分配——未分配利润　　　　　　　　　　　9 200 000

三、利润的分配

　　企业当期实现的净利润，加上年初未分配利润（或减去年初未弥补亏损）后的余额，为可供分配的利润。可供分配的利润，一般按下列顺序分配：

　　（1）提取法定盈余公积，是指企业根据有关法律的规定，按照净利润的 10% 提取的盈余公积。法定盈余公积累计金额超过企业注册资本的 50% 以上时，可以不再提取。

　　（2）提取任意盈余公积，是指企业按股东大会决议提取的任意盈余公积。

　　（3）应付现金股利或利润，是指企业按照利润分配方案分配给股东的现金股利，也包括非股份有限公司分配给投资者的利润。

　　（4）转作股本的股利，是指企业按照利润分配方案以分派股票股利的形式转作股本的股利，也包括非股份有限公司以利润转增的资本。

　　企业应当设置"利润分配"科目，核算利润的分配（或亏损的弥补）情况，以及历年积存的未分配利润（或未弥补亏损）。该科目还应当分别"提取法定盈余公积"、"提取任意盈余公积"、"应付现金股利或利润"、"转作股本的股利"、"盈余公积补亏"和"未分配利润"等进行明细核算。

　　企业按有关法律规定提取的法定盈余公积，借记"利润分配——提取法定盈余公积"科目，贷记"盈余公积——法定盈余公积"科目；按股东大会或类似机构决议提取的任意盈余公积，借记"利润分配——提取任意盈余公积"科目，贷记"盈余公积——任意盈余公积"科目；按股东大会或类似机构决议分配给股东的现金股利，借记"利润分配——应付现金股利或利润"科目，贷记"应付股利"科目或"应付利润"科目；按股东大会或类似机构决议分配给股东的股票股利，在办理增资手续后，借记"利润分配——转作股本的股利"科目，贷记"股本"科目，如有差额，贷记"资本公积——股本溢价"科目。企业用盈余公积弥补亏损，借记"盈余公积——法定盈余公积或任意盈余公积"科目，贷记"利润分配——盈余公积补亏"科目。

　　年度终了，企业应将"利润分配"科目所属其他明细科目余额转入"未分配利润"明细科目。结转后，除"未分配利润"明细科目外，其他明细科目应无余额。

　　（一）提取盈余公积的核算

　　在第八章中已阐述，不在此重复。

（二）发放股利的核算

股利是股份公司在一定时期内以各种方式分派给股东的累计留存利润的一部分,是企业在经营获利之后依据公司章程规定发放给股东的投资报酬。公司股利一般有现金股利、股票股利和财产股利等形式。对于不同的股利发放形式,其会计处理方法也有所不同。企业在根据公司章程向股东发放股利前,须经董事会审议和股东会批准。因此,企业的最高决策机构不仅应当了解可供分配股利的未分配利润数额,而且要根据企业近期现金充裕与否、股东对股利的期望值、本公司股价走势等因素,制定股利分派政策,决定股利发放的时间、数额和形式。

1. 与分派股利相关的重要日期

在分派股利前,公司有关机构要明确以下重要日期:

（1）分派股利宣告日:董事会向股东宣告分派股利的日子。

（2）股权登记日:宣告分派股利时,规定的拥有股权的截止日。交易所一般对到这一截止日时还拥有该股票的股东账户进行股权登记,该股权登记日的下一个交易日则称为除权除息日。

（3）股利发放日:股权登记截止以后正式发放股利的一段时间。发放的对象为已登记的股东,发放的形式可以是通过交易所或券商领取,非上市公司的股东也可以在发放日后到指定地点领取。

2. 股利发放的形式

我国发放股利的形式主要有现金股利、股票股利和财产股利。

（1）现金股利

现金股利是最常见的股利发放形式。这里的现金是指库存现金和可动用的银行存款。现金股利的发放宣告构成了公司对股东应履行的偿付义务,在"应付股利"账户中反映,在股利发放完毕后,这项负债才消除。

【例9-26】 2009年末,甬江股份有限公司经股东大会审议,通过了向全体股东每股派发0.4元的现金股利分配方案。甬江股份有限公司总股本为100 000股。

宣告派发现金股利时的账务处理为:

借:利润分配——应付现金股利　　　　　　　　　　　　40 000

　　贷:应付股利　　　　　　　　　　　　　　　　　　　　　　40 000

（2）股票股利

股票股利是公司用增发股票的方式所发放的股利。发放股票股利的优点在于,当公司没有足够现金发放股利时,公司通过发放股票股利可维持其信誉。当公司决定扩大经营时,也可通过发放股票股利的方式积聚资本。

发放股票股利,实质上是将原来归股东所共有的一部分留存收益,划归到每一个股东名下。这种股利发放方式,既不影响公司的资产和负债,也不影响股东权益的总额,只是所有者权益的结构发生变化。分派股票股利后,在净收益不变的情况下,每股收益率会有所下降。

企业宣告分派股票股利时,应借记"利润分配"、"盈余公积"等科目,贷记"应付股利"科目;实际分派时,应借记"应付股利"科目,贷记"股本"科目。

【例9-27】 甬江股份有限公司经股东大会审议,按普通股股本的10%分派股票股利。该公司普通股面值为50元,共100 000股。

其账务处理如下：

股票股利面值＝50×100 000×10％＝500 000（元）

借：利润分配——转作股本的股利　　　　　　　　　　　　　500 000

　　贷：股本　　　　　　　　　　　　　　　　　　　　　　　　　500 000

（3）财产股利

财产股利是指以非现金资产支付给股东的股利。最常见的财产股利是以其持有的有价证券代替现金发给股东，一般按有价证券的账面价值计量。也可以以本公司产品作为财产股利，此时一般按其实际成本与应交增值税额之和计量。

当宣告分派财产股利时，应借记"利润分配"科目，贷记"应付股利"科目。实际分派财产股利时，应按非现金资产的价值借记"应付股利"科目；按其他公司有价证券的价值贷记"交易性金融资产"科目；按本公司产品的实际成本及应交增值税额，贷记"库存商品"、"应交税费——应交增值税"等科目。

【例9-28】　甫江股份有限公司经股东大会审议，将为交易目的而持有的A公司的股票向股东派发财产股利。用于派发财产股利的A公司股票的账面价值为950万元。

其账务处理如下：

①宣告派发股利。

借：利润分配　　　　　　　　　　　　　　　　　　　　　9 500 000

　　贷：应付股利　　　　　　　　　　　　　　　　　　　　　9 500 000

②实际分派。

借：应付股利——普通股股利　　　　　　　　　　　　　　9 500 000

　　贷：交易性金融资产　　　　　　　　　　　　　　　　　　9 500 000

（三）弥补亏损的核算

企业发生亏损时，应由企业自行弥补。弥补亏损的渠道主要有三条：第一，用以后年度的税前利润弥补。现行会计制度规定，企业发生亏损，可以用以后年度实现的利润进行弥补，但弥补期限不得超过5年。第二，用以后年度的税后利润弥补。企业发生亏损经过5年期间未弥补足额的，未弥补亏损可用税后利润弥补。第三，用盈余公积弥补亏损。

企业在当年发生亏损的情况下，应当将本年发生的亏损自"本年利润"账户转入"利润分配——未分配利润"账户，即借记"利润分配——未分配利润"账户，贷记"本年利润"账户。结转后，"利润分配"账户的借方余额为未弥补亏损的数额。同时，还应通过"利润分配"账户核算有关亏损的弥补情况。

企业发生的亏损在由以后年度实现的税前利润弥补的情况下，企业当年实现的利润自"本年利润"账户转入"利润分配——未分配利润"账户的贷方，其贷方发生额与"利润分配——未分配利润"账户的借方余额自然抵补。因此，以当年实现的利润弥补以前年度结转的未弥补亏损时，不需要进行专门的账务处理。

企业发生的亏损在由以后年度实现的税后利润弥补的情况下，其会计处理方法与以税前利润弥补亏损的方法相同，只是两者在计算交纳所得税时的处理不同。在以税前利润弥补亏损的情况下，其弥补的数额可以抵减当期企业应纳税所得额；而以税后利润弥补的数额，则不能作为应纳税所得额的扣除处理。

【例9-29】　甫江股份有限公司2008年发生亏损70 000元。2009年该企业实现利润

20 000 元。之后四年该企业每年均实现利润 10 000 元。第六年底,该企业的未分配利润明细账仍有借方余额 10 000 元。假定该企业第六年实现利润 20 000 元,适用的所得税税率为25%,当年应缴纳的所得税为 5 000 元。

其财务处理如下:

(1)2008 年年终。

借:利润分配——未分配利润　　　　　　　　　　　　　　　70 000
　　贷:本年利润　　　　　　　　　　　　　　　　　　　　　　　　70 000

(2)2009 年度终。

借:本年利润　　　　　　　　　　　　　　　　　　　　　　20 000
　　贷:利润分配——未分配利润　　　　　　　　　　　　　　　　　20 000

(3)之后四年,每年年终。

借:本年利润　　　　　　　　　　　　　　　　　　　　　　10 000
　　贷:利润分配——未分配利润　　　　　　　　　　　　　　　　　10 000

按照税法规定,企业亏损经过五年期间未弥补足额的,未弥补亏损应用所得税后利润弥补。因此,自第六年起,这部分未弥补亏损不能再用所得税前利润弥补。

(4)第六年年终。

计算应交所得税。

借:所得税费用　　　　　　　　　　　　　　　　　　　　　5 000
　　贷:应交税费——应交所得税　　　　　　　　　　　　　　　　　5 000

借:本年利润　　　　　　　　　　　　　　　　　　　　　　5 000
　　贷:所得税费用　　　　　　　　　　　　　　　　　　　　　　　5 000

结转本年利润,弥补以前年度未弥补亏损。

借:本年利润　　　　　　　　　　　　　　　　　　　　　　15 000
　　贷:利润分配——未分配利润　　　　　　　　　　　　　　　　　15 000

用盈余公积弥补亏损的处理,在第八章中已阐述。

【例 9-30】　甬江公司 2009 年度实现净利润 920 万元,按净利润的 10% 提取法定盈余公积,按净利润的 15% 提取任意盈余公积,向股东分派现金股利 300 万元,同时分派每股面值 1 元的股票股利 200 万股。

其财务处理如下:

(1)提取盈余公积。

借:利润分配——提取法定盈余公积　　　　　　　　　　　920 000
　　　　　　——提取任意盈余公积　　　　　　　　　　　1 380 000
　　贷:盈余公积——法定盈余公积　　　　　　　　　　　　　　　920 000
　　　　　　　　——任意盈余公积　　　　　　　　　　　　　　1 380 000

(2)分配现金股利。

借:利润分配——应付现金股利　　　　　　　　　　　　3 000 000
　　贷:应付股利　　　　　　　　　　　　　　　　　　　　　　3 000 000

(3)分配股票股利,已办妥增资手续。

借:利润分配——转作股本的股利　　　　　　　　　　　2 000 000

```
        贷:股本                                               2 000 000
  (4)结转"利润分配"其他明细科目余额。
        借:利润分配——未分配利润                          7 300 000
          贷:利润分配——提取法定盈余公积                       920 000
                    ——提取任意盈余公积                      1 380 000
                    ——应付现金股利                        3 000 000
                    ——转作股本的股利                       2 000 000
```

四、收入、费用和利润综合实例

　　甬江股份有限公司(以下简称甬江公司)为增值税一般纳税企业,其销售的产品为应纳增值税产品,适用的增值税税率为17%,产品销售价款中均不含增值税额。甬江公司适用的所得税税率为25%。产品销售成本按经济业务逐项结转。

　　2009 年度,甬江公司发生如下经济业务事项:

　　(1)销售 A 产品一批,产品销售价款为 800 000 元,产品销售成本为 350 000 元,产品已经发出,并开具了增值税专用发票,同时向银行办妥了托收手续。

　　(2)收到乙公司因产品质量问题退回的 B 产品一批,并验收入库。甬江公司用银行存款支付了退货款,并按规定向乙公司开具了红字增值税专用发票。

　　该退货系甬江公司 2008 年 12 月 20 日,以提供现金折扣方式(折扣条件为:2/10、1/20、n/30,折扣仅限于销售价款部分)出售给乙公司的,产品销售价款为 40 000 元,产品销售成本为 22 000 元。销售款项于 12 月 29 日收到并存入银行。(该项退货不属于资产负债表日后事项)

　　(3)委托丙公司代销 C 产品一批,并将该批产品交付丙公司。代销合同规定甬江公司按售价的 10%向丙公司支付手续费,该批产品的销售价款为 120 000 元,产品销售成本为 66 000 元。

　　(4)甬江公司收到了丙公司的代销清单。丙公司已将代销的 C 产品全部售出,款项尚未支付给甬江公司。甬江公司在收到代销清单时向丙公司开具了增值税专用发票,并按合同规定确认应向丙公司支付的代销手续费。

　　(5)用银行存款支付发生的管理费用 67 800 元,计提坏账准备 4 000 元。

　　(6)销售产品应交的城市维护建设税为 2 100 元,应交的教育费附加为 900 元。

　　(7)计算应交所得税(假定甬江公司不存在纳税调整因素)。

　　(8)结转各项收入和成本费用。

　　(9)结转本年利润。

　　甬江公司 2009 年度经济业务事项的财务处理如下:

```
  (1)借:应收账款                                       936 000
        贷:主营业务收入                                    800 000
          应交税费——应交增值税(销项税额)                    136 000
      借:主营业务成本                                   350 000
        贷:库存商品                                       350 000
  (2)借:主营业务收入                                    40 000
```

应交税费——应交增值税(销项税额)	6 800
贷:银行存款	46 000
财务费用	800
借:库存商品	22 000
贷:主营业务成本	22 000

(3)借:委托代销商品 66 000

　　贷:库存商品 66 000

(4)借:应收账款 140 400

　　贷:主营业务收入 120 000

　　　　应交税费——应交增值税(销项税额) 20 400

　借:主营业务成本 66 000

　　贷:委托代销商品 66 000

　借:销售费用 12 000

　　贷:应收账款 12 000

(5)借:管理费用 67 800

　　贷:银行存款 67 800

　借:资产减值损失 4 000

　　贷:坏账准备 4 000

(6)借:营业税金及附加 3 000

　　贷:应交税费——应交城市维护建设税 2 100

　　　　　　　　——应交教育费附加 900

(7)借:所得税费用 100 000

　　贷:应交税费——应交所得税 100 000

所得税＝[(880 000＋800)－(394 000＋3 000＋12 000＋71 800)]×25％＝100 000
(元)

(8)借:主营业务收入 880 000

　　　财务费用 800

　　贷:本年利润 880 800

　借:本年利润 580 800

　　贷:主营业务成本 394 000

　　　　营业税金及附加 3 000

　　　　销售费用 12 000

　　　　管理费用 67 800

　　　　资产减值损失 4 000

　　　　所得税费用 100 000

(9)借:本年利润 300 000

　　贷:利润分配——未分配利润 300 000

要点回顾

• 学习目标总结

学习目标1　收入、费用和利润的概念。收入,是指企业在日常活动中形成的、会导致所有者权益增加的、与所有者投入资本无关的经济利益的总流入。费用是指企业在日常活动中发生的、会导致所有者权益减少的、与向所有者分配利润无关的经济利益的总流出。利润是指企业在一定会计期间的经营成果,包括收入减去费用后的净额、直接计入当期利润的利得和损失等。

收入、费用的分类。收入主要按交易性质分类和按在经营业务中所占比重分类。费用最基本的是按照费用的经济内容分类和按照费用的经济用途分类。

学习目标2　各种收入的确认条件。销售商品收入予以确认同时满足的条件是:(1)企业已将商品所有权上的主要风险和报酬转移给购货方。(2)企业既没有保留通常与所有权相联系的继续管理权,也没有对已售出的商品实施有效控制。(3)收入的金额能够可靠地计量。(4)相关的经济利益很可能流入企业。(5)相关的已发生或将发生的成本能够可靠地计量。

劳务收入应当根据在资产负债表日提供劳务交易的结果是否能够可靠地估计,分别采用不同的方法予以确认和计量。在资产负债表日,企业提供劳务交易的结果如果能够可靠地估计,应当采用完工百分比法确认提供劳务收入。

让渡资产使用权收入予以确认应当满足的条件是:(1)相关的经济利益很可能流入企业。(2)收入的金额能够可靠地计量。

建造合同收入与合同费用的确认与计量,应当在资产负债表日根据建造合同的结果能否可靠估计,分别采用不同的方法确认和计量。

学习目标3　期间费用的内容,利润的构成和分配顺序。期间费用,指企业在生产经营过程中发生的销售费用、管理费用和财务费用。

利润分为营业利润、利润总额和净利润三个层次。利润的分配顺序是:提取法定盈余公积;提取任意盈余公积;应付现金股利或利润;转作股本的股票股利。

学习目标4　收入、费用和利润的会计处理。收入的会计处理包括销售商品收入、提供劳务收入、让渡使用权收入和建造合同收入。费用的会计处理侧重期间费用。利润的会计处理包括利润形成和利润分配。

• 关键术语

收入;商品销售收入;提供劳务收入;让渡资产使用权收入;建造合同收入;主营业务收入;其他业务收入;现金折扣;商业折扣;销售折让;销售退回;委托代销;分期收款销售;费用;期间费用;利润;营业利润;利润总额;净利润;利润分配

• 重点与难点

重点:商品销售收入的确认和计量;利润的计算、结转和分配。

难点:特殊商品销售收入的核算;特殊劳务收入的核算。

小组讨论

• 思考题

1. 如何理解收入概念中所说的"日常活动"?

2. 如何理解商品销售收入的确认条件?

3. 分期收款销售与普通的赊销有什么区别? 分期收款销售的收入如何确认? 如何进行具体核算?

4. 利润由哪些内容构成? 营业利润包括哪些方面?

5. 净利润应按什么程序进行分配? 如何进行会计处理?

• 案例分析

资料:华夏建通 2007 年年报附注显示,公司主营业务包括电子产品销售和技术服务业务,其中电子产品销售占比 94.81%。销售收入前五名的客户销售额即占总销售额的 100%。

与主营业务收入相对应的,应收账款期末余额中欠款金额前五名单位也占应收账款期末余额的 100%。其中,第一大欠款单位为"北京亿信世纪科技发展有限公司(下称北京亿信)",占应收账款期末余额的 93.16%。华夏建通年报显示,该笔欠款账龄为一年以内,属于 2007 年度实现收入。北京亿信一位负责人表示,北京亿信与华夏建通确实在 2007 年度签订长期购销协议,合同规定,北京亿信将于 2008 年分批购入产品并支付货款。但华夏建通在 2007 年结束前便将未实现的购销协议余额开具了发票,并计入营业收入和应收账款,金额总计达 640 万元,占应收账款余额 93.16%,占主营业务收入 25.32%。此外,华夏建通未来实际收到的货款也可能远低于目前确认的 640 万元。华夏建通许诺回报以北京亿信低于行业平均水平的折扣。

另据报道,2007 年 8 月 13 日—8 月 17 日,上海证监局在对公司进行现场检查时发现,华夏建通的控股子公司世信科技发展有限公司,在未向北京越洋互动文化传播有限公司交付构成社区大屏幕系统组成部分的液晶显示屏及大屏幕框架的情况下,已将 1 225 万元软件收入计入 2007 年上半年营业收入。为此,华夏建通更正了 2007 年半年报,修改前后,营业收入从 5 215.85 万元减少到 3 990.85 万元,归属母公司净利润从 1 277.65 万元下降到 236.34 万元。

请收集华夏建通的相关资料,以小组为单位讨论以下问题:

(1)描述华夏建通 2007—2009 年以来的收入、费用及利润的构成情况,并对未来的盈利能力作一个简单预测。

(2)分析华夏建通的主营业务类型,收入确认基础及条件。如果主营业务类型改变应怎样进行披露?

(3)对于上述资料中所涉及的情况,属于什么行为? 其目的与动机何在?

(4)如果对上述情况进行更正应该如何进行?

(5)上市公司操纵利润的手段有哪些?

项目训练

训练目的:通过本项目训练,使学生对收入项目有一个比较系统地认识,熟悉其账务处理程序,据以达到熟练地掌握收入的确认、计量、记录与报告等会计技能。

训练形式:以学生自主完成为主,教师适当指导。

训练课时:课外 3 课时。

训练资料与要求:

一、训练资料

东升股份有限公司(以下简称中天公司)为增值税一般纳税企业,适用的增值税税率为17%;商品销售价格中均不含增值税额;商品销售成本按发生的经济业务逐项结转。销售商品及提供劳务均为主营业务。资产销售(出售)均为正常的商业交易,采用公允的交易价格结算。除特别指明外,所售资产均未计提减值准备。

东升公司 2009 年 12 月发生的经济业务及相关资料如下:

(1)12 月 1 日,向 A 公司销售商品一批,增值税专用发票上注明销售价格为 200 万元,增值税税率为 17%,消费税税率为 10%。提货单和增值税专用发票已交 A 公司,款项尚未收取。为及时收回货款,给予 A 公司的现金折扣条件如下:2/10,1/20,N/30(假定计算现金折扣时不考虑增值税)。该批商品的实际成本为 150 万元。12 月 18 日,收到 A 公司支付的货款,并存入银行。

(2)12 月 5 日,收到 B 公司来函,要求对当年 11 月 10 日所购商品在销售价格上给予10% 的折让(东升公司在该批商品售出时,已确认销售收入 400 万元,款项收取)。经查核,该批商品存在外观质量问题。东升公司同意了 B 公司提出的折让要求。当日,收到 B公司交来的税务机关开具的索取折让证明单,并开具红字增值税专用发票。

(3)12 月 2 日,与 C 公司签订协议,向 C 公司销售商品一批,价款 200 万元,增值税 34万元;该协议规定,东升公司应在 2010 年 5 月 1 日将该商品购回,回购价为 220 万元,(不含增值税)。商品已发出。该商品实际成本 160 万元。

(4)12 月 10 日与 D 公司签订合同,以分期收款方式向 D 公司销售商品一批。该批商品的销售价格为 400 万元,实际成本为 320 万元,提货单已交 D 公司。该合同规定,该商品价款及增值税分 4 次等额收取。第一笔款项已于当日收到,存入银行。剩下的款项收款日期分别为 2010 年 1 月 10 日、2 月 10 日和 3 月 10 日。

(5)12 月 10 日,与 E 公司签订意向设备维修合同。该合同规定,该设备维修总价款为50 万元(不含增值税)于维修任务完成并验收合格后一次结清。12 月 31 日,该设备维修任务完成并经 E 公司验收合格。东升公司实际发生的维修费用为 26 万元(均为修理人员工资)。12 月 31 日,鉴于 E 公司发生重大财务困难,东升公司预计可能收到的维修款为 23.4万元(含增值税)。

(6)12 月 15 日,销售材料一批,价款为 80 万元,该材料发出成本为 65 万元。当日收到面值为 93.6 万元的银行承兑汇票一张。

(7)12 月 20 日,与 F 公司签订协议,委托其代销商品一批。根据代销协议,F 公司按代销商品实际售价的 10% 收取手续费。该批商品的协议价为 300 万元(不含增值税额),实际成本为 240 万元。商品已运往 F 公司。12 月 31 日,东升公司收到 F 公司开来的代销清单,列明已售出该批商品的 40%,款项尚未收到。

(8)12 月 22 日收到甲公司本年度使用本公司的专有技术转让费 60 万元,营业税率 5%。

(9)12 月 31 日,G 公司向东升公司订购一商品。合同规定,商品总价款 100 万元(不含增值税),自合同签订日起 3 个月内交货。合同签订日,收到 G 公司预付的款项 60 万元,并存入银行。商品制造工作尚未开始。

(10)12 月 31 日,与 H 公司签订协议销售商品一批,增值税发票价格为 200 万元,增值税 34 万元。商品已发出,款项已收到。该协议规定,该批商品销售价格的 20% 属于商品售出后 2 年内提供修理服务的服务费。该批商品的实际成本为 120 万元。

(11)12 月 31 日,收到 A 公司退回的当月 1 日所购全部商品。经查核,该批商品存在质量问题,东升公司同意了 A 公司交来的税务机关开具的进货退出证明单,并开具红字增值税发票和支付退货款项。

(12)12 月 31 日转让设备一台,该设备原价 300 万元,已提折旧 200 万元,取得转让收入 120 万元,并支付清理费用 4 万元,款项已通过银行存款收付。设备已运走。

(13)12 月 31 日转让一商标权,取得转让收入 160 万元,该商标权的成本为 120 万元,已摊销金额 20 万元,已提无形资产减值准备 10 万元,营业税率 5%。

二、训练要求

(1)判断上述业务分别属于哪种类型的收入,其确认条件如何?

(2)编制东升公司 12 月份的上述经济业务的会计分录。

(3)计算东升公司 12 月份的主营业务收入和主营业务成本。

(4)说明东升公司如何在 2009 年的财务报告中披露收入与成本。

("应交税费"科目要求写出明细科目及专栏名称,答案中的金额单位用万元表示)。

阅读平台

• 阅读书目

(1)《企业会计准则第 14 号——收入》。(2)《企业会计准则第 15 号——建造合同》。

(3)《中外会计与财务案例研究》,孙铮、戴欣苗、李莉、包洪信,上海财经大学出版社,2003 年版。

• 阅读资料

两种利润观的比较

1999 年财政部对全国 110 户酿酒企业会计信息质量进行抽查,有 102 户企业会计信息失真,收入、费用、利润等信息失真占 92.7%;2000 年,财政部对 159 户企业会计信息进行抽查,资产失真度 0.95%,所有者权益失真度 1.82%,利润失真度 33.4%,2001 年,财政部对医药、纺织、民航、石油等行业 320 户企业和事业单位的抽查中发现,被查单位资产不实比例在 1% 以上的占 50%,利润不实比例在 10% 以上的占 57%。从以上数字看到,利润不实的比例和幅度远大于资产不实比例和幅度。不仅国内企业国外企业同样集中表现在利润上,如安然公司虚增利润约 6.4 个亿,世界通讯虚增利润约 38 个亿,美国在线——时代华纳、阳光电器公司、"理疗帝国"南方保健公司等都不同程度地存在利润舞弊。那么为什么利润如此容易操纵?

一、对利润的认识

首先,利润反映企业一定时期经营活动的经营成果,是信息使用者考察企业盈利能力的一个很重要的财务指标;其次在两权分离的客观条件下,公司实行了股权激励制度,委托人在给代理人高额薪金和福利时,通常设定附加条件也是与利润相关的指标挂钩;再者,政府对企业征收所得税,以企业净利润为基础来计算的,政府对企业的监管也主要集中在利润指标上。基于以上因素,人们通常给予利润充分的关注。

通常我们对利润有以下四个认识:①利润反映的是一定时段的成果,而不是某一时点。②利润是一个动态的指标。这两点是相对资产而言的,因此我们在描述利润时,要描述清楚某一时间段。③利润的多少是通过数字来反映的。描述利润可以是定性的,比如说利润很高或利润很好等定性的文字。也可以是定量的,比如说 2007 年 1—9 月的利润是 10 万元。从信息使用者的角度来看,定性的语言描述只能给人以感性认识,而无法获得具体盈利的精确信息,而定量的数字能很好地为信息使用者提供决策分析,因此利润通常是通过精确的数字来反映的,这样有利于信息使用者的决策。④利润数字依赖于计算的基础。利润是计算出来的,不同的计算基础,所得出的利润数字是不一样的。目前计算利润的理论基础主要有两种观点:资产负债观和收入费用观。怎么理解我们来看看下面的事例:

例 1:某天小张有人民币 100 元,他以 10 元/斤买入 10 斤樱桃,当天以 12 元/斤全部卖出,那么,当天他的利润是多少呢?

例 2:接上例,假设小张的经营是持续的,当天傍晚他以 12 元/斤又买入了 10 斤樱桃,请问他的利润是多少?(假定傍晚樱桃的售价为 13 元/斤)

二、收入费用观

收入费用观认为利润就是企业因交易而产生的收入扣减为产生收入而发生的耗费后的剩余价值。这种观点以当期发生的交易为计算基础,计算公式为:利润=收入— 费用。

如上例,小张当天的利润是:收入=120 元,费用=100 元,利润=120 元—100 元=20 元。至于他后来购进的樱桃因尚未卖出,所以无收入产生,也就无利润了。

假如所得税率为 30%,那么小张当天应承担 20×30%=6(元)的税款,这样他实际的能被控制的资金只有 114 元,当樱桃的购入成本上涨到 12 元/斤的情况下,小张实际能买回 114/12=9.5 斤樱桃,也就是说,经过一天的经营,交了税之后,他的经营规模不仅没有扩大,反而缩小了。尽管从资金总量的比较来看,114 元是大于 100 元的,但是材料的物价上涨了,他的经营规模只能从 10 斤降低到 9.5 斤。

从以上分析可以看出,收入费用观是以当期产生的收入和当期发生的费用相配比,来计算当期的利润,而不考虑在持续经营的条件下,重新获取经济资源所要付出的代价。因此,当企业产品的盈利水平较低,而材料的价格持续上涨的情况下,企业的经营规模有可能会越来越小,这实际上是不利于企业长期发展的。

三、资产负债观

资产负债观认为利润即是在保持期初和期末经营能力的前提下,可以分配给所有者的财富总量。杰出的经济学家希克斯是这样描述的:利润是可以在某一周期内耗费又可预计在周期末具有和周期初同样多的最大价值。仔细阅读他的描述,可以理解为利润是在资本保全的前提下产生的,是以企业期初和期末净资产的比较来计算的。

按扩大的会计平衡公式:Δ资产=Δ负债+Δ所有者权益+利润(说明:这里的所有者权益是指不考虑当年利润之前的所有者权益),可以知道,利润=Δ资产-Δ负债-Δ所有者权益,继续变形,利润=(期末资产-期初资产)-(期末负债-期初负债)-(期末所有者权益-期初所有者权益),假设在经营期间无负债无追加投资,则利润的计算公式可以简化为:利润=期末资产-期初资产。

如例1:期末资产=10斤樱桃,期初资产=10斤樱桃,利润=0。假如所得税率为30%,那么小张当天应承担0×30%=0元的税款,因此不需要交税。和收入费用观比较,至少小张保持了当天的经营规模。

以上利润计算为0,注意,我们采用的是用实物,而实际上,我们不可能总是用实物来比较,因为实物品种繁杂,进出频繁。另外,会计核算的前提是货币计量。因此,实物的价值最终要通过货币来表现。这样一来,利润的多少就要看如何对期末和期初的资产进行计量了。目前,资产价值的计量主要是成本和公允价值。其中成本包括历史成本、重置成本和现时成本;公允价值有市价,可变现净值,未来现金流量现值等。

回到例题:樱桃的历史成本是10元/斤,重置成本是12元/斤,公允价值是13元/斤。为了能更好地说明问题,我们将例2稍作改动:假定小张以11元/斤买入11斤樱桃(1元商业折扣),那么他的利润是多少呢?若采用实物计量属性,利润=11斤-10斤=1斤樱桃。按历史成本计量,利润为10元;按重置成本计量,利润为11元;按公允价值计量,利润为13元。

若采用货币计量属性,利润=期末资产-期初资产,期初资产=100元,期末资产按历史成本计量为110元,利润=10元,按重置成本计量为120元,利润=20元,按公允价值计量为143元,利润=43元。在物价波动较大的时候,我们还可以按物价变动计量属性来计算利润,这里就不多谈了。

从上述计算可以看出,不同的计量方法,利润的数字不同。我们不能认为某个利润数字是错的,只不过是因为计算的基础不同而已。而且不管哪个利润数字,即使是交了所得税,小张的经营规模从货币量或者实物量上并没有缩减,保持了原有的经营规模。

四、会计准则的选择

通过比较,我们可以发现,收入费用观下的利润数字取决于交易的收入确认和费用的配比,计算方法相对要简单,实际中容易验证,具有真实客观可验证性。但是,它着眼于交易的短期收益,不利于企业长期发展。近年来发生的一系列的财务舞弊主要针对利润,实际上是"冰冻三尺非一日之寒",而是多年来,在现代企业治理和监管体系下,代理人追求短期利益,不注重企业长期发展的恶果。而资产负债观下的利润着眼于企业的资本保全,有利于企业的长期发展,但是,计算复杂,实际中资产价值认定不容易控制,难以深入推广应用,这也是实务中难以采用资产负债观的主要障碍。

企业新会计准则基本准则第八章第三十七条规范,利润是指企业在一定会计期间的经营成果。利润包括收入减去费用后的净额、直接计入当期利润的利得和损失等。可以看出,新准则依然采用收入费用观,但我们注意到,新准则考虑了资产价值的变化,引入了利得和损失。利润＝收入－费用＋利得－损失,反映在利润表上如公允价值变动损益、资产减值损失等项目,实际上是反映资产的价值变动,体现了资产负债观的要求。

（资料来源:《中国乡镇企业会计》 2008 年第 2 期　作者:董火鲜）

第十章

特殊交易和事项

学习目标

通过本章学习，你应能够：

1. 掌握非货币性资产交换的含义、非货币性资产交换的认定；理解确定换入资产成本的两种计量基础和交换所产生损益的确认原则；掌握以公允价值计量和以换出资产账面价值计量的非货币性资产交换的账务处理；

2. 掌握债务重组的含义、债务重组的方式以及各种方式下债务人和债权人的账务处理；

3. 掌握或有事项、或有负债和或有资产的含义；掌握预计负债的确认和计量。

引入案例

大半债务被豁免，S＊ST 恒立"起死回生"

岳阳恒立冷气股份有限公司 2005 年净亏损 158 480 812.10 元。因 2003 年、2004 年、2005 年连续三年亏损，公司股票自 2006 年 5 月 15 日暂停上市。

公司大力推进重组工作，争取政府、债权银行等政策支持。2006 年年末，S＊ST 恒立最大债权人——长城资产管理公司长沙办事处大刀阔斧地对其拥有的债权进行重组，豁免几乎全部利息，豁免、抵消 6185 万元债权，豁免幅度近 70％。

据了解，截至 2005 年 12 月 31 日，中国长城资产管理公司长沙办事处对 S＊ST 恒立拥有合法债权本金 9 485 万元、利息 661.49 万元。且成功集团在作为 S＊ST 恒立大股东期间，占用 S＊ST 恒立资金 2 386.14 万元尚未偿还。为支持对 S＊ST 恒立的重组，改善 S＊ST 恒立恢复上市的条件，2006 年 12 月 29 日，中国长城资产管理公司长沙办事处与 S＊ST 恒立签订协议，对相关债权进行重组。

根据协议，长城公司对 S＊ST 恒立的 9485 万元债权在 2005 年 12 月 31 日前所发生的利息全部豁免，并免收 2006 年全年的利息，而且同意对其中的 3837.1386 万元本金进行豁免。

此外，长城公司还将代替成功集团向 S＊ST 恒立偿还成功集团所欠的 2 347.861 4 万元债务，该款项与 S＊ST 恒立所欠长城公司的 9 485 万元本金中的 2 347.861 4 万元债务实行抵消。

S＊ST 恒立称，9 485 万元债权本金中剩余的 3 300 万元债权本金，由 S＊ST 恒立在此协议签订之日起挂账停息两年。此份协议签订后，将对 S＊ST 恒立 2006 年年度业绩产生积极影响。但如果 S＊ST 恒立重组不成功或长城公司与岳阳市人民政府签订的《协议书》解除，长城公司将恢复对 S＊ST 恒立的债权本金 9 485 万元及全部利息享有的权益。

据了解，中萃公司重组 S＊ST 恒立的基本方略为 3 000 万元现金加 1.2 亿元资产，即中萃公司同意以 3 000 万元的价格受让 4 110 万股股权，同时计划将广州碧花园 1.2 亿股权资产注入 S＊ST 恒立。

"上亿债务大半被长城公司豁免抵消，加上中萃公司注入的 3000 万元资金及填入的资产，将使 S＊ST 恒立净资产由负转正。"S＊ST 恒立"起死回生"已近在眼前。

（资料来源：《证券时报》，2007 年 1 月 17 日）

第一节　非货币性资产交换

一、非货币性资产交换的含义

非货币性资产交换是一种非经常性的特殊交易行为,是交易双方主要以存货、固定资产、无形资产和长期股权投资等非货币性资产进行的交换。实务工作中,交易双方通过非货币性资产交换一方面可以满足各自生产经营的需要,同时可在一定程度上减少货币性资产的流出。如某企业需要一项另一个企业拥有的设备,另一个企业需要上述企业生产的产品作为原材料,双方就可能会出现非货币性资产交换的交易行为,同时也在一定程度上减少货币性资产的流出。非货币性资产交换因不涉及或只涉及少量的货币性资产,因此,换入资产成本的计量基础以及对换出资产损益的确定与以货币性资产取得非货币性资产不同,需要运用不同的计量基础和判断标准。

货币性资产,是指企业持有的货币资金和将以固定或可确定的金额收取的资产,包括现金、银行存款、应收账款和应收票据以及准备持有至到期的债券投资等。非货币性资产是指货币性资产以外的资产,包括存货、固定资产、无形资产、长期股权投资、不准备持有至到期的债券投资等。

二、非货币性资产交换的认定

非货币性资产有别于货币性资产的最基本特征是其在将来为企业带来的经济利益,即货币金额是不固定的或不可确定的。例如,企业持有固定资产的主要目的是用于生产经营,通过折旧方式将其磨损价值转移到产品成本中,然后通过产品销售获利,固定资产在将来为企业带来的经济利益,即货币金额是不固定的或不可确定的,因此,固定资产属于非货币性资产。资产负债表列示的项目中属于非货币性资产的项目通常包括存货、长期股权投资、投资性房地产、固定资产、在建工程、工程物资、无形资产等。

非货币性资产交换一般不涉及货币性资产,或只涉及少量货币性资产即补价。非货币性资产交换准则规定,认定涉及少量货币性资产的交换为非货币性资产交换,通常以补价占整个资产交换金额的比例是否低于25%作为参考比例,也就是说,支付的货币性资产占换入资产公允价值(或占换出资产公允价值与支付的货币性资产之和)的比例,或者收到的货币性资产占换出资产公允价值(或占换入资产公允价值和收到的货币性资产之和)的比例低于25%的,视为非货币性资产交换;高于25%(含25%)的,视为货币性资产交换,适用《企业会计准则第14号——收入》等相关准则的规定。

三、非货币性资产交换确认和计量原则

在非货币性资产交换的情况下,不论是一项资产换入一项资产、一项资产换入多项资产、多项资产换入一项资产,还是多项资产换入多项资产,换入资产的成本都有两种计量基础。

(一)公允价值

非货币性资产交换同时满足下列两个条件的,应当以公允价值和应支付的相关税费作为换入资产的成本,公允价值与换出资产账面价值的差额计入当期损益:

1. 该项交换具有商业实质(详见本节商业实质的判断)

2. 换入资产或换出资产的公允价值能够可靠地计量

资产存在活跃市场,是资产公允价值能够可靠计量的明显证据,但不是唯一要求。属于以下三种情形之一的,公允价值视为能够可靠计量:

(1)换入资产或换出资产存在活跃市场。

(2)换入资产或换出资产不存在活跃市场,但同类或类似资产存在活跃市场。

(3)换入资产或换出资产不存在同类或类似资产可比市场交易,应当采用估值技术确定其公允价值。采用估值技术确定的公允价值必须符合以下条件之一,视为能够可靠计量:

①采用估值技术确定的公允价值估计数的变动区间很小。这种情况是指虽然企业通过估值技术确定的资产的公允价值不是一个单一的数据,但是介于一个变动范围很小的区间内,可以认为资产的公允价值能够可靠计量。

②在公允价值估计数变动区间内,各种用于确定公允价值估计数的概率能够合理确定。这种情况是指采用估值技术确定的资产公允价值在一个变动区间内,区间内出现各种情况的概率或可能性能够合理确定,企业可以采用类似《企业会计准则第 13 号——或有事项》计算最佳估计数的方法,确定资产的公允价值,这种情况视为公允价值能够可靠计量。

换入资产和换出资产公允价值均能够可靠计量的,应当以换出资产公允价值作为确定换入资产成本的基础,一般来说,取得资产的成本应当按照所放弃资产的对价来确定;在非货币性资产交换中,换出资产就是放弃的对价,如果其公允价值能够可靠确定,应当优先考虑按照换出资产的公允价值作为确定换入资产成本的基础;如果有确凿证据表明换入资产的公允价值更加可靠的,应当以换入资产公允价值为基础确定换入资产的成本,这种情况多发生在非货币性资产交换存在补价的情况,因为存在补价表明换入资产和换出资产公允价值不相等,一般不能直接以换出资产的公允价值作为换入资产的成本。

☞ 相关资料

公允价值计量属性的应用

新会计准则的一大变化,就是引入了公允价值计量属性,这是新会计准则的一大亮点。在《企业会计准则——基本准则》中明确将公允价值列为计量属性之一,并在金融工具确认与计量、投资性房地产、长期股权投资、非货币性资产交换、债务重组、资产减值等 17 项资产和负债会计准则方面不同程度地使用了公允价值作为计量的标准。这意味着我国会计的计量方式由原来的历史成本计量模式向多元化模式方向发展,是我国会计计量方法与国际会计计量标准接轨迈出的重要一步。

(二)账面价值

不具有商业实质或交换涉及资产的公允价值均不能可靠计量的非货币性资产交换,应当按照换出资产的账面价值和应支付的相关税费,作为换入资产的成本,无论是否支付补价,均不确认损益;收到或支付的补价作为确定换入资产成本的调整因素,其中,收到补价方应当以换出资产的账面价值减去补价作为换入资产的成本;支付补价方应当以换出资产的账面价值加上补价作为换入资产的成本。

四、商业实质的判断

非货币性资产交换具有商业实质,是换入资产能够采用公允价值计量的重要条件之一。在确定资产交换是否具有商业实质时,企业应当重点考虑由于发生了该项资产交换预期使企业未来现金流量发生变动的程度,通过比较换出资产和换入资产预计产生的未来现金流量或其现值,确定非货币性资产交换是否具有商业实质。只有当换出资产和换入资产预计未来现金流量或其现值两者之间的差额较大时,才能表明交易的发生使企业经济状况发生了明显改变,非货币性资产交换因而具有商业实质。

（一）判断条件

企业发生的非货币性资产交换,符合下列条件之一的,视为具有商业实质:

1. 换入资产的未来现金流量在风险、时间和金额方面与换出资产显著不同

换入资产的未来现金流量在风险、时间和金额方面与换出资产显著不同,通常包括但不仅限于以下几种情况:

（1）未来现金流量的风险、金额相同,时间不同。比如,甬江公司以一批存货换入一项设备,因存货流动性强,能够在较短的时间内产生现金流量,设备作为固定资产要在较长的时间内为企业带来现金流量,两者产生现金流量的时间相差较大,则可以判断上述存货与固定资产的未来现金流量显著不同,因而该两项资产的交换具有商业实质。

（2）未来现金流量的时间、金额相同,风险不同。比如,甬江公司以其用于经营出租的一幢公寓楼,与 B 企业同样用于经营出租的一幢公寓楼进行交换,两幢公寓楼的租期、每期租金总额均相同,但是甬江公司是租给一家财务及信用状况良好的企业(该企业租用该公寓是给其单身职工居住),B 企业的客户则都是单个租户,相比较而言,甬江公司取得租金的风险较小,B 企业由于租给散户,租金的取得依赖于各单个租户的财务和信用状况;因此,两者现金流量流入的风险或不确定性程度存在明显差异,则两幢公寓楼的未来现金流量显著不同,进而可判断该两项资产的交换具有商业实质。

（3）未来现金流量的风险、时间相同,金额不同。比如,甬江公司以一项商标权换入另一企业的一项专利技术,预计两项无形资产的使用寿命相同,在使用寿命内预计为企业带来的现金流量总额相同,但是换入的专利技术是新开发的,预计开始阶段产生的未来现金流量明显少于后期,而甬江公司拥有的商标每年产生的现金流量比较均衡,则两者各年产生的现金流量金额差异明显,则上述商标权与专利技术的未来现金流量显著不同,因而该两项资产的交换具有商业实质。

2. 换入资产与换出资产的预计未来现金流量现值不同,且其差额与换入资产和换出资产的公允价值相比是重大的

企业如按照上述第一项条件难以判断某项非货币性资产交换是否具有商业实质,再根据第二项条件,通过计算换入资产和换出资产的预计未来现金流量现值,进行比较后判断。

比如,甬江公司以一项专利权换入另一企业拥有的长期股权投资,假定该项专利权与该项长期股权投资的公允价值相同,两项资产未来现金流量的风险、时间和金额亦相同,但是,对换入企业来讲,换入该项长期股权投资使该企业对被投资方由重大影响变为控制关系,从而对换入企业产生的预计未来现金流量现值与换出的专利权有较大差异;另一企业换入的专利权能够解决生产中的技术难题,从而对换入企业产生的预计未来现金流量现值与换出的长期股权投资有明显差异,因而该两项资产的交换具有商业实质。

（二）关联方之间交换资产与商业实质的关系

在确定非货币性资产交换是否具有商业实质时,企业应当关注交易各方之间是否存在关联方关系。关联方关系的存在可能导致发生的非货币性资产交换不具有商业实质。

相关案例

非货币性资产交换准则是一项新修订的准则。截至 2007 年末,1 570 家上市公司中,发生非货币性资产交换的有 40 家上市公司。非货币性资产交换大都采用了评估价格作为交换资产的公允价值。该类交易产生损益的有 32 家上市公司,占有此类交易公司数的 80%;未产生损益的有 8 家上市公司,占有此类交易公司数的 20%。非货币性资产交换产生损益的 32 家上市公司中,产生非货币性资产交换利得的有 21 家上市公司,比例为 65.62%;产生非货币性资产交换损失的有 11 家上市公司,比例为 34.38%。其中,浙江尖峰集团(600668)非货币性资产交换损益系子公司浙江尖峰水泥有限公司对浙江金华南方尖峰水泥有限公司出资产生的非货币性资产交易利得 92 504 442.25 元,扣除了按照持股比例计算归属于浙江尖峰水泥有限公司的内部交易损益 32 376 554.79 元后为 60 127 887.46 元。占当年利润总额 50 089 510.76 元的 120%。

五、非货币性资产交换的账务处理

（一）以公允价值计量的账务处理

非货币性资产交换具有商业实质且公允价值能够可靠计量的,应当以换出资产的公允价值和应支付的相关税费作为换入资产的成本,除非有确凿证据表明换入资产的公允价值比换出资产公允价值更加可靠。

在以公允价值计量的情况下,不论是否涉及补价,只要换出资产的公允价值与其账面价值不相同,就一定会涉及损益的确认,因为非货币性资产交换损益通常是换出资产公允价值与换出资产账面价值的差额,通过非货币性资产交换予以实现。

非货币性资产交换的会计处理,视换出资产的类别不同而有所区别:

换出资产为存货的,应当视同销售处理,根据《企业会计准则第 14 号——收入》按照公允价值确认销售收入,同时结转销售成本,相当于按照公允价值确认的收入和按账面价值结转的成本之间的差额,也即换出资产公允价值和换出资产账面价值的差额,在利润表中作为营业利润的构成部分予以列示。

换出资产为固定资产、无形资产的,换出资产公允价值和换出资产账面价值的差额,计入营业外收入或营业外支出。

换出资产为长期股权投资、可供出售金融资产的,换出资产公允价值和换出资产账面价值的差额,计入投资收益。

换入资产与换出资产涉及相关税费的,如换出存货视同销售计算的销项税额,换入资产作为存货应当确认的可抵扣增值税进项税额,以及换出固定资产、无形资产视同转让应交纳的营业税等,按照相关税收规定计算确定。

1. 不涉及补价的情况

【例 10-1】 2009 年 9 月,甬江公司以生产经营过程中使用的一台设备交换乙复印机公司生产的一批复印机,换入的复印机作为固定资产管理。甬江公司和乙公司均为增值税一般纳税人,适用的增值税率为 17%。设备的账面原价为 150 万元,在交换日的累计折旧为 45 万元,公允价值为 90 万元。复印机的账面价值为 110 万元,在交换日的市场价格为 90 万元。乙公司换入甬江公司的设备是生产复印机过程中需要使用的设备。

假设甬江公司此前没有为该项设备计提资产减值准备;乙公司此前也没有为库存复印机计提存货跌价准备;在整个交易过程中没有发生除增值税以外的其他税费。

分析:整个资产交换过程没有涉及收付货币性资产,因此,该项交换属于非货币性资产交换。本例是以存货交换固定资产,对甬江公司来讲,换入的复印机是经营过程必需的资产,对乙公司来讲,换入的设备是生产复印机过程中所必需使用的机器,两项资产交换后对换入企业的特定价值显著不同,两项资产的交换具有商业实质;同时,两项资产的公允价值都能够可靠地计量,符合非货币性资产交换准则规定以公允价值计量的两个条件,因此,甬江公司和乙公司均应当以换出资产的公允价值为基础确定换入资产的成本,并确认产生的损益。

甬江公司的账务处理如下:

换入复印机的增值税进项税额 $= 900\ 000 \times 17\% = 153\ 000$(元)

换出设备的增值税销项税额 $= 900\ 000 \times 17\% = 153\ 000$(元)

借:固定资产清理	1 050 000	
累计折旧	450 000	
贷:固定资产——设备		1 500 000
借:固定资产——复印机	900 000	
应交税费——应交增值税(进项税额)	153 000	
营业外支出	150 000	
贷:固定资产清理		1 050 000
应交税费——应交增值税(销项税额)		153 000

乙公司的账务处理如下:

换出复印机的增值税销项税额 $= 900\ 000 \times 17\% = 153\ 000$(元)

换入设备的增值税进项税额 $= 900\ 000 \times 17\% = 153\ 000$(元)

借:固定资产——设备	900 000	
应交税费——应交增值税(进项税额)	153 000	
贷:主营业务收入		900 000
应交税费——应交增值税(销项税额)		153 000
借:主营业务成本	1 100 000	
贷:库存商品——复印机		1 100 000

【例 10-2】 2009 年 10 月,为了提高产品质量,甬江电视机公司以其持有的对甲公司的长期股权投资交换丙电视机公司拥有的一项液晶电视屏专利技术。在交换日,甬江公司持

有的长期股权投资账面余额为 800 万元,已计提长期股权投资减值准备余额为 60 万元,在交换日的公允价值为 600 万元;丙公司专利技术的账面原价为 800 万元,累计已摊销金额为 160 万元,已计提减值准备为 30 万元,在交换日的公允价值为 600 万元。丙公司原已持有对甲公司的长期股权投资,从甬江公司换入对甲公司的长期股权投资后,使甲公司成为丙公司的联营企业。假设整个交易过程中没有发生其他相关税费。

分析:该项资产交换没有涉及收付货币性资产,因此属于非货币性资产交换。本例属于以长期股权投资换入无形资产。对甬江公司来讲,换入液晶电视屏专利技术能够大幅度改善产品质量,相对于对甲公司的长期股权投资来讲,预计未来现金流量的时间、金额和风险均不相同;对丙公司来讲,换入对甲公司的长期股权投资,使其对甲公司的关系由既无控制、共同控制或重大影响,改变为具有重大影响,因而可通过参与甲公司的财务和经营政策等方式对其施加重大影响,增加了从甲公司经营活动中获取经济利益的权力,与专利技术预计产生的未来现金流量在时间、风险和金额方面都有所不同。因此,该两项资产的交换具有商业实质;同时,两项资产的公允价值都能够可靠地计量,符合以公允价值计量的条件。甬江公司和丙公司均应当以公允价值为基础确定换入资产的成本,并确认产生的损益。

甬江公司的账务处理如下:

借:无形资产——专利权	6 000 000	
长期股权投资减值准备	600 000	
投资收益	1 400 000	
贷:长期股权投资		8 000 000

丙公司的账务处理如下:

借:长期股权投资	6 000 000	
累计摊销	1 600 000	
无形资产减值准备	300 000	
营业外支出	100 000	
贷:无形资产——专利权		8 000 000

2. 涉及补价的情况

在以公允价值确定换入资产成本的情况下,发生补价的,支付补价方和收到补价方应当分别情况处理:

(1)支付补价方:应当以换出资产的公允价值加上支付的补价(即换入资产的公允价值)和应支付的相关税费,作为换入资产的成本;换入资产成本与换出资产账面价值加支付的补价、应支付的相关税费之和的差额,应当计入当期损益。

(2)收到补价方:应当以换入资产的公允价值(或换出资产的公允价值减去补价)和应支付的相关税费,作为换入资产的成本;换入资产成本加收到的补价之和与换出资产账面价值加应支付的相关税费之和的差额,应当计入当期损益。

在涉及补价的情况下,对于支付补价方而言,作为补价的货币性资产构成换入资产所放弃对价的一部分,对于收到补价方而言,作为补价的货币性资产构成换入资产的一部分。

【例 10-3】 甬江公司与甲公司经协商,甬江公司以其拥有的用于经营出租目的的一幢公寓楼与甲公司持有的交易目的的股票投资交换。甬江公司的公寓楼符合投资性房地产定义,但公司未采用公允价值模式计量。在交换日,该幢公寓楼的账面原价为 9 000 万元,已提折旧 1 500 万元,未计提减值准备,在交换日的公允价值和计税价格均为 8 000 万元,营业税税率为 5%;甲公司持有的交易目的的股票投资账面价值为 6 000 万元,甲公司对该股票投资采用公允价值模式计量,在交换日的公允价值为 7 500 万元。甲公司另外以银行存款支付了 500 万元给甫江公司。甲公司换入公寓楼后仍然继续用于经营出租目的,并拟采用公允价值计量模式,甫江公司换入股票投资后也仍然用于交易目的。转让公寓楼的营业税尚未支付,假定除营业税外,该项交易过程中不涉及其他相关税费。

分析:该项资产交换涉及收付货币性资产,即补价 500 万元。应当计算收到的货币性资产占换出资产公允价值总额的比例(等于支付的货币性资产占换出资产公允价值与支付的补价之和的比例),即:

500 万元÷8 000 万元＝6.25%＜25%,属于非货币性资产交换。

本例属于以投资性房地产换入以公允价值计量且其变动计入当期损益的金融资产。对甫江公司而言,换入交易目的的股票投资使得企业可以在希望变现时取得现金流量,但风险程度要比租金稍大,用于经营出租目的的公寓楼,可以获得稳定均衡的租金流,但是不能满足企业急需大量现金的需要,因此,交易性股票投资带来的未来现金流量在时间、风险方面与用于出租的公寓楼带来的租金流有显著区别,因而可判断两项资产的交换具有商业实质。同时,股票投资和公寓楼的公允价值均能够可靠地计量,因此,甫江公司、甲公司均应当以公允价值为基础确定换入资产的成本,并确认产生的损益。

甫江公司的账务处理如下:

借:其他业务成本	75 000 000	
投资性房地产累计折旧	15 000 000	
贷:投资性房地产		90 000 000
借:交易性金融资产	75 000 000	
银行存款	5 000 000	
贷:其他业务收入		80 000 000
借:营业税金及附加	4 000 000	
贷:应交税费——应交营业税		4 000 000

甲公司的账务处理如下:

借:投资性房地产	80 000 000	
贷:交易性金融资产		60 000 000
银行存款		5 000 000
投资收益		15 000 000

(二)以换出资产账面价值计量的账务处理

非货币性资产交换不具有商业实质,或者虽然具有商业实质但换入资产和换出资产的公允价值均不能可靠计量的,应当以换出资产账面价值为基础确定换入资产成本,无论是否支付补价,均不确认损益。

一般来讲,如果换入资产和换出资产的公允价值都不能可靠计量时,该项非货币性资产交换通常不具有商业实质,因为在这种情况下,很难比较两项资产产生的未来现金流量在时间、风险和金额方面的差异,很难判断两项资产交换后对企业经济状况改变所起的不同效用,因而此类资产交换通常不具有商业实质。

【例10-4】　甬江公司拥有一台专有设备,该设备账面原价300万元,已计提折旧220万元,丁公司拥有一幢古建筑物,账面原价200万元,已计提折旧140万元,两项资产均未计提减值准备。甬江公司决定以其专有设备交换丁公司该幢古建筑物拟改造为办公室使用,该专有设备是生产某种产品必需的设备。由于专有设备系当时专门制造、性质特殊,其公允价值不能可靠计量;丁公司拥有的建筑物因建筑年代久远,性质比较特殊,其公允价值也不能可靠计量。双方商定,丁公司以两项资产账面价值的差额为基础,支付甬江公司10万元补价。假定交易中没有涉及相关税费。

分析:该项资产交换涉及收付货币性资产,即补价10万元。对甬江公司而言,收到的补价10万元÷换出资产账面价值80万元＝12.5%＜25%,因此,该项交换属于非货币性资产交换,丁公司的情况也类似。由于两项资产的公允价值不能可靠计量,因此,甬江公司、丁公司换入资产的成本均应当按照换出资产的账面价值确定。

甬江公司的账务处理如下:

借:固定资产清理　　　　　　　　　　　　　　　　　　　　　800 000
　　累计折旧　　　　　　　　　　　　　　　　　　　　　　　2 200 000
　　贷:固定资产——专有设备　　　　　　　　　　　　　　　　　　3 000 000
借:固定资产——建筑物　　　　　　　　　　　　　　　　　　　700 000
　　银行存款　　　　　　　　　　　　　　　　　　　　　　　100 000
　　贷:固定资产清理　　　　　　　　　　　　　　　　　　　　　800 000

丁公司的账务处理如下:

借:固定资产清理　　　　　　　　　　　　　　　　　　　　　600 000
　　累计折旧　　　　　　　　　　　　　　　　　　　　　　　1 400 000
　　贷:固定资产——建筑物　　　　　　　　　　　　　　　　　　2 000 000
借:固定资产——专有设备　　　　　　　　　　　　　　　　　　700 000
　　贷:固定资产清理　　　　　　　　　　　　　　　　　　　　　600 000
　　　银行存款　　　　　　　　　　　　　　　　　　　　　　100 000

从上例可以看出,尽管丁公司支付了10万元补价,但由于整个非货币性资产交换是以账面价值为基础计量的,支付补价方和收到补价方均不确认损益。对甬江公司而言,换入资产是建筑物和银行存款10万元,换出资产专有设备的账面价值为80(300－220)万元,因此,建筑物的成本就是换出设备的账面价值减去货币性补价之差,即70(80－10)万元;对丁公司而言,换出资产是建筑物和银行存款10万元,换入资产专有设备的成本等于换出资产的账面价值加上货币性补价之和,即70(60＋10)万元。由此可见,在以账面价值计量的情况下,发生的补价是用来调整换入资产的成本,不涉及确认损益问题。

(三)涉及多项非货币性资产交换的账务处理

非货币性资产交换涉及多项资产的情况包括,企业以一项非货币性资产换入另一企业的多项非货币性资产,或同时以多项非货币性资产换入另一企业的一项非货币性资产,或以多项非货币性资产同时换入多项非货币性资产,也可能涉及补价。涉及多项资产的非货币性资产交换,企业无法将换出的某一资产与换入的某一特定资产相对应。与单项非货币性资产之间的交换一样,涉及多项资产的非货币性资产交换的计量,企业也应当首先判断是否符合以公允价值计量的两个条件,再分别情况确定各项换入资产的成本。

涉及多项资产的非货币性资产交换一般可以分为以下几种情况:

(1)资产交换具有商业实质、且各项换出资产和各项换入资产的公允价值均能够可靠计量。在这种情况下,换入资产的总成本应当按照换出资产的公允价值总额为基础确定,除非有确凿证据证明换入资产的公允价值总额更可靠。各项换入资产的成本,应当按照各项换入资产的公允价值占换入资产公允价值总额的比例,对换入资产总成本进行分配,确定各项换入资产的成本。

(2)资产交换具有商业实质、且换入资产的公允价值能够可靠计量、换出资产的公允价值不能可靠计量。在这种情况下,换入资产的总成本应当按照换入资产的公允价值总额为基础确定,各项换入资产的成本,应当按照各项换入资产的公允价值占换入资产公允价值总额的比例,对换入资产总成本进行分配,确定各项换入资产的成本。

(3)资产交换具有商业实质、换出资产的公允价值能够可靠计量、但换入资产的公允价值不能可靠计量。在这种情况下,换入资产的总成本应当按照换出资产的公允价值总额为基础确定,各项换入资产的成本,应当按照各项换入资产的原账面价值占换入资产原账面价值总额的比例,对按照换出资产公允价值总额确定的换入资产总成本进行分配,确定各项换入资产的成本。

(4)资产交换不具有商业实质,或换入资产和换出资产的公允价值均不能可靠计量。在这种情况下,换入资产的总成本应当按照换出资产的账面价值总额为基础确定,各项换入资产的成本,应当按照各项换入资产的原账面价值占换入资产的账面价值总额的比例,对按照换出资产账面价值总额为基础确定的换入资产总成本进行分配,确定各项换入资产的成本。

实际上,上述第(1)、(2)、(3)种情况,换入资产总成本都是按照公允价值计量的,但各单项换入资产成本的确定,视各单项换入资产的公允价值能否可靠计量而分别情况处理;第(4)种情况属于不符合公允价值计量的条件,换入资产总成本按照换出资产账面价值总额确定,各单项换入资产成本的确定,按照各单项换入资产的原账面价值占换入资产账面价值总额的比例确定。

1. 以公允价值计量的情况

【例 10-5】　甬江公司和 A 公司均为增值税一般纳税人,适用的增值税税率均为 17%。2009 年 8 月,为适应业务发展的需要,经协商,甬江公司决定以生产经营过程中使用的设备以及库存商品换入 A 公司生产经营过程中使用的小汽车、客运汽车。甬江公司设备的账面原价为 600 万元,在交换日的累计折旧为 480 万元,公允价值为 100 万元;库存商品的账面余额为 300 万元,公允价值为 350 万元,公允价值等于计税价格。A 公司小汽车的账面原价为 300 万元,在交换日的累计折旧为 90 万元,公允价值为 200 万元;客运汽车的账面原价为 300 万元,在交换日的累计折旧为 80 万元,公允价值为 250 万元。

假定甬江公司和 A 公司都没有为换出资产计提减值准备;整个交易过程中没有发生除增值税以外的其他相关税费;甬江公司换入 A 公司的小汽车、客运汽车均作为固定资产使用和管理;A 公司换入甬江公司设备作为固定资产使用和管理,换入的库存商品作为原材料使用和管理。甬江公司和 A 公司均开具了增值税专用发票。

分析:对于甬江公司而言,为了拓展运输业务,需要小汽车、客运汽车等,A 公司为了扩大产品生产,需要设备和原材料,换入资产对换入企业均能发挥更大的作用,该项涉及多项资产的非货币性资产交换具有商业实质;同时,各单项换入资产和换出资产的公允价值均能可靠计量,因此,甬江、A公司均应当以公允价值为基础确定换入资产的总成本,确认产生的相关损益。同时,按照各单项换入资产的公允价值占换入资产公允价值总额的比例,确定各单项换入资产的成本。

甬江公司的账务处理如下:

(1)根据增值税的有关规定,计算增值税销项税额和进项税额。

换出设备和库存商品的增值税销项税额=(100+350)17%=76.5(万元)

换入小汽车和客运汽车的增值税进项税额=(200+250)×17%=76.5(万元)

(2)计算换入资产、换出资产公允价值总额。

换出资产公允价值总额=100+350=450(万元)

换入资产公允价值总额=200+250=450(万元)

(3)计算换入资产总成本。

换入资产总成本=换出资产公允价值+应支付的相关税费-可抵扣的增值税进项税额
=450+76.5-76.5=450(万元)

(4)计算确定换入各项资产的公允价值占换入资产公允价值总额的比例。

小汽车公允价值占换入资产公允价值总额的比例=200÷450=44.4%

客运汽车公允价值占换入资产公允价值总额的比例=250÷450=55.6%

(5)计算确定换入各项资产的成本。

小汽车的成本:450×44.4%=200(万元)

客运汽车的成本:450×55.6%=250(万元)

(6)账务处理。

借:固定资产清理	1 200 000
累计折旧	4 800 000
贷:固定资产——设备	6 000 000
借:固定资产——小汽车	2 000 000
——客运汽车	2 500 000
应交税费——应交增值税(进项税额)	765 000
营业外支出	200 000
贷:固定资产清理	1 200 000
主营业务收入	3 500 000
应交税费——应交增值税(销项税额)	765 000
借:主营业务成本	3 000 000
贷:库存商品	3 000 000

A公司的账务处理如下:

(1)根据增值税的有关规定,计算增值税销项税额和进项税额。

换出小汽车和客运汽车的增值税销项税额=(200+250)×17%=76.5(万元)

换入设备和原材料的增值税进项税额:(100+350)×17%=76.5(万元)

(2)计算换入资产、换出资产公允价值总额。

换入资产公允价值总额=100+350=450(万元)

换出资产公允价值总额＝200＋250＝450(万元)

(3)确定换入资产总成本。

换入资产总成本＝换出资产公允价值＋应支付的相关税费－可抵扣的增值税进项税额
＝450＋76.5－76.5＝450(万元)

(4)计算确定换入各项资产的公允价值占换入资产公允价值总额的比例。

设备公允价值占换入资产公允价值总额的比例＝100÷450＝22.2%

原材料公允价值占换入资产公允价值总额的比例＝350÷450＝77.8%

(5)计算确定换入各项资产的成本。

设备的成本:450×22.2%＝100(万元)

原材料的成本:450×77.8%＝350(万元)

(6)账务处理。

借:固定资产清理	4 300 000	
累计折旧	1 700 000	
贷:固定资产——小汽车		3 000 000
——客运汽车		3 000 000
借:固定资产——设备	1 000 000	
原材料	3 500 000	
应交税费——应交增值税(进项税额)	765 000	
贷:固定资产清理		4 300 000
应交税费——应交增值税(销项税额)		765 000
营业外收入		200 000

2. 以账面价值计量的情况

【例10-6】 2009年6月,甬江公司因经营战略发生较大转变,产品结构发生较大调整,原生产其产品的专有设备、专利技术等已不符合生产新产品的需要,经与B公司协商,将其专用设备连同专利技术与B公司正在建造过程中的一幢建筑物、B公司对丙公司的长期股权投资进行交换。甬江公司换出专有设备的账面原价为1 200万元,已提折旧750万元;专利技术账面原价为450万元,已摊销金额为270万元。B公司在建工程截止到交换日的成本为525万元,对丙公司的长期股权投资账面余额为150万元。由于甬江公司持有的专有设备和专利技术市场上已不多见,因此,公允价值不能可靠计量。B公司的在建工程因完工程度难以合理确定,其公允价值不能可靠计量,由于丙公司不是上市公司,B公司对丙公司长期股权投资的公允价值也不能可靠计量。假定甬江、B公司均未对上述资产计提减值准备。

分析:本例不涉及收付货币性资产,属于非货币性资产交换。由于换入资产、换出资产的公允价值均不能可靠计量,甬江、B公司均应当以换出资产账面价值总额作为换入资产的成本,各项换入资产的成本,应当按各项换入资产的账面价值占换入资产账面价值总额的比例分配后确定。

甬江公司的账务处理如下:

(1)根据税法规定,计算有关税金。

换出专有设备的增值税销项税额＝(1 200－750)×17%＝76.5(万元)

换出专利技术的营业税＝(450－270)×5%＝9(万元)

（2）计算换入资产、换出资产账面价值总额。

换入资产账面价值总额＝525＋150＝675（万元）

换出资产账面价值总额＝（1 200－750）＋（450－270）＝630（万元）

（3）确定换入资产总成本。

换入资产总成本＝630＋76.5＋9＝715.5（万元）

（4）计算各项换入资产账面价值占换入资产账面价值总额的比例。

在建工程占换入资产账面价值总额的比例＝525÷675＝77.8%

长期股权投资占换入资产账面价值总额的比例＝150÷675＝22.2%

（5）确定各项换入资产成本。

在建工程成本＝715.5×77.8%＝556.659（万元）

长期股权投资成本＝715.5×22.2%＝158.841（万元）

（6）账务处理。

① 借：固定资产清理 4 500 000

累计折旧 7 500 000

　贷：固定资产——专有设备 12 000 000

② 借：在建工程 5 566 590

长期股权投资 1 588 410

累计摊销 2 700 000

　贷：固定资产清理 4 500 000

应交税费——应交增值税（销项税额） 765 000

无形资产——专利技术 4 500 000

应交税费——应交营业税 90 000

B 公司的账务处理如下：

（1）根据税法规定，计算有关税金。

换入专有设备的增值税进项税额＝（1 200－750）×17%＝76.5（万元）

换出在建建筑物的营业税＝5 250 000×5%＝26.25（万元）

（2）计算换入资产、换出资产账面价值总额。

换入资产账面价值总额＝（1 200－750）＋（450－270）＝630（万元）

换出资产账面价值总额＝525＋150＝675（万元）

（3）确定换入资产总成本。

换入资产总成本＝675＋26.25－76.5＝624.75（万元）

（4）计算各项换入资产账面价值占换入资产账面价值总额的比例。

专有设备占换入资产账面价值总额的比例＝450÷630＝71.4%

专有技术占换入资产账面价值总额的比例＝180÷630＝28.6%

（5）确定各项换入资产成本。

专有设备成本＝624.75×71.4%＝446.0715（万元）

专利技术成本＝624.75×28.6%＝178.6785（万元）

（6）账务处理。

借：固定资产——专有设备 4 460 715

无形资产——专利技术	1 786 785
应交税费——应交增值税(进项税额)	765 000
贷:在建工程	5 250 000
长期股权投资	1 500 000
应交税费——应交营业税	262 500

第二节　债务重组

一、债务重组的含义

在市场经济条件下,竞争日趋激烈,企业为此需要不断地根据环境的变化,调整经营策略,防范和控制经营及财务风险。但有时,由于各种因素(包括内部和外部)的影响,企业可能出现一些暂时性的财务困难,致使资金周转不灵,难以按期偿还债务。在此情况下,作为债权人,一种方式是可以通过法律程序,要求债务人破产,以清偿债务;另一种方式,可以通过互相协商,通过债务重组的方式,债权人作出某些让步,使债务人减轻负担,渡过难关。

债务重组,是指在债务人发生财务困难的情况下,债权人按照其与债务人达成的协议或者法院的裁定作出让步的事项。其中,"债务人发生财务困难",是指债务人出现资金周转困难或经营陷入困境,导致其无法或者没有能力按原定条件偿还债务;"债权人作出让步",是指债权人同意发生财务困难的债务人现在或者将来以低于重组债务账面价值的金额或者价值偿还债务。"债权人作出让步"的情形主要包括:债权人减免债务人部分债务本金或者利息、降低债务人应付债务的利率等。债务人发生财务困难,是债务重组的前提条件,而债权人作出让步是债务重组的必要条件。两者是债务重组的基本特征。

二、债务重组的方式

1. 以资产清偿债务,是指债务人转让其资产给债权人以清偿债务的债务重组方式。债务人通常用于偿债的资产主要有:现金、存货、固定资产、无形资产、股权投资等。这里的现金,是指货币资金,即库存现金、银行存款和其他货币资金,在债务重组的情况下,以现金清偿债务,通常是指以低于债务的账面价值的现金清偿债务,如果以等量的现金偿还所欠债务,则不属于本章所指的债务重组。

2. 债务转为资本,是指债务人将债务转为资本,同时债权人将债权转为股权的债务重组方式。但债务人根据转换协议,将应付可转换公司债券转为资本的,则属于正常情况下的债务转资本,不能作为债务重组处理。

债务转为资本时,对股份有限公司而言为将债务转为股本;对其他企业而言,是将债务转为实收资本。债务转为资本的结果是,债务人因此而增加股本(或实收资本),债权人因此而增加股权。

3. 修改其他债务条件,是指修改不包括上述第一、第二种情形在内的债务条件进行债务重组的方式,如减少债务本金、降低利率、免去应付未付的利息等。

4. 以上三种方式的组合,是指采用以上三种方式共同清偿债务的债务重组形式。例

如,以转让资产清偿某项债务的一部分,另一部分债务通过修改其他债务条件进行债务重组。主要包括以下可能的方式:

(1)债务的一部分以资产清偿,另一部分则转为资本;

(2)债务的一部分以资产清偿,另一部分则修改其他债务条件;

(3)债务的一部分转为资本,另一部分则修改其他债务条件;

(4)债务的一部分以资产清偿,一部分转为资本,另一部分则修改其他债务条件。

三、债务重组的账务处理

(一)以资产清偿债务

在债务重组中,企业以资产清偿债务的,通常包括以现金清偿债务和以非现金资产清偿债务等方式。

1. 以现金清偿债务

债务人以现金清偿债务的,债务人应当将重组债务的账面价值与支付的现金之间的差额确认为债务重组利得,作为营业外收入,计入当期损益,其中,相关重组债务应当在满足金融负债终止确认条件时予以终止确认。

债务人以现金清偿债务的,债权人应当将重组债权的账面余额与收到的现金之间的差额确认为债务重组损失,作为营业外支出,计入当期损益,其中,相关重组债权应当在满足金融资产终止确认条件时予以终止确认。重组债权已经计提减值准备的,应当先将上述差额冲减已计提的减值准备,冲减后仍有损失的,计入营业外支出(债务重组损失);冲减后减值准备仍有余额的,应予转回并抵减当期资产减值损失。

【例 10-7】 甬江公司于 2009 年 1 月 20 日销售一批材料给乙企业,不含税价格为 200 000 元,增值税税率为 17%,按合同规定,乙企业应于 2009 年 4 月 1 日前偿付货款。由于乙企业发生财务困难,无法按合同规定的期限偿还债务,经双方协议于 7 月 1 日进行债务重组。债务重组协议规定,甬江公司同意减免乙企业 30 000 元债务,余额用现金立即偿清。乙企业于当日通过银行转账支付了该笔剩余款项,甬江公司随即收到了通过银行转账偿还的款项。甬江公司已为该项应收债权计提了 20 000 元的坏账准备。

乙企业的账务处理:

①计算债务重组利得。

应付账款账面余额	234 000
减:支付的现金	204 000
债务重组利得	30 000

②应作会计分录。

借:应付账款		234 000
贷:银行存款		204 000
营业外收入——债务重组利得		30 000

甫江公司的账务处理：

①计算债务重组损失。

应收账款账面余额	234 000
减：收到的现金	204 000
差额	30 000
减：已计提坏账准备	20 000
债务重组损失	10 000

②应作会计分录。

```
借：银行存款                                    204 000
    营业外支出——债务重组损失                    10 000
    坏账准备                                    20 000
    贷：应收账款                                          234 000
```

2. 以非现金资产清偿债务

债务人以非现金资产清偿债务的，债务人应当将重组债务的账面价值与转让的非现金资产的公允价值之间的差额确认为债务重组利得，作为营业外收入，计入当期损益。其中，相关重组债务应当在满足金融负债终止确认条件时予以终止确认。转让的非现金资产的公允价值与其账面价值的差额作为转让资产损益，计入当期损益。

债务人在转让非现金资产的过程中发生的一些税费，如资产评估费、运杂费等，直接计入转让资产损益。对于增值税应税项目，如债权人不向债务人另行支付增值税，则债务重组利得应为转让非现金资产的公允价值和该非现金资产的增值税销项税额与重组债务账面价值的差额；如债权人向债务人另行支付增值税，则债务重组利得应为转让非现金资产的公允价值与重组债务账面价值的差额。

债务人以非现金资产清偿某项债务的，债权人应当对受让的非现金资产按其公允价值入账，重组债权的账面余额与受让的非现金资产的公允价值之间的差额，确认为债务重组损失，作为营业外支出，计入当期损益，其中，相关重组债权应当在满足金融资产终止确认条件时予以终止确认。重组债权已经计提减值准备的，应当先将上述差额冲减已计提的减值准备，冲减后仍有损失的，计入营业外支出（债务重组损失）；冲减后减值准备仍有余额的，应予转回并抵减当期资产减值损失。对于增值税应税项目，如债权人不向债务人另行支付增值税，则增值税进项税额可以作为冲减重组债权的账面余额处理；如债权人向债务人另行支付增值税，则增值税进项税额不能作为冲减重组债权的账面余额处理。

债权人收到非现金资产时发生的有关运杂费等，应当计入相关资产的价值。

（1）以库存材料、商品产品抵偿债务

债务人以库存材料、商品产品抵偿债务，应视同销售进行核算。企业可将该项业务分为两部分，一是将库存材料、商品产品出售给债权人，取得货款。出售库存材料、商品产品业务与企业正常的销售业务处理相同，其发生的损益计入当期损益。二是以取得的货币清偿债务。当然在这项业务中实际上并没有发生相应的货币流入与流出。

【例 10-8】 甫江公司欠乙公司购货款 350 000 元。由于甫江公司财务发生困难，短期内不能支付已于 2009 年 5 月 1 日到期的货款。2009 年 7 月 1 日，经双方协商，乙公司同意甫江公司以其生产的产品偿还债务。该产品的公允价值为 200 000 元，实际成本为 120 000

元。甬江公司为增值税一般纳税人,适用的增值税税率为17%。乙公司于2009年8月1日收到甬江公司抵债的产品,并作为库存商品入库;乙公司对该项应收账款计提了50 000元的坏账准备。

甬江公司的账务处理:

①计算债务重组利得。

应付账款的账面余额	350 000
减:所转让产品的公允价值	200 000
增值税销项税额(200 000×17%)	34 000
债务重组利得	116 000

②应作会计分录。

借:应付账款　　　　　　　　　　　　　　　　　　　350 000
　　贷:主营业务收入　　　　　　　　　　　　　　　　　　　200 000
　　　　应交税费——应交增值税(销项税额)　　　　　　　　 34 000
　　　　营业外收入——债务重组利得　　　　　　　　　　　　116 000
借:主营业务成本　　　　　　　　　　　　　　　　　　120 000
　　贷:库存商品　　　　　　　　　　　　　　　　　　　　　120 000

在本例中,甬江公司销售产品取得的利润体现在营业利润中,债务重组利得作为营业外收入处理。

乙公司的账务处理:

①计算债务重组损失。

应收账款账面余额	350 000
减:受让资产的公允价值	200 000
增值税进项税额	34 000
差额	116 000
减:已计提坏账准备	50 000
债务重组损失	66 000

②应作会计分录。

借:库存商品　　　　　　　　　　　　　　　　　　　200 000
　　应交税费——应交增值税(进项税额)　　　　　　　 34 000
　　坏账准备　　　　　　　　　　　　　　　　　　　 50 000
　　营业外支出——债务重组损失　　　　　　　　　　　 66 000
　　贷:应收账款　　　　　　　　　　　　　　　　　　　　　350 000

(2)以固定资产抵偿债务

债务人以固定资产抵偿债务,应将固定资产的公允价值与该项固定资产账面价值和清理费用的差额作为转让固定资产的损益处理。同时,将固定资产的公允价值与应付债务的账面价值的差额,作为债务重组利得,计入营业外收入。债权人收到的固定资产应按公允价值计量。

【例10-9】 甬江公司于2008年1月1日销售给乙公司一批材料,价值400 000元(包括应收取的增值税额),按购销合同约定,乙公司应于2008年10月31日前支付货款,但至

2009年1月31日乙公司尚未支付货款。由于乙公司财务发生困难,短期内不能支付货款。2009年2月3日,与甬江公司协商,甬江公司同意乙公司以一台设备偿还债务。该项设备的账面原价为350 000元,已提折旧50 000元,设备的公允价值为360 000元(假定企业转让该项设备不需要交纳增值税)。

甬江公司对该项应收账款已提取坏账准备20 000元。抵债设备已于2009年3月10日运抵甬江公司。假定不考虑该项债务重组相关的税费。

乙公司的账务处理:

①计算固定资产清理损益与债务重组利得。

固定资产公允价值	360 000
减:固定资产净值	300 000
处置固定资产净收益	60 000

②计算债务重组利得。

应付账款的账面余额	400 000
减:固定资产公允价值	360 000
债务重组利得	40 000

③应作会计分录如下:

将固定资产净值转入固定资产清理。

借:固定资产清理	300 000	
累计折旧	50 000	
贷:固定资产		350 000

确认债务重组利得。

借:应付账款	400 000	
贷:固定资产清理		360 000
营业外收入——债务重组利得		40 000

确认固定资产处置利得。

借:固定资产清理	60 000	
贷:营业外收入——处置固定资产利得		60 000

甬江公司的账务处理:

①计算债务重组损失。

应收账款账面余额	400 000
减:受让资产的公允价值	360 000
差额	40 000
减:已计提坏账准备	20 000
债务重组损失	20 000

②应作会计分录如下:

借:固定资产	360 000	
坏账准备	20 000	
营业外支出——债务重组损失	20 000	
贷:应收账款		400 000

（3）以股票、债券等金融资产抵偿债务

债务人以股票、债券等金融资产清偿债务，应按相关金融资产的公允价值与其账面价值的差额，作为转让金融资产的利得或损失处理；相关金融资产的公允价值与重组债务的账面价值的差额，作为债务重组利得。债权人收到的相关金融资产应按公允价值计量。

【例10-10】　甬江公司于2009年7月1日销售给乙公司一批产品，价值450 000元（包括应收取的增值税额），乙公司于2009年7月1日开出六个月承兑的商业汇票。乙公司于2009年12月31日尚未支付货款。由于乙公司财务发生困难，短期内不能支付货款。当日经与甬江公司协商，甬江公司同意乙公司以其所拥有并作为以公允价值计量且公允价值变动计入当期损益的某公司股票抵偿债务。乙公司该股票的账面价值为400 000元（假定该资产账面公允价值变动额为零），当日的公允价值380 000元。假定甬江公司为该项应收账款提取了坏账准备40 000元。用于抵债的股票于当日即办理相关转让手续，甬江公司将取得的股票作为以公允价值计量且公允价值变动计入当期损益的金融资产处理。债务重组前甬江公司已将该项应收票据转入应收账款；乙公司已将应付票据转入应付账款。假定不考虑与商业汇票或者应付款项有关的利息。

乙公司的账务处理：

①计算债务重组利得。

应付账款的账面余额	450 000
减：股票的公允价值	380 000
债务重组利得	70 000

②计算转让股票损益。

股票的公允价值	380 000
减：股票的账面价值	400 000
转让股票损益	−20 000

③应作会计分录如下：

```
借：应付账款                          450 000
    投资收益                          20 000
    贷：交易性金融资产                         400 000
        营业外收入——债务重组利得                70 000
```

甬江公司的账务处理：

①计算债务重组损失。

应收账款账面余额	450 000
减：受让股票的公允价值	380 000
差额	70 000
减：已计提坏账准备	40 000
债务重组损失	30 000

②应作会计分录如下：

```
借：交易性金融资产                    380 000
```

营业外支出——债务重组损失	30 000	
坏账准备	40 000	
贷:应收账款		450 000

(二)债务转为资本

以债务转为资本方式进行债务重组的,应分别以下情况处理:

(1)债务人为股份有限公司时,债务人应将债权人因放弃债权而享有股份的面值总额确认为股本;股份的公允价值总额与股本之间的差额确认为资本公积。重组债务的账面价值与股份的公允价总额之间的差额确认为债务重组利得,计入当期损益。债务人为其他企业时,债务人应将债权人因放弃债权而享有的股权份额确认为实收资本;股权的公允价值与实收资本之间的差额确认为资本公积。重组债务的账面价值与股权的公允价值之间的差额作为债务重组利得,计入当期损益。

(2)债务人将债务转为资本,即债权人将债权转为股权。在这种方式下,债权人应将重组债权的账面余额与因放弃债权而享有的股权的公允价值之间的差额,先冲减已提取的减值准备,减值准备不足冲减的部分,或未提取减值准备的,将该差额确认为债务重组损失。同时,债权人应将因放弃债权而享有的股权按公允价值计量。发生的相关税费,分别按照长期股权投资或者金融工具确认和计量的规定进行处理。

【例 10-11】 2009 年 7 月 1 日,甫江公司应收乙公司账款的账面余额为 60 000 元,由于乙公司发生财务困难,无法偿付应付账款。经双方协商同意,采取将乙公司所欠债务转为乙公司股本的方式进行债务重组,假定乙公司普通股的面值为 1 元,乙公司以 20 000 股抵偿该项债务,股票每股市价为 2.5 元。甫江公司对该项应收账款计提了坏账准备 2 000 元。股票登记手续已办理完毕,甫江公司对其作为长期股权投资处理。

乙公司的账务处理:

①计算应计入资本公积的金额。

股票的公允价值	50 000
减:股票的面值总额	20 000
应计入资本公积	30 000

②计算应确认的债务重组利得。

债务账面价值	60 000
减:股票的公允价值	50 000
债务重组利得	10 000

③应作会计分录如下:

借:应付账款	60 000	
贷:股本		20 000
资本公积——股本溢价		30 000
营业外收入——债务重组利得		10 000

甫江公司的账务处理:

①计算债务重组损失。

| 应收账款账面余额 | 60 000 |
| 减:所转股权的公允价值 | 50 000 |

差额　　　　　　　　　　　　　　　　　　　　　　　10 000

整:已计提坏账准备　　　　　　　　　　　　　　　　 2 000

债务重组损失　　　　　　　　　　　　　　　　　　 8 000

②应作会计分录如下:

借:长期股权投资　　　　　　　　　　　　　　50 000

营业外支出——债务重组损失　　　　　　　　8 000

坏账准备　　　　　　　　　　　　　　　　2 000

贷:应收账款　　　　　　　　　　　　　　　　　 60 000

相关案例

2007年6月22日,在银广夏债委会召开的第四次债权人会议上,各债权人经过充分协商,表决通过了《广夏(银川)实业股份有限公司债务重组方案》,该方案的主要内容如下:

根据贷款性质不同,实行差异化债权清偿。对债委会成员单位(即金融债权机构)按"清偿一块,减免一块,抵偿一块,保留一块"的方式清偿;对非成员单位债权按抵偿方式进行清偿。对特殊负债及经营性债务、应付职工薪酬等其他债务采取全额保留、免付或其他方式安排。

根据以上原则,本次拟处理的债务总额为114 104.39万元(截至2007年3月31日,包括因担保形成的或有负债),公司已清偿10 000.94万元,长城资产管理公司和华融资产管理公司已减免本公司债务41 038.67万元,东方资产兰州办和宁夏银行已与公司签订债务重组协议,拟减免本公司债务5 117.37万元,剩余7 947.41万元债务则按"每10元债务抵偿1.4股银广夏股份"的比例实施以股抵债,约抵偿8 112.64万股。股份来源为公司以资本公积金向特定股东银川培鑫投资有限责任公司定向转增股本形成的股份。

债务重组方案的操作方式:鉴于资本公积金转增只限于现有股东,各债权人无法直接获得股份。因此,公司将先以资本公积金向特定股东银川培鑫投资有限责任公司定向转增股份,再由特定股东银川培鑫投资有限责任公司根据临时股东大会决议以及公司与各债权人签订的债务重组协议,将定向转增股本形成的股份过户至相关债权人名下。

根据有关规定,本次资本公积金定向转增股份设定限售期,限售期限为12个月,即自资本公积金转增方案实施之日起12个月。接受抵债股份的各债权人均应遵守上述限售期限。截至2008年9月30日,经会计师事务所审计,本公司的资本公积金总额为594 563 243.64元,其中:股本溢价:115 600 164.92元,其他资本公积478 963 078.72元。

(三)修改其他债务条件

以修改其他债务条件进行债务重组的,债务人和债权人应分别以下情况处理:

1. 不附或有条件的债务重组

不附或有条件的债务重组,是指在债务重组中不存在或有应付(或应收)金额,该或有条件需要根据未来某种事项出现而发生的应付(或应收)金额,并且该未来事项的出现具有不确定性。

不附或有条件的债务重组,债务人应将修改其他债务条件后债务的公允价值作为重组后债务的入账价值。重组债务的账面价值与重组后债务的入账价值之间的差额计入损益。

以修改其他债务条件进行债务重组,如修改后的债务条款不涉及或有应收金额,则债权人应当将修改其他债务条件后的债权的公允价值作为重组后债权的账面价值,重组债权的账面余额与重组后债权账面价值之间的差额确认为债务重组损失计入当期损益。如果债权人已对该项债权计提了减值准备,应当首先冲减已计提的减值准备。

【例10-12】　甬江公司2008年12月31日应收乙公司票据的账面余额为65 400元。其中,5 400元为累计未付的利息,票面年利率4%。由于乙公司连年亏损,资金周转困难,不能偿付应于2008年12月31日前支付的应付票据。经双方协商,于2009年1月5日进行债务重组。甬江公司同意将债务本金减至50 000元;免去债务人所欠的全部利息;将利率从4%降低到2%(等于实际利率),并将债务到期日延至2009年12月31日,利息按年支付。该项债务重组协议从协议签订日起开始实施。甬江、乙公司已将应收、应付票据转入应收、应付账款。甬江公司已为该项应收款项计提了5 000元坏账准备。

乙公司的账务处理:

①计算债务重组利得。

应付账款的账面余额	65 400
减:重组后债务公允价值	50 000
债务重组利得	15 400

②债务重组时的会计分录。

借:应付账款　　　　　　　　　　　65 400
　　贷:应付账款——债务重组　　　　　　　　50 000
　　　　营业外收入——债务重组利得　　　　　15 400

③2009年12月31日偿还本金和利息。

借:应付账款——债务重组　　　　　50 000
　　财务费用　　　　　　　　　　　1 000
　　贷:银行存款　　　　　　　　　　　　　　51 000

甬江公司的账务处理:

①计算债务重组损失。

应收账款账面余额	65 400
减:重组后债权公允价值	50 000
差额	15 400
减:已计提坏账准备	5 000
债务重组损失	10 400

②债务重组日的会计分录。

借:应收账款——债务重组　　　　　　　　　　50 000

营业外支出——债务重组损失	10 400
坏账准备	5 000
贷:应收账款	65 400

③2009 年 12 月 31 日收到本金和利息。

借:银行存款	51 000
贷:财务费用	1 000
应收账款	50 000

2. 附或有条件的债务重组

附或有条件的债务重组,是指在债务重组协议中附或有应付条件的重组。或有应付金额,是指依未来某种事项出现而发生的支出。未来事项的出现具有不确定性。如债务重组协议规定,"将某公司债务 1 200 000 元免除 200 000 元,剩余债务展期两年,并按 2% 的年利率计收利息。如该公司一年后盈利。则自第二年起将按 5% 的利率计收利息"。根据此项债务重组协议,债务人依未来是否盈利而发生的 30 000(1 000 000×3%)元支出,即为或有应付金额。但债务人是否盈利,在债务重组时不能确定,即具有不确定性。

附或有条件的债务重组,对于债务人而言,以修改其他债务条件进行的债务重组修改后的债务条款如涉及或有应付金额,且该或有应付金额符合或有事项中有关预计负债确认条件的,债务人应当将该或有应付金额确认为预计负债。重组债务的账面价值与重组后债务的入账价值和预计负债金额之和的差额作为债务重组利得,计入营业外收入。需要说明的是,在附或有条件的债务重组方式下债务人应当在每期末,按照或有事项确认和计量要求,确定其最佳估计数,期末所确定的最佳估计数与原预计数的差额,计入当期损益。

对债权人而言,以修改其他债务条件进行债务重组,修改后的债务条款中涉及或有应收金额的,不应当确认或有应收金额,不得将其计入重组后债权的账面价值。或有应收金额属于或有资产,或有资产不予确认。只有在或有应收金额实际发生时,才计入当期损益。

(四)以上三种方式的组合方式

以上三种方式的组合方式进行债务重组,主要有以下几种情况:

1. 以现金、非现金资产两种方式的组合清偿某项债务的,重组债务的账面价值与支付的现金、转让的非现金资产的公允价值的差额作为债务重组利得。非现金资产的公允价值与其账面价值的差额作为转让资产损益。

债权人重组债权的账面价值与收到的现金、受让的非现金资产的公允价值,以及已提减值准备的差额作为债务重组损失。

2. 以现金、债务转为资本两种方式的组合清偿某项债务的,重组债务的账面价值与支付的现金、债权人因放弃债权而享有的股权的公允价值的差额作为债务重组利得。股权的公允价值与股本(或实收资本)的差额作为资本公积。

债权人重组债权的账面价值与收到的现金、因放弃债权而享有的股权的公允价值,以及已提减值准备的差额作为债务重组损失。

3. 以非现金资产、债务转为资本两种方式的组合清偿某项债务的,重组债务的账面价值与转让的非现金资产的公允价值、债权人因放弃债权而享有的股权的公允价值的差额作为债务重组利得。非现金资产的公允价值与账面价值的差额作为转让资产损益;股权的公允价值与股本(或实收资本)的差额作为资本公积。

债权人重组债权的账面价值与受让的非现金资产的公允价值、因放弃债权而享有的股权的公允价值,以及已提减值准备的差额作为债权重组损失。

4. 以现金、非现金资产、债务转为资本三种方式的组合清偿某项债务的,重组债务的账面价值与支付的现金、转让的非现金资产的公允价值、债权人因放弃债权而享有股权的公允价值的差额作为债务重组利得;非现金资产的公允价值与其账面价值的差额作为转让资产损益;股权的公允价值与股本(或实收资本)的差额作为资本公积。

债权人重组债权的账面价值与收到的现金、受让的非现金资产的公允价值、因放弃债权而享有的股权的公允价值,以及已提减值准备的差额作为债权重组损失。

5. 以资产、债务转为资本等方式清偿某项债务的一部分,并对该项债务的另一部分以修改其他债务条件进行债务重组。在这种情况下,债务人应先以支付的现金、转让的非现金资产的公允价值、债权人因放弃债权而享有的股权的公允价值冲减重组债务的账面价值,余额与重组后债务的公允价值进行比较,据此计算债务重组利得。

债权人应先以收到的现金、受让非现金资产的公允价值、因放弃债权而享有的股权的公允价值冲减重组债权的账面价值,差额与重组后债务的公允价值进行比较,据此计算债务重组损失。债权人因放弃债权而享有的股权的公允价值与股本(或实收资本)的差额作为资本公积;非现金资产的公允价值与其账面价值的差额作为转让资产损益,于当期确认。

⌨ 相关案例

少数 ST 公司存在操纵利润迹象

通过控股股东豁免债务方式实现债务重组利得,扭亏为盈,避免摘牌是其中的一种重要方式。比照上市公司 2007 年年报,＊ST 新天、ST 金瑞的情况与财政部会计司的认定相当匹配。

截至 2007 年 12 月 29 日,ST 新天因原料收购和偿付公司银行利息等原因向控股股东新天国际经济技术合作(集团)有限公司的借款余额为 1.23 亿元。同日,新天集团决定豁免 ST 新天所欠其债务中的 1.2 亿元。ST 新天 2007 年年报显示,公司报告期内实现净利润 732 万元(扣除非经常性损益的净利润为－3.23 亿元),如果没有 1.2 亿元债务重组利得,ST 新天将因为连续三年亏损而暂停上市。

与此类似的还有 ST 金瑞,该公司 2007 年 12 月 24 日与控股股东青海省金星矿业有限公司签订《债务重组协议》,金星矿业同意免除 ST 金瑞对其 3 720 万元债务中的 2 500 万元。由此,ST 金瑞 2007 年扭亏实现净利润 222.5 万元(扣除非经常性损益的净利润为－2 462 万元),避免摘牌。

第三节　或有事项

一、或有事项的含义和特征

　　企业在经营活动中有时会面临一些具有较大不确定性的经济事项,这些不确定事项对企业的财务状况和经营成果可能会产生较大的影响,其最终结果须由某些未来事项的发生或不发生加以决定。比如,企业售出一批商品并对商品提供售后担保,承诺在商品发生质量问题时由企业无偿提供修理服务。销售商品并提供售后担保是企业过去发生的交易,由此形成的未来修理服务构成一项不确定事项,修理服务的费用是否会发生以及发生金额是多少将取决于未来是否发生修理请求以及修理工作量、费用等的大小。按照权责发生制,企业不能等到客户提出修理请求时,才确认因提供担保而发生的义务,而应当在资产负债表日对这一不确定事项作出判断,以决定是否在当期确认承担的修理义务。这种不确定事项在会计上被称为或有事项。

　　或有事项,是指过去的交易或者事项形成的,其结果须由某些未来事项的发生或不发生才能决定的不确定事项。常见的或有事项包括:未决诉讼或未决仲裁、债务担保、产品质量保证(含产品安全保证)、亏损合同、重组义务、承诺、环境污染整治等。

　　或有事项具有以下特征:

　　第一,或有事项是因过去的交易或者事项形成的。或有事项作为一种不确定事项,是因企业过去的交易或者事项形成的。因过去的交易或者事项形成,是指或有事项的现存状况是过去交易或者事项引起的客观存在。例如,未决诉讼是企业因过去的经济行为导致起诉其他单位或被其他单位起诉,是现存的一种状况,而不是未来将要发生的事项。又如,产品质量保证是企业对已售出商品或已提供劳务的质量提供的保证,不是为尚未出售商品或尚未提供劳务的质量提供的保证。基于这一特征,未来可能发生的自然灾害、交通事故、经营亏损等事项,都不属于或有事项。

　　第二,或有事项的结果具有不确定性。首先,或有事项的结果是否发生具有不确定性。例如,企业为其他单位提供债务担保,如果被担保方到期无力还款,担保方将负连带责任,担保所引起的可能发生的连带责任构成或有事项。但是,担保方在债务到期时是否一定承担和履行连带责任,需要根据被担保方能否按时还款决定,其结果在担保协议达成时具有不确定性。又如,有些未决诉讼,被起诉的一方是否会败诉,在案件审理过程中是难以确定的,需要根据法院判决情况加以确定。其次,或有事项的结果预计将会发生,但发生的具体时间或金额具有不确定性。例如,某企业因生产排污治理不力并对周围环境造成污染而被起诉,如无特殊情况,该企业很可能败诉。但是,在诉讼成立时,该企业因败诉将支出多少金额,或者何时将发生这些支出,可能是难以确定的。

　　第三,或有事项的结果须由未来事项决定。或有事项的结果只能由未来不确定事项的发生或不发生才能决定。或有事项对企业会产生有利影响还是不利影响,或虽已知是有利影响或不利影响,但影响有多大,在或有事项发生时是难以确定的。这种不确定性的消失,只能由未来不确定事项的发生或不发生才能证实。例如,企业为其他单位提供债务担保,该担保事项最终是否会要求企业履行偿还债务的连带责任,一般只能看被担保方的未来经营情况和偿债能力。如果被担保方经营情况和财务状况良好且有较好的信用,按期还款,那么企业将不需要履行该连带责任。只有在被担保方到期无力还款时,担保方才承担偿还债务的连带责任。

在会计处理过程中存在不确定性的事项并不都是或有事项,企业应当按照或有事项的定义和特征进行判断。例如,对固定资产计提折旧虽然也涉及对固定资产预计净残值和使用寿命进行分析和判断,带有一定的不确定性,但是,固定资产折旧是已经发生的损耗,固定资产的原值是确定的,其价值最终会转移到成本或费用中也是确定的,该事项的结果是确定的,因此,对固定资产计提折旧不属于或有事项。

二、或有负债和或有资产

或有负债,是指过去的交易或事项形成的潜在义务,其存在须通过未来不确定事项的发生或不发生予以证实;或过去的交易或事项形成的现时义务,履行该义务不是很可能导致经济利益流出企业或该义务的金额不能可靠计量。

或有负债涉及两类义务:一类是潜在义务;另一类是现时义务。其中,潜在义务是指结果取决于不确定未来事项的可能义务。也就是说,潜在义务最终是否转变为现时义务,由某些未来不确定事项的发生或不发生才能决定。现时义务是指企业在现行条件下已承担的义务,该现时义务的履行不是很可能导致经济利益流出企业,或者该现时义务的金额不能可靠地计量。例如、甬江公司涉及一桩诉讼案,根据以往的审判案例推断,甬江公司很可能要败诉。但法院尚未判决,甬江公司无法根据经验判断未来将要承担多少赔偿金额,因此该现时义务的金额不能可靠地计量,该诉讼案件即形成一项甬江公司的或有负债。

履行或有事项相关义务导致经济利益流出的可能性,通常按照一定的概率区间加以判断。一般情况下,发生的概率分为以下几个层次:基本确定、很可能、可能、极小可能。其中,"基本确定"是指,发生的可能性大于95%但小于100%;"很可能"是指,发生的可能性大于50%但小于或等于95%;"可能"是指,发生的可能性大于5%但小于或等于50%;"极小可能"是指,发生的可能性大于0但小于或等于5%。

或有资产,是指过去的交易或者事项形成的潜在资产,其存在须通过未来不确定事项的发生或不发生予以证实。或有资产作为一种潜在资产,其结果具有较大的不确定性,只有随着经济情况的变化,通过某些未来不确定事项的发生或不发生才能证实其是否会形成企业真正的资产。例如,甬江公司向法院起诉乙企业侵犯了其专利权。法院尚未对该案件进行公开审理,甬江公司是否胜诉尚难判断。对于甬江公司而言,将来可能胜诉而获得的赔偿属于一项或有资产,但这项或有资产是否会转化为真正的资产,要由法院的判决结果确定。如果终审判决结果是甬江公司胜诉,那么这项或有资产就转化为甬江公司的一项资产。如果终审判决结果是甬江公司败诉,那么或有资产就消失了,更不可能形成甬江公司的资产。

或有负债和或有资产不符合负债或资产的定义和确认条件,企业不应当确认或有负债和或有资产,而应当进行相应的披露。但是,影响或有负债和或有资产的多种因素处于不断变化之中,企业应当持续地对这些因素予以关注。随着时间的推移和事态的进展,或有负债对应的潜在义务可能转化为现实的义务,原来不是很可能导致经济利益流出的现实义务也可能被证实将很可能导致企业流出经济利益,并且现实义务的金额也能够可靠计量。这时或有负债就转化为企业的负债,应当予以确认。或有资产也是一样,其对应的潜在资产最终是否能够流入企业会逐渐变得明确,如果某一时点企业基本确定能够收到这项潜在资产并且其金额能够可靠计量,则应当将其确认为企业的资产。

三、预计负债的确认和计量

(一)预计负债的确认条件

或有事项的确认和计量通常是指预计负债的确认和计量。或有事项形成的或有资产只有在企业基本确定能够收到的情况下,才转变为真正的资产,从而应当予以确认。

与或有事项有关的义务应当在同时符合以下三个条件时,确认为负债,作为预计负债进行确认和计量:(1)该义务是企业承担的现时义务;(2)履行该义务很可能导致经济利益流出企业;(3)该义务的金额能够可靠地计量。

第一,该义务是企业承担的现实义务,即与或有事项相关的义务是在企业当前条件下已承担的义务,企业没有其他现实的选择,只能履行该现时义务。

第二,履行该义务很可能导致经济利益流出企业。即履行与或有事项相关的现时义务时,导致经济利益流出企业的可能性超过50%,但尚未达到基本确定的程度。

企业因或有事项承担了现时义务,并不说明该现时义务很可能导致经济利益流出企业。例如,2009年6月1日,甬江公司与乙企业签订协议,承诺为乙企业的2年期银行借款提供全额担保。对于甬江公司而言,由于担保事项而承担了一项现时义务,但这项义务的履行是否很可能导致经济利益流出企业,需依据乙企业的经营情况和财务状况等因素加以确定。假定2009年末,乙企业的财务状况恶化,且没有迹象表明可能发生好转。此种情况出现,表明乙企业很可能违约,从而甬江公司履行承担的现时义务将很可能导致经济利益流出企业。反之,如果乙企业财务状况良好,一般可以认定乙企业不会违约,从而甬江公司履行承担的现时义务不是很可能导致经济利益流出。

第三,该义务的金额能够可靠地计量。即与或有事项相关的现时义务的金额能够合理地估计。

由于或有事项具有不确定性,因或有事项产生的现时义务的金额也具有不确定性,需要估计。要对或有事项确认一项负债,相关现时义务的金额应当能够可靠估计。只有在其金额能够可靠地估计,并同时满足其他两个条件时,企业才能加以确认。例如,乙股份有限公司涉及一起诉讼案。根据以往的审判结果判断,公司很可能败诉,相关的赔偿金额也可以估算出一个区间。此时,就可以认为该公司因未决诉讼承担的现时义务的金额能够可靠地计量,如果同时满足其他两个条件,就可以将所形成的义务确认为一项负债。

(二)预计负债的计量

当与或有事项有关的义务符合确认为负债的条件时应当将其确认为预计负债,预计负债应当按照履行相关现时义务所需支出的最佳估计数进行初始计量。此外,企业清偿预计负债所需支出还可能从第三方或其他方获得补偿。因此,或有事项的计量主要涉及两个问题,一是最佳估计数的确定;二是预期可获得补偿的处理。

1. 最佳估计数的确定

预计负债应当按照履行相关现时义务所需支出的最佳估计数进行初始计量。最佳估计数的确定应当分别两种情况处理:

第一,所需支出存在一个连续范围,且该范围内各种结果发生的可能性相同,则最佳估计数应当按照该范围内的中间值,即上下限金额的平均数确定。

【例 10-13】　2009 年 12 月 27 日,甬江公司因合同违约而涉及一桩诉讼案。根据企业的法律顾问判断,最终的判决很可能对甬江公司不利。2009 年 12 月 31 日,甬江公司尚未接到法院的判决,因诉讼须承担的赔偿金额也无法准确地确定。不过,据专业人士估计,赔偿金额可能是 90 万元至 100 万元之间的某一金额,而且这个区间内每个金额的可能性都大致相同。

此例中,甬江公司应在 2009 年 12 月 31 日的资产负债表中确认一项负债金额为:

$$(90+100)\div 2=95(万元)$$

第二,所需支出不存在一个连续范围,或者虽然存在一个连续范围,但该范围内各种结果发生的可能性不相同,那么,如果或有事项涉及单个项目,最佳估计数按照最可能发生金额确定;如果或有事项涉及多个项目,最佳估计数按照各种可能结果及相关概率计算确定。"涉及单个项目"指或有事项涉及的项目只有一个,如一项未决诉讼、一项未决仲裁或一项债务担保等。"涉及多个项目"指或有事项涉及的项目不止一个,如产品质量保证。在产品质量保证中,提出产品保修要求的可能有许多客户,相应地,企业对这些客户负有保修义务。

【例 10-14】　甬江公司是生产并销售 A 产品的企业,2009 年度第一季度,共销售 A 产品 10 000 件,销售收入为 60 000 000 元。根据公司的产品质量保证条款,该产品售出后一年内,如发生正常质量问题,公司将负责免费维修。根据以前年度的维修记录,如果发生较小的质量问题,发生的维修费用为销售收入的 1‰;如果发生较大的质量问题,发生的维修费用为销售收入的 2‰。根据公司技术部门的预测,本季度销售的产品中,80% 不会发生质量问题;15% 可能发生较小质量问题;5% 可能发生较大质量问题。据此,2009 年第一季度末,甬江公司应在资产负债表中确认的负债金额为:

$$60\ 000\ 000\times(0\times 80\%+1‰\times 15\%+2‰\times 5\%)=9\ 000(元)$$

企业应当在资产负债表日对预计负债的账面价值进行复核。有确凿证据表明该账面价值不能真实反映当前最佳估计数的,应当按照当前最佳估计数对该账面价值进行调整。

例如,某化工企业对环境造成了污染,按照当时的法律规定,只需要对污染进行清理。随着国家对环境保护越来越重视,按照现在的法律规定,该企业不但需要对污染进行清理,还很可能要对居民进行赔偿。这种法律要求的变化,会对企业预计负债的计量产生影响。企业应当在资产负债表日对为此确认的预计负债金额进行复核,相关因素发生变化表明预计负债金额不再能反映真实情况时,需要按照当前情况下企业清理和赔偿支出的最佳估计数对预计负债的账面价值进行相应的调整。

2. 预期可获得补偿的处理

如果企业清偿因或有事项而确认的负债所需支出全部或部分预期由第三方或其他方补偿,则此补偿金额只有在基本确定能收到时,才能作为资产单独确认,确认的补偿金额不能超过所确认负债的账面价值。预期可能获得补偿的情况通常有:发生交通事故等情况时,企业通常可从保险公司获得合理的赔偿;在某些索赔诉讼中,企业可对索赔人或第三方另行提出赔偿要求;在债务担保业务中,企业在履行担保义务的同时,通常可向被担保企业提出追偿要求。

企业预期从第三方获得的补偿,是一种潜在资产,其最终是否真的会转化为企业真正的资产(即,企业是否能够收到这项补偿)具有较大的不确定性,企业只能在基本确定能够收到补偿时才能对其进行确认。根据资产和负债不能随意抵消的原则,预期可获得的补偿在基本确定能够收到时应当确认为一项资产,而不能作为预计负债金额的扣减。

【例10-15】 2009年12月31日,甬江公司因或有事项而确认了一笔金额为600 000元的负债;同时,公司因该或有事项,基本确定可从乙公司获得200 000元的赔偿。

本例中,甬江公司应分别确认一项金额为600 000元的负债和一项金额为200 000元的资产,而不能只确认一项金额为400 000元(600 000-200 000)的负债。同时,公司所确认的补偿金额200 000元不能超过所确认的负债的账面价值600 000元。

四、或有事项会计的具体应用

(一)未决诉讼或未决仲裁

诉讼,是指当事人不能通过协商解决争议,因而向人民法院起诉、应诉,请求人民法院通过审判程序解决纠纷的活动。诉讼尚未裁决之前,对于被告来说,可能形成一项或有负债或者预计负债;对于原告来说,则可能形成一项或有资产。

仲裁,是指经济法的各方当事人依照事先约定或事后达成的书面仲裁协议,共同选定仲裁机构并由其对争议依法作出具有约束力裁决的一种活动。作为当事人一方,仲裁的结果在仲裁决定公布以前是不确定的,会构成一项潜在义务或现时义务,或者潜在资产。

相关案例

> 深圳机场(000089)公告,预计公司2008年上半年业绩较上年同期下降约73%。业绩变动的主要原因在于公司与兴业银行借款合同纠纷案一审败诉,公司全额计提预计负债,计提金额为2.36亿元(其中本金1.93亿元,利息0.43亿元)。

【例10-16】 2009年9月1日,甬江公司因合同违约而被丁公司起诉。2009年12月31日,公司尚未接到法院的判决。丁公司预计,如无特殊情况很可能在诉讼中获胜,假定丁公司估计将来很可能获得赔偿金额900 000元。在咨询了公司的法律顾问后,甬江公司认为最终的法律判决很可能对公司不利。假定甬江公司预计将要支付的赔偿金额、诉讼费等费用为600 000元至1 000 000元之间的某一金额,而且这个区间内每个金额的可能性都大致相同,其中诉讼费为10 000元。

此例中,丁公司不应当确认或有资产,而应当在2009年12月31日的财务报告附注中披露或有资产900 000元。

甬江公司应在资产负债表中确认一项预计负债,金额为:

(600 000+1 000 000)÷2=800 000(元)

同时在2009年12月31日的附注中进行披露。

甬江公司的有关账务处理如下:

借:管理费用——诉讼费 10 000
　　营业外支出 790 000

　　　　贷:预计负债——未决诉讼　　　　　　　　　　　　　　　　　　　800 000

(二)债务担保

　　债务担保在企业中是较为普遍的现象。作为提供担保的一方,在被担保方无法履行合同的情况下,常常承担连带责任。从保护投资者、债权人的利益出发,客观、充分地反映企业因担保义务而承担的潜在风险是十分必要的。

　　【例 10-17】　2008 年 10 月,B 公司从银行贷款人民币 20 000 000 元,期限 2 年,由甫江公司全额担保;2009 年 4 月,C 公司从银行贷款美元 1 000 000 元,期限 1 年,由甫江公司担保 50%;2009 年 6 月,D 公司通过银行从 G 公司贷款人民币 10 000 000 元,期限 2 年,由甫江公司全额担保。

　　截至 2009 年 12 月 31 日,各贷款单位的情况如下:B 公司贷款逾期未还,银行已起诉 B 公司和甫江公司,甫江公司因连带责任需赔偿多少金额尚无法确定;C 公司由于受政策影响和内部管理不善等原因,经营效益不如以往,可能不能偿还到期美元债务;D 公司经营情况良好,预期不存在还款困难。

　　本例中,对 B 公司而言,甫江公司很可能需履行连带责任,但损失金额是多少,目前还难以预计;就 C 公司而言,甫江公司可能需履行连带责任;就 D 公司而言,甫江公司履行连带责任的可能性极小。这三项债务担保形成甫江公司的或有负债,不符合预计负债的确认条件,甫江公司在 2009 年 12 月 31 日编制财务报表时,应当在附注中作相应披露。

(三)产品质量保证

　　产品质量保证,通常指销售商或制造商在销售产品或提供劳务后,对客户提供服务的一种承诺。在约定期内(或终身保修),若产品或劳务在正常使用过程中出现质量或与之相关的其他属于正常范围的问题,企业负有更换产品、免费或只收成本价进行修理等责任。为此,企业应当在符合确认条件的情况下,于销售成立时确认预计负债。

　　【例 10-18】　沿用【例 10-14】,甫江公司 2009 年度第一季度实际发生的维修费为 8 500元,"预计负债——产品质量保证"科目 2008 年末余额为 3 000 元。

　　本例中,2009 年度第一季度,甫江公司的账务处理如下:

　　(1)确认与产品质量保证有关的预计负债。

　　　　借:销售费用——产品质量保证　　　　　　　　　　　　　　　　9 000

　　　　　　贷:预计负债——产品质量保证　　　　　　　　　　　　　　　　9 000

　　(2)发生产品质量保证费用(维修费)。

　　　　借:预计负债——产品质量保证　　　　　　　　　　　　　　　　8 500

　　　　　　贷:银行存款或原材料等　　　　　　　　　　　　　　　　　　8 500

　　"预计负债——产品质量保证"科目 2009 年第一季度末的余额为:

　　9 000-8 500+3 000=3 500(元)

　　在对产品质量保证确认预计负债时,需要注意的是:

　　第一,如果发现保证费用的实际发生额与预计数相差较大,应及时对预计比例进行调整;

　　第二,如果企业针对特定批次产品确认预计负债,则在保修期结束时,应将"预计负债——产品质量保证"余额冲销,不留余额;

第三,已对其确认预计负债的产品,如企业不再生产了,那么应在相应的产品质量保证期满后,将"预计负债——产品质量保证"余额冲销,不留余额。

（四）亏损合同

待执行合同变为亏损合同,同时该亏损合同产生的义务满足预计负债的确认条件的,应当确认为预计负债。其中,待执行合同,是指合同各方未履行任何合同义务,或部分履行了同等义务的合同。企业与其他企业签订的商品销售合同、劳务提供合同、租赁合同等,均属于待执行合同,待执行合同不属于或有事项。但是,待执行合同变为亏损合同的,应当作为或有事项。亏损合同,是指履行合同义务不可避免发生的成本超过预期经济利益的合同。这里所称"履行合同义务不可避免发生的成本"反映了退出该合同的最低净成本,即履行该合同的成本与未能履行该合同而发生的补偿或处罚两者之中的较低者。

企业对亏损合同进行会计处理,需要遵循以下两点原则:

首先,如果与亏损合同相关的义务不需支付任何补偿即可撤销,企业通常就不存在现时义务,不应确认预计负债;如果与亏损合同相关的义务不可撤销,企业就存在了现时义务,同时满足该义务很可能导致经济利益流出企业且金额能够可靠地计量的,应当确认预计负债。

其次,待执行合同变为亏损合同时,合同存在标的资产的,应当对标的资产进行减值测试并按规定确认减值损失,在这种情况下,企业通常不需确认预计负债,如果预计亏损超过该减值损失,应将超过部分确认为预计负债;合同不存在标的资产的,亏损合同相关义务满足预计负债确认条件时,应当确认预计负债。

【例10-19】 2008年1月10日,甫江公司采用经营租赁方式租入一条生产线生产甲产品,租赁期4年。甫江公司利用该生产线生产的甲产品每年可获利20万元。2009年12月31日,甫江公司决定停产甲产品,原经营租赁合同不可撤销,还要持续2年,且生产线无法转租给其他单位。

本例中,甫江公司与其他公司签订了不可撤销的经营租赁合同,负有法定义务,必须继续履行租赁合同（交纳租金）。同时,甫江公司决定停产甲产品。因此,甫江公司执行原经营租赁合同不可避免要发生的费用很可能超过预期获得的经济利益,属于亏损合同,应当在2009年12月31日,根据未来应支付的租金的最佳估计数确认预计负债。

要点回顾

·学习目标总结

学习目标1

(1)非货币性资产交换的含义和认定。非货币性资产交换是交易双方主要以存货、固定资产、无形资产和长期股权投资等非货币性资产进行的交换。非货币性资产交换一般不涉及货币性资产,或只涉及少量货币性资产即补价。

(2)换入资产成本的两种计量基础和交换所产生损益的确认原则。非货币性资产交换同时满足交换具有商业实质且换入资产或换出资产的公允价值能够可靠地计量两个条件的,应当以公允价值和应支付的相关税费作为换入资产的成本,公允价值与换出资产账面价值的差额计入当期损益;不具有商业实质或交换涉及资产的公允价值均不能可靠计量的非

货币性资产交换,应当按照换出资产的账面价值和应支付的相关税费,作为换入资产的成本,无论是否支付补价,均不确认损益

(3)以公允价值计量和以换出资产账面价值计量的非货币性资产交换的会计处理。两种计量均包括不涉及补价和涉及补价情形。

学习目标2

(1)债务重组的含义、债务重组的方式。债务重组,是指在债务人发生财务困难的情况下,债权人按照其与债务人达成的协议或者法院的裁定作出让步的事项。债务重组的方式主要包括以资产清偿债务、将债务转为资本、修改其他债务条件以及上述三种方式的组合。

(2)各种方式下债务人和债权人的会计处理。债务人确认债务重组利得,作为营业外收入;债权人确认债务重组损失,作为营业外支出。

学习目标3

(1)或有事项、或有负债和或有资产的含义。或有事项,是指过去的交易或者事项形成的,其结果须由某些未来事项的发生或不发生才能决定的不确定事项。或有负债,是指过去的交易或事项形成的潜在义务,其存在须通过未来不确定事项的发生或不发生予以证实;或过去的交易或事项形成的现时义务,履行该义务不是很可能导致经济利益流出企业或该义务的金额不能可靠计量。或有资产,是指过去的交易或者事项形成的潜在资产,其存在须通过未来不确定事项的发生或不发生予以证实。

(2)预计负债的确认和计量。与或有事项有关的义务应当在同时符合三个条件,确认为负债,作为预计负债进行确认和计量:①该义务是企业承担的现时义务;②履行该义务很可能导致经济利益流出企业;③该义务的金额能够可靠地计量。预计负债应当按照履行相关现时义务所需支出的最佳估计数进行初始计量。此外,企业清偿预计负债所需支出还可能从第三方或其他方获得补偿。

• 关键术语

非货币性资产交换;货币性资产;非货币性资产;公允价值;账面价值;债务重组;债务重组利得;债务重组损失;或有事项;或有负债;或有资产;预计负债

• 重点与难点

重点:非货币性将资产交换的会计处理;债务重组的判断以及债权人、债务人的会计处理;或有事项的确认与计量。

难点:商业实质的判断;涉及补价情况下非货币性资产交换的会计处理;以非现金资产清偿债务的会计处理;预计负债的会计处理。

小组讨论

• 思考题

1. 非货币性资产交换如何认定?换入资产以公允价值计量需要满足哪两个条件?商业实质如何判断?

2. 债务重组是在什么情况下发生的？债务重组有哪几种方式？

3. 分析负债、预计负债和或有负债的联系和区别。预计负债的确认要符合哪些条件？

• 案例分析

资料：深圳市太光电信股份有限公司债务重组公告

深圳市太光电信股份有限公司（以下简称"本公司"）于 2008 年 12 月 29 日与中国信达资产管理公司深圳办事处（以下简称"信达公司"）就债务重组事宜签署了正式合同，根据《深圳证券交易所股票上市规则》的有关规定，现将有关事项公告如下：

本公司于 2008 年 12 月 29 日与信达公司签订了《债务重组合同》，信达公司同意对本公司总债务人民币 19 441 088.35 元实施债务重组，重组后本公司的应偿债金额为人民币 12 600 000 元。本次交易未构成关联交易。

请以小组为单位讨论以下问题：

(1)请查阅深圳市太光电信股份有限公司本次债务重组公告的完整内容，说明本次债务重组属于哪种类型？

(2)债务重组双方应该如何进行会计处理？本次债务重组对双方产生哪些影响？

(3)债务重组双方就以后的还款计划达成哪些协议？实施还款计划时，双方应该如何处理？

项目训练

训练目的：通过本项目训练，使学生对特殊业务和事项有一个比较系统地认识，熟悉其账务处理程序，据以达到熟练掌握特殊业务和事项处理的技能。

训练形式：以学生自主完成为主，教师适当指导。

训练课时：课外 3 课时。

训练资料与要求：

一、训练资料

(1)东升股份有限公司为增值税一般纳税人，2009 年 12 月 1 日经协商用一项长期股权投资交换乙公司的库存商品。该项长期股权投资的账面余额 2300 万元，计提长期股权投资减值准备 300 万元，公允价值为 2100 万元；库存商品的账面余额为 1550 万元，已提存货跌价准备 50 万元，公允价值和计税价格均为 2 000 万元，增值税率 17%。乙公司向东升公司支付补价 100 万元。假定不考虑其他税费，该项交易具有商业实质。

(2)2007 年 6 月 30 日，东升股份有限公司从某银行取得年利率 10%、三年期的贷款 125000 元，现因东升公司财务困难，于 2009 年 12 月 31 日进行债务重组，银行同意延长到期日至 2012 年 12 月 31 日，利率降至 7%，免除所有积欠利息，本金减至 100 000 元，但附有一条件：债务重组后，如果东升公司自第二年起有盈利，则利率恢复至 10%，如果无盈利，仍维持 7%。假设银行没有对该贷款计提坏账准备，债务重组后每年年底支付利息。

二、训练要求

(1)根据东升股份有限公司所发生的上述业务进行相应的会计处理。

(2)说明东升股份有限公司在 2009 年的财务报告中如何披露上述经济业务。

阅读平台

• 阅读书目

(1)《企业会计准则第 7 号——非货币性资产交换》、《企业会计准则第 12 号——债务重组》、《企业会计准则第 13 号——或有事项》。

(2)《会计》,中国注册会计师协会编,中国财政经济出版社,2010 年版。

• 阅读资料

对新《非货币性资产交换准则》的理论探讨和应用分析

新《非货币性资产交换准则》的推出具有历史必然性,是会计准则在一定阶段的产物。与旧准则相比,新准则在三个方面有了很大的改进,即公允价值,损益确认,关联方非货币性资产交换。笔者认为,这些改进具有理论进步性和客观适用性,符合我国当前的经济市场环境。笔者将在文章中对其进行具体分析。同时,新准则将于 2007 年 1 月 1 日率先在上市公司实施,三方面的重大改进将对上市公司的财务报表产生直接影响,进而间接影响到公司的市盈率等相关财务指标,从而可能影响投资者对公司的预期。笔者将以实例对新《非货币性资产交换准则》的应用意义进行一些分析和思考。

一、"公允价值"的重新应用提高财务信息的相关性

公允价值是指在公平交易中,熟悉情况的交易双方,自愿进行资产交换或债务清偿的金额。是以市场价值或未来现金流的现值作为资产和负债的主要计量属性的会计模式。而账面价值则是在历史成本法下的一种历史计量观。新《非货币性资产交换准则》规定:满足条件的资产,应以公允价值和应支付的相关税费作为换入资产的入账价值。而 2001 年颁布的准则规定:企业发生非货币性交易时,应以换出资产的账面价值加上应支付的相关税费,作为换入资产的入账价值。由于在现实中,非货币性资产的账面价值与市场价值相背离的现象是非常普遍的。倘若以资产的账面价值入账,在账面价值高于公允价值的情况下,会造成资产价值的高估,违背了会计的谨慎性原则;相反的,当账面价值低于公允价值时,以账面价值入账,会造成资产价值的低估,这种低估会在后期资产评估的调整中反映出来,导致企业的资产在不同期间内发生大幅度波动,从而违背了一致性原则。可见,运用账面价值作为非货币性资产交换的入账价值有着很大的不合理性,使企业的财务报表的相关性大大降低。既不能给信息使用者提供有效的决策信息;也不能客观反映企业资产的经济价值。此时,公允价值的优势就明显的凸现出来。以可靠的公允价值作为换入资产的入账价值,能更加准确的反映资产的实际价值,使企业的资产负债表的相关性显著提高,为企业信息使用者的决策提供了有用的财务信息,其进步意义不言自明。

值得注意的是,新准则引入"公允价值",并不是一个新举措。早在 1999 年,我国颁布的《非货币性资产交换准则》中,就提出了应以公允价值记录换入资产价值的概念。但是由于我国一直缺乏公允价值存在的外部环境,在 2001 年修订的企业会计准则中,淡化了公允价值的概念,以账面价值计量非货币交换的资产。可以说,2001 年的准则是为了适应当时经

济环境而做出的理论让步。随着我国经济市场化的不断发展,经济环境有了很大的改观,财务人员素质有了很大提高,获取运用公允价值有了客观的基础。在今年的新准则中,重提公允价值是必然的举措,既符合理论要求,又能促进实务发展,可谓是今年颁布的新准则的一大亮点。

二、发生补价的损益确认反映了经济实质

新、旧会计准则下,非货币性交换产生损益的条件是不同的。

旧准则中,其确认损益的条件是:收到补价的一方,应按如下公式确定换入资产的入账价值和应确认的收益:

收到补价应确认的损益＝补价－(补价÷换出资产公允价值)×换出资产账面价值－(补价÷换出资产公允价值)×应支付相关税费 (1)

新准则中,其确认损益的条件是:以账面价值入账的资产,即使交换时发生补价,也不确认损益;以公允价值入账的资产,且交换发生补价的,不论是支付补价还是收到补价,均确认损益,公式如下:

支付/收到确认的损益＝换出资产公允价值－其账面价值 (2)

由公式(1)可以看出,旧准则只允许收到一方确认部分转让损益。确认的转让损益紧紧是经济学意义上转让损益的少量部分,无法反映经济实质。而新准则在这一点上显然优于旧准则:新准则规定,公允价值与账面价值的差额应全部记为营业外损益,这个差额恰恰就是经济学意义上的价值转让损益。类似于对企业资产进行重新评估之后的价值差价,记入营业外损益账户。可见新准则能够真实地反映经济价值的流转,更具有合理性,将会计处理与经济意义上的价值流转结合起来,更具科学性。

三、入账价值与确认损益不受账面价值变化影响,具有更高的科学性

在旧准则的账面价值法下,只要换出资产的账面价值发生变化(主要是提取折旧政策不同或者计提减值准备额度不一),所确认的换入资产的入账价值及其损益也将跟着变化,这显然是不合理的。而在新准则公允价值法下,不管换出资产的账面价值是多少(也即不管换出资产单位采取何种折旧政策与计提减值准备的方式),换入资产的入账价值均保持不变,较能反映换入资产的实际价值,具有更高的科学性。

但另一方面,因为资产确认价值的不同,当期确认的损益额也不同,在采用公允价值计量的情况下,如果换出资产账面价值与换入资产公允价值差距大,则差额影响当期损益大,对当期资产结构、所得税费用、净利润及净资产均会产生很大影响。可见,新准则的应用,只有在较好的监督机制之下,才能发挥其理论优越性,否则,也可能成为管理当局操纵利润的工具。

四、关联方非货币性资产交换的特别提出具有进步意义

新《非货币性资产交换准则》的第五条特别指出:"在确定非货币性资产交换是否具有商业实质时,企业应当关注交换各方之间是否存在关联方关系。关联方关系的存在可能导致发生的非货币性资产交换不具有商业实质。"关联方非货币性资产交换的特别提出是具有进步意义的一项改进。2001年我国颁布的旧《非货币性资产交换准则》中,并没有将关联方之间的非货币性资产交换排除在外,这是一个很大的准则漏洞。一些上市公司为达到确认赢利的目的,很有可能利用这一点来操纵利润,如将一次完成的非货币性资产交换分割成了两次完成,他们把本可以通过非货币性资产交换形式完成的资产置换,改为先卖出资产获得货

币性收入,再用此货币性收入去买入资产的方式来实现交换,这样既达到了资产置换的目的,又规避了非货币性资产交换准则的要求。新准则对关联方交易的特别说明意在将这一特殊交易事项的会计处理进行特别提示,区别于一般的非货币资产交换行为,针对关联方的交易应参照新《关联方交易准则》进行处 理。这是逐步与国际会计准则接轨的进步体现,具有理论进步性和实践指导意义。

(资料来源:《财会研究》,2006 年第 8 期节选　作者:王春雨)

第十一章

财务会计报告

学习目标

通过本章学习,你应能够:

1. 理解财务报表列报的基本要求;
2. 掌握资产负债表的基本结构和编制方法;
3. 掌握利润表的基本结构和编制方法;
4. 掌握现金流量表的基本结构和编制方法;
5. 掌握所有者权益变动表的基本结构和编制方法。

引入案例

从"黎明股份事件"看 CPA 审计

"黎明股份",上市代码 600617,总股本 19 000 万股,流通股 7 000万股,1998 年发行股票,1999 年 1 月 28 日上市。在 1999 年度报告中,该公司为了掩饰其经营业绩,虚增资产 8 996 万元,虚增负债 1 956 万元,虚增所有者权益 7 413 万元,虚增营业收入 1.5 亿元,虚增利润总额 8 679 万元。负责对该公司进行审计的事务所是沈阳华伦会计师事务所,审计报告中说:该公司"在所有重大方面公允地反映了该公司 1999 年 12 月 31 日的财务状况、1999 年度经营成果和 1999 年度现金流量情况"。这是一份典型的无保留意见的审计报告。我们对黎明股份资产负债表和利润表粗略地看一下,看看能发现什么问题。

1. 该企业的主营业务收入为 40 942.56 万元,但主营业务税金却只有 82.43 万元,税率只有千分之二,这是一组非常不协调的数字。按常规,按增值税额的 10% 计算,该企业的主营业务税金应当是百分数。再看看期初数,期初的主营业务税率却在千分之六以上。

2. 该企业的财务费用是负值,与资产负债表中短期借款 8 015.34 万元明显矛盾。同比期初数,同样有短期借款,但财务费用却为正值。

3. 从所得税看,企业的所得税率为 20.5%,而期初的所得税率为 35.2%,显然这是重大问题,必须作出说明。

4. 该企业可供股东分配的利润是 5 269.75 万元,按规定应提取法定盈余公积金 10%,应为 527 万元,但只提取了 345 万元,只占可分配利润的 6.55%,期初数却达到了 10%。

5. 利润分配表中有应付普通股股利 1 900 万元,但在资产负债表中的应付股利项目中却无此数,两表相互矛盾。

6. 按常理,利润分配表中提取的盈余公积金,都应当在资产负债表中反映出来,但只要细看一下,便不难发现,该企业的盈余公积提取了 690 万元,而资产负债表中盈余公积却增加了 862.66 万元,两者相差 173 万元。

7. 利润分配表中的未分配利润为 2 507 万元,而资产负债表中的未分配利润为 2 417 万元,两者相差 90 万元,属于明显的会计错误。

就以上报告中反映出的问题,可断定对黎明股份是万万不能出无保留意见报告的。

(来源:《财会世界》,http://www.e521.com/cksj/index.html)

第一节　财务会计报告概述

财务会计报告,是指企业对外提供的反映企业某一特定日期财务状况和某一会计期间经营成果、现金流量等会计信息的文件。财务会计报告包括财务报表和其他应当在财务报告中披露的相关信息和资料。

一、财务报表的概念与作用

财务报表是对企业财务状况、经营成果和现金流量的结构性表述。财务报表至少应当包括下列组成部分:资产负债表、利润表、现金流量表、所有者权益(或股东权益)变动表、附注等。财务报表是企业财务报告的重要内容。

财务报表使用者包括现有和潜在的投资者、债权人、职工、业务关联企业、有关政府部门和社会公众等,不同的使用者对财务报表所提供的信息有不同的要求。财务报表为满足不同的信息使用者,具有以下作用:

(一)反映企业管理层受托责任的履行情况

现代企业制度的基本特征就是产权分离,使股东与企业管理者之间出现委托与受托的关系。股东把资金投入公司,委托管理人员进行经营管理。他们为了确保自己的切身利益,保证其投入资本的完整与增值,就需要了解管理者对受托经济资源的经营管理情况。为此,就需要通过财务报表所提供的信息,来了解企业资产的保管、使用情况,监督企业的生产经营管理,以保护自身的合法权益。

(二)有助于投资者和债权人等会计信息使用者进行合理的决策

随着经济的发展,企业筹资、投资活动的日益频繁,企业与社会上各方面的经济联系越来越密切,在企业的外部形成了投资者、债权人组成的与企业有着经济利益关系的集团。投资者和债权人可以通过对企业财务报表的分析,了解企业的财务状况及生产经营情况,分析企业的偿债能力和盈利能力,预测企业未来的发展趋势,从而对企业的财务状况做出准确的判断,作为进行投资、信贷、融资等方面决策的依据。

(三)财务报表是诸多经济合同制定与执行的依据

从某种意义上说,现代企业是在市场经济条件下以法律章程为规范而由若干合同或契约组成的经济实体。企业与股东、债权人、职工、政府、业务关联企业等等都存在多种契约关系,其中很多契约的条款都涉及会计数据。如报酬合同、借款合同、政府课税的依据等等。财务报表数据已成为这些契约制定与执行的重要依据。

(四)财务报表能帮助企业管理层改善经营管理,协调企业与相关利益集团的关系

在现代企业中,相关利益集团是企业各种资源的提供者,任何企业的生存与发展都必须依赖他们的贡献、配合与协作。企业管理层的主要职能就是鼓励和激发各种集团保持或扩大对企业的贡献,协调企业与相关利益集团,以及各利益集团之间的关系。企业管理层通过财务报表,可以全面、系统、总括地了解企业生产经营运作情况,检查、分析财务成本计划和有关方针政策的执行情况,及时发现经营活动中存在的问题,迅速做出决策,使企业计划和

经营方针更为科学、合理,进而最大限度地调动各相关利益集团的积极性。

(五)财务报表能够帮助国家有关部门实现其经济与社会目标

企业是国民经济的细胞,通过对企业财务报表提供的资料进行汇总分析,国家有关部门可以考核国民经济总体的运行情况,从中发现国民经济运行中存在的问题,对宏观经济运行做出准确的决策,通过各种经济杠杆和政策倾斜,发挥市场经济在优化资源配置中的基础性作用。

二、财务报表的分类

(一)按财务报表编报期间的不同,可以分为中期财务报表和年度财务报表

中期财务报表是以短于一个完整会计年度的报告期间为基础编制的财务报表,包括月报、季报和半年报等。中期财务报表至少应当包括资产负债表、利润表、现金流量表和附注,其中,中期资产负债表、利润表和现金流量表应当是完整报表,其格式和内容应当与年度财务报表相一致。与年度财务报表相比,中期财务报表中的附注披露可适当简略。

(二)按财务报表编报主体的不同,可以分为个别财务报表和合并财务报表

个别财务报表是由企业在自身会计核算基础上对账簿记录进行加工而编制的财务报表,它主要用以反映企业自身的财务状况、经营成果和现金流量情况;合并财务报表是以母公司和子公司组成的企业集团为会计主体,根据母公司和所属子公司的财务报表,由母公司编制的综合反映企业集团财务状况、经营成果及现金流量的财务报表。

为反映企业各地区、各业务群的经营情况及经营成果,还应编制分部报告。

三、财务报表列报的基本要求

会计信息质量是财务工作的灵魂,企业在编制财务报表时,必须遵循以下要求:

(一)遵循各项会计准则进行确认和计量

企业应当根据实际发生的交易和事项,遵循各项具体会计准则的规定进行确认和计量,并在此基础上编制财务报表。企业应当在附注中对遵循企业会计准则编制的财务报表做出声明,只有遵循了企业会计准则的所有规定时,财务报表才应当被称为"遵循了企业会计准则"。

企业不应以在附注中披露代替对交易和事项的确认和计量,也就是说,企业如果采用不恰当的会计政策,不得通过在附注中披露等其他形式予以更正,企业应当对交易和事项进行正确的确认和计量。

(二)列报基础

持续经营是会计的基本前提之一,是会计确认、计量及编制财务报表的基础。企业会计准则规范的是持续经营条件下企业对所发生交易和事项的确认、计量及报表列报;相反,如果企业出现了非持续经营,致使以持续经营为基础编制的财务报表不再合理,财务报表的编制应当采用其他基础,并在附注中声明财务报表未以持续经营为基础列报,同时,披露未以持续经营为基础的原因和财务报表的编制基础。

企业在编制财务报表过程中,管理层应当对企业持续经营的能力进行评价,需要考虑的因素包括市场经营风险、企业目前或长期的盈利能力、偿债能力、财务弹性以及企业管理层改变经营政策的意向等。评价后对企业持续经营的能力产生严重怀疑的,应当在附注中披

露导致对持续经营能力产生重大怀疑的重要不确定因素。

非持续经营是企业在极端情况下出现的一种情况，非持续经营往往取决于企业所处的环境以及企业管理部门的判断。一般而言，企业如果存在以下情况之一，则通常表明其处于非持续经营状态：(1)企业已在当期进行清算或停止营业；(2)企业已经正式决定在下一个会计期间进行清算或停止营业；(3)企业已确定在当期或下一个会计期间没有其他可供选择的方案而将被迫进行清算或停止营业。企业处于非持续经营状态时，应当采用其他基础编制财务报表，比如破产企业的资产采用可变现净值计量、负债按照其预计的结算金额计量等。由于企业在持续经营和非持续经营环境下采用的会计计量基础不同，产生的经营成果和财务状况不同，因此，在附注中披露非持续经营信息对财务报表使用者而言非常重要。

(三)重要性和项目列报

重要性是判断项目是否单独列报的重要标准。所谓重要性是指如果财务报表某项目的省略或错报会影响使用者据此做出经济决策的，则该项目具有重要性。企业在进行重要性判断时，应当根据所处环境，从项目的性质和金额大小两方面予以判断：一方面，应当考虑该项目的性质是否属于企业日常活动、是否对企业的财务状况和经营成果具有较大影响等因素；另一方面，判断项目金额大小的重要性，应当通过单项金额占资产总额、负债总额、所有者权益总额、营业收入总额、净利润等直接相关项目金额的比重加以确定。

财务报表是通过对大量的交易或其他事项进行处理而生成的，这些交易或其他事项按其性质或功能汇总归类而形成财务报表中的项目。关于项目在财务报表中是单独列报还是合并列报，应当依据重要性原则来判断。总的原则是，如果某项目单个看不具有重要性，则可将其与其他项目合并列报；如具有重要性，则应当单独列报。

(四)列报的可比性

可比性是会计信息质量的一项重要质量要求，目的是使同一企业不同期间和同一期间不同企业的财务报表相互可比。为此，财务报表项目的列报应当在各个会计期间保持一致，不得随意变更，这一要求不仅只针对财务报表中的项目名称，还包括财务报表项目的分类、排列顺序等方面。

在以下规定的特殊情况下，财务报表项目的列报是可以改变的：(1)会计准则要求改变；(2)企业经营业务的性质发生重大变化后，变更财务报表项目的列报能够提供更可靠、更相关的会计信息。

(五)财务报表项目金额间的相互抵消

财务报表项目应当以总额列报，资产和负债、收入和费用不能相互抵消，即不得以净额列报，但企业会计准则另有规定的除外。这是因为，如果相互抵消，所提供的信息就不完整，信息的可比性大为降低，难以在同一企业不同期间以及同一期间不同企业的财务报表之间实现相互可比，报表使用者难以据以做出判断。比如，应付款不得与应收款相抵消，如果相互抵消就掩盖了交易的实质。再如，收入和费用反映了企业投入和产出之间的关系，是企业经营成果的两个方面，为了更好地反映经济交易的实质、考核企业经营管理水平以及预测企业未来现金流量，收入和费用不得相互抵消。

以下两种情况不属于抵消：(1)资产计提的减值准备，实质上意味着资产的价值确实发生了减损,资产项目应当按扣除减值准备后的净额列示,这样才反映了资产当时的真实价值,并不属于上面所述的抵消。(2)非日常活动并非企业主要的业务,且具有偶然性,从重要性来讲,非日常活动产生的损益以收入和费用抵消后的净额列示,对公允反映企业财务状况和经营成果影响不大,抵消后反而更能有利于报表使用者的理解。因此,非日常活动产生的损益应当以同一交易形成的收入扣减费用后的净额列示,并不属于抵消,例如非流动资产处置形成的利得和损失,应按处置收入扣除该资产的账面金额和相关处置费用后的余额列示。

(六)比较信息的列报

企业在列报当期财务报表时,至少应当提供所有列报项目上一个可比会计期间的比较数据,以及与理解当期财务报表相关的说明,目的是向报表使用者提供对比数据,提高信息在会计期间的可比性,以反映企业财务状况、经营成果和现金流量的发展趋势,提高报表使用者的判断与决策能力。

在财务报表项目的列报确需发生变更的情况下,企业应当对上期比较数据按照当期的列报要求进行调整,并在附注中披露调整的原因和性质,以及调整的各项目金额。但是,在某些情况下,对上期比较数据进行调整是不切实可行的,则应当在附注中披露不能调整的原因。

(七)会计报表表首的列报要求

财务报表一般分为表首、正表两部分,其中,在表首部分企业应当概括地说明下列基本信息:(1)编报企业的名称,如企业名称在所属当期发生了变更的,还应明确标明;(2)对资产负债表而言,须披露资产负债表日,而对利润表、现金流量表、所有者权益变动表而言,须披露报表涵盖的会计期间;(3)货币名称和单位,按照我国企业会计准则的规定,企业应当以人民币作为记账本位币列报,并标明金额单位,如人民币元、人民币万元等;(4)财务报表是合并财务报表的,应当予以标明。

(八)报告期间

企业至少应当编制年度财务报表。根据《中华人民共和国会计法》的规定,会计年度自公历1月1日起至12月31日止。因此,在编制年度财务报表时,可能存在年度财务报表涵盖的期间短于一年的情况,比如企业在年度中间(如3月1日)开始设立等,在这种情况下,企业应当披露年度财务报表的实际涵盖期间及其短于一年的原因,并应当说明由此引起财务报表项目与比较数据不具可比性这一事实。

第二节 资产负债表

一、资产负债表概述

(一)资产负债表的定义与作用

资产负债表是指反映企业在某一特定日期财务状况的会计报表。它反映企业在某一特定日期所拥有或控制的经济资源、所承担的现时义务和所有者对净资产的要求权。通过资产负债表,可以提供某一日期资产的总额及其结构,表明企业拥有或控制的资源及其分布情况,使用者可以一目了然地从资产负债表上了解企业在某一特定日期所拥有的资产总量及其结构；可以提供某一日期的负债总额及其结构，表明企业未来需要用多少资产或劳务清偿债务以及清偿时间；可以反映所有者所拥有的权益，据以判断资本保值、增值的情况以及对负债的保障程度。此外，资产负债表还可以提供进行财务分析的基本资料，如将流动资产与流动负债进行比较，计算出流动比率；将速动资产与流动负债进行比较，计算出速动比率等，可以表明企业的变现能力、偿债能力和资金周转能力，从而有助于报表使用者作出经济决策。

（二）资产负债表的结构

在我国，资产负债表采用账户式结构，报表分为左右两方，左方列示资产各项目，反映全部资产的分布及存在形态；右方列示负债和所有者权益各项目，反映全部负债和所有者权益的内容及构成情况。资产负债表左右双方平衡，资产总计等于负债和所有者权益总计，即"资产＝负债＋所有者权益"。此外，为了使使用者通过比较不同时点资产负债表的数据，掌握企业财务状况的变动情况及发展趋势，企业需要提供比较资产负债表，资产负债表还就各项目再分为"年初余额"和"期末余额"两栏分别填列。资产负债表的具体格式如表11-3所示。

☞相关资料

从新会计准则体系中可以发现，我国正在努力实现从利润表观向资产负债表观的转变，相应地，财务报表的重心也逐渐由利润表转向资产负债表。长期以来，我国企业会计信息使用者大多偏好利润指标。从监管方面看，在资本市场上，公司的上市、配股、停市和退市等监管条件主要是看利润指标；从投资方看，投资者很关心资本的回收，短期行为严重，也很在意企业利润这一指标；从对管理层激励考核机制上看，也是很重视利润指标的。因此导致了我国目前以利润表为重心的状况，这说明我国还没有形成充分关注企业长期营利能力和财务状况的环境。但是，随着我国会计环境的不断优化，最终将实现与国际财务报告的趋同与等效。

资产负债表的具体列报要求：

1. 分类别列报

资产负债表列报，最根本的目标就是应如实反映企业在资产负债表日所拥有的资源、所承担的负债以及所有者所拥有的权益。因此，资产负债表应当按照资产、负债和所有者权益三大类别分类列报。

2. 资产和负债按流动性列报

资产和负债应当按照流动性分别分为流动资产和非流动资产、流动负债和非流动负债列示。流动性，通常按资产的变现或耗用时间长短或者负债的偿还时间长短来确定。按照财务报表列报准则的规定，应先列报流动性强的资产或负债，再列报流动性弱的资产或负债。

判断流动资产、流动负债一般以一个正常营业周期为界限，一个正常营业周期是指企业从购买用于加工的资产起至实现现金或现金等价物的期间。正常营业周期通常短于一年，在一年内有几个营业周期。但是，也存在正常营业周期长于一年的情况，如房地产开发企业开发用于出售的房地产开发产品，造船企业制造的用于出售的大型船只等，从购买原材料进入生产，到制造出产品出售并收回现金或现金等价物的过程，往往超过一年，在这种情况下，与生产循环相关的产成品、应收账款、原材料尽管是超过一年才变现、出售或耗用，仍应作为流动资产列示。当正常营业周期不能确定时,应当以一年(12个月)作为正常营业周期。

3. 列报相关的合计、总计项目

资产负债表中的资产类至少应当列示流动资产、非流动资产的合计项目;负债类至少应当列示流动负债、非流动负债的合计项目;所有者权益类应当列示所有者权益的合计项目。

资产负债表遵循了"资产=负债+所有者权益"这一会计恒等式,把企业在特定时日所拥有的经济资源和与之相对应的企业所承担的债务及所有者的权益充分反映出来。因此,资产负债表应当分别列示资产总计项目和负债与所有者权益之和的总计项目,并且这二者的金额应当相等。

相关案例

为骗用汇额度编造虚假资产负债表

福建省某电子公司在用汇额度已用完的情况下,为达到进口减免税设备的目的,编造虚假资产负债表获取21.8万美元用汇额度。目前该公司因涉嫌走私被马尾海关缉私分局立案侦查。

24日记者从马尾海关获悉,该公司以减免税方式于2005年9月,向马尾海关申报进口2台紧凑式高速贴片机,总价21.8万美元。但经海关核查,发现该公司为达到进口该批减免税设备的目的,在相应进口项目的用汇额度已用完的情况下,于2005年8月向福建省经济贸易委员会提交了虚假的累计折旧为187万元的资产负债表,以此获得21.8万美元的用汇额度,并以此额度进口了上述2台减免税设备。

今年9月20日,马尾海关缉私分局将有关情况通报福建省经济贸易委员会后,省经济贸易委员会注销了该公司《技术改造项目确认登记证明》。经关税部门计核,该案偷逃税款30.02万元,涉嫌走私犯罪。目前,马尾海关缉私分局已对该案立案侦查,同时,对该公司总经理及财务总监采取了刑事强制措施。

(资料来源:《福建之窗》,www.66163.com 2006-10-25)

二、资产负债表的编制方法

根据财务报表列报准则的规定,企业需要提供比较资产负债表,以便报表使用者通过比较不同时点资产负债表的数据,掌握企业财务状况的变动情况及发展趋势。所以,资产负债表还就各项目再分为"年初余额"和"期末余额"两栏分别填列。

(一)年初余额栏的填列方法

资产负债表"年初余额"栏内各项数字,应根据上年末资产负债表的"期末余额"栏内所列数字填列。如果上年度资产负债表规定的各个项目的名称和内容同本年度不相一致,应对上年年末资产负债表各项目的名称和数字按照本年度的规定进行调整,填入表中"年初余额"栏内。

（二）期末余额栏的填列方法

资产负债表的"期末余额"栏内各项数字，一般应根据资产、负债和所有者权益类账户的期末余额填列。其填列方法如下：

1. 根据总账账户的余额直接填列

资产负债表中的有些项目，可直接根据有关总账账户的余额填列。例如，交易性金融资产、固定资产清理、长期待摊费用、递延所得税资产、短期借款、交易性金融负债、应付票据、应付职工薪酬、应交税费、应付利息、应付股利、其他应付款、递延所得税负债、实收资本、资本公积、库存股、盈余公积等项目，应当根据相关总账账户的余额直接填列。

2. 根据几个总账账户的余额计算填列

例如"货币资金"项目，应当根据"库存现金"、"银行存款"、"其他货币资金"等账户期末余额合计填列。

3. 根据有关明细账户的余额计算填列

例如"应付账款"项目，需要根据"应付账款"和"预付账款"两个账户所属的相关明细账户的期末贷方余额计算填列；"应收账款"项目，需要根据"应收账款"和"预收账款"两个账户所属的相关明细账户的期末借方余额计算填列。

4. 根据总账账户和明细账户的余额分析计算填列

资产负债表的有些项目，需要依据总账账户和明细账户两者的余额分析填列，如"长期借款"项目，应根据"长期借款"总账账户余额扣除"长期借款"账户所属的明细账户中将在资产负债表日起一年内到期、且企业不能自主地将清偿义务展期的长期借款后的金额填列。

5. 根据总账账户与其备抵账户抵消后的净额填列

例如"存货"项目，应当根据"原材料"、"库存商品"、"发出商品"、"周转材料"等账户期末余额，减去"存货跌价准备"账户期末余额后的金额填列；"持有至到期投资"项目，应当根据"持有至到期投资"账户期末余额，减去"持有至到期投资减值准备"账户期末余额后的金额填列；"固定资产"项目，应当根据"固定资产"账户期末余额，减去"累计折旧"、"固定资产减值准备"等账户期末余额后的金额填列。"无形资产"项目，应当根据"无形资产"账户的期末余额，减去"累计摊销"、"无形资产减值准备"等账户余额后的净额填列。

☞ **相关资料**

资产负债表可以生成的经济指标

资产负债表所反映的期初、期末数据，通过计算可以生成反映企业的财务状况的重要指标。这些指标对于了解掌握企业的发展状况具有重要意义，有助于报表使用者作出相关决策。比如，利用流动资产合计和流动负债合计可以计算生成流动比率，利用速动资产与流动负债合计可以计算生成速动比率，利用负债总额和资产总额可以计算生成资产负债率，利用负债总额与所有者权益总额计算出产权比率等，反映企业短期和长期偿还能力。再如，利用资产负债表的期初、期末数据可以反映企业的财务状况的变动趋势，利用期初、期末固定资产总额可以计算分析企业固定资产投资的扩张程度；利用期初、期末所有者权益总额可以计算分析资本保值增值率等。

三、资产负债表编制实例

【例 11-1】 甫江股份有限公司属于增值税一般纳税企业,适用的增值税税率为 17%,材料按实际成本计价进行日常核算。适用的所得税率为 25%。2008 年 12 月 31 日资产负债表和 2009 年 12 月 31 日科目余额表如表 11-1、11-2 所示。

表 11-1

资产负债表

编制单位:甫江股份有限公司　　　2008 年 12 月 31 日

会企 01 表
单位:元

资　产	期末余额	年初余额	负债及所有者权益	期末余额	年初余额
流动资产:		略	流动负债:		略
货币资金	1 406 300		短期借款	300 000	
交易性金融资产	15 000		交易性金融负债	0	
应收票据	246 000		应付票据	200 000	
应收账款	299 100		应付账款	953 800	
预付款项	100 000		预收款项	0	
应收利息	0		应付职工薪酬	110 000	
应收股利	0		应交税费	36 600	
其他应收款	5 000		应付利息	1 000	
存货	2 580 000		应付股利		
一年内到期的非流动资产	0		其他应付款	50 000	
其他流动资产	100 000		一年内到期的非流动负债	1 000 000	
流动资产合计	4 751 400		流动负债合计	2 651 400	
非流动资产:			非流动负债:		
可供出售金融资产	0		长期借款		
持有至到期投资	0		应付债券		
长期应收款	0		长期应付款	0	
长期股权投资	250 000		专项应付款		
投资性房地产	0		预计负债		
固定资产	1 100 000		递延所得税负债	0	
在建工程	1 500 000		其他非流动负债		
工程物资	0		非流动负债合计	600 000	
无形资产	600 000		负债合计	3 251 400	
开发支出	0		所有者权益(或股东权益)		
商誉	0		股本	5 000 000	
长期待摊费用	0		资本公积	0	
递延所得税资产	0		减:库存股	0	
其他非流动资产	200 000		盈余公积	100 000	
非流动资产合计	3 650 000		未分配利润	50 000	
			所有者权益合计	5 150 000	
资产总计	8 401 400		负债和所有者权益总计	8 401 400	

企业法人:　(签章)　　　　财务总监:　(签章)　　　　制表:　(签章)

表 11-2   科目余额表

2009 年 12 月 31 日   单位:元

科目名称	借方余额	科目名称	贷方余额
库存现金	2 000	短期借款	50 000
银行存款	805 831	应付票据	100 000
其他货币资金	7 300	应付账款	953 800
交易性金融资产	0	其他应付款	50 000
应收票据	66 000	应付职工薪酬	180 000
应收账款	600 000	应交税费	226 731
坏账准备	−1 800	应付利息	0
预付账款	100 000	应付股利	32 215.85
其他应收款	5 000	一年内到期的长期负债	0
在途物资	275 000	长期借款	1 160 000
原材料	49 250	股本	5 000 000
周转材料	38 050	盈余公积	124 770.4
库存商品	2 122 400	利润分配(未分配利润)	218 013.75
其他流动资产	100 000		
长期股权投资	250 000		
固定资产	2 401 000		
累计折旧	−170 000		
固定资产减值准备	−30 000		
工程物资	300 000		
在建工程	428 000		
无形资产	600 000		
累计摊销	−60 000		
递延所得税资产	7 500		
其他长期资产	200 000		
合计	8 095 531	合计	8 095 531

根据上述资料,编制甬江股份有限公司 2009 年 12 月 31 日的资产负债表,见表 11-3 所示。

表 11-3　　　　　　　　　　　　　　　　资产负债表

会企 01 表

编制单位:甬江股份有限公司　　　2009 年 12 月 31 日　　　　　　　　　　　　　　　　单位:元

资　产	期末余额	年初余额	负债和所有者权益 （或股东权益）	期末余额	年初余额
流动资产:			流动负债:		
货币资金	815 131	1 406 300	短期借款	50 000	300 000
交易性金融资产	0	15 000	交易性金融负债	0	0
应收票据	66 000	246 000	应付票据	100 000	200 000
应收账款	598 200	299 100	应付账款	953 800	953 800
预付款项	100 000	100 000	预收款项	0	0
应收利息	0	0	应付职工薪酬	180 000	110 000
应收股利	0	0	应交税费	226 731	36 600
其他应收款	5 000	5 000	应付利息	0	1 000
存货	2 484 700	2 580 000	应付股利	32 215.85	
一年内到期的非流动资产	0	0	其他应付款	50 000	50 000
其他流动资产	100 000	100 000	一年内到期的非流动负债	0	1 000 000
流动资产合计	4 169 031	4 751 400	流动负债合计	1 592 746.85	2 651 400
非流动资产:			非流动负债:		
可供出售金融资产	0	0	长期借款		
持有至到期投资	0	0	应付债券		
长期应收款	0	0	长期应付款	0	0
长期股权投资	250 000	250 000	专项应付款		
投资性房地产	0	0	预计负债		
固定资产	2 201 000	1 100 000	递延所得税负债	0	0
在建工程	428 000	1 500 000	其他非流动负债		
工程物资	300 000	0	非流动负债合计	1 160 000	600 000
无形资产	540 000	600 000	负债合计	2 752 746.85	3 251 400
开发支出	0	0	所有者权益(或股东权益)		
商誉	0	0	股本	5 000 000	5 000 000
长期待摊费用	0	0	资本公积	0	0
递延所得税资产	7 500	0	减:库存股	0	0
其他非流动资产	200 000	200 000	盈余公积	124 770.4	100 000
非流动资产合计	3 926 500	3 650 000	未分配利润	218 013.75	50 000
			所有者权益合计	5 342 784.15	5 150 000
资产总计	8 095 531	8 401 400	负债和所有者权益总计	8 095 531	8 401 400

企业法人：（签章）　　　　财务总监：（签章）　　　　制表：（签章）

第三节　利润表

一、利润表概述

(一)利润表的定义与作用

利润表是反映企业在一定会计期间经营成果的会计报表。例如,反映某年 1 月 1 日至 12 月 31 日经营成果的利润表,它反映的就是该期间的情况。

利润表的列报必须充分反映企业经营业绩的主要来源和构成,有助于使用者判断净利润的质量及其风险,有助于使用者预测净利润的持续性,从而作出正确的决策。通过利润表,可以反映企业一定会计期间的收入实现情况,如实现的营业收入有多少、实现的投资收益有多少、实现的营业外收入有多少等等;可以反映一定会计期间的费用耗费情况,如耗费的营业成本有多少、营业税金有多少、销售费用、管理费用、财务费用各有多少、营业外支出有多少等等;可以反映企业生产经营活动的成果,即净利润的实现情况,据以判断资本保值、增值情况。将利润表中的信息与资产负债表中的信息相结合,还可以提供进行财务分析的基本资料,如将赊销收入净额与应收账款平均余额进行比较,计算出应收账款周转率;将销货成本与存货平均余额进行比较,计算出存货周转率;将净利润与资产总额进行比较,计算出资产收益率等,可以表现企业资金周转情况以及企业的盈利能力和水平,便于报表使用者判断企业未来的发展趋势,作出经济决策。

相关案例

证监会处罚 S＊ST 美雅虚构利润

S＊ST 美雅(000529)今日公告,由于公司存在虚构利润的违法事实,证监会对公司处以 30 万元罚款。

证监会对公司虚假信息披露的责任人时任董事长冯国良给予警告,并处以 10 万元罚款;对时任董事董光元、时任财务总监林穗生分别给予警告,并处以 5 万元罚款;对时任董事吕陆洋、吴继忠、林树明、何建强分别给予警告,并处以 3 万元罚款;对时任独立董事郭伟、孟家光、李连华分别给予警告。

证监会经查明,认为公司的 2003 年年度报告虚构利润。通过虚增非经常性损益虚增 2003 年利润 110 675 160.25 元,并未及时调整价差收入导致虚增 2003 年利润 57 250 031.37元。此外公司还通过报表调节方式虚增 2004 年上半年及前三季度利润。

(资料来源: 中国证券报 www.stockstar.com　2007-6-22)

(二)利润表编制的两种观点

利润表是基于收入、费用和利润三个会计要素设置的,并通过一定时期的收入和相关费用的配比来确定特定会计期间的利润。但在利润表的编制过程中,不可避免地会涉及一些特殊问题,如非经常性损益、前期损益调整等。对上述特殊事项的不同处理方法体现了利润表编制的两种观点。

1. 本期营业观

本期营业观是指利润表中所反映的净利润仅包括本期由营业活动所产生的各项成果,即只反映本期正常的业务经营成果,而不包括其他所得。以前年度损益调整以及非经常性损益等项目不列入利润表,其理由是:(1)利润表的编制目的主要在于反映企业一定时期的经营成果,据以解释、评价和预测企业的获利能力,因此,营业外收支和非常损益等项目不应包括在利润表中。(2)投资者对利润表最关心的指标应当是企业本期正常生产经营活动所产生的净利润。采用本方法编制的利润表,可以提高其可预测性,也便于投资者将各期利润表与同行业中其他企业的利润表进行相互比较。(3)如果利润表中包括非经常性损益和以前年度损益调整等内容,会使利润表信息失真,误导投资者。

2. 损益满计观

损益满计观是指本期利润表应包括所有在本期确认的业务活动所引起的损益项目。即所有由当期营业活动引起的收入、费用等项目,以及非经常性损益和以前年度损益调整等项目,均包括在净利润中。其理由是:(1)营业与非营业项目、本期确认与非本期确认的收支项目有时很难划分。由于不同企业的业务性质不同,从而会产生不同的划分标准。另外,同一个企业在不同年度的业务性质可能也会发生变化,使得不同企业的利润表及同一企业不同年度的利润表会失去可比性。(2)由于前述原因,使得企业管理部门有了操纵各年损益信息的机会。(3)采用损益满计观编制利润表比较简单,也容易理解。(4)由于各种损益项目均在利润表中得到了充分披露,因此,投资者可以根据自己的需要对损益项目进行分类,再据以进行合理的判断。

我国现行的利润表基本上采用了损益满计观的编制方法。在利润表中,将利得和损失分为直接计入当期利润的利得和损失以及直接计入所有者权益的利得和损失,并将前者计入净利润,后者以"其他综合收益"项目列示。

(三)利润表的结构

常见的利润表结构主要有单步式和多步式两种。在我国,企业利润表采用多步式结构,按利润形成的主要环节列示一些中间性利润指标,分步计算当期损益。具体分三步编制:

第一步,以营业收入为基础,减去营业成本、营业税金及附加、销售费用、管理费用、财务费用、资产减值损失,加上公允价值变动收益(减去公允价值变动损失)和投资收益(减去投资损失),计算出营业利润;

第二步,以营业利润为基础,加上营业外收入,减去营业外支出,计算出利润总额;

第三步,以利润总额为基础,减去所得税费用,计算出净利润(或净亏损)。

此外,为了使报表使用者通过比较不同期间利润的实现情况,判断企业经营成果的未来发展趋势,企业需要提供比较利润表,利润表还就各项目再分为"本期金额"和"上期金额"两栏分别填列。利润表具体格式见表11-5。

☞ 相关资料

利润表中的费用采用"功能法"列报

根据财务报表列报准则的规定,对于费用的列报,企业应当采用"功能法"列报,即按照费用在企业所发挥的功能进行分类列报,通常分为从事经营业务发生的成本、管理费用、销售费用和财务费用等,并且将营业成本与其他费用分开披露。从企业而言,其活动通常可以划分为生产、销售、管理、融资等,每一种活动上发生的费用所发挥的功能并不相同,因此,按照费用功能法将其分开列报,有助于使用者了解费用发生的活动领域。例如企业为销售产品发生了多少费用、为一般行政管理发生了多少费用、为筹措资金发生了多少费用等等。这种方法通常能向报表使用者提供具有结构性的信息,能更清楚地揭示企业经营业绩的主要来源和构成,提供的信息更为相关。

由于关于费用性质的信息有助于预测企业未来现金流量,企业可以在附注中披露费用按照性质分类的利润表补充资料。费用按照性质分类,指将费用按其性质分为耗用的原材料、职工薪酬费用、折旧费、摊销费等,而不是按照费用在企业所发挥的不同功能分类。

二、利润表的编制方法

(一)上期金额栏的填列方法

利润表中的"上期金额"栏应根据上年该期利润表"本期金额"栏内所列数字填列。如果上年该期利润表规定的各个项目的名称和内容同本期不相一致,应对上年该期利润表各项目的名称和数字按本期的规定进行调整,填入利润表"上期金额"栏内。

(二)本期金额栏的填列方法

利润表"本期金额"栏内各项数字一般应根据损益类账户的发生额分析填列:

(1)"营业收入"项目,反映企业经营主要业务和其他业务所确认的收入总额,本项目应根据"主营业务收入"和"其他业务收入"科目的发生额分析填列。

(2)"营业成本"项目,反映企业经营主要业务和其他业务所发生的成本总额。本项目应根据"主营业务成本"和"其他业务成本"账户的发生额分析填列。

(3)"营业税金及附加"项目,反映企业经营业务应负担的消费税、营业税、城市建设维护税、资源税、土地增值税和教育费附加等。本项目应根据"营业税金及附加"账户的发生额分析填列。

(4)"销售费用"项目,反映企业在销售商品过程中发生的包装费、广告费等费用和为销售本企业商品而专设的销售机构的职工薪酬、业务费等经营费用。本项目应根据"销售费用"账户的发生额分析填列。

(5)"管理费用"项目,反映企业为组织和管理生产经营发生的管理费用。本项目应根据"管理费用"账户的发生额分析填列。

(6)"财务费用"项目,反映企业筹集生产经营所需资金等而发生的筹资费用。本项目应根据"财务费用"账户的发生额分析填列。

(7)"资产减值损失"项目,反映企业各项资产发生的减值损失。本项目应根据"资产减值损失"账户发生额分析填列。

(8)"公允价值变动收益"项目,反映企业应当计入当期损益的资产或负债公允价值变动收益。本项目应根据"公允价值变动损益"账户的发生额分析填列,如为净损失,本项目以"一"号填列。

(9)"投资收益"项目,反映企业以各种方式对外投资所取得的收益。本项目应根据"投资收益"账户的发生额分析填列。如为投资损失,本项目用"一"号填列。

(10)"营业利润"项目,反映企业实现的营业利润。如为亏损,本项目以"一"号填列。

(11)"营业外收入"项目,反映企业发生的与经营业务无直接关系的各项收入。本项目应根据"营业外收入"账户的发生额分析填列。

(12)"营业外支出"项目,反映企业发生的与经营业务无直接关系的各项支出。本项目应根据"营业外支出"账户的发生额分析填列。

(13)"利润总额"项目,反映企业实现的利润。如为亏损,本项目以"一"号填列。

(14)"所得税费用"项目,反映企业应从当期利润总额中扣除的所得税费用。本项目应根据"所得税费用"账户的发生额分析填列。

(15)"净利润"项目,反映企业实现的净利润。如为亏损,本项目以"一"号填列。

(16)"基本每股收益"和"稀释每股收益"项目,应当根据每股收益准则的规定计算的金额填列。

☞相关资料

利润表可以生成的经济指标

利用表本期和上期净利润可以计算生成净利润增长率,反映企业获利能力的增长情况和长期的盈利能力趋势;利用净利润和营业收入可以计算生成销售利润率,反映企业经营的获利能力;利用净利润、营业成本、销售费用、管理费用和财务费用可以计算生成成本费用利润率,反映企业投入产出情况。

利用本表数据与其他报表或有关资料,可以生成反映企业投资回报等有关情况的指标。比如,利用净利润和净资产可以计算净资产收益率,利用普通股每股市价与每股收益可以计算出市盈率等。

三、利润表编制实例

【例 11-2】 甬江股份有限公司 2009 年度有关损益类科目本年累计发生净额如表 11-4 所示。

表 11-4　　　　　甬江股份有限公司损益类科目 2009 年度累计发生净额　　　　单位:元

科目名称	借方发生额	贷方发生额
主营业务收入		1 250 000
主营业务成本	750 000	
营业税金及附加	2 000	
销售费用	20 000	
管理费用	157 100	
财务费用	41 500	
资产减值损失	30 900	
投资收益		31 500
营业外收入		50 000
营业外支出	19 700	
所得税费用	85 300	

根据上述资料,编制甬江股份有限公司 2009 年度利润表,如表 11-5 所示。

表 11-5　　　　　　　　　　利　润　表

会企 02 表

编制单位:甬江股份有限公司　　　　　2009 年度　　　　　　　　　单位:元

项　目	本期金额	上期金额
一、营业收入	1 250 000	略
减:营业成本	750 000	
营业税金及附加	2 000	
销售费用	20 000	
管理费用	157 100	
财务费用	41 500	
资产减值损失	30 900	
加:公允价值变动收益(损失以"—"号填列)	0	
投资收益(损失以"—"号填列)	31 500	
其中:对联营企业和合营企业的投资收益	0	
二、营业利润(亏损以"—"号填列)	280 000	
加:营业外收入	50 000	
减:营业外支出	19 700	
其中:非流动资产处置损失	0	
三、利润总额(亏损总额以"—"号填列)	310 300	
减:所得税费用	85 300	
四、净利润(净亏损以"—"号填列)	225 000	
五、每股收益:		
(一)基本每股收益	0.45	
(二)稀释每股收益	0.42	

企业法人:　(签章)　　　财务总监:　(签章)　　　制表:　(签章)

☞相关资料

　　每股收益是指普通股股东每持有一股所能享有的企业利润或需承担的企业亏损。每股收益通常被用来反映企业的经营成果,衡量普通股的获利水平及投资风险。是投资者、债权人等信息使用者据以评价企业盈利能力、预测企业成长潜力、进而做出相关经济决策的一项重要的财务指标。进行财务分析时,每股收益指标既可用于不同企业间的业绩比较,以评价某企业的相对盈利能力;也可用于企业不同会计期间的业绩比较,以了解该企业盈利能力的变化趋势;另外还可用于企业经营实绩与盈利预测的比较,以掌握该企业的管理能力。

　　每股收益包括基本每股收益和稀释每股收益两类。基本每股收益只考虑当期实际发行在外的普通股股份,按照归属于普通股股东的当期净利润除以当期实际发行在外普通股的加权平均数计算确定。稀释每股收益是以基本每股收益为基础,假设企业所有发行在外的稀释性潜在普通股均已转换为普通股,从而分别调整归属于普通股股东的当期净利润以及发行在外普通股的加权平均数计算而得的每股收益。例如,一家公司发行可转换公司债券融资,由于转换选择权的存在,这些可转换债券的利率低于正常同等条件下普通债券的利率,从而降低了融资成本,在经营业绩和其他条件不变的情况下,相对提高了基本每股收益金额。要求考虑可转换公司债券的影响计算和列报稀释每股收益,就是为了能够提供一个更可比、更有用的财务指标。

　　【例 11-3】　甬江股份有限公司 2009 年归属于普通股股东的净利润为 225 000 元,期初发行在外普通股股数 500 000 股,年内普通股股数未发生变化。2009 年 1 月 1 日,公司按面值发行 600 000 元的三年期可转换公司债券,债券每张面值 100 元,票面固定年利率为 2%,利息自发行之日起每年支付一次,即每年 12 月 31 日为付息日。该批可转换公司债券自发行结束后 12 个月以后即可转换为公司股票,即转股期为发行 12 个月后至债券到期日止的期间。转股价格为每股 10 元,即每 100 元债券可转换为 10 股面值为 1 元的普通股。债券利息不符合资本化条件,直接计入当期损益,所得税税率为 25%。

　　假设不考虑可转换公司债券在负债和权益成分的分拆,且债券票面利率等于实际利率。2009 年度每股收益计算如下:

　　基本每股收益＝225 000÷500 000＝0.45(元/股)

　　假设转换所增加的净利润＝600 000×2%×(1－25%)＝9 000(元)

　　假设转换所增加的普通股股数＝600 000/10＝60 000(股)

　　增量股的每股收益＝9 000/60 000＝0.15(元/股)

　　增量股的每股收益小于基本每股收益,可转换公司债券具有稀释作用。

　　稀释每股收益＝(225 000＋9 000)/(500 000＋60 000)＝0.42(元/股)

第四节　现金流量表

一、现金流量表概述

(一)现金流量表的定义

现金流量表是指反映企业在一定会计期间的经营活动、投资活动和筹资活动的现金和现金等价物流入和流出情况的动态会计报表。从编制原则上看,现金流量表按照收付实现制编制,将利润表权责发生制下的盈利信息调整为收付实现制下的现金流量信息,便于信息使用者了解企业净利润的质量。从内容上看,现金流量表被划分为经营活动、投资活动和筹资活动三个部分,每类活动又分为各具体项目,这些项目从不同角度反映企业业务活动的现金流入与流出,弥补了资产负债表和利润表提供信息的不足。

(二)现金流量表的作用

企业现金充裕,就可以及时购入必要的材料物资和固定资产、及时支付工资、偿还债务、支付股利和利息等;反之,轻则影响企业的正常生产经营,重则危及企业的生存。因此,现金流量信息已经成为财务管理与企业战略的一个重要方面,受到企业管理者、投资者、债权人以及政府监管部门的关注。具体来讲,现金流量表有以下作用。

1. 现金流量表有助于评价企业支付能力、偿债能力和周转能力

现金流量表所揭示的现金流量信息可以从现金角度对企业偿还长、短期债务和支付利息、股利或利润等支付能力作出进一步的分析,从而作出更可靠、更稳健的评价。因为一个企业创造了较多的利润,同时又产生了较多的现金流量净额,就具有了较强的偿债能力和支付能力。如果这个企业在创造了较多的利润的同时,继续扩大投资,包括用于购置固定资产或增加对外投资份额等,则现金流出量大量增加,从而造成现金短缺,这就必然降低了偿债能力和支付能力。相反,如果创造利润不多,但由于处置和变卖固定资产、无形资产或加大了直接融资,增加了现金流量净额,从而保持了较强的偿债能力和支付能力。因此,通过对三类活动所产生的现金流入信息和现金流出信息的分析,可以对企业的偿债能力、支付能力作出更准确、可靠的评价。

2. 现金流量表有助于预测企业未来现金流量

评价过去是为了预测未来。一个正常经营的企业,在创造利润的同时,还应创造现金收益。通过现金流量表所反映的企业过去一定期间的现金流量以及其他生产经营指标,可以了解企业现金的来源和用途是否合理,了解经营活动产生的现金流量有多少,企业在多大程度上依赖外部资金,就可据以预测企业未来现金流量,从而为企业编制现金流量预算、组织现金调度、合理节约地使用现金创造条件,为投资者和债权人评价企业未来的现金流量、作出投资和信贷决策提供必要信息。

3. 现金流量表有助于分析企业收益质量

利润表中列示的净利润指标,反映了一个企业的经营成果,这是体现企业经营业绩的最重要的一个指标。但是,利润表是按照权责发生制编制的,它不能反映企业经营活动产生了多少现金,并且没有反映投资活动和筹资活动对企业财务状况的影响。而现金流量表中的现金流量是以收付实现制为基础的。一般来说,净利润增加,现金流量净额也增加,但在某些情况下,比如企业虽然大量销售了商品,但货款和劳务收入款项却没能及时收回。由此影响了企业资金周转,收益质量不佳。因此,通过现金流量表,可以掌握企业经营活动、投资活动和筹资活动的现金流量,将经营活动产生的现金流量与净利润相比较,就可以从现金流量的角度了解净利润的质量。

4. 现金流量表可以对企业投资活动和筹资活动作出评价

现金流量表将企业的业务活动按性质分为经营活动、投资活动和筹资活动。其中,投资活动是企业将一部分财力投入某一对象,以谋求更多收益的一种行为。现金流量表的投资活动包括对外投资(如长期股权投资)和对内投资(如扩建生产流水线)。筹资活动是企业根据财力的需求,而进行直接融资或间接融资的一种行为。一般来说,企业的投资和筹资活动都和经营活动密切相关,三类活动都应以提高获利能力为目标,作出全面的决策和安排。因此,对现金流量表中所揭示的投资活动所产生的现金流入和流出信息、筹资活动所产生的现金流入和流出信息,可以结合经营活动所产生的现金流量信息和企业净收益进行具体分析,判断企业的投资活动和筹资活动所起的作用,例如,它对提高企业的整体获利能力有什么影响;是否有过度扩大企业经营规模,从而增加了企业的财务风险等等作出判断和评价,并为未来的投资决策和筹资决策提供依据。

☞ 相关资料

衡量现金充足性:自由现金流

现实生活中,一些投资者想知道一家公司对于新的投资机会,有多少"自由"现金可以利用。自由现金流(Free Cash Flow)是经营活动产生的现金流量在支付了对固定资产的计划投资后的余额。比如,甬江公司使用自由现金流管理其经营活动。假设甬江公司预计经营活动将产生现金365万元,假设甬江公司计划使用265万元改善其生产线。在这个案例中,甬江公司的自由现金流就是100万元。如果出现一个好的投资机会,甬江公司可将100万元进行投资。由此可见,充裕的自由现金流对公司更加有利,因为这意味着有较多的现金可用于投资。

自由现金流最早是由美国西北大学拉巴波特、哈佛大学詹森等学者于20世纪80年代提出的,经历20多年的发展,特别在以美国安然、世通等为代表的之前在财务报告中利润指标完美无瑕的所谓绩优公司纷纷破产后,已成为企业价值评估领域使用最广泛,理论最健全的指标,美国证监会更是要求公司年报中必须披露这一指标。

二、现金流量表的编制基础与结构

(一)现金流量表的编制基础

现金流量表以现金及现金等价物为基础编制,划分为经营活动、投资活动和筹资活动。

1. 现金

现金,是指企业库存现金以及可以随时用于支付的存款。不能随时用于支付的存款不属于现金。现金主要包括:(1)库存现金。库存现金是指企业持有可随时用于支付的现金,与"库存现金"账户的核算内容一致。(2)银行存款。银行存款是指企业存入金融机构、可以随时用于支取的存款,与"银行存款"账户核算内容基本一致,但不包括不能随时用于支取的存款。例如,不能随时支取的定期存款等不应作为现金;提前通知金融机构便可支取的定期存款则应包括在现金范围内。(3)其他货币资金。其他货币资金是只存放在金融机构的外埠存款、银行汇票存款、银行本票存款、信用卡存款、信用证保证金存款和存出投资款,与"其他货币资金"账户核算内容一致。

2. 现金等价物

现金等价物,是指企业持有的期限短、流动性强、易于转换为已知金额现金、价值变动风险很小的投资。判断一项投资是否属于现金等价物必须同时具备的四个条件:(1)期限短;(2)流动性强;(3)易于转换成已知金额的现金;(4)价值变动的风险较小。其中,期限短、流动性强所强调的是现金等价物的变现能力,期限短一般是指从购买之日起,3个月内到期的短期债券投资等;而易于转换成已知金额的现金、价值变动风险小则强调了现金等价物的支付能力的大小,企业作为短期投资而购入的可流通的股票,尽管期限短,变现的能力也很强,但由于其变现的金额并不确定,其价值变动的风险较大,因而不属于现金等价物。总之,企业应当根据具体情况,确定现金等价物的范围,一经确定不得随意变更。

在现金流量表中,现金及现金等价物被视为一个整体,企业现金形式的转换不会产生现金的流入和流出。例如,企业从银行提取现金,是企业现金存放形式的转换,并未流出企业,不构成现金流量。同样,现金与现金等价物之间的转换也不属于现金流量,例如,企业用现金购买三个月到期的国库券。

(二)现金流量表的结构

现金流量表由正表和补充资料两部分组成。其中,正表部分按照现金流量的性质分为经营活动的现金流量、投资活动的现金流量、筹资活动的现金流量。各部分又分别按收入项目和支出项目列示,以反映各类活动所产生的现金流入量和现金流出量,来展示各类现金流入和流出的原因。

补充资料包括三部分内容,一是将净利润调节为经营活动现金流量,二是不涉及现金收支的重大投资和筹资活动,三是现金及现金等价物净变动等信息。

三、现金流量的分类

现金流量,是指现金及现金等价物的流入和流出的数量。根据企业业务活动的性质和现金流量的来源,现金流量表将企业一定期间的产生的现金流量分为经营活动产生的现金流量、投资活动产生的现金流量、筹资活动产生的现金流量。

(一)经营活动产生的现金流量

经营活动是指企业投资活动和筹资活动以外的所有交易和事项。各类企业由于行业特点不同,对经营活动的认定存在一定差异。对于工商企业而言,经营活动主要包括销售商品、提供劳务、购买商品、接受劳务、支付税费等。对于商业银行而言,经营活动主要包括吸收存款、发放贷款、同业存放、同业拆借等。对于保险公司而言,经营活动主要包括原保险业务和再保险业务等。对于证券公司而言,经营活动主要包括自营证券、代理承销证券、代理兑付证券、代理买卖证券等。

（二）投资活动产生的现金流量

投资活动是指企业长期资产的购建和不包括在现金等价物范围内的投资及其处置活动。长期资产是指固定资产、无形资产、在建工程、其他资产等持有期限在一年或一个营业周期以上的资产。这里所讲的投资活动,既包括实物资产投资,也包括金融资产投资。这里之所以将"包括在现金等价物范围内的投资"排除在外,是因为已经将包括在现金等价物范围内的投资视同现金。不同企业由于行业特点不同,对投资活动的认定也存在差异。例如,交易性金融资产所产生的现金流量,对于工商业企业而言,属于投资活动现金流量,而对于证券公司而言,属于经营活动现金流量。

（三）筹资活动产生的现金流量

筹资活动是指导致企业资本及债务规模和构成发生变化的活动。这里所说的资本,既包括实收资本(股本),也包括资本溢价(股本溢价);这里所说的债务,指对外举债,包括向银行借款、发行债券以及偿还债务等。通常情况下,应付账款、应付票据等商业应付款等属于经营活动,不属于筹资活动。

此外,对于企业日常活动之外特殊的、不经常发生的特殊项目,如自然灾害损失、保险赔款、捐赠等,应当归并到相关类别中,并单独反映。比如,对于自然灾害损失和保险赔款,如果能够确指属于流动资产损失,应当列入经营活动产生的现金流量;属于固定资产损失,应当列入投资活动产生的现金流量。现金流量示意图如图11-1所示。

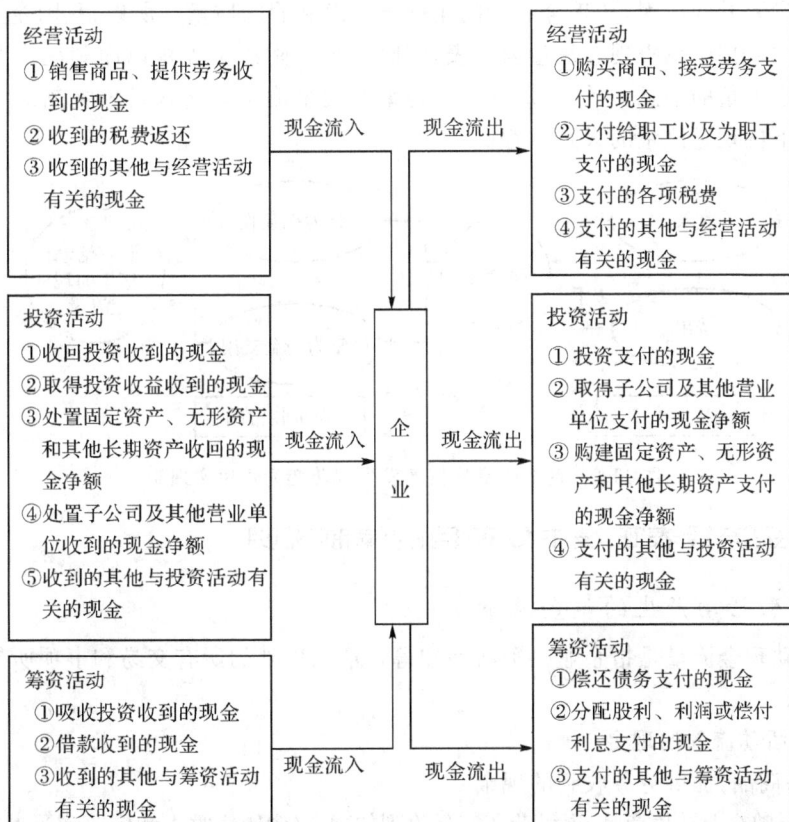

图11-1　现金流量示意图

四、现金流量表的编制原理

编制现金流量表通常有两种编制方法,即直接法和间接法。

(一)直接法

直接法是通过现金收入和支出的主要类别反映来自企业经营活动的现金流量。一般是以利润表中的营业收入为起算点,调整与经营活动有关的项目的增减变动,从而计算出经营活动的现金流量。

(二)间接法

为遵守企业会计准则,企业的会计系统是按权责发生制设计的,而不是收付实现制。权责发生制会计经常隐藏对现金的影响,因此,将权责发生制下的利润调节为收付实现制下的现金就显得特别重要。间接法是以本期净利润为起算点,调整不涉及现金的收入、费用、营业外收支及有关项目的增减变动,剔除投资活动、筹资活动对现金流量的影响,从而计算出经营活动的现金流量。实际上就是将按权责发生制确定的净利润调整为现金净流入,并剔除投资活动和筹资活动对现金流量的影响。

采用直接法编报的现金流量表易于理解,它为决策提供了更多的信息,便于分析企业业务活动产生的现金流量的来源和用途,预测企业现金流量的未来前景;采用间接法编报现金流量表,便于将净利润与经营活动产生的现金流量净额进行比较,了解净利润与经营活动产生的现金流量差异的原因,从现金流量的角度分析净利润的质量。所以,我国企业会计准则规定企业采用直接法编报现金流量表正表,同时要求在附注中提供以净利润为基础调节到经营活动现金流量的信息。图11-2给出了为编制现金流量表从权责发生制的利润转变为收付实现制下的现金流量的大致过程。

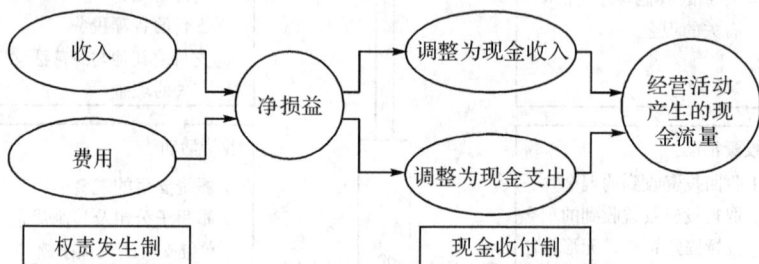

图 11-2　现金流量从权责发生制转变为收付实现制

五、现金流量表正表主要项目的编制说明

(一)经营活动产生的现金流量

经营活动现金流量是指企业投资活动和筹资活动以外的所有交易和事项所导致的现金流入和流出。

1. 经营活动流入的现金

(1)销售商品,提供劳务收到的现金

本项目反映企业销售商品、提供劳务实际收到的现金(含销售收入和应向购买者收取的增值税额),包括本期销售商品、提供劳务收到的现金,以及前期销售和前期提供劳务本期收到的现金和本期预收的账款,扣除本期退回本期销售的商品和前期销售本期退回的商品支付的现金。企业销售材料和代购代销业务收到的现金,也在本项目反映。本项目可以根据资产负债表、利润表有关项目和"库存现金"、"银行存款"、"应收账款"、"应收票据"、"预收账款"、"主营业务收入"、"其他业务收入"等科目的记录分析填列。分析计算该项目的金额,通常可以采用以下公式计算:

销售商品、提供劳务收到的现金

＝营业收入＋应交税费(应交增值税——销项税额)＋应收账款(期初余额－期末余额)＋应收票据(期初余额－期末余额)＋预收账款(期末余额－期初余额)－本期计提的坏账准备－票据贴现的利息－发生的现金折扣等调整项目

值得注意的是,如果企业当期发生债务重组、非货币性交易等特殊事项时,还要作一步的分析调整。

【例11-4】 甬江股份有限公司 2009 年度有关资料如下:(1)应收账款项目:年初余额 100 万元,年末余额 120 万元;(2)应收票据项目:年初余额 40 万元,年末余额 20 万元;(3)预收款项项目:年初余额 80 万元,年末余额 90 万元;(4)主营业务收入 6 000 万元;(5)应交税费——应交增值税(销项税额)1 020 万元;(6)其他有关资料如下:本期计提坏账准备 5 万元(该企业采用备抵法核算坏账损失),本期发生坏账回收 2 万元,收到客户用 11.7 万元商品(货款 10 万元,增值税 1.7 万元)抵偿前欠账款 12 万元。

销售商品、提供劳务收到的现金

＝(6 000＋1 020)＋(100－120)＋(40－20)＋(90－80)－5－12＝7 013(万元)

(2)收到的税费返还

本项目反映企业收到返还的各种税费,如收到返还的增值税、消费税、营业税、关税、所得税、教育费附加返还等。本项目可以根据"库存现金"、"银行存款"、"营业外收入"、和"其他应收款"等科目的记录分析填列。

(3)收到的其他与经营活动有关的现金

该项目反映企业除了上述各项目外,收到的其他与经营活动有关的现金流入,如罚款收入、流动资产损失中由个人赔偿的现金、经营租赁的租金收入等。其他现金流入如价值较大的,应单列项目反映。本项目可以根据"库存现金"、"银行存款"、"营业外收入"等科目的记录分析填列。

2. 经营活动流出的现金

(1)购买商品、接受劳务支付的现金

本项目反映企业购买商品、接受劳务实际支付的现金,包括本期购入商品、接受劳务支付的现金(包括增值税进项税额),以及本期支付前期购入商品、接受劳务的未付款项和本期预付款项。本期发生的购货退回收到的现金应从本项目内扣除。该项目可以根据资产负债表、利润表有关项目和"库存现金"、"银行存款"、"应付账款"、"应付票据"、"预付账款"、"主营业务成本"、"其他业务成本"等科目的记录分析填列。分析计算该项目的金额,通常可以采用以下公式计算:

购买商品、接受劳务支付的现金

＝营业成本＋应交税费(应交增值税——进项税额)＋存货(期末余额－期初余额)＋预付账款(期末余额－期初余额)＋应付账款(期初余额－期末余额)＋应付票据(期初余额－期末余额)－当期列入主营业务成本、存货项目的非"材料"费用(如:职工薪酬和折旧费等)

【例11-5】 甬江股份有限公司 2009 年度有关资料如下:(1)应付账款项目:年初余额

100 万元,年末余额 120 万元;(2)应付票据项目:年初余额 40 万元,年末余额 20 万元;(3)预付款项项目:年初余额 80 万元,年末余额 90 万元;(4)存货项目的年初余额为 100 万元,年末余额为 80 万元;(5)主营业务成本 4000 万元;(6)应交税费——应交增值税(进项税额)600 万元;(7)其他有关资料如下:用固定资产偿还应付账款 10 万元,生产成本中直接工资项目含有本期发生的生产工人工资费用 100 万元,本期制造费用发生额为 60 万元(其中消耗的物料为 5 万元),工程项目领用的本企业产品 10 万元。

购买商品、接受劳务支付的现金

$$=(4000+600)+(80-100)+(100-120)+(40-20)+(90-80)-(10+100+55)+10$$
$$=4\ 435(万元)$$

(2)支付给职工以及为职工支付的现金

本项目反映企业实际支付给职工的现金以及为职工支付的现金,包括企业为获得职工提供的服务,本期实际给予各种形式的报酬以及其他相关支出,如支付给职工的工资、奖金、各种津贴和补贴等,以及为职工支付的其他费用。企业代扣代缴的职工个人所得税,也在本项目中反映。本项目不包括支付给在建工程人员的工资,支付的在建工程人员的工资,在"购建固定资产、无形资产和其他长期资产所支付的现金"项目中反映。

企业为职工支付的医疗、养老、失业、工伤、生育等社会保险基金、补充养老保险、住房公积金,企业为职工交纳的商业保险金,因解除与职工劳动关系给予的补偿,现金结算的股份支付,以及企业支付给职工或为职工支付的其他福利费用等,应根据职工的工作性质和服务对象,分别在"购建固定资产、无形资产和其他长期资产所支付的现金"和"支付给职工以及为职工支付的现金"项目中反映。

本项目可以根据资产表有关项目和"库存现金"、"银行存款"、"应付职工薪酬"等账户的记录分析填列。分析计算该项目的金额,通常可以采用以下公式计算:

支付给职工以及为职工支付的现金

＝生产成本、制造费用、管理费用和销售费用的应付职工薪酬等费用

＋应付职工薪酬(年初余额－期末余额)

－应付职工薪酬——在建工程、无形资产明细(年初余额－期末余额)

＋其他应收款——代垫款项明细(期末余额－年初余额)等

【例 11-6】 甬江股份有限公司 2009 年度有关职工薪酬有关资料如下:

单位:元

	项 目	年初余额	本期分配或计提数	期末余额
应付职工薪酬	生产工人工资	100 000	1 000 000	80 000
	车间管理人员工资	40 000	500 000	30 000
	行政管理人员工资	60 000	800 000	45 000
	在建工程人员工资	20 000	300 000	15 000

假定应付职工薪酬本期减少数均以银行存款支付,应付职工薪酬为贷方余额。假定不考虑其他事项。

支付给职工以及为职工支付的现金

$$=(1\ 000\ 000+500\ 000+800\ 000)+(100\ 000+40\ 000+60\ 000)-(80\ 000+30\ 000+45\ 000)=2\ 345\ 000\ 元。$$

（3）支付的各项税费

本项目反映企业当期实际上交税务部门的各种税金。包括本企业发生并支付的各种税费，以及本期支付以前各期发生的税费和本期预交的税费，包括所得税、增值税、消费税、营业税、印花税、房产税、土地增值税、车船使用税、教育费附加、矿产资源补偿费等。但不包括计入固定资产价值、实际支付的耕地占用税等，也不包括本期退回的增值税、所得税。本期退回的增值税、所得税在"收到的税费返还"项目中反映。该项目应根据资产负债表、利润表有关项目和"应交税费"、"库存现金"、"银行存款"等科目的记录分析填列。分析计算该项目的金额，通常可以采用以下公式计算：

支付的各项税费

＝当期所得税费用＋营业税金及附加

＋应交税费（应交增值税——已交税金）＋（应交所得税年初余额－应交所得税期末余额）

【例 11-7】 甬江股份有限公司 2009 年有关资料如下：(1)2009 年利润表中的所得税费用为 500 000 元（均为当期应交所得税产生的所得税费用）；(2)"应交税费——应交所得税"科目年初余额为 20 000 元，年末余额为 10 000 元；(3)另外企业当期还交纳了增值税 500 000 元，其中含在建工程领用自产的产品应交的增值税 40 000 元。假定不考虑其他税费。

支付的各项税费＝ 500 000＋(20 000－10 000)＋(500 000－40 000)＝970 000(元)

（4）支付的其他与经营活动有关的现金

本项目反映企业除上述各项目外，支付的其他与经营活动有关的现金流出，如罚款支出、经营租赁支付的租金、支付的差旅费、业务招待费、支付的保险费等。若其他现金流出如价值较大的，应单列项目反映。该项目应根据"库存现金"、"银行存款"、"管理费用"、"营业外支出"等科目的记录分析填列。

【例 11-8】 甬江股份有限公司 2009 年度发生的管理费用为 2 200 万元，其中：以现金支付退休职工统筹退休金 350 万元和管理人员工资 950 万元，存货盘亏损失 25 万元，计提固定资产折旧 420 万元，无形资产摊销 200 万元，其余均以现金支付。

支付的其他与经营活动有关的现金＝2 200－950－25－420－200＝605(万元)

（二）投资活动产生的现金流量

现金流量表中的投资活动比通常所指的短期投资和长期投资范围要广，投资活动包括非现金等价物的短期投资和长期投资的购买与处置、固定资产的购建与处置、无形资产的购置与处置等。通过单独反映投资活动产生的现金流量，可以了解为获得未来收益和现金流量而导致资源转出的程度，以及以前资源转出带来的现金流入的信息。

1. 投资活动流入的现金

（1）收回投资所收到的现金

本项目反映企业出售、转让或到期收回除现金等价物以外的交易性金融资产、可供出售金融资产、长期股权投资等而收到的现金以及收回持有至到期投资的本金。不包括持有至到期投资收回的利息，以及收回的非现金资产。该项目可根据"交易性金融资产"、"可供出售金融资产"、"长期股权投资"、"持有至到期投资"等账户的记录分析填列。

（2）取得投资收益所收到的现金

本项目反映企业因各种权益性投资而分得的现金股利、利润，以及因持有至到期投资而取得的利息收入等。该项目可以根据"库存现金"、"银行存款"、"投资收益"等科目的记录分析填列。

(3)处置固定资产、无形资产和其他长期资产所收回的现金净额

本项目反映企业处置固定资产、无形资产和其他长期资产所取得的现金(包括因资产毁损收到的保险赔偿款),扣除为处置这些资产而支付的有关费用后的净额。但是,如果收回的现金为负数,则在"支付其他与投资活动有关的现金"项目中反映。由于自然灾害所造成的固定资产等长期资产损失而收到的保险赔偿收入,也在本项目反映。该项目可以根据"固定资产清理"、"库存现金"、"银行存款"等账户的记录分析填列。

(4)处置子公司及其他营业单位收到的现金净额

本项目反映企业处置子公司及其他营业单位所取得的现金,减去相关处置费用以及子公司及其他单位持有的现金和现金等价物后的净额。该项目可以根据"长期股权投资"、"库存现金"、"银行存款"等账户的记录分析填列。

(5)收到的其他与投资活动有关的现金

本项目反映企业除了上述各项目以外,收到的其他与投资活动有关的现金流入。例如,企业收回购买股票或债券时尚未领取的现金股利或已到付息期但尚未领取的利息。若其他与投资活动有关的现金流入价值较大的,应单列项目反映。该项目可以根据"应收股利"、"应收利息"、"银行存款"和"库存现金"等账户的记录分析填列。

2. 投资活动流出的现金

(1)购建固定资产、无形资产和其他长期资产所支付的现金

本项目反映企业购建固定资产、无形资产和其他长期资产所实际支付的现金,以及用现金支付的应由在建工程和无形资产负担的职工薪酬,不包括为购建固定资产而发生的借款利息资本化的部分,以及融资租入固定资产支付的租赁费。企业借款利息和融资租入固定资产支付的租赁费,在筹资活动产生的现金流量中单独反映。该项目可以根据"固定资产"、"在建工程"、"无形资产"、"库存现金"、"银行存款"等账户的记录分析填列。

【例 11-9】 甬江股份有限公司 2009 年度发生下列有关业务:

① 购买固定资产价款为 50 000 元,进项税额为 8 500 元,款项已付;

② 购买工程物资价款为 10 000 元,进项税额为 1 700 元,款项已付;

③ 支付工程人员薪酬 6 000 元;

④ 预付工程价款 80 000 元;

⑤ 交付使用前长期借款利息 78 900 元,本年已支付;

⑥ 支付申请专利权的注册费、律师费等 68 000 元。

购建固定资产、无形资产和其他长期资产而支付的现金

$=58\,500+11\,700+6\,000+80\,000+68\,000=224\,200(元)$

(2)投资所支付的现金

本项目反映企业取得除现金等价物以外的对其他企业的权益性投资和债权性投资所支付的现金,以及支付的佣金、手续费等附加费用。但取得的子公司及其他营业单位支付的现金净额除外。该项目可以根据"交易性金融资产"、"可供出售金融资产"、"持有至到期投资"、"长期股权投资"、"库存现金"和"银行存款"等账户的记录分析填列。

值得注意的是:企业购买股票和债券时,实际支付的价款中包含的已宣告但尚未领取的

现金股利或已到付息期但尚未领取的债券的利息,由于属于垫支款,应在投资活动的"支付的其他与投资活动有关的现金"项目中反映;而企业收回购买股票和债券时支付的已宣告但尚未领取的现金股利或已到付息期但尚未领取的债券的利息,由于其不属于真正意义上的投资成本的收回,所以应在"收到的其他与投资活动有关的现金"项目中反映。

(3)取得子公司及其他营业单位支付的现金净额

本项目反映企业购买子公司及其他营业单位所支付的现金部分,减去子公司及其他营业单位持有的现金及现金等价物后的净额。该项目可以根据"长期股权投资"、"库存现金"、"银行存款"等账户的记录分析填列。

(4)支付的其他与投资活动有关的现金

本项目反映企业除了上述各项以外所支付的其他与投资活动有关的现金流出,如企业购买股票和债券时,实际支付的价款中包含的已宣告但尚未领取的现金股利或已到付息期但尚未领取的债券利息。其他现金流出如价值较大的,应单列项目反映。该项目可以根据"应收股利"、"应收利息"、"库存现金"、"银行存款"等账户的记录分析填列。

(三)筹资活动产生的现金流量

现金流量表需要单独反映筹资活动产生的现金流量,通过现金流量表中反映的筹资活动的现金流量,可以帮助投资者和债权人预计对企业未来现金流量的要求权,以及获得前期现金流入而付出的代价。

1. 筹资活动流入的现金

(1)吸收投资所收到的现金

本项目反映企业收到的投资者投入的现金,包括以发行股票方式筹集资金实际收到的款项净额(发行收入减去支付的佣金等发行费用后的净额)、发行债券实际收到的现金(发行收入减去支付的佣金等发行费用后的净额)等。以发行股票方式筹集资金而由企业直接支付的审计、咨询等费用,以及发行债券支付的发行费用在"支付的其他与筹资活动有关的现金"项目反映,不从本项目内扣除。该项目可以根据"实收资本(或股本)"、"资本公积"、"应付债券"、"库存现金"、"银行存款"等账户的记录分析填列。

(2)取得借款所收到的现金

本项目反映企业举借各种短期、长期借款所实际收到的现金。该项目可以根据"银行存款"、"短期借款"和"长期借款"账户的记录分析填列。

(3)收到的其他与筹资活动有关的现金

本项目反应企业除上述各项目外,收到的其他与筹资活动有关的现金流入,如接受现金捐赠等。若某项其他与筹资活动有关的现金流入价值较大的,应单列项目反映。该项目可以根据"银行存款"、"库存现金"、"营业外收入"等账户的记录分析填列。

2. 筹资活动流出的现金

(1)偿还债务所支付的现金

本项目反映企业以现金偿还债务的本金,包括偿还金融企业的借款本金、偿还债券本金等。企业偿还的借款利息、债券利息,在"偿付利息所支付的现金"项目反映,不包括在本项目内。该项目可以根据"短期借款"、"长期借款"、"应付债券"、"库存现金"、"银行存款"等账户的记录分析填列。

【**例 11-10**】 甬江股份有限公司 2009 年度发生有关经济业务:

①偿还短期借款,本金90 000元,利息300元;

②偿还长期借款,本金500 000元,利息6 600元;

③支付到期一次还本付息的应付债券,面值100 000元,3年期,利率6%。

偿还债务所支付的现金＝90 000＋500 000＋100 000＝690 000(元)

（2）分配股利、利润和偿付利息所支付的现金

本项目反映企业实际支付的现金股利、利息以及支付给其他投资单位的利润等。该项可以根据"应付股利"、"应付利息"、"财务费用"、"库存现金"和"银行存款"等账户的借方分析填列。上例中:

分配股利、利润或偿付利息所支付的现金＝300＋6 600＋18 000＝24 900(元)

（3）支付的其他与筹资活动有关的现金

本项目反映企业除了上述各项外,支付的其他与筹资活动有关的现金流出,如捐赠现金支出、融资租入固定资产支付的租赁费等。若某项其他与筹资活动有关的现金流出金额较大的,应单列项目反映。该项目可以根据"营业外支出"、"长期应付款"、"银行存款"和"库存现金"等账户的借方分析填列。

（四）汇率变动对现金及现金等价物的影响

本项目反映企业外币现金流量及境外子公司的现金流量,按照现金流量发生日的即期汇率或即期汇率近似的汇率折算的人民币金额与"现金及现金等价物净增加额"中的外币现金净增加额按资产负债表日的即期汇率折算的人民币金额之间的差额。

本项目一般根据下列方法填列:将现金流量表补充资料中的"现金及现金等价物净增加额"项目金额与现金流量表正表中的"经营活动产生的现金流量净额"、"投资活动产生的现金流量净额"、"筹资活动产生的现金流量净额"三项之和的差额倒轧出"汇率变动对现金及现金等价物的影响"。

六、现金流量表补充资料主要项目的编制说明

现金流量表补充资料也称附注。现金流量表补充资料包括将净利润调节为经营活动现金流量、不涉及现金收支的重大投资和筹资活动、现金及现金等价物净变动情况等项目。

企业应当采用间接法在现金流量表补充资料中披露将净利润调节为经营活动现金流量的信息。间接法是以净利润为出发点,净利润是利润表上反映的数字,在利润表中反映的净利润是按权责发生制确定的,其中有些收入、费用项目并没有实际发生现金流入和流出,通过对这些项目的调整,可将净利润调节为经营活动现金流量。采用间接法将净利润调节为经营活动的现金流量时,需要调整的项目可分为四类:一是实际没有支付现金的费用;二是实际没有收到现金的收益;三是不属于经营活动的损益;四是经营性应收应付项目的增减变动。

（一）将净利润调节为经营活动的现金流量

1. 资产减值准备

这里所指的资产减值准备包括:坏账准备、存货跌价准备、投资性房地产减值准备、长期股权投资减值准备、持有至到期投资减值准备、固定资产减值准备、在建工程减值准备、工程物资减值准备、生物性资产减值准备、无形资产减值准备、商誉减值准备等。企业计提的各

项资产减值准备,包括在利润表中,属于利润的减除项目,但没有发生现金流出。所以,在将净利润调节为经营活动现金流量时,需要加回。本项目可根据"资产减值损失"科目的记录分析填列。

2. 固定资产折旧、油气资产折耗、生产性生物资产折旧

企业计提的固定资产折旧,有的包括在管理费用中,有的包括在制造费用中。计入管理费用中的部分,作为期间费用在计算净利润时从中扣除,但没有发生现金流出,在将净利润调节为经营活动现金流量时,需要予以加回。计入制造费用中的已经变现的部分,在计算净利润时通过销售成本予以扣除,但没有发生现金流出;计入制造费用中的没有变现的部分,既不涉及现金收支,也不影响企业当期净利润。由于在调节存货时,已经从中扣除,在此处将净利润调节为经营活动现金流量时,需要予以加回。同理,企业计提的油气资产折耗、生产性生物资产折旧,也需要予以加回。本项目可根据"累计折旧"、"累计折耗"、"生产性生物资产折旧"科目的贷方发生额分析填列。

3. 无形资产摊销和长期待摊费用摊销

企业对使用寿命有限的无形资产计提摊销时,计入管理费用或制造费用。长期待摊费用摊销时,有的计入管理费用,有的计入销售费用,有的计入制造费用。计入管理费用等期间费用和计入制造费用中的已变现的部分,在计算净利润时已从中扣除,但没有发生现金流出;计入制造费用中的没有变现的部分,在调节存货时已经从中扣除,但不涉及现金收支,所以,在此处将净利润调节为经营活动现金流量时,需要予以加回。这个项目可根据"累计摊销"、"长期待摊费用"科目的贷方发生额分析填列。

4. 处置固定资产、无形资产和其他长期资产的净损失(减:收益)

企业处置固定资产、无形资产和其他长期资产发生的损益,属于投资活动产生的损益,不属于经营活动产生的损益,所以,在将净利润调节为经营活动现金流量时,需要予以剔除。如为损失,在将净利润调节为经营活动现金流量时,应当加回;如为收益,在将净利润调节为经营活动现金流量时,应当扣除。本项目可根据"营业外收入"、"营业外支出"等科目所属有关明细科目的记录分析填列,如为净收益,以"-"号填列。

5. 固定资产报废损失

企业发生的固定资产报废损益,属于投资活动产生的损益,不属于经营活动产生的损益,所以,在将净利润调节为经营活动现金流量时,需要予以剔除。同样,投资性房地产发生报废、毁损而产生的损失,也需要予以剔除。如为净损失,在将净利润调节为经营活动现金流量时,应当加回;如为净收益,在将净利润调节为经营活动现金流量时,应当扣除。本项目可根据"营业外支出"、"营业外收入"等科目所属有关明细科目的记录分析填列。

6. 公允价值变动损失

公允价值变动损失反映企业在初始确认时划分为以公允价值计量且其变动计入当期损益的交易性金融资产或金融负债、衍生工具、套期等业务中公允价值变动形成的计入当期损益的利得或损失。企业发生的公允价值变动损益,通常与企业的投资活动或筹资活动有关,而且并不影响企业当期的现金流量。为此,应当将其从净利润中剔除。本项目可以根据"公允价值变动损益"科目的发生额分析填列。如为持有损失,在将净利润调节为经营活动现金流量时,应当加回;如为持有利得,在将净利润调节为经营活动现金流量时,应当扣除。

7. 财务费用

企业发生的财务费用中不属于经营活动的部分,应当将其从净利润中剔除。本项目可根据"财务费用"科目的本期借方发生额分析填列;如为收益,以"一"号填列。

8. 投资损失(减:收益)

企业发生的投资损益,属于投资活动产生的损益,不属于经营活动产生的损益,所以,在将净利润调节为经营活动现金流量时,需要予以剔除。如为净损失,在将净利润调节为经营活动现金流量时,应当加回;如为净收益,在将净利润调节为经营活动现金流量时,应当扣除。本项目可根据利润表中"投资收益"项目的数字填列;如为投资收益,以"一"号填列。

9. 递延所得税资产减少(减:增加)

如果递延所得税资产减少使计入所得税费用的金额大于当期应交的所得税金额,其差额没有发生现金流出,但在计算净利润时已经扣除,在将净利润调节为经营活动现金流量时,应当加回。如果递延所得税资产增加使计入所得税费用的金额小于当期应交的所得税金额,二者之间的差额并没有发生现金流入,但在计算净利润时已经包括在内,在将净利润调节为经营活动现金流量时,应当扣除。本项目可以根据资产负债表"递延所得税资产"项目期初、期末余额分析填列。

10. 递延所得税负债增加(减:减少)

如果递延所得税负债增加使计入所得税费用的金额大于当期应交的所得税金额,其差额没有发生现金流出,但在计算净利润时已经扣除,在将净利润调节为经营活动现金流量时,应当加回。如果递延所得税负债减少使计入当期所得税费用的金额小于当期应交的所得税金额,其差额并没有发生现金流入,但在计算净利润时已经包括在内,在将净利润调节为经营活动现金流量时,应当扣除。本项目可以根据资产负债表"递延所得税负债"项目期初、期末余额分析填列。

11. 存货的减少(减:增加)

期末存货比期初存货减少,说明本期生产经营过程耗用的存货有一部分是期初的存货,耗用这部分存货并没有发生现金流出,但在计算净利润时已经扣除,所以,在将净利润调节为经营活动现金流量时,应当加回。期末存货比期初存货增加,说明当期购入的存货除耗用外,还剩余一部分,这部分存货也发生了现金流出,但在计算净利润时没有包括在内,所以,在将净利润调节为经营活动现金流量时,需要扣除。当然,存货的增减变化过程还涉及应付项目,这一因素在"经营性应付项目的增加(减:减少)"中考虑。本项目可根据资产负债表中"存货"项目的期初数、期末数之间的差额填列;期末数大于期初数的差额,以"一"号填列。如果存货的增减变化过程属于投资活动,如在建工程领用存货,应当将这一因素剔除。

12. 经营性应收项目的减少(减:增加)

经营性应收项目包括应收票据、应收账款、预付账款、长期应收款和其他应收款中,与经营活动有关的部分,以及应收的增值税销项税额等。经营性应收项目期末余额小于经营性应收项目期初余额,说明本期收回的现金大于利润表中所确认的销售收入,所以,在将净利润调节为经营活动现金流量时,需要加回。经营性应收项目期末余额大于经营性应收项目期初余额,说明本期销售收入中有一部分没有收回现金,但是,在计算净利润时这部分销售收入已包括在内,所以,在将净利润调节为经营活动现金流量时,需要扣除。本项目应当根据有关科目的期初、期末余额分析填列;如为增加,以"一"号填列。

13. 经营性应付项目的增加(减:减少)

经营性应付项目包括应付票据、应付账款、预收账款、应付职工薪酬、应交税费、长期应付款、其他应付款中与经营活动有关的部分,以及应付的增值税进项税额等。经营性应付项目期末余额大于经营性应付项目期初余额,说明本期购入的存货中有一部分没有支付现金,但是,在计算净利润时却通过销售成本包括在内,在将净利润调节为经营活动现金流量时,需要加回;经营性应付项目期末余额小于经营性应付项目期初余额,说明本期支付的现金大于利润表中所确认的销售成本,在将净利润调节为经营活动产生的现金流量时,需要扣除。本项目应当根据有关科目的期初、期末余额分析填列;如为减少,以"一"号填列。

(二)不涉及现金收支的投资和筹资活动

不涉及现金收支的重大投资和筹资活动,反映企业一定期间内影响资产或负债但不形成该期现金收支的所有投资和筹资活动的信息。这些投资和筹资活动虽然不涉及当期现金收支,但对以后各期的现金流量有重大影响。例如,企业融资租入设备,将形成的负债计入"长期应付款"账户,当期并不支付设备款及租金,但以后各期必须为此支付现金,从而在一定期间内形成了一项固定的现金支出。

目前,在我国现金流量表附注中披露不涉及当期现金收支、但影响企业财务状况或在未来可能影响企业现金流量的重大投资和筹资活动,主要包括:(1)债务转为资本,反映企业本期转为资本的债务金额;(2)一年内到期的可转换公司债券,反映企业一年内到期的可转换公司债券的本息;(3)融资租入固定资产,反映企业本期融资租入的固定资产。

(三)现金及现金等价物净变动情况

本项目反映企业一定会计期间现金及现金等价物的期末余额与期初余额后的净增加额(或净减少额),是对现金流量表中"现金及现金等价物增加额"项目的补充说明。该项目的金额应与现金流量表"现金及现金等价物净增加额"项目的金额核对相符。

七、现金流量表的具体编制方法

在具体编制现金流量表时,可以采用工作底稿法或 T 型账户法,也可以根据有关科目记录分析填列。

(一)工作底稿法

采用工作底稿法编制现金流量表,是以工作底稿为手段,以资产负债表和利润表数据为基础,对每一项目进行分析并编制调整分录,从而编制现金流量表。工作底稿法的程序是:

第一步,将资产负债表的期初数和期末数过入工作底稿的期初数栏和期末数栏。

第二步,对当期业务进行分析并编制调整分录。编制调整分录时,要以利润表项目为基础,从"营业收入"开始,结合资产负债表项目逐一进行分析。在调整分录中,有关现金和现金等价物的事项,并不直接借记或贷记现金,而是分别计入"经营活动产生的现金流量"、"投资活动产生的现金流量"、"筹资活动产生的现金流量"有关项目,借记表示现金流入,贷记表示现金流出。

第三步,将调整分录过入工作底稿中的相应部分。

第四步,核对调整分录,借方、贷方合计数均已经相等,资产负债表项目期初数加减调整分录中的借贷金额以后,也等于期末数。

第五步,根据工作底稿中的现金流量表项目部分编制正式的现金流量表。

(二)T 型账户法

采用 T 型账户法编制现金流量表,是以 T 型账户为手段,以资产负债表和利润表数据为基础,对每一项目进行分析并编制调整分录,从而编制现金流量表。T 型账户法的程序是:

第一步,为所有的非现金项目(包括资产负债表项目和利润表项目)分别开设 T 型账户,并将各自的期末期初变动数过入各该账户。如果项目的期末数大于期初数,则将差额过入和项目余额相同的方向;反之,过入相反的方向。

第二步,开设一个大的"现金及现金等价物"T 型账户,每边分为经营活动、投资活动和筹资活动三个部分,左边记现金流入,右边记现金流出。与其他账户一样,过入期末期初变动数。

第三步,以利润表项目为基础,结合资产负债表分析每一个非现金项目的增减变动,并据此编制调整分录。

第四步,将调整分录过入各 T 型账户,并进行核对,该账户借贷相抵后的余额与原先过入的期末期初变动数应当一致。

第五步,根据大的"现金及现金等价物"T 型账户编制正式的现金流量表。

(三)分析填列法

分析填列法是直接根据资产负债表、利润表和有关会计科目明细账的记录,分析计算出现金流量表各项目的金额,并据以编制现金流量表的一种方法。

八、现金流量表编制实例

【例 11-11】 沿用【例 11-1】、【例 11-2】的资料,甬江股份有限公司其他相关资料如下:

1. 2009 年度利润表有关项目的明细资料

(1)管理费用的组成:职工薪酬 17 100 元,无形资产摊销 60 000 元,折旧费 20 000 元,支付其他费用 60 000 元。

(2)财务费用的组成:计提借款利息 11 500 元,支付应收票据(银行承兑汇票)贴现利息 30 000 元。

(3)资产减值损失的组成:计提坏账准备 900 元,计提固定资产减值准备 30 000 元。上年年末坏账准备余额为 900 元。

(4)投资收益的组成:收到股息收入 30 000 元,与本金一起收回的交易性股票投资收益 500 元,自公允价值变动损益结转投资收益 1 000 元。

(5)营业外收入的组成:处置固定资产净收益 50 000 元(其所处置固定资产原价为 400 000 元,累计折旧为 150 000 元。收到处置收入 300 000 元)。假定不考虑与固定资产处置有关的税费。

(6)营业外支出的组成:报废固定资产净损失 19 700 元(其所报废固定资产原价为 200 000 元。累计折旧为 180 000 元,支付清理费用 500 元,收到残值收入 800 元)。

(7)所得税费用的组成:当期所得税费用 92 800 元,递延所得税资产 7 500 元。

除上述项目外,利润表中的销售费用 20 000 元至期末已经支付。

2. 资产负债表有关项目的明细资料

(1)本期收回交易性金融资产成本 15 000 元、公允价值变动 1 000 元,同时实现投资收益 500 元。

(2)存货中生产成本、制造费用的组成:职工薪酬 324 900 元。折旧费 80 000 元。

(3)应交税费的组成:本期增值税进项税额 42 466 元,增值税销项税额 212 500 元,已交增值税 100 000 元;应交所得税期末余额为 20 097 元,应交所得税期初余额为 0;应交税费期末数中应由在建工程负担的部分为 100 000 元。

(4)应付职工薪酬的期初数无应付在建工程人员的部分,本期支付在建工程人员职工薪酬 200 000 元。应付职工薪酬的期末数中应付在建工程人员的部分为 28 000 元。

(5)应付利息均为短期借款利息,其中本期计提利息 11 500 元,支付利息 12 500 元。

(6)本期用现金购买固定资产 101 000 元,购买工程物资 300 000 元。

(7)本期用现金偿还短期借款 250 000 元,偿还一年内到期的长期借款 1 000 000 元;借入长期借款 560 000 元。

根据以上资料,采用分析填列的方法,编制甬江股份有限公司 2009 年度的现金流量表。

(一)现金流量表的正表编制

1. 经营活动现金流量各项目金额,分析确定如下:

(1)销售商品、提供劳务收到的现金

=主营业务收入+应交税费(应交增值税——销项税额)

+(应收账款年初余额-应收账款期末余额)

+(应收票据年初余额-应收票据期末余额)

-当期计提的坏账准备-票据贴现的利息

=1 250 000+212 500+(299 100-598 200)+(246 000-66 000)-900-30 000

=1 312 500(元)

(2)购买商品、接受劳务支付的现金

=主营业务成本+应交税费(应交增值税——进项税额)

-(存货年初余额-存货期末余额)

+(应付账款年初余额-应付账款期末余额)

+(应付票据年初余额-应付票据期末余额)

+(预付账款期末余额-预付账款年初余额)

-当期列入生产成本、制造费用的职工薪酬

-当期列入生产成本、制造费用的折旧费和固定资产修理费

=750 000+42 466-(2 580 000-2 484 700)+(953 800-953 800)

+(200 000-100 000)+(100 000-100 000)-324 900-80 000=392 266(元)

(3)支付给职工以及为职工支付的现金

=生产成本、制造费用、管理费用中职工薪酬

+(应付职工薪酬年初余额-应付职工薪酬期末余额)

-[应付职工薪酬(在建工程)年初余额-应付职工薪酬(在建工程)期末余额]

=324 900+17 100+(110 000-180 000)-(0-28 000)=300 000(元)

(4)支付的各项税费

=当期所得税费用+营业税金及附加+应交税费(应交增值税——已交税金)

-(应交所得税期末余额-应交所得税年初余额)

=92 800+2 000+100 000−(20 097−0)=174 703(元)

(5)支付其他与经营活动有关的现金=其他管理费用+销售费用

=60 000+20 000=80 000(元)

2. 投资活动现金流量各项目金额,分析确定如下:

(1)收回投资收到的现金

=交易性金融资产贷方发生额+与交易性金融资产一起收回的投资收益

=16 000+500=16 500(元)

(2)取得投资收益所收到的现金=收到的股息收入=30 000(元)

(3)处置固定资产收回的现金净额=300 000+(800−500)=300 300(元)

(4)购建固定资产支付的现金

=用现金购买的固定资产、工程物资+支付给在建工程人员的薪酬

=101 000+300 000+200 000=601 000(元)

3. 筹资活动现金流量各项目金额,分析确定如下:

(1)取得借款所收到的现金=560 000(元)

(2)偿还债务支付的现金=250 000+1 000 000=1 250 000(元)

(3)偿还利息支付的现金=12 500(元)

(二)现金流量表补充资料

将净利润调节为经营活动现金流量,各项目计算分析如下:

(1)资产减值准备=900+30 000=30 900(元)

(2)固定资产折旧=20 000+80 000=100 000(元)

(3)无形资产摊销=60 000(元)

(4)处置固定资产、无形资产和其他长期资产的损失(减:收益)=−50 000(元)

(5)固定资产报废损失=19 700(元)

(6)财务费用=11 500(元)

(7)投资损失(减:收益)=−31 500(元)

(8)递延所得税资产减少=0−7 500=−7 500(元)

(9)存货的减少=2 580 000−2 484 700=95 300(元)

(10)经营性应收项目的减少

=(246 000−66 000)+(299 100+900−598 200−1 800)=−120 000(元)

(11)经营性应付项目的增加

=(100 000−200 000)+(953 800−953 800)+[(180 000−28 000)

−110 000]+[(226 731−100 000)−36 600]=32 131(元)

(三)根据上述数据,编制现金流量表(见表11-6)及其补充资料(见表11-7)

表 11-6　　　　　　　　　　　　　　　　现金流量表

会企 03 表

编制单位:甬江股份有限公司　　　　　2009 年度　　　　　　　　　　　　　单位:元

项　目	本期金额	上期金额
一、经营活动产生的现金流量:		略
销售商品、提供劳务收到的现金	1 312 500	
收到的税费返还	0	
收到其他与经营活动有关的现金	0	
经营活动现金流入小计	1 312 500	
购买商品、接受劳务支付的现金	392 266	
支付给职工以及为职工支付的现金	300 000	
支付的各项税费	174 703	
支付其他与经营活动有关的现金	80 000	
经营活动现金流出小计	946 969	
经营活动产生的现金流量净额	365 531	
二、投资活动产生的现金流量:		
收回投资收到的现金	16 500	
取得投资收益收到的现金	30 000	
处置固定资产、无形资产和其他长期资产收回的现金净额	300 300	
处置子公司及其他营业单位收到的现金净额	0	
收到其他与投资活动有关的现金	0	
投资活动现金流入小计	346 800	
购建固定资产、无形资产和其他长期资产支付的现金	601 000	
投资支付的现金	0	
取得子公司及其他营业单位支付的现金净额	0	
支付其他与投资活动有关的现金	0	
投资活动现金流出小计	601 000	
投资活动产生的现金流量净额	−254 200	
三、筹资活动产生的现金流量:		
吸收投资收到的现金	0	
取得借款收到的现金	560 000	
收到其他与筹资活动有关的现金	0	
筹资活动现金流入小计	560 000	
偿还债务支付的现金	1 250 000	
分配股利、利润或偿付利息支付的现金	12 500	
支付其他与筹资活动有关的现金	0	
筹资活动现金流出小计	1 262 500	
筹资活动产生的现金流量净额	−702 500	
四、汇率变动对现金及现金等价物的影响	0	
五、现金及现金等价物净增加额	−591 169	
加:期初现金及现金等价物余额	1 406 300	
六、期末现金及现金等价物余额	815 131	

企业法人:　(签章)　　　　财务总监:　(签章)　　　　制表:　(签章)

表 11-7　　　　　　　　　　　　　现金流量补充资料　　　　　　　　　　　　　　单位:元

补充资料	本期金额	上期金额
1. 将净利润调节为经营活动现金流量:		略
净利润	225 000	
加:资产减值准备	30 900	
固定资产折旧、油气资产折耗、生产性生物资产折旧	100 000	
无形资产摊销	60 000	
长期待摊费用摊销	0	
处置固定资产、无形资产和其他长期资产的损失(收益以"－"号填列)	−50 000	
固定资产报废损失(收益以"－"号填列)	19 700	
公允价值变动损失(收益以"－"号填列)	0	
财务费用(收益以"－"号填列)	11 500	
投资损失(收益以"－"号填列)	−31 500	
递延所得税资产减少(增加以"－"号填列)	−7 500	
递延所得税负债增加(减少以"－"号填列)	0	
存货的减少(增加以"－"号填列)	95 300	
经营性应收项目的减少(增加以"－"号填列)	−120 000	
经营性应付项目的增加(减少以"－"号填列)	32 131	
其他	0	
经营活动产生的现金流量净额	365 531	
2. 不涉及现金收支的重大投资和筹资活动:		
债务转为资本	0	
一年内到期的可转换公司债券	0	
融资租入固定资产	0	
3. 现金及现金等价物净变动情况:		
现金的期末余额	815 131	
减:现金的期初余额	1 406 300	
加:现金等价物的期末余额	0	
减:现金等价物的期初余额	0	
现金及现金等价物净增加额	−591 169	

企业法人:(签章)　　　　　财务总监:(签章)　　　　　制表:(签章)

在具体编制现金流量表时企业可以根据业务量的大小及复杂程度,采用工作底稿法、T型账户法,或直接根据有关科目的记录分析填列。

相关案例

从宏盛科技财务危机看现金流管理

近日,宏盛科技(600817)董事长兼总经理龙长生以涉嫌"合同诈骗"而被上海公安部门逮捕。有分析师认为,龙长生被拘实际上是公司陷入资金链危机的一个爆发。

宏盛科技牵涉进出口的主要业务为电子存储产品,其业务模式是,从美国一些大型卖场拿订单,然后由国内一些厂商进行生产。在交易过程中,由中国进出口信用保险公司对订单及应收账款进行保险。虽然龙长生提出用"虚拟工厂"的概念和出口战略来减少中间环节和生产成本、扩大市场规模,但是这种商业模式有两个致命的弱点,那就是应收账款和人民币升值的风险。随着公司的业务扩大,这两大弱点果然暴露无遗:宏盛科技2006年上半年的应收账款大增,应收账款周转率下降,账龄大大延长;人民币升值损失1 275万元。这种模式出现一个最直接的结果,公司的现金流量是负的,2007年上半年公司每股经营性现金流为－3.42元。这一系列数据表明宏盛科技的经营质量和抗风险能力大大下降,使公司走向了资金链危机。

要严格控制核心环节,那就是应付账款与应收账款两大科目。应付是现金的流出,因此要严把采购关,合理地调配回笼资源的进度与速度,让有限的资源发挥最大效益;应收是现金的流入,是重中之重的管理工作。它不是财务部门的事,而是涉及公司管理的全过程,应当制定公司的应收款管理规范,从高层到业务员要高度重视它。做到高层把关商业模式的规范、财务制定应收款制度和定期预警、业务部门或分公司严格执行应收款的催收,并且与个人的分配制度相挂钩。只有全员重视和行动,才能从根本上缓解应收账款账龄过长、数量大等核心问题,使企业经营更健康、更稳健。

(资料来源:http://www.zjsr.com　2008年4月11日)

第五节　所有者权益变动表

一、所有者权益变动表概述

(一)所有者权益变动表的定义

所有者权益变动表是指反映构成所有者权益各组成部分当期增减变动情况的报表。所有者权益变动表应当全面反映一定时期所有者权益变动的情况,不仅包括所有者权益总量的增减变动,还包括所有者权益增减变动的重要结构性信息,特别是要反映直接计入所有者权益的利得和损失,让报表使用者准确理解所有者权益增减变动的根源。

(二)所有者权益变动表在一定程度上体现了企业综合收益

综合收益,是指企业在某一期间与所有者之外的其他方面进行交易或发生其他事项所引起的净资产变动。综合收益的构成包括两部分：净利润和直接计入所有者权益的利得和损失。其中，前者是企业已实现并已确认的收益，后者是未实现但根据会计准则的规定已确认的收益。用公式表示如下：

综合收益＝净利润＋直接计入所有者权益的利得和损失

其中：净利润＝收入－费用＋直接计入当期损益的利得和损失

在所有者权益变动表中，净利润和直接计入所有者权益的利得和损失均单列项目反映，体现了企业综合收益的构成。

（三）所有者权益变动表的结构

为了清楚地表明构成所有者权益的各组成部分当期的增减变动情况，所有者权益变动表应当以矩阵的形式列示：一方面，列示导致所有者权益变动的交易或事项，改变了以往仅仅按照所有者权益的各组成部分反映所有者权益变动情况，而是从所有者权益变动的来源对一定时期所有者权益变动情况进行全面反映；另一方面，按照所有者权益各组成部分（包括实收资本、资本公积、盈余公积、未分配利润和库存股）及其总额列示交易或事项对所有者权益的影响。

此外，企业还需要提供比较所有者权益变动表，所有者权益变动表还就各项目再分为"本年金额"和"上年金额"两栏分别填列。所有者权益变动表的具体格式如表11-8所示。

二、所有者权益变动表的编制方法

（一）所有者权益变动表各项目的列报说明

1."上年年末余额"项目，反映企业上年资产负债表中实收资本（或股本）、资本公积、库存股、盈余公积、未分配利润的年末余额。

2."会计政策变更"、"前期差错更正"项目，分别反映企业采用追溯调整法处理的会计政策变更的累积影响金额和采用追溯重述法处理的会计差错更正的累积影响金额。

3."本年增减变动金额"项目

（1）"净利润"项目，反映企业当年实现的净利润（或净亏损）金额，对应列在"未分配利润"栏。

（2）"直接计入所有者权益的利得和损失"项目，反映企业当年直接计入所有者权益的利得和损失金额。其中：

①"可供出售金融资产公允价值变动净额"项目，反映企业持有的可供出售金融资产当年公允价值变动的金额，对应列在"资本公积"栏。

②"权益法下的被投资单位其他所有者权益变动的影响"项目，反映企业对按照权益法核算的长期股权投资，在被投资单位除当年实现的净损益以外其他所有者权益当年变动中应享有的份额，对应列在"资本公积"栏。

③"与计入所有者权益项目相关的所得税影响"项目，反映企业根据所得税会计准则规定应计入所有者权益项目的当年所得税影响金额，对应列在"资本公积"栏。

（3）"所有者投入资本"项目，反映企业接受投资者投入的资本和减少的资本。其中：

①"所有者投入资本"项目，反映企业接受投资者投入形成的实收资本（或股本）和资本

溢价或股本溢价,对应列在"实收资本"和"资本公积"栏。

②"股份支付计入所有者权益的金额"项目,反映企业处于等待期中的权益结算的股份支付当年计入资本公积的金额,对应列在"资本公积"栏。

(4)"利润分配"项目,反映企业当年的利润分配方案金额。其中:

①"提取盈余公积"项目,反映企业按照规定提取的盈余公积。

②"对所有者(或股东)的分配"项目,反映企业对所有者分配的利润(或股东)金额。

(5)"所有者权益内部结转"项目,反映企业构成所有者权益的组成部分之间的增减变动金额。其中:

①"资本公积转增资本(或股本)"项目,反映企业以资本公积转增资本或股本的金额。

②"盈余公积转增资本(或股本)"项目,反映企业以盈余公积转增资本或股本的金额。

③"盈余公积弥补亏损"项目,反映企业以盈余公积弥补亏损的金额。

(二)上年金额栏的填列方法

所有者权益变动表"上年金额"栏内各项数字,应根据上年度所有者权益变动表"本年金额"栏内所列数字填列。如果上年度所有者权益变动表规定的各个项目的名称和内容同本年度不相一致,应对上年度所有者权益变动表各项目的名称和数字按本年度的规定进行调整,填入所有者权益变动表"上年金额"栏内。

(三)本年金额栏的填列方法

所有者权益变动表"本年金额"栏内各项数字一般应根据"实收资本(或股本)"、"资本公积"、"盈余公积"、"利润分配"、"库存股"、"以前年度损益调整"科目的发生额分析填列。

企业的净利润及其利润分配情况作为所有者权益变动的组成部分,不需要单独设置利润分配表列示。

三、所有者权益变动表编制实例

【例 11-12】　沿用【例 11-1】和【例 11-2】的资料,甬江股份有限公司其他相关资料为:提取盈余公积 24 770.4 元,向投资者分配现金股利 32 215.85 元。根据上述资料,甬江股份有限公司编制 2009 年度的所有者权益变动表。如表 11-8 所示。

第六节　附　注

一、附注概述

(一)附注的概念

附注是财务报表不可或缺的组成部分,是对在资产负债表、利润表、现金流量表和所有者权益变动表等报表中列示项目的文字描述或明细资料,以及对未能在这些报表中列示项目的说明等。

表 11-8　　　　　　　　　　　　所有者权益变动表

会企 04 表

编制单位:甫江股份有限公司　　　2009 年度　　　　　　　　　　单位:元

项　目	本年金额						上年金额					
	实收资本(或股本)	资本公积	减:库存股	盈余公积	未分配利润	所有者权益合计	实收资本(或股本)	资本公积	减:库存股	盈余公积	未分配利润	所有者权益合计
一、上年年末余额	5 000 000	0	0	100 000	50 000	5 150 000						
加:会计政策变更												
前期差错更正												
二、本年年初余额	5 000 000	0	0	100 000	50 000	5 150 000						
三、本年增减变动金额(减少以"—"号填列)												
(一)净利润					225 000	225 000						
其他综合收益												
上述(一)和(二)小计												
(三)所有者投入和减少资本												
1. 所有者投入资本												
2. 股份支付计入所有者权益的金额												
3. 其他												
(四)利润分配												
1. 提取盈余公积				24 770.4	−24 770.4	0						
2. 对所有者(或股东)的分配					−32 215.85	-32 215.85						
3. 其他												
(五)所有者权益内部结转												
1. 资本公积转增资本(或股本)												
2. 盈余公积转增资本(或股本)												
3. 盈余公积弥补亏损												
4. 其他												
四、本年年末余额	5 000 000	0	0	124 770.4	218 013.75	5 342 784.15						

企业法人:　(签章)　　　　财务总监:　(签章)　　　　制表:　(签章)

　　财务报表中的数字是经过分类与汇总后的结果,是对企业发生的经济业务的高度简化和浓缩的数字,如果没有形成这些数字所使用的会计政策、理解这些数字所必需的披露,财务报表就不可能充分发挥效用。因此,附注与资产负债表、利润表、现金流量表、所有者权益变动表等报表具有同等的重要性,是财务报表的重要组成部分。报表使用者了解企业的财务状况、经营成果和现金流量,应当全面阅读附注。

　　(二)附注披露的基本要求

　　1. 附注披露的信息应是定量、定性信息的结合,从而能从量和质两个角度对企业经济事项完整的进行反映,也才能满足信息使用者的决策需求。

2. 附注应当按照一定的结构进行系统合理的排列和分类,有顺序地披露信息。由于附注的内容繁多,因此更应按逻辑顺序排列,分类披露,条理清晰,具有一定的组织结构,以便于使用者理解和掌握,也更好地实现财务报表的可比性。

3. 附注相关信息应当与资产负债表、利润表、现金流量表和所有者权益变动表等报表中列示的项目相互参照,以有助于使用者联系相关联的信息,并由此从整体上更好地理解财务报表。

二、附注披露的内容

附注应当按照如下顺序披露有关内容:

(一)企业的基本情况

1. 企业注册地、组织形式和总部地址。

2. 企业的业务性质和主要经营活动,如企业所处的行业、所提供的主要产品或服务、客户的性质、销售策略、监管环境的性质等。

3. 母公司以及集团最终母公司的名称。

4. 财务报告的批准报出者和财务报告批准报出日。

(二)财务报表的编制基础

说明财务报表编制基础是以持续经营和权责发生制为编制基础,还是采用其他编制基础。

(三)遵循企业会计准则的声明

企业应当声明编制的财务报表符合企业会计准则的要求,真实、完整地反映了企业的财务状况、经营成果和现金流量等有关信息。以此明确企业编制财务报表所依据的制度基础。如果企业编制的财务报表只是部分地遵循了企业会计准则,附注中不得做出这种表述。

(四)重要会计政策和会计估计的说明

根据财务报表列报准则的规定,企业应当披露采用的重要会计政策和会计估计,不重要的会计政策和会计估计可以不披露。

(五)会计政策和会计估计变更以及前期差错更正的说明

(六)报表重要项目的说明

企业应当以文字和数字描述相结合、尽可能以列表形式披露报表重要项目的构成或当期增减变动情况,并且报表重要项目的明细金额合计,应当与报表项目金额相衔接。在披露顺序上,一般应当按照资产负债表、利润表、现金流量表、所有者权益变动表的顺序及其项目列示的顺序。

(七)其他需要说明的重要事项

主要包括或有和承诺事项、资产负债表日后非调整事项、关联方关系及其交易等。

要点回顾

• 学习目标总结

学习目标 1　财务报告的基本列报要求。企业应当以持续经营为基础,考虑报表项目的重要性和不同会计期间的一致性编制财务报表。资产和负债项目、收入和费用项目,除满足抵消条件外,不得相互抵消。财务报表至少应当提供上一可比会计期间的比较数据。

学习目标 2　资产负债表的基本结构和编制方法:在我国,资产负债表采用账户式结构,报表分为左右两方。资产负债表应当按照资产、负债和所有者权益三大类别分类列报。其中,资产应当按流动资产和非流动资产项目列示,负债按流动负债和非流动负债项目列示,所有者权益按实收资本(或股本)、资本公积、盈余公积和未分配利润等项目列示。资产负债表"年初余额"栏内各项数字,应根据上年末资产负债表的"期末余额"栏内所列数字填列;"期末余额"栏内各项数字,一般应根据本年资产、负债和所有者权益类账户(总账与明细账)的期末余额填列。

学习目标 3　利润表的基本结构和编制方法:在我国,利润表采用多步式结构,按利润形成的主要环节列示一些中间性利润指标,分步计算当期损益。企业应当在利润表中分别列示营业收入、营业利润、利润总额、净利润、每股收益等内容。利润表中的"上期金额"栏应根据上年该期利润表"本期金额"栏内所列数字填列;"本期金额"栏内各项数字一般应根据损益类账户的发生额分析填列。

学习目标 4　现金流量表的基本结构和编制方法:现金流量表由正表和补充资料两部分组成。其中,正表采用直接法编制,按照现金流量的性质分为经营活动、投资活动、筹资活动。各类活动又分别按所产生的现金流入项目和现金流出项目列示,来展示各类现金流入和流出的原因。补充资料采用间接法列示经营活动产生的现金流量,包括三部分,一是将净利润调节为经营活动现金流量,二是不涉及现金收支的重大投资和筹资活动,三是现金及现金等价物净变动等信息。现金流量表的编制方法主要有工作底稿法、T型账户法和分析填列法。

学习目标 5　所有者权益变动表的基本结构和编制方法:所有者权益变动表应当以矩阵的形式列示,即分别列示当期损益、直接计入所有者权益的利得和损失,以及与所有者的资本交易导致的所有者权益变动等内容。所有者权益变动表"上年金额"栏内各项数字,应根据上年度所有者权益变动表"本年金额"栏内所列数字填列;"本年金额"栏内各项数字一般应根据"实收资本(或股本)"、"资本公积"、"盈余公积"、"利润分配"、"库存股"、"以前年度损益调整"科目的发生额分析填列。

• 关键术语

财务会计报告;资产负债表;利润表;现金流量表;现金等价物;经营活动;投资活动;筹资活动;直接法;间接法;所有者权益变动表

• 重点与难点

重点:资产负债表、利润表、现金流量表和所有者权益变动表的编制原理和方法。

难点:经营活动产生的现金流量净额的计算,现金流量表间接法的应用。

小组讨论

• 思考题

1. 财务报表提供的信息应达到的基本质量要求指的是什么?

2. 编制资产负债表时,资产、负债项目的流动性应当如何区分,如何理解营业周期?

3. 为什么上市公司在财务报告中要披露非经常性损益? 请把你知道的属于非经常性损益的项目列举出来。

4. 现金流量表的目的是什么? 它能提供哪些信息? 简述经营活动、投资活动与筹资活动的区别。比较直接法与间接法的区别。

5. 现金流量表的编制为什么说是将权责发生制下的盈利信息调整为收付实现制下的现金流量信息,你是如何理解的? 并举例说明。

6. 对大多数成功企业来说,最重要的现金来源是什么? 在收益很高的年度,现金怎么会减少? 在收益很低的年度,现金怎么会增加? 投资者和债权人如何得知企业的这类情况?

7. 你认为财务报告附注起到什么效果? 包括哪些内容?

8. 请结合具体的交易或事项,谈谈公允价值对会计报表所产生的影响?

• 案例分析

1. 你还记得第一章布置的小组讨论任务吗? 提交你们小组一直以来跟踪调查企业的一套完整财务报告。

请以小组为单位讨论以下问题:

(1)分析资产负债表、利润表、现金流量表和所有者权益变动表四张报表之间存在怎样的钩稽关系,这些钩稽关系对系统反映企业整体财务运营情况的作用如何?

(2)请对该公司的财务状况进行评价。

(3)请对该公司的盈利情况进行评价。

(4)请对该公司的现金流作出评价。

(5)请对该公司综合财务情况作出判断。

2. 资料:公司盈利状况不仅取决于其主营业务的发展,在账面上还受非经常性损益的影响,截至昨日,已披露年报的 270 家公司 2008 年非经常性损益金额合计 74.43 亿元,占净利润的比例达 12.30%。

据统计,公布年报公司中,200 家公司 2008 年非经常性损益增加了该公司当年的净利润,其中,*ST 美雅、西北轴承(000595)等 22 家公司依靠非经常性损益使得 2008 年度实现盈利;169 家公司在非经常性损益的贡献下,盈利水平大幅提升。另外,煤气化(000968)、恒瑞医药(600276)等 70 家公司非经常性损益降低该公司当期的盈利水平。

从非经常性损益的绝对金额看,非经常性收益超过亿元的有 24 家,其中 *ST 梅雁、陆家嘴(600663)分别以 7.9 亿元、7.6 亿元的金额成为目前非经常性收益最多的两家公司。非经常性损失金额超过千万元的则有 24 家,其中,ST 金化、煤气化、广宇发展(000537)、恒瑞医药、美的电器(000527)5家公司非经常性损失金额均在亿元以上。从非经常性损益金额对净利润的贡献度来看,2008年非经常性损益金额占净利润比例在50%以上的有48家,其中,ST金果、华孚色纺等22家公司非经常性损益金额超过当年的净利润。

结合以上资料,请以小组为单位讨论以下问题:

(1)非经常性损益的涵义。

(2)请查出上述案例中所涉及的上市公司,其中以1～2家公司为例,说明非经常性损益都包括哪些项目?

(3)在财务报告中,为什么要披露非经常性损益,如何披露?

3.请对本章开篇的引入案例——"从黎明股份事件看CPA审计"进行分析。

以小组为单位讨论以下问题:

(1)黎明股份通过什么方式虚构财务数据?为什么?黎明股份后来的发展情况怎样?

(2)从案例可以看出,上市公司和会计师事务所给会计信息使用者造成了极大的伤害,也同样导致上市公司和会计师事务所面临均诚信危机,就你目前所掌握的知识而言,你认为解决诚信危机应从哪些方面入手?

4.小组每人选择一家不同公司的年报,公司应处于不同的行业。评估在最近2年内公司的现金流趋势。在你对公司的现金流评估中,你可能会借助于其他财务报表以及杂志或报纸的报道。

请以小组为单位讨论以下问题:

(1)将你们小组所查阅公司的现金流情况从最好到最差进行排序,并将你们的发现写成两页纸的报告。

(2)识别你所选择的公司是使用直接法还是间接法编制现金流量表?为什么一个公司要用两种方法来编制现金流量表?

项目训练

训练目的:通过本综合项目训练,使学生对《中级财务会计》课程有一个比较系统、完整的认识,据以达到熟练地处理制造业的主要会计业务,熟悉其账务处理程序,掌握编制记账凭证和登记会计账簿、查账、对账、结账和编制会计报表的技能。

训练形式:以学生自主完成为主,教师适当指导。

训练课时:16学时(课内4课时,课外12课时)。

训练成绩:占课程总成绩的10%～15%(任课教师根据具体情况进行适当调整)。

训练资料及要求:

一、训练资料

东升股份有限公司为增值税一般纳税人,增值税税率为17%,所得税税率为25%。公司主要从事零部件的生产与加工,原材料和周转材料日常核算均采用计划成本计价,材料入库与发出以及入库材料成本差异的结转均采用逐笔结转,期末计算材料成本差异率(原材料与周转材料合并计算,保留两位小数);投资性房地产采用成本模式计量,固定资产折旧与无形资产摊销均采用直线法,销售商品的成本期末结转。

该公司2009年1月1日科目余额见下表:

科目名称	借方余额	科目名称	贷方余额
库存现金	800	短期借款	120 000
银行存款	561 720	应付票据	80 000
交易性金融资产	6 000	应付账款	381 520
应收票据	98 400	其他应付款	20 000
应收账款	120 000	应付职工薪酬	44 000
坏账准备	−360	应交税费(本项目余额不含增值税)	14 640
预付账款	80 000※	应付利息	400
其他应收款	2 000	长期借款	640 000
材料采购	90 000	其中:一年内到期的长期负债	400 000
原材料	220 000	股本	2 000 000
周转材料	35 220	盈余公积	40 000
库存商品	672 000	未分配利润	20 000
材料成本差异	14 780		
长期股权投资	100 000		
固定资产	600 000		
累计折旧	−160 000		
在建工程	600 000		
无形资产	240 000		
长期待摊费用	80 000		
合计	3 360 560	合计	3 360 560

※含年初未摊销的印花税和车间固定资产修理费。

东升股份有限公司 2009 年发生如下经济业务:

(1)购入原材料一批,用银行存款支付款项共计 70 200 元,其中进项税额 10 200 元,款项已通过银行支付,材料未到。

(2)收到银行通知,用银行存款支付到期商业承兑汇票 40 000 元。

(3)购入原材料一批,用银行存款支付材料货款 39 920 元,支付增值税 6 786.40 元,原材料验收入库的计划成本为 40 000 元。

(4)收到原材料一批,实际成本 40 000 元,计划成本 38 000 元,材料已验收入库,货款已于上年支付。

(5)对外销售商品一批,应收取的款项 140 400 元,其中含增值税 20 400 元。该商品实际成本 72 000 元,商品已发出,但款项尚未收到。公司销售政策是 3/10、1/20、N/30。

(6)公司将账面成本为 6 000 元的交易性金融资产全部出售,收到款项 6 600 元存入银行。

(7)公司购入不需要安装的设备一台,通过银行存款支付款项 40 400 元,其中增值税 5 812元。设备已投入使用。

(8)用银行存款支付购入的工程物资款 51 283 元,支付的增值税税款 8 717 元。物资已验收入库。该工程物资将用于房屋建造。

(9)分配应付工程人员工资 80 000 元及福利费 11 200 元。

（10）接到银行收款通知，收到上述赊销的商品款（在发票开出的 10 日内收到）。

（11）工程交付使用，固定资产价值为 560 000 元。

（12）计算未完工程应负担的长期借款利息 60 000 元。利息尚未付现（长期借款的利息到期一次支付）。

（13）基本生产车间报废一台设备，原价 80 000 元，已计提累计折旧 72 000 元，清理费用 200 元，残值收入 320 元，均通过银行存款收支。清理工作已经完毕。

（14）为购建固定资产从银行借入 3 年期借款 160 000 元，借款已存入银行。

（15）销售商品一批，价款 480 000 元，应交增值税 81 600 元。该商品的实际成本为 288 000 元，款项已存入银行。

（16）公司将一张到期的无息银行承兑汇票（不含增值税）80 000 元到银行办理转账并存入银行。

（17）公司长期股权投资采用成本法核算。收到现金股利 12 000 元存入银行并确认为投资收益。

（18）出售一台设备，收到价款 120 000 元，设备原价 160 000 元，已折旧 60 000 元。

（19）用银行存款支付产品广告等费用共 8 000 元。

（20）根据公司业务发展需要，将位于市中心的一幢营业用房转为出租，该营业用房原值 80 000 元，已提折旧 42 000 元；同时收取本年租金 20 000 元和押金 50 000 元，一并存入银行。

（21）从银行提现金 200 000 元。

（22）用现金 200 000 元支付经营人员工资 120 000 元，支付工程人员工资 80 000 元。

（23）分配经营人员工资 120 000 元，其中生产工人工资 110 000 元，车间管理人员工资 4 000 元，行政管理人员工资 6 000 元。（注：工程人员工资分配已通过第 9 笔业务处理完毕）

（24）提取经营人员福利费 16 800 元，其中生产工人 15 400 元，车间管理人员 560 元，行政管理人员 840 元。（注：工程人员福利费分配已通过第 9 笔业务处理完毕）

（25）分别按工资总额的 10%、12%、2%、10.5%、2%、1.5% 计提医疗保险费、养老保险费、失业保险费、住房公积金以及工会经费和职工教育经费。

（26）通知银行将企业负担的上述社会保险款及住房公积金转存到职工个人账户。

（27）计提短期借款利息 4 600 元。

（28）计提长期借款利息（计入损益）4 000 元。

（29）生产车间生产产品领用原材料计划成本 280 000 元。

（30）生产车间领用周转材料计划成本 20 000 元，采用一次摊销法。

（31）结转上述领用原材料和领用周转材料的材料成本差异。

（32）摊销无形资产 24 000 元；摊销印花税 4 000 元；摊销车间固定资产修理费 36 000元。

（33）车间固定资产计提折旧 30 000 元；管理部门计提折旧 8 000 元；投资性房地产计提折旧 2 000 元。

（34）用银行存款 105 000 元归还短期借款的本金和利息，其中本金 100 000 元。

（35）将制造费用转入生产成本。

（36）本期生产的产品全部完工，结转完工产品成本。

（37）公司对外销售商品一批，货款 100 000 元，增值税 17 000 元，收到无息商业承兑汇票一张面值 117 000 元；该批产品实际成本 60 000 元；该公司于收到票据的当天就到银行办理贴现，银行扣除贴现息 8 000 元。

(38)结转本期商品销售成本。

(39)计算本期应交城市维护建设税与教育费附加 2 800 元。

(40)用银行存款上交城市维护建设税与教育费附加 2 800 元。

(41)用银行存款上交增值税 40 000 元。

(42)按应收款项余额的 1% 计提坏账准备。

(43)经过测算，期末存货的可变现净值为 930 000 元。

(44)将各损益类账户发生额转入"本年利润"账户。

(45)计算结转本年应交所得税并转入本年利润。

(46)结转本年净利润。

(47)分别按净利润的 10% 和 5% 提取法定盈余公积、任意盈余公积。

(48)按本年可供向股东分配股利的 60% 宣告分派普通股现金股利。

(49)将利润分配各明细科目的余额转入"未分配利润"明细科目。

(50)用银行存款上交本年应交所得税。

(51)用银行存款归还长期借款 400 000 元。

二、训练要求：

1. 根据实训资料编制记账凭证或编制会计分录。

2. 根据记账凭证登记日记账和总账或根据会计分录登记"T"字形账户并结账，编制试算平衡表。

3. 编制东升股份有限公司 2009 年的资产负债表、利润表、现金流量表、所有者权益变动表及附注。

注：(1)任课教师可根据课程的教学进度适时安排训练内容，不必集中到期末统一进行，当然也可以根据教学要求安排到课程结束后集中进行。

(2)任课教师根据训练要求可以采取编制记账凭证，登记日记账、总账的实物训练形式（明细账的登记可省略），也可以采用编制会计分录，登记"T"字形账户的形式进行。

(3)若采用实物形式训练，则记账凭证、日记账、总账、科目汇总表、资产负债表、利润表、现金流量表、所有者权益变动表需要任课教师统一提供。

阅读平台

● 阅读书目

(1)《企业会计准则第 30 号——财务报表列报》、《企业会计准则第 31 号——现金流量表》、《企业会计准则第 32 号——中期财务报告》《企业会计准则第 35 号——分部报告》。

(2)《改进企业财务报告问题研究》，葛家澍、陈少华，中国财政经济出版社，2002 年版。

(3)《中外会计与财务案例研究》，孙铮、戴欣苗、李莉、包洪信，上海财经大学出版社，2003 年版。

• **阅读资料**

我国上市公司财务报告舞弊分析

一、上市公司财务报告舞弊的特征和影响

（一）上市公司财务报告舞弊的特征

上市公司财务报告舞弊的特征主要有：（1）舞弊的主体是上市公司管理层。尽管上市公司财务报告舞弊可能出现在各个层面，但舞弊的主体是上市公司的管理层，舞弊通常经过精心设计，并且事后极力隐瞒注册会计师，难以有效识别。（2）舞弊的客体是会计数据。舞弊的方式主要有伪造变造上市公司的会计凭证、应用不恰当的会计方法和恶意变更会计政策等，但最终还是要在对外财务报告的会计数据上做文章。（3）舞弊不能改变企业的真实盈利状况。财务报告舞弊是虚构或者篡改真实财务数据，不会也不能改变企业的真实盈利状况，相反，舞弊带来的虚假信息反而会干扰破坏正常的经营决策，恶化企业的盈利情况。（4）疏忽行为同属舞弊行为。勤勉尽责是代理人法律上应该承担的信托责任，因此，导致重大误导性财务报告的管理当局的疏忽行为同样应视为舞弊，在法律上属于虚假陈述的范畴。需要承担相应的法律责任。

（二）上市公司财务报告舞弊的影响

财务报告舞弊不仅会导致整个社会的会计信息失真，危害社会经济的健康发展，而且对相关的机构和人员也会造成严重的经济后果。（1）削弱市场的资源配置功能。市场资源配置功能的发挥是以真实与公允的信息为前提的，造假的会计报表必然会误导市场，导致资源的逆向配置。（2）误导投资者。投资者根据失实的财务信息往往会做出错误的判断和决策，从而遭受投资损失。（3）相关机构受害。上市公司造假曝光后常常要面临重大罚款，甚至破产，无法正常生产经营，因此，同上市公司有业务往来的机构必然深受以其害。（4）相关中介机构受损失。相关中介机构如对上市公司财务报告出具审计意见的会计师事务所等，往往会成为民事诉讼案件中的被告，承担连带赔偿责任。（5）相关人员受重大打击。上市公司造假曝光后，对于公司高管人员来说，不仅会被监管机构裁定为证券市场禁入者，而且要承担相应的民事和刑事责任；对公司普通员工来说，凡参加养老基金、员工福利计划的员工或者其他持有本公司股份的员工在经济上将受重大打击。而且，诚实的雇员和诚实的高级管理人员也会受牵连而影响其职业生涯。（6）造成诚信缺失及投资者对上市公司的不信任。上市公司在大家的监督之下都造假，更不要说那些非上市公司了，投资者逐渐对上市公司提供的会计信息失去信任，对上市公司失去信心，长此以往，证券市场、资本市场将日渐萧条，真正想做企业的公司将难以融资，对社会造成的危害将是巨大的。

二、上市公司财务报告舞弊的主要手段

（一）虚增收入，虚增利润

第一，上市公司通过伪造顾客订单、发运凭证和销售合同，开具税务部门认可的销售发票等手段来虚拟销售对象及交易；或虽以真实客户为基础，但在原销售业务的基础上人为扩大销售数量，使公司在该客户下确认的收入远远大于实际销售收入；或在报告目前（如年末）做假销售，同时增加应收账款和营业收入，再在报告日后（如次年）以质量不符合要求等名义作退货处理，从而虚增当期利润。第二，寅吃卯粮，提前确认收入。上市公司出于自身目的需要,不遵守会计准则和会计制度的规定,提前或推迟确认收入或成本费用。

（二）变更会计政策,调节利润

有些上市公司随意变更固定资产的使用年限、预计净残值和折旧方法,从而在报告年度多提折旧减少利润或少提折旧增加利润。还有些上市公司通过改变发出货的计价方法来调节利润。

（三）掩盖交易或事实

由于财务报表只能提供货币化的定量财务信息,决策者如果想做出正确的判断和决策,仅仅依靠财务报表信息是不够的,往往需要比报表资料更详细、更具体的信息,这些一般在会计报表的附注中体现。但目前公司出于粉饰报表的目的,在报表附注中通常掩饰交易或事实,常见作假手段主要包括对未决诉讼、未决仲裁、担保事项、重大投资行为和重大购置资产行为等的隐瞒或不及时披露。

（四）利用资产重组"扭亏为盈"

资产重组是企业为了优化资本结构、调整产业结构、完成战略转移等目的而实施的资产置换和股权置换。然而,资产重组已被一些上市公司用于粉饰会计报表。那些陷入 PT、ST 的上市公司企图通过重组走出亏损状态,精心策划资产重组,精心设计缺乏正当商业理由的资产置换,利用劣质或闲置资产换回优质或盈利强的资产来增加利润。资产重组已成为许多上市公司扭亏为盈的工具和免遭摘牌的保护伞。

（五）假借关联交易转移利润

我国不少上市公司和关联人扭曲交易条件转移利润,从而滋生非法或不当关联交易来调整其账面利润,粉饰报表。其中,关联方重组更是亏损公司"扭亏"的捷径,其手段多种多样：通过交易安排,设计有法律依据、无经济实质的关联交易,虚构经营业务;上市公司以高价或显失公允的交易价格与其关联企业进行购销活动,通过价格差实现利润转移;收取关联企业资金占用费,或利用低息或高息发生资金往来,调节财务费用;分摊共同费用或将管理费用、广告费用等转嫁给母公司;关联交易外部化——控股方通过自己控制的上市公司从银行贷款,再让控制的上市公司互相担保贷款,进行关联交易,编造业绩。

（六）少计营业收入,偷逃税款

一些利润充盈的绩优公司为达到少交增值税和所得税的目的,少计收入,藏匿收益。有些在应确认收入的情况下不确认收入,如采用直接收款交货方式销售产品,已收到货款并将发票账单和提货单全部交给对方,已符合收入确认条件,却将货款记入"预收账款"账户,延期反映收入;有些以收入直接冲减成本,即以"应收账款"或"银行存款"账户与"库存商品"账户对应,不反映销售业务;有些虚构销售退回,以偷梁换柱的假退货方式截留收入少交税金;有些对视同销售业务不反映增值税销项税额。

三、上市公司财务报告舞弊的原因

（一）利益驱使是根本原因

财务报告舞弊的背后有着巨大的经济利益作动力,上市公司通过提供虚假财务信息可骗取投资者、债权人、供应商、银行和政府等利益相关者的信任,并因此获得巨大的经济利益。如上市公司为满足配股增发条件的需要、避免被 ST 或退市的需要、银行贷款的需要、管理目标的需要等。大股东在其利益与国家、其他小股东、债权人发生矛盾的情况下,也会对管理者施加影响,粉饰财务报告。单位负责人有能力也有条件影响会计人员,为局部利益做假账,出假报表。同时,我国目前处于买方市场困境下的注册会计师及会计师事务所,为了一定的经济利益,不得不与上市公司管理层"合作",出具虚假报告,甚至主动配合上市公司造假。

(二)舞弊收益大于舞弊成本

我国上市公司财务报告舞弊的目的主要是虚增利润,而虚增利润后的报表一旦对外公布,往往带来的就是流通股股价的上升,因此,流通市值的增加是舞弊回报的重要方面。当然,舞弊也有一定的成本。但是目前在我国,舞弊收益往往大于舞弊成本,这是很多上市公司铤而走险的一个重要原因。

(三)会计准则、会计制度的漏洞与执行的伸缩性,为财务报告舞弊提供了条件

一方面会计准则为虚假会计信息提供了操作空间,另一方面会计政策提供了越来越宽的选择范围,会计信息提供者总是在规定的范围内选择有利于自身绩效或其他目的的会计政策。再一方面,会计准则的滞后性为会计造假提供了契机。

(四)公司治理结构不完善

我国上市公司多数股权高度集中,股东大会成为"大股东会",形成"一股独大",客观上造成了财务造假的土壤。同时,董事会成员构成也不尽合理,"内部人控制"问题严重,董事会成员和经理人员往往互相兼任,董事会不但不能监督约束经理层的行为,反而还常常与经理层共同操纵上市公司,并在种种利益的驱动下,肆无忌惮地造假。另外,由于监事会成员的身份和行政关系不能保持独立,其工薪、职位等基本都由经营者决定,难以担当起监督董事会和经营者的职责。

(五)注册会计师审计作为上市公司外部治理的重要环节,未能发挥应有的揭露舞弊作用

上市公司报表使用者众,使用目的各不相同,注册会计师的责任已由对资本所有者负责扩大为对整个社会的责任。社会公众一方面要求注册会计师以社会公众利益为重,揭露管理当局的舞弊,承担起对社会的责任;另一方面却要求注册会计师自负盈亏,承担揭露舞弊的成本。当管理当局实际操控委托大权,即委托人与被审计人合二为一时,作为经济人的会计师事务所很难保持应有的独立性,从而无法保证审计质量,难以发挥应有的揭露舞弊作用。

四、上市公司财务报告舞弊的治理建议

(一)内外结合杜绝舞弊

要想从根本上杜绝因利益驱使导致的财务报告舞弊,必须多管齐下,内外结合。(1)建立相应的职业道德管理监控机制,对会计人员违规、违法行为严惩不贷,严格把好第一道关。(2)提高相关检查、审计、监管机构人员的业务水平和职业道德素养。(3)保证信息及时、准确的沟通,减少信息不对称。(4)完善上市公司股票发行规则。中国上市公司的财务报告舞弊动机往往围绕股票发行上市、新发和增发股票进行,因而证监会在制定各种相关规则时,应采用更科学的方法,对公司多项会计指标同时考核,遏制上市公司的舞弊行为。

(二)提高上市公司财务报告舞弊成本,加大法律的惩处力度

一是引入民事赔偿机制和相应的民事诉讼机制。民事赔偿既可以使因舞弊而蒙受损失的投资者得到补偿,又能给舞弊者形成确实的经济压力,抑制其违法冲动,从另一角度看,民事赔偿还具有调动有关利害关系人起诉的积极性,提高对财务报告舞弊者的威慑力。二是

加大舞弊行为的刑事责任。虽然加大对舞弊公司和会计师事务所的行政和民事处罚力度有利于对财务报告舞弊形成威慑,但尚不能从根本上阻止财务报告舞弊,因此,加强对相关责任人的刑事惩罚应当成为重要选择。

(三)完善会计准则和会计制度

会计准则和会计制度是各方博弈的结果,留有较多的选择空间,为财务报告舞弊埋下了伏笔,所以加强对会计准则和会计制度自身建设、建立高质量的会计准则和制度就成了当务之急。防范财务报告舞弊,从会计准则和会计制度方面来说应该是提高会计信息的可靠性,并进一步完善会计准则和会计制度的制定,使之更加严谨。

(四)完善公司治理结构

第一,强化公司治理的内部机制,优化公司股权结构和董事会结构,提高董事会的独立性。第二,加强公司治理文化的建设。上市公司内部,尤其是上市公司的高级管理人员内部,应该有一个良好的文化氛围。公司健康长足的发展需要公司具有长期竞争意识,上市公司要培养核心竞争力,建立自己的竞争优势。第三,加强公司治理的外部机制建设。加快资本市场的法制化建设,提高证券监管效率,加大对舞弊公司的处罚力度,增加舞弊公司的舞弊成本,也能在一定程度上遏制舞弊行为的发生。

(五)加强注册会计师行业监管,确保注册会计师审计独立性

第一,财政部门应与注册会计师协会明确划分职责,切实肩负起监管职责。建立起以财政为主,证监会、审计署为辅的监管体系,对监管职责进行细分,将财政部门作为监管平台。设置专门的机构管理注册会计师和会计师事务所,改变目前财政部门监管职能分散在各职能机构的局面,真正发挥对会计师事务所的监管职能,既要管人、管所,更要管质量。加大检查范围和处罚力度,对执业质量有问题的会计师事务所和注册会计师应从严处理。实行注册会计师强制轮换制度,防止注册会计师与被审计单位日久生情。第二,发挥行业自律作用,引导注册会计师诚信执业。在政府监管之外,注册会计师更需要行业自律,进行自我监督。应改善注册会计师协会人员结构,建立以注册会计师为主的协会,真正实现行业自律;加强对会员的管理和培训,提高其执业能力和职业道德水平;树立"诚信为本,操守为重,坚持原则,不做假账"的行业理念,塑造"独立、客观、公正"的职业形象。

(资料来源:《财会通讯》,2009年第3期 作者:康金华)

第十二章

会计调整

学习目标

通过本章学习,你应能够:

1. 掌握会计政策变更的基本类型及账务处理;

2. 掌握会计估计变更的判断及账务处理;

3. 掌握前期差错的判断及账务处理;

4. 掌握调整事项与非调整事项的判断标准及相关账务处理。

引入案例

天津国恒铁路控股股份有限公司关于会计政策、会计估计变更公告

一、会计政策变更

公司 2006 年度执行原企业会计准则和《企业会计制度》及其补充规定,自 2007 年 1 月 1 日起执行财政部于 2006 年 2 月 15 日颁布的企业会计准则。根据 2006 年 2 月财政部颁布的《企业会计准则》及中国证券监督管理委员会发布的《公开发行证券的公司信息披露规范问答第 7 号》的有关规定,公司按照《企业会计准则第 38 号—首次执行企业会计准则》要求,比照《企业会计准则第 38 号——首次执行企业会计准则》第五条至第十九条规定,对公司首次执行日会计报表进行了追溯调整,累计调增公司所有者权益合计 31 231 358.44 元,其中:调增盈余公积 251 034.61 元、调增未分配利润 30 381 328.77 元、调增少数股东权益 598 995.06 元。主要追溯调整项目如下:

(一)根据 2007 年 11 月 16 日《企业会计准则解释第 1 号》(财会[2007]14 号)的规定对在首次执行日以前已经持有的对子公司长期股权投资进行追溯调整,视同该子公司自取得时即采用成本法核算,对其原账面核算的成本、原摊销的股权投资差额、按照权益法确认的损益调整及股权投资准备等均进行追溯调整,冲销原累计摊销的股权投资差额调整所有者权益 28 691 479.77 元。

(二)公司按照企业会计准则规定,对首次执行日资产、负债的账面价值与计税基础不同形成的暂时性差异的所得税影响进行了追溯调整,调增递延所得税资产 1 689 849.00 元,相应调增盈余公积 251 034.61 元。

(三)上述两项因素,累计调增少数股东权益 598 995.06 元。

二、会计估计变更

根据公司 2007 年 8 月 17 日第六届董事会第十七次会议决议,自 2007 年 1 月 1 日起本公司坏账准备核算方法由原按应收款项期末余额的 6‰ 改为按应收款项期末账龄余额的百分比分析计提坏账准备,该会计估计变更适用未来适用法,由此使公司本期多计提坏账准备 4 413 984.21 元,减少当期合并利润 4 413 984.21 元。

(资料来源:上海证券报 2008 年 04 月 28 日)

会计调整,是指企业因按照国家法律、行政法规和会计准则的要求,或者因特定情况下按照会计准则规定对企业原采用的会计政策、会计估计,以及发现的会计差错、发生的资产负债表日后事项等所作的调整。

第一节 会计政策及其变更

一、会计政策概述

(一)会计政策的概念

会计政策,是指企业在会计确认、计量和报告中所采用的原则、基础和会计处理方法。会计政策包括的会计原则、基础和处理方法,是指导企业进行会计确认和计量的具体要求。

其中,原则是指按照企业会计准则规定的、适合于企业会计核算所采用的具体会计原则。例如,《企业会计准则第 14 号——收入》规定的以交易已经完成、经济利益能够流入企业、收入和成本能够可靠计量作为收入确认的标准,就属于收入确认的具体会计原则;基础是指为了将会计原则应用于交易或者事项而采用的基础,主要是计量基础(即计量属性),包括历史成本、重置成本、可变现净值、现值和公允价值等;会计处理方法是指企业在会计核算中按照法律、行政法规或者国家统一的会计制度等规定采用或者选择的、适合于本企业的具体会计处理方法。例如,企业按照《企业会计准则第 15 号——建造合同》规定采用的完工百分比法等。

(二)会计政策的特点

在我国,会计准则属于法规,会计政策所包括的具体会计原则、基础和具体会计处理方法由会计准则规定。企业基本上是在法规所允许的范围内选择适合本企业实际情况的会计政策。所以,会计政策具有强制性和多层次的特点。

(1)会计政策的强制性。由于企业经济业务的复杂性和多样化,某些经济业务在符合会计原则和基础的要求下,可以有多种会计处理方法。例如,存货的计价,可以有先进先出法、加权平均法、个别计价法等。但是,企业在发生某项经济业务时,必须从允许的会计原则、基础和会计处理方法中选择出适合本企业特点的会计政策。

(2)会计政策的层次性。会计政策包括会计原则、基础和会计处理方法三个层次。其中,会计原则是指导企业会计核算的具体原则;会计基础是为将会计原则体现在会计核算而采用的基础;处理方法是按照会计原则和基础的要求,由企业在会计核算中采用或者选择的、适合于本企业的具体会计处理方法。会计原则、基础和会计处理方法三者之间是一个具有逻辑性、密不可分的整体,通过这个整体,会计政策才能得以应用和落实。

(三)重要的会计政策类型

企业应当披露重要的会计政策,不具有重要性的会计政策可以不予披露。判断会计政策是否重要,应当考虑与会计政策相关项目的性质和金额。企业应当披露的重要会计政策包括:

(1)发出存货成本的计量,是指企业确定发出存货成本所采用的会计处理。例如,企业发出存货成本的计量是采用先进先出法,还是采用其他计量方法。

（2）长期股权投资的后续计量，是指企业取得长期股权投资后的会计处理。例如，企业对被投资单位的长期股权投资是采用成本法，还是采用权益法核算。

（3）投资性房地产的后续计量，是指企业对投资性房地产进行后续计量所采用的会计处理。例如，企业对投资性房地产的后续计量是采用成本模式，还是公允价值模式。

（4）固定资产的初始计量，是指对取得的固定资产初始成本的计量。例如，企业取得的固定资产初始成本是以购买价款，还是以购买价款的现值为基础进行计量。

（5）生物资产的初始计量，是指对取得的生物资产初始成本的计量。例如，企业为取得生物资产而产生的借款费用，应当予以资本化，还是计入当期损益。

（6）无形资产的确认，是指对无形项目的支出是否确认为无形资产。例如，企业内部研究开发项目开发阶段的支出是确认为无形资产，还是在发生时计入当期损益。

（7）非货币性资产交换的计量，是指非货币性资产交换事项中对换入资产成本的计量。例如，非货币性资产交换是以换出资产的公允价值作为确定换入资产成本的基础，还是以换出资产的账面价值作为确定换入资产成本的基础。

（8）收入的确认，是指收入确认所采用的会计方法。例如，企业确认收入时是按照从购货方已收或应收的合同或协议价款确定销售商品收入金额，还是按照应收的合同或协议价款的公允价值确定销售商品收入金额。

（9）合同收入与费用的确认，是指确认建造合同的收入和费用所采用的会计处理方法。例如，企业确认建造合同的合同收入和合同费用是采用完工百分比法。

（10）借款费用的处理，是指借款费用的会计处理方法，即是采用资本化，还是采用费用化。

（11）合并政策，是指编制合并财务报表所采纳的原则。例如，母公司与子公司的会计年度不一致的处理原则，合并范围的确定原则等。

（12）其他重要会计政策。

二、会计政策变更的条件

会计政策变更，是指企业对相同的交易或者事项由原来采用的会计政策改用另一会计政策的行为。为保证会计信息的可比性，使财务报表使用者在比较企业一个以上期间的财务报表时，能够正确判断企业的财务状况、经营成果和现金流量的趋势，一般情况下，企业采用的会计政策，在每一会计期间和前后各期应当保持一致，不得随意变更。否则，势必削弱会计信息的可比性。但是，满足下列（一）、（二）条件之一的，可以变更会计政策。

（一）法律、行政法规或者国家统一的会计制度等要求变更

这种情况是指按照法律、行政法规以及国家统一的会计制度的规定，要求企业采用新的会计政策，则企业应当按照法律、行政法规以及国家统一的会计制度的规定改变原会计政策，按照新的会计政策执行。

【例 12-1】《企业会计准则第 1 号——存货》规定，不允许企业采用后进先出法核算发出存货成本，这就要求执行企业会计准则体系的企业按照新规定，将原来以后进先出法核算发出存货成本改为准则规定可以采用的会计政策。

【例 12-2】《企业会计准则第 8 号——资产减值》规定，已计提固定资产减值准备不允许转回，这就要求执行企业会计准则体系的企业按照新规定改变原允许固定资产减值准备

转回的做法,变更原有会计政策。

(二)会计政策变更能够提供更可靠、更相关的会计信息

由于经济环境、客观情况的改变,使企业原采用的会计政策所提供的会计信息,已不能恰当地反映企业的财务状况、经营成果和现金流量等情况。在这种情况下,应改变原有会计政策,按变更后新的会计政策进行会计处理,以便对外提供更可靠、更相关的会计信息。

【例 12-3】 某企业一直采用成本模式对投资性房地产进行后续计量,如果该企业能够从房地产交易市场上持续地取得同类或类似房地产的市场价格及其他相关信息,从而能够对投资性房地产的公允价值做出合理的估计,此时采用公允价值模式对投资性房地产进行后续计量可以更好地反映其价值。这种情况下,该企业可以将投资性房地产的后续计量方法由成本模式变更为公允价值模式。

需要注意的是,除法律、行政法规以及国家统一的会计制度要求变更会计政策的,应当按照国家的相关规定执行外,企业因满足上述第 2 个条件变更会计政策时,必须有充分、合理的证据表明其变更的合理性,并说明变更会计政策后,能够提供关于企业财务状况、经营成果和现金流量等更可靠、更相关的会计信息的理由。对会计政策的变更,企业仍应经股东大会或董事会、经理(厂长)会议或类似机构批准,并按照法律、行政法规等的规定报送有关各方备案。如无充分、合理的证据表明会计政策变更的合理性,或者未重新经股东大会或董事会、经理(厂长)会议或类似机构批准擅自变更会计政策的,或者连续、反复地自行变更会计政策的,视为滥用会计政策,按照前期差错更正的方法进行处理。

上市公司的会计政策目录及变更会计政策后重新制定的会计政策目录,除应当按照信息披露的要求对外公布外,还应当报公司上市地交易所备案。未报公司上市地交易所备案的,视为滥用会计政策,按照前期差错更正的方法进行处理。

(三)不属于会计政策变更的情况

(1)本期发生的交易或者事项与以前相比具有本质差别而采用新的会计政策

【例 12-4】 某企业以往租入的设备均为临时需要而租入的,因此按经营租赁会计处理方法核算,但自本年度起租入的设备均采用融资租赁方式,则该企业自本年度起对新租赁的设备采用融资租赁会计处理方法核算。由于该企业原租入的设备均为经营性租赁,本年度起租赁的设备均改为融资租赁,经营租赁和融资租赁有着本质差别,因而改变会计政策不属于会计政策变更。

(2)对初次发生的或不重要的交易或者事项采用新的会计政策

【例 12-5】 某企业初次签订一项建造合同,为另一企业建造三栋厂房,该企业对该项建造合同采用完工百分比法确认收入。由于该企业初次发生该项交易,采用完工百分比法确认该项交易的收入,不属于会计政策变更。

三、会计政策变更的会计处理

会计政策变更后,新的会计政策是从变更日起开始实施,还是需要对以前相关的交易或事项进行追溯调整。也就是说,对于会计政策变更,会计处理上首要解决的问题是实施新会计政策的起始时间。会计政策变更的处理方法有追溯调整法和未来适用法两种。

(一)追溯调整法

追溯调整法,是指对某项交易或事项变更会计政策,视同该项交易或事项初次发生时,即采用变更后的会计政策,并以此对财务报表相关项目进行调整的方法。追溯调整法的运用通常由以下几步构成:

第一步,计算会计政策变更的累积影响数

会计政策变更累积影响数,是指按照变更后的会计政策对以前各期追溯计算的列报前期最早期初留存收益应有金额与现有金额之间的差额。根据上述定义的表述,会计政策变更的累积影响数可以分解为以下两个金额之间的差额:(1)在变更会计政策当期,按变更后的会计政策对以前各期追溯计算,所得到列报前期最早期初留存收益金额;(2)在变更会计政策当期,列报前期最早期初留存收益金额。

上述留存收益金额,包括法定盈余公积、任意盈余公积以及未分配利润各项目,不考虑由于损益的变化而应当补分的利润或股利。例如,某企业由于会计政策变化,增加了以前期间可供分配的利润,该企业通常按净利润的20%分派股利。但在计算调整会计政策变更当期期初的留存收益时,不应当考虑由于以前期间净利润的变化而需要分派的股利。

累积影响数通常可以通过以下各步计算获得:(1)根据新会计政策重新计算受影响的前期交易或事项;(2)计算两种会计政策下的差异;(3)计算差异的所得税影响金额;(4)确定前期中的每一期的税后差异;(5)计算会计政策变更的累积影响数。

第二步,编制相关项目的调整分录;

第三步,调整列报前期最早期初财务报表相关项目及其金额;

第四步,附注说明。

采用追溯调整法时,对于比较财务报表期间的会计政策变更,应调整各期间净损益各项目和财务报表其他相关项目,视同该政策在比较财务报表期间上一直采用。对于比较财务报表可比期间以前的会计政策变更的累积影响数,应调整比较财务报表最早期间的期初留存收益,财务报表其他相关项目的数字也应一并调整。因此,追溯调整法,是将会计政策变更的累积影响数调整列报前期最早期初留存收益,而不计入当期损益。同时,应当重新计算各列报期间的每股收益。

四、会计政策变更实例

甫江股份有限公司为增值税一般纳税人,适用的增值税税率为17%。所得税采用债务法核算,适用的所得税税率为25%。按净利润的10%提取法定盈余公积。2011年1月1日,甫江公司将对外出租的一幢办公楼由成本计量模式改为公允价值计量模式。

该办公楼于2007年12月31日对外出租,出租时办公楼的原价为8 000万元,预计尚可使用年限为20年,采用年限平均法计提折旧,假定甫江公司计提折旧的方法及预计使用年限符合税法规定。

从2007年1月1日起,甫江公司所在地有活跃的房地产交易市场,公允价值能够持续可靠取得,甫江公司对外出租的办公楼2007年12月31日、2008年12月31日、2009年12月31日和2010年12月31日的公允价值分别为8 000万元、9 000万元、9 600万元和10 100万元。假定按年确认公允价值变动损益。

根据上述资料,甫江公司的账务处理如下:

(1)计量模式转换前每年计提折旧＝8 000÷20＝400 万元。

(2)计算计量模式转换后累积影响数如表 12-1 所示：

表 12-1　　　　　　　　　　会计政策变更累积影响数计算表　　　　　　金额单位:万元

年　度	原政策影响当期损益	新政策影响当期损益	税前差异	所得税影响	税后差异
2008 年	−400	1 000	1400	350	1 050
2009 年	−400	600	1000	250	750
小计	−800	1 600	2 400	600	1 800(累积)
2010 年	−400	500	900	225	675
合计	−1 200	2 100	3 300	825	2 475

(3)编制有关项目的调整分录:

①编制 2010 年初调整分录

　　借:投资性房地产——成本　　　　　　　　　　　　　　　　　8 000

　　　　　　　　——公允价值变动　　　　　　　　　　　　　　1 600

　　投资性房地产累计折旧(摊销)　　　　　　　　　　　　　　2 800

　　贷:投资性房地产　　　　　　　　　　　　　　　　　　　　　10 000

　　　递延所得税负债　　　　　　　　　　　　　　　　　　　　　600

　　　利润分配——未分配利润　　　　　　　　　　　　　　　　1 800

　　借:利润分配——未分配利润　　　　　　　　　　　　　　　180

　　　贷:盈余公积　　　　　　　　　　　　　　　　　　　　　　180

②编制 2010 年调整分录

　　借:投资性房地产——公允价值变动　　　　　　　　　　　　500

　　投资性房地产累计折旧(摊销)　　　　　　　　　　　　　　400

　　贷:递延所得税负债　　　　　　　　　　　　　　　　　　　225

　　　利润分配——未分配利润　　　　　　　　　　　　　　　　675

　　借:利润分配——未分配利润　　　　　　　　　　　　　67.5

　　　贷:盈余公积　　　　　　　　　　　　　　　　　　　　　67.5

(二)未来适用法

未来适用法,是指将变更后的会计政策应用于变更日及以后发生的交易或者事项,或者在会计估计变更当期和未来期间确认会计估计变更影响数的方法。

在未来适用法下,不需要计算会计政策变更产生的累积影响数,也无须重编以前年度的财务报表。企业会计账簿记录及财务报表上反映的金额,变更之日仍保留原有的金额,不因会计政策变更而改变以前年度的既定结果,并在现有金额的基础上再按新的会计政策进行核算。

五、会计政策变更的披露

企业应当在附注中披露与会计政策变更有关的下列信息:

(1)会计政策变更的性质、内容和原因。包括:对会计政策变更的简要阐述、变更的日期、变更前采用的会计政策和变更后所采用的新会计政策及会计政策变更的原因。

(2)当期和各个列报前期财务报表中受影响的项目名称和调整金额。包括：采用追溯调整法时，计算出的会计政策变更的累积影响数；当期和各个列报前期财务报表中需要调整的净损益及其影响金额，以及其他需要调整的项目名称和调整金额。

(3)无法进行追溯调整的，说明该事实和原因以及开始应用变更后的会计政策的时点、具体应用情况。包括：无法进行追溯调整的事实；确定会计政策变更对列报前期影响数不切实可行的原因；在当期期初确定会计政策变更对以前各期累积影响数不切实可行的原因；开始应用新会计政策的时点和具体应用情况。

需要注意的是，在以后期间的财务报表中，不需要重复披露在以前期间的附注中已披露的会计政策变更的信息。

相关案例

四川双马：关于存货核算的会计政策变更公告

为了及时准确地反映原材料、燃料、包装物、低值易耗品的购入与发出成本，本公司及下属子公司拟根据《企业会计准则第1号——存货》和《企业会计准则第28号——会计政策、会计估计变更和差错更正》，从2007年1月1日起对存货核算的会计政策进行变更，由于在当期期初确定该项会计政策变更对以前各期累积影响数不切实可行，按照会计准则的规定，采用了未来适用法，具体如下：

变更前：原材料、燃料、包装物、低值易耗品的购入与发出按计划成本核算，实际成本与计划成本的差额计入"材料成本差异"，月末按分类材料成本差异率计算出发出材料应分摊的差异，将发出材料成本调整为实际成本；在制品、自制半成品、产成品按实际成本进行核算，发出按加权平均法计价，低值易耗品领用时按一次摊销法摊销（成批领用，列入待摊费用分期摊销）。

变更后：原材料、燃料、包装物、低值易耗品的购入按照实际成本进行核算（包括为取得存货而需本公司支付的所有运杂费），对发出的存货按照加权平均法计价；在制品、自制半成品、产成品按实际成本进行核算，发出按加权平均法计价，低值易耗品领用时按一次摊销法摊销（成批领用，列入待摊费用分期摊销）。

变更影响：由于变更前的会计政策在月末按分类材料成本差异率计算出发出材料应分摊的差异，将发出材料成本调整为实际成本，所以该项会计政策的变更对本期利润没有实质影响，但要准确计算出该项会计政策变更对本期利润的影响是不切实可行的。变更后的会计政策符合《企业会计准则第1号——存货》，能够提供更可靠，更相关的会计信息。

四川双马水泥股份有限公司董事会

第二节　会计估计及其变更

一、会计估计概述

（一）会计估计的概念

会计估计是指企业对其结果不确定的交易或事项以最近可利用的信息为基础所作的判断。企业为了定期、及时提供有用的会计信息，将企业延续不断的营业活动人为地划分为各个阶段，如年度、季度、月度，并在权责发生制的基础上对企业的财务状况和经营成果进行定期确认和计量。由于商业活动中内在的不确定因素影响，在确认、计量过程中，许多财务报表中的项目不能精确地计量，而只能加以估计。

常见的会计估计包括：（1）存货可变现净值的确定；（2）金融资产公允价值的确定；（3）采用公允价值模式计量的投资性房地产公允价值的确定；（4）固定资产预计使用寿命、预计净残值以及折旧方法的确定；（5）生物资产预计使用寿命、预计净残值以及各类生产性生物资产折旧方法的确定；（6）合同完工进度的确定；（7）权益工具公允价值的确定；（8）债务重组中非现金资产以及其他偿债条件公允价值的确定；（9）预计负债初始计量的最佳估计数的确定。

（二）会计估计的特点

1. 会计估计的存在是由于经济活动中内在的不确定性因素的影响

在会计核算中，企业总是力求保持会计核算的准确性，但有些经济业务本身具有不确定性（例如，坏账、固定资产折旧年限、固定资产残余价值、无形资产摊销年限、收入确认等等），因而需要根据经验做出估计。可以说，在进行会计核算和相关信息披露的过程中，会计估计是不可避免的，并不削弱其可靠性。

2. 进行会计估计时，往往以最近可利用的信息或资料为基础

企业在会计核算中，由于经营活动中内在的不确定性，不得不经常进行估计。一些估计的主要目的是为了确定资产或负债的账面价值，例如，坏账准备、担保责任引起的负债；另一些估计的主要目的是确定将在某一期间记录的收益或费用的金额，例如，某一期间的折旧、摊销的金额。企业在进行会计估计时，通常应根据当时的情况和经验，以一定的信息或资料为基础。但是，随着时间的推移、环境的变化，进行会计估计的基础可能会发生变化，因此，进行会计估计所依据的信息或者资料不得不经常发生变化。由于最新的信息是最接近目标的信息，以其为基础所作的估计最接近实际，所以进行会计估计时，应以最近可利用的信息或资料为基础。

3. 进行会计估计并不会削弱会计确认和计量的可靠性

进行会计估计是企业经济活动中不可避免的，进行合理的会计估计是会计核算中必不可少的部分，它不仅不会削弱会计核算的可靠性，还能提高会计信息的可靠性。例如，在对固定资产、长期股权投资、无形资产等非货币性资产的可收回金额进行估计的基础上计提减值准备，能够真实地反映资产的价值和盈利能力，提供可靠的会计信息。

二、会计估计变更及其会计处理

会计估计变更，是指由于资产和负债的当前状况及预期经济利益和义务发生了变化，从而对资产或负债的账面价值或者资产的定期消耗金额进行调整。

由于企业经营活动中内在的不确定因素,许多财务报表项目不能准确地计量,只能加以估计,估计过程涉及以最近可以得到的信息为基础所作的判断。但是,估计毕竟是就现有资料对未来所作的判断,随着时间的推移,如果赖以进行估计的基础发生变化,或者由于取得了新的信息、积累了更多的经验或后来的发展可能不得不对估计进行修订,但会计估计变更的依据应当真实、可靠。企业对会计估计变更应当采用未来适用法处理。

(1)会计估计变更仅影响变更当期,其影响数应当在变更当期予以确认。

会计估计变更仅影响变更当期的,其影响数应当在变更当期予以确认。例如,某企业原按应收账款余额的5%提取坏账准备,由于企业不能收回应收账款的比例已达10%,则企业改按应收账款余额的10%提取坏账准备。这类会计估计的变更,只影响变更当期,因此,应于变更当期确认影响数。

(2)会计估计变更既影响变更当期又影响未来期间,其影响数应当在变更当期和未来期间予以确认。

会计估计变更既影响变更当期又影响未来期间的,其影响数应当在变更当期和未来期间予以确认。例如,某企业的一项可计提折旧的固定资产,其有效使用年限或预计净残值的估计发生变更,影响了变更当期及资产以后使用年限内各个期间的折旧费用,这项会计估计的变更,应于变更当期及以后各期确认。

会计估计变更的影响数应计入变更当期与前期相同的项目中。为了保证不同期间的财务报表具有可比性,会计估计变更的影响数如果以前包括在企业日常经营活动的损益中,则以后也应包括在相应的损益类项目中;如果会计估计变更的影响数以前包括在特殊项目中,则以后也相应作为特殊项目反映。

三、会计估计变更的披露

企业应当在附注中披露与会计估计变更有关的下列信息:

(1)会计估计变更的内容和原因。包括变更的内容、变更日期以及会计估计变更的原因。

(2)会计估计变更对当期和未来期间的影响数。包括会计估计变更对当期和未来期间损益的影响金额,以及对其他各项目的影响金额。

(3)会计估计变更的影响数不能确定的,披露这一事实和原因。

☞相关资料

会计政策变更与会计估计变更的划分基础

企业应当以变更事项的会计确认、计量基础和列报项目是否发生变更作为判断该变更是会计政策变更,还是会计估计变更的划分基础。

1. 以会计确认是否发生变更作为判断基础。《企业会计准则——基本准则》规定了资产、负债、所有者权益、收入、费用和利润等六项会计要素的确认标准,是会计处理的首要环节。一般地,对会计确认的指定或选择是会计政策,其相应的变更是会计政策变更。会计确认的变更一般会引起列报项目的变更。2. 以计量基础是否发生变更作为判断基础。《企业会计准则——基本准则》规定了历史成本、重置成本、可变现净值、现值和公允价值等5项会计计量属性,是会计处理的计量基础。对计量基础的指定或选择是会计政策,其相应的变更是会计政策变更。

3. 以列报项目是否发生变更作为判断基础。《企业会计准则第30号——财务报表列报》规定了财务报表项目应采用的列报原则。一般地,对列报项目的指定或选择是会计政策,其相应的变更是会计政策变更。当然,在实务中,有时列报项目的变更往往伴随着会计确认的变更或者相反。4. 根据会计确认、计量基础和列报项目所选择的、为取得与该项目有关的金额或数值所采用的处理方法,不是会计政策,而是会计估计,其相应的变更是会计估计变更。

5. 企业通过判断会计政策变更和会计估计变更划分基础仍然难以对某项变更进行区分的,应当将其作为会计估计变更处理。

总之,在单个会计期间,会计政策决定了财务报表所列报的会计信息和列报方式;会计估计是用来确定与财务报表所列报的会计信息有关的金额和数值。

四、会计估计变更实例

甬江股份有限公司有一台管理用设备,原始价值为84 000元,预计使用寿命为8年,净残值为4 000元,自2005年1月1日起按直线法计提折旧。2009年1月,由于新技术的发展等原因,需要对原预计使用寿命和净残值做出修正,修改后的预计使用寿命为6年,净残值为2 000元。公司的所得税率为25%,假定税法允许按变更后的折旧额在税前扣除。

甬江股份有限公司对上述会计估计变更的账务处理如下:

(1)不调整以前各期折旧,也不计算累积影响数。

(2)变更日以后发生的经济业务改按新估计使用寿命提取折旧。

按原估计,每年折旧额为10 000元,已提折旧4年,共计40 000元,固定资产净值为44 000元,则第5年相关科目的期初余额如下:

固定资产   84 000
减:累计折旧   40 000
固定资产净值   44 000

改变估计使用寿命后,2009年1月1日起每年计提的折旧费用为21 000元[(44 000－2 000)÷(6－4)]。2009年不必对以前年度已提折旧进行调整,只需按重新预计的尚可使用寿命和净残值计算确定的年折旧费用,编制会计分录如下:

借:管理费用   21 000
  贷:累计折旧   21 000

(3)附注说明。

本公司一台管理用设备,原始价值为84 000元,原预计使用寿命为8年,预计净残值为4 000元,按直线法计提折旧。由于新技术的发展,该设备已不能按原预计使用寿命计提折旧,本公司于2009年初变更该设备的使用寿命为6年,预计净残值为2 000元,以反映该设备的真实耐用寿命和净残值。此估计变更影响本年度净利润减少数为8 250

元[(21 000－10 000)×(1－25%)]。

相关案例

> 某上市公司 2007 年、2008 年已连续两年亏损,若 2009 年仍然亏损,则面临退市危险。2009 年编制的年报草案显示当年仍亏损 1 000 万元。但有些高管人员建议,若能通过以下两项修改,则可实现当年盈利:(1)采用成本与可变现净值孰低法对期末存货计价时,将单项比较改为分类比较,从而减少当年存货跌价损失 700 万元;(2)延长某设备的预计使用年限并提高设备的净残值,从而使当年减提折旧 400 万元。
>
> 你是该上市公司的财务负责人,你认为从会计准则的要求和会计职业判断的角度看,上述修改是十分不恰当的,你该:
>
> (1)做出怎样的选择?
>
> (2)如何向其他高管人员阐述你的观点?

第三节　前期差错及其更正

一、前期差错概述

(一)前期差错的概念

前期差错,是指由于没有运用或错误运用下列两种信息,而对前期财务报表造成省略或错报:(1)编报前期财务报表时预期能够取得并加以考虑的可靠信息;(2)前期财务报告批准报出时能够取得的可靠信息。前期差错通常包括计算错误、应用会计政策错误、疏忽或曲解事实以及舞弊产生的影响以及存货、固定资产盘盈等。

(二)前期差错的类型

没有运用或错误运用上述两种信息而形成前期差错的情形主要有:

(1)计算以及账户分类错误

例如,企业购入的五年期国债,意图长期持有,但在记账时记入了交易性金融资产,导致账户分类上的错误,并导致在资产负债表上流动资产和非流动资产的分类也有误。

(2)采用法律、行政法规或者国家统一的会计制度等不允许的会计政策

例如,按照《企业会计准则第 17 号——借款费用》的规定,为购建固定资产的专门借款而发生的借款费用,满足一定条件的,在固定资产达到预定可使用状态前发生的,应予资本化,计入所购建固定资产的成本;在固定资产达到预定可使用状态后发生的,计入当期损益。如果企业固定资产已达到预定可使用状态后发生的借款费用,也计入该项固定资产的价值,予以资本化,则属于采用法律或会计准则等行政法规、规章所不允许的会计政策。

(3)对事实的疏忽或曲解,以及舞弊

例如,企业对某项建造合同应按建造合同规定的方法确认营业收入,但该企业却按确认商品销售收入的原则确认收入。

(4)在期末对应计项目与递延项目未予调整

例如,企业应在本期摊销的费用在期末未予摊销。

(5)漏记已完成的交易

例如,企业销售一批商品,商品已经发出,开出增值税专用发票,商品销售收入确认条件均已满足,但企业在期末未将已实现的销售收入入账。

(6)提前确认尚未实现的收入或不确认已实现的收入

例如,在采用委托代销商品的销售方式下,应以收到代销单位的代销清单时确认商品销售收入的实现,如企业在发出委托代销商品时即确认为收入,则为提前确认尚未实现的收入。

(7)资本性支出与收益性支出划分差错,等等

例如,企业发生的管理人员的工资一般作为收益性支出,而发生的在建工程人员工资一般作为资本性支出。如果企业将发生的在建工程人员工资计入了当期损益,则属于资本性支出与收益性支出的划分差错。

会计政策、会计估计变更和差错更正准则着重解决了会计政策、会计估计变更和差错更正的账务处理问题。

二、前期差错重要性的判断

如果财务报表项目的遗漏或错误表述可能影响财务报表使用者根据财务报表所做出的经济决策,则该项目的遗漏或错误是重要的。

重要的前期差错,是指足以影响财务报表使用者对企业财务状况、经营成果和现金流量做出正确判断的前期差错。不重要的前期差错,是指不足以影响财务报表使用者对企业财务状况、经营成果和现金流量做出正确判断的前期差错。

前期差错的重要性取决于在相关环境下对遗漏或错误表述的规模和性质的判断。前期差错所影响的财务报表项目的金额或性质,是判断该前期差错是否具有重要性的决定性因素。一般来说,前期差错所影响的财务报表项目的金额越大、性质越严重,其重要性水平越高。

企业应当严格区分会计估计变更和前期差错更正,对于前期根据当时的信息、假设等作了合理估计,在当期按照新的信息、假设等需要对前期估计金额作出变更的,应当作为会计估计变更处理,不应作为前期差错更正处理。

三、前期差错更正的账务处理

会计差错产生于财务报表项目的确认、计量、列报或披露的会计处理过程中,如果财务报表中包含重要差错,或者差错不重要但是故意造成的(以便形成对企业财务状况、经营成果和现金流量等会计信息某种特定形式的列报),即应认为该财务报表未遵循企业会计准则的规定进行编报。在当期发现的当期差错应当在财务报表发布之前予以更正。当重要差错直到下一期间才被发现,就形成了前期差错。

企业应当采用追溯重述法更正重要的前期差错,但确定前期差错累积影响数不切实可行的除外。追溯重述法,是指在发现前期差错时,视同该项前期差错从未发生过,从而对财务报表相关项目进行更正的方法。

(一)不重要的前期差错更正的处理

对于不重要的前期差错,企业不需调整财务报表相关项目的期初数,但应调整发现当期与前期相同的相关项目。属于影响损益的,应直接计入本期与上期相同的净损益项目;属于不影响损益的,应调整本期与前期相同的相关项目。

【例 12-6】 甬江股份有限公司在 2009 年 12 月 31 日发现,2008 年 8 月份投入使用的一台管理用设备价值为 9900 元,当时误作为低值易耗品入账,并采用分期摊销法,到发现时已摊销 4125 元。该公司固定资产折旧采用直线法,该设备估计使用年限为 4 年,预计净残值为 300 元。则在 2009 年 12 月 31 日更正此差错的会计分录为:

借:固定资产　　　　　　　　　　　　　　　　　　　　　　9 900
　　贷:管理费用　　　　　　　　　　　　　　　　　　　　　　　925
　　　　累计折旧　　　　　　　　　　　　　　　　　　　　　3 200
　　　　周转材料　　　　　　　　　　　　　　　　　　　　　5 775

假设该项差错直至 2012 年 8 月后才发现,则不需要做任何分录,因为该项差错已经抵消了。

(二)重要的前期差错更正的处理

对于重要的前期差错,企业应当在其发现当期的财务报表中,调整前期比较数据。具体地说,企业应当在重要的前期差错发现当期的财务报表中,通过下述处理对其进行追溯更正:(1)追溯重述差错发生期间列报的前期比较金额;(2)如果前期差错发生在列报的最早前期之前,则追溯重述列报的最早前期的资产、负债和所有者权益相关项目的期初余额。

对于发生的重要前期差错,如影响损益,应将其对损益的影响数调整发现当期的期初留存收益,财务报表其他相关项目的期初数也应一并调整;如不影响损益,应调整财务报表相关项目的期初数。

在编制比较财务报表时,对于比较财务报表期间的重要的前期差错,应调整各该期间的净损益和其他相关项目,视同该差错在产生的当期已经更正;对于比较财务报表期间以前的重要的前期差错,应调整比较财务报表最早期间的期初留存收益,财务报表其他相关项目的数字也应一并调整。

四、前期差错更正的披露

企业应当在附注中披露与前期差错更正有关的下列信息:(1)前期差错的性质;(2)各个列报前期财务报表中受影响的项目名称和更正金额;(3)无法进行追溯重述的,说明该事实和原因以及对前期差错开始进行更正的时点、具体更正情况。

在以后期间的财务报表中,不需要重复披露在以前期间的附注中已披露的前期差错更正的信息。

五、重要的前期差错更正实例

甬江股份有限公司在 2009 年发现,2008 年公司漏记一项固定资产的折旧费用 150 000 元,所得税申报表中未扣除该项折旧费用。假设 2008 年适用所得税税率为 25%,无其他纳税调整事项。该公司按净利润的 10% 提取法定盈余公积,按净利润的 5% 提取任意盈余公积。该公司发行股票份额为 1 800 000 股。假定税法允许调整应交所得税。

（1）分析前期差错的影响数。

2008 年少计折旧费用	150 000
少计累计折旧	150 000
多计所得税费用(150 000×25％)	37 500
多计净利润	112 500
多计应交所得税(150 000×25％)	37 500
多提法定盈余公积	11 250
多提任意盈余公积	5 625

（2）编制有关项目的调整分录。

①补提折旧

借：以前年度损益调整　　　　　　　　　　　　　150 000

　　贷：累计折旧　　　　　　　　　　　　　　　　　　150 000

②调整应交所得税

借：应交税费——应交所得税　　　　　　　　　　37 500

　　贷：以前年度损益调整　　　　　　　　　　　　　　37 500

③将"以前年度损益调整"科目的余额转入利润分配

借：利润分配——未分配利润　　　　　　　　　　112 500

　　贷：以前年度损益调整　　　　　　　　　　　　　　112 500

④调整利润分配有关数字

借：盈余公积　　　　　　　　　　　　　　　　　16 875

　　贷：利润分配——未分配利润　　　　　　　　　　　16 875

（3）财务报表调整和重述（财务报表略）

甫江股份有限公司 2008 年度资产负债表的年初数和利润表及股东权益变动表的上年数栏分别按调整前和调整后的金额列示如下，2008 年度资产负债表的期末数栏和利润表及股东权益变动表的本年累计数栏的年初未分配利润，应该调整后的年初数为基础编制。

①资产负债表项目的调整：

调增累计折旧 150 000 元；调减应交所得税 37 500；调减盈余公积 16 875 元；调减未分配利润 95 625 元。

②利润表项目的调整：

调增营业成本上年金额 150 000 元；调减所得税费用上年金额 37 500 元；调增净利润上年金额 112 500 元；调减基本每股收益 0.0625 元。

③所有者权益变动表项目的调整：

调减前期差错更正项目中盈余公积上年金额 16 875 元，未分配利润上年金额 95 625 元，所有者权益合计上年金额 112 500 元。

（4）附注说明

本年度发现 2008 年漏记固定资产折旧 150 000 元，在编制 2008 年与 2009 年比较财务报表时，已对该项差错进行了更正。更正后，调减 2008 年净利润及留存收益 112 500 元，调增累计折旧 150 000 元。

第四节　资产负债表日后事项

一、资产负债表日后事项的定义

资产负债表日后事项是指资产负债表日至财务报告批准报出日之间发生的需要调整或说明的有利或不利事项。资产负债表日后事项包括调整事项和非调整事项两类。

☞ 相关资料

(1)资产负债表日:资产负债表日是指会计年度末和会计中期期末。其中,年度资产负债表日是指公历 12 月 31 日;会计中期通常包括半年度、季度和月度等,会计中期期末相应地是指公历半年末、季末和月末等。如果母公司或者子公司在国外,无论该母公司或子公司如何确定会计年度和会计中期,其向国内提供的财务报告都应根据我国《会计法》和会计准则的要求确定资产负债表日。

(2)财务报告批准报出日:财务报告批准报出日是指董事会或类似机构批准财务报告报出的日期。通常指对财务报告的内容负有法律责任的单位或个人批准财务报告对外公布的批准日期。

财务报告的批准者包括所有者、所有者中的多数、董事会或类似的管理单位、部门和个人。公司制企业的董事会有权批准对外公布财务报告,因此,公司制企业财务报告批准报出日是指董事会批准财务报告报出的日期。对于非公司制企业,财务报告批准报出日是指经理(厂长)会议或类似机构批准财务报告报出的日期。

(3)资产负债表日后事项涵盖的期间:资产负债表日后事项涵盖的期间是自资产负债表日次日起至财务报告批准报出日止的一段时间,具体是指:报告年度次年的 1 月 1 日或报告期下一期间的第一天至董事会或类似机构批准财务报告对外公布的日期。财务报告批准报出以后、实际报出之前又发生与资产负债表日后事项有关的事项,并由此影响财务报告对外公布日期的,应以董事会或类似机构再次批准财务报告对外公布的日期为截止日期。

二、调整事项

调整事项是指资产负债表日后至财务报告批准报出日之间发生的、能对资产负债表日已存在情况提供进一步证据的事项。这类事项的特点是:在资产负债表日或以前就已显示了某种征兆,但最终结果需要在资产负债表日后予以证实。资产负债表日后获得新的或进一步的证据有助于对资产负债表日存在的状况的有关金额做出重新估计,应当作为调整事项,据此对资产负债表日所反映的收入、费用、资产、负债及所有者权益进行调整。

(一)调整事项的类型

调整事项通常包括自资产负债表日至财务报告批准报出日之间发生的如下事项:

(1)已被证实的某项资产在资产负债表日已发生了减值或损失,或者该项资产已确认的减值损失需要调整。

（2）表明应将资产负债表日存在的某项现时义务予以确认，或已对某项义务确认的负债需要调整，如税法变动改变了对资产负债表日以及之前的收益适用的税率。

（3）资产负债表所属期间或以前期间销货退回。

（4）发现的资产负债表日或之前发生的错误或舞弊，如会计政策运用错误或会计估计错误。

（5）能够为资产负债表日已存在的情况提供证据的其他事项。

（二）调整事项的会计处理

企业发生资产负债表日后调整事项，应当调整资产负债表日已编制的财务报表。对于年度财务报告而言，由于资产负债表日后事项发生在报告年度的次年，报告年度的有关账目已经结转，特别是损益类科目在结账后已无余额。因此，年度资产负债表日后发生的调整事项，应分别按以下情况进行处理：

（1）涉及损益的事项，通过"以前年度损益调整"科目核算。调整增加以前年度利润或调整减少以前年度亏损的事项，记入"以前年度损益调整"科目的贷方；反之，记入"以前年度损益调整"科目的借方。

需要注意的是，涉及损益的调整事项如果发生在资产负债表日所属年度（即报告年度）所得税汇算清缴前的，应按准则要求调整报告年度应纳税所得额、应纳所得税税额；发生在报告年度所得税汇算清缴后的，应按准则要求调整本年度（即报告年度的次年）应纳税所得额。

（2）涉及利润分配调整的事项，直接在"利润分配——未分配利润"科目中核算。

（3）不涉及损益以及利润分配的事项，调整相关科目。

通过上述账务处理后，还应同时调整财务报表相关项目的数字，包括：（1）资产负债表日编制的财务报表相关项目的期末数或本年发生数；（2）当期编制的财务报表相关项目的期初数或上年数；（3）如果涉及报表附注内容的，还应当调整报表附注相关项目的数字。

三、非调整事项

非调整事项是指资产负债表日至财务报告批准报出日之间发生的、不影响资产负债表日存在状况，但不加以说明将会影响财务报告使用者做出正确估计和决策的事项。非调整事项通常包括自资产负债表日至财务会计报告批准报出日之间发生的如下事项：重大诉讼、仲裁、承诺；资产价格、税收政策、外汇汇率发生重大变化；因自然灾害导致资产发生重大损失；发行股票和债券以及其他巨额举债；资本公积转增资本；发生巨额亏损；发生企业合并或处置子公司。

资产负债表日后，企业制定利润分配方案，拟分配或经审议批准宣告发放股利或利润的行为，并不会致使企业在资产负债表日形成现时义务，因此虽然发生该事项可导致企业负有支付股利或利润的义务，但支付义务在资产负债表日尚不存在，不应该调整资产负债表日的财务报告，因此，该事项为非调整事项。

但由于该事项对企业资产负债表日后的财务状况有较大影响，可能导致现金较大规模流出、企业股权结构变动等，为便于财务报告使用者更充分了解相关信息，企业需要在财务报告中适当披露该信息。

对于非调整事项，需要在会计报表附注中披露其性质、内容，及其对财务状况及经营成果的影响；如果无法做出估计，应说明其原因。

四、资产负债表日后事项调整实例

甫江股份有限公司为上市公司(以下简称甫江公司),系增值税一般纳税人,适用的增值税税率为17%。甫江公司2009年度财务报告于2010年4月10日经董事会批准对外报出。报出前有关情况和业务资料如下:

甫江公司2009年12月20日销售一批商品给丙企业,取得收入100 000元(不含税,增值税率17%)。甫江公司发出商品后,按照正常情况已确认收入,并结转成本80 000元。此笔货款到年末尚未收到,甫江公司未对应收账款的计提坏账准备。2010年1月18日,由于产品质量问题,本批货物被退回。假定企业于2010年2月28日完成2009年所得税汇算清缴。公司使用的所得税税率为25%。

本例中,销售退回业务发生在资产负债表日后事项涵盖期间内,应属于资产负债表日后调整事项。

甫江公司的账务处理如下:

(1)2009年1月18日,调整销售收入

借:以前年度损益调整	100 000	
应交税费——应交增值税(销项税额)	17 000	
贷:应收账款		117 000

(2)调整销售成本

借:库存商品	80 000	
贷:以前年度损益调整		80 000

(3)调整应缴纳的所得税

借:应交税费——应交所得税	5 000	
贷:以前年度损益调整		5 000

* 注:5 000=(100 000－80 000)×25%

(4)将"以前年度损益调整"科目余额转入未分配利润

借:利润分配——未分配利润	15 000	
贷:以前年度损益调整		15 000

* 注15 000＝100 000－80 000－5 000

(5)调整盈余公积

借:盈余公积	1 500	
贷:利润分配——未分配利润		1 500

(6)调整相关财务报表

①资产负债表项目的年末数调整

调减应收账款117 000元;调增库存商品80 000元;调减盈余公积1 500元;调减未分配利润13 500元。

②利润表项目的调整

调减营业收入100 000元;调减营业成本80 000元。

③所有者权益变动表项目的调整

调减净利润20 000元,提取盈余公积项目中的盈余公积一栏调减1 500元,未分配利润

一栏调增 1 500 元。

要点回顾

• 学习目标总结

学习目标1 会计政策变更的基本类型及会计处理:会计政策变更,是指企业对相同的交易或者事项由原来采用的会计政策改用另一会计政策的行为。对于会计政策变更,会计处理上首要解决的问题是实施新会计政策的起始时间。会计政策变更的处理方法有追溯调整法和未来适用法两种。

学习目标2 会计估计变更的判断及会计处理:会计估计变更,是指由于资产和负债的当前状况及预期经济利益和义务发生了变化,从而对资产或负债的账面价值或者资产的定期消耗金额进行调整。企业对会计估计变更应当采用未来适用法处理。会计估计变更仅影响变更当期的,其影响数应当在变更当期予以确认;既影响变更当期又影响未来期间的,其影响数应当在变更当期和未来期间予以确认。

学习目标3 掌握前期差错的判断及会计处理:前期差错是指由于没有运用或错误运用下列两种信息,而对前期财务报表造成省略漏或错报。前期差错通常包括计算错误、应用会计政策错误、疏忽或曲解事实以及舞弊产生的影响以及存货、固定资产盘盈等。企业应当采用追溯重述法更正重要的前期差错,但确定前期差错累积影响数不切实可行的除外。

学习目标4 掌握调整事项与非调整事项的判断标准及相关会计处理:调整事项在资产负债表日或以前就已显示了某种征兆,但最终结果需要在资产负债表日后予以证实。资产负债表日后获得新的或进一步的证据有助于对资产负债表日存在的状况的有关金额做出重新估计,应当作为调整事项,据此对资产负债表日所反映的收入、费用、资产、负债及所有者权益进行调整。其中,涉及损益的事项,通过"以前年度损益调整"科目核算。涉及利润分配调整的事项,直接在"利润分配——未分配利润"科目中核算。不涉及损益以及利润分配的事项,调整相关科目;非调整事项是指资产负债表日至财务报告批准报出日之间发生的、不影响资产负债表日存在状况,但不加以说明将会影响财务报告使用者做出正确估计和决策的事项。对于非调整事项,需要在会计报表附注中披露其性质、内容,及其对财务状况及经营成果的影响;如果无法做出估计,应说明其原因。

• 关键术语

会计政策;会计估计;追溯调整法;未来适用法;前期差错;资产负债表日后事项

• 重点与难点

重点:会计政策变更、会计估计变更的界定及披露,前期差错的类型与会计处理,资产负债表日后调整事项的类型,追溯调整法与未来适用法的使用范围与原理。

难点:利用追溯调整法进行会计政策变更的处理,资产负债表日后事项的会计处理方法。

小组讨论

• 思考题

　　1. 请归纳总结会计政策变更的类型有哪些?

　　2. 会计政策变更的会计处理方法有哪几种? 具体内容是什么?

　　3. 请归纳总结会计估计项目有哪些?

　　4. 请归纳总结前期差错产生的原因有哪些?

　　5. 资产负债表日后事项包括哪些内容?

• 案例分析

　　1. 请对本章开篇的引入案例——从"天津国恒铁路控股股份有限公司关于会计政策、会计估计变更公告"进行分析讨论。

　　并以小组为单位讨论以下问题:

　　(1)国恒铁路为什么要进行会计政策、会计估计变更?

　　(2)会计政策、会计估计变更对会计信息的质量是否会产生影响?

　　(3)在我国,会计政策、会计估计变更需要具备什么条件? 如何甄别会计政策、会计估计变更?

　　2. 资料:广济药业(000952)2008 年 8 月 28 日发布会计差错更正公告称:根据公司自查及税务稽查情况,经税务部门认定,2004—2008 年需补缴各种地方税款共计 26 745 151.90 元,补缴代扣代缴个人所得税 3 309 959.42 元,本次稽查需补交各种地方税款共计 30 055 111.32 元,其中:营业税 907 343.46 元,城建税－18 871.48 元,教育费附加－8 081.86 元,河道堤防维护费－5 391.90 元,地方教育发展费 15 233.39 元,房产税 162 161.37 元,土地使用税 277 968.46 元,车船使用税 2 351.67 元,印花税 117 489.18 元,契税 15 449.20 元,企业所得税 25 279 500.41 元,个人所得税 3 309 959.42 元。公司应代扣代缴个人所得税 17 011 140.90 元,其中,2009 年已汇算清缴 2008 年个人所得税 13 701 181.48 元,本次税务稽查仍需补缴个人所得税 3 309 959.42 元。

　　根据《企业会计准则第 28 号——会计政策、会计估计变更及差错更正》的规定,公司应对 2008 年财务报表进行重述。此事项,对 2008 年、2007 年财务报表影响如下:(略)

　　请以小组为单位讨论以下问题:

　　(1)查阅 2008 年《广济药业(000952)关于会计差错更正公告》全文,分析上述重大会计差错产生的原因。

　　(2)通过网络或其他渠道再查阅 5 家上市公司关于会计差错更正的公告,归纳总结上市公司进行会计差错更正的真正原因。

　　(3)如何杜绝由于会计舞弊或错误导致会计差错?

项目训练

训练目的:通过本项目训练,使学生对会计调整业务有一个比较系统地认识,熟悉其账务处理程序,据以达到熟练掌握会计调整业务的技能。

训练形式:以学生自主完成为主,教师适当指导。

训练课时:课外 4 课时。

训练资料与要求:

一、训练资料

东升股份有限公司为上市公司系增值税一般纳税人,适用的增值税税率为 17%。公司 2009 年度财务报告于 2010 年 4 月 10 日经董事会批准对外报出。报出前有关情况和业务资料如下:

(1)会计政策变更业务

东升股份有限公司于 2008 年 1 月 1 日支付土地转让款 1 000 万元,取得 10 年的土地使用权,取得土地使用权的当日,又将其出租给华力公司,每年租金收入 200 万元,将该土地使用权作为投资性房地产,采用成本模式计量。2008 年 12 月 31 日,该土地使用权的公允价值为 1 080 万元。

2009 年 1 月 1 日,东升公司将该投资性房地产改为公允价值模式计量。假设按照税法规定,土地使用权按受益年限摊销,所得税率为 25%;东升公司按净利润 10% 提取法定公积金。

按照规定,投资性房地产由成本模式改为公允价值模式,应作为会计政策变更,采用追溯调整法进行处理。

(2)资产负债表日后事项业务

东升公司 2009 年 12 月 20 日销售一批商品给丙企业,取得收入 100 000 元(不含税,增值税率 17%)。东升公司发出商品后,按照正常情况已确认收入,并结转成本 80 000 元。此笔货款到年末尚未收到,东升公司未对应收账款的计提坏账准备。2010 年 1 月 18 日,由于产品质量问题,本批货物被退回。假定企业于 2010 年 2 月 28 日完成 2009 年所得税汇算清缴。公司使用的所得税税率为 25%。

(3)会计差错更正业务

中新会计师事务所对东升公司 2009 年度财务报告进行了审计,并于 2010 年 4 月 6 日完成了年报审计工作。审计中发现:

①公司 2010 年第一季度实际支付但属于 2009 年前的广告费 4 512 391.00 元,业务招待费 1 648 441.86 元,证监会罚款支出 400 000 元,合计 6 560 832.86 元。

②2010 年 3 月 8 日,公司发现 2009 年 11 月 12 日向红日公司做销售的一批商品,当时红日公司已经资金周转困难,为了维持双方长期建立的商业关系而发出的商品,该公司资金周转情况仍未有改善,款项目前未收到。增值税专用发票开出,价格 300 000 元,增值税 51 000 元,该批商品成本为 180 000 元。

二、训练要求

(1)根据东升股份有限公司所发生的上述会计调整业务进行相应的会计处理。

(2)说明上述会计处理的法律依据。

阅读平台

• 阅读书目

(1)《企业会计准则第 28 号——会计政策、会计估计变更和差错更正》《企业会计准则第 29 号——资产负债表日后事项》。

(2)《企业会计准则讲解 2008》,财政部会计司编写组,人民出版社,2009 年版。

(3)《会计》,中国注册会计师协会编,中国财政经济出版社,2010 年版。

• 阅读资料

浅析会计职业判断与会计政策选择的关系

会计职业判断是指会计人员在会计准则、制度约束的范围内,根据企业理财环境和经营特点,利用自己的专业知识和职业经验,对会计事项处理和财务会计报告编制应采取的原则、方法、程序等方面进行判断与选择的过程。而会计政策选择是指企业在既定的选择范围内,结合企业经营管理目标,对可供选择的会计原则、方法和程序进行定性、定量地比较分析,从而拟定会计政策的过程。实际工作中,常常将会计职业判断与会计政策选择混为一谈,有必要加以辨析。

1. 会计职业判断与会计政策选择的异同

1.1 会计职业判断与会计政策选择的相同点

会计政策有宏观和微观之分。宏观会计政策是指政府制定或政府授权有关部门制定的所有会计法律、法规和规章;微观会计政策是指各会计主体在宏观会计政策指导和约束下,在会计核算时所遵循的具体原则以及所采纳的具体会计处理方法。会计政策选择通常是从微观角度而言的,它与会计职业判断具有相同之处,都需要考虑企业自身情况,通过分析、比较等方法找出问题的结论,而且在内容上二者有一定的重叠。

1.2 会计职业判断与会计政策选择的不同点

1.2.1 会计行为主体不同。会计职业判断的主体是适度独立地从事会计工作的会计人员;会计政策的主体应当是企业管理当局,即企业的董事会、经理、厂长等,由经营者,具体是财务人员来具体实施,监事会负责监督和检查,切实保障股东和企业的利益。

1.2.2 会计行为客体不同。会计职业判断的客体是日常会计事项的处理和财务报告的编制,它贯穿于会计工作的全过程,涉及会计确认、计量、记录、报告各环节,其范围要比会计政策选择广泛,会计职业判断体现在会计核算原则运用、会计政策选择、会计估计中。会计政策选择的客体是会计会计准则、制度提供的会计政策选择范围内的各种会计原则、程序和方法,如长期投资的核算方法、发出存货的计价方法、收入确认的原则和方法、所得税的会计处理方法等。

1.2.3 立足点不同。会计职业判断更注重技术角度,强调会计人员知识和经验的运用,要求会计人员在判断时,应遵循职业道德规范保持中立,针对客观会计事项做出"无偏"反映。受外部干预而做出的选择行为不能称为会计职业判断。现实中滥用会计职业判断的现象,很大程度上是管理当局的会计选择行为凌驾于会计职业判断基础之上的结果。会计政策选择强调所选会计政策对各方利益的影响程度,认为它是相关利益为自身的经济和政治利益进行斗争的博弈过程,它不是单纯的会计问题,而是涉及一系列经济和管理问题。不同的会计政策选择导致不同的会计信息,对企业利害关系集团产生不同的利益分配结果,对其投资决策行为也将产生不同的影响,进而影响社会资源的配置效率,所以相关利益各方都很重视和关注会计政策的制定和选择。

2. 会计职业判断与会计政策选择关系

2.1 会计政策选择为会计职业判断提供了运用的空间

会计政策受会计准则的约束,但会计准则作为一种和约,它的制定不再是纯技术性的,而是各利益相关方面相互间多次博弈的结果,是一种不完全的和约。另一方面,由于企业会计实务的多样性和复杂性,各企业的具体情况不一,千变万化,准则不可能事无巨细制定的很完备,势必留有一定的余地,即在统一性的同时还需要有一定的灵活性。此外,会计准则与会计实践之间存在一定的时滞,即会计准则的规定常常落后于会计实践的发展和经济行为的创新,因而在实践中也常出现企业的会计处理"无法可依"的现象。这些都为企业进行会计政策选择提供了空间范围。正因如此,会计职业判断也大有用武之地,会计政策选择为会计职业判断提供了运用的空间。如果会计人员的职业判断水平不高,在准则的制定中就要尽可能减少估计、判断。当然这样会缩小企业会计政策的选择空间。在会计政策选择的过程中,利用自己的专业知识和职业经验,进行定性、定量地比较分析,从而拟定会计政策。

2.2 会计职业判断是优化会计政策选择的重要手段

会计准则作为一种和约,具有"经济后果",会计准则的经济后果是通过企业会计政策选择实现的。如前所述,会计准则不是一种纯粹的技术规范,不同的会计准则及会计政策选择将会生成不同的会计信息,从而影响到不同利益集团的利益,包括一部分受益,另一部分受损失。利用会计政策选择作弊是一种不通过实实在在劳动就可以改变业绩的捷径。因此从本质上讲,会计准则的经济后果往往是借助于企业会计政策选择来实现的,形式多样的会计政策选择为不同利益集团争取于己有利的"经济后果"和政治利益提供了可能。可见,会计政策选择不是一个简单的会计问题,它承担着处理经济关系、协调经济矛盾和分配经济利益的责任。会计政策选择只能在"突出重点、兼顾一般"的相对公平的原则指导下,立足于符合会计信息质量要求,达到最能恰当地表现企业的财务状况、经营成果和现金流量增减变动的目的。如何做到?这就要求企业管理当局在进行会计政策选择时,应以有关法律、法规为准绳,恪守会计职业道德规范,保持中立,不偏不倚,不受外界干扰。只有这样,才能不断优化会计政策选择。

总之,会计职业判断与会计政策选择既有本质区别,又相互联系。实际工作中,会计人员应转变思想观念,严守职业道德,努力学习,加强实践训练,不断提高职业判断能力。

（资料来源:《内蒙古科技与经济》2006年第24期　作者:戈雯　高敏）

附　录

≫ ≫ ≫　≫

附录1　本教材常用会计科目表

序　号	编　号	名　称	序　号	编　号	名　称
		一、资产类	46	2201	应付票据
1	1001	库存现金	47	2202	应付账款
2	1002	银行存款	48	2203	预收账款
3	1003	其他货币资金	49	2211	应付职工薪酬
4	1101	交易性金融资产	50	2221	应交税费
5	1121	应收票据	51	2231	应付利息
6	1122	应收账款	52	2232	应付股利
7	1123	预付账款	53	2241	其他应付款
8	1131	应收股利	54	2401	递延收益
9	1132	应收利息	55	2501	长期借款
10	1221	其他应收款	56	2502	应付债券
11	1231	坏账准备	57	2701	长期应付款
12	1401	材料采购	58	2702	未确认融资费用
13	1402	在途物资	59	2711	专项应付款
14	1403	原材料	60	2801	预计负债
15	1404	材料成本差异	61	2901	递延所得税负债
16	1405	库存商品			三、共同类（省略）
17	1406	发出商品			四、所有者权益类
18	1407	商品进销差价	62	4001	实收资本
19	1408	委托加工物资	63	4002	资本公积
20	1411	周转材料	64	4101	盈余公积

序 号	编号	名 称	序 号	编号	名 称
21	1471	存货跌价准备	65	4103	本年利润
22	1501	持有至到期投资	66	4104	利润分配
23	1502	持有至到期投资减值准备	67	4201	库存股
24	1503	可供出售金融资产			五、成本类
25	1504	可供出售金融资产减值准备	68	5001	生产成本
26	1511	长期股权投资	69	5101	制造费用
27	1512	长期股权投资减值准备	70	5201	劳务成本
28	1521	投资性房地产	71	5301	研发支出
29	1522	投资性房地产累计折旧(摊销)	72	5401	工程施工
30	1531	长期应收款	73	5402	工程结算
31	1532	未实现融资收益	74	5403	机械作业
32	1601	固定资产			六、损益类
33	1602	累计折旧	75	6001	主营业务收入
34	1603	固定资产减值准备	76	6051	其他业务收入
35	1604	在建工程	77	6101	公允价值变动损益
36	1605	工程物资	78	6111	投资收益
36	1606	固定资产清理	79	6301	营业外收入
37	1611	未担保余值	80	6401	主营业务成本
38	1701	无形资产	81	6402	其他业务成本
39	1702	累计摊销	82	6403	营业税金及附加
40	1703	无形资产减值准备	83	6601	销售费用
41	1711	商誉	84	6602	管理费用
42	1801	长期待摊费用	85	6603	财务费用
43	1811	递延所得税资产	86	6701	资产减值损失
44	1901	待处理财产损溢	87	6711	营业外支出
		二、负债类	88	6801	所得税费用
45	2001	短期借款	89	6901	以前年度损益调整

注:本会计科目表以工业企业和商品流通企业为例。

附录 2　复利现值系数表

期数	1%	2%	3%	4%	5%	6%	7%	8%	9%	10%
1	0.9901	0.9804	0.9709	0.9615	0.9524	0.9434	0.9346	0.9259	0.9174	0.9091
2	0.9803	0.9612	0.9426	0.9246	0.9070	0.8900	0.8734	0.8573	0.8417	0.8264
3	0.9706	0.9423	0.9151	0.8890	0.8638	0.8396	0.8163	0.7938	0.7722	0.7513
4	0.9610	0.9238	0.8885	0.8548	0.8227	0.7921	0.7629	0.7350	0.7084	0.6830
5	0.9515	0.9057	0.8626	0.8219	0.7835	0.7473	0.7130	0.6806	0.6499	0.6209
6	0.9420	0.8880	0.8375	0.7903	0.7462	0.7050	0.6663	0.6302	0.5963	0.5645
7	0.9327	0.8706	0.8131	0.7599	0.7107	0.6651	0.6227	0.5835	0.5470	0.5132
8	0.9235	0.8535	0.7894	0.7307	0.6768	0.6274	0.5820	0.5403	0.5019	0.4665
9	0.9143	0.8368	0.7664	0.7026	0.6446	0.5919	0.5439	0.5002	0.4604	0.4241
10	0.9053	0.8203	0.7441	0.6756	0.6139	0.5584	0.5083	0.4632	0.4224	0.3855
11	0.8963	0.8043	0.7224	0.6496	0.5847	0.5268	0.4751	0.4289	0.3875	0.3505
12	0.8874	0.7885	0.7014	0.6246	0.5568	0.4970	0.4440	0.3971	0.3555	0.3186
13	0.8787	0.7730	0.6810	0.6006	0.5303	0.4688	0.4150	0.3677	0.3262	0.2897
14	0.8700	0.7579	0.6611	0.5775	0.5051	0.4423	0.3878	0.3405	0.2992	0.2633
15	0.8613	0.7430	0.6419	0.5553	0.4810	0.4173	0.3624	0.3152	0.2745	0.2394
16	0.8528	0.7284	0.6232	0.5339	0.4581	0.3936	0.3387	0.2919	0.2519	0.2176
17	0.8444	0.7142	0.6050	0.5134	0.4363	0.3714	0.3166	0.2703	0.2311	0.1978
18	0.8360	0.7002	0.5874	0.4936	0.4155	0.3503	0.2959	0.2502	0.2120	0.1799
19	0.8277	0.6864	0.5703	0.4746	0.3957	0.3305	0.2765	0.2317	0.1945	0.1635
20	0.8195	0.6730	0.5537	0.4564	0.3769	0.3118	0.2584	0.2145	0.1784	0.1486
21	0.8114	0.6598	0.5375	0.4388	0.3589	0.2942	0.2415	0.1987	0.1637	0.1351
22	0.8034	0.6468	0.5219	0.4220	0.3418	0.2775	0.2257	0.1839	0.1502	0.1228
23	0.7954	0.6342	0.5067	0.4057	0.3256	0.2618	0.2109	0.1703	0.1378	0.1117
24	0.7876	0.6217	0.4919	0.3901	0.3101	0.2470	0.1971	0.1577	0.1264	0.1015
25	0.7798	0.6095	0.4776	0.3751	0.2953	0.2330	0.1842	0.1460	0.1160	0.0923
26	0.7720	0.5976	0.4637	0.3607	0.2812	0.2198	0.1722	0.1352	0.1064	0.0839
27	0.7644	0.5859	0.4502	0.3468	0.2678	0.2074	0.1609	0.1252	0.0976	0.0763
28	0.7568	0.5744	0.4371	0.3335	0.2551	0.1956	0.1504	0.1159	0.0895	0.0693
29	0.7493	0.5631	0.4243	0.3207	0.2429	0.1846	0.1406	0.1073	0.0822	0.0630
30	0.7419	0.5521	0.4120	0.3083	0.2314	0.1741	0.1314	0.0994	0.0754	0.0573

期数	11％	12％	13％	14％	15％	16％	17％	18％	19％	20％	30％
1	0.9009	0.8929	0.8850	0.8772	0.8696	0.8621	0.8547	0.8475	0.8403	0.8333	0.7692
2	0.8116	0.7972	0.7831	0.7695	0.7561	0.7432	0.7305	0.7182	0.7062	0.6944	0.5917
3	0.7312	0.7118	0.6931	0.6750	0.6575	0.6407	0.6244	0.6086	0.5934	0.5787	0.4552
4	0.6587	0.6355	0.6133	0.5921	0.5718	0.5523	0.5337	0.5158	0.4987	0.4823	0.3501
5	0.5935	0.5674	0.5428	0.5194	0.4972	0.4761	0.4561	0.4371	0.4190	0.4019	0.2693
6	0.5346	0.5066	0.4803	0.4556	0.4323	0.4104	0.3898	0.3704	0.3521	0.3349	0.2072
7	0.4817	0.4523	0.4251	0.3996	0.3759	0.3538	0.3332	0.3139	0.2959	0.2791	0.1594
8	0.4339	0.4039	0.3762	0.3506	0.3269	0.3050	0.2848	0.2660	0.2487	0.2326	0.1226
9	0.3909	0.3606	0.3329	0.3075	0.2843	0.2630	0.2434	0.2255	0.2090	0.1938	0.0943
10	0.3522	0.3220	0.2946	0.2697	0.2472	0.2267	0.2080	0.1911	0.1756	0.1615	0.0725
11	0.3173	0.2875	0.2607	0.2366	0.2149	0.1954	0.1778	0.1619	0.1476	0.1346	0.0558
12	0.2858	0.2567	0.2307	0.2076	0.1869	0.1685	0.1520	0.1372	0.1240	0.1122	0.0429
13	0.2575	0.2292	0.2042	0.1821	0.1625	0.1452	0.1299	0.1163	0.1042	0.0935	0.0330
14	0.2320	0.2046	0.1807	0.1597	0.1413	0.1252	0.1110	0.0985	0.0876	0.0779	0.0254
15	0.2090	0.1827	0.1599	0.1401	0.1229	0.1079	0.0949	0.0835	0.0736	0.0649	0.0195
16	0.1883	0.1631	0.1415	0.1229	0.1069	0.0930	0.0811	0.0708	0.0618	0.0541	0.0150
17	0.1696	0.1456	0.1252	0.1078	0.0929	0.0802	0.0693	0.0600	0.0520	0.0451	0.0116
18	0.1528	0.1300	0.1108	0.0946	0.0808	0.0691	0.0592	0.0508	0.0437	0.0376	0.0089
19	0.1377	0.1161	0.0981	0.0829	0.0703	0.0596	0.0506	0.0431	0.0367	0.0313	0.0068
20	0.1240	0.1037	0.0868	0.0728	0.0611	0.0514	0.0433	0.0365	0.0308	0.0261	0.0053
21	0.1117	0.0926	0.0768	0.0638	0.0531	0.0443	0.0370	0.0309	0.0259	0.0217	0.0040
22	0.1007	0.0826	0.0680	0.0560	0.0462	0.0382	0.0316	0.0262	0.0218	0.0181	0.0031
23	0.0907	0.0738	0.0601	0.0491	0.0402	0.0329	0.0270	0.0222	0.0183	0.0151	0.0024
24	0.0817	0.0659	0.0532	0.0431	0.0349	0.0284	0.0231	0.0188	0.0154	0.0126	0.0018
25	0.0736	0.0588	0.0471	0.0378	0.0304	0.0245	0.0197	0.0160	0.0129	0.0105	0.0014
26	0.0663	0.0525	0.0417	0.0331	0.0264	0.0211	0.0169	0.0135	0.0109	0.0087	0.0011
27	0.0597	0.0469	0.0369	0.0291	0.0230	0.0182	0.0144	0.0115	0.0091	0.0073	0.0008
28	0.0538	0.0419	0.0326	0.0255	0.0200	0.0157	0.0123	0.0097	0.0077	0.0061	0.0006
29	0.0485	0.0374	0.0289	0.0224	0.0174	0.0135	0.0105	0.0082	0.0064	0.0051	0.0005
30	0.0437	0.0334	0.0256	0.0196	0.0151	0.0116	0.0090	0.0070	0.0054	0.0042	0.0004

附录 3　年金现值系数表

期数	1%	2%	3%	4%	5%	6%	7%	8%	9%	10%
1	0.9901	0.9804	0.9709	0.9615	0.9524	0.9434	0.9346	0.9259	0.9174	0.9091
2	1.9704	1.9416	1.9135	1.8861	1.8594	1.8334	1.8080	1.7833	1.7591	1.7355
3	2.9410	2.8839	2.8286	2.7751	2.7232	2.6730	2.6243	2.5771	2.5313	2.4869
4	3.9020	3.8077	3.7171	3.6299	3.5460	3.4651	3.3872	3.3121	3.2397	3.1699
5	4.8534	4.7135	4.5797	4.4518	4.3295	4.2124	4.1002	3.9927	3.8897	3.7908
6	5.7955	5.6014	5.4172	5.2421	5.0757	4.9173	4.7665	4.6229	4.4859	4.3553
7	6.7282	6.4720	6.2303	6.0021	5.7864	5.5824	5.3893	5.2064	5.0330	4.8684
8	7.6517	7.3255	7.0197	6.7327	6.4632	6.2098	5.9713	5.7466	5.5348	5.3349
9	8.5660	8.1622	7.7861	7.4353	7.1078	6.8017	6.5152	6.2469	5.9952	5.7590
10	9.4713	8.9826	8.5302	8.1109	7.7217	7.3601	7.0236	6.7101	6.4177	6.1446
11	10.3676	9.7868	9.2526	8.7605	8.3064	7.8869	7.4987	7.1390	6.8052	6.4951
12	11.2551	10.5753	9.9540	9.3851	8.8633	8.3838	7.9427	7.5361	7.1607	6.8137
13	12.1337	11.3484	10.6350	9.9856	9.3936	8.8527	8.3577	7.9038	7.4869	7.1034
14	13.0037	12.1062	11.2961	10.5631	9.8986	9.2950	8.7455	8.2442	7.7862	7.3667
15	13.8651	12.8493	11.9379	11.1184	10.3797	9.7122	9.1079	8.5595	8.0607	7.6061
16	14.7179	13.5777	12.5611	11.6523	10.8378	10.1059	9.4466	8.8514	8.3126	7.8237
17	15.5623	14.2919	13.1661	12.1657	11.2741	10.4773	9.7632	9.1216	8.5436	8.0216
18	16.3983	14.9920	13.7535	12.6593	11.6896	10.8276	10.0591	9.3719	8.7556	8.2014
19	17.2260	15.6785	14.3238	13.1339	12.0853	11.1581	10.3356	9.6036	8.9501	8.3649
20	18.0456	16.3514	14.8775	13.5903	12.4622	11.4699	10.5940	9.8181	9.1285	8.5136
21	18.8570	17.0112	15.4150	14.0292	12.8212	11.7641	10.8355	10.0168	9.2922	8.6487
22	19.6604	17.6580	15.9369	14.4511	13.1630	12.0416	11.0612	10.2007	9.4424	8.7715
23	20.4558	18.2922	16.4436	14.8568	13.4886	12.3034	11.2722	10.3711	9.5802	8.8832
24	21.2434	18.9139	16.9355	15.2470	13.7986	12.5504	11.4693	10.5288	9.7066	8.9847
25	22.0232	19.5235	17.4131	15.6221	14.0939	12.7834	11.6536	10.6748	9.8226	9.0770
26	22.7952	20.1210	17.8768	15.9828	14.3752	13.0032	11.8258	10.8100	9.9290	9.1609
27	23.5596	20.7069	18.3270	16.3296	14.6430	13.2105	11.9867	10.9352	10.0266	9.2372
28	24.3164	21.2813	18.7641	16.6631	14.8981	13.4062	12.1371	11.0511	10.1161	9.3066
29	25.0658	21.8444	19.1885	16.9837	15.1411	13.5907	12.2777	11.1584	10.1983	9.3696
30	25.8077	22.3965	19.6004	17.2920	15.3725	13.7648	12.4090	11.2578	10.2737	9.4269

期数	11%	12%	13%	14%	15%	16%	17%	18%	19%	20%	30%
1	0.9009	0.8929	0.8850	0.8772	0.8696	0.8621	0.8547	0.8475	0.8403	0.8333	0.7692
2	1.7125	1.6901	1.6681	1.6467	1.6257	1.6052	1.5852	1.5656	1.5465	1.5278	1.3609
3	2.4437	2.4018	2.3612	2.3216	2.2832	2.2459	2.2096	2.1743	2.1399	2.1065	1.8161
4	3.1024	3.0373	2.9745	2.9137	2.8550	2.7982	2.7432	2.6901	2.6386	2.5887	2.1662
5	3.6959	3.6048	3.5172	3.4331	3.3522	3.2743	3.1993	3.1272	3.0576	2.9906	2.4356
6	4.2305	4.1114	3.9975	3.8887	3.7845	3.6847	3.5892	3.4976	3.4098	3.3255	2.6427
7	4.7122	4.5638	4.4226	4.2883	4.1604	4.0386	3.9224	3.8115	3.7057	3.6046	2.8021
8	5.1461	4.9676	4.7988	4.6389	4.4873	4.3436	4.2072	4.0776	3.9544	3.8372	2.9247
9	5.5370	5.3282	5.1317	4.9464	4.7716	4.6065	4.4506	4.3030	4.1633	4.0310	3.0190
10	5.8892	5.6502	5.4262	5.2161	5.0188	4.8332	4.6586	4.4941	4.3389	4.1925	3.0915
11	6.2065	5.9377	5.6869	5.4527	5.2337	5.0286	4.8364	4.6560	4.4865	4.3271	3.1473
12	6.4924	6.1944	5.9176	5.6603	5.4206	5.1971	4.9884	4.7932	4.6105	4.4392	3.1903
13	6.7499	6.4235	6.1218	5.8424	5.5831	5.3423	5.1183	4.9095	4.7147	4.5327	3.2233
14	6.9819	6.6282	6.3025	6.0021	5.7245	5.4675	5.2293	5.0081	4.8023	4.6106	3.2487
15	7.1909	6.8109	6.4624	6.1422	5.8474	5.5755	5.3242	5.0916	4.8759	4.6755	3.2682
16	7.3792	6.9740	6.6039	6.2651	5.9542	5.6685	5.4053	5.1624	4.9377	4.7296	3.2832
17	7.5488	7.1196	6.7291	6.3729	6.0472	5.7487	5.4746	5.2223	4.9897	4.7746	3.2948
18	7.7016	7.2497	6.8399	6.4674	6.1280	5.8178	5.5339	5.2732	5.0333	4.8122	3.3037
19	7.8393	7.3658	6.9380	6.5504	6.1982	5.8775	5.5845	5.3162	5.0700	4.8435	3.3105
20	7.9633	7.4694	7.0248	6.6231	6.2593	5.9288	5.6278	5.3527	5.1009	4.8696	3.3158
21	8.0751	7.5620	7.1016	6.6870	6.3125	5.9731	5.6648	5.3837	5.1268	4.8913	3.3198
22	8.1757	7.6446	7.1695	6.7429	6.3587	6.0113	5.6964	5.4099	5.1486	4.9094	3.3230
23	8.2664	7.7184	7.2297	6.7921	6.3988	6.0442	5.7234	5.4321	5.1668	4.9245	3.3254
24	8.3481	7.7843	7.2829	6.8351	6.4338	6.0726	5.7465	5.4509	5.1822	4.9371	3.3272
25	8.4217	7.8431	7.3300	6.8729	6.4641	6.0971	5.7662	5.4669	5.1951	4.9476	3.3286
26	8.4881	7.8957	7.3717	6.9061	6.4906	6.1182	5.7831	5.4804	5.2060	4.9563	3.3297
27	8.5478	7.9426	7.4086	6.9352	6.5135	6.1364	5.7975	5.4919	5.2151	4.9636	3.3305
28	8.6016	7.9844	7.4412	6.9607	6.5335	6.1520	5.8099	5.5016	5.2228	4.9697	3.3312
29	8.6501	8.0218	7.4701	6.9830	6.5509	6.1656	5.8204	5.5098	5.2292	4.9747	3.3317
30	8.6938	8.0552	7.4957	7.0027	6.5660	6.1772	5.8294	5.5168	5.2347	4.9789	3.3321

附录 4　《中级财务会计》讨论课成绩评定表

指导老师		班级		时间		地点	
研讨内容							
团队名称							

	评价内容		评价等级				
团队评价项目	1. 讨论资料准备、提交情况。		A	B	C	D	E
	2. 案例汇报,理论知识运用、语言表达情况中。		A	B	C	D	E
	3. 讨论积极、小组成员互动情况。		A	B	C	D	E
	4. 发言主动性,内容充实性。		A	B	C	D	E
	5. PPT 制作,团队士气。		A	B	C	D	E
	小组综合得分(百分制)						

	小组成员	个人实际贡献度	小组平均贡献度	个人成绩
小组成员成绩				

主要参考文献

>>>>>>

[1] (美)沃尔特·T.小哈里森,查尔斯·T.亨格瑞著.财务会计[M].赵小鲁译.北京:清华大学出版社,2007.

[2] (美)罗伯特·N.安东尼,大卫·F.霍金斯,肯尼斯·A.卖钱特著.会计学教程与案例[M].王立彦等译.北京:机械出版社,2002.

[3] 财政部.企业会计准则[M].北京:经济科学出版社,2006.

[4] 企业会计准则编审委员会.企业会计准则——应用指南[M].上海:立信会计出版社,2006.

[5] 财政部会计司.企业会计准则讲解2008[M].北京:人民出版社,2008.

[6] 孙铮,戴欣苗,李莉,包洪信.中外会计与财务案例研究[M].上海:上海财经大学出版社,2003.

[7] 毛洪涛,唐国琼.解读企业会计准则:案例分析方法[M].成都:西南财经大学出版社,2007.

[8] 葛家澍.中级财务会计[M].北京:中国人民大学出版社,2003.

[9] 戴德明,林钢,赵西卜.财务会计学[M].北京:中国人民大学出版社,2007.

[10] 刘永泽,陈立军.中级财务会计学[M].大连:东北财经大学出版社,2009.

[11] 陈信元.财务会计[M].北京:高等教育出版社,2000.

[12] 陈汉文.中级财务会计[M].北京:北京大学出版社,2008.

[13] 杜兴强.中级财务会计学[M].北京:中国人民大学出版社,2007.

[14] 杨有红,欧阳爱萍.中级财务会计[M].北京:北京大学出版社,2009.

[15] 李明.中级财务会计[M].北京:经济科学出版社,2007.

[16] 王秀丽.中级财务会计[M].北京:中信出版社,2006.

[17] 中国注册会计师协会.会计[M].北京:中国财政经济出版社,2009.

[18] 姜明,方光正,王筱萍.中级财务会计[M].武汉:武汉理工大学出版社,2007.